Delegation ärztlicher Tätigkeiten

Recht und Medizin

Herausgegeben von den Professoren
Dr. Erwin Deutsch, Dr. Bernd-Rüdiger Kern, Dr. Adolf Laufs, Dr. Hans Lilie,
Dr. Andreas Spickhoff, Dr. Hans-Ludwig Schreiber

Bd./Vol. 110

PETER LANG
Frankfurt am Main · Berlin · Bern · Bruxelles · New York · Oxford · Wien

Kerstin Bohne

Delegation ärztlicher Tätigkeiten

PETER LANG
Internationaler Verlag der Wissenschaften

Bibliografische Information der Deutschen Nationalbibliothek
Die Deutsche Nationalbibliothek verzeichnet diese Publikation in der Deutschen Nationalbibliografie; detaillierte bibliografische Daten sind im Internet über http://dnb.d-nb.de abrufbar.

Zugl.: Halle-Wittenberg, Univ., Diss., 2011

© Umschlaggestaltung:
Olaf Glöckler, Atelier Platen, Friedberg

3
ISSN 0172-116X
ISBN 978-3-631-63362-5

www.peterlang.de

Vorwort

Die vorliegende Arbeit wurde im Sommersemester 2011 von der Juristischen und Wirtschaftswissenschaftlichen Fakultät der Martin-Luther-Universität Halle-Wittenberg als Dissertation angenommen. Literatur und Rechtsprechung wurden bis einschließlich September 2011 berücksichtigt.

Besonderer Dank gilt meinem Doktorvater, Herrn Professor Dr. Hans Lilie, der meine Aufmerksamkeit auf dieses Thema gelenkt und die Arbeit in anregenden Diskussionen begleitet und gefördert hat. Herrn Professor Dr. Armin Höland danke ich herzlich für die zügige Erstellung seines Zweitgutachtens. Den Herausgebern, Herrn Professor Dr. Hans Lilie, Herrn Professor Dr. Hans-Ludwig Schreiber und Herrn Professor Dr. Andreas Spickhoff, danke ich für die Aufnahme dieser Monographie in ihre Schriftenreihe.

Ein herzlicher Dank gilt zudem denjenigen Ärzten und Pflegenden, die sich in großer Zahl an der Umfrage beteiligt und auf diese Weise zentrale Einblicke in ihre tägliche Delegationspraxis gewährt haben. Ohne ihre erfreuliche Kooperationsbereitschaft wäre der praktische Einstieg in die Untersuchung nicht möglich gewesen.

Mein größter Dank gilt meiner Familie, vor allem Karla und Helmut, die mich bereits während meines Studiums auf ganz besondere Weise unterstützt und in meinen Vorhaben bestärkt haben. Durch ihre wertvolle Hilfe bei der Korrektur haben sie ebenso wie Michael, der mir bei der Dateneingabe und Formatierung geduldig zur Seite gestanden und von Anfang an Kraft und Zuversicht gegeben hat, zum Gelingen dieser Arbeit beigetragen. Ihnen ist die Arbeit in Liebe und Dankbarkeit gewidmet.

Halle (Saale), im Februar 2012 Kerstin Bohne

Inhaltsverzeichnis

Abbildungsverzeichnis

Abkürzungsverzeichnis

A.A., a.A.	anderer Ansicht
Abb.	Abbildung
a.E.	am Ende
a.F.	alter Fassung
A/ZuR	Der Arzt/Zahnarzt und sein Recht
ÄAppO	Approbationsordnung für Ärzte
abgedr.	abgedruckt
abl.	ablehnend
ABl. EG	Amtsblatt der Europäischen Gemeinschaft
Abs.	Absatz
AcP	Archiv für civilistische Praxis
ADS	Arbeitsgemeinschaft Deutscher Schwesternverbände
AGnES	Arzt-entlastende, gemeindenahe, E-Health-gestützte, systematische Intervention
AiP	Arzt im Praktikum
AMG	Arzneimittelgesetz
Amtsbl.	Amtsblatt
AMVV	Arzneimittelverschreibungsverordnung
Anm.	Anmerkung
Art.	Artikel
ÄrzteG	Ärztegesetz
ATA	Anästhesietechnischer(-e) Assistent(-in)
AVB	Allgemeine Vertragsbedingungen
AWMF	Arbeitsgemeinschaft der Wissenschaftlichen Medizinischen Fachgesellschaften
BAG	Bundesarbeitsgericht
BÄK	Bundesärztekammer
BÄO	Bundesärzteordnung
BayObLG	Bayrisches Oberstes Landesgericht
Bd.	Band
BDA	Berufsverband Deutscher Anästhesisten
BDSG	Bundesdatenschutzgesetz
BeckOK	Beck'scher Onlinekommentar
Begr.	Begründer
Beschl.	Beschluss
BGB	Bürgerliches Gesetzbuch
BGBl.	Bundesgesetzblatt
BGH	Bundesgerichtshof
BGHSt	Entscheidungen des Bundesgerichtshofs in Strafsachen
BGHZ	Entscheidungen des Bundesgerichtshofs in Zivilsachen

BMÄ	Bewertungsmaßstab Ärzte
BMV-Ä	Bundesmantelvertrag Ärzte
BO	Berufsordnung
BPflV	Bundespflegesatzverordnung
BR-Drucks.	Bundesratsdrucksache
BremGDG	Gesetz über den öffentlichen Gesundheitsdienst in Bremen
BSG	Bundessozialgericht
BSGE	Entscheidungen des Bundessozialgerichts
bspw.	beispielsweise
BT-Drucks.	Bundestagsdrucksache
BtMG	Betäubungsmittelgesetz
BVerfG	Bundesverfassungsgericht
BVerfGE	Entscheidungen des Bundesverfassungsgerichts
BVerwG	Bundesverwaltungsgericht
BVerwGE	Entscheidungen des Bundesverwaltungsgerichts
bzgl.	bezüglich
bzw.	beziehungsweise
CTA	Chirurgisch-technischer(-e) Assistent(-in)
d.h.	das heißt
DÄB	Deutsches Ärzteblatt
DAV	Deutscher Anwaltverein
DBfK	Deutscher Berufsverband für Krankenpflege e.V.
ders.	derselbe
DGAI	Deutsche Gesellschaft für Anästhesiologie und Intensivmedizin
DGG	Deutsche Gesellschaft für Gefäßchirurgie
DGU	Deutsche Gesellschaft für Unfallchirurgie
Diss.	Dissertation
DKG	Deutsche Krankenhausgesellschaft
DKZ	Deutsche Krankenpflegezeitschrift
DMW	Deutsche medizinische Wochenschrift
DRiZ	Deutsche Richterzeitung
e.V.	eingetragener Verein
EBM	Einheitlicher Bewertungsmaßstab
EG	Europäische Gemeinschaft
E-GO	Ersatzkassengebührenordnung
EGV	Vertrag zur Gründung der Europäischen Gemeinschaft
EKV	Bundesmantelvertrag-Ärzte/Ersatzkassen
ESchG	Embryonenschutzgesetz
EuGH	Europäischer Gerichtshof
EUV	Vertrag über die europäische Union
EVA	Entlastende Versorgungsassistentin
EWG	Europäische Wirtschaftsgemeinschaft

f.	folgende
ff.	folgende
FHN	Family-Health-Nurse
Fn.	Fußnote(n)
FNA	Fundstellennachweis A
fortgef.	fortgeführt
FS	Festschrift
G	Gesetz
GA	Goltdammer's Archiv für Strafrecht
G-BA	Gemeinsamer Bundesausschuss
GbR	Gesellschaft bürgerlichen Rechts
GenDG	Gendiagnostikgesetz
GG	Grundgesetz
ggf.	gegebenenfalls
GGW	Gesundheit und Gesellschaft: Wissenschaft
GOÄ	Gebührenordnung für Ärzte
GP	Gesetzesperiode
GS	Gedächtnisschrift
GuKG	Gesundheits- und Krankenpflegegesetz
GVBl.	Gesetz- und Verordnungsblatt
Habil.	Habilitation
h.M.	herrschende Meinung
HB	Hartmannbund
HebG	Hebammengesetz
HELVER	Arzthelferin in der ambulanten Versorgung
HKrPflRL	Häusliche Krankenpflege-Richtlinie
HmbGDG	Gesetz über den öffentlichen Gesundheitsdienst in Hamburg
HPG	Heilpraktikergesetz
Hrsg.	Herausgeber
hrsg.	herausgegeben
i.d.F. d. Bek.	in der Fassung der Bekanntmachung
i.E.	im Ergebnis
IfSG	Infektionsschutzgesetz
i.m.	intramuskulär(e, r)
i.S.d.	im Sinne des/der
i.S.v.	im Sinne von
i.v.	intravenös(e, r)
i.V.m.	in Verbindung mit
JR	Juristische Rundschau
JuS	Juristische Schulung
JZ	Juristenzeitung

KAKuG	Krankenanstalten- und Kuranstaltengesetz
KassKomm	Kasseler Kommentar
KBV	Kassenärztliche Bundesvereinigung
KGHB	Kammergesetz für Heilberufe
KHA	Krankenhaus-Arzt
KHEntgG	Krankenhausentgeltgesetz
KHG	Krankenhausfinanzierungsgesetz
KHR	Krankenhaus Recht
KK	Karlsruher Kommentar
KrPflAPrV	Ausbildungs- und Prüfungsverordnung für die Berufe in der Krankenpflege
KrPflBO	Berufsordnung für Gesundheits- und (Kinder-)Krankenpfleger
KrPflG	Krankenpflegegesetz
lat.	lateinisch
LG	Landgericht
LK	Leipziger Kommentar
LSA	Land Sachsen-Anhalt
LSG	Landessozialgericht
m.	mit
m.E.	meines Erachtens
m.w.N.	mit weiteren Nachweisen
MAfA	Medizinischer(-e) Assistent(-in) für Anästhesie
MBO-Ä	Musterberufsordnung-Ärzte
MDR	Monatsschrift für deutsches Recht
MedR	Medizinrecht
MPhG	Masseur- und Physiotherapeutengesetz
MTAG	Gesetz über technische Assistenten in der Medizin
MünchKomm	Münchener Kommentar
NJOZ	Neue Juristische Online Zeitschrift
NJW	Neue Juristische Wochenschrift
NJW-RR	NJW-Rechtssprechungsreport – Zivilrecht
NR	Nationalrat
Nr.	Nummer
NStZ	Neue Zeitschrift für Strafrecht
NZS	Neue Zeitschrift für Sozialrecht
ÖBIG	Österreichisches Bundesinstitut für Gesundheitswesen
ÖKZ	Österreichische Krankenhauszeitung
OLG	Oberlandesgericht
OP	Operation(ssaal)
OTA	Operationstechnischer(-e) Assistent(-in)

OTA-VO	Verordnung über die Berufsausbildung zur oder zum Operationstechnischen Angestellten
OVG	Oberverwaltungsgericht
PaPfleReQ	Patienten- & Pflegerecht mit Qualitätsmanagement
PartGG	Partnerschaftsgesellschaftsgesetz
PfleGe	Pflege & Gesellschaft
PflegeBO	Berufsordnung für Pflegefachkräfte
PflR	Pflegerecht
PfWG	Pflege-Weiterentwicklungsgesetz
PsychThG	Psychotherapeutengesetz
RdA	Recht der Arbeit
RettAssG	Rettungsassistentengesetz
RG	Reichsgericht
RGSt	Entscheidungen des Reichsgerichts in Strafsachen
RGZ	Entscheidungen des Reichsgerichts in Zivilsachen
RIS	Rechtsinformationssystem des Bundes (Österreich)
RL	Richtlinie
Rn.	Randnummer(n)
RöV	Röntgenverordnung
RV	Regierungsvorlage
S.	Satz/Seite
s.c.	subkutan(e, r)
SaarlGDG	Gesetz über den öffentlichen Gesundheitsdienst im Saarland
SanG	Sanitätergesetz
SGB	Sozialgesetzbuch
SGb	Die Sozialgerichtsbarkeit
SK	Systematischer Kommentar
sog.	sogenannte(r,s)
StGB	Strafgesetzbuch
StPO	Strafprozessordnung
TFG	Transfusionsgesetz
TPG	Transplantationsgesetz
u.a.	unter anderem/und andere
UEMS	Union Européenne des Médicins Spécialites
Univ.	Universität
Urt.	Urteil
usw.	und so weiter
v.	von/vom
VERAH	Versorgungsassistentin in der Hausarztpraxis
VersR	Versicherungsrecht

VG	Verwaltungsgericht
VGH	Verwaltungsgerichtshof
Vgl., vgl.	vergleiche
VO	Verordnung
VPU	Verband der Pflegedirektorinnen und Pflegedirektoren der Universitätsklinika in Deutschland e.V.
z.B.	zum Beispiel
z.T.	zum Teil
ZEFQ	Zeitschrift für Evidence, Fortbildung und Qualität im Gesundheitswesen
ZfRV	Zeitschrift für Rechtsvergleichung
ZHG	Zahnheilkundegesetz
ZJS	Zeitschrift für das juristische Studium
ZStW	Zeitschrift für die gesamte Strafrechtswissenschaft
zugl.	zugleich
zust.	zustimmend

Erster Teil: Anamnese – Delegation als Form der Arbeitsteilung

Der erste Teil der vorliegenden Arbeit stellt die Delegation ärztlicher Tätigkeiten auf Gesundheits- und Krankenpfleger[1] als eine Form der medizinisch-pflegerischen Arbeitsteilung bei der Patientenbehandlung sowie die in diesem Zusammenhang verwendeten Begrifflichkeiten vor.

A Problemstellung und praktische Relevanz

Die Diskussion über das „Ob" und „Wie" der Delegation ärztlicher Tätigkeiten, d.h. der angeordneten Übertragung ärztlicher Tätigkeiten auf nichtärztliches Personal,[2] entbrannte Mitte des 20. Jahrhunderts an der Injektionsproblematik. Die Übertragbarkeit von Injektionen, Infusionen und Blutentnahmen bzw. -transfusionen auf Krankenpfleger wurde zum Gegenstand zahlreicher juristischer wie medizinischer und pflegewissenschaftlicher Beiträge[3]. Trotz der jahrzehntelang verlaufenden Diskussion[4] um diesen Problemkreis, herrscht inzwischen lediglich über das grundsätzliche „Ob" der Delegation Einigkeit[5], während über das „Wie" weiterhin Ungewissheit[6] besteht.

---

1 Aus Gründen der besseren Lesbarkeit wird im Folgenden einerseits auf die vollständige Berufsbezeichnung „Gesundheits- und Krankenpfleger" [vgl. § 1 Abs. 1 Nr. 1 KrPflG (Krankenpflegegesetz)] verzichtet und stattdessen nur von Krankenpfleger gesprochen. Andererseits wird für Berufs- und Gruppenbezeichnungen in der Regel nur die jeweils männliche Form verwendet, obwohl diese Sprachregelung teilweise den tatsächlichen Gegebenheiten widerspricht: So ist zwar die Mehrzahl der in Deutschland tätigen Ärzte männlich. In der Krankenpflege überwiegen dagegen weiblich Beschäftigte [vgl. *Statistisches Bundesamt*, Statistisches Jahrbuch 2007, Kapitel Gesundheit, Tabelle 9.8.1, S. 253 für das Gesundheitspersonal nach Berufen und Geschlecht im Zeitvergleich].

2 Unter dem Begriff der Delegation wird im Allgemeinen die angeordnete Übertragung von beruflichen Tätigkeiten von einer Berufsgruppe auf eine andere verstanden, vgl. *Sachverständigenrat zur Begutachtung der Entwicklung im Gesundheitswesen* (im Folgenden: *SVR Gesundheitswesen*), Kooperation und Verantwortung, Anm. 99, S. 91, abrufbar im Internet unter <http://www.svr-gesundheit.de/Startseite/Startseite.htm> (Stand v. 4.9.2007); *Costas*, Berliner Ärzte 1992, 26 (26).

3 Vgl. beispielhaft die folgenden Beiträge: *Goldhahn/Schläger*, Fehler und Gefahren bei Einspritzungen, S. 61 ff.; *Perret*, Der Chirurg 1949, 216 ff.; *Dracklé*, Med. Klin. 1950, 974; *Schulz*, Med. Klin. 1959, 1212 ff.; *Schmelcher*, Arzt und Recht 1959, 1834 f.; *Schulz*, KHA 1960, 242 ff.; *Frey/Wagner*, DMW 1964, 1446; Schmelcher, Arzt und Recht 1965, 1731 ff.; *Brenner*, Deutsche Krankenpflegezeitschrift 1972, 418 ff; *Hahn*, Die Haftung des Arztes für nichtärztliches Hilfspersonal; *Jacobs*, I.-v.-Injektionen, 1990; *Großkopf*, Pflegezeitschrift 1994, 557 ff.

4 Vgl. aus jüngerer Zeit nur: *Arbeitsgemeinschaft Rechtsanwälte im Medizinrecht e.V.*, Delegation und Substitution; *Bergmann*, MedR 2009, 1 (1 ff.); *Job/Leffler/Voigt*, Das Krankenhaus 2007, 38 (39); *Simon*, Delegation ärztlicher Leistungen; *Gaibler/Trengler*, in: Berg/Ulsenheimer, Patientensicherheit, Arzthaftung, Praxis- und Krankenhausorganisation, 111 (111 ff.).

5 Dazu eingehend: *Simon*, Delegation ärztlicher Leistungen.

6 Vgl. *Gaibler/Trengler*, in: Berg/Ulsenheimer, Patientensicherheit, Arzthaftung, Praxis- und Krankenhausorganisation, 111 (111); *Tönnis*, Pflege Aktuell 2000, 290 (292); *SVR Gesundheitswesen*, Kooperation und Verantwortung, Anm. 9, S. 39, abrufbar im Internet unter

Unter welchen Voraussetzungen welche genuin ärztlichen Tätigkeiten auf welche nichtärztlichen Mitarbeiter übertragen werden dürfen, ist mithin nach wie vor unklar. Klar ist hingegen, wie der Bundesgerichtshof[7] bereits 1975 feststellte, dass die Verwendung nichtärztlichen Personals in der Medizin nicht mehr wegzudenken ist und diesem Personal im Einzelfall ein hohes Maß an Verantwortung zufällt.[8]

In modernen technisierten Bereichen wie dem Gesundheitswesen ist die Arbeitsteilung somit längst notwendige Bedingung für die Aufrechterhaltung hoher medizinischer Versorgungsstandards. Ursache der vermehrten Schnittstellen ärztlicher und pflegerischer Berufsausübung ist neben der zunehmenden Technisierung der Medizin[9] insbesondere die gesteigerte Komplexität medizinischer Erkenntnisse.[10] Diese ermöglicht es einem Arzt oder einem Krankenpfleger nicht mehr, sich in allen Teilen des eigenen Fachgebiets gleichmäßig gut auszukennen. In der Konsequenz sind wachsende Spezialisierung und Kooperation unvermeidlich.

Vermehrt wird auch die Verlagerung delegationsfähiger ärztlicher Tätigkeiten auf nichtärztliches Personal und damit auf niedrigere Lohngruppen angesichts des wachsenden Kosten- und Qualitätsdrucks im Gesundheitswesen auf der einen Seite und einem drohenden Ärztemangel[11] auf der anderen Seite als mögliche Lösung erörtert.[12] Insbesondere die zunehmende Privatisierung des Gesundheitswesens führt zu einer Dominanz marktwirtschaftlicher Erwägungen.[13] Dies legt einen Zielkonflikt zwischen dem Bestreben nach größtmöglicher ökonomischer Effizienz medizinischer Zusammenarbeit einerseits und dem Bestreben nach optimaler medizinischer Versorgung andererseits nahe. Angesichts der betroffenen hohen und höchsten Rechtsgüter des Patienten, Leben und körperliche Unversehrtheit[14], können diese Spannungen nur zugunsten dieser Güter gelöst werden. An dieser Stelle sei auf die Vorteile der Übertragung ärztlicher Aufgaben auf Angehörige der Krankenpflegeberufe in zeitlicher Hinsicht verwiesen. So wird dem Arzt der not-

---

<http://www.svr-gesundheit.de/Startseite/Startseite.htm> (Stand v. 4.9.2007).

7 Im Folgenden: BGH.

8 BGH, Urt. v. 24.6.1975 – VI ZR 72/74, NJW 1975, 2245 (2246).

9 BGH, Urt. v. 24.6.1975 – VI ZR 72/74, NJW 1975, 2245 (2246).

10 *Hahn*, Haftung des Arztes, S. 12; *Katzenmeier*, MedR 2004, 34 (34).

11 So zeigt sich insbesondere im Bereich der niedergelassenen Ärzte, die ländlich geprägte Gebiete hausärztlich versorgen, sowie in den neuen Bundesländern eine erhebliche ärztliche Unterversorgung (*BÄK*, 107. Deutsche Ärztetag, Begründung zu Punkt IV der Tagesordnung, Initiativen gegen den regionalen Ärztemangel, abrufbar im Internet unter <http://www.bundesaerztekammer.de>). Ob die Delegation ärztlicher Tätigkeiten auf Pflegekräfte tatsächlich dem ärztlichen Personaldefizit adäquat entgegenwirken kann, ist jedoch fraglich, wenngleich der Ärztemangel faktisch zu einer zunehmenden Aufgabenübertragung führt bzw. führen wird.

12 *SVR Gesundheitswesen*, Kooperation und Verantwortung, Anm. 4, S. 35, Anm. 100, S. 92, abrufbar im Internet unter <http://www.svr-gesundheit.de/Startseite/Startseite.htm> (Stand v. 4.9.2007); *Bergmann*, MedR 2009, 1 (1); *Günter*, AZR 2009, 31 (31); *Sträßner*, in: Arbeitsgemeinschaft Medizinrecht im DAV, Medizinrecht heute, 91 (92 f.); *Diegeler/Debong/Hacker/Warnecke*, Chirurgieassistenz, DÄB 2006, A 1802 (1804); vgl. auch Personalkostenvergleich bzgl. i.v. Injektionen bei *Risse*, PflR 2006, 457 (461).

13 Vgl. den Ergebnisbericht der *BÄK* von Juni 2007 „Zunehmende Privatisierung von Krankenhäusern in Deutschland - Folgen für die ärztliche Tätigkeit“, abrufbar im Internet unter <http://www.bundesaerztekammer.de/page.asp?his=1.144.5532> (Stand v. 3.8.2007).

14 Vgl. Art. 2 Abs. 2 S. 1 GG.

wendige Freiraum für die Erfüllung jener Aufgaben geschaffen, bei denen es entscheidend auf seine medizinisch-wissenschaftlichen Kenntnisse und Fähigkeiten ankommt.[15] Auch wirken sich beschleunigte Arbeitsabläufe positiv auf die Einhaltung von Verabreichungszeiten oder Anfangs- und Überleitungszeiten im operativen Bereich aus. Insofern begünstigt die Delegation eine Verbesserung der Versorgungsqualität. Letztere könnte ebenso durch eine infolge verstärkter Aufgabenübertragungen erhöhte Prozessroutine und Flexibilisierung der Versorgung gesteigert werden.

Gleichwohl begegnet diese Form der Leistungssteigerung Bedenken.[16] Zum einen gründen sie sich darauf, dass nicht ausreichend qualifiziertes Pflegepersonal – sei es infolge einer Fehleinschätzung des eigenen Könnens aus pflegerischer Sicht bzw. des fremden Könnens aus ärztlicher Sicht[17] – die ärztliche Aufgabe durchführt.[18] Zum anderen schafft die Aufgabenübertragung neue Kommunikationsschnittstellen und damit auch –risiken. Insbesondere die Koordination, Organisation und Kontrolle der differenzierten Arbeitsteilung zwischen Arzt und Pflegepersonal birgt hier Gefahren.[19] In ärztlicher Hinsicht könnte die Tätigkeitsübertragung einen Verlust von Erfahrungen nach sich ziehen. Möglicherweise spielt auch die Unliebsamkeit bestimmter Tätigkeiten bei der Aufgabenübertragung eine größere Rolle als die der optimalen Patientenversorgung.[20]

Unabhängig von den beschriebenen streitbaren Vor- und Nachteilen, gehört die Delegation ärztlicher Aufgaben an Angehörige der Krankenpflegeberufe entsprechend dem Grundsatz „*doctors work today is nurses work tomorrow*“[21] heute längst zum medizinischen Alltag. Die dennoch bestehenden Unsicherheiten gründen sich nicht zuletzt darauf, dass sich jegliche Pauschalität im Hinblick auf den einzelnen Patienten und angesichts der Vielzahl der medizinischen Fachrichtungen mit unterschiedlichen Bedürfnissen verbietet.

Neben Krankenpflegern als den klassischen Delegationsadressaten bzw. -empfängern entwickeln sich aber auch andere nichtärztliche Assistenzberufe, die zunehmend ärztliche Tätigkeiten übernehmen sollen.[22] Diskutiert werden hier insbesondere der *Operationstechnische Assistent* (OTA)[23], der Patienten vor und nach Operationen betreut, Operationen vor- und nachbereitet sowie während der Operation assistiert, der *Chirurgisch-technische*

---

15 *Carstensen/Schreiber*, Arbeitsteilung und Verantwortung, in: Jung/Schreiber, Arzt und Patient zwischen Therapie und Recht, S. 167 (168); *Köhler-Fleischmann*, Der Grundsatz der persönlichen ärztlichen Leistungspflicht, S. 114.

16 *Gaibler/Trengler*, in: Berg/Ulsenheimer, Patientensicherheit, Arzthaftung, Praxis- und Krankenhausorganisation, 111 (111).

17 *Hansis/Hansis*, Der ärztliche Behandlungsfehler, S. 11.

18 Dieses Risiko sahen ca. 45% der befragten Berufsgruppen als einen möglichen Nachteil der Delegation ärztlicher Tätigkeiten an. Siehe zur Umfrage *Erster Teil, C*, S. 6 ff.

19 *Stratenwerth*, in: FS Schmidt, S. 383 (393 ff.).

20 *Döhler*, Die Regulierung von Professionsgrenzen, S. 67.

21 Die im Text vorgenommenen Kursivsetzungen sollen lediglich dem besseren Lesefluss dienen. Dies gilt auch für die von der Verfasserin vorgenommen Kursivsetzungen innerhalb wörtlicher Zitate.

22 Vgl. den Überblick bei: *Wienke/Janke*, Hessisches Ärzteblatt 2007, 33 (33f).

23 1990 setzte die Entwicklung dieser dreijährigen Ausbildung ein, die 2004 durch die schleswigholsteinische Verordnung über die Berufsausbildung zur oder zum Operationstechnischen Angestellten (OTA-VO) v. 8.6.2004 staatlich anerkannt wurde. Vgl. die Empfehlung der Deutschen Krankenhausgesellschaft (*DKG*) zur Ausbildung und Prüfung von Operationstechnischen Assistenten v. 1.8.1996 (abgedr. in: Das Krankenhaus 1996, S. 424 – 429).

Assistent (CTA)[24], der unter Aufsicht und Verantwortung des Chirurgen unter anderem Aufgaben der Patientenlagerung, des OP-Zugangs und des Wundverschlusses übernehmen soll, der *Anästhesietechnische Assistent* (ATA)[25] bzw. der *Medizinische Assistent für Anästhesie* (MAfA)[26], deren Arbeitsbereich die Vorbereitung, Durchführung und Nachbereitung von Narkosen betrifft, der *Gefäßassistent* DGG[27], der auf der Basis fundierter Kenntnisse in der Gefäßmedizin nicht zwingend ärztliche Aufgaben mit hoher Qualifikation erbringen soll, sowie die *Family-Health-Nurse* (FHN)[28], das Modellprojekt der *Arztentlastenden, gemeindenahen, E-Health-gestützten, systematischen Intervention* (AGnES)[29],

---

24 Vgl. Positionspapier der Deutschen Gesellschaft für Unfallchirurgie e. V. (DGU) zum CTA v. 21.3.2007, abrufbar im Internet unter <http://www.dgu-online.de/pdf/unfallschirurgie/aktuelle_themen/andere_themen/cta_stellungnahme.pdf> (Stand v. 24.8.2007).

25 Der Ausbildungsgang zum ATA lief als Pilotprojekt in Frankfurt am Main und Halle (Saale). *Weidinger*, MedR 2006, 571 (573 f.); *Gaibler/Trengler*, in: Berg/Ulsenheimer, Patientensicherheit, Arzthaftung, Praxis- und Krankenhausorganisation, 111 (112f.).

26 Die in der HELIOS Kliniken GmbH initiierte Weiterbildung von Krankenpflegepersonal zum „Medizinischen Assistenten für Anästhesie" (MAfA) sollte zunächst auch dazu befähigen, eigenständig die Narkose zu überwachen, während ein Narkosearzt die Aufsicht über mehrere Operationssäle führt. Nachdem die Deutsche Gesellschaft für Anästhesiologie und Intensivmedizin (DGAI) und der Berufsverband Deutscher Anästhesisten (BDA) in ihrer erneuten Stellungnahme zur Zulässigkeit der sog. Parallelverfahren in der Anästhesiologie [„Münsteraner Erklärung II 2007" abrufbar im Internet unter <http://www.dgai.de/aktuelles/Muensteraner-Erklaerung_190307.pdf> (Stand v. 27.8.2007)] das HELIOS-Konzept stark kritisierten, wies die HELIOS-Konzernleitung im März 2007 jedoch ihre Chefärzte an, die MAfAs künftig nur noch innerhalb des durch die Fachgesellschaften vorgegebenen Rahmens einzusetzen.

27 Dabei handelt es sich um ein von der Deutschen Gesellschaft für Gefäßchirurgie (DGG) entwickeltes Aus- und Weiterbildungsprogramm für Angehörige medizinischer Assistenzberufe von Juni 2007, abrufbar im Internet unter <http://www.akademie-dgg.de/Weiterbildungskonzept.pdf> (Stand v. 27.8.2007).

28 Das europäische Regionalbüro der Weltgesundheitsorganisation (WHO EURO) initiierte nach der „Erklärung von München", die die 2. WHO-Ministerkonferenz für Pflege- und Hebammenwesen im Juni 2000 verabschiedete, eine multinationale Pilotstudie zur Etablierung der „Family Health Nurse" (Familiengesundheitsschwester), an der sich neben Deutschland elf weitere europäische Staaten beteiligen. Danach sollen Pflegende und Hebammen künftig u.a. bei der Sicherstellung der gesundheitlichen Versorgung der Bevölkerung eine Schlüsselrolle einnehmen und losgelöst von dem Verantwortungsbereich der niedergelassenen Ärzte, freiberuflich und in Konkurrenz zu oder neben ihnen tätig werden. Unter Leitung des Deutschen Berufsverbandes für Pflegeberufe (DBfK) und in Kooperation mit dem Institut für Pflegewissenschaft an der Universität Witten/Herdecke begann das deutsche Modellprojekt im April 2004.

29 In Mecklenburg-Vorpommern und Brandenburg werden seit dem Projektstart im Jahr 2005 speziell geschulte Krankenpflegekräfte oder medizinische Fachangestellte zur Entlastung von Hausärzten eingesetzt, um die ambulante Gesundheitsversorgung der ländlichen, von Bevölkerungsrückgang und einem Rückgang der Zahl der Ärzte betroffenen Regionen sicherzustellen. Zu den Tätigkeiten der AGnES-Kräfte gehören die Erhebung diagnostischer Parameter, die standardisierte Beurteilung des Gesundheitszustandes, Blutentnahmen, Injektionen, Wund- und Dekubitusbehandlungen, gesundheitsrelevante Beratungsgespräche, Arzneimittelkontrollen oder Sturzprophylaxen, vgl. *Höppner/Kuhlmey*, GGW 2/2009, 7 (11).

die *Entlastende Versorgungsassistentin* (EVA)[30], die *Versorgungsassistentin in der Hausarztpraxis* (VERAH)[31], die sog. IV-Kräfte im Rahmen des *Hausarztorientierten integrativen Versorgungsvertrags*[32] sowie die *Arzthelferinnen in der ambulanten Versorgung* (HELVER)[33].

Die Frage, ob und welche ärztlichen Tätigkeiten unter welchen Voraussetzungen auf nichtärztliche Medizinalfachberufe übertragen werden dürfen, berührt somit nicht nur die Einsatzmöglichkeiten bereits etablierter, sondern auch sich künftig noch entwickelnder Berufsgruppen. Ferner erfordert die epidemiologisch-demografische Entwicklung[34], d.h. die Zunahme älterer, chronisch kranker, multimorbider und pflegebedürftiger Patienten eine Anpassung der Tätigkeitsfelder der Gesundheitsberufe[35] auch im Hinblick auf die Delegationsfähigkeit bestimmter Aufgaben.

Die Beurteilung der Delegationsfähigkeit setzt freilich zunächst die Abgrenzung der dem Arzt vorbehaltenen Tätigkeiten und denjenigen Tätigkeiten voraus, die an nichtärztliches Personal delegiert werden können. Dabei erweist sich die Kompetenzabgrenzung juristisch nicht nur für die hier zu untersuchende Frage der Verantwortlichkeit bei Behandlungsfehlern in zivil- und strafrechtlicher Hinsicht von Bedeutung. Ihr kommt gleichsam arbeits- und versicherungsrechtliche Relevanz zu[36], sodass die Delegationsproblematik einer näheren Untersuchung bedarf.

Die Bedeutung der Delegation legt im Übrigen auch das in *Abb. 1* grafisch dargestellte Ergebnis einer Befragung[37] der in praxi tätigen Ärzte und Kranken- sowie Altenpfleger nahe. So gaben 77,8% der Befragten an, dass das Thema der Delegation derzeit wichtig ist, während nur 17,6% es für unwichtig hielten. Ein ähnliches Bild ergibt sich bei der

---

30 Berufsbegleitende Fortbildung für Medizinische Fachangestellte in Nordrhein-Westfalen, die darauf abzielt, Kompetenzen zur Übernahme von delegationsfähigen Leistungen in der ambulanten Praxis zu vermitteln.

31 Dabei handelt es sich um eine Zusatzqualifikation für Medizinische Fachangestellte, *Höppner/Kuhlmey*, GGW 2/2009, 7 (11).

32 Berufserfahrene Medizinische Fachangestellte betreuen in Rheinland-Pfalz chronisch kranke und multimorbide Patienten während und nach stationären Aufenthalten. Auf ärztliche Anordnung führen sie Hausbesuche durch, ermitteln Versorgungsdefizite, überprüfen die Einnahme von Arzneien und koordinieren Kontakte zu anderen Leistungserbringern. Im Mittelpunkt stehen daher koordinierende und sozialmedizinische Betreuung, *SVR Gesundheitswesen*, Kooperation und Verantwortung, S. 148, abrufbar im Internet unter <http://www.svr-gesundheit.de/Startseite/Startseite.htm> (Stand v. 4.9.2007).

33 Fortbildung für Arzthelfer in Schleswig-Holstein, die zur Übernahme bestimmter delegierter Versorgungsaufgaben bei Hausbesuchen – insbesondere älterer und chronisch kranker Patienten – qualifiziert werden sollen.

34 *Großmann et al.*, ZEFQ 2008, 41 (42); *Deutscher Pflegerat e. V.*, Stellungnahme für die Anhörung beim SVR Gesundheitswesen v. 20.09.2006, S. 1, abrufbar im Internet unter <http://www.svr-gesundheit.de/Startseite/Startseite.htm> (Stand v. 4.9.2007).

35 Nach dem Koalitionsvertrag zwischen CDU, CSU und SPD v. 11.11.2005 soll die stärkere Einbeziehung nichtärztlicher Heilberufe in die Versorgungskonzepte geprüft werden (Koalitionsvertrag, Gemeinsam für Deutschland – mit Mut und Menschlichkeit, S. 89, Z. 4373 f., abrufbar im Internet unter <http://www.bundesregierung.de/Content/DE/Artikel/2001__2005/2005/11/__Anlagen/der-gesamte-koalitionsvertrag-im-worlaut-921232,property=publicationFile.pdf> (Stand v. 4.9.2007).

36 Eingehend hierzu bereits *Hahn*, NJW 1981, 1977 (1977 ff.).

37 Zur methodischen und inhaltlichen Gestaltung der Umfrage siehe *Erster Teil, C*, S. 6 ff.

Frage nach der künftigen Bedeutung der Delegation, wenngleich bei dieser Betrachtung insgesamt ein leichter Rückgang zu verzeichnen ist.

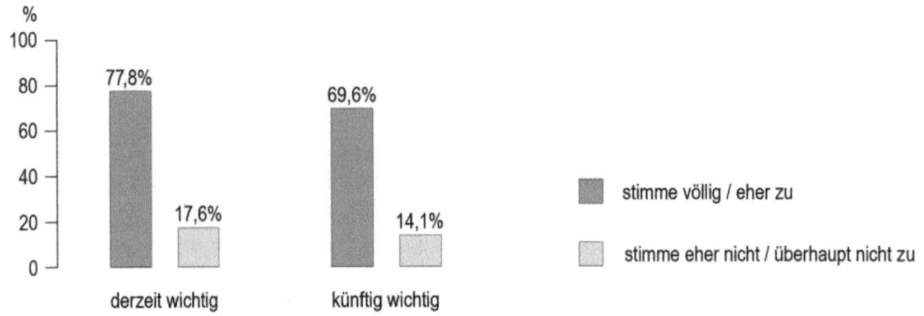

Abb. 1: *Bedeutung der Delegation ärztlicher Tätigkeiten. Die zu 100% fehlenden Werte entfallen auf diejenigen Umfrageteilnehmer, die diese Frage nicht bzw. nicht vollständig beantworteten.*

B Ziel der Arbeit

Nachdem an der Notwendigkeit der Delegation ärztlicher Tätigkeiten auf nichtärztliches Personal keine Zweifel bestehen, zielt die vorliegende Arbeit auf eine Untersuchung der Möglichkeiten und Grenzen der Aufgabenübertragung in praktischer und rechtlicher Sicht ab. Es gilt, die sich aus der Arbeitsteilung ergebenden Unsicherheiten durch die Bewertung bereits etablierter Delegationsgrundsätze aufzufangen. Es werden Delegationspflichten formuliert, deren Einhaltung weder eine zivil- noch strafrechtliche Verantwortlichkeit erwarten lässt. Die vorliegende Arbeit prüft daher insbesondere, in welchem Umfang, wann und in welcher Art und Weise die Delegation ärztlicher Tätigkeiten de lege lata zulässig ist und wie dies de lege ferenda geregelt werden könnte.

Im Mittelpunkt steht dabei die Übernahme ärztlicher Aufgaben durch Krankenpfleger im allgemeinmedizinischen Krankenhausbetrieb. Gleichwohl wird an geeigneten Stellen auf die Situation in ambulanten bzw. stationären Pflegeeinrichtungen eingegangen, die aufgrund der geringeren Arztdichte besondere Probleme[38] aufweisen.

C Methodische Umsetzung

Neben der Auswertung des medizinisch-pflegewissenschaftlichen und juristischen Schrifttums sowie der Rechtsprechung werden zunächst normative Vorschriften einer kritischen Überprüfung darauf unterzogen, inwieweit sie Aufschluss über das ärztliche Tätigkeitsfeld geben und sich aus ihnen Delegationsvoraussetzungen ableiten lassen. Daneben werden vor allem im zweiten Teil der vorliegenden Arbeit Ergebnisse einer im Herbst 2007 in

38 Künftig wird mit einer stärkeren Verlagerung medizinischer Leistungen in den ambulanten Bereich gerechnet, so etwa *Lauterbach*, Die Schwester/Der Pfleger 2006, 344 (344).

Sachsen, Sachsen-Anhalt und Niedersachsen durchgeführten Umfrage herangezogen. In Form eines standardisierten Fragebogens[39] wurde überwiegend mittels einer vierstufigen Likert-Skala[40] die Einstellung der Befragten gemessen. Ziel der Untersuchung war es, beispielhaft die im medizinischen Alltag delegierten Tätigkeiten zu erfassen und somit, jedenfalls tendenziell, einen Beitrag zur Delegationspraxis zu leisten. Über den nicht abschließenden Tätigkeitskatalog hinaus erfragt die Studie[41] auch die berücksichtigten Kriterien bei der Übertragbarkeit und Übertragung von Aufgaben und zeigt Vor- und Nachteile der Delegation ärztlicher Tätigkeiten und einer etwaigen gesetzlichen Regelung aus Sicht der praktisch Tätigen auf.

Die Grundgesamtheit der Untersuchung, d.h. die Menge von Objekten, auf die sich die Untersuchung bezieht,[42] setzt sich aus Ärzten und Krankenpflegern, die in Krankenhäusern[43] beschäftigt sind, sowie aus Kranken- und Altenpflegern[44], die in ambulanten bzw. stationären Pflegeeinrichtungen[45] arbeiten, zusammen.

Für den Pilottest vor der ersten Befragung wurden 100 Fragebögen per E-Mail an 70 zufällig ausgewählte Krankenhäuser und 30 Pflegeeinrichtungen mit der Bitte um Antwort durch ärztliche und pflegerische Mitarbeiter in verschiedenen beruflichen Positionen

---

39 Siehe *Anhang: Fragebogen*, S. 321 ff. Das Fragebogendesign orientiert sich zum Teil am Fragebogen zum Ersten Österreichischen Pflegebericht für diplomierte Gesundheit- und Krankenpflegepersonen sowie Pflegehelfer/innen und Altenfachbetreuer/innen, *ÖBIG*, Österreichischer Pflegebericht 2006, Anhang, Fragebögen.

40 *Diekmann*, Empirische Sozialforschung, S. 209. Im Rahmen dieser (explorativen) Studie dienten in erster Linie Häufigkeitszählungen der Analyse der Daten.

41 Die Studie erhebt nicht den Anspruch, die Gütekriterien und Qualitätsstandards empirischer Sozialforschung wie Objektivität, Reliabilität und Validität zu erfüllen. Die Umfrage diente der Autorin vielmehr dazu, sich einen Überblick über die Delegationspraxis im medizinisch-pflegerischen Arbeitsalltag zu verschaffen. Die Schwächen der durchgeführten Untersuchung liegen einerseits in der Stichprobengewinnung, andererseits in der Entwicklung des Fragebogens. So konnte durch die postalische Befragung die Auswahl der Teilnehmer, deren Motivation sowie die Umstände des Ausfüllens der Fragebögen nicht nachvollzogen werden. Unbekannt blieben aufgrund des Fragebogendesigns auch relevante Stationsstrukturen – wie etwa das Fachgebiet oder die Anzahl der Mitarbeiter pro Station.

42 Vgl. nur: *Schnell/Hill/Esser*, Methoden der empirischen Sozialforschung, S. 265.

43 Per definitionem des § 2 Nr. 1 KHG (Krankenhausfinanzierungsgesetz) sind Krankenhäuser „Einrichtungen, in denen durch ärztliche und pflegerische Hilfeleistungen Krankheiten, Leiden oder Körperschäden festgestellt, geheilt oder gelindert werden sollen oder Geburtshilfe geleistet wird und in denen die zu versorgenden Personen untergebracht und verpflegt werden können" (KHG, neu gefasst am 10.4.1991, BGBl. I S. 886, zuletzt geändert durch G v. 17.3.2009, BGBl. I S. 534.

44 Diese wurden aufgrund der Personalstruktur in Pflegeeinrichtungen in die Gruppe der Umfrageteilnehmer einbezogen.

45 Zu den ambulanten Pflegeeinrichtungen (Pflegedienste) werden hier gem. § 71 Abs. 1 SGB XI selbständig wirtschaftende Einrichtungen gezählt, die unter ständiger Verantwortung einer ausgebildeten Pflegefachkraft Pflegebedürftige in ihrer Wohnung pflegen und hauswirtschaftlich versorgen. Unter stationären Pflegeeinrichtungen (Pflegeheime) sind in Anlehnung an § 71 Abs. 2 Nr. 1 und 2 SGB XI selbständig wirtschaftende Einrichtungen zu verstehen, die 1. unter ständiger Verantwortung einer ausgebildeten Pflegefachkraft gepflegt werden, 2. ganztägig (vollstationär) oder nur tagsüber oder nur nachts (teilstationär) untergebracht und verpflegt werden können [Sozialgesetzbuch Elftes Buch (SGB XI) v. 26.4.1994, BGBl. I S. 1014; BGBl. III 860-11, zuletzt geändert durch G v. 30.7.2009, BGBl. I S. 2495].

versendet. Die Rücklaufquote betrug 20%, wobei 13% von Mitarbeitern aus dem pflegerischen und 7% von Mitarbeitern aus dem ärztlichen Bereich stammten. Da sich keine bedeutenden Verständnis- und Inhaltsprobleme ergeben haben, ist der Fragebogen als Untersuchungsinstrument verwendet worden.

Es wurden insgesamt 1448 Fragebögen postalisch oder persönlich ausgewählten Krankenhäusern und Pflegeeinrichtungen zugestellt. Davon entfielen ca. 34% auf Vertreter der Ärzteschaft und ca. 66% auf Pflegekräfte,[46] von denen ca. 84% in Krankenhäusern und 16% in ambulanten und stationären Pflegeeinrichtungen beschäftigt waren. Wie in *Abb. 2* dargestellt, wurden insgesamt 391 Fragebögen retourniert. Das entspricht einer Gesamtrücklaufquote von 27%. Relativ gesehen, verzeichnete die in absoluten Zahlen kleinste Gruppe der Umfrageteilnehmer, d.h. der in Pflegeeinrichtungen tätigen Pflegekräfte, mit 36% den größten Rücklauf. Im Krankenhaus arbeitende Krankenpfleger antworteten zu 27,1% und Ärzte zu 24,1%.

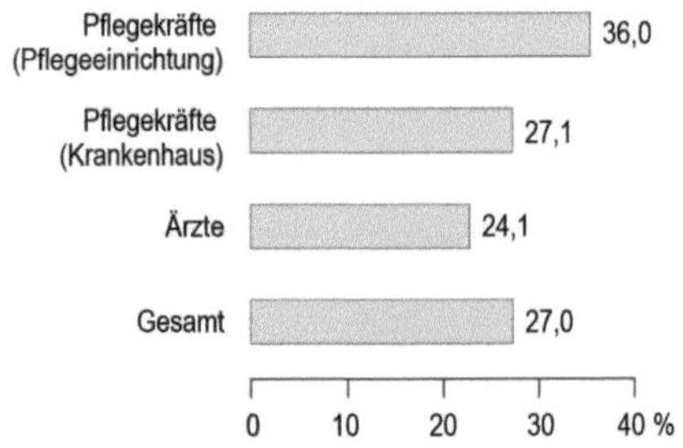

Abb. 2: *Rücklaufquote*

Strukturell setzten sich die ärztlichen Umfrageteilnehmer zu 1,7% aus ärztlichen Direktoren, zu 38% aus Chef- oder Oberärzten, zu 17,4% aus Fachärzten und zu 41,3% aus Assistenzärzten zusammen. Die zu 100% fehlenden Werte (1,6%) entfallen auf diejenigen Umfrageteilnehmer, die diese Frage nicht beantworteten bzw. unter der Rubrik „Sonstiges" den Fragebogen als Famulus beantworteten (vgl. *Abb. 3.1*). Letztere gehören nicht zur definierten Grundgesamtheit. Da Aussagen einer Untersuchung jedoch – selbst bestenfalls – nur für Objekte der Grundgesamtheit gelten,[47] werden ihre Antworten bei den folgenden Betrachtungen vernachlässigt.

46 Dies entspricht in etwa der Beschäftigungsverteilung von Ärzten und Pflegekräften, die sich aus dem Statistischen Jahrbuch 2007 ergibt, wenn man lediglich die Berufe Arzt und Krankenpfleger zueinander ins Verhältnis setzt, vgl. *Statistisches Bundesamt*, Statistisches Jahrbuch 2007, Kapitel Gesundheit, Tabelle 9.8.1, S. 253 für das Gesundheitspersonal nach Berufen und Geschlecht im Zeitvergleich.

47 *Schnell/Hill/Esser*, Methoden der empirischen Sozialforschung, S. 266.

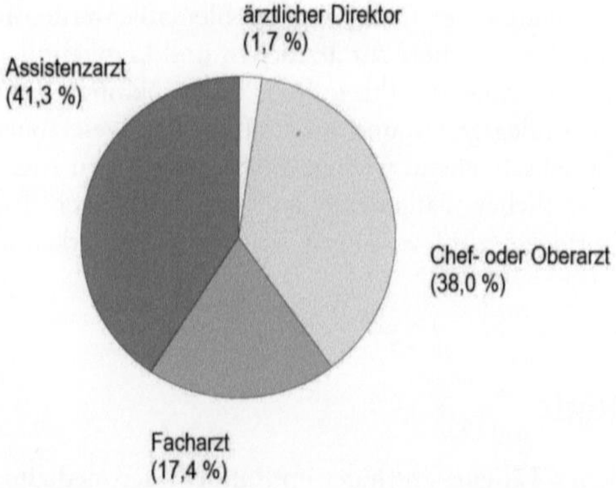

Abb. 3.1: *Berufliche Zusammensetzung der ärztlichen Umfrageteilnehmer*

Zu den pflegerischen Umfrageteilnehmern gehörten 6,7% der Pflegedienstleitung und 29,6% der Stations- oder Bereichsleitung an. 57% zählten zu der Berufsgruppe der Krankenpfleger und 5,6% zu der Berufsgruppe der Altenpfleger (vgl. *Abb. 3.2*). Die zu 100% fehlenden Werte (1,1%) entfallen auf diejenigen Teilnehmer, die unter der Rubrik „Sonstiges“ den Fragebogen als Hebamme oder Student der Pflegewissenschaften beantworteten. Wie erläutert, werden die Aussagen dieser Umfrageteilnehmer mangels Zugehörigkeit zur Grundgesamtheit im Folgenden nicht verwertet.[48]

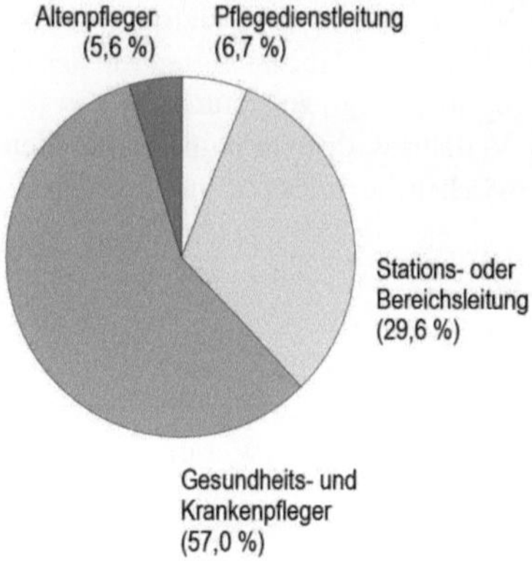

Abb. 3.2: *Berufliche Zusammensetzung der pflegerischen Umfrageteilnehmer*

48 Vgl. *Schnell/Hill/Esser*, Methoden der empirischen Sozialforschung, S. 266.

Nach dieser Bestandsaufnahme der Delegationsproblematik werden im dritten Teil „therapeutische“ Ansätze des Gesetzgebers zur ärztlichen und krankenpflegerischen Arbeitsteilung vorgestellt und die im Zuge des Pflege-Weiterentwicklungsgesetzes vorgenommenen Änderungen im Krankenpflegegesetz und im fünften Sozialgesetzbuch auf ihre Delegationsrelevanz untersucht. Abschließend werden die Möglichkeiten einer einheitlichen Regelung der Delegation ärztlicher Tätigkeiten auf Krankenpfleger diskutiert. Einbezogen werden dabei die Umfrageergebnisse, soweit sie Tendenzen erkennen lassen, sowie die österreichische Rechtslage.

D Terminologie

Die Delegation ärztlicher Tätigkeiten findet im Rahmen der medizinischen Arbeitsteilung statt. Daher werden zunächst die arbeitsteiligen Strukturen vorgestellt, bevor eine begriffliche Zuordnung erfolgt. Anschließend wird die Delegation von der sog. Substitution abgegrenzt und die hier zugrunde gelegte Definition von ärztlichen Tätigkeiten im engen und weiten Sinn erläutert.

I. Arbeitsteilung im Rahmen der Patientenbehandlung

Der Begriff der Arbeitsteilung umfasst sowohl die Arbeitszerlegung und Arbeitsverteilung des jeweiligen Arbeitsbereichs als auch die Zusammenarbeit zwischen allen in diesem Bereich beteiligten Berufsgruppen.[49] Letztere Form der Arbeitsteilung als Fundament heutiger medizinischer Versorgung[50] betrifft mithin die hier zu untersuchende Delegationsproblematik.

Dabei hängt die personelle und organisatorische Struktur der Zusammenarbeit wesentlich mit der Frage der Verantwortung und Haftung der beteiligten Personen zusammen. Daher ist zunächst die Form der Arbeitsteilung, die der Delegation ärztlicher Tätigkeiten auf Krankenpfleger zugrunde liegt, zu erläutern.

Je nachdem, wie das Verhältnis der zusammenwirkenden Leistungserbringer zueinander gestaltet ist, wird zwischen horizontaler und vertikaler Arbeitsteilung unterschieden.[51]

1. Horizontale Arbeitsteilung

Unter *horizontaler* Arbeitsteilung ist die weisungsunabhängige Zusammenarbeit gleichberechtigter Partner zu verstehen.[52] Neben der Weisungsfreiheit können auch ein ähnlicher Ausbildungsstand, ein ähnliches Maß an Fachkompetenz oder voneinander abgrenzbare

49 *Raspe*, in: Eser/Lutterotti/Sporken, Lexikon Medizin, Ethik, Recht, 78 (78).

50 *Carstensen/Schreiber*, Arbeitsteilung und Verantwortung, in: Jung/Schreiber, Arzt und Patient zwischen Therapie und Recht, S. 167 (168); *Stratenwerth*, in: FS Schmidt, S. 383 (387).

51 Diese Unterscheidung findet sich bereits bei *Stratenwerth*, MMW 1969, S. 1353 (1357).

52 *Stratenwerth*, Der Anaesthesist 1962, 239 (242); *Hiersche*, Die rechtliche Position der Hebamme bei der Geburt, S. 160.

und unabhängige Kompetenzbereiche Indizien für eine partnerschaftliche Gleichberechtigung bzw. Gleichordnung sein.[53] Beispiele für Erscheinungsformen horizontaler Arbeitsteilung bilden demnach die Kooperation zwischen verschiedenen Fachabteilungen eines Krankenhauses[54], zwischen niedergelassenen Ärzten untereinander[55] oder zwischen niedergelassenen Ärzten und Krankenhausärzten[56].

Diese Form der Zusammenarbeit kann auch zur Überschneidung einzelner Zuständigkeitsbereiche und damit zu einem positiven oder negativen Kompetenzkonflikt führen. Derartige Überschneidungen in der medizinischen Versorgung werden etwa anhand der in der betreffenden Einrichtung – zum Beispiel Krankenhaus oder Praxis – geltenden Aufgabenzuweisung, anhand individueller Absprachen, die aufgrund der Besonderheiten des Einzelfalls notwendig wurden oder anhand der von den beteiligten Berufsverbänden festgelegten Zuständigkeiten[57] vermieden. Ein etwaiger Kompetenzkonflikt bei der horizontalen Arbeitsteilung wird somit im Rahmen partnerschaftlicher Vereinbarungen gelöst, bringt folglich keine Überlegenheit oder Weisungsbefugnis des sich schließlich Durchsetzenden zum Ausdruck.[58]

2. Vertikale Arbeitsteilung

Stehen die handelnden Personen dagegen in einem Über-/Unterordnungsverhältnis zueinander, wird von *vertikaler* Arbeitsteilung gesprochen.[59] Im Gegensatz zur horizontalen Arbeitsteilung liegt die Wirkkraft der Zusammenarbeit hier weniger in einem sich wechselseitig ergänzenden Fachwissen, als vielmehr in einer dem jeweiligen Können des Mitarbeiters angepassten Aufteilung der ursprünglichen Gesamtaufgabe.[60] So beschreibt vertikale Arbeitsteilung im Krankenhausbetrieb die Weisungskette[61] vom ärztlichen Direktor und Chefarzt über den Oberarzt zum Stationsarzt und sonstigen nachgeordneten Ärzten

53 *Lilie*, in: Eser/Lutterotti/Sporken, Lexikon Medizin, Ethik, Recht, S. 88 (89); *Wilhelm*, Verantwortung und Vertrauen bei Arbeitsteilung in der Medizin, S. 4.

54 Ein klassisches Beispiel hierfür bildet das Zusammenspiel von Anästhesist und Chirurg.

55 So etwa bei der Zusammenarbeit mehrerer niedergelassener Internisten.

56 Hier interessiert insbesondere, ob und inwieweit der nachbehandelnde Arzt den Befund des vorbehandelnden Arztes übernehmen darf, zum Ganzen *Laufs*, in: Laufs/Uhlenbruck, Handbuch des Arztrechts, § 101, Rn. 4.

57 Vgl. z.B. die „Vereinbarung über die Zusammenarbeit bei der Bluttransfusion“ des Berufsverbandes Deutscher Anästhesisten und des Berufsverbandes der Deutschen Chirurgen von 1989, abrufbar im Internet unter <http://www.dgai.de/06pdf/01_1_031-Chirurgie.pdf> (Stand v. 3.11.2007).

58 Zum Ganzen *Hiersche*, Die rechtliche Position der Hebamme bei der Geburt, S. 160; *Wilhelm*, Verantwortung und Vertrauen bei Arbeitsteilung in der Medizin, S. 4.

59 *Ulsenheimer*, Arztstrafrecht in der Praxis, Rn. 143; *Bergmann*, Die Arzthaftung, S. 43.

60 *Wilhelm*, Verantwortung und Vertrauen bei Arbeitsteilung in der Medizin, S. 5.

61 Weist beispielsweise der Chefarzt seinen Oberarzt an, eine nach Art und Menge näher präzisierte Infusionstherapie zu beginnen, sobald die Elektrolytwerte eine bestimmte Grenze unterschreiten und der Zustand des Patienten keine baldige Besserung erwarten lässt, so wird der Oberarzt, wenn er die Therapie für erforderlich erachtet, den zuständigen Stationsarzt beauftragen, die Infusion anzulegen. Der Stationsarzt seinerseits wird den Stationspfleger bitten, das Präparat sowie sonstige Hilfsmittel vorzubereiten. Schließlich wird der Stationspfleger unter Umständen weitere Pflegekräfte einsetzen, um die nötigen Utensilien heranzuschaffen, Beispiel nach: *Wilhelm*, Verantwortung und Vertrauen bei Arbeitsteilung in der Medizin, S. 5.

bis zu den Pflegedienstmitarbeitern, unter denen gleichfalls eine gestufte Weisungsgebundenheit von der leitenden Stationspflegekraft bis hin zum Krankenpflegeschüler besteht.[62] Folglich vollzieht sich die Delegation ärztlicher Tätigkeiten auf Krankenpfleger grundsätzlich im Rahmen der vertikalen Arbeitsteilung.[63]

Ausnahmsweise wird jedoch auch in diesem Bereich von einer zumindest partiellen horizontalen Arbeitsteilung gesprochen, wenn es um die Beziehung zwischen Ärzten und Nichtärzten außerhalb der Krankenhausorganisation, etwa in Altenheimen, Sozialstationen und sonstigen Pflegeeinrichtungen geht.[64] Allerdings ergibt sich die durch Über- und Unterordnung gekennzeichnete Struktur der vertikalen Arbeitsteilung nicht nur infolge eines hierarchischen Personalaufbaus wie er im Krankenhausbetrieb zu finden ist, sondern auch infolge unterschiedlicher fachlicher Qualifikation.[65] Im Hinblick auf die medizinischen Kenntnisse besteht mithin zwischen Arzt und Pflegekraft in den Delegationsfällen auch außerhalb des Krankenhauses ein Über-/Unterordnungsverhältnis, das auf *fachlicher* Weisungsgebundenheit der Pflegekraft beruht[66] und somit als vertikale Arbeitsteilung zu

62 *Laufs*, in: Laufs/Uhlenbruck, Handbuch des Arztrechts, § 101, Rn. 10; *Kammerlohr*, Behandlungsfehlerhaftung im arbeitsteiligen Medizinbetrieb, S. 38.

63 A.A. *Umbreit*, Verantwortlichkeit des Arztes, S. 51, der die Delegation nicht als Unterform arbeitsteiligen Zusammenwirkens, sondern als Übertragung von Kompetenzen begreift. Zur Begründung stellt er darauf ab, dass die Delegation von Arbeit ursprünglich einheitlich strukturierte Arbeitsprozesse nicht aufspalte, sondern die ursprünglichen Aufgaben ungespalten auf einen anderen neuen Träger der Kompetenz übertrage. Dem ist jedoch entgegenzuhalten, dass bei der Patientenbehandlung die Behandlung insgesamt und nicht die „Einzelakte" bzw. die einzelnen Tätigkeiten im Vordergrund stehen, sodass infolge der Delegation sehr wohl ein einheitlich strukturierter Arbeitsprozess – Behandlung des Patienten – in verschiedene einzelne, übertragbare Tätigkeiten aufgegliedert wird.

64 *Böhme*, Pflege auf dem Prüfstand, S. 37 – 40; *Plantholz*, Pflegekammer, S. 35 f.; ähnlich *Rudoplph* für Nichtärzte, die ihren Beruf selbständig neben den Ärzten ausüben, z.B. Heilpraktiker, Hebammen oder Physiotherapeuten, *Rudolph*, Protokoll Arbeitskreis „Ärzte und Juristen" – 28./29. April 2006, S. 2, Folie 6, abrufbar im Internet unter <http://www.rz.uni-duesseldorf.de/WWW/AWMF/pdf/aej06-1.pdf> (Stand v. 10.05.2007).

65 Vgl. insofern LAG Berlin, Urt. v. 30.5.1983 – 9 Sa 21/83, VersR 1983, 937 (938), wonach auch ein angestellter Krankenhausarzt als Fachvorgesetzter gegenüber im Krankenhaus angestellten Pflegepersonal weisungsberechtigt und –verpflichtet ist. Ferner *Deutsch*, VersR 2007, 40 (41); *Wilhelm*, Verantwortung und Vertrauen bei Arbeitsteilung in der Medizin, S. 5. Dafür spricht auch die ökonomische Definition der sog. vertikalen Substitution, die die Aufgabenübertragung zwischen ungleichen Ausbildungsgraden beschreibt.

66 Davon zu trennen ist jedoch die Weisungsgebundenheit im arbeits- bzw. dienstrechtlichen Sinn, die es dem Arbeitgeber ermöglicht, einseitig die Arbeitsbedingungen, insbesondere Art, Zeit und Ort der Arbeitsleistung sowie das arbeitsbegleitende Verhalten seiner Arbeitnehmer im Betrieb zu bestimmen (*Weidenkaff*, in: Palandt, § 611, Rn. 45). Im Gegensatz zum Krankenhaus existiert in der Regel kein Anstellungsverhältnis zwischen dem Arzt und dem Träger der Pflegeeinrichtung. Daher kann der Träger seine arbeitsrechtliche Weisungsbefugnis entgegen der Ansicht *Brenners* (*Brenner*, Rechtskunde für das Pflegepersonal, S. 159 f.) auch nicht auf den Arzt übertragen, vielmehr verbleibt diese weiterhin in der Organisationshoheit des Trägers [(*Plantholz*, Pflegekammer, S. 35 f.; *Saffé/Sträßner*, PflR 1998, 30 (35)]. Im Übrigen untersteht das krankenhäusliche Pflegepersonal hinsichtlich der medizinischen Abläufe dem Weisungsrecht des Chefarztes bzw. des leitenden Arztes der jeweiligen Abteilung, *Thomae*, in: Weth/Thomae/Reichold, Arbeitsrecht im Krankenhaus, Teil 2, C, Rn. 6. Formal ergibt sich kein direktes Weisungsrecht der weiteren ärztlichen Mitarbeiter gegenüber dem Pflegepersonal. Ein solches steht gegenüber den einzelnen Pflegekräften vielmehr dem

qualifizieren ist. Dies bestätigt beispielsweise § 2 Abs. 4 MBO-Ä[67], wonach Ärzte hinsichtlich ihrer ärztlichen Entscheidungen keine Weisungen von Nichtärzten entgegennehmen dürfen. Arzt und Pflegekraft stehen sich folglich in fachlicher Hinsicht nicht gleichberechtigt gegenüber, sodass der Begriff der horizontalen Arbeitsteilung an dieser Stelle verfehlt ist. Vielmehr bestehen vertikal strukturierte Arbeitsabläufe bezogen auf die Delegation ärztlicher Tätigkeiten nicht nur in krankenhausähnlichen Organisationskomplexen.[68] Etwas anderes kann nur dort gelten, wo der Krankenpfleger nicht – wie bei der Delegation – nur aufgrund ärztlicher Anordnung tätig wird, sondern Arzt und Krankenpfleger unabhängig voneinander Maßnahmen am Patienten vornehmen.

II. Delegation

Zusammenfassend bedeutet *Delegation*[69] im Sinne der vorliegenden Untersuchung die Übertragung ärztlicher Tätigkeiten auf Krankenpfleger durch ärztliche Anordnung[70]. Mithin liegt nur dann ein Delegationsfall im Sinne der vertikalen Arbeitsteilung vor, wenn im Rahmen des Subordinationsverhältnisses Ärzte *eigene* Aufgaben an Krankenpfleger zur Durchführung übertragen.[71] Davon zu unterscheiden ist die sog. *Assistenz*. Darunter werden lediglich untergeordnete, unselbständige Tätigkeiten bzw. Handreichungsdienste des nichtärztlichen Mitarbeiters auf Weisung des am Ort des Geschehens leitend anwesenden Arztes verstanden, wobei die Grenze zwischen Assistenz und Delegation im Einzelfall fließend verläuft.[72]

Stationspfleger zu, der ihnen die Weisungen betreffend die Durchführung ärztlicher Anordnungen erteilt, *Wenzel*, in: Wenzel, Handbuch FA Medizinrecht, Kapitel 4, Rn. 696.

67 Musterberufsordnung für Ärzte. Zur Rechtsnatur der MBO-Ä siehe *Zweiter Teil, B I. 3. a) aa)*, S. 40 f.

68 Vgl. insofern auch § 27 Abs. 4 S. 2 BMV-Ä (Bundesmantelvertrag Ärzte), wonach die Krankenkassen die Leistungserbringer der häuslichen Krankenpflege zu verpflichten haben, die ärztlichen Weisungen zu beachten.

69 Von lat. delegare = übertragen, anvertrauen, anweisen. Im Übrigen ist in Rechtsprechung und Schrifttum auch dann von Delegation die Rede, wenn ein Arzt einem untergeordneten Arzt eine Aufgabe überträgt.

70 Diese Anordnung kann zurückgenommen werden, sodass die Delegation nicht zu einem dauerhaften Übergang des Tätigkeitsinhalts führt (*SVR Gesundheitswesen*, Kooperation und Verantwortung, Anm. 99, S. 91, abrufbar im Internet unter <http://www.svr-gesundheit.de/Startseite/Startseite.htm> (Stand v. 4.9.2007).

71 So auch *Wilhelm*, Verantwortung und Vertrauen bei Arbeitsteilung in der Medizin, S. 129.

72 *Spickhoff/Seibl*, MedR 2008, 463 (463); *Hellmann/Herffs*, Der ärztliche Abrechnungsbetrug, Rn. 371. Insofern weist *Ulsenheimer* zu Recht auf die missverständliche Bezeichnung des „medizinischen Assistenten für Anästhesiologie (MAfA)“ hin. Dieser darf u.a. nach Narkoseeinleitung in- und extubieren, Medikamente, Schmerzmittel und Hypnotika applizieren, invasive Maßnahmen selbständig und in eigener Verantwortung vornehmen, sodass er nicht „bloß“ assistierend tätig wird, *Ulsenheimer*, Der Anaesthesist 2009, 553 (554). Vgl. aber *Steffen*, MedR 1996, 265 (265 f.), der zwar explizit nur von Assistenz spricht, durch die Bezugnahme auf verschiedene Stellungnahmen, die sich mit der Übertragbarkeit ärztlicher Tätigkeiten beschäftigen, inhaltlich jedoch Delegationsfragen erörtert.

III. Substitution

Der ökonomische Terminus für die Übernahme bestimmter Tätigkeitsinhalte einer Berufsgruppe durch eine andere ist der der ***Substitution***[73] von Aufgaben. Findet die Substitution zwischen gleichwertigen Ausbildungsgraden statt, spricht man von horizontaler, andernfalls von vertikaler Substitution.[74] Folglich handelt es sich bei dem ökonomischen Begriff der vertikalen Substitution an sich um das Pendant zum juristischen Ausdruck der Delegation.

Gleichwohl wird unter Substitution[75] im Folgenden, wie im medizinisch-pflegewissenschaftlichen Diskurs üblich[76], die vollständige und dauerhafte Überführung vormals ärztlicher Tätigkeiten in den Verantwortungsbereich der substituierenden nichtärztlichen Berufsgruppe verstanden.[77] Im Gegensatz zur Delegation ist somit weder eine ärztliche Anordnung noch eine ärztliche Aufsicht über die ordnungsgemäße Durchführung der übertragenen Maßnahme erforderlich.[78] Vielmehr tritt die nichtärztliche Berufsgruppe ersetzend an die Stelle des Arztes.

IV. Ärztliche Tätigkeit

Wie bereits die mehrfach verwendete Aussage, es handle sich bei der Delegation ärztlicher Tätigkeiten um die Durchführung ärztlicher Tätigkeiten durch Nichtärzte, impliziert, ist der Begriff „ärztliche Tätigkeit" nicht rein *personell-formell* zu definieren. Zwar kann das Adjektiv „ärztlich" für sich genommen eine Tätigkeit durchaus nach der persönlichen Qualifikation des Handelnden als Arzt beschreiben. Ebenso kann es aber auch eine gewis-

---

73 Von lat. substituere = darunter stellen, ersetzen.

74 *SVR Gesundheitswesen*, Kooperation und Verantwortung, Anm. 99, S. 91, abrufbar im Internet unter <http://www.svr-gesundheit.de/Startseite/Startseite.htm> (Stand v. 4.9.2007).

75 Ferner finden die Begriffe der Allokation bzw. der Neuverteilung der Aufgaben im Gesundheitswesen als Synonym für die Substitution ärztlicher Leistungen in der Fachliteratur Verwendung.

76 Vgl. nur: Pressemitteilung Ärztekammer Westfalen-Lippe v. 15.5.2008: Windhorst: Pro Kooperation und Delegation, contra Substitution, abrufbar im Internet unter <http://www.bundesaerztekammer.de/page.asp?his=0.8.5627.6210> (Stand v. 12.6.2008); *Kassenärztliche Bundesvereinigung (KBV)*, Delegation ärztlicher Leistungen ja, Substitution nein, abrufbar im Internet unter <http://www.bdi.de/bdi/content/020/010/0804232.jsp;jsessionid=D92D0828669EA8A57F114E4541AB7C4F> (Stand v. 12.6.2008); *Flintrop/Merten/Gerst*, DÄB 2008, A 979 (A 979). Gegen eine Differenzierung zwischen Delegation und Substitution wendet sich *Ulsenheimer* mit dem Hinweis darauf, dass es einen arztfreien Raum in beiden Fällen nicht gebe, *Ulsenheimer*, Der Anaesthesist 2009, 553 (554). Dem ist insofern zuzustimmen als es bei der Patientenbehandlung, wie noch zu zeigen sein wird, keinen arztfreien Bereich gibt. Gleichwohl unterscheidet sich in rechtlicher Hinsicht die Delegations- von der Substitutionssituation. Während im ersten Fall stets eine ärztliche Anordnung und Überwachung erforderlich ist, wird die Tätigkeit bei der Substitution in der Regel ohne ärztliche Veranlassung allein durch die nichtärztliche Berufsgruppe initiiert.

77 *Frahm*, VersR 2009, 1576 (1576); *Hoffmann et al.*, Der Unfallchirurg 2008, 367 (368); zust. *Kunte*, SGb 2009, 689 (690).

78 Ausführlich zur Delegation und Substitution siehe *Zweiter Teil, B II. 6.*, S. 155 ff., *Dritter Teil, B*, S. 262 ff.

se *sachlich-materielle* Qualität der Tätigkeit eines Arztes oder eben eines Nichtarztes ausdrücken.[79]

Wenngleich eine ausschließlich personell-formelle Bestimmung den Vorteil hätte, dass sich die Frage nach der Gleichwertigkeit ärztlicher und nichtärztlicher Tätigkeit erst gar nicht stellen würde, so liegen die Nachteile auf der Hand: Einerseits wäre dann jeder Nichtarzt von der Erbringung einer ärztlichen Tätigkeit von vornherein ausgeschlossen, was angesichts des sich gerade durch Interprofessionalität und Arbeitsteilung auszeichnenden Gesundheitswesens zu kaum lösbaren Abgrenzungsproblemen führen dürfte.[80] Andererseits wäre jede beliebige Tätigkeit auch ärztliche Tätigkeit, solange sie nur von einem Arzt ausgeführt wird.[81]

Daher liegt dem Begriffspaar „ärztliche Tätigkeit“ neben dem personell-formellen Aspekt auch ein sachlich-materieller zugrunde,[82] der eine Tätigkeit als ärztlich qualifiziert, wenn sie dem ärztlichen Berufsbild – unabhängig von der Durchführung im Einzelfall – zugeordnet werden kann. Erst dadurch wird es Nichtärzten ermöglicht, die sich auf einem im Verhältnis zum Gesamtbild des ärztlichen Berufs untergeordneten Teilbereich spezialisiert haben, diesen auch ausüben zu dürfen.[83]

Wenn in der vorliegenden Arbeit zwischen *ärztlichen Tätigkeiten im engen und weiten Sinn* unterschieden wird, so liegt im ersten Fall der Schwerpunkt auf dem personell-formellen Aspekt des Begriffspaars „ärztliche Tätigkeit“, während im zweiten Fall die sachlich-materielle Komponente stärkeres Gewicht bekommt. Im hier verstandenen Sinn beschreiben *ärztliche Tätigkeiten im engen Sinn* somit Tätigkeiten, die der Arzt höchstpersönlich[84] bzw. eigenhändig durchführen muss und die daher nicht delegationsfähig sind[85].

---

79 Zum Ganzen *Mazal*, Krankheitsbegriff und Risikobegrenzung, S. 234.

80 *Mazal*, Krankheitsbegriff und Risikobegrenzung, S. 236.

81 *Mazal*, Krankheitsbegriff und Risikobegrenzung, S. 236.

82 Normativ drückt sich dies, wie noch zu zeigen sein wird, dadurch aus, dass unter bestimmten Voraussetzungen auch die Durchführung ärztlicher Tätigkeiten durch Nichtärzte dem Arzt als ärztliche Tätigkeit zugerechnet wird, vgl. die Ausführungen zum Grundsatz der persönlichen Leistungserbringungspflicht des Arztes, *Zweiter Teil, B I. 3. a)*.

83 Vgl. *Mazal*, Krankheitsbegriff und Risikobegrenzung, S. 237, der in diesem Zusammenhang auf die ökonomischen Vorteile für die Leistungsgewährung im Rahmen der gesetzlichen Krankenversicherung verweist.

84 Allerdings wird der Begriff höchstpersönlich – in Abgrenzung zum Begriff persönlich – nicht nur im hier verstandenen Sinne zur Beschreibung einer Tätigkeit als unmittelbar (selbst) vom Arzt zu erbringende Tätigkeiten verwendet – so etwa, wenn nicht delegationsfähige Tätigkeiten als höchstpersönliche bezeichnet werden, vgl. *Gitter/Köhler*, in: Broglie: Der Grundsatz der persönlichen ärztlichen Leistungspflicht, S. 41; *Spickhoff/Seibl*, NZS 2008, 57 (59). Häufig wird der Begriff höchstpersönlich auch im Rahmen der persönlichen Leistungserbringungspflicht des Arztes dahingehend verstanden, dass selbst eine delegierte, ärztliche Tätigkeit weiterhin nicht nur als persönliche, sondern sogar als höchstpersönliche Tätigkeit eines Arztes gelten kann. Angesichts dieser uneinheitlichen Verwendung der Begriffe *höchstpersönlich* und *persönlich* ist der Begriff der Eigenhändigkeit für ärztliche Tätigkeiten im engen Sinn, unmissverständlicher. Freilich erscheint der Begriff der Eigenhändigkeit in den Fällen missglückt, in denen es um Tätigkeiten des Arztes geht, die nicht im engen Wortsinn durch „Handeinsatz“ erbracht werden (z.B. Aufklärungsgespräch). Daher wird im Folgenden gleichwohl am Begriff der Höchstpersönlichkeit festgehalten, um ärztliche Tätigkeiten im engen Sinn zu charakterisieren, also Tätigkeiten, die selbst vom Arzt durchgeführt werden müssen, d.h. keiner Delegation an Nichtärzte zugänglich sind.

85 Ausnahme u.U. bei Notfallmaßnahmen.

Insofern wird dem Arzt exklusiv eine bestimmte Aufgabe vorbehalten. In der Konsequenz bedeutet ein solcher Tätigkeitsvorbehalt für alle nichtärztlichen Berufsgruppen ein Tätigkeitsverbot.[86] Dagegen werden diejenigen ärztlichen Tätigkeiten, die unter bestimmten Voraussetzungen nichtärztliche Mitarbeiter übernehmen dürfen als *ärztliche Tätigkeiten im weiten Sinn* bezeichnet.

Unabhängig von dieser begrifflichen Einteilung wird berufsrechtlich häufig von sog. *Vorbehaltstätigkeiten* gesprochen. Vorbehaltene Tätigkeiten lassen sich in solche mit absoluter und relativer Wirkung unterschieden.[87] *Absolute Vorbehaltstätigkeiten* sind ausschließlich einer bestimmten Berufsgruppe zugewiesene Tätigkeiten, die weder von einer anderen Berufsgruppe berufsmäßig noch – abgesehen von Notfällen – von den übrigen, also den nicht berufsmäßig tätigen Normadressaten der Rechtsordnung ausgeführt werden dürfen.[88] Dagegen werden unter *relativen Vorbehaltstätigkeiten* solche Tätigkeiten verstanden, die einer bestimmten Berufsgruppe nur im Verhältnis zu der berufsmäßigen Ausübung dieser Tätigkeiten durch andere Berufsgruppen vorbehalten sind, nicht jedoch im Verhältnis zur nicht berufsmäßigen Ausübung dieser Tätigkeiten durch alle Normadressaten der Rechtsordnung.[89] Während absolute Vorbehaltstätigkeiten dem deutschen Recht der Gesundheitsberufe fremd sind, finden sich relative Vorbehaltstätigkeiten beispielsweise im Heilpraktikergesetz und der Bundesärzteordnung für die berufsmäßige Ausübung der Heilkunde.[90] Die hier zu untersuchenden ärztlichen Tätigkeiten stellen sich insofern als relative Vorbehaltstätigkeiten dar.

86 Vgl. *Schnitzler*, Das Recht der Heilberufe, S. 94, 98.

87 *Igl*, in: Deutscher Pflegerat e.V., Weitere öffentlich-rechtliche Regulierung der Pflegeberufe, S. 115 f.; Skiczuk, Berufs- und Tätigkeitsschutz, S. 52. Daneben nennt *Igl* mit den sog. prioritären Vorbehalten eine dritte Gruppe von Vorbehaltstätigkeiten. Prioritäre Vorbehalte weisen die berufsmäßige Ausübung der Vorbehaltstätigkeiten mehreren Berufsgruppen zu, knüpfen die Ausübung für einzelne Berufsgruppen aber an bestimmte Voraussetzungen, so wie im Hinblick auf die Leistung von Geburtshilfe nach § 4 Abs. 1 Hebammengesetz, *Igl*, in: Deutscher Pflegerat e.V., Weitere öffentlich-rechtliche Regulierung der Pflegeberufe, S. 115 f.

88 *Igl*, in: Deutscher Pflegerat e.V., Weitere öffentlich-rechtliche Regulierung der Pflegeberufe, S. 115 f.; *Skiczuk*, Berufs- und Tätigkeitsschutz, S. 52.

89 *Igl*, in: Deutscher Pflegerat e.V., Weitere öffentlich-rechtliche Regulierung der Pflegeberufe, S. 115.

90 Vgl. § 1 Abs. 1 HPG, § 2 Abs. 5 BÄO; *Igl*, in: Deutscher Pflegerat e.V., Weitere öffentlich-rechtliche Regulierung der Pflegeberufe, S. 115.

Zweiter Teil: Diagnose – Delegationspraxis und -theorie

Eine strikte Abgrenzung der dem Arzt allein vorbehaltenen Aufgaben von solchen, die auch durch Krankenpfleger ausgeführt werden können, lässt sich nicht nach ausschließlich rechtlichen Kriterien vornehmen. Vielmehr kann die genaue Einordnung nur aus medizinisch-pflegewissenschaftlicher Sicht unter Berücksichtigung der Besonderheiten des Einzelfalls erfolgen.[91] Daraus erklärt sich auch die Schwierigkeit, rechtliche Grenzen für die Delegation konkreter ärztlicher Tätigkeiten festzulegen.

Allerdings kann und muss das Recht – sei es als normative Regelung oder in Gestalt von richterlicher Rechtsfortbildung – angesichts der hohen betroffenen Rechtsgüter des Patienten[92] – Mindestanforderungen für die Delegationsfrage aufstellen. Nachfolgend werden daher zunächst die Delegationspraxis und mit ihr die medizinische Seite der Aufgabenübertragung beleuchtet, bevor im Anschluss näher auf die rechtlichen Aspekte des arbeitsteiligen Zusammenwirkens von Arzt und Krankenpfleger eingegangen wird.

A Medizinische Aspekte – Delegationspraxis

Anhand der oben vorgestellten Umfrage[93] wird ein Überblick über im medizinischen Alltag anfallende Tätigkeiten und deren Einordnung als ärztliche bzw. pflegerische Aufgaben sowie deren Delegationsfähigkeit aus Sicht der befragten Ärzte, Kranken- und Altenpfleger gegeben.

I. Einordnung konkreter Tätigkeiten

Die Umfrageteilnehmer sollten entscheiden, welche der aufgeführten Tätigkeiten sie eher als *ärztliche* bzw. eher *pflegerische* Tätigkeiten bezeichnen würden.[94] Sofern ihnen eine berufsgruppenspezifische Zuordnung nicht möglich erschien, konnten sie auf die dritte Antwortvorgabe „weiß nicht“ ausweichen.

1. Ärztliche und pflegerische Tätigkeiten

Hinsichtlich der Einschätzung einer Tätigkeit als eine *ärztliche* Tätigkeit herrscht grundsätzlich eine hohe Übereinstimmung zwischen den befragten Berufsgruppen. In *Abb. 4.1,*

91 *Gitter/Köhler*, in: Broglie: Der Grundsatz der persönlichen ärztlichen Leistungspflicht, S. 55; *Simon*, Delegation ärztlicher Leistungen, S. 43.

92 Leben und körperliche Unversehrtheit, Art. 2 Abs. 1 S. 1 GG.

93 Siehe *Erster Teil, C*, S. 6 ff.

94 Vgl. Fragebogen, Frage 10a, siehe *Anhang: Fragebogen*, S. 321 ff.

4.2[95] werden diejenigen Tätigkeiten als ärztliche Tätigkeiten ausgewiesen, die die jeweilige Berufsgruppe mit mindestens 51% als eher ärztliche Tätigkeit einstufte.

Ebenso ergibt sich bei der Einschätzung einer Tätigkeit als eine *pflegerische* Tätigkeit, wie *Abb. 5* verdeutlicht, eine weitgehende Kongruenz unter den Befragten. *Abb. 5* listet diejenigen Tätigkeiten als pflegerische Tätigkeiten auf, die die jeweilige Berufsgruppe mit mindestens 51% als eher pflegerische Tätigkeit einordnete.

Sowohl in *Abb. 4.1, 4.2* als auch *5* wurden jeweils fünf Tätigkeiten mit mindestens 80% der jeweiligen Berufsgruppe als ärztliche oder pflegerische Tätigkeiten qualifiziert. Diese Aufgaben weisen daher in Bezug auf ihre Einordnung auf eine größere Sicherheit der Befragten hin. Für den Bereich der *ärztlichen* Tätigkeiten betrifft dies die *Durchführung der Abdomensonographie*, das *Legen zentralvenöser Zugänge*, die *Patientenaufklärung vor ausgewählten operativen Eingriffen*, die *Patientenaufklärung vor der Narkose bzw. der Regionalanästhesie* und die *Auswertung von (Langzeit-) EKG*. Als *pflegerische* Tätigkeiten wurden insofern die *Verabreichung von Arzneimitteln* und *subkutanen Injektionen*, die *Durchführung von Darmeinläufen*, *einfache Wärme- und Lichtanwendungen* sowie die *Durchführung von Sondenernährung bei liegenden Magensonden* gezählt.

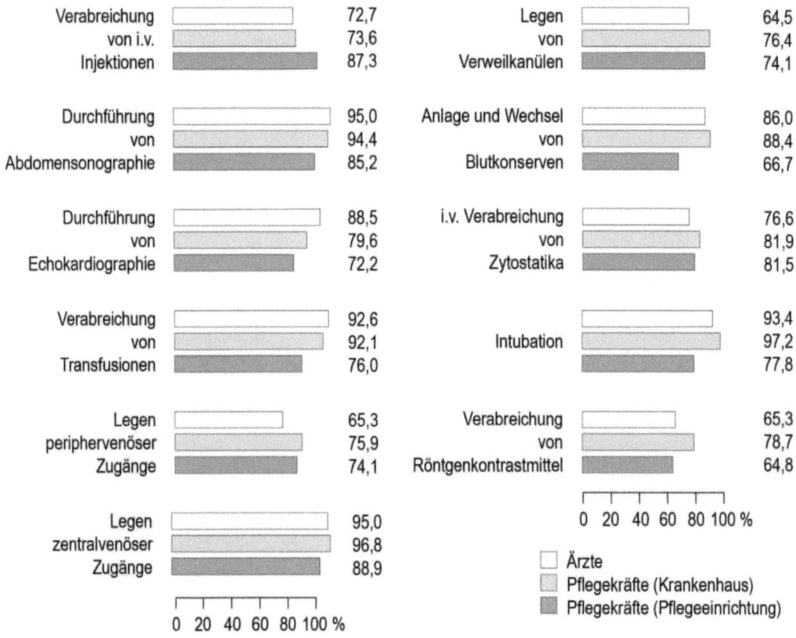

Abb. 4.1: *Ärztliche Tätigkeiten im Berufsgruppenvergleich (I)*

95 Die in den Abbildungen verwendete Reihenfolge der Tätigkeiten entspricht der des Fragebogens.

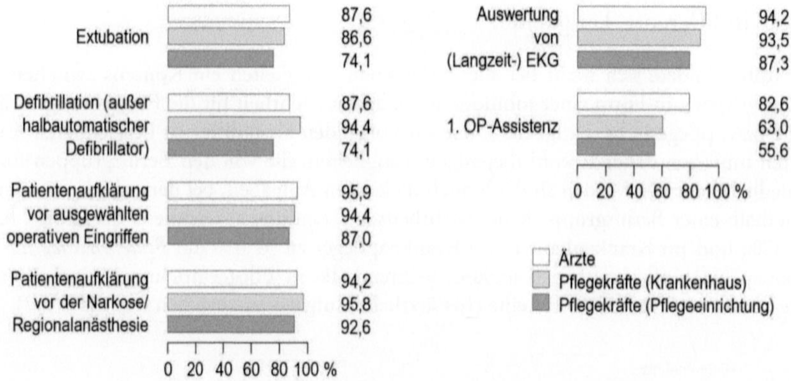

Abb. 4.2: *Ärztliche Tätigkeiten im Berufsgruppenvergleich (II)*

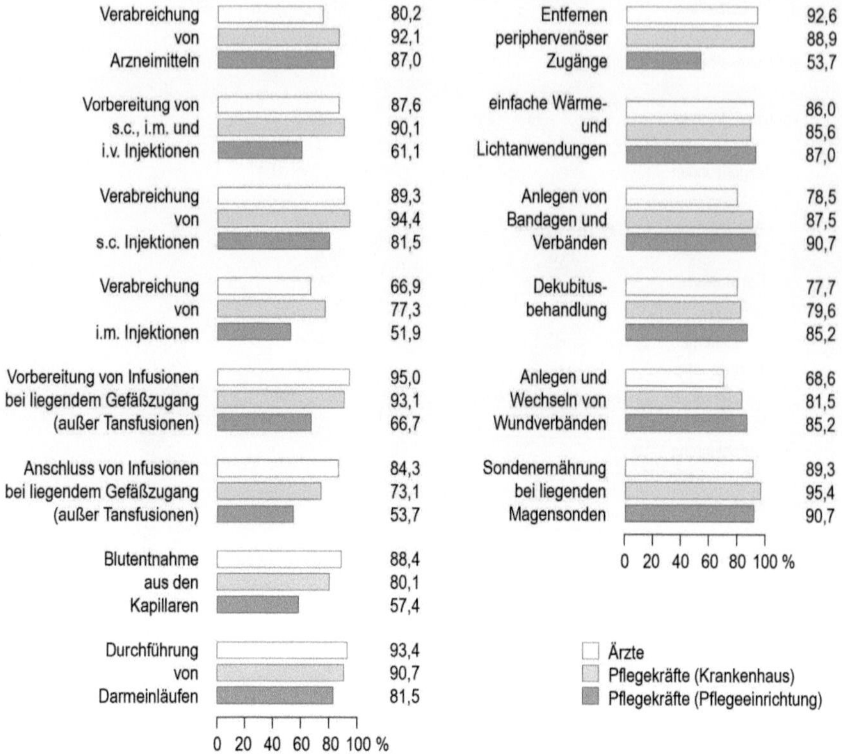

Abb. 5: *Pflegerische Tätigkeiten im Berufsgruppenvergleich*

2. Indifferente Tätigkeiten

Allerdings bildete sich nicht bei allen erhobenen Tätigkeiten ein Konsens zwischen den Berufsgruppen in Form einer mindestens einfachen Mehrheit für die Einordnung als ärztliche bzw. pflegerische Tätigkeit. Diese im Folgenden als indifferent bezeichneten Tätigkeiten umfassen daher sowohl diejenigen Tätigkeiten, die von den Berufsgruppen unterschiedlich beurteilt worden sind, als auch diejenigen Aufgaben, bei denen sich mindestens innerhalb einer Berufsgruppe keine Mehrheitsentscheidung abzeichnete. So zählten Ärzte zu 67% und im Krankenhaus tätige Krankenpfleger zu 51,4% die *Blutentnahme aus der Vene* zu einer pflegerischen Tätigkeit, während die in Pflegeeinrichtungen arbeitenden Pflegekräfte sich zu 53,7% für eine eher ärztliche Aufgabe aussprachen (*vgl. Abb. 6.1*).

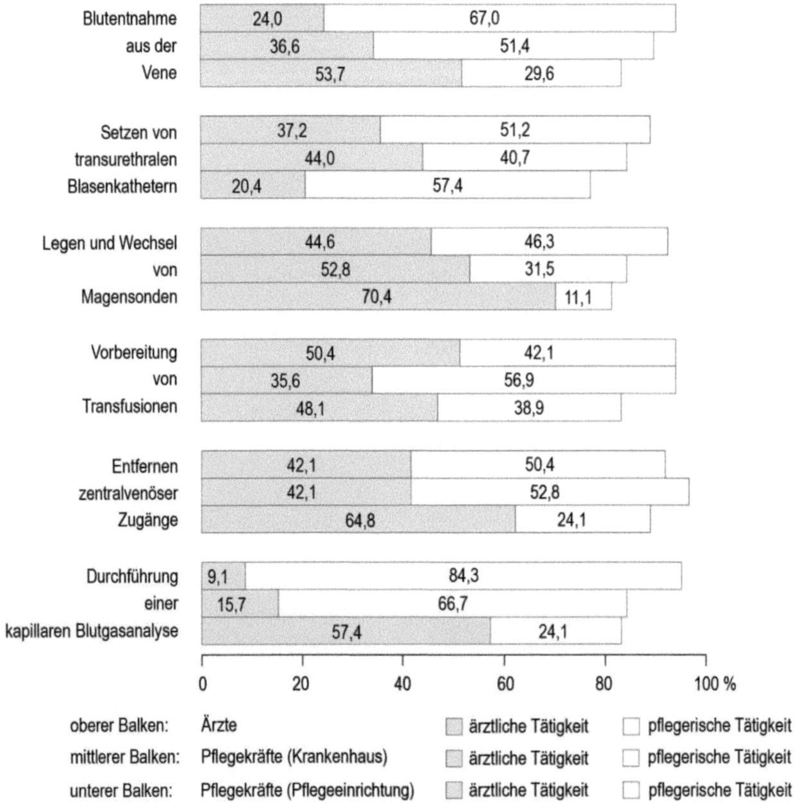

Abb. 6.1: *Indifferente Tätigkeiten im Berufsgruppenvergleich (I). Die zu 100% fehlenden Werte entfallen auf diejenigen Umfrageteilnehmer, die diese Frage nicht bzw. nicht vollständig beantworteten.*

Ein deutlicher Unterschied zwischen den Berufsgruppen und ihren Arbeitsstätten zeigt sich zum Beispiel bei der Einordnung der *Durchführung einer kapillaren Blutgasanalyse*: Während Ärzte zu 84,3% und im Krankenhaus tätige Krankenpfleger zu 66,7% dies als eine pflegerische Aufgabe identifizierten, qualifizierten 57,4% der in Pflegeeinrichtungen tätigen Pflegekräfte die Blutgasanalyse als ärztliche Tätigkeit (*vgl. Abb. 6.1*).

Umgekehrt nahmen 59,2% der in Pflegeeinrichtungen beschäftigten Pflegekräfte beim *Wechsel einer Trachealkanüle* eine pflegerische Aufgabe an, wohingegen sich Ärzte und Pflegekräfte aus dem Krankenhaus jeweils mit über 60% für eine ärztliche Aufgabe entschieden. Ferner gingen 53,7% der Ärzte bei der *i.v. Verabreichung von Antibiotika* von einer pflegerischen Aufgabe aus, während die Mehrzahl aller Pflegekräfte der Ansicht waren, es handele sich dabei um eine ärztliche Tätigkeit (vgl. *Abb. 6.2.*).

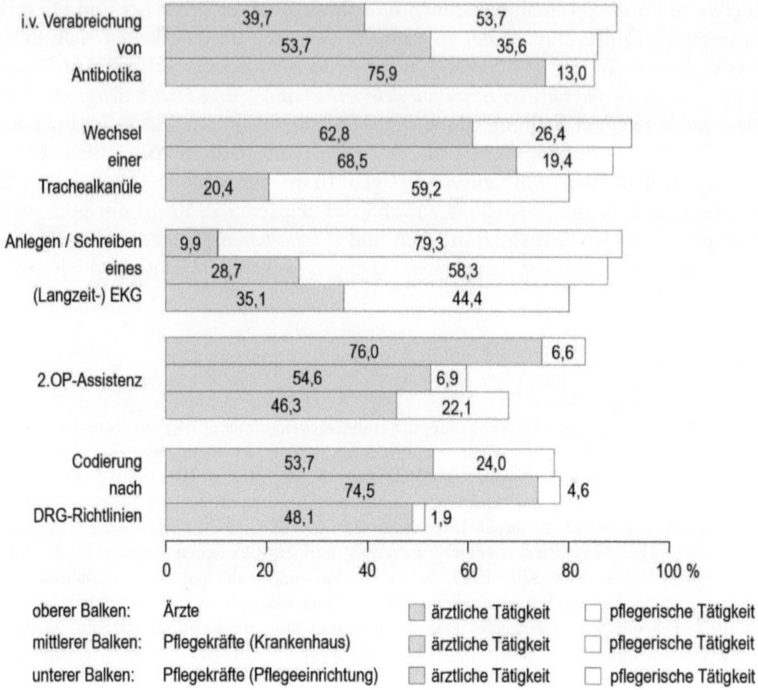

Abb. 6.2: *Indifferente Tätigkeiten im Berufsgruppenvergleich (II). Die zu 100% fehlenden Werte entfallen auf diejenigen Umfrageteilnehmer, die diese Frage nicht bzw. nicht vollständig beantworteten.*

3. Zwischenergebnis

Trotz einer fehlenden eindeutigen Zuordnung konkreter Tätigkeiten, schätzten die praktisch Tätigen die Mehrzahl der erhobenen Aufgaben ähnlich ein. Tendenziell ist die prozentuale Abweichung zwischen Ärzten und Krankenpflegern, die im Krankhaus arbeiten, kleiner als zwischen Ärzten und in Pflegeeinrichtungen tätigen Pflegekräften. Dies erklärt sich aus der insbesondere in Krankenhäusern und ambulanten Pflegeeinrichtungen verschiedenen Arbeitswelt: Während der Krankenhausbetrieb durch Arztnähe gekennzeichnet ist, wird die Situation in einer Pflegeeinrichtung durch Arztferne geprägt. Mithin hängt die Einordnung konkreter Tätigkeiten als ärztliche bzw. pflegerische Tätigkeiten bereits von der konkreten Arbeitssituation ab.

II. Delegierbarkeit konkreter Tätigkeiten

Die jahrelang wellenförmig verlaufende Diskussion über die Delegation ärztlicher Tätigkeiten etwa in Form von Stellungnahmen und Empfehlungen ärztlicher und pflegerischer Berufsvertreter[96] führte unter anderem dazu, dass bestimmte Tätigkeiten eher als andere für übertragbar erklärt wurden. Dabei lassen sich in der Literatur vermehrt drei Delegationsstufen – *nicht delegierbar, im Einzelfall delegierbar* und *grundsätzlich delegierbar*[97] unterscheiden, die bereits der Stellungnahme der Bundesärztekammer (BÄK) und der Kassenärztlichen Bundesvereinigung (KBV) zu den Anforderungen an die persönliche Leistungserbringung aus dem Jahr 1988[98] zugrunde lagen. In der aktualisierten Version von 2008[99] geben BÄK und KBV die Dreiteilung auf und differenzieren zu Recht nur noch zwischen *nicht delegierbaren*, also höchstpersönlichen und *delegierbaren* Tätigkeiten, was der vorliegenden Einteilung in ärztliche Tätigkeiten im engen und weiten Sinn entspricht, weil sich

96 Vgl. z.B.: Stellungnahme des Vorstandes der Bundesärztekammer (BÄK) zur Vornahme von Injektionen, Infusionen und Blutabnahmen durch Angehörige der medizinischen Assistenzberufe v. 16.2.1974 (abgedruckt in: *Jacobs*, I.-v.-Injektionen, S. 112) und v. 18.4.1980; Stellungnahme der *DKG* zur Durchführung von Injektionen, Infusionen und Blutentnahmen durch das Krankenpflegepersonal (abgedruckt in: *Jacobs*, I.-v.-Injektionen, S. 108 – 111); Stellungnahme der Arbeitsgemeinschaft Deutscher Schwesternverbände (ADS) und des Deutschen Berufsverbandes für Krankenpflege e.V. (DBfK) v. April 1989, die im einzelnen Empfehlungen zur Durchführung subkutaner, intramuskulärer und intravenöser Injektionen, Infusionen, Einspritzungen in implantierte und sonstige liegende Kathetersysteme, Transfusionen und Blutentnahmen enthält (abgedruckt in: *Jacobs*, I.-v.-Injektionen, S. 99 – 107); Stellungnahme der ADS und des DBfK zu berufsfremden Tätigkeiten in der Kranken- und Kinderkrankenpflege v. Mai 1990 (abgedruckt in: *Jacobs*, I.-v.-Injektionen, S. 121 – 128); aus jüngerer Zeit insbesondere *VPU*, Übernahme ärztlicher Tätigkeiten, S. 20 ff. mit der sog. Ampelrichtlinie, die qualifikationsspezifisch beispielhafte (Delegations-)Tätigkeitsfelder von Gesundheits- und (Kinder-)Krankenpflegern, fachweitergebildetem Personal in der „Intensivpflege und Anästhesie"/„Funktionspflege/Operationspflege"/„Onkologische Pflege", Altenpflegern, Operationstechnischen Assistenten sowie Kranken- und Altenpflegehelfern aufführt.

97 Üblich ist ebenso der Begriff der Delegationsfähigkeit.

98 *BÄK/KBV*, Stellungnahme zu den Anforderungen an die persönliche Leistungserbringung, DÄB 1988, A 2604 (A 2604 f.), die den Begriff der Delegationsfähigkeit verwenden.

99 *BÄK/KBV*, Persönliche Leistungserbringung, DÄB 2008, A 2173 (A 2173 ff.); ähnlich *VPU*, Übernahme ärztlicher Tätigkeiten, S. 18, wo zwischen zur Delegation nicht geeigneten Tätigkeiten und zur Delegation geeigneten Tätigkeiten im Rahmen der Mitwirkung unterschieden wird.

aus den Fallgruppen *im Einzelfall*[100] und *grundsätzlich delegierbar*[101] keine zwingenden Aussagen zur Ausgestaltung der Delegation als solcher ableiten lassen.[102]

1. Nicht delegierbare Tätigkeiten

Nicht delegierbare Tätigkeiten sind nach der aktuellen Stellungnahme der BÄK und der KBV Aufgaben, *„die der Arzt wegen ihrer Schwierigkeit, ihrer Gefährlichkeit für den Patienten oder der Unvorhersehbarkeit etwaiger Reaktionen unter Einsatz seiner spezifischen Fachkenntnis und Erfahrung höchstpersönlich erbringen muss"*[103]. Diesem Kernbereich ärztlicher Tätigkeiten, die vorliegend auch als ärztliche Tätigkeiten im engen Sinn bezeichnet werden, gehören alle Maßnahmen an, die dem Erkennen von Krankheiten (Diagnostik) und die der Entscheidung über die Heilung oder Linderung (Therapie) dienen.[104] Beispielhaft seien an dieser Stelle ferner operative Eingriffe, die ärztliche Anamnese und Beratung des Patienten genannt.[105]

Darüber hinaus wiesen die befragten Ärzte und Pflegekräfte mit mindestens 51% die in *Abb. 7* aufgeführten Tätigkeiten als nicht delegierbar aus. Dabei handelt es sich ausnahmslos um Tätigkeiten, die zuvor bei der Frage nach der Einordnung von der Mehrzahl der Befragten als ärztliche Tätigkeiten bezeichnet worden sind (vgl. *Abb. 4.1, 4.2*). Auch bei dieser Frage ist die prozentuale Abweichung zwischen Ärzten und Krankenpflegern, die im Krankhaus arbeiten, tendenziell kleiner als zwischen Ärzten und in Pflegeeinrichtungen tätigen Pflegekräften.

---

100 Darunter werden Aufgaben verstanden, bei denen der Arzt im Einzelfall in Kenntnis des Krankheitsbildes und der Qualifikation seiner Mitarbeiter darüber entscheidet, ob eine Delegation mit medizinischen Erfordernissen zu vereinbaren ist, *BÄK/KBV*, Stellungnahme zu den Anforderungen an die persönliche Leistungserbringung, DÄB 1988, A 2604 (A 2605); *Genzel*, in: Laufs/Uhlenbruck, Handbuch des Arztrechts, § 91, Rn. 11. Diesem Tätigkeitsbereich werden insbesondere Injektionen, Infusionen und Blutentnahmen zugeordnet, LG Berlin, Urt. v. 28.6.1993 – 6 O 330/92, NJW-RR 1994, 801 (801 f.); *Rieger*, DMW 1979, 1328 (1328).

101 Dazu gehören nach der Stellungnahme der *BÄK* und der *KBV* von 1988 Aufgaben, bei denen sich die Tätigkeit des Arztes darauf beschränken könne, die insbesondere durch eine entsprechende Ausbildung nachzuweisende spezifische Qualifikation des Delegationsempfängers festzustellen und in regelmäßigen Abständen zu kontrollieren, die Durchführung der Maßnahme beim jeweiligen Patienten anzuordnen und nach deren Durchführung das Ergebnis, soweit es für die Diagnostik und Therapie relevant sei, zu beurteilen. Dieser Gruppe werden u.a. folgende Aufgaben zugeordnet: Laborleistungen mit Ausnahme des Speziallabors, physikalisch-medizinische Leistungen, Ton- und Sprachaudiometrie sowie vergleichbare Messverfahren, Dauerkathederwechsel und der Wechsel einfacher Verbände, *BÄK/KBV*, Stellungnahme zu den Anforderungen an die persönliche Leistungserbringung, DÄB 1988, A 2604 (A 2604 f.); *Uhlenbruck/Laufs*, in: Laufs/Uhlenbruck Handbuch des Arztrechts, § 47, Rn. 4; *Narr*, MedR 1989, 215 (216).

102 *BÄK/KBV*, Persönliche Leistungserbringung, DÄB 2008, A 2173 (A 2174, Fn. 6).

103 *BÄK/KBV*, Persönliche Leistungserbringung, DÄB 2008, A 2173 (A 2173 ff.).

104 *Peikert*, MedR 2000, 352 (355); *Tönnis*, Pflege Aktuell 2000, 290 (290); *Laufs*, in: Laufs/Uhlenbruck, Handbuch des Arztrechts, § 47, Rn. 4; *Sträßner*, Haftungsrecht für Pflegeberufe, S. 205.

105 OLG Karlsruhe, Urt. v. 19.3.1997 – 13 U 42-96, NJW-RR 1998, 459 (461); *Bachstein*, Pflege Aktuell 2005, 544 (545); *Großkopf/Klein*, Recht in Medizin und Pflege, S. 219; *Brenner*, Rechtskunde für das Krankenpflegepersonal, S. 246.

Betrachtet man diese als nicht delegierbar bewerteten Tätigkeiten unter dem Aspekt ihres tatsächlichen Vorkommens im Arbeitsalltag der Befragten (vgl. *Abb. 7*), ergeben sich zwischen der Einschätzung und der geübten Praxis keine Abweichungen. So werden die nach Einschätzung der Befragten *nicht delegierbaren* Tätigkeiten auch faktisch von den Befragten Ärzten *selten oder nie delegiert* bzw. von den Pflegekräften *selten oder nie ausgeführt*.

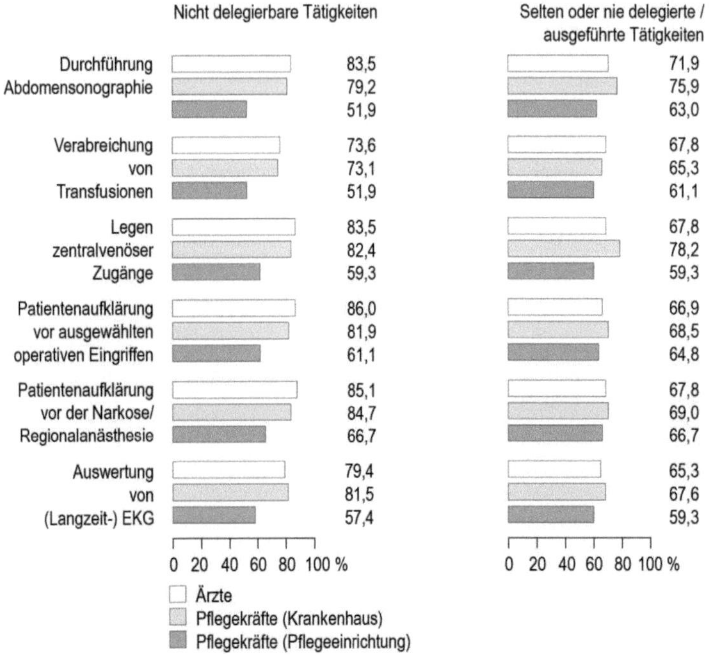

Abb. 7: *Nicht delegierbare Tätigkeiten im Vergleich zu selten oder nie delegierten / ausgeführten Tätigkeiten*

2. Delegierbare Tätigkeiten

Die delegierbaren Tätigkeiten definieren BÄK und KBV in ihrer aktualisierten Stellungnahme mittels einer Negativformel als solche Tätigkeiten, „*die der Arzt wegen ihrer Art oder der mit ihnen verbundenen besonderen Gefährlichkeit für den Patienten oder wegen der Umstände ihrer Erbringung, insbesondere der Schwere des Krankheitsfalls, nicht höchstpersönlich erbringen muss*“[106].

Welche Tätigkeiten die befragten Ärzte, Kranken- und Altenpfleger mit mindestens 51% als delegierbare Tätigkeiten und damit auch als ärztliche Tätigkeiten im weiten Sinn

106 *BÄK/KBV*, Persönliche Leistungserbringung, DÄB 2008, A 2173 (A 2174).

einschätzten, zeigt die erste Spalte der *Abb. 8.1.* Problematisch ist jedoch, dass es sich dabei um Tätigkeiten handelt, die zuvor bei der Frage nach der Einordnung als eher ärztliche bzw. pflegerische Tätigkeiten häufig bereits als eher pflegerische Aufgaben identifiziert wurden. Versteht man aber, wie hier, unter der Delegation die Übertragung ärztlicher Tätigkeiten auf Pflegekräfte, hätten Umfrageteilnehmer eine Aufgabe, die sie als eher pflegerische Aufgabe einschätzten nicht zugleich als delegierbar bezeichnen dürfen. Angesichts der Tatsache, dass diese Begriffsbestimmung nicht ausdrücklich im Fragebogen erläutert worden ist und die Auswahl „delegierbar" impliziert, dass es sich um Aufgaben handelt, die nach Ansicht der Befragten durch Pflegekräfte ausgeführt werden können, sind die nach der Definition fehlerhaften Antworten gleichwohl in die *Abb. 8.1* einbezogen worden.

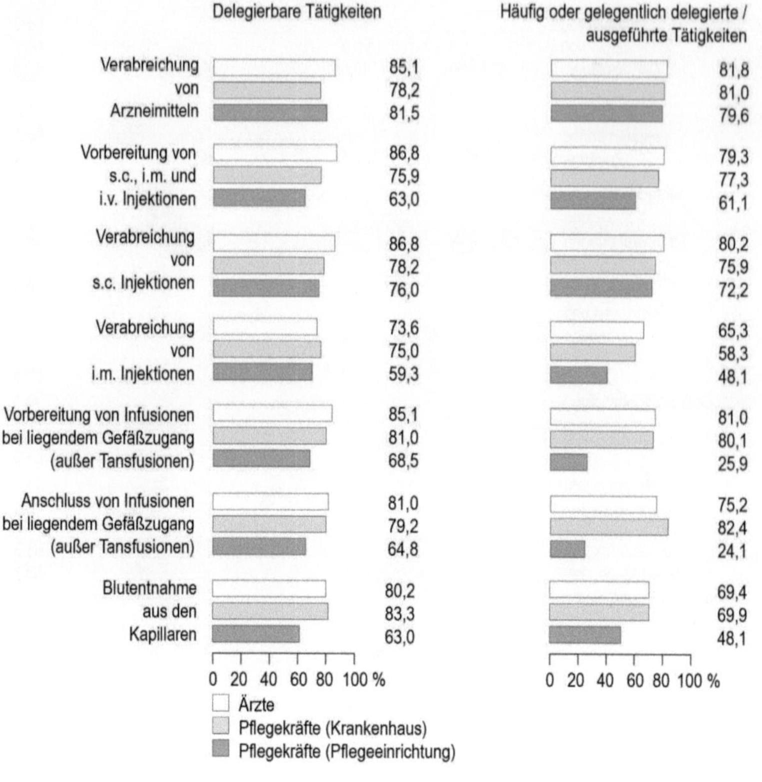

Abb. 8.1: Delegierbare Tätigkeiten im Vergleich zu häufig oder gelegentlich delegierten / ausgeführten Tätigkeiten (I)

Vergleicht man die Einschätzung der Delegationsfähigkeit konkreter Tätigkeiten mit der tatsächlichen Delegationspraxis, so werden die als delegierbar eingestuften Tätigkeiten auch tatsächlich von den befragten Ärzten häufig oder gelegentlich delegiert bzw. von den Krankenpflegern ausgeführt (vgl. *Abb. 8.1*, zweite Spalte). Lediglich die Gruppe der in Pflegeeinrichtungen Beschäftigten führt einige durch sie als delegierbar eingeschätzte Tätigkeiten in praxi selten oder nie aus. Dies betrifft etwa die *Vorbereitung und den Anschluss von Infusionen bei liegendem Gefäßzugang* oder das *Entfernen periphervenöser Zugänge* (vgl. *Abb. 8.2*).

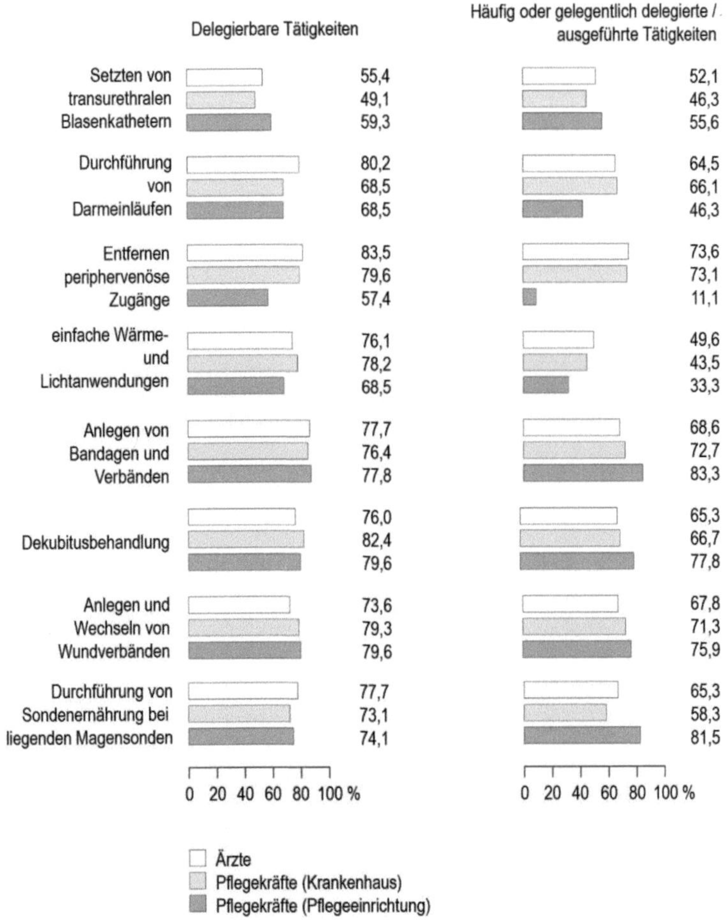

Abb. 8.2: *Delegierbare Tätigkeiten im Vergleich zu häufig oder gelegentlich delegierten/ausgeführten Tätigkeiten (II)*

Wie bei der Frage nach der Einordnung als eher ärztliche bzw. pflegerische Tätigkeit, gab es bei der Frage bezüglich der Delegationsfähigkeit der Tätigkeiten nicht in jedem Fall eine einfache Mehrheit aller Berufsgruppen. Diese Aufgaben werden als sog. indifferente Tätigkeiten in den *Abb. 9.1 – 9.3* dargestellt.

Während Ärzte und im Krankenhaus arbeitende Pflegekräfte zum Beispiel die *Blutentnahme aus der Vene* je mit ca. 80% als delegierbar und die *Durchführung der Echokardiographie* mehrheitlich als nicht delegierbar bewerteten, zeichnete sich bei den in Pflegeeinrichtungen tätigen Pflegekräften insofern keine eindeutige Einordnung ab (vgl. *Abb. 9.1*).

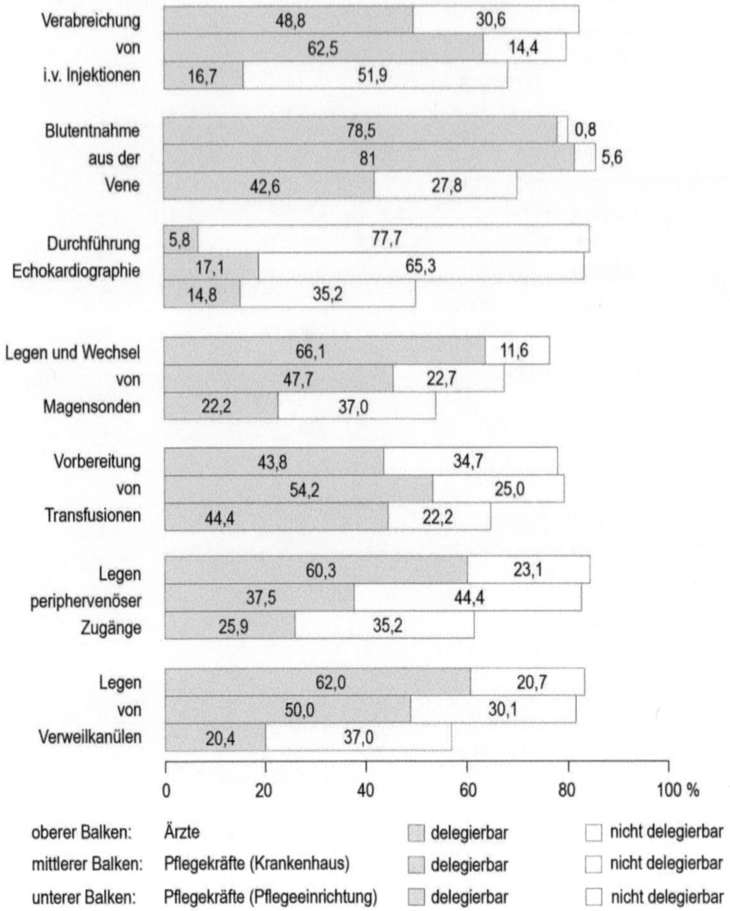

Abb. 9.1: *Indifferente Tätigkeiten im Berufsgruppenvergleich bzgl. der Delegierbarkeit (I). Die zu 100% fehlenden Werte entfallen auf diejenigen Umfrageteilnehmer, die diese Frage nicht bzw. nicht vollständig beantworteten oder die die jeweilige Tätigkeit als vielleicht delegierbar einstuften.*

Ähnlich verhält es sich in Bezug auf die *Durchführung einer kapillaren Blutgasanalyse* und der *i.v. Verabreichung von Antibiotika*: Ärzte und im Krankenhaus beschäftigte Krankenpfleger sehen diese Aufgaben mehrheitlich für delegierbar an. Dagegen gibt es von den in Pflegeeinrichtungen arbeitenden Pflegekräften insofern keine Mehrheitsentscheidung (vgl. *Abb. 9.2*).

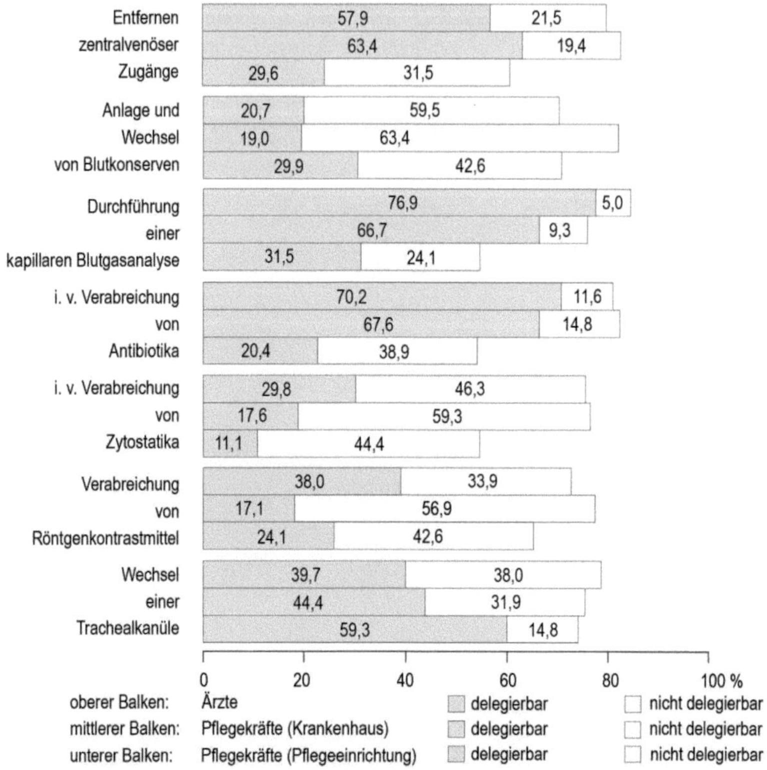

Abb. 9.2: *Indifferente Tätigkeiten im Berufsgruppenvergleich bzgl. der Delegierbarkeit (II). Die zu 100% fehlenden Werte entfallen auf diejenigen Umfrageteilnehmer, die diese Frage nicht bzw. nicht vollständig beantworteten oder die die jeweilige Tätigkeit als vielleicht delegierbar einstuften.*

Wie in *Abb. 9.3* dargestellt, hielt die Mehrzahl des ärztlichen und pflegerischen Krankenhauspersonals die *Intubation*, *Extubation* und *Defibrillation* für nicht vom Arzt delegierbar und das *Anlegen/Schreiben des (Langzeit-) EKG* für delegierbar. Dagegen bildete sich bei den in einer Pflegeeinrichtung tätigen Pflegekräften wiederum kein klares Votum.

Erfolgte die Einordnung der *2. OP-Assistenz* als ärztliche Tätigkeit von den befragten Ärzten und Pflegekräften aus dem Krankenhaus noch mehrheitlich (vgl. *Abb. 6.2.*), so fand keine Berufsgruppe eine eindeutige Beurteilung der Delegationsfähigkeit dieser Tätigkeit (vgl. *Abb. 9.3.*). Andere Untersuchungen[107] kommen zu dem Ergebnis, dass die 2. OP-Assistenz, bei der es im Wesentlichen um das „Hakenhalten" geht, durchaus delegierbar ist, aber eine Interessenschnittstelle zwischen Patientenversorgung, Facharztweiterbildung und Studierendenausbildung einnimmt. Daher wird ein integratives Konzept zur Delegation der 2. OP-Assistenz vorgeschlagen, in dem Medizinstudenten und Ärzte jeweils bis zum Erreichen der „Erfahrungssättigung" vorrangig vor nichtärztlichem Personal als 2. OP-Assistenz eingesetzt werden sollen.[108]

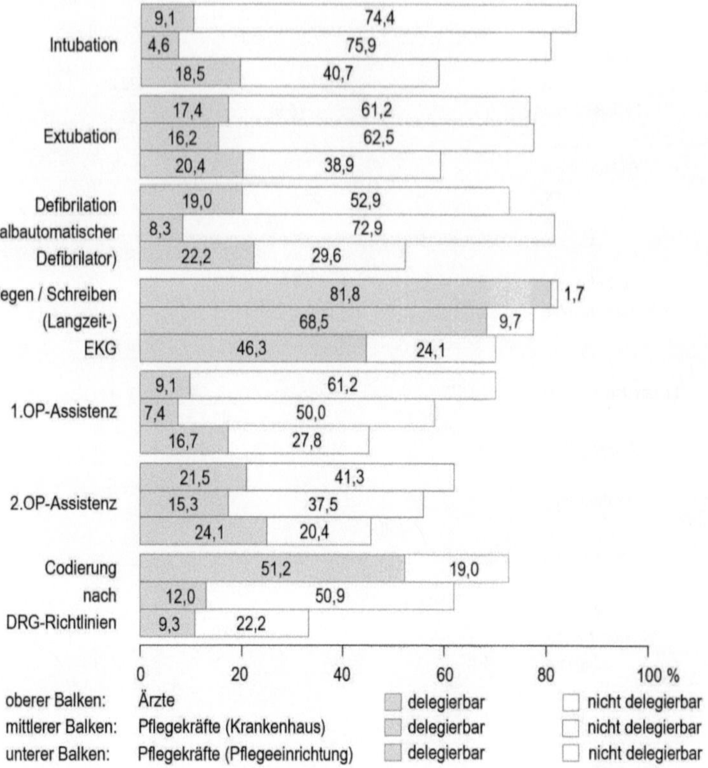

Abb. 9.3: *Indifferente Tätigkeiten im Berufsgruppenvergleich bzgl. der Delegierbarkeit (III). Die zu 100% fehlenden Werte entfallen auf diejenigen Umfrageteilnehmer, die diese Frage nicht bzw. nicht vollständig beantworteten oder die die jeweilige Tätigkeit als vielleicht delegierbar einstuften.*

107 *Allemeyer/Nies*, DÄB 2009, A 1213 (A 1213) zu einer Prozessanalyse des Arbeitsfeldes der OP-Assistenz in der Klinik für Allgemein- und Viszeralchirurgie des Marienhospitals in Osnabrück.

108 *Allemeyer/Nies*, DÄB 2009, A 1213 (A 1213).

Im Hinblick auf die sog. indifferenten Tätigkeiten (vgl. *Abb. 9.1 – 9.3*) ist auffällig, dass sich bei den in Pflegeeinrichtungen tätigen Pflegekräften häufiger als bei den anderen Befragten keine einfache Mehrheit für eine Antwort bildete. Eine Ursache für diese häufigere „Unentschiedenheit" könnte darin liegen, dass es sich dabei um Tätigkeiten handelt, die im Berufsalltag dieser Gruppe faktisch nicht vorkommen. Betrachtet man nämlich diese Tätigkeiten unter dem Aspekt ihrer tatsächlichen Durchführung, so handelt es sich insgesamt um Aufgaben, die von den in Pflegeeinrichtungen arbeitenden Pflegekräften mehrheitlich selten oder nie ausgeführt werden (vgl. *Abb. 10.1 – 10.3*).

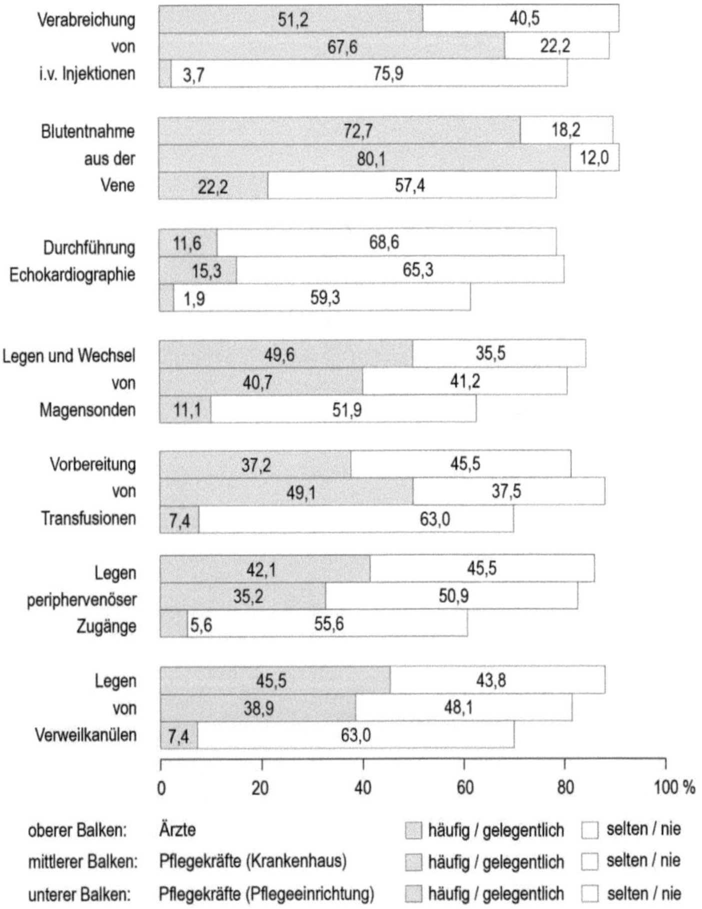

Abb. 10.1: *Ärztlich delegierte bzw. pflegerisch ausgeführte, aber bzgl. der Delegierbarkeit indifferente Tätigkeiten im Berufsgruppenvergleich (I). Die zu 100% fehlenden Werte entfallen auf diejenigen Befragten, die diese Frage mit „weiß nicht" oder nicht bzw. nicht vollständig beantworteten.*

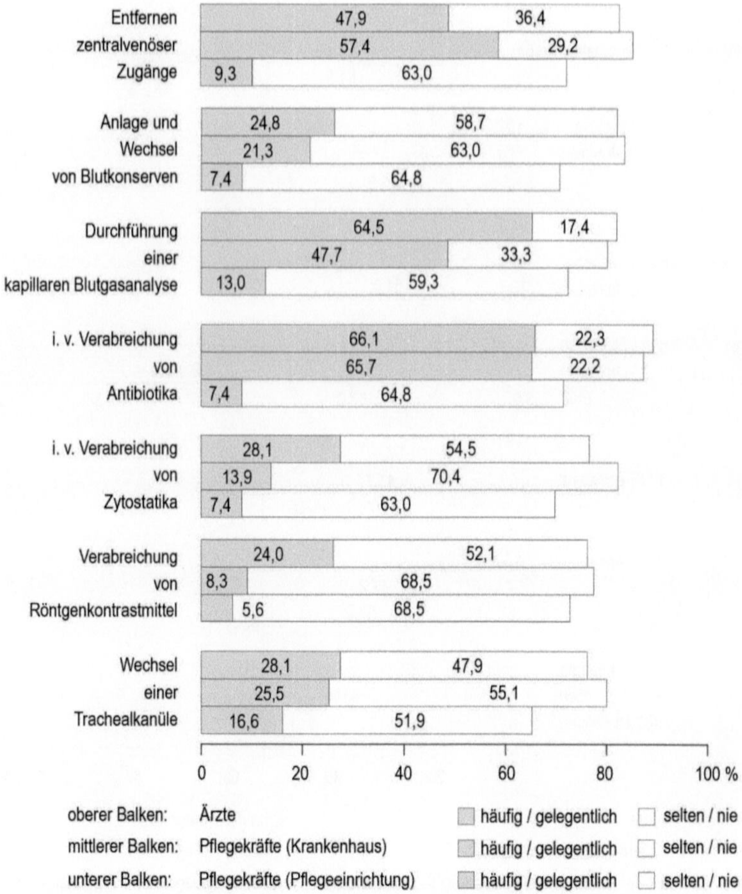

Abb. 10.2: *Ärztlich delegierte bzw. pflegerisch ausgeführte, aber bzgl. der Delegierbarkeit indifferente Tätigkeiten im Berufsgruppenvergleich (II). Die zu 100% fehlenden Werte entfallen auf diejenigen Umfrageteilnehmer, die diese Frage mit „weiß nicht" oder nicht bzw. nicht vollständig beantworteten.*

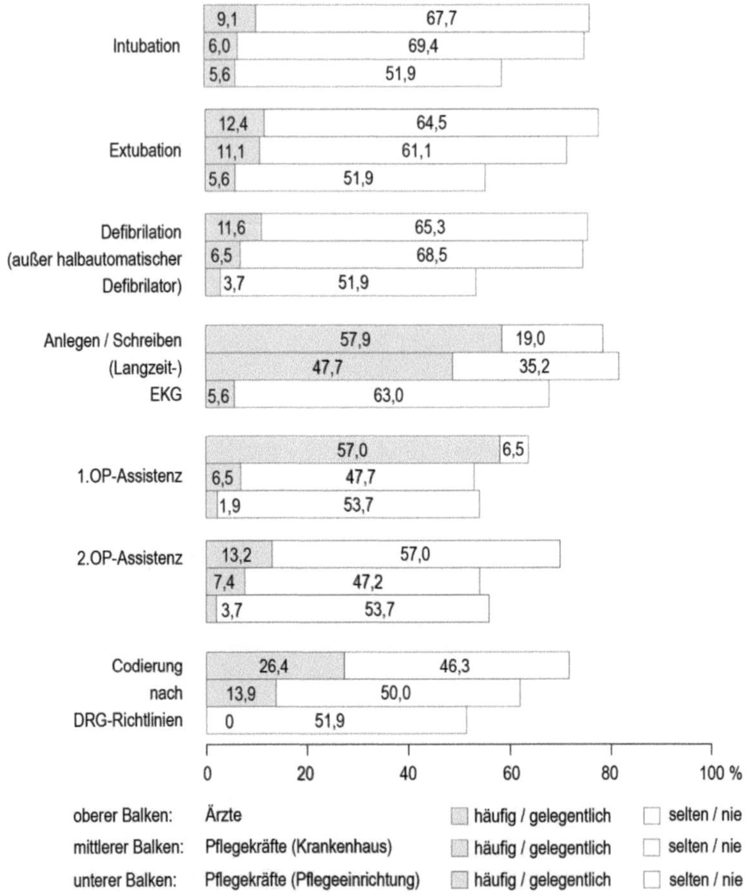

Abb. 10.3: *Ärztlich delegierte bzw. pflegerisch ausgeführte, aber bzgl. der Delegierbarkeit indifferente Tätigkeiten im Berufsgruppenvergleich (III). Die zu 100% fehlenden Werte entfallen auf diejenigen Umfrageteilnehmer, die diese Frage mit „weiß nicht" oder nicht bzw. nicht vollständig beantworteten.*

3. Zwischenergebnis

Insgesamt verdeutlichen die Umfrageergebnisse, dass in der Praxis bestimmte Tätigkeiten häufiger als andere übertragen werden und insofern eine grundsätzliche Übereinstimmung zwischen den ärztlichen und pflegerischen Umfrageteilnehmern vorzufinden ist.

Mehr als die Hälfte der erhobenen konkreten Tätigkeiten wird von Ärzten, Kranken- und Altenpflegern im Hinblick auf die Delegierbarkeit ähnlich eingeschätzt. Dabei folgt die Bewertung der Delegationsfähigkeit in der Regel der Delegationspraxis, sodass sich keine Anhaltspunkte für eine künftige Neubewertung der Übertragbarkeit konkreter Tätigkeiten aus Sicht der Befragten ergeben.

Dieser vom Grundsatz her bestehende Gleichklang in der Einschätzung findet seine Ausnahme insbesondere in den Antworten der in Pflegeeinrichtungen tätigen Pflegekräfte. Dies steht nicht zuletzt im Zusammenhang mit der vom Krankenhausbetrieb verschiedenen Arbeitswelt einer Pflegeeinrichtung: Im Gegensatz zu Pflegeeinrichtungen sind Krankenhäuser durch eine hohe Arztdichte und häufige direkte Zusammenarbeit von Ärzten und Krankenpflegern gekennzeichnet. Bereits daraus wird die Schwierigkeit ersichtlich, das Delegationspotential bestimmter Tätigkeiten generell und damit einen einheitlichen Katalog gleich welcher Art zu bestimmen.

B Rechtliche Aspekte – Delegationstheorie

Nachdem soeben ein Überblick über die medizinisch-pflegerische Seite der Delegationsproblematik gegeben wurde, sind die rechtlichen Aspekte der vertikalen Arbeitsteilung zwischen Arzt und Krankenpfleger Gegenstand des folgenden Abschnitts.

Dazu wird zunächst das komplexe Regelwerk[109], in das das ärztliche und pflegerische Tätigwerden eingebettet ist, auf seinen Aussagegehalt bezüglich des ärztlich-pflegerischen Zusammenwirkens untersucht, bevor delegationsrelevante Gesichtspunkte der zivil- und strafrechtlichen Verantwortlichkeit der Delegationsbeteiligten betrachtet werden. Anschließend wird in einem eigenen Abschnitt dem Verhältnis von Delegation und Aufklärungspflicht nachgegangen.

I. Rechtsquellen

Das ärztliche und pflegerische Berufsrecht als die Summe der Rechtsnormen, unter denen der Arzt bzw. Krankenpfleger und ihre Berufstätigkeit stehen, ist kein geschlossenes Rechtsgebiet, sondern – normenhierarchisch betrachtet – neben europarechtlichen und verfassungsrechtlichen Regelungen durch formelle und materielle Bundes- und Landesgesetze sowie Satzungen als relevante Rechtsquellen geprägt.

Strukturell betrachtet, lässt sich – auf jeder Normenhierarchieebene – das spezielle Berufsrecht der Ärzte und Krankenpfleger von dem allgemeinen, aber berufsrelevanten Recht unterscheiden.[110] Das *spezielle Berufsrecht* umfasst diejenigen Regelungen, die unmittelbar auf die Berufsausbildung, die Berufsbezeichnung, die Berufszulassung und die

---

109 *Jung* spricht von einer Zersplitterung des heutigen Gesundheitsrechts in eine nahezu unüberschaubare Gesetzes- und Kompetenzvielfalt, *Eb. Jung*, Das Recht auf Gesundheit, S. 110 f.

110 Insofern wird auch zwischen direktem und indirektem Berufsrecht unterschieden, vgl. für die Pflegeberufe *Igl*, Öffentlich-rechtliche Grundlagen für das Berufsfeld Pflege, S. 23 ff., 32 ff. Allerdings bedingt diese Unterscheidung eine weitere Differenzierung beispielsweise im Hinblick auf das zivile Haftungsrecht und das Strafrecht. Letztere Rechtsgebiete beeinflussen nämlich ebenfalls indirekt die Berufsausübung, knüpfen aber mit ihren Regelungen nicht an den Berufen an, sodass sie nicht zum indirekten Berufsrecht gezählt werden sollten, *Igl*, in: Deutscher Pflegerat e.V., Weitere öffentlich-rechtliche Regulierung der Pflegeberufe, S. 41.

Berufsausübung sowie auf die Verfassung der Berufe[111], die Berufsordnung oder auch ihre Registrierung gerichtet sind.[112] Das *allgemeine, aber berufsrelevante Recht* beeinflusst ebenfalls die Berufe der Ärzte und Krankenpfleger, wirkt sich jedoch – im Gegensatz zum speziellen Berufsrecht – in der Regel nicht auf den berufsrechtlichen Status aus.[113] Zum allgemeinen, berufsrelevanten Recht gehören insbesondere zivil-, straf- und sozialversicherungsrechtliche Regelungen.

Zunächst werden überblicksartig die Anknüpfungspunkte des Europa- und Verfassungsrechts beleuchtet. Sodann erfolgt eine Untersuchung einfach- und untergesetzlicher Vorschriften im Hinblick auf den Grundsatz der persönlichen Leistungserbringungspflicht des Arztes als eine etwaige Delegationssperre. Anschließend steht die normative Definition des ärztlichen Tätigkeitsbereichs im Allgemeinen und Speziellen im Mittelpunkt der Betrachtung.

1. Europarecht

Seit der Gründung der Europäischen Wirtschaftsgemeinschaft 1957, die sich in Art. 3 Abs. 1 Buchst. c EGV a.F.[114] die Errichtung eines Binnenmarktes zum Ziel setzte, der dadurch gekennzeichnet ist, Hindernisse unter anderem für den freien Personen[115]- und Dienstleistungsverkehr[116] zwischen den Mitgliedstaaten zu beseitigen, hat auch das Europarecht Einfluss auf das ärztliche und krankenpflegerische Berufsrecht gewonnen. Neben den genannten Grundfreiheiten, die als Normen eines Gründungsvertrags dem primären Gemeinschaftsrecht angehören,[117] gewann das sog. sekundäre Gemeinschaftsrecht, das aus den Rechtsakten der Europäischen Union besteht,[118] insbesondere in Form von Richtlinien Bedeutung für das Berufsrecht der Ärzte und Krankenpfleger. Richtlinien sind nach Art. 288 Abs. 3 AEUV hinsichtlich des zu erreichenden Ziels für jeden Mitgliedstaat verbindlich, bedürfen jedoch zur Verwirklichung des Ziels der Umsetzung[119] in mitgliedstaatliches Recht.[120]

---

111 Z.B. in Kammern.

112 Vgl. *Igl*, in: Deutscher Pflegerat e.V., Weitere öffentlich-rechtliche Regulierung der Pflegeberufe, S. 41.

113 *Igl*, in: Deutscher Pflegerat e.V., Weitere öffentlich-rechtliche Regulierung der Pflegeberufe, S. 41.

114 Vom 25.3.1957 (BGBl. II S. 766 ber. 1678 und 1958 II S. 64), zuletzt geändert und umbenannt in „Vertrag über die Arbeitsweise der Europäischen Union“ (AEUV i.d.F.d.Bek. v. 9.5.2008, zuletzt geänd. durch Art. 1 ÄndBeschl. 2011/199/EU v. 25.3.2011, ABl. Nr. L 91 S. 1) durch den Vertrag von Lissabon v. 13.12.2007 (ABl. 2007 Nr. C 306/1; konsolidierte und berichtigte Fassung ABl. 2010 Nr. c 83/47).

115 Der freie Personenverkehr i.S.d. Art. 3 Abs. Buchst. c EGV a.F.umfasst dabei sowohl die Freizügigkeit der Arbeitnehmer (Art. 45 AEUV) als auch die Niederlassungsfreiheit (Art. 49 AEUV), *Ruffert*, in: Calliess/Ruffert, EUV/EGV, Art. 3 EGV, Rn. 6.

116 Vgl. Art. 56 ff. AEUV.

117 Vgl. nur *Streinz*, Europarecht, Rn. 405 f.

118 *Streinz*, Europarecht, Rn. 423.

119 Ausnahmsweise können Richtlinienbestimmungen in Fällen nicht fristgerechter Umsetzung unmittelbare Wirkung entfalten. Vgl. nur EuGH, Urt. v. 19.1.1982 – Rs 8/81, NJW 1982, 499 (500).

120 Sog. „kooperativ-zweistufige Rechtssetzung“, *Ruffert*, in: Calliess/Ruffert, EUV/AEUV, Art. 288 AEUV, Rn. 23. In der ersten Stufe werden die Ziele bzw. Ergebnisse der Richtlinie für jeden Mit-

Nach dem in Art. 5 Abs. 1 EUV[121] formulierten „Prinzip der begrenzten Einzelermächtigung" darf die Gemeinschaft in diesem Sinn jedoch nur aufgrund einer ausdrücklich im Vertrag zugewiesenen Kompetenzermächtigung tätig werden.[122] Die hier relevanten Kompetenzen der Gemeinschaft ergeben sich primär[123] aus Art. 53 AEUV. Danach kann der Rat Richtlinien für die gegenseitige Anerkennung von Befähigungsnachweisen und zur Koordinierung der Vorschriften über die Aufnahme und Ausübung selbständiger Tätigkeiten schaffen. Entsprechend der inzwischen obsoleten Vorschrift des Art. 52 Abs. 2 AEUV[124] ergingen seit Mitte der 70er Jahre unter anderem[125] für die ärztlichen und pflegerischen Berufe Koordinierungsrichtlinien[126], die die jeweiligen Ausbildungsvorschriften harmonisierten, und die dazugehörigen Anerkennungsrichtlinien[127], die die gegenseitige Anerkennung von Diplomen, Prüfungszeugnissen und sonstigen Befähigungsnachweisen auf der Basis der harmonisierten Ausbildungsvorschriften regelten.

Am 7. September 2005 wurde eine neue Richtlinie 2005/36/EG[128] verabschiedet, die die bestehenden Regeln zur Anerkennung von Berufsqualifikationen konsolidiert und

---

gliedstaat verbindlich festgelegt, während deren Realisierung in der zweiten Stufe durch Akte der Umsetzung in nationales Recht erfolgt, vgl. Art. 288 Abs. 3 AEUV.

121 Vertrag über die Europäische Union i.d.F. des Vertrags von Lissabon v. 13.12.2007, zuletzt geändert durch Art. 1

122 *Calliess*, in: Calliess/Ruffert, EUV/AEUV, Art. 5 EUV, Rn. 8 f.

123 Obwohl Art. 168 AEUV als Norm des Gesundheitswesens anderes vermuten lässt, verleiht er der Gemeinschaft nur eingeschränkt Kompetenzen. Dies liegt einerseits daran, dass sich der Anwendungsbereich von Art. 168 AEUV wesentlich auf den vorbeugenden Schutz der Gesamtbevölkerung vor Krankheiten, also die Prävention beschränkt (vgl. nur *Kingreen*, in: Calliess/Ruffert, EUV/EGV, Art. 168 AEUV, Rn. 11 f.) und zugleich der Bereich von medizinischer Versorgung und Organisation des Gesundheitswesens nach Art. 168 Abs. 7 AEUV ausdrücklich ausgenommen wird. Andererseits hat die Gemeinschaft durch Art. 168 Abs. 1 AEUV lediglich eine ergänzende und unterstützende Kompetenz, vgl. *Schnitzler*, Das Recht der Heilberufe, S. 154 ff. m.w.N. zur Vorgängervorschrift des Art. 152 EGV a.F.

124 *Bröhmer*, in: Calliess/Ruffert, EUV/AEUV, Art. 53 AEUV, Rn. 3.

125 Mittlerweile ist die europaweite Harmonisierung des Berufsrechts bei den medizinischen Berufen am weitesten fortgeschritten, *Oppermann*, Europarecht, Rn. 1614.

126 Vgl. z.B. die sog. Ärzte-Koordinierungs-RL 75/363/EWG (Richtlinie des Rates v. 16.5.1975 zur Koordinierung der Rechts- und Verwaltungsvorschriften für die Tätigkeit des Arztes, ABl. EG Nr. L 167 v. 30.6.1975, S. 14 – 16); die sog. Krankenpflege-RL 77/453/EWG (Richtlinie des Rates v. 27.6.1977 zur Koordinierung der Rechts- und Verwaltungsvorschriften für die Tätigkeiten der Krankenschwester und des Krankenpflegers, die für die allgemeine Pflege verantwortlich sind, ABl. EG Nr. L 176 v. 15.7.1977 S. 8 – 10).

127 Vgl. z.B. die sog. Ärzte-Anerkennungs-RL 75/362/EWG (Richtlinie des Rates v. 16.5.1975 für die gegenseitige Anerkennung der Diplome, Prüfungszeugnisse und sonstigen Befähigungsnachweise des Arztes und für Maßnahmen zur Erleichterung der tatsächlichen Ausübung des Niederlassungsrechts und des Rechts auf freien Dienstleistungsverkehr, 75/362/EWG, ABl. EG Nr. L 167 v. 30.6.1975, S. 1 – 13); die sog. Krankenpflege-Anerkennungs-RL 77/452/EWG (Richtlinie des Rates v. 27.6.1977 über die gegenseitige Anerkennung der Diplome, Prüfungszeugnisse und sonstigen Befähigungsnachweise der Krankenschwester und des Krankenpflegers, die für die allgemeine Pflege verantwortlich sind, und über Maßnahmen zur Erleichterung der tatsächlichen Ausübung des Niederlassungsrechts und des Rechts auf freien Dienstleistungsverkehr, ABl. EG Nr. L 176 v. 15.7.1977, S. 1 – 7).

128 Richtlinie des Europäischen Parlaments und des Rates v. 7.9.2005 über die Anerkennung von Berufsqualifikationen (ABl. EG Nr. L 255 v. 30.9.2005, S. 22 – 142), geändert durch die Richtlinie

aktualisiert. Nach Ablauf der Umsetzungsfrist am 20. Oktober 2007 wurden die bis dahin in diesem Bereich bestehenden 15 Richtlinien durch diese eine Richtlinie ersetzt.[129]

Im Hinblick auf die hier zu untersuchenden Tätigkeitsbereiche enthält Kapitel III im zweiten Abschnitt in den Art. 24 ff. unter der Überschrift „*Anerkennung auf der Grundlage der Koordinierung der Mindestanforderungen an die Ausbildung*" Bestimmungen für den Beruf des Arztes. Art. 24 Abs. 3 der Richtlinie 2005/36/EG lautet wie folgt:

> „(3) Die ärztliche Grundausbildung gewährleistet, dass die betreffende Person die folgenden Kenntnisse und Fähigkeiten erwirbt:
>
> a) angemessene Kenntnisse in den Wissenschaften, auf denen die Medizin beruht, und ein gutes Verständnis für die wissenschaftlichen Methoden, einschließlich der Grundsätze der Messung biologischer Funktionen, der Bewertung wissenschaftlich festgestellter Sachverhalte sowie der Analyse von Daten;
>
> b) angemessene Kenntnisse über die Struktur, die Funktionen und das Verhalten gesunder und kranker Menschen sowie über die Einflüsse der physischen und sozialen Umwelt auf die Gesundheit des Menschen;
>
> c) angemessene Kenntnisse hinsichtlich der klinischen Sachgebiete und Praktiken, die ihr ein zusammenhängendes Bild von den geistigen und körperlichen Krankheiten, von der Medizin unter den Aspekten der *Vorbeugung*, der *Diagnostik* und der *Therapeutik* sowie von der *menschlichen Fortpflanzung* vermittelt;
>
> d) angemessene klinische Erfahrung unter entsprechender Leitung in Krankenhäusern."

Vorschriften für den Beruf des Krankenpflegers finden sich ebenfalls in Kapitel III im dritten Abschnitt in den Art. 31 ff. der Richtlinie 2005/36/EG. Darin heißt es in Art. 31 Abs. 6 der Richtlinie 2005/36/EG wie folgt:

> „(6) Die Ausbildung der Krankenschwester/des Krankenpflegers, die für die allgemeine Pflege verantwortlich sind, gewährleistet, dass die betreffende Person die folgenden Kenntnisse und Fähigkeiten erwirbt:
>
> a) angemessene Kenntnisse in den Wissenschaften, auf denen die allgemeine Krankenpflege beruht, einschließlich ausreichender Kenntnisse über den Organismus, die Körperfunktionen und das Verhalten des gesunden und des kranken Menschen sowie über die Einflüsse der physischen und sozialen Umwelt auf die Gesundheit des Menschen;
>
> b) ausreichende Kenntnisse in der Berufskunde und in der Berufsethik sowie über die allgemeinen Grundsätze der Gesundheit und der Pflege;
>
> c) eine angemessene klinische Erfahrung; diese muss der Ausbildung dienen und unter der Aufsicht von qualifiziertem Pflegepersonal an Orten erworben werden, die aufgrund ihrer Ausstattung und wegen des in ausreichender Anzahl vorhandenen Personals für die Krankenpflege geeignet sind;
>
> d) die Fähigkeit, an der Ausbildung des mit der gesundheitlichen Betreuung befassten Personals mitzuwirken, und Erfahrung in der Zusammenarbeit mit diesem Personal;
>
> e) Erfahrung in der Zusammenarbeit mit anderen im Gesundheitswesen tätigen Berufsangehörigen."

2006/100/EG des Rates v. 20.11.2006 zur Anpassung bestimmter Richtlinien im Bereich Freizügigkeit anlässlich des Beitritts Bulgariens und Rumäniens (ABl. EG Nr. L 363 v. 20.12.2006, S. 141 – 237).

129 Vgl. Art. 62 der Richtlinie 2005/36/EG. Damit handelt es sich bei der Richtlinie 2005/36/EG um die erste umfassende Aktualisierung des gemeinschaftlichen Systems seit seiner Schaffung vor vierzig Jahren.

Zwar handelt es sich bei diesen Vorschriften um solche, die die ärztliche bzw. krankenpflegerische Ausbildung betreffen. Gleichwohl lassen sich daraus erste Schlussfolgerungen bezüglich der mit der späteren Berufsausübung verbundenen Tätigkeiten ziehen. Soll der angehende Arzt etwa nach Art. 24 Abs. 3 lit. c der Richtlinie 2005/36/EG angemessene Kenntnisse von der Medizin unter den Aspekten der Vorbeugung, Diagnostik und Therapeutik sowie der menschlichen Fortpflanzung erwerben, so bedeutet das zugleich, dass er nach seiner Ausbildung für Entscheidungen in diesen Bereichen zuständig sein soll.

Auch ist das Zusammenwirken von Arzt und Krankenpfleger in Form der vertikalen Arbeitsteilung und damit die Delegation ärztlicher Tätigkeiten auf Krankenpfleger durch Art. 31 Abs. 6 lit. e der Richtlinie 2005/36/EG, der ausdrücklich auf eine Zusammenarbeit von Krankenpflegern und anderen im Gesundheitswesen tätigen Berufsangehörigen verweist, angesprochen, ohne jedoch näher auf die Ausgestaltung dieser Zusammenarbeit einzugehen.

Darüber hinaus enthält die Richtlinie auch Berufsausübungsvorschriften. Diese bestimmen jedoch lediglich, dass ärztliche und krankenpflegerische Tätigkeiten solche Tätigkeiten sind, die unter den in Anhang V der Richtlinie aufgeführten Berufsbezeichnungen ausgeübt werden,[130] knüpfen mithin die Berufsausübung an die jeweilige Berufsbezeichnung. Daher lassen sich ärztliche bzw. krankenpflegerische Aufgabenfelder nur mittelbar aus den oben zitierten Vorschriften über die Ausbildung der Ärzte bzw. Krankenpfleger ableiten.

2. Verfassungsrecht

Verfassungsrechtliche Anknüpfungspunkte für die berufsrechtlichen Vorschriften von Ärzten und Krankenpflegern sind Art. 70 Abs. 1, 2 GG[131] i.V.m. Art. 72 Abs. 1 und 74 Abs. 1 GG, die die Zuständigkeit für die Gesetzgebung auf Bundes- und Landesebene verteilen. So ergibt sich bereits aus den in Art. 74 Abs.1 Nr. 19 und 19a GG geregelten Teilbereichen des Gesundheitswesens, dass der Bund hierfür keine generelle Zuständigkeit innehat.[132] Vielmehr erstreckt sich nach Art. 74 Abs. 1 Nr. 19 GG die konkurrierende Gesetzgebung des Bundes unter anderem lediglich auf die *„Zulassung zu ärztlichen und anderen Heilberufen"*. *Ärztliche Heilberufe* im Sinne des Art. 74 Abs. 1 Nr. 19 GG sind solche, die dem gefestigten Berufsbild des Arztes entsprechen, mithin Arzt, Zahnarzt und Tierarzt.[133] Zu den *anderen Heilberufen* zählen auch Angehörige der Krankenpflegeberufe als sog. Heilhilfsberufe[134] (bzw. dem hier bevorzugten Begriff der Medizinalfachberufe[135]).

---

130 Vgl. Art. 32 der Richtlinie 2005/36/EG.

131 Grundgesetz für die Bundesrepublik Deutschland (GG) v. 23.5.1949, BGBl. S. 1, zuletzt geändert durch G v. 29.7.2009, BGBl. I S. 2248.

132 BVerfG, Urt. v. 16.2.2000, NJW 2000, 857 (858): „keine Globalermächtigung"; *Degenhart*, in: Sachs, GG, Art. 74, Rn. 70; *Stettner*, in: Dreier, GG, Art. 74, Rn. 91.

133 BVerfG, Beschl. v. 9.5.1972 – 1 BvR 518/62, a BvR 302/64, BVerfGE 33, 125 (154); *Degenhart*, in: Sachs, GG, Art. 74, Rn. 73.

134 *Degenhart*, in: Sachs, GG, Art. 74, Rn. 73.

135 Wenngleich der Begriff des Heilhilfsberufs in Rechtsprechung wie Literatur häufig benutzt wird, impliziert er ein Verhältnis zu anderen Heilberufen, insbesondere zum Arztberuf, das nicht der Rechtslage entspricht und politisch umstritten ist, sodass die neutralere Bezeichnung des Medizinal-

Unter *Zulassung* wird die Befugnis zur Ausübung des ärztlichen bzw. krankenpflegerischen Berufs verstanden.[136] Daher umfasst der Bereich der Zulassung solche Vorschriften, die sich unmittelbar auf die Aufnahme des Heilberufs beziehen wie etwa im Hinblick auf den Arztberuf die Erteilung, Zurücknahme und der Verlust der Approbation.[137]

Dagegen sind Fragen, die das Berufsausübungsrecht betreffen, nicht von der Bundeskompetenz aus Art. 74 Abs. 1 Nr. 19 GG erfasst.[138] Gleichwohl hat der Bund Regelungen über die ärztliche und krankenpflegerische Berufsausübung getroffen. Die Kompetenzgemäßheit begründet das Bundesverfassungsgericht[139] unter anderem damit, dass der Bundesgesetzgeber, wenngleich das Gesundheitswesen zu einem erheblichen Teil Sache der Länder sei, nicht gehindert sei, Bereiche der ärztlichen Berufsausübung zu regeln, wenn sich seine Zuständigkeit aus einer anderen Kompetenznorm ergebe.[140] Demzufolge können sich Regelungen der Berufsausübung auf Bundesebene grundsätzlich[141] nur aufgrund anderweitiger Gesetzgebungskompetenzen des Bundes aus Art. 74 Abs. 1 GG ergeben. Beispielhaft[142] seien an dieser Stelle das *Sozialversicherungsrecht*[143], das auf der Grundlage von Art. 74 Abs. 1 Nr. 12 GG etwa ergänzende Vorschriften zur Berufsausübung als Vertragsarzt in der vertragsärztlichen Versorgung regelt und das *Arbeitsschutzrecht*[144], das auf

---

fachberufs vorzugswürdiger ist, *Schnitzler*, Das Recht der Heilberufe, S. 115 ff. je m.w.N. in Fn. 675 ff. Im Übrigen ist die Sammelbezeichnung für nichtärztliche Berufe im Gesundheitswesen heterogen. Neben Medizinalfach- oder Heilhilfsberuf werden beispielsweise auch die Begriffe Gesundheitsberuf, Gesundheitsdienstberuf, Gesundheitsfachberuf und medizinischer Assistent uneinheitlich verwendet, vgl. VG Ansbach, Urt. v. 9.7.2008 – AN 9 K 08.00413, Juris, Rn. 16; *SVR Gesundheitswesen*, Kooperation und Verantwortung, Anm. 70 ff., S. 71 ff., abrufbar im Internet unter <http://www.svr-gesundheit.de/Startseite/Startseite.htm> (Stand v. 4.9.2007).

136 Vgl. nur BVerfG, Beschl. v. 9.5.1972 – 1 BvR 518/62 u. 308/64, NJW 1972, 1504 (1505).

137 *Degenhart*, in: Sachs, GG, Art. 74, Rn. 75.

138 BVerfG, Urt. v. 16.2.2000 – 1 BvR 420/97, NJW 2000, 857 (858); BVerwG, Urt. v. 25.11.1971 – I C 65.65, BVerwGE 39, 110 (112); *Oeter*, in: von Mangoldt/Klein/Starck, GG, Art. 74, Rn. 172; *Ratzel*, in: Ratzel/Luxenburger, § 4, Rn. 1.

139 Im Folgenden: BVerfG.

140 BVerfG, Beschl. v. 12.12.1984 – 1 BvR 1249/83, NJW 1985, 2185 (2186); zust. *Ebsen*, VSSR 1996, 351 (354 f.).

141 Betrachtet man die etwa in § 4 Abs. 1 HebG (Gesetz über den Beruf der Hebamme und des Entbindungspflegers v. 4.6.1985, BGBl. I S. 902, zuletzt geändert durch G v. 25.9.2009, BGBl. I S. 3158) oder in § 9 Abs. 1 MTAG (Gesetz über technische Assistenten in der Medizin v. 2.8.1993, BGBl. I S. 1402, zuletzt geändert durch Art. 23 G v. 2.12.2007, BGBl. I S. 2686) geregelten vorbehaltenen Tätigkeiten als Berufsausübungsvorschriften, so erscheint die Bundeskompetenz aus Art. 74 Abs. 1 Nr. 19 GG zweifelhaft. Nach dem BVerfG stehen diese Ausnahmen zu der allgemeinen Praxis jedoch nicht in Widerspruch, da sie nicht das gesamte berufliche Betätigungsfeld ausmachten, sondern nur einen eng abgrenzbaren Bereich und daher definiert werden könnten, BVerfG, Urt. v. 24.10.2002 – 2 BvF 1/01, NJW 2003, 41 (47).

142 Zu den bundesgesetzlichen Berufsausübungsvorschriften zählen ferner Gebührenfragen, BVerfG, Beschl. v. 12.12.1984 – 1 BvR 1249/83, NJW 1985, 2185 (2185 f.).

143 Vgl. z.B. §§ 72 – 106, 116 – 122, 135 f. SGB V, Sozialgesetzbuch, Fünftes Buch – Gesetzliche Krankenversicherung – v. 20.12.1988 (BGBl. I S. 2477), zuletzt geändert durch G v. 30.7.2009 (BGBl. I S. 2495).

144 Vgl. z.B. §§ 2 – 4, 8 -11, 19 ASiG, (Gesetz über Betriebsärzte, Sicherheitsingenieure und andere Fachkräfte für Arbeitssicherheit) v. 12.12.1973 (BGBl. I S. 1885), zuletzt geändert durch Art. 226 V v. 31.10.2006 (BGBl. I S. 2407).

der Grundlage von Art. 74 Abs. 1 Nr. 12 GG zum Beispiel der Sicherheit am Arbeitsplatz dient und die betriebsärztliche Tätigkeit regelt.

Daneben berühren insbesondere Art. 74 Abs. 1 Nr. 1 GG in Form des Zivilrechts – etwa des Haftungsrechts – und des Strafrechts – etwa im Hinblick auf die Diskussion der ärztlichen Heilbehandlung als Körperverletzung[145] – und Art. 74 Abs. 1 Nr. 19a GG[146] das Recht der Ärzte und Krankenpfleger. Abgesehen davon ist das Recht der Berufsausübung jedoch der ausschließlichen Kompetenz der Länder zuzuordnen.[147]

Schließlich wird das Berufsrecht der Ärzte und Krankenpfleger durch die Grundrechte berührt, wobei insbesondere das Grundrecht der Berufsfreiheit aus Art. 12 Abs. 1 GG sowie das allgemeine Persönlichkeitsrecht aus Art. 2 Abs. 1 GG zu nennen sind.

3. Berufs- und berufsrelevantes Recht einfach- und untergesetzlicher Ebene

Nachdem die europa- und verfassungsrechtlichen Anknüpfungspunkte vorgestellt wurden, wird untersucht, inwieweit sich aus dem speziellen Berufsrecht und dem allgemeinen, berufsrelevanten Recht auf einfach- und untergesetzlicher Ebene sowohl Anhaltspunkte für den Umfang des ärztlichen Tätigkeitsbereichs als auch für die Delegation ärztlicher Tätigkeiten ableiten lassen.

a) Grundsatz der persönlichen Leistungserbringungspflicht

Ausgangspunkt für die aufgeworfene Frage nach den Delegationsmöglichkeiten ist der Grundsatz der persönlichen Leistungserbringungspflicht des Arztes. Normativ findet die ärztliche Verpflichtung zur persönlichen Leistungserbringung ihre Grundlage in einer Vielzahl[148] von Regelungen. Daher wird zunächst anhand einer Auswahl derartiger Vorschriften aus der Musterberufsordnung für Ärzte und der Bundesärzteordnung in Verbindung mit Vorschriften des Bürgerlichen Rechts über den Dienstvertrag sowie aus Regelungen des nur für die vertragsärztliche Versorgung geltenden Vertragsarztrechts und aus dem Vergütungsrecht dargestellt, welche Konsequenzen dieser Grundsatz für die Frage der Delegation ärztlicher Tätigkeiten auf Krankenpfleger hat.

---

145 Ausführliche Darstellung *Lilie*, in: LK[11], Vor § 223, Rn. 3 ff.; § 223, Rn. 18.

146 Vgl. das Krankenhausfinanzierungsrecht, das u.a. durch die Regelung der liquidationsberechtigten Tätigkeit von Belegärzten und leitenden Krankenhausärzten (vgl. § 16 Abs. 1 KHG) die Berufsausübung der Ärzte im Krankenhaus beeinflusst.

147 In die Kompetenz der Länder fällt beispielsweise das Recht der Facharztbezeichnungen [BVerfG, Beschl. v. 9.5.1972 – 1 BvR 518/62 u. 308/64, NJW 1972, 1504 (1505)]; Zugehörigkeit zu Ärztekammern [BVerwGE 39, 110 (112); *Stettner*, in: Dreier, GG, Art. 74, Rn. 91] oder die Studienordnung für die Ausbildung zu ärztlichen Berufen [BVerwG, Beschl. V. 3.11.1986 7 B 108/86, NVwZ 1987, 978 (979)].

148 Neben den hier genannten Vorschriften ordnen zahlreiche andere Rechtsnormen ausdrücklich oder konkludent an, dass jeder Arzt grundsätzlich dazu verpflichtet ist, ärztliche Leistungen persönlich zu erbringen. So z.B. auch §§ 32 Abs. 1 S. 1, 32a S. 1 Ärzte-ZV (Zulassungsverordnung für Vertragsärzte v. 28.5.1957, zuletzt geändert durch Art. 13 G. v. 28.5.2008, BGBl. I S. 874): „Der Vertragsarzt hat die vertragsärztliche Tätigkeit persönlich in freier Praxis zu erbringen."

aa) Musterberufsordnung-Ärzte, Bundesärzteordnung und Dienstvertragsrecht

Die Musterberufsordnung für die deutschen Ärzte (MBO-Ä)[149] beschreibt Berufspflichten und Grundsätze für die ärztliche Tätigkeit und enthält damit auch Bestimmungen, die sich mit dem Grundsatz der persönlichen Leistungserbringungspflicht des Arztes beschäftigen. Im Gegensatz zur Bundesärzteordnung (BÄO)[150], die die Grundlage des ärztlichen Berufsrechts darstellt und beispielsweise Regelungen über die Approbation bzw. über sonstige Erlaubnisse zur Ausübung des ärztlichen Berufs enthält, kommt ihr jedoch keine unmittelbare Rechtsverbindlichkeit zu. Denn nach Art. 70 Abs. 1, Abs. 2 GG i.V.m. Art. 72 Abs. 1, 74 Abs. 1 GG verfügen, wie gezeigt, grundsätzlich die Länder über die Gesetzgebungskompetenz zur Regelung der ärztlichen Berufsausübung.[151] Von dieser Kompetenz haben die Länder in Form der Kammer- bzw. Heilberufsgesetze auch Gebrauch gemacht. Diese ermächtigen die Kammerversammlung der jeweiligen Landesärztekammer unter anderem zum Beschluss einer Berufsordnung[152], die die ärztlichen Berufspflichten und dadurch das ärztliche Tätigkeitsfeld auf Landesebene verbindlich konkretisieren, sofern die jeweilige Aufsichtsbehörde dem Beschluss zugestimmt hat[153].

Trotz der Regelungskompetenz der einzelnen Länder wird – auch im Hinblick auf die in Art. 12 Abs. 1 GG gewährleistete berufliche Niederlassungsfreiheit[154] – ein bundeseinheitliches ärztliches Berufsrecht angestrebt.[155] Daher erfolgt einerseits eine grundsätzliche Abstimmung der inhaltlichen Gestaltung der Kammer- und Heilberufsgesetze der Länder,[156] andererseits beschließt der Deutsche Ärztetag als Hauptversammlung und Organ der BÄK nach § 3a ihrer Satzung[157] eine Musterberufsordnung. Da es sich bei der

149 MBO-Ä zuletzt geändert durch den Beschluss des Vorstands der *BÄK* in der Sitzung v. 24.11.2006, abrufbar im Internet unter <http://www.bundesaerztekammer.de/page.asp?his=1.100.1143> (Stand v. 3.5.2007).

150 BÄO i.d.F. v. 16.4.1984 (BGBl. I S. 1218), zuletzt geändert durch Art. 6 G v. 30.7.2009 (BGBl. I S. 2495).

151 Vgl. dazu die Ausführungen unter *Zweiter Teil, B I. 2.*

152 Vgl. z.B. §§ 7 Abs. 1 Nr. 1, 15 Abs. 1 Nr. 9 i. V. m. § 20 KGHB-LSA, Gesetz über die Kammern für Heilberufe Sachsen-Anhalt v. 13.7.1994 (GVBl. LSA S. 832), zuletzt geändert durch Art. 4 G v. 9.12.2009 (GVBl. LSA S. 644, 646).

153 Vgl. z.B. § 15 Abs. 2 KGHB-LSA.

154 *Krüger/Pagenkopf*, in: Sachs, GG, Art. 12, Rn. 64; a.A. *Narr*, Ärztliches Berufsrecht, Band 1, Rn. B 5, der durch eine zu starke inhaltliche Aufsplitterung landesgesetzlicher Regelungen der ärztlichen Berufsausübung das in Art. 11 Abs. 1 GG gewährleistete Recht auf Freizügigkeit gefährdet sieht. Dem ist zwar insoweit zuzustimmen als sich auch berufsrechtliche Regelungen mittelbar auf die Freizügigkeit auswirken können. Gleichwohl ist der Schutzbereich des Art. 11 Abs. 1 GG nur dann eröffnet, wenn staatliches Handeln die Freizügigkeit unmittelbar beeinträchtigt (Krüger/Pagenkopf, in: Sachs, GG, Art. 11, Rn. 20). Dass verschiedene landesgesetzliche Regelungen der ärztlichen Berufsausübung jedoch unmittelbar auf die Einschränkung der Freizügigkeit abzielen, ist nicht anzunehmen.

155 Vgl. z.B. die Zielformulierung in § 2 Abs. 2 der Satzung der *BÄK* in Form einer „möglichst einheitliche[n] Regelung der ärztlichen Berufspflichten und der Grundsätze für die ärztliche Tätigkeit auf allen Gebieten".

156 *Narr*, Ärztliches Berufsrecht, Band 2, Rn. B 4, S. 392.

157 Satzung der *BÄK* (Arbeitsgemeinschaft der Deutschen Ärztekammern), in der vom 104. Deutschen Ärztetag 2001 beschlossenen Fassung, abrufbar im Internet unter: <http://www.bundesaerztekammer.de/page.asp?his=0.1.18> (Stand v. 26.10.2007).

BÄK entgegen der Bezeichnung „Kammer" und im Gegensatz zu den Ärztekammern der Länder nicht um eine mit Satzungsrecht ausgestattete Körperschaft des öffentlichen Rechts, sondern um einen freiwilligen Zusammenschluss der Landesärztekammern zu einer Arbeitsgemeinschaft[158] in der Form eines nicht rechtsfähigen Vereins bürgerlichen Rechts handelt,[159] kommt der MBO-Ä somit lediglich Empfehlungscharakter zu. Mittelbar führt die MBO-Ä jedoch durch ihre weitgehend inhaltsgleiche Übernahme in die rechtsverbindlichen untergesetzlichen Berufsordnungen der Länder zu einer Vereinheitlichung des ärztlichen Berufsausübungsrechts, entfaltet mithin de facto eine normative Kraft. Daher wird hier trotz ihres bloßen Empfehlungscharakters nachfolgend der Wortlaut der MBO-Ä herangezogen.

Der *Grundsatz der persönlichen Leistungserbringung* folgt für niedergelassene Praxisinhaber explizit aus § 19 Abs. 1 S. 1 MBO-Ä, wonach Ärzte die Praxis *persönlich ausüben* müssen. Er lässt sich darüber hinaus aus § 1 Abs. 1 S. 2 MBO-Ä und § 1 Abs. 2 a.E. BÄO ableiten. Danach ist der Arztberuf seiner Natur nach ein *freier Beruf*[160]. In Übereinstimmung mit Rechtsprechung und Literatur ist das wesentliche Merkmal der freien Berufe die *persönliche Erbringung von Dienstleistungen.*[161] Dementsprechend wird nach der überwiegend vertretenen Auffassung das Arzt-Patienten-Verhältnis, unabhängig davon, ob es sich um privat oder gesetzlich versicherte Patienten handelt,[162] als Dienstvertrag i.S.d. §§ 611 ff. BGB eingestuft.[163] Daher findet auch § 613 S. 1 BGB Anwendung. Danach hat der zur Dienstleistung Verpflichtete die Dienste im Zweifel in Person zu leisten. Die Formulierung „im Zweifel" bringt den Charakter dieser Vorschrift als Auslegungsregel zum Ausdruck, die explizit oder konkludent abbedungen werden kann.[164] Sofern im

---

158 Vgl. § 1 Abs. 1 Satzung der BÄK.

159 Die *BÄK* ist mithin ein Bundesdachverband der Landesärztekammern. Näher zu ihrer rechtlichen Einordnung bereits: *Bergemann*, Die rechtliche Stellung der Bundesärztekammer, S. 40 ff, 47.

160 Kritisch dazu: *Lippert*, in: Ratzel/Lippert, MBO, § 1, Rn. 7 f.

161 BVerfG, Entscheidg. v. 25.2.1960 – 1 BvR 239/52, Juris, Rn. 45; BSG, Urt. v. 6.5.1975 6 – RKa 22/74, NJW 1975, 2271 (2271); *Peikert*, MedR 2000, 352 (352 ff.); *Simon*, Delegation ärztlicher Leistungen, S. 3 ff., 42 f.; *Deneke*, Klassifizierung der freien Berufe, S. 24 ff. Vgl. auch § 1 Abs. 2 S. 1 PartGG (Gesetz über Partnerschaftsgesellschaften Angehöriger Freier Berufe v. 25.7.1994, BGBl. I S. 1744, zuletzt geändert durch Art. 22 G v. 23.10.2008, BGB. I S. 2026): „Die Freien Berufe haben im allgemeinen auf der Grundlage besonderer beruflicher Qualifikation oder schöpferischer Begabung die persönliche, eigenverantwortliche und fachlich unabhängige Erbringung von Dienstleistungen höherer Art im Interesse der Auftraggeber und der Allgemeinheit zum Inhalt."

162 Zum Streitstand bzgl. der Frage, ob auf das Verhältnis von Vertragsarzt und gesetzlich versichertem (Kassen-)Patienten die dienstvertraglichen Vorschriften der §§ 611 ff. BGB Anwendung finden, vgl. *Simon*, Delegation ärztlicher Leistungen, S. 87 – 91; *Köhler-Fleischmann*, Der Grundsatz der persönlichen ärztlichen Leistungspflicht, S. 56 f.

163 Vgl. nur BGH, Urt. v. 18.3.1980 – VI ZR 247/78, BGHZ 76, 259 (261); Urt. v. 25.3.1986 – VI ZR 90/85, BGHZ 97, 273 (276); *Weidenkaff*, in: Palandt, Einf v § 611, Rn. 18. In Abgrenzung zu dem in §§ 631 ff. BGB geregelten Werkvertrag ist der Behandlungsvertrag in der Regel nicht auf die Herbeiführung eines bestimmten Heilerfolgs, sondern lediglich auf das fachgerechte Bemühen um diesen Erfolg gerichtet. Im Hinblick darauf, dass es dem Arzt kaum möglich ist, einen bestimmten Heilerfolg verbindlich zu versprechen, ist somit grundsätzlich nicht davon auszugehen, dass beim Behandlungsvertrag die Herstellung eines Werkes in Form des Heilerfolgs vereinbart wird.

164 Eine Abbedingung kann sich ferner aus der Art des Dienstvertrags oder aus den Umständen, insbesondere aus der Besonderheit des Dienstleistungsversprechens, ergeben, *Müller-Glöge*, in: MünchKommBGB, § 613, Rn. 2.

Rahmen des Arzt-Patienten-Verhältnisses keine besonderen Vereinbarungen über die Durchführung der Leistung durch den Arzt getroffen worden sind, schließt § 613 S. 1 BGB im Wege der ergänzenden Vertragsauslegung die vertragliche Regelungslücke.

Die Leistung „*in Person*" wird uneinheitlich als *persönliche*[165] oder *höchstpersönliche*[166] Verpflichtung verstanden, die nur dort besteht, wo es auf die besonderen Fähigkeiten des Dienstverpflichteten ankommt.[167] Folglich steht § 613 S. 1 BGB der Hinzuziehung Dritter einerseits insofern nicht entgegen, als es sich um solche Aufgaben handelt, die nicht die besonderen Fähigkeiten des einzelnen Arztes erfordern. Andererseits wird (Höchst-)Persönlichkeit überwiegend dahingehend verstanden, dass die Hinzuziehung von ärztlichen[168] und nichtärztlichen Hilfspersonen den (höchst-)persönlichen Charakter nicht auszuschließen vermag,[169] wenn der Arzt die grundlegenden Entscheidungen über die Therapie selbst trifft und die Behandlung zumindest überwacht.[170] In diesem Fall ist die Delegation einzelner ärztlicher Tätigkeiten im Rahmen der Patientenbehandlung auf Krankenpfleger daher auch nach § 613 S. 1 BGB möglich. Angesichts dessen ist jedoch, wie bereits ausgeführt[171], der Begriff der persönlichen Verpflichtung gegenüber dem der höchstpersönlichen Verpflichtung vorzuziehen, um der Interpretation des § 613 S. 1 BGB auch sprachlich Rechnung zu tragen.[172]

Für dieses Verständnis der persönlichen Leistungserbringungspflicht lassen sich auch folgende Vorschriften der MBO-Ä anführen: So können sich Ärzte nach § 23b Abs. 1 S. 1 MBO-Ä[173] unter anderem mit selbständig tätigen und zur eigenverantwortlichen[174] Berufsausübung befugten Berufsangehörigen staatlicher Ausbildungsberufe im Gesundheitswesen – auch beschränkt auf einzelne Leistungen – zur kooperativen Berufsausübung zu-

---

165 *Edenfeld*, in: Erman, BGB, § 613, Rn. 1; *Laufs*, in: Laufs/Uhlenbruck, Handbuch des Arztrechts, § 47, Rn. 1.

166 *Fuchs*, in: BeckOK-BGB, § 613, Rn. 1, 5; *Raab*, in: Soergel, BGB, § 613, Paragraphenüberschrift: „Höchstpersönliche Verpflichtung"; *Weidenkaff*, in: Palandt, § 613, Rn. 1. Vgl. allgemein zu den Begrifflichkeiten *Noll*, Persönliche und höchstpersönliche Leistung, S. 2 ff.

167 *Weidenkaff*, in: Palandt, BGB, § 613, Rn. 1; *Peikert*, MedR 2000, 352 (354); *Köhler-Fleischmann*, Der Grundsatz der persönlichen ärztlichen Leistungspflicht, S. 57.

168 Vgl. zu den Besonderheiten bei der häufig diskutierten Frage des Honoraranspruchs bei der Delegation wahlärztlicher Leistungen: *Spickhoff*, NZS 2004, 57 (58); *Biermann/Ulsenheimer/Weißauer*, NJW 2001, 3366 (3366 ff.).

169 *Müller-Glöge*, in: MünchKommBGB, § 613, Rn. 3; *Fuchs*, in: BeckOK-BGB, § 613, Rn. 5; *Laufs*, in: Laufs/Uhlenbruck, Handbuch des Arztrechts, § 47, Rn. 1; *Gitter/Köhler*, in: Broglie, Der Grundsatz der persönlichen ärztlichen Leistungspflicht, S. 54 f.; *Deutsch/Spickhoff*, Medizinrecht, Rn. 399; a.A. wohl *Edenfeld*, in: Erman, BGB, § 613, Rn. 1: Durchführung weder durch Ersatzmann noch Gehilfen.

170 *Richardi*, in: Staudinger, § 613, Rn. 10; *Raab*, in: Soergel, BGB, § 613, Rn. 7.

171 Siehe *Erster Teil, D, IV*, S. 15, Fn. 84.

172 Vgl. auch *Deutsch/Spickhoff*, Medizinrecht, Rn. 399, die zu Recht zwischen dem Persönlichkeits- und dem Höchstpersönlichkeitsprinzip unterscheiden und § 613 S. 1 BGB ersterem zuordnen.

173 Alle Berufsordnungen (BO) enthalten eine dem § 23b MBO-Ä inhaltlich entsprechende Vorschrift. Abweichungen bestehen lediglich bzgl. des Standorts innerhalb der Berufsordnung, vgl. § 23a BO Bayern; Abschnitt D II. Nr. 8 BO Brandenburg; § 23 BO Mecklenburg-Vorpommern; § 23a BO Nordrhein; Abschnitt D I. Nr. 3 BO Rheinland-Pfalz.

174 Eigenverantwortliches Handeln bedeutet die eigenständige Indikationsstellung zur Durchführung einer medizinischen Maßnahme und deren eigenständige Durchführung, vgl. *Taupitz/Pitz/Niedziolka*, Der Einsatz nicht-ärztlichen Heilpersonals, S. 10.

sammenschließen. Mithin gestattet § 23b Abs. 1 MBO-Ä ausdrücklich die systematische Zusammenarbeit zwischen Ärzten und Krankenpflegern. Voraussetzung für eine derartige medizinische Kooperationsgemeinschaft ist gem. § 23b Abs. 1 S. 3 MBO-Ä zum einen, dass auch die nichtärztlichen Berufsangehörigen in ihrer Verbindung mit dem Arzt einen gleichgerichteten oder integrierenden diagnostischen oder therapeutischen Zweck bei der Heilbehandlung, auch auf dem Gebiet der Prävention und Rehabilitation, durch räumlich nahes und koordiniertes Zusammenwirken aller beteiligten Berufsangehörigen erfüllen können. Das ist gem. § 23b Abs. 2 a.E. MBO-Ä dann der Fall, wenn die nichtärztlichen Berufsangehörigen mit dem Arzt entsprechend seinem Fachgebiet einen gemeinschaftlich erreichbaren medizinischen Zweck nach der Art ihrer beruflichen Kompetenz erfüllen können. Maßgeblich für das kooperative Zusammenwirken i.S.d. § 23b MBO-Ä von Arzt und Krankenpfleger und damit auch für im Rahmen dieser Kooperation auftretende Delegationsfälle ist somit die berufliche Kompetenz des Krankenpflegers. Darüber hinaus muss nach § 23b Abs. 1 S. 4 Buchst. a MBO-Ä bei der medizinischen Kooperation gewährleistet sein, dass die eigenverantwortliche und selbständige Berufsausübung des Arztes gewahrt ist. Daraus lässt sich eine – wenn auch nicht sehr hilfreiche – negative Grenze der Delegationsfähigkeit ableiten: Die Delegation einer ärztlichen Tätigkeit darf nie so weit reichen, dass die delegierte Tätigkeit von einem Krankenpfleger in vollem Umfang und eigenverantwortlich an Stelle des Arztes erbracht wird.

Ferner betrifft § 30 MBO-Ä, der das Verbot der Zusammenarbeit von Arzt und Nichtarzt bei der Behandlung und Untersuchung von Patienten regelt, das Verhältnis von Arzt und Krankenpfleger. Ziel dieser Vorschrift ist der Schutz des Patienten durch die Wahrung der ärztlichen Unabhängigkeit gegenüber Dritten.[175] Von diesem Verbot ausgenommen sind unter anderem die berufsmäßig tätigen Mitarbeiter des Arztes[176] sowie unter der Voraussetzung, dass die Verantwortungsbereiche klar erkennbar voneinander getrennt bleiben, Angehörige anderer Gesundheitsberufe.[177] Zu den berufsmäßig tätigen Mitarbeitern des Arztes sind jedenfalls die Angehörigen der Gesundheitsberufe zu zählen, die dem Arzt in der Regel bei der Ausübung seiner Tätigkeit assistieren. Daher fallen die sog. Medizinalfachberufe und damit auch die Krankenpfleger bereits regelmäßig unter die erste Ausnahme des Verbots der Zusammenarbeit von Arzt und Nichtarzt.[178] Daher steht § 30 MBO-Ä der Delegation ärztlicher Tätigkeiten auf Krankenpfleger als eine Form der Zusammenarbeit von Arzt und Nichtarzt bei der Untersuchung oder Behandlung nicht entgegen.

bb) Vertragsarztrecht

Im Gegensatz zu den soeben dargestellten Normen betreffen die folgenden Vorschriften ausschließlich die Tätigkeit als Vertragsarzt, d.h. den aufgrund einer besonderen Zulassung zur Teilnahme an der vertragsärztlichen Versorgung berechtigten Arzt. Untersucht wird dabei, ob sich bezüglich der Zulässigkeit der Delegation Abweichungen für die vertragsärztliche Tätigkeit ergeben.

175 Vgl. § 30 Abs. 1 MBO-Ä.
176 Vgl. § 30 Abs. 2 S. 1 MBO-Ä.
177 Vgl. § 30 Abs. 3 MBO-Ä.
178 *Lippert*, in: Ratzel/Lippert, MBO, § 30, Rn. 2.

(1) Ärztliche Behandlung i.S.d. §§ 15 Abs. 1, 28 Abs. 1 SGB V

Nach § 15 Abs. 1 S. 1 SGB V[179] *wird die (zahn-)ärztliche Behandlung von (Zahn-)Ärzten erbracht*, soweit nicht in Modellvorhaben nach § 63 Abs. 3c SGB V etwas anderes bestimmt ist. Dieser für die Leistungen der gesetzlichen Krankenversicherung geltende Arztvorbehalt[180] setzt den Grundsatz der persönlichen Leistungserbringungspflicht des Arztes voraus,[181] erfährt jedoch auch im SGB V Ausnahmen[182]: Zum einen ermöglicht der im Zuge des sog. Pflege-Weiterentwicklungsgesetzes[183] aufgenommene Verweis auf den neu eingefügten § 63 Abs. 3c SGB V eine Durchbrechung des Arztvorbehalts, auf die noch[184] gesondert eingegangen wird. Zum anderen bestimmt § 15 Abs. 1 S. 2 SGB V für erforderliche Hilfeleistungen anderer Personen, dass sie vom (Zahn-)Arzt angeordnet und von ihm verantwortet werden müssen. Ähnlich zählt § 28 Abs. 1 S. 2 SGB V zum Inhalt der ärztlichen Behandlung auch die Hilfeleistung anderer Personen, die von dem Arzt angeordnet und von ihm zu verantworten ist. Im Gegensatz zur *Verordnung*[185], auf deren Grundlage die Leistungserbringer grundsätzlich *eigenverantwortlich* und *selbständig* tätig werden, ist die Hilfeleistung, die auf *Anordnung* des Arztes erfolgt, *unselbständig*.[186] Daher darf die Leistung der nichtärztlichen Hilfsperson nur vorbereitende, ergänzende oder unterstützende Funktion für die eigentliche ärztliche Tätigkeit besitzen.[187] Aus dem Wortlaut des § 28 Abs. 1 S. 2 SGB V und dem Sinnzusammenhang mit der Regelung in S. 1

179 Sozialgesetzbuch (SGB) Fünftes Buch (V) – Gesetzliche Krankenversicherung – v. 20.12.1988 (BGBl. I S. 2477), zuletzt geändert durch G v. 28.7.2011 (BGBl. I S. 1622).

180 Zur Verfassungsmäßigkeit dieses Arztvorbehalts, der eine tunlichst rasche und sichere Heilung der Versicherten gewährleisten soll und daher als wichtiger Gemeinschaftsbelang anzusehen ist, vgl. BVerfG, Beschl. v. 10.5.1988 – 1 BvR 111/77, NJW 1988, 2292 (2293).

181 *Noftz*, in: Hauck/Noftz, SGB V, K § 15, Rn. 14; *Wagner*, in: Krauskopf, SGB V, § 15, Rn. 4; *Fuchs/Preis*, Sozialversicherungsrecht, S. 279 spricht insofern auch von einem Arztmonopol.

182 Vgl. auch BT-Drucks. 11/2237, S. 171.

183 Gesetz zur strukturellen Weiterentwicklung der Pflegeversicherung (Pflege-Weiterentwicklungsgesetz) v. 28.5.2008, BGBl. I S. 874.

184 Siehe *Dritter Teil, B*, S. 262 ff.

185 Im Unterschied zu der vom Arzt angeordneten Hilfeleistung anderer Personen (§ 73 Abs. 2 Nr. 6 SGB V) gehört die bloß verordnete Drittleistung (§ 73 Abs. 2 Nr. 5, 7, 8, 12 SGB V: Verordnung von medizinischer Rehabilitation, Arznei-, Verband-, Heil- und Hilfsmitteln, Krankentransporten sowie Krankenhausbehandlung oder Behandlung in Vorsorge- oder Rehabilitationseinrichtungen, häuslicher Krankenpflege, Soziotherapie) nicht zur ärztlichen Behandlung i.S.d. § 28 SGB V, vgl. BSG, Urt. v. 22.2.1974 – 3 RK 79/72, BSGE 37, 130 (132 f.); *Hess*, in: KassKomm SozVersR, SGB V, § 73, Rn. 14. Allerdings wird die Verwendung von Heilmitteln (z.B. technischer Geräte) zur Therapie von Krankheiten in den eigenen Praxisräumen, dann nicht als verordnetes Heilmittel qualifiziert, sondern der ärztlichen Behandlung zugerechnet, wenn sie – durch den Arzt überwacht – von eigenem Hilfspersonal erbracht wird, BSG, Urt. v. 14.3.2001 – B & KA 67/00 R, MedR 2002, 47 (48); Urt. v. 24.6.1971 – 5 RKnU 30/68, BSGE 33, 30 (31); Urt. v. 22.11.1968 – 3 RK 47/66, BSGE 29, 27 (29). Im Unterschied zur hier verwendeten Definition ärztlicher Tätigkeiten und anderer Entscheidungen [BSG, Urt. v. 14.7.1965 – 6 RKa 50/64, BSGE 23, 176 (179)] stellt das BSG in diesen Fällen daher nicht entscheidend auf das Erfordernis ärztlichen Fachwissens für die Zuordnung zur ärztlichen Behandlung ab, sondern auf die Art und Weise der ärztlichen Beteiligung.

186 BSG, Urt. v. 22.11.1968 – 3 RK 47/66, BSGE 29, 27 (29); *Mrozynski*, in: Wannagat, SGB V, § 28, Rn. 5.

187 BSG, Urt. 6.5.1975 – 6 RKa 22/74, Juris, Rn. 17.

wird ferner gefolgert, dass es sich bei der angeordneten Hilfeleistung um eine Tätigkeit handeln müsse, die der ärztlichen Berufsausübung zuzurechnen sei.[188] Das sei dann der Fall, wenn sie den Zielen einer Krankenbehandlung diene und der Arzt sie aufgrund seines *Fachwissens* verantworten, d.h. *überwachen* und *leiten* könne.[189] Die Intensität der Anleitung und Überwachung hänge dabei maßgeblich von Art, Schwierigkeitsgrad und Gefährlichkeit der jeweiligen Hilfeleistung ab, sodass unter Umständen auch eine bloß nachträgliche Kontrolle des Arztes ausreichen könne.[190]

Delegierte Tätigkeiten sind dementsprechend unselbständige und nicht eigenverantwortlich ausgeübte Hilfstätigkeiten, die ihrer Natur nach zwar unmittelbar zur (zahn-)ärztlichen Behandlung zählen, aber nicht vom (Zahn-)Arzt höchstpersönlich durchgeführt werden müssen und je nach Lage des Einzelfalls einer mehr oder weniger intensiven Anleitung und Überwachung durch den Arzt bedürfen.

(2) Bundesmantelvertrag – Ärzte

Bevor auf die Aussagen des Bundesmantelvertrags-Ärzte in Bezug auf die vertragsärztliche Pflicht zur persönlichen Leistungserbringung eingegangen wird, wird zunächst die *Verbindlichkeit* der Bundesmantelverträge untersucht.

Nach § 72 Abs. 2 SGB V ist die vertragsärztliche Versorgung im Rahmen der gesetzlichen Vorschriften und der Richtlinien des Gemeinsamen Bundesausschusses (G-BA)[191] durch schriftliche Verträge der Kassenärztlichen Vereinigungen mit den Verbänden der Krankenkassen so zu regeln, dass eine ausreichende, zweckmäßige und wirtschaftliche Versorgung der Versicherten unter Berücksichtigung des allgemein anerkannten Standes der medizinischen Erkenntnisse gewährleistet ist und die ärztlichen Leistungen angemessen vergütet werden. Die auf Bundes- und Landesebene zu schließenden Verträge sind in den §§ 82 ff. SGB V näher geregelt, so auch in § 82 Abs. 1 S. 1 SGB V der von den Kassenärztlichen Bundesvereinigungen und den Spitzenverbänden der Krankenkassen zu vereinbarende Bundesmantelvertrag – Ärzte (BMV-Ä)[192]. Der Inhalt der Bundesmantelverträge ist nach § 82 Abs. 1 S. 2 SGB V Bestandteil der Gesamtverträge. Die Gesamtverträge werden gem. § 83 Abs. 1 S. 1 SGB V von den Kassenärztlichen Vereinigungen mit den zuständigen Landesverbänden der Krankenkassen und den Verbänden der Ersatzkassen mit Wirkung für die beteiligten Krankenkassen geschlossen. Bundesmantelverträge sind für den Bereich der vertragsärztlichen Versorgung der BMV-Ä und der Bundesmantelvertrag-Ärzte/Ersatzkassen (EKV)[193]. Der EKV ist regelungsfolgengleich mit dem BMV-Ä, weshalb hier vorliegend nur auf den BMV-Ä abgestellt wird. Wie sich aus § 95 Abs. 3 S. 3

---

188 *Noftz*, in: Hauck/Noftz, SGB V, K § 15, Rn. 15; *Wagner*, in: Krauskopf, SGB V, § 28, Rn. 7.

189 BSG, Urt. v. 10.5.1995 – 1 RK 20/94, BSGE 76, 109 (110 f.); *Wagner*, in: Krauskopf, SGB V, § 15, Rn. 5.

190 BSG, Urt. v. 10.5.1995 – 1 RK 20/94, BSGE 76, 109 (110 f.); *Wagner*, in: Krauskopf, SGB V, § 15, Rn. 5. BSG, Urt. v. 10.7.1979 – 3 RK 21/78, BSGE 48, 258 (262 f.); a.A. *Spickhoff/Seibl*, NZS 2008, 57 (63): lediglich nachträgliche Kontrolle nicht ausreichend.

191 Zuvor: Bundesausschuss der Ärzte und Krankenkassen.

192 BMV-Ä, Stand v. 17.3.2009, abrufbar im Internet unter <http://www.kbv.de/rechtsquellen/2310.html> (Stand: 2.11.2009).

193 EKV, Stand v. 17.3.2009, abrufbar im Internet unter <http://www.kbv.de/rechtsquellen/2310.html> (Stand: 2.11.2009).

SGB V[194] und aus § 81 Abs. 3 Nr. 1 SGB V[195] ergibt, begründet der BMV-Ä damit unmittelbar Rechte und Pflichten der Vertragsunterworfenen. Insofern wird den Vorschriften der BMV-Ä insbesondere in der sozialgerichtlichen Rechtsprechung Rechtsnormqualität zugesprochen.[196] Gleichwohl betreffen die vertraglichen Regelungen ausschließlich die vertragsärztliche Versorgung, sodass diese Normen für die Frage der Delegation ärztlicher Tätigkeiten lediglich als möglicher Interpretationsansatz herangezogen werden können.

§ 1a Nr. 24 BMV-Ä definiert die *persönliche Leistungserbringung* als die durch gesetzliche und vertragliche Bestimmungen näher geregelte Verpflichtung des Vertragsarztes bzw. angestellten Arztes zur unmittelbaren Erbringung der vorgesehenen medizinischen Leistungen, auch im Rahmen zulässiger *Delegationen.* In § 15 Abs. 1 S. 1, S. 5 BMV-Ä heißt es unter der Überschrift „Persönliche Leistungserbringung" wie folgt: „Jeder an der vertragsärztlichen Versorgung teilnehmende Arzt ist verpflichtet, die vertragsärztliche Tätigkeit *persönlich auszuüben.* [...] *Persönliche Leistungen* sind ferner Hilfeleistungen nichtärztlicher Mitarbeiter, die der an der vertragsärztlichen Versorgung teilnehmende Arzt, der genehmigte Assistent oder ein angestellter Arzt *anordnet* und *fachlich überwacht,* wenn der nichtärztliche Mitarbeiter zur Erbringung der jeweiligen Hilfeleistung *qualifiziert* ist".

Darüber hinaus verweist § 15 Abs. 1 S. 6 BMV-Ä für die Erbringung von ärztlich angeordneten Hilfeleistungen durch nichtärztliche Mitarbeiter in der Häuslichkeit der Patienten, in Alten- oder Pflegeheimen oder in anderen beschützenden Einrichtungen auf die Anlage 8 des BMV-Ä (sog. *Delegationsvereinbarung*[197]). Danach dürfen bei festgestellter ärztlicher Unterversorgung bzw. drohender Unterversorgung oder eines zusätzlichen lokalen Versorgungsbedarfs im hausärztlichen Versorgungsbereich für die in § 3 der Delegationsvereinbarung näher bezeichneten Patientengruppen von i.S.d. § 7 der Delegationsvereinbarung qualifizierten nichtärztlichen Praxisassistenten ärztlicherseits delegierte Tätigkeiten[198] in Abwesenheit des Arztes[199] ausgeführt werden, wobei nach § 5 Abs. 1 S. 2 der Delegationsvereinbarung dem Arzt die *Anleitungs-* und *Überwachungspflicht* obliegt.

---

194 Danach sind die vertraglichen Bestimmungen über die vertragsärztliche Versorgung verbindlich.

195 Danach müssen die Satzungen der Kassenärztlichen Vereinigungen Bestimmungen enthalten, nach denen die von den Kassenärztlichen Bundesvereinigungen abzuschließenden Verträge (d.h. auch die Bundesmantelverträge) für die Kassenärztlichen Vereinigungen und ihre Mitglieder verbindlich sind.

196 BSG, Urt. v. 20.3.1996 – 6 RKa 62/94, MedR 1997, 123 (125 f.); *Knittel,* in: Krauskopf, SGB V, § 92, Rn. 38. Zur verfassungsrechtlichen Problematik der sog. Normsetzungsverträge, zu denen auch die Bundesmantelverträge gezählt werden, vgl. *Sodan,* NZS 1998, 305 ff.; *Seeringer,* Der Gemeinsame Bundesausschuss, S. 149 – 230. Auf die Darstellung dieser Problematik wird hier jedoch verzichtet, da die Vorschriften des BMV-Ä unabhängig von deren Rechtsnormqualität aufgrund ihres nur eingeschränkten Anwendungsbereichs für die vertragsärztliche Versorgung lediglich als Definitionshilfe herangezogen werden sollen und können.

197 *GKV-Spitzenverband/KBV,* Vereinbarung einer Anlage 8 zu § 15 Abs. 1 BMV-Ä bzw. § 14 Abs. 1 EKV, DÄB 2009, A 838 (A 838 ff.).

198 Das in § 5 der Delegationsvereinbarung geregelte Aufgabenprofil zielt insbesondere auf die im Rahmen von Hausbesuchen zu erbringenden Tätigkeiten ab. In diesem Zusammenhang kommen nach *BÄK/KBV* insbesondere der Therapie dienende Maßnahmen wie Wundpflege und Verbandwechsel, subkutane und intramuskuläre Injektionen sowie die Diagnostik unterstützende Maßnahmen wie Blutdruckmessungen in Betracht, *BÄK/KBV,* Persönliche Leistungserbringung, DÄB 2008, A 2173 (A 2177).

Folglich bestätigt auch der Bundesmantelvertrag-Ärzte zunächst den Grundsatz, dass der Vertragsarzt, die ärztlichen Leistungen persönlich – im Sinne von eigenhändig – erbringen muss, unter bestimmten Umständen aber auch die Hilfeleistungen nichtärztlicher Mitarbeiter dem Vertragsarzt zugerechnet werden können. Auffallend ist insoweit zum einen, dass der BMV-Ä ausdrücklich den Begriff der Delegation verwendet. Zum anderen ergänzen § 15 Abs. 1 S. 5, S. 6 BMV-Ä und § 5 Abs. 1 S. 2 der Anlage 8 des BMV den § 28 Abs. 1 S. 2 SGB V um drei weitere Voraussetzungen einer zulässigen Delegation: Neben der ärztlichen Anordnung wird auch die Anleitung und fachliche Überwachung der Hilfeleistung[200] sowie die Qualifikation des jeweiligen nichtärztlichen Mitarbeiters gefordert. Damit wird – jedenfalls für den Geltungsbereich des BMV-Ä, d.h. der vertragsärztlichen Versorgung im Rahmen der gesetzlichen Krankenversicherung – der eingangs aufgeworfenen Frage nach der Zulässigkeit der Delegation ärztlicher Tätigkeiten ein Rahmen gegeben.

(3) Häusliche Krankenpflege-Richtlinie

Abschließend wird die auf der Grundlage des § 92 Abs. 1 S. 2 Nr. 6 Var. 6, Abs. 7 SGB V beschlossene Richtlinie des G-BA über die Verordnung von häuslicher Krankenpflege[201] zum einen im Hinblick auf deren Verbindlichkeit, zum anderen bezüglich etwaiger Aussagen zur persönlichen Leistungserbringungspflicht betrachtet.

> Nach § 91 Abs. 6 SGB V sind die „Beschlüsse des Gemeinsamen Bundesausschusses […] für die Träger [der Kassenärztlichen Bundesvereinigungen, der Deutschen Krankenhausgesellschaft und des Spitzenverbandes Bund der Krankenkassen], deren Mitglieder und Mitgliedskassen sowie für die Versicherten und Leistungserbringer verbindlich."
>
> In § 92 Abs. 1 S. 1 heißt es: „Der Gemeinsame Bundesausschuss beschließt die […] erforderlichen Richtlinien".

Folglich ist die unmittelbare Verbindlichkeit[202] der Beschlüsse und damit auch der Richtlinien für die genannten Normadressaten in § 91 Abs. 6 SGB V verankert. Die Verbind-

---

199 Allerdings muss der Arzt nach § 5 Abs. 2 S. 2 der Delegationsvereinbarung die Leistung im Einzelfall in Bezug auf den Patienten angeordnet, ihn zuvor bezüglich derselben Erkrankung selbst besucht oder in seiner Praxis gesehen und eingehend untersucht haben.

200 Dabei wird aus der Verpflichtung zur ärztlichen Anordnung und Überwachung der Hilfstätigkeit gefolgert, es könne sich in Bezug auf die ärztliche Behandlung lediglich um vorbereitende, unterstützende oder ergänzende Maßnahmen handeln – ohne jedoch eine weitere Konkretisierung vorzunehmen, vgl. jeweils für die wortgleiche Formulierung in § 1 S. 2 E-GO v. 1.6.1986: *Gitter/Köhler*, in: Broglie, Der Grundsatz der persönlichen ärztlichen Leistungspflicht, S. 38; *Köhler-Fleischmann*, Der Grundsatz der persönlichen ärztlichen Leistungspflicht, S. 83.

201 Häusliche Krankenpflege-Richtlinie (HKrPflRL), neugefasst am 17.9.2009 (BAnz. v. 9.2.2010).

202 Inzwischen ist jedoch anerkannt, dass den Richtlinien des G-BA jedenfalls keine ausnahmslose Letztverbindlichkeit zuerkannt werden kann. Vielmehr können die Grundrechte aus Art. 2 Abs. 1 GG i.V.m. dem Sozialstaatsprinzip sowie aus Art. 2 Abs. 2 S. 1 GG in besonders gelagerten Fällen die Gerichte zu einer grundrechtsorientierten Auslegung der maßgeblichen Vorschriften des Krankenversicherungsrechts verpflichten [BVerfG, Beschl. v. 6.12.2005 – 1 BvR 347/98, MedR 2006, 164 (166)]. Insofern besteht auch die Möglichkeit der einschränkenden Auslegung der Richtlinien, vgl. BSG, Urt. v. 19.4.2004 – B 1 KR 27/02 R, NZS 2005, 589 (591 ff.), wonach Behandlungsmaßnahmen vom Leistungsumfang der gesetzlichen Krankenversicherung nicht allein mangels einer entsprechenden Empfehlung des G-BA ausgeschlossen sind. Vgl. auch LSG Schleswig-Holstein,

lichkeit der Richtlinien folgt darüber hinaus aus § 92 Abs. 8 SGB V, nach dem die Richtlinien des G-BA „Bestandteil der Bundesmantelverträge“ sind. Als solche sind sie nach § 82 Abs. 1 S. 2 SGB V auch „Bestandteil der Gesamtverträge“, welche wiederum gem. § 83 S. 1 SGB V zwischen den Kassenärztlichen Vereinigungen sowie den Landesverbänden der Krankenkassen und den Verbänden der Ersatzkassen „mit Wirkung für die Krankenkassen“ geschlossen werden. Die Verbindlichkeit der Gesamtverträge und damit auch der Richtlinien für den einzelnen Vertragsarzt folgt aus § 95 Abs. 3 S. 2 SGB V und § 81 Abs. 3 Nr. 1, Nr. 2 SGB V.

Vor der Einführung des § 91 Abs. 6 SGB V[203] war die Rechtsnatur der Richtlinien umstritten. Es ging insbesondere um die Frage, ob die Richtlinien lediglich als Verwaltungsvorschriften mit interner Bindungswirkung oder als untergesetzliche Rechtsnormen mit unmittelbarer Außenwirkung auch für die Versicherten einzuordnen waren.[204] Letzteres stellt nunmehr § 91 Abs. 6 SGB V explizit klar.[205] Gleichwohl dauert die Diskussion unter dem Aspekt der verfassungsrechtlich problematisch eingeschätzten Normsetzungsbefugnis des G-BA an.[206]

Einer diesbezüglichen Entscheidung bedarf es vorliegend jedoch nur dann, wenn den Richtlinien auch für Nicht-Vertragsärzte eine rechtsverbindliche Wirkung beigemessen werden könnte. In diese Richtung weist eine Entscheidung des Bundessozialgerichts, nach der die Richtlinien-Bestimmungen

> „im Sinne einer sog. Außenseitererstreckung auch Wirkung für Dritte entfalten, nämlich auch für diejenigen Ärzte, die bisher noch nicht an der vertragsärztlichen Versorgung teilnehmen und dadurch nicht in den Selbstverwaltungsgremien und dem Gemeinsamen Bundesausschuss repräsentiert sind, sondern ihre Zulassung erst erreichen wollen“[207].

Insofern wird zwischen Außenseitern und Außenstehenden unterschieden. Außenseiter seien diejenigen Leistungserbringer, die mangels Mitgliedschaft bei einem der Vertragspartner außerhalb der verbands-demokratischen Legitimationskette stehen, aber direkte Normadressaten seien.[208] Als außen stehend werden dagegen diejenigen bezeichnet, die

---

Urt. v. 21.5.2008 – L 5 KR 81/06, MedR 2009, 244 (245 ff.), wonach ein negativer Beschluss des G-BA über die Aufnahme einer Untersuchungs- oder Behandlungsmethode in die entsprechende Anlage einer Richtlinie einem Leistungsanspruch unter bestimmten Voraussetzungen nicht entgegenstehe. Vgl. ferner *Kohte*, in: Lilie/Bernat/Rosenau, Standardisierung in der Medizin als Rechtsproblem, 79 (102).F

203 Bzw. der Vorgängerregelung des § 91 Abs. 9 SGB V durch das Gesetz zur Modernisierung der gesetzlichen Krankenversicherung GMG v. 14.11.2003 (BGBl. I S. 2190).

204 Vgl. zum Streitstand: *Knittel*, in: Krauskopf, SGB V, § 92, Rn. 38 – 42 m.w.N.; *Seeringer*, Der Gemeinsame Bundesausschuss, S. 82 – 89; *Ziermann*, Gemeinsamer Bundesausschuss, S. 122 – 138; Clemens, in: Hart, Klinische Leitlinien und Recht, 147 (148 und Fn. 6, 152).

205 Vgl. auch jüngst einen Beschluss des BGH, wonach die Richtlinien des G-BA – im Gegensatz zu Leitlinien von Fachgremien oder Verbänden – mit dem zur Beurteilung eines Behandlungsfehlers gebotenen medizinischen Standard gleichgesetzt werden könnten, sie mithin auch einen haftungsrechtlich beachtlichen Standard festlegten, BGH, Beschl. v. 28.3.2008 – VI ZR 57/07, in: PflR 2008, 443 (444).

206 Vgl. nur *Lindemann*, in: Wannagat, SGB V, § 92, Rn. 86; *Ziermann*, Gemeinsamer Bundesausschuss, S. 122.

207 BSG, Urt. v. 18.3.1998 – B 6 KA 37/97, MedR 1998, 232 (236).

208 *Sodan*, NZS 1998, 305 (309); *Seeringer*, Der Gemeinsame Bundesausschuss, S. 91 f.

ebenfalls außerhalb der beteiligten Verbände stehen, aber nicht unmittelbar in die Normwirkung einbezogen werden.[209] Letzteres gelte für diejenigen Ärzte, die weder Vertragsärzte sind noch solche werden wollen. Die Bindungswirkung der Richtlinien betreffe nicht jedermann im Sinne einer Allgemeinverbindlichkeit, sondern nur denjenigen, der am System der gesetzlichen Krankenversicherung partizipiert.[210] Dafür spricht auch die Aufgabe der Richtlinien, die im Wesentlichen in der Konkretisierung des Leistungsanspruchs der Versicherten und der Leistungsverpflichtung der Vertragsärzte besteht.

Die Richtlinien regeln somit die Rechtsposition der in der gemeinsamen Selbstverwaltung zusammengeschlossenen Personen und Institutionen (Versicherte, Vertragsärzte, Krankenkassen).[211] Folglich kommt den Richtlinien keine Bindungswirkung für die ärztliche Tätigkeit insgesamt, d.h. auch außerhalb der vertragsärztlichen Versorgung, zu, sodass es keiner weiteren Darstellung der verfassungsrechtlichen Problematik zur Normsetzungskompetenz des G-BA bedarf. Die Richtlinien-Bestimmungen sollen daher – ebenso wie die Bestimmungen des BMV-Ä – lediglich auf ihre Konsequenzen für die Pflicht zur persönlichen Leistungserbringung des Arztes untersucht werden.

Nach § 1 Abs. 3a HKrPflRL umfasst die häusliche Krankenpflege „Maßnahmen der *ärztlichen* Behandlung, die dazu dienen, Krankheiten zu *heilen*, ihre Verschlimmerung zu *verhüten* oder Krankheitsbeschwerden zu *lindern* und die üblicherweise an Pflegefachkräfte/Pflegekräfte *delegiert* werden können (Behandlungspflege)". Ferner spricht § 1 Abs. 4 S. 4 HKrPflRL Maßnahmen der ärztlichen Diagnostik und Therapie die Verordnungsfähigkeit als häusliche Krankenpflege explizit ab. In der dazugehörigen Fußnote wird lediglich darauf hingewiesen, dass der behandelnde Vertragsarzt, der „z.B. eine i.v. Injektion an Pflegefachkräfte/Pflegekräfte *delegiert*, [...] die Verantwortung für die Durchführung und die Vergütung [trägt]". Demnach ordnet die HKrPflRL die Durchführung einer i.v. Injektion als Maßnahme der ärztlichen Diagnostik und Therapie ein, die zwar nicht mehr als häusliche Krankenpflege verordnet werden kann, deren Übertragung auf Krankenpfleger aber im Übrigen nichts entgegensteht. Folglich geht auch diese Vorschrift davon aus, dass bestimmte Tätigkeiten, obwohl sie als Maßnahmen der ärztlichen Behandlung dem ärztlichen Bereich zuzuordnen sind, nicht eigenhändig vom Arzt erbracht werden müssen.

cc) Vergütungsrecht

Auch vergütungsrechtliche Vorschriften enthalten Bestimmungen zur persönlichen Leistungserbringungspflicht unter dem Aspekt der Liquidierbarkeit als eigene Tätigkeit des Arztes. Je nachdem, ob es sich um eine Leistung aus dem Bereich der gesetzlichen oder privaten Krankenversicherung handelt, gelten unterschiedliche Regelungen.

Für die *vertragsärztliche* Liquidation bestimmt der einheitliche Bewertungsmaßstab für ärztliche Leistungen (EBM)[212] den Inhalt der abrechnungsfähigen Leistungen (vgl.

---

209 *Seeringer*, Der Gemeinsame Bundesausschuss, S. 91.

210 BSG, Urt. v. 20.3.1996 – 6 RKa 62/94, Abs.-Nr. 20 – 23; *Seeringer*, Der Gemeinsame Bundesausschuss, S. 91.

211 *Ziermann*, Der Gemeinsame Bundesausschuss, S. 122.

212 EBM 2010 abrufbar im Internet unter <http://www.kbv.de/ebm2010/EBMGesamt.htm> (Stand v. 23.2.2010). Zur Entwicklung des Bewertungsmaßstabes, inklusive der Vertragsgebührenordnungen

§ 87 Abs. 2 S. 1 SGB V). Dieser wird auf der Grundlage des § 87 Abs. 1 S. 1 SGB V zwischen den Kassenärztlichen Bundesvereinigungen und dem Spitzenverband Bund der Krankenkassen durch Bewertungsausschüsse als Bestandteil der Bundesmantelverträge vereinbart. Unter der Überschrift *„Persönliche Leistungserbringung“* ist nach Punkt 2.2 der Allgemeinen Bestimmungen des EBM eine Gebührenordnungsposition nur berechnungsfähig, „wenn der an der vertragsärztlichen Versorgung teilnehmende Arzt die für die Abrechnung relevanten Inhalte gemäß §§ 14a, 15 und § 25 BMV-Ä bzw. §§ 14, 20a und § 28 EKV *persönlich erbringt.* Damit verweist der EBM auf den bereits besprochenen § 15 Abs. 1 S. 5, S. 6 BMV-Ä[213] bzw. den inhaltsgleichen § 14 Abs. 1 S. 5, S. 6 EKV, wonach die persönliche Leistungserbringung die Einschaltung qualifizierter nichtärztlicher Mitarbeiter, die nach ärztlicher Anordnung und unter fachlicher Anleitung und Überwachung tätig werden, mitumfasst und somit kein Hindernis für die Delegation ärztlicher Tätigkeiten auf Krankenpfleger darstellt.

Die *privatärztliche* Abrechnung richtet sich nach der Gebührenordnung für Ärzte[214], die gemäß § 11 S. 1 BÄO als Rechtsverordnung mit Zustimmung des Bundesrates von der Bundesregierung erlassen wird. Nach § 4 Abs. 2 S. 1 GOÄ kann der Arzt Gebühren nur für selbständige ärztliche Leistungen berechnen, die er selbst erbracht hat oder die *unter seiner Aufsicht nach fachlicher Weisung* erbracht wurden (eigene Leistungen). Dies setze voraus, dass der delegierende Arzt an der Leistung eigenverantwortlich mitwirke und ihr sein persönliches Gepräge gebe.[215] Daran fehle es, wenn der Arzt den Delegationsempfänger lediglich sorgfältig auswähle oder ihm gegenüber lediglich ein allgemein ausgeübtes organisatorisches Weisungsrecht bestehe.[216] Der Arzt müsse Aufsicht und Weisung vielmehr so ausüben, dass er seiner Verantwortlichkeit für die Durchführung delegierter Leistungen im Einzelfall auch tatsächlich und fachlich gerecht werden könne, d.h. er auch selbst über die notwendige Qualifikation zur Erbringung der delegierten Leistung verfüge.[217]

Ist dem jedoch so, steht die Einschaltung von Dritten der Abrechnung einer Leistung als eigene Leistung des Arztes und damit seiner gebührenrechtlichen Pflicht zur persönlichen Leistungserbringung nicht entgegen. Neben anderen Ärzten können unter den genannten Voraussetzungen auch Nichtärzte, wie zum Beispiel Krankenpfleger, Dritte in

---

Bewertungsmaßstab Ärzte (BMÄ) und Ersatzkassengebührenordnung (E-GO), vgl. *Engelhard*, in: Hauck/Noftz, SGB V, K § 87, Rn. 110 ff.

213 Siehe *Zweiter Teil, B I. 3. a) bb) (2)*, S. 45 ff.

214 GOÄ, neugefasst durch Bek. v. 9.2.1996, BGBl. I S. 210, zuletzt geändert durch Art. 17 G v. 4.12.2001, BGBl. I S. 3320. Zur Problematik der Gesetzgebungskompetenz des Bundes aus Art. 74 Nr. 11 GG, vgl. insofern zust.: BVerfG, Urt. v. 12.12.1984 – BvR 1249/83, NJW 1985, 2185 (2185 f.); *Narr*, Ärztliches Berufsrecht, Band 2, Rn. B 595 ff.; abl.: *Köhler-Fleischmann*, Der Grundsatz der persönlichen ärztlichen Leistungspflicht, S. 85 ff.

215 BR-Drucks. 118/88, S. 46.

216 *Spickhoff/Seibl*, NZS 2008, 57 (59); *Lang/Schäfer/Stiel/Vogt*, GOÄ-Kommentar, § 4, Rn. 5.

217 BR-Drucks. 118/88, S. 47; *Hess/Hübner*, in: Wenzel, Handbuch FA Medizinrecht, Kapitel 11, Rn. 35; ausführlich zu den Merkmalen „Weisung“ und „Aufsicht“: *Taupitz/Jones*, MedR 2001, 499 (501 ff.); *Taupitz/Neikes*, MedR 2008, 121 (126 ff.).

diesem Sinne sein.[218] Dies folgt auch aus der amtlichen Begründung zur GOÄ[219] sowie der vergütungsrechtlichen Rechtsprechung[220], wenn diese der Abrechnungsfähigkeit einer Leistung als ärztliche Leistung dort Grenzen gesetzt sehen, wo sich die Leistung des delegierenden Arztes lediglich in der Veranlassung der Leistungserbringung durch nichtärztliches Personal erschöpft. Sobald der delegierende Arzt aber über die bloße Veranlassung der Leistungserbringung hinaus in Form der Aufsicht und fachlichen Weisung tätig wird, ist auch eine durch einen Krankenpfleger erbrachte Tätigkeit eine eigene Leistung des Arztes i.S.d. § 4 Abs. 2 S. 1 GOÄ.

Wenngleich das Vergütungsrecht primär auf die vom Arzt zulässigerweise zu erhebenden Entgelte abzielt und damit unter Umständen die Delegationsmöglichkeiten enger fasst als sie im Hinblick auf den Patientenschutz geboten wären, so stellen auch die vergütungsrechtlichen Vorschriften keine generelle Delegationssperre dar.

dd) Zwischenergebnis

Der Grundsatz der persönlichen ärztlichen Leistungserbringungspflicht entfaltet im Hinblick auf die Delegation ärztlicher Tätigkeiten auf Krankenpfleger keine Sperrwirkung. Konsequenzen ergeben sich bezüglich der Zulässigkeit der Delegation insofern, als die Auslegung des § 613 S. 1 BGB eine Delegation dort ausschließt, wo es um grundlegende *therapeutische Entscheidungen* sowie die nicht gewährleistete *Überwachung* der Behandlung durch den Arzt geht. Für den Geltungsbereich des SGB V wird ausdrücklich die ärztliche *Anordnung* und *Verantwortung* vorausgesetzt,[221] die in der sozialgerichtlichen Rechtsprechung in den Merkmalen der ärztlichen *Anleitung* und *Überwachung* konkretisiert werden.

Im Rahmen des BMV-Ä und des EBM wird zusätzlich auf die *Qualifikation* der die Hilfeleistung durchführenden Person abgestellt, während die Gebührenordnung für Ärzte die Delegation ärztlicher Tätigkeiten auf Krankenpfleger ermöglicht, wenn sie *unter Aufsicht* und *nach fachlicher Weisung* des Arztes erbracht werden.

Je nach Regelung verlangt der Grundsatz der persönlichen Leistungserbringungspflicht bei der Delegation ärztlicher Tätigkeiten somit konkrete Mitwirkungspflichten des Arztes und/oder die entsprechende Qualifikation des Delegierenden und/oder des Delegationsempfängers.

Bemerkenswert ist insofern, dass lediglich die untergesetzlichen[222] *sozialrechtlichen* Vorschriften des BMV-Ä, deren Bestandteil gem. § 92 Abs. 8 SGB V auch die Richtlinien des G-BA sind, ausdrücklich auf den Begriff der Delegation abstellen. Die starke Prägung

---

218 LG Berlin, Urt. v. 11.10.1990 – 51 S 259/89, NJW-RR 1991, 765 (766); *Taupitz/Jones*, MedR 2001, 499 (501 f.); *Taupitz/Neikes*, MedR 2008, 121 (125 f.); a.A. *Spickhoff/Seibl*, NZS 2008, 57 (60).

219 BR-Drucks. 118/88, S. 47 ff.

220 OLG Köln, Urt. v. 8.2008 – 5 U 243/07, NJW-RR 2009, 102 (102); VG Stuttgart, Urt. v. 7.7.2008 – 12 K 4319/07, BeckRS 2008 37975.

221 Dies gilt allerdings nicht im Rahmen der Modellvorhaben nach § 63 Abs. 3c SGB V, siehe *Dritter Teil, B*, S. 262 ff.

222 Vgl. BSG, Urt. v. 18.3.1998 – B 6 KA 37/96 R, NJW 1999, 3435 (3437 f.) für die Bedarfsplanungs-Richtlinien des Bundesausschusses der Ärzte und Krankenkassen a. F. (heute G-BA).

des Berufsrechts durch das Sozialversicherungsrecht[223] zeigt sich darüber hinaus zuletzt an der Neuregelung des § 63 Abs. 3c SGB V, die eine Änderung des Krankenpflegegesetzes nach sich zog. Damit geht die lang diskutierte Frage der Zusammenarbeit von Ärzten und Nichtärzten bei der Patientenbehandlung auf den Sozialrechtsgesetzgeber zurück, wohingegen das eigentliche Berufsrecht der Medizinalfachberufe nur auf diese Entwicklungen reagierte.

b) Ärztliche Tätigkeiten im Allgemeinen

Gegenstand dieser Untersuchung ist die Delegation ärztlicher Tätigkeiten auf Krankenpfleger. Folglich gilt es zu klären, welche Anhaltspunkte sich für eine Definition des ärztlichen Tätigkeitsbereichs de lege lata ergeben. Dazu wird aus einer Gesamtbetrachtung anhand ausgewählter Vorschriften der Bundesärzteordnung, des Heilpraktikergesetzes, der Musterberufsordnung für Ärzte, der Approbationsordnung für Ärzte und des fünften Sozialgesetzbuchs eine positive Beschreibung des ärztlichen Tätigkeitsbereichs hergeleitet. Weiterhin wird auf die im fünften und elften Sozialgesetzbuch getroffene Unterscheidung in Grund- und Behandlungspflege sowie auf das Krankenpflegegesetz, die Ausbildungs- und Prüfungsverordnung und die Berufsordnungen für die Berufe in der Krankenpflege eingegangen, um den ärztlichen Tätigkeitsbereich durch etwaige Negativabgrenzungen zu konkretisieren.

aa) Bundesärzteordnung

Nach § 1 Abs. 1 BÄO dient der Arzt der Gesundheit des einzelnen Menschen und des gesamten Volkes.[224] Wenngleich darin das ärztliche Berufsbild umrissen wird,[225] kennzeichnet diese Bestimmung lediglich die Bedeutung des ärztlichen Berufsstandes. Sie bringt die Stellung des Arztes zum Einzelnen und zur Allgemeinheit zum Ausdruck,[226] lässt jedoch keinen Rückschluss auf das ärztliche Tätigkeitsfeld zu.

§ 2 Abs. 5 BÄO[227] beschreibt die Ausübung des ärztlichen Berufs als die *Ausübung der Heilkunde* unter der Berufsbezeichnung Arzt oder Ärztin. Allerdings enthält die Bundesärzteordnung keine Anhaltspunkte darüber, was unter dem Begriff der Heilkunde zu verstehen ist. Vielmehr deutet der Wortlaut der §§ 2 Abs. 5, 2a BÄO sowie § 132a Abs. 1 Nr. 2 Fall 1 StGB[228], der den Missbrauch der Berufsbezeichnung Arzt unter Strafe stellt,

---

223 Das BVerfG bezeichnet den Begriff der Sozialversicherung i.S.d. Art. 74 Abs. 1 Nr. 12 GG als „verfassungsrechtlichen Gattungsbegriff", der alles umfasst, was sich der Sache nach als Sozialversicherung darstellt, BVerfG, Urt. v. 28.5.1993 – 2 BvF 2/90, 2 BvF 4/92, 2 BvF 5/92, Juris, Rn. 316 m.w.N. Demnach ist auch das sog. Leistungserbringerrecht der Ärzte und der übrigen Gesundheitsberufe unter Art. 74 Abs. 1 Nr. 12 GG subsumierbar, *Ratzel*, ZMGR 2008, 186 (194).

224 Eine ähnliche Formulierung enthält auch § 1 Abs. 1 S. 1 MBO-Ä.

225 *Schiwy*, Deutsches Arztrecht, BÄO, Einl., Anm. 2, S. 5.

226 BT-Drucks. 3/2810, S. 1.

227 Nach der Einführung des § 2a BÄO, der nunmehr umfassend die Berufsbezeichnungen „Arzt" und „Ärztin" schützt, beschränkt sich der Zweck des § 2 Abs. 5 BÄO darauf, die aus § 2 Abs. 1 bis 4 BÄO abschließend geregelten Arten staatlicher Zulassung zur Ausübung des ärztlichen Berufs in der Bundesrepublik Deutschland inhaltlich näher zu bestimmen als die Ausübung der Heilkunde, *Schiwy*, Deutsches Arztrecht, BÄO, § 2, Rn. 1, 21.

228 Strafgesetzbuch, i.d.F. d. Bek. v. 13.11.1998, BGBl. I S. 3322, zuletzt geändert durch Art. 3 G v. 2.10.2009, BGBl. I S. 3214.

darauf hin, dass ausschließlich die in §§ 2 Abs. 5, 2a BÄO genannten Berufsbezeichnungen rechtlich geschützt sind.[229] Im Gegensatz zu dem Spezialgebiet der Zahnheilkunde[230], bietet folglich die BÄO keine Anhaltspunkte zur Bestimmung der Heilkunde und damit der ärztlichen Tätigkeit.

bb) Heilpraktikergesetz

Allerdings weist das Heilpraktikergesetz (HPG)[231], das die Erlaubnispflichtigkeit der Heilkundeausübung normiert, in § 1 Abs. 2 HPG folgende Definition des Begriffs der „Heilkunde" auf:

> „Ausübung der Heilkunde im Sinne dieses Gesetzes ist jede berufs- oder gewerbsmäßig vorgenommene Tätigkeit zur *Feststellung, Heilung oder Linderung von Krankheiten, Leiden oder Körperschäden bei Menschen,* auch wenn sie im Dienste von anderen ausgeübt wird."

(1) Tatbestandsmerkmale des § 1 Abs. 2 HPG

Unter *Feststellung* sind alle Tätigkeiten zu verstehen, die auf das Vorliegen bzw. Nichtvorliegen von Krankheiten, Leiden oder Körperschäden schließen lassen, wie zum Beispiel Untersuchungen oder Befunderhebungen.[232] *Heilung* ist die vollständige Behebung eines pathologischen Zustands, *Linderung* die nicht unerhebliche Verbesserung dieses Zustandes, wobei die Erteilung eines Rats genügen kann.[233]

Der Begriff der *Krankheit* umfasst jede, d.h. auch nur unerhebliche oder vorübergehende, Störung der normalen Beschaffenheit oder der normalen Tätigkeit des Körpers, die beseitigt oder gelindert werden kann. Dagegen bezeichnet *Leiden* lang anhaltende, häufig kaum oder nicht mehr therapeutisch beeinflussbare Funktionsstörungen. Als *Körperschäden* gelten alle irreparablen, nicht krankhaften Veränderungen des Zustandes oder der Funktion des Körpers, einzelner Organe oder Organteile, wie beispielsweise Blindheit oder Sterilität.[234]

Die Ausübung der Heilkunde i.S.d. § 1 Abs. 2 HPG setzt weiterhin die Berufs- bzw. Gewerbsmäßigkeit der Tätigkeit voraus. *Berufsmäßig* bedeutet, dass es sich um eine auf

---

229 LG Berlin, Urt. v. 11.10.1990 – 51 S 259/89, NJW-RR 1991, 765 (766); *Taupitz/Jones,* MedR 2001, 499 (501 f.); *Taupitz/Neikes,* MedR 2008, 121 (125 f.); a.A. *Spickhoff/Seibl,* NZS 2008, 57 (60).

230 Nach § 1 Abs. 3 ZHG (Gesetz über die Ausübung der Zahnheilkunde, i.d.F. d. Bek. v. 16.4.1987, BGBl. I S. 1225, zuletzt geändert durch Art. 3 VO v. 17.12.2007, BGBl. I S. 2945) ist die Ausübung der Zahnheilkunde als „die berufsmäßige auf zahnärztlich wissenschaftliche Erkenntnis gegründete Feststellung und Behandlung von Zahn-, Mund- und Kieferkrankheiten" definiert. Ferner zählt § 1 Abs. 5 und 6 ZHG verschiedene, nicht abschließende Tätigkeiten für den zahnärztlichen Bereich auf, die von approbierten Zahnärzten an dafür qualifiziertes nichtärztliches Personal delegiert werden können. Nicht geregelt ist jedoch auch hier, unter welchen Umständen die Delegation zulässig ist.

231 HPG v. 17.2.1939, RGBl. I S. 251, zuletzt geändert durch Art. 15 G v. 23.10.2001, BGBl. I S. 2702.

232 *Erdle/Becker,* Recht der Gesundheitsfachberufe, HPG (30.1), Rn. 44.

233 *Dünisch,* in: Käfer, Der Heilpraktiker in Theorie und Praxis, § 1 HPG, Rn. 6.2.

234 Zum Ganzen *Erdle/Becker,* Recht der Gesundheitsfachberufe, HPG (30.1), Rn. 47 ff.

zumindest gewisse Dauer angelegte Tätigkeit zur Schaffung und Erhaltung einer Lebensgrundlage handeln muss.[235] *Gewerbsmäßiges* Handeln ist durch das Streben nach Gewinn gekennzeichnet.[236] Die Formulierung *„auch* [...] *im Dienste von anderen"* bringt zum Ausdruck, dass die Heilkunde nicht nur von wirtschaftlich selbständig Tätigen, sondern auch von Angestellten ausgeübt werden darf. Entscheidend ist allein die fachliche Unabhängigkeit des Heilkundeausübenden.[237]

(2) Anwendbarkeit des § 1 Abs. 2 HPG bzgl. des ärztlichen Tätigkeitsbereichs

Die vorliegende Definition unmittelbar zur Bestimmung des ärztlichen Tätigkeitsbereichs heranzuziehen, geht jedoch fehl. Zwar stellt § 1 Abs. 1 HPG klar, der die Ausübung der Heilkunde ohne ärztliche Bestallung an eine Erlaubnis knüpft,[238] dass die ärztliche Bestallung jede Heilkundeausübung im Sinne des Heilpraktikergesetzes umfasst.[239] Daraus folgt aber zugleich, dass die Ausübung der Heilkunde im Sinne des Heilpraktikergesetzes durch Nichtärzte keine medizinische Ausbildung und damit kein im Sinne dieser Ausbildung vermitteltes ärztliches Fachwissen voraussetzt.[240] Ferner beschränkt § 1 Abs. 2 HPG die Definition des Heilkundebegriffs auf den Anwendungsbereich des Heilpraktikergesetzes. Daher kann § 1 Abs. 2 HPG allenfalls mittelbar zur Definition eines ärztlichen Tätigkeitsbegriffs herangezogen werden.[241]

Dies gilt jedoch nicht für die Tatbestandsmerkmale der Berufs- oder Gewerbsmäßigkeit. Zum einen ergibt sich aus diesen Merkmalen im Umkehrschluss nur, dass die nicht berufsmäßig oder gewerbsmäßig ausgeübte Tätigkeit i.S.d. des § 1 Abs. 2 HPG erlaubt ist. Kämen diese Merkmale auch bei der Bestimmung des ärztlichen Tätigkeitsbereichs zur Anwendung, fiele die Tätigkeit eines approbierten, aber nicht bzw. nicht mehr in diesem Sinne berufstätigen Arztes nicht mehr unter den ärztlichen Tätigkeitsbereich, wenn er beispielsweise aus rein altruistischen Motiven heraus, seine Mitmenschen untersuchte oder behandelte.[242] Für die Frage, welche konkreten Aufgaben originär ärztlicher Art sind, böte das Merkmal der Berufsmäßigkeit der Tätigkeit allerdings keine Antwort.

---

235 BGH, Urt. v. 16.12.1954 – 3 StR 384/54, NJW 1955, 471 (471); *Tettinger*, in: Sachs, GG, Art. 12, Rn. 29.

236 BGHSt 29, 187 (191); *Pelchen*, in: Erbs/Kohlhaas/Ambs, Strafrechtliche Nebengesetze, Band 2, H 54 (HPG), § 1, Rn. 7.

237 *Erdle/Becker*, Recht der Gesundheitsfachberufe, HPG (30.1), Rn. 52.

238 Die eigenverantwortliche Ausübung der Heilkunde ist in Deutschland neben Ärzten (§ 2 Abs. 1 BÄO, § 1 Abs. 1 HPG) und Zahnärzten (§ 1 Abs. 3 ZHG), auch Heilpraktikern (§ 1 Abs. 1 HPG) und in bestimmten Bereichen Psychologischen Psychotherapeuten und Kinder- und Jugendlichenpsychotherapeuten (§ 1 Abs. 1 S. 1, Abs. 3, S. 3 PsychThG (Psychotherapeutengesetz v. 16.6.1998, BGBl. I S. 1311, zuletzt geändert durch Art. 6 G v. 2.12.2007, BGBl. I S. 2686) vorbehalten.

239 *Pelchen*, in: Erbs/Kohlhaas/Ambs, Strafrechtliche Nebengesetze, Band 2, H 54 (HPG), § 1, Rn. 1.

240 Zur Frage, ob auch die sog. Medizinalfachberufe (Krankenpfleger, Entbindungspfleger, Rettungsassistenten, usw.) vom Erlaubnisvorbehalt nach § 1 Abs. 1 HPG erfasst sind, siehe *Dritter Teil, C*, S. 270 ff.

241 BVerfG, Urt. v. 24.10.2002 – 2 BvF 1/01, NJW 2003, 41 (42); *Laufs*, in: Laufs/Uhlenbruck, Handbuch des Arztrechts, § 10, Rn. 7; *Narr*, Ärztliches Berufsrecht, Band 1, Rn. A 3.

242 *Narr*, Ärztliches Berufsrecht, Band 1, Rn. A 3, der beispielhaft auf die gelegentliche Behandlung oder Untersuchung von Kindern oder anderen Familienangehörigen verweist.

Zum anderen setzte eine gewerbsmäßige Heilkundeausübung insbesondere Gewinnerzielungsabsicht voraus. Daran fehlt es aber, wenn die Tätigkeit wesentlich von geistigen, wissenschaftlichen oder künstlerischen Leitgedanken und Kräften beherrscht wird.[243] Obwohl die eher ideell ausgerichtete Tätigkeit eines Arztes auch die Absicht verfolgen kann und wird, Einnahmen zu erzielen, stellt sich der Dienst an der menschlichen Gesundheit als prägendes Motiv dar.[244] Dementsprechend handelt es sich nach § 1 Abs. 2 BÄO bei dem ärztlichen Beruf nicht um ein Gewerbe, sondern um einen seiner Natur nach freien Beruf. Daher eignet sich das Kriterium der Gewerbsmäßigkeit nicht zur Definition eines allgemeinen ärztlichen Tätigkeitsbegriffs.

Im Hinblick auf die übrigen Tatbestandsmerkmale der *Feststellung, Heilung, Linderung von Krankheiten, Leiden oder Körperschäden* zur Bestimmung des ärztlichen Tätigkeitsbereichs ergeben sich jedoch ebenfalls Bedenken. Einerseits beschreibt § 1 Abs. 2 HPG die Heilkunde als allumfassend, geht mithin zu weit.[245] Andererseits beinhaltet § 1 Abs. 2 HPG weder Vorsorgemedizin und Früherkennungsmaßnahmen[246] noch medizinische Forschungstätigkeit und kosmetische Operationen[247], ist insofern zu eng.[248]

Folglich wird der Heilkundebegriff des § 1 Abs. 2 HPG dem der Bundesärzteordnung zugrunde liegenden ärztlichen Berufsbild nicht gerecht.[249] Die Diskrepanz zwischen dem Heilkundebegriff im Sinne der Bundesärzteordnung und demjenigen im Sinne des Heilpraktikergesetzes ist insbesondere dem Umstand geschuldet, dass sich die mit dem Heilpraktikergesetz intendierte uneingeschränkte Durchsetzung des Arztvorbehalts durch die Fortgeltung[250] des Heilpraktikergesetzes unter den veränderten Rahmenbedingungen des Grundgesetzes gleichsam in ihr Gegenteil verkehrte:[251] Das Heilpraktikergesetz zielte darauf ab, die seit dem Inkrafttreten der Gewerbeordnung von 1869 geltende allgemeine Kurierfreiheit, wonach die Ausübung der Heilkunde *„ohne Rücksicht auf Kenntnisse, Erfahrung, Geschick, Verleihung"*[252] grundsätzlich jedermann ohne Erlaubnis gestattet war, angesichts der damit für den Patienten verbundenen Gefahren aufzuheben. So war die nach § 1 Abs. 1 HPG erforderliche Erlaubnis für die Ausübung der Heilkunde ohne Bestallung gem. § 2 Abs. 1 HPG a.F. nur noch in besonders begründeten Ausnahmefällen möglich.

---

243 BGH, NJW 1961, 725 (726); *Narr*, Ärztliches Berufsrecht, Band 1, Rn. A 3.

244 BGH, NJW 1961, 725 (726); *Schiwy*, Deutsches Arztrecht, BÄO, § 1, Anm. 3.

245 Unstreitig, vgl. nur *Hahn*, Die Haftung des Arztes für nichtärztliches Personal, S. 24 f., der dies beispielhaft wie folgt umschreibt: „[D]er eine Diät anordnende Arzt [müsste] sich z.B. selbst in die Krankenhausküche begeben und die Kost zubereiten."

246 *Narr*, Ärztliches Berufsrecht, Band 1, Rn. A 10, S. 27.

247 Zu kosmetischen Eingriffen als Ausübung der Heilkunde, vgl. BVerwG, Urt. v. 14.10.1958 – I C 25/56, NJW 1959, 833 (833 f.); Beschl. v. 25.6.2007 – 3 B 82/06, NVwZ-RR 2007, 686 (686).

248 *Bockelmann*, NJW 1966, 1145 (1146 und Fn. 8 f.).

249 Vgl. *SVR Gesundheitswesen*, Kooperation und Verantwortung, Anm. 273, S. 183, abrufbar im Internet unter <http://www.svr-gesundheit.de/Startseite/Startseite.htm> (Stand v. 4.9.2007), der eine Modernisierung der Definition des Heilkundebegriffs empfiehlt, die einerseits verdeutlicht, dass die Gesundheitsversorgung der Bevölkerung nur in Kooperation aller Gesundheitsberufe erfolgen kann und andererseits auch Aufgaben der Prävention von Krankheiten in die Neudefinition aufnimmt.

250 Die Fortgeltung des vorkonstitutionellen HPG als Bundesrecht ergibt sich aus Art. 123 Abs. 1, 125 GG, vgl. dazu OVG Münster, Beschl. v. 7.8.2002 – 13 A 1253/01, NVwZ-RR 2003, 428 (429).

251 *Quaas/Zuck*, Medizinrecht, § 33, Rn. 5. Vgl. zur historischen Entwicklung des HPG: *Kurtenbach*, in: Das Deutsche Bundesrecht, I K 11 (HPG), Einl., S. 3 ff.

252 RG, Urt. v. 31.5.1894 – 1406/94, Rgst 25, 375 (379).

Mit dem Inkrafttreten des Grundgesetzes und der insbesondere[253] im Hinblick auf Art. 12 Abs. 1 GG erforderlichen verfassungskonformen Auslegung des Heilpraktikergesetzes war diese grundsätzliche „Nachwuchssperre" für Heilpraktiker nicht mehr haltbar, sodass der Heilpraktikerberuf wieder allgemein geöffnet wurde.[254]

Wenngleich dem Heilpraktikergesetz auch heute noch eine zwar begrenzte, aber nicht ganz unbedeutende Schutzfunktion für die Volksgesundheit zukommt,[255] wird sie durch die Legaldefinition des § 1 Abs. 2 HPG, wie bereits aufgezeigt, nur unzureichend ausgedrückt. Daher sind zur Bestimmung des Heilkundebegriffs und mittelbar des ärztlichen Tätigkeitsbereichs teils erweiternde, teils einschränkende Korrekturen erforderlich.

(3) Heilkunde i.S.d. richterlichen Rechtsfortbildung

Diese Korrekturen erfolgten insbesondere im Rahmen der richterlichen Rechtsfortbildung der Verwaltungs- und Strafgerichte. Entsprechend der unterschiedlichen Intention und Funktion von Verwaltungs- und Strafrecht kamen verschiedene Kriterien zur Anwendung. Ging es verwaltungsrechtlich insbesondere um die Prüfung der Erlaubnispflichtigkeit einer Tätigkeit vor dem Hintergrund der durch Art. 12 Abs. 1 GG gewährten Freiheit der Berufswahl, so stand strafrechtlich der Sanktionsgedanke im Vordergrund.[256]

(a) Heilkunde i.S.d. Bundesverwaltungsgerichts

Die geschilderten Lücken der Legaldefinition des § 1 Abs. 2 HPG werden nach ständiger Rechtsprechung des Bundesverwaltungsgerichts[257], der im Übrigen auch die überwiegende Meinung in der Literatur[258] folgt, durch ungeschriebene Tatbestandsmerkmale ergänzt. Denn Sinn und Zweck des Heilpraktikergesetzes war und ist die Abwehr von Gefahren, die vor allem von fachlich ungeeigneten Personen für die Gesundheit der Patienten ausgehen.[259] Dementsprechend wird der Heilkundebegriff auch dynamisch und nicht statisch ausgelegt.[260] Angesichts der mit Blick auf Art. 12 Abs. 1 GG gebotenen verfassungskon-

253 Darüber hinaus verletzte z.B. das Verbot der Ausbildungsstätten in § 4 HPG a.F. das Grundrecht der Privatschulfreiheit aus Art. 7 Abs. 4 GG.

254 Grundlegend: BVerfG, Beschl. v. 10.5.1988 – 1 BvR 483/84, 1 BvR 1166/85, BVerfGE 78, 179 (192) und bereits BVerwG, Urt. v. 24.1.1957 – I C 194.54, BVerwGE 4, 250 (255 f.).

255 BGH, Urt. v. 3.4.1981, NJW 1981, 2008 (2009).

256 *Taupitz*, Anm. zu OVG Nordrh.-Westf., Urt. v. 2.12.1998 – 13 A 5322/96, MedR 2000, 46 (46).

257 Im Folgenden: BVerwG. Vgl. nur BVerwG, Urt. v. 11.11.1993 – 3 C 45/91, NJW 1994, 3024 (3026).

258 *Pelchen*, in: Erbs/Kohlhaas/Ambs, Strafrechtliche Nebengesetze, Band 2, H 54 (HPG), § 1, Rn. 8; *Schnitzler*, Das Recht der Heilberufe, S. 130, Fn. 800 m.w.N.

259 BVerfG, Beschl. v. 10.5.1988 – 1 BvR 111/77, NJW 1988, 2292 (2293); Urt. v. 24.10.2002 – 2 BvF 1/01, BVerfGE 106, 62 (106). Das BVerfG unterstreicht, dass zwar die ursprüngliche auf Beseitigung des Heilpraktikerstandes gerichtete Funktion des HPG durch die nach Inkrafttreten des Grundgesetzes in jahrzehntelanger Praxis vollzogene Umgestaltung des § 2 Abs. 1 HPG von einer repressiven Ausnahmevorschrift zu einer Anspruchsnorm wesentlich geändert worden sei. Allerdings behalte der mit dem Erlaubniszwang verfolgte Zweck, die Patienten keinen ungeeigneten Heilbehandlern auszuliefern, seine Berechtigung und verleihe den verbleibenden Vorschriften nach wie vor einen vom Willen des Gesetzgebers gedeckten Sinn, BVerfG, Beschl. v. 10.4.1988 – 1 BvR 482/84, 1 BvR 1166/85, BVerfGE 78, 179 (192).

260 BVerfG, Urt. v. 24.10.2002 – 2 BvF 1/01, BVerfGE 106, 62 (107).

formen Auslegung des Heilpraktikergesetzes wird einerseits die gefährliche Behandlung an sich gesunder Menschen in Form *prophylaktischer* oder *kosmetischer* Eingriffe als Heilkundeausübung qualifiziert.[261] Anderseits liege Heilkundeausübung – im Anschluss an den von der Rechtsprechung zu § 56a GewO a.F. entwickelten Heilkundebegriff[262] – nur dann vor, wenn die Tätigkeit nach allgemeiner Auffassung *ärztliche* oder *medizinische Fachkenntnisse*[263] voraussetze, die für das Ziel, die Art oder die Methode der Tätigkeit[264] sowie für die Feststellung, ob im Einzelfall mit der Behandlung begonnen werden dürfe,[265] erforderlich seien. Darüber hinaus wird für das Ausüben der Heilkunde eine nicht nur *geringfügige Gefahr einer Gesundheitsschädigung*[266] als zusätzliches Merkmal herangezogen.[267] Dabei genüge jedoch eine *mittelbare Gefährdung* dergestalt, dass ein Leiden, dessen Diagnose ärztliches Fachwissen erfordert, nicht rechtzeitig erkannt oder behandelt wird, ohne dass die Verrichtung als solche Fachkenntnisse voraussetzte oder für den Patienten gesundheitliche Schäden nach sich zöge.[268]

Zur Bestimmung eines ärztlichen Tätigkeitsbegriffs eignen sich die Merkmale des ärztlichen Fachwissens sowie der Gesundheitsgefährdung. Besonderer Bedeutung muss dabei jedoch dem Erfordernis ärztlichen Fachwissens beigemessen werden. Denn erst die Notwendigkeit ärztlichen Fachwissens dient als Maßstab dafür, ob eine Tätigkeit nicht lediglich auf die Feststellung, Heilung oder Linderung von Krankheiten, Leiden oder Körperschäden gerichtet, sondern nach anerkannten Regeln der ärztlichen Sorgfalt bzw. dem Stand der medizinischen Wissenschaft auch dazu geeignet ist.[269] Insofern steht also das personell-formelle Element des Begriffs „ärztlich" im Vordergrund.[270] Unterscheidet die Fähigkeit zur Beurteilung der Geeignetheit den Arzt von anderen Heil- und Medizinalfachberufen, ist es unerlässlich, bei der Definition von ärztlichen Tätigkeiten auf das Erfordernis ärztlichen Fachwissens abzustellen.

---

261 BVerwG, Urt. v. 10.2.1983 – 3 C 21/82, BVerwGE 66, 367 (369).

262 *Schulte/Waechter*, MedR 2000, 78 (80).

263 Bagatellartige Heilbehandlungen wie z.B. Blutdruckmessen, Harnuntersuchungen oder sonstiges bloßes Messen von Körperfunktionen stellen keine Ausübung der Heilkunde dar, *Kurtenbach*, in: Das Deutsche Bundesrecht, I K 11 (HPG), § 1, S. 6. Teilweise wird statt auf ärztliche oder medizinische auf „ärztliche oder heilkundliche" Fachkenntnisse abgestellt, vgl. BVerwG, Urt. v. 10.2.1983 – 3 C 21/82, BVerwGE 66, 367 (369).

264 BVerwG, Urt. v. 14.10.1958 – I C 25/56, NJW 1959, 833 (834).

265 BVerwGE 35, 308 (310); BVerwG, Urt. v. 18.12.1972 – I C 2/69, NJW 1973, 579 (579).

266 Keine Heilkundeausübung liegt deshalb dann vor, wenn sich die Behandlung auf Heilmethoden beschränkt, die für die Gesundheit objektiv unschädlich sind, LG Verden, Urt. v. 25.6.1997 – 12-24/97, m. Anm. *Taupitz*, MedR 1998, 183 (183 f.).

267 BVerwGE 35, 308 (311); *Bockelmann*, NJW 1966, 1145 (1150), der das Erfordernis der Gesundheitsgefährdung dem Kriterium ärztlichen Fachwissens im Hinblick auf den Heilkundebegriff des Heilpraktikergesetzes bevorzugt. Dem ist insoweit zuzustimmen, als, wie oben erläutert, das HPG gerade keine medizinische Ausbildung und damit an sich kein ärztliches Fachwissen voraussetzt. Vgl. auch *Schnitzler*, Das Recht der Heilberufe, S. 131 und Fn. 811.

268 BVerwG, Urt. v. 20.1.1966 – I C 73.64, BVerwGE 23, 140 (146); Urt. v. 25.6.1970 – I C 53.66, BVerwGE 35, 308 (311); Urt. v. 10.2.1983 – 3 C 21/82, BVerwGE 66, 367 (371 f.); 94, 269 (275); vgl. auch BGH, Urt. v. 13.9.1977 – 1 StR 389-77, NJW 1987, 2928 (2930); Urt. v. 10.12.1998 – I ZR 137/96, 1999, 865 (866).

269 So auch *Narr*, Ärztliches Berufsrecht, Band 1, Rn. A 7.

270 Zur Terminologie siehe *Erster Teil, D IV*, S. 14 ff.

So gut dieses Merkmal in der Theorie freilich zur Abgrenzung geeignet ist, so schwierig ist es in der Praxis mit Inhalt zu füllen. Demzufolge wird die Unbestimmtheit dieses Merkmals gerügt.[271] Schwierigkeiten ergeben sich insbesondere daraus, dass es nicht genügt, abstrakt festzulegen, welche Tätigkeiten ärztliche Fachkenntnisse erfordern. Beispielsweise kann der Zustand des Patienten oder die personelle und technische Ausstattung am Behandlungsort dazu führen, dass eine *abstrakt* ärztliche Sachkunde nicht benötigende Tätigkeit *konkret*, d.h. unter Berücksichtigung dieser – ex ante regelmäßig nicht zu erkennenden – besonderen Umstände, der Fachkenntnis eines Arztes bedarf.

Obgleich es aufgrund dieser notwendigen Einzelfallbetrachtung kaum möglich ist, abschließend zu bestimmen, welche konkreten Tätigkeiten ärztliche Fachkenntnisse erfordern und welche nicht (mehr), ist am Merkmal des ärztlichen Fachwissens zur Definition des Heilkundebegriffs und damit des ärztlichen Tätigkeitsbereichs festzuhalten.

(b) Heilkunde i.S.d. Bundesgerichtshofs

Dagegen spielen die Kriterien des ärztlichen Fachwissens bzw. der Gesundheitsgefährdung bei der vom BGH entwickelten *Eindruckstheorie*[272] keine entscheidende Rolle. Demnach liege erlaubnispflichtige Heilkunde dann vor, wenn die Tätigkeit lediglich nach dem subjektiven Empfinden des Behandelten als Heilkunde aufgefasst werde, d.h. bei ihm den Eindruck erwecke, die Tätigkeit ziele darauf ab, ihn zu heilen oder ihm Erleichterung zu verschaffen[273]. Grund für diese strafgerichtliche Korrektur des Heilkundebegriffs war die Tatsache, dass sog. Heilschwindler, die keine echten diagnostischen oder therapeutischen Zwecke verfolgten, vom Erlaubnisvorbehalt des § 1 Abs. 1 HPG nicht erfasst waren. Die von den Heilschwindlern behandelten Personen waren indes nicht weniger schutzwürdig als diejenigen, an denen objektiv die Heilkunde ausgeübt wurde. Daher sollten aus Gründen des Gesundheitsschutzes möglichst viele Heilmethoden der Erlaubnispflicht unterstellt werden.[274] Unabhängig von der übrigen Kritik[275] an der Eindruckstheorie, kann diese Auslegung des Heilkundebegriffs nicht zur Definition eines ärztlichen Tätigkeitsbereichs herangezogen werden, da nicht das subjektive Empfinden des Patienten als Maßstab für die Feststellung genommen werden kann, dass eine bestimmte Tätigkeit objektiv eine ärztliche ist.

(c) Zwischenergebnis

Da die ärztliche Berufsausübung in § 2 Abs. 5 BÄO als Ausübung der Heilkunde beschrieben wird, ohne den Heilkundebegriff näher zu definieren, werden zur Bestimmung

271 Vgl. bereits *Hahn*, Die Haftung des Arztes für nichtärztliches Hilfspersonal, S. 25; *Pitz*, Was darf das Medizinalpersonal?, S. 67 ff.

272 BGH, Urt. v. 4.11.1955 – 5 StR 421/55, NJW 1956, 313 (313); Urt. v. 13.9.1977 – 1 StR 389/77, NJW 1978, 599 (599); a.A. BGH, Urt. v. 29.6.1987 – II ZR 5/87, NJW 1987, 2928 (2929).

273 Das betrifft z.B. die Fälle der Wundheiler, Geistheilung, Handauflegen, Befreiung von „Erdstrahlen".

274 *Dünisch*, in: Käfer, Der Heilpraktiker in Theorie und Praxis, § 1 HPG, Rn. 6.6.

275 Zur Kritik an der sog. Eindruckstheorie vgl. den Streitstand bei *Oberhauser*, Die zivilrechtliche Haftung bei der Anwendung alternativer Heilverfahren, S. 21 ff.; *Quaas/Zuck*, Medizinrecht, § 33, Rn. 12 ff.

desselben der Heilkundebegriff des § 1 Abs. 2 HPG und seine teils einschränkenden, teils erweiternden Auslegungskriterien herangezogen und das Merkmal des Erfordernisses ärztlichen Fachwissens als das entscheidende für die Bestimmung der Heilkunde im Sinne der Bundesärzteordnung und damit des ärztlichen Tätigkeitsbereichs herausgestellt.

Problematisch an der Verbindung des Heilkundebegriffs mit der ärztlichen Berufsausübung ist und bleibt jedoch, dass sich die Zugangsvoraussetzungen zur nichtärztlichen Heilkundeausübung im Sinne des Heilpraktikergesetzes qualitativ in erheblichem Maße von denen der ärztlichen Heilkundeausübung im Sinne der Bundesärzteordnung unterscheiden. Während vor der ärztlichen Heilkundeausübung ein mindestens sechsjähriges, staatlich geregeltes Medizinstudium mit mindestens achtmonatiger praktischer Ausbildung und anschließendem Staatsexamen steht,[276] verzichtet das Heilpraktikergesetz – angesichts seiner ursprünglichen gesetzgeberischen Intention, den Berufsstand der Heilpraktiker durch die grundsätzliche „Nachwuchssperre" in § 2 Abs. 1 HPG a.F. abzuschaffen – auf Ausbildungs- und Prüfungsanforderungen. Die einzige *fachliche* Bedingung für die Erteilung der Heilpraktikererlaubnis[277] enthält de lege lata § 2 Abs. 1 Buchst. i DVO/1-HPG[278]. Danach ist die Erlaubniserteilung zu versagen, *„wenn sich aus einer Überprüfung der Kenntnisse und Fähigkeiten des Antragstellers durch das Gesundheitsamt ergibt, daß die Ausübung der Heilkunde durch den Betreffenden eine Gefahr für die Volksgesundheit bedeuten würde*". Diese Überprüfung kann aber – wie das BVerwG ausführte[279] – weder als *„medizinisches Staatsexamen mit ermäßigten Anforderungen*" noch als *„kleine Approbation*" oder generell als *„Nachweis einer Fachqualifikation*" verstanden werden. Zudem variiert die Überprüfung bezüglich Inhalt, Umfang und Verfahren vielfach von Bundesland zu Bundesland und von Gesundheitsamt zu Gesundheitsamt.[280] Letzterem versuchte das Bundesgesundheitsministerium 1992 durch eine Leitlinie zur Heilpraktikerprüfung zu begegnen, die inzwischen auch in vielen Bundesländern in die entsprechenden Richtlinien oder Verordnungen zur Ausführung des Heilpraktikergesetzes – teilweise mit dem expliziten Verweis auf den bundeseinheitlichen Fragenkatalog zur schriftlichen Überprüfung – über-

---

276 Vgl. § 3 Abs. 1 Nr. 4 BÄO.

277 Die verfassungskonforme Auslegung des HPG führt dazu, dass jeder, der die Voraussetzungen des § 2 DVO/1-HPG erfüllt, einen Rechtsanspruch auf Erlaubniserteilung hat. Neben der alleinigen fachlichen Kenntnisprüfung i.S.d. § 2 Abs. 1 Buchst. i DVO/1-HPG muss der künftige Heilkpraktiker lediglich das Mindestalter von 25 Jahren erreicht haben (§ 2 Abs. 1 Buchst. a DVO/1-HPG), eine abgeschlossene Volksschulbildung (§ 2 Abs. 1 Buchst. d DVO/1-HPG) und damit einen Hauptschulabschluss [*Pelchen*, in: Erbs/Kohlhaas/Ambs, Strafrechtliche Nebengesetze, Band 2, H 54 (HPG), § 2, Rn. 5] nachweisen können und sittlich zuverlässig (§ 2 Abs. 1 Buchst. f DVO/1-HPG) sowie in gesundheitlicher Hinsicht zur Ausübung des Berufs geeignet (§ 2 Abs. 1 Buchst. g DVO/1-HPG) sein.

278 Erste Durchführungsverordnung zum Gesetz über die berufsmäßige Ausübung der Heilkunde ohne Bestallung (DVO/1-HPG) v. 18.2.1939, RGBl. I S. 259, i.d.F. v. 4.12.2002, BGBl I S. 4456. Die Verordnung geht auf die nach In-Kraft-Treten des GG erloschene Ermächtigung des Reichsministers des Innern in § 7 HPG a.F. zurück, die, da von der Ermächtigung bereits vor dem In-Kraft-Treten des GG Gebrauch gemacht worden ist, als Landesrecht erhalten blieb.

279 BVerwG, Urt. v. 21.12.1995 – 3 C 24/94, NVwZ 1997, 179 (180).

280 *Laufs*, in: Laufs/Uhlenbruck, Handbuch des Arztrechts, § 10, Rn. 7; vgl. jüngst zur Überprüfungspraxis der Heilpraktikeranwärter durch die Gesundheitsämter *Heudorf/Carstens/Exner*, Bundesgesundheitsblatt 2010, 245 (250 ff.).

nommen worden ist.[281] So bezieht sich nach der sachsen-anhaltischen Richtlinie die schriftliche wie mündliche Überprüfung auch auf medizinisches, also ärztliches Fachwissen.[282] Allerdings besteht den schriftlichen Teil der Überprüfung in Form einer zweistündigen Aufsichtsarbeit bereits, wer 45 von 60 Fragen im Antwort-Wahl-Verfahren zutreffend beantwortet[283] und beispielsweise Fehler bezüglich der Injektions- und Punktionstechniken oder der Technik der Anamneseerhebung durch richtige Antworten auf anderen Gebieten ausgleichen kann. Vergegenwärtigt man sich darüber hinaus, dass gänzlich auf den Nachweis einer unter Anleitung erworbenen praktischen Erfahrung des angehenden, zu invasiven Methoden berechtigten Heilpraktikers verzichtet wird, ist es verständlich, dass das Erreichen des Gesetzeszwecks – Gefahren für die Volksgesundheit abzuwehren – zum Teil bezweifelt wird.[284] Wenngleich die höchstrichterliche Rechtsprechung diese gesetzliche Weite der Erlaubnis einschränkt und den Heilpraktiker dazu verpflichtet, *„sich eine ausreichende Sachkunde über die von ihm angewendeten Behandlungsweisen einschließlich ihrer Risiken, vor allem die richtigen Techniken für deren gefahrlose Anwendung anzueignen“* und ihm über die durch Einzelgesetze ausdrücklich verbotenen Behandlungsmaßnahmen hinaus Methoden untersagt, *„deren Indikationsstellung oder Risiken die medizinisch-wissenschaftliche Ausbildung und Erfahrung eines approbierten Arztes verlangen“*, *„solange er sich nicht ein entsprechendes Fachwissen und -können erworben hat“*[285], vermag das nicht über die Unstimmigkeit des gesetzgeberischen Konzepts von ärztlicher und nichtärztlicher Heilkundeausübung insbesondere auch mit Blick auf die erheblichen berufsrechtlichen Qualifikationsanforderungen der übrigen Heil- und Medizinalfachberufe hinwegtäuschen.

Jedenfalls ist es irreführend, wenn sowohl der Heilkundebegriff im Sinne der Bundesärzteordnung als auch derjenige im Sinne des Heilpraktikergesetzes auf das Merkmal der ärztlichen Fachkenntnisse abstellt. Angesichts der nur geringen fachlichen Hürden für die Erteilung der Heilpraktikererlaubnis können die Kenntnisse und Fähigkeiten eines nichtärztlichen Heilpraktikers gerade nicht mit den infolge des mindestens sechsjährigen Medi-

---

281 Vgl. für Sachsen-Anhalt: Richtlinien für das Verfahren zur Erteilung einer Erlaubnis nach dem Heilpraktikergesetz, RdErl. des MS v. 11.9.2008 – 41021/1, MBl. LSA 2008, S. 679.

282 Punkt V.1. Buchst. a-i der Richtlinien für das Verfahren zur Erteilung einer Erlaubnis nach dem Heilpraktikergesetz, RdErl. des MS v. 11.9.2008 – 41021/1, MBl. LSA 2008, S. 679: umfasst die Sachgebiete der *Berufs- und Gesetzeskunde einschließlich rechtlicher Grenzen der nichtärztlichen Ausübung der Heilkunde, die Grenzen und Gefahren diagnostischer und therapeutischer Methoden heilpraktischer Tätigkeit, die Grundkenntnisse der Anatomie, pathologischen Anatomie, Physiologie und Pathophysiologie, die Grundkenntnisse in der allgemeinen Krankheitslehre, Erkennung und Unterscheidung von Volkskrankheiten, insbesondere der Stoffwechselkrankheiten, der Herz-Kreislauf-Krankheiten, der degenerativen und übertragbaren Krankheiten, der bösartigen Neubildungen sowie schwerwiegender seelischer Krankheiten, die Erkennung und Erstversorgung akuter Notfälle und lebensbedrohender Zustände, die Technik der Anamneseerhebung, Methoden der unmittelbaren Krankenuntersuchung (Inspektion, Palpation, Perkussion, Auskultation, Reflexprüfung, Puls- und Blutdruckmessung), Praxishygiene, Desinfektion und Sterilisation, Injektions- und Punktionstechniken sowie die Deutung grundlegender Laborwerte.*

283 Vgl. Punkt V.2. Abs. 2, S. 1, 2 und Abs. 3 der Richtlinien für das Verfahren zur Erteilung einer Erlaubnis nach dem Heilpraktikergesetz, RdErl. des MS v. 11.9.2008 – 41021/1, MBl. LSA 2008, S. 679.

284 Vgl. nur *Heudorf/Carstens/Exner*, Bundesgesundheitsblatt 2010, 245 (247, 255 m.w.N.).

285 BGH, Urt. v. 29.1.1991 – VI ZR 206/90, NJW 1991, 1535 (1537).

zinstudiums vermittelten ärztlichen Fachkenntnissen gleichgestellt werden. Daher erscheint es widersprüchlich, die Ausübung der Heilkunde im Sinne des Heilpraktikergesetzes angesichts des Qualifikationsgefälles zwischen approbierten Ärzten und nichtärztlichen Heilpraktikern als Ausübung von Tätigkeiten zu verstehen, die ärztlicher Fachkenntnisse bedürfen, obwohl nach der ursprünglichen Konzeption des Heilpraktikergesetzes, die Berechtigung zur Ausübung der Heilkunde grundsätzlich approbierten Ärzten und damit über ärztliche Fachkenntnisse verfügenden Personen vorbehalten bleiben sollte.

Vor diesem Hintergrund empfiehlt es sich etwa de lege ferenda die Formulierung „Ausübung der Heilkunde" nicht mehr als das wesentliche Merkmal zur Bestimmung der ärztlichen Berufsausübung heranzuziehen und beispielsweise wie im österreichischen Ärztegesetz durch *„Ausübung der Medizin"*[286] zu ersetzen und zur Bestimmung des Heilkundebegriffs im Sinne des § 1 Abs. 2 HPG nicht mehr allgemein auf ärztliche Fachkenntnisse abzuheben,[287] sondern auf die durch das Gesundheitsamt zu überprüfenden heilkundlichen Kenntnisse.

cc) Musterberufsordnung-Ärzte

Nach § 1 Abs. 2 MBO-Ä[288] ist es Aufgabe der Ärzte, das Leben zu erhalten, die Gesundheit zu schützen und wiederherzustellen, Leiden zu lindern, Sterbenden Beistand zu leisten und an der Erhaltung der natürlichen Lebensgrundlagen im Hinblick auf ihre Bedeutung für die Gesundheit der Menschen mitzuwirken. Damit enthält § 1 Abs. 2 MBO-Ä eine Aufzählung von bedeutsamen Aufgaben des Arztes, wobei der Schutz der Gesundheit und ihre Wiederherstellung sowie die Leidenslinderung den größten Teil ärztlicher Tätigkeit einnehmen.[289] Da neben der kurativen, auch die präventive Arzttätigkeit aufgegriffen wird, eignet sich auch § 1 Abs. 2 MBO-Ä als Definitionsgrundlage eines ärztlichen Tätigkeitsbegriffs. Ferner folgt aus § 15 Abs. 1 S. 1 MBO-Ä, dass sich das ärztliche Tätigkeitsfeld auch auf die Durchführung biomedizinischer Forschung in Form von Heilversuchen, medizinischen Experimenten und epidemiologischer Forschung erstreckt. Das spricht für die Aufnahme der Forschertätigkeit, d.h. des rein wissenschaftlichen Arbeitens als Merkmal eines ärztlichen Tätigkeitsbegriffs.

dd) Approbationsordnung für Ärzte

In der auf § 4 Abs. 1 BÄO gestützten Approbationsordnung für Ärzte (ÄAppO)[290] werden im ersten Abschnitt die Anforderungen an die ärztliche Ausbildung geregelt. In § 1 Abs. 1 S. 1 bis 5 ÄAppO werden die Ziele der ärztlichen Ausbildung wie folgt beschrieben:

---

286 Vgl. § 2 Abs. 1 ÖÄrzteG (Ärztegesetz 1998, BGBl. I Nr. 169/1998, zuletzt geändert durch BGBl. I Nr. 144/2009).

287 Nachfolgend wird gleichwohl der ganz überwiegenden Ansicht gefolgt und auf die ärztliche Fachkenntnis als Merkmal der Heilkundeausübung abgestellt, ohne nach ärztlicher Heilkundeausübung im Sinne der Bundesärzteordnung und nichtärztlicher Heilkundeausübung im Sinne des Heilpraktikergesetzes zu unterscheiden.

288 Zur Rechtsnatur der MBO-Ä siehe *Zweiter Teil, B I. 3. a) aa)*, S. 40 f.

289 *Lippert*, in: Ratzel/Lippert, MBO, § 1, Rn. 14.

290 ÄAppO v. 27.6.2002 (BGBl. I S. 2405), zuletzt geändert durch G v. 30.7.2009 (BGBl. I S. 2495, 2496).

„Das Ziel der ärztlichen Ausbildung ist der in der Medizin ausgebildete Arzt, der zur eigenverantwortlichen und selbständigen ärztlichen Berufsausübung, zur Weiterbildung und zu ständiger Fortbildung befähigt ist. Die Ausbildung soll grundlegende Kenntnisse, Fähigkeiten und Fertigkeiten in allen Fächern vermitteln, die für eine umfassende Gesundheitsversorgung der Bevölkerung erforderlich sind. Die Ausbildung zum Arzt wird auf wissenschaftlicher Grundlage und praxis- und patientenbezogen durchgeführt. Sie soll

- das Grundlagenwissen über die Körperfunktionen und die geistig-seelischen Eigenschaften des Menschen,
- das Grundlagenwissen über die Krankheiten und den kranken Menschen,
- die für das ärztliche Handeln erforderlichen allgemeinen Kenntnisse, Fähigkeiten und Fertigkeiten in *Diagnostik, Therapie, Gesundheitsförderung, Prävention und Rehabilitation*,
- praktische Erfahrungen im Umgang mit Patienten, einschließlich der fächerübergreifenden Betrachtungsweise von Krankheiten und der Fähigkeit, die Behandlung zu koordinieren,
- die Fähigkeit zur Beachtung der gesundheitsökonomischen Auswirkungen ärztlichen Handelns,
- Grundkenntnisse der Einflüsse von Familie, Gesellschaft und Umwelt auf die Gesundheit, die Organisation des Gesundheitswesens und die Bewältigung von Krankheitsfolgen,
- die geistigen, historischen und ethischen Grundlagen ärztlichen Verhaltens

auf der Basis des aktuellen Forschungsstandes vermitteln. Die Ausbildung soll auch Gesichtspunkte ärztlicher Qualitätssicherung beinhalten und die *Bereitschaft zur Zusammenarbeit* mit anderen Ärzten und *mit Angehörigen anderer Berufe des Gesundheitswesens* fördern."

Diese Zielformulierungen entsprechen den Vorgaben des oben zitierten Art. 24 Abs. 3 der Richtlinie 2005/36/EG, gehen aber insofern darüber hinaus als sich die spätere Tätigkeit eines Arztes neben der Diagnostik und Therapie auch auf die Gesundheitsförderung, Prävention und Rehabilitation erstrecken soll. Insofern kann § 1 Abs. 1 S. 4 Anstrich 3 ÄAppO jedenfalls mittelbar zur näheren Bestimmung des ärztlichen Tätigkeitsbegriffs herangezogen werden.

Die in § 1 Abs. 1 S. 5 ÄAppO angesprochene Zusammenarbeit von Ärzten und Krankenpflegern schließt zwar die grundsätzliche Möglichkeit einer Delegation ärztlicher Aufgaben nicht aus, lässt aber jedwede Konkretisierung der Kooperation offen, hilft insofern nicht weiter.

ee) Sozialgesetzbuch Fünftes Buch

§ 28 Abs. 1 S. 1 SGB V beschreibt die ärztliche Behandlung als die Tätigkeit des Arztes, die zur *Verhütung, Früherkennung und Behandlung von Krankheiten* nach den Regeln der ärztlichen Kunst[291] ausreichend und zweckmäßig ist. Damit ergänzt § 28 Abs. 1 S. 1 SGB V die Definition des § 1 Abs. 2 HPG um die präventive Tätigkeit, wenn man davon ausgeht, dass der Begriff der Behandlung sowohl Heilung als auch Linderung umfasst.[292] Darüber hinaus bietet § 28 Abs. 1 S. 1 SGB V jedoch keine zusätzlichen Merkmale für eine Umschreibung des ärztlichen Tätigkeitsbereichs.

291 Das Tatbestandsmerkmal der „ärztlichen Kunst" erscheint insofern veraltet, als der Begriff des Kunstfehlers im Zivil- wie im Strafrecht als überholt anzusehen ist, vgl. nur *Deutsch/Spickhoff*, Medizinrecht, Rn. 157

292 *Wagner*, in: Krauskopf, SGB V, § 28, Rn. 4.

Dagegen bietet die sozialgerichtliche Rechtsprechung einen weiteren Anhaltspunkt für die Bestimmung der ärztlichen Tätigkeit: Danach ist einer i.S.d. §§ 15 Abs. 1 S. 2, 28 Abs. 1 S. 2 SGB V grundsätzlichen Delegationsmöglichkeit[293] dort eine Grenze gesetzt, wo es gerade auf die *medizinisch-wissenschaftlichen Kenntnisse* und *Fähigkeiten* des *Arztes* ankommt.[294]

ff) Grund- und Behandlungspflege als Abgrenzungskriterium

Möglicherweise hilft die im fünften[295] und elften[296] Sozialgesetzbuch getroffene Unterscheidung zwischen Grund- und Behandlungspflege[297] bei der Definition ärztlicher und krankenpflegerischer Kompetenzbereiche im Sinne einer Negativabgrenzung weiter.

(1) Grundpflege

Zur Grundpflege zählen pflegerische Leistungen nichtmedizinischer Art für den menschlichen Grundbedarf, d.h. Hilfen zur Befriedigung körperlicher, seelischer oder geistiger Grundbedürfnisse.[298] Im Gegensatz zu den Maßnahmen der Behandlungspflege steht weder der Behandlungs- und Heilzweck im Vordergrund noch ist deren Durchführung von medizinischer Fertigkeit und medizinischen Kenntnissen geprägt.[299] Maßnahmen der Grundpflege beschreiben mithin den originär pflegerischen Kompetenzbereich.

In § 14 Abs. 4 Nr. 1-3 SGB XI werden abschließend folgende Verrichtungen der Grundpflege zugeordnet: *Körperpflege* (Waschen, Duschen, Baden, Zahnpflege, Kämmen, Rasieren, Darm- oder Blasenentleerung), *Ernährung* (mundgerechtes Zubereiten, Aufnahme der Nahrung) und *Mobilität* (selbstständiges Aufstehen und Zu-Bett-Gehen, An- und Auskleiden, Gehen, Stehen, Treppensteigen, Verlassen und Wiederaufsuchen der Wohnung). Detaillierte Beschreibungen dieser grundpflegerischen Maßnahmen enthält wiederum das Leistungsverzeichnis[300] der Richtlinie über die Verordnung von häuslicher Krankenpflege.

(2) Behandlungspflege

Wie bereits bei der Untersuchung der Pflicht zur persönlichen Leistungserbringung des Arztes dargestellt, enthält die Richtlinie über die Verordnung von häuslicher Krankenpflege eine Definition des Begriffs der Behandlungspflege als „Maßnahmen der *ärztlichen* Behandlung, die dazu dienen, Krankheiten zu *heilen*, ihre Verschlimmerung zu *verhüten*

---

293 Bay LSG, Urt. v. 25.11.2004 – L 4 KR 97/03, PflR 2005, 363 (366).

294 BSG, Urt. v. 18.9.1973 – 6 RKa 2/72, Juris, Rn. 20; Urt. v. 1.3.1979 – 6 RKa 13/77, NJW 1979, 2363 (2364).

295 Nach § 37 Abs. 1 S. 2, Abs. 2 S. 1, 4 SGB V steht einem gesetzlich Krankenversicherten im Rahmen der häuslichen Krankenpflege ein Anspruch auf die im Einzelfall erforderliche Grund-und Behandlungspflege zu.

296 Vgl. nur §§ 12 Abs. 2, 80a Abs. 2 S. 1 Nr. 1, 2 SGB XI.

297 Zur historischen Entwicklung und Kritik an diesem Begriffspaar vgl. *E. Müller*, PfleGe 2/1998, 1 (1 ff.); *Igl*, Öffentlich-rechtliche Grundlagen für das Berufsfeld Pflege, S. 58.

298 BSG, Urt. v. 30.9.1993 – 4 RK 1/92, NZS 1994, 130 (133); *Brenner*, Rechtskunde für das Krankenpflegepersonal, S. 238 f., 245 f.

299 *Höfler*, in: KassKomm SozVersR, SGB V, § 37, Rn. 22.

300 Vgl. Leistungsverzeichnis als Anlage zur Häuslichen Krankenpflege-Richtlinie.

oder Krankheitsbeschwerden zu *lindern* und die üblicherweise an Pflegefachkräfte/Pflegekräfte *delegiert* werden können (Behandlungspflege)“[301]. Diese Definition lässt den Schluss zu, dass behandlungspflegerische Maßnahmen als Teil der ärztlichen Behandlung zum ärztlichen Tätigkeitsbereich zu zählen sind. Wenn jedoch § 37 Abs. 1 S. 1 SGB V formuliert, dass gesetzlich Krankenversicherte oder ausnahmsweise auch sozial Pflegeversicherte[302] die häusliche Krankenpflege, zu der nach § 37 Abs. 1 S. 2, Abs. 2 S. 1 SGB V auch die Behandlungspflege zählt, *neben der ärztlichen Behandlung* erhalten, ergibt sich folgender Widerspruch: Die untergesetzliche Richtliniendefinition sieht die Behandlungspflege als Teil der ärztlichen Behandlung an, während das SGB V bei der ärztlichen Behandlung und der vom Arzt verordneten Behandlungspflege im Rahmen der häuslichen Krankenpflege von zwei getrennten Leistungsbereichen ausgeht.[303] Ferner besteht der Anspruch auf Behandlungspflege als häusliche Krankenpflege nach § 37 Abs. 3 SGB V nur, soweit eine im Haushalt lebende Person den Kranken in dem erforderlichen Umfang nicht pflegen und versorgen kann. Mithin ist auch ungeschulten Personen gestattet, behandlungspflegerische Maßnahmen auszuführen. Schon daraus folgt, dass Behandlungspflege nicht als ärztliche Tätigkeit, auch nicht im weiten Sinn, verstanden werden kann.[304] Konsequenterweise handelt es sich bei der Behandlungspflege nach § 73 Abs. 2 Nr. 8 SGB V auch um eine vom Arzt zu *verordnende* Tätigkeit[305]. Im Unterschied zu der vom Arzt *angeordneten* Hilfeleistung anderer Personen[306], die dem Arzt zugerechnet wird, handeln die Leistungserbringer auf der Grundlage der Verordnung grundsätzlich eigenverantwortlich und selbständig[307]. Demzufolge handelt es sich bei den angeordneten zugleich um delegationsrelevante Tätigkeiten, während bloß verordnungsfähige Tätigkeiten i.S.d. SGB V grundsätzlich nicht zum ärztlichen Tätigkeitsbereich zu zählen sind.

---

301 Vgl. § 1 Abs. 3a HKrPflRL. Ferner wird in der Literatur zwischen einfacher und spezieller Behandlungspflege unterschieden, wobei sich letztere im Gegensatz zur einfachen Behandlungspflege durch einen besonders engen Zusammenhang mit der ärztlichen Tätigkeit auszeichne, vgl. *Taupitz/Fröhlich*, MedR 1998, 257 (259).

302 Nach der Rechtsprechung des BSG können krankheitsspezifische (Behandlungs-)Pflegemaßnahmen zum Grundpflegebedarf nach § 14 Abs. 4 SGB XI zählen, wenn eine solche Maßnahme entweder untrennbarer Bestandteil einer Katalogverrichtung des § 14 Abs. 4 SGB XI ist oder mit einer solchen Verrichtung objektiv notwendig in einem unmittelbaren zeitlichen und sachlichen Zusammenhang durchzuführen ist, BSG, Urt. v. 10.11.2005 – B 3 KR 42/04 R, Anm. 19, BeckRS (Frankfurter Redaktion) 9999 09371.

303 Vgl. *Hess*, in: KassKomm SozVersR, SGB V, § 73, Rn. 14.

304 Im Ergebnis unstreitig handelt es sich sowohl für die Grund- und Funktionspflege als auch für die pflegerische Ergänzung des ärztlichen Behandlungsplans durch die Behandlungspflege um originäre, nicht aus dem ärztlichen Tätigkeitsbereich abgeleitete Aufgaben,
Thomae, in: Weth/Thomae/Reichold, Arbeitsrecht im Krankenhaus, Teil 2, D, Rn. 7.

305 Weitere Verordnungstätigkeiten in § 73 Abs. 2 Nr. 5, 7, 8, 12 SGB V: Verordnung von medizinischer Rehabilitation, Arznei-, Verband-, Heil- und Hilfsmitteln, Krankentransporten sowie Krankenhausbehandlung oder Behandlung in Vorsorge- oder Rehabilitationseinrichtungen, häuslicher Krankenpflege, Soziotherapie.

306 Vgl. § 73 Abs. 2 Nr. 6 SGB V.

307 Vgl. § 28 Abs. 1 S. 2 SGB V; BSG, Urt. v. 22.11.1968 – 3 RK 47/66, BSGE 29, 27 (29) zur inhaltsgleichen Vorgängerregelung des § 122 Abs. 1 S. 2 RVO (Reichsversicherungsordnung, FNA 820-1); Mrozynski, in: Wannagat, SGB V, § 28, Rn. 5.

Allerdings wird diese Unterscheidung in den nach § 75 Abs. 1 S. 1 SGB XI geschlossenen Rahmenverträgen zwischen den Landesverbänden der Pflegekassen mit den Vereinigungen der Träger der stationären Pflegeeinrichtungen unter Beteiligung des Medizinischen Dienstes der Krankenversicherung sowie des Verbandes der privaten Krankenversicherung e.V. nicht getroffen. Vielmehr entsprechen die Rahmenverträge überwiegend in ihren Formulierungen denen der Richtlinie zur häuslichen Krankenpflege. Exemplarisch sei hier nur auf den Rahmenvertrag zur teilstationären Pflege des Landes Sachsen-Anhalt vom 3.6.2005[308] verwiesen, der in § 1 Abs. 7 S. 1 von Leistungen der medizinischen Behandlungspflege spricht, *„soweit sie delegierbar sind und nicht vom behandelnden Arzt selbst erbracht werden müssen"* und in § 1 Abs. 7 S. 5, S. 6 auf die ärztliche *„Anordnung"* der Behandlungspflege abstellt.

Unabhängig davon, dass die Begriffe Anordnung und Verordnung in Verbindung mit dem der Behandlungspflege in den sozialversicherungsrechtlichen Vorschriften demzufolge nicht einheitlich verwendet werden, wird die Behandlungspflege aber auch in den genannten Rahmenverträgen – freilich unter dem Aspekt der Finanzierung – als Teil der pflegerischen Leistung und somit nicht als ärztliche Tätigkeiten qualifiziert.[309] Welche Maßnahmen der Behandlungspflege im Einzelnen zuzuordnen sind, ergibt sich aus dem der Richtlinie über die Verordnung von häuslicher Krankenpflege angefügten Verzeichnis verordnungsfähiger Maßnahmen der häuslichen Krankenpflege. Von den dort nicht enumerativ[310] aufgezählten behandlungspflegerischen Leistungen seien hier beispielhaft i.m./s.c. Injektionen, Spülungen, Einreibungen, Verbändewechsel oder die Verabreichung von Medikamenten genannt.

(3) Bewertung als Abgrenzungskriterium

Es handelt sich mithin sowohl bei der Grund- als auch der Behandlungspflege nach den sozialversicherungsrechtlichen Vorschriften, wie der Wortlaut vermuten lässt, nicht um ärztliche Tätigkeiten. Sie spielen daher für die hier zu untersuchende Frage der Delegation *ärztlicher* Tätigkeiten lediglich[311] insofern eine Rolle, als sie den ärztlichen Tätigkeitsbe-

---

308 Abrufbar im Internet unter <http://www.aok-gesundheitspartner.de/san/pflege/stationaerepflege/ teilstationaer/> (Stand v. 21.9.2009).

309 Vgl. § 1 Abs. 7 S. 2 Rahmenvertrag nach § 75 SGB XI zur teilstationären Pflege LSA.

310 *Höfler*, in: KassKomm SozVersR, SGB V, § 37, Rn. 20a.

311 A.A. wohl *Großkopf/Klein*, Recht in Medizin und Pflege, S. 219 f., wonach seit BGH, Urt. v. 10.1.1984 – VI ZR 158/82, BGHZ 89, 263 (263 ff.) bei der Frage nach der Reichweite der Aufgabendelegation an das pflegerische Personal grundsätzlich zwischen Grund- und Behandlungspflege zu differenzieren sei. Allerdings stellt der BGH in diesem Urteil nicht auf die Unterscheidung von Grund- und Behandlungspflege als entscheidendes Kriterium für die Abgrenzung ärztlicher und pflegerischer Kompetenzbereiche ab, sondern darauf, ob die pflegerische Betreuung im Einzelfall auch zur ärztlichen Behandlungsaufgabe zählt, BGH, Urt. v. 10.1.1984 – VI ZR 158/82, BGHZ 89, 263 (271 f.). Im Übrigen wäre die Unterscheidung von Grund- und Behandlungspflege wenig zielführend, da die Grenzziehung zwischen beiden Versorgungsmaßnahmen je nach Lage des Einzelfalls und dem Anteil medizinischer Indikation und Prägung verwischen kann, sodass dieselben Verrichtungen sowohl zur Grund- als auch Behandlungspflege gehören, vgl. *Igl/Welti*, VSSR 1999, 21 (52); *Roßbruch*, Anm. zu BSG, Urt. v. 10.11.2005 – B 3 KR 42/04 R, PflR 2006, 270 (270, 2. Leitsatz, 274). Zu den umstrittenen Einzelfällen werden z.B. die Dekubitusprophylaxe, die Sonde-

reich negativ zum pflegerischen abgrenzen können. Allerdings regeln das SGB V und das SGB XI nur das Verhältnis zwischen den Versicherten und der gesetzlichen Kranken- bzw. Pflegeversicherung. Das Begriffspaar Grund- und Behandlungspflege ist somit im leistungsrechtlichen Sinn zu verstehen. Im Hinblick auf diesen Normzweck ist den kranken- und pflegeversicherungsrechtlichen Regelungen eine Kompetenzzuweisung oder gar –schranke für alle Angehörigen der Pflegeberufe verwehrt.[312]

gg) Krankenpflegegesetz

Das Krankenpflegegesetz (KrPflG)[313] regelt die Berufe der Gesundheits- und (Kinder-) Krankenpfleger und bietet möglicherweise Anhaltspunkte für eine Negativabgrenzung des ärztlichen vom pflegerischen Tätigkeitsfeld. In § 3 Abs. 2 KrPflG wird das Ausbildungsziel wie folgt formuliert:

> „Die Ausbildung für die Pflege nach Absatz 1 soll insbesondere dazu befähigen,
> 1. die folgenden Aufgaben *eigenverantwortlich* auszuführen:
>   a) Erhebung und Feststellung des Pflegebedarfs, Planung, Organisation, Durchführung und Dokumentation der Pflege,
>   b) Evaluation der Pflege, Sicherung und Entwicklung der Qualität der Pflege,
>   c) Beratung, Anleitung und Unterstützung von zu pflegenden Menschen und ihrer Bezugspersonen in der individuellen Auseinandersetzung mit Gesundheit und Krankheit,
>   d) Einleitung lebenserhaltender Sofortmaßnahmen bis zum Eintreffen der Ärztin oder des Arztes,
> 2. die folgenden Aufgaben *im Rahmen der Mitwirkung* auszuführen:
>   a) eigenständige Durchführung ärztlich veranlasster Maßnahmen,
>   b) Maßnahmen der medizinischen Diagnostik, Therapie oder Rehabilitation,
>   c) Maßnahmen in Krisen- und Katastrophensituationen,
> 3. *interdisziplinär* mit anderen Berufsgruppen zusammenzuarbeiten und dabei multidisziplinäre und berufsübergreifende Lösungen von Gesundheitsproblemen zu entwickeln."

Damit beschreibt § 3 Abs. 2 KrPflG nicht abschließend diejenigen eigenverantwortlichen, mitwirkenden und interdisziplinären Aufgabenbereiche, die für die Berufe im Sinne dieses Gesetzes charakteristisch sind.[314] Eine andere Fassung des § 3 Abs. 2 Nr. 1 KrPflG stellte auf „*eigenständig*" auszuführende Aufgaben ab.[315] Diese wurde durch die aktuelle Formulierung „*eigenverantwortlich* durchführen" ersetzt, um klarzustellen, dass diese Tätigkeiten von den Berufsangehörigen in eigener Verantwortung erbracht werden.[316] Allerdings sollten dadurch nach den Gesetzesmaterialien für die professionelle Krankenpflege weder Vorbehaltstätigkeiten geschaffen noch eine Bewertung der rechtlichen Verantwortung der

---

nernährung oder die Versorgung künstlicher Ausgänge gezählt, *Höfler*, in: KassKomm SozVersR, SGB V, § 37, Rn. 23b.

312 *Pitz*, Was darf das Medizinalpersonal?, S. 41 f.; a.A. *Rosenau*, ArztR 2000, 268 (268 f).

313 KrPflG v. 16.7.2003 (BGBl. I S. 1442), zuletzt geändert durch Art. 12a G v. 17.7.2009 (BGBl. I S. 1990).

314 *Storsberg/Neumann/Neiheiser*, KrPflG, § 3, S. 73.

315 BT-Drucks. 15/804, S. 40; BT-Drucks. 15/13, S. 27.

316 BT-Drucks. 15/804, S. 40; BT-Drucks. 15/13, S. 27.

beteiligten Berufe für die Durchführung der genannten Aufgaben vorgenommen werden.[317]

Ein solcher Einfluss auf die Arbeitsteilung zwischen den Berufen und die Arbeitsorganisation der Einrichtungen, in denen Pflege ausgeübt wurde, wäre dem Bundesgesetzgeber aus verfassungsrechtlichen Gründen ohnehin verwehrt. Die dem Bundesgesetzgeber durch Art. 74 Abs. 1 Nr. 19 GG zugewiesene Kompetenz erstreckt sich nämlich nicht auf die Regelung von Berufsausübungsvorschriften.[318] Daher darf das Ausbildungsziel des § 3 Abs. 2 Nr. 1 KrPflG nicht dahin verstanden werden, es regele, welche Tätigkeiten die Gesundheits- und (Kinder-) Krankenpfleger erlaubterweise eigenverantwortlich ausüben dürfen. Vielmehr stellt § 3 Abs. 2 Nr. 1 KrPflG lediglich fest, dass die Ausbildung zur eigenverantwortlichen Durchführung[319] bestimmter Tätigkeiten befähigen muss.

§ 3 Abs. 2 KrPflG bietet somit keinen definitiven Aufschluss über die ärztliche und pflegerische Arbeitsteilung. Darüber hinaus handelt es sich um allgemein gehaltene Formulierungen, deren Bestimmbarkeit in Bezug auf einzelne Tätigkeiten bezweifelt werden kann.

Ferner erübrigt sich eine Definition des Begriffs der Krankenpflege, der als Negativabgrenzung für die Delegation ärztlicher Tätigkeiten in Betracht käme, da das Krankenpflegegesetz gem. § 1 Abs. 1 KrPflG lediglich den Bezeichnungsschutz der dort genannten Berufe regelt. Zwar fällt der bloße Bezeichnungsschutz, soweit er keinen zulassungsrelevanten Bezug hat, nicht unter die Kompetenz aus Art. 74 Abs. 1 Nr. 19 GG. Dies ist beim Krankenpflegegesetz allerdings nicht der Fall, da überhaupt nur derjenige den Beruf ausüben darf, dem das Recht zusteht, die entsprechende Berufsbezeichnung zu führen.[320] Allerdings wird der Bezeichnungsschutz – entgegen dem gesetzgeberischen Modell[321] – auch als eine zwischen Zugangs- und Ausübungsbeschränkung liegende Regelung verstanden. Dabei ähnele der Bezeichnungsschutz der gesetzlichen Fixierung von Berufsbildern, die das BVerfG aber eher als Berufsausübungsregelung betrachtet.[322]

Obwohl die Erlaubnispflicht, der die Krankenpfleger für die Führung ihrer Berufsbezeichnung unterliegen, nicht mit einem Berufs- oder Tätigkeitsschutz in dem Sinn gleichzusetzen ist, dass nur die Träger dieser Berufsbezeichnung die Tätigkeiten ausüben dürfen,

---

317 BT-Drucks. 15/13, S. 22.

318 Siehe *Zweiter Teil, B I. 2*, S. 37 ff.

319 Die eigenverantwortliche Durchführung ist vom Begriff der sog. Durchführungsverantwortung im haftungsrechtlichen Sinn zu unterscheiden. Letztere liegt bei allen drei Aufgabenbeschreibungen des § 3 Abs. 2 Nr. 1 – 3 KrPflG bei den Krankenpflegern, unabhängig davon, ob es sich um eine delegierte ärztliche Aufgabe handelt oder nicht. Der Unterschied zwischen der Durchführung einer delegierten ärztlichen Tätigkeit und der Durchführung einer pflegerischen Tätigkeit besteht darin, dass zum einen die die Durchführungsverantwortung ausmachenden Sorgfaltspflichten differieren und zum anderen, dass nur bei der Ausführung einer delegierten ärztlichen Tätigkeit neben der Durchführungsverantwortung des Krankenpflegers auch die sog. Anordnungsverantwortung des Arztes hinzutritt.

320 BVerfG, Urt. v. 24. 10. 2002 – 2 BvF 1/01, NJW 2003, 41 (47); *Schnitzler*, Das Recht der Heilberufe, S. 192 ff., 201.

321 BT-Drucks. 10/1062, S. 14: Das Krankenpflegegesetz „folgt dem […] System, wonach der Zugang zum Beruf durch die Erteilung einer Erlaubnis zum Führen einer Berufsbezeichnung geregelt wird, deren Voraussetzungen im Einzelnen festgelegt werden."

322 *Igl/Welti*, VSSR 1999, 21 (28 f.) unter Bezug auf BVerfG, Urt. v. 13.2.1964 – 1 BvL 17/61, 1 BvR 494/60, 128/61, BVerfGE 17, 232 (241 f.).

für die sie ausgebildet worden sind,[323] kann § 3 Abs. 2 KrPflG als Abgrenzungshilfe von ärztlichen und pflegerischen Aufgaben vor dem Hintergrund herangezogen werden, dass die Erlaubnis zur Führung der Berufsbezeichnung notwendig auch die Erlaubnis zur Wahrnehmung der Aufgaben im Sinne der Ausbildungsziele regelt.[324] Dafür sprechen ferner die bereits existierenden Berufsordnungen für Gesundheits- und Krankenpfleger der Länder Bremen, Saarland und Hamburg[325], die das Ausbildungsziel des § 3 Abs. 2 KrPflG im Wesentlichen inhaltsgleich wiedergeben.

So zählt § 3 Abs. 2 Nr. 1 KrPflG – im Gegensatz zur Vorgängerregelung des § 4 KrPflG a.F. – Tätigkeiten auf, die dem Kernbereich pflegerischer Berufsausübung angehören, um zu einer klareren Profilierung des Berufsbildes beizutragen.[326] Obgleich der Gesetzgeber explizit keine Bewertung der rechtlichen Verantwortung der beteiligten Berufe für die Durchführung der genannten Aufgaben vornehmen wollte,[327] zeichneten sich die Tätigkeiten in § 3 Abs. 2 Nr. 1 KrPflG nach dem Gesetzgeber gerade dadurch aus, dass sie ohne Beteiligung von anderen Berufsgruppen, zum Beispiel einer Ärztin oder eines Arztes, ausgeführt würden.[328] Bei den sog. eigenverantwortlichen Tätigkeiten handeln die Krankenpfleger somit ohne inhaltliche Anweisung seitens Dritter.[329] Daher spielen sie für die Frage der Delegation ärztlicher Tätigkeiten faktisch keine Rolle.

Dagegen bezieht sich § 3 Abs. 2 Nr. 2 KrPflG auf diejenigen Aufgaben, bei denen im Rahmen der Mitwirkung eine arbeitsteilige Zusammenarbeit mit anderen Berufsgruppen erfolgt.[330] Behandelt § 3 Abs. 2 Nr. 2a KrPflG die eigenständige Durchführung ärztlich veranlasster, d.h. nicht auf einer eigenen Entscheidung des Krankenpflegers beruhender Maßnahmen,[331] so erfasst Nr. 2a auch die Fälle der Delegation ärztlicher Tätigkeiten. § 3 Abs. 2 Nr. 2b KrPflG stellt das pflegerische Pendant zu § 1 Abs. 1 S. 4 Anstrich 3 ÄAppO dar und umfasst all diejenigen Maßnahmen der medizinischen Diagnostik, Therapie oder Rehabilitation, bei denen Krankenpfleger in sonstiger Weise, etwa bei der Vorbereitung, Assistenz oder Nachbereitung beteiligt sind.[332] Daraus folgt, dass Krankenpflegern eine selbständige medizinische Diagnostik oder Therapie außerhalb der neu geregelten Modellvorhaben nach § 63 Abs. 3c SGB V, §§ 1 Abs. 1 S. 2, 3 Abs. 3, 4 Abs. 7 KrPflG nach der gesetzgeberischen Konzeption verwehrt ist. Ferner betrifft die Qualifizierung zu Maßnahmen in Krisen- und Katastrophensituationen in § 3 Abs. 2 Nr. 2c KrPflG sowie die in § 3 Abs. 2 Nr. 3 KrPflG betonte Bedeutung der Zusammenarbeit im multiprofessionellen Gesundheitsteam[333] das Verhältnis ärztlicher und pflegerischer Berufsangehöriger.

323 BVerfG, Urt. v. 24.10.2002 – 2 BvF 1/01, NJW 2003, 41 (47); *Igl*, in: Deutscher Pflegerat e.V., Weitere öffentlich-rechtliche Regulierung der Pflegeberufe, S. 42.

324 Vgl. *Höfert*, Pflege im Recht, S. 35; *Sträßner*, Haftungsrecht für Pflegeberufe, S. 148.

325 Siehe *Zweiter Teil, B I. 3 b) ii)*, S. 69 ff.

326 BT-Drucks. 15/804, S. 40; BT-Drucks. 15/13, S. 22; *Storsberg/Neumann/Neiheiser*, KrPflG, § 3, S. 73.

327 BT-Drucks. 15/13, S. 22.

328 BT-Drucks. 15/13, S. 22.

329 *Igl*, in: Deutscher Pflegerat e.V., Weitere öffentlich-rechtliche Regulierung der Pflegeberufe, S. 52.

330 BT-Drucks. 15/13, S. 22.

331 BT-Drucks. 15/13, S. 22.

332 BT-Drucks. 15/13, S. 22; *Storsberg/Neumann/Neiheiser*, KrPflG, § 3, S. 74.

333 BT-Drucks. 15/13, S. 22.

Folglich enthält das Krankenpflegegesetz, insbesondere durch das in § 3 Abs. 2 KrPflG konkretisierte Berufsbild, durchaus Anhaltspunkte zum ärztlichen und pflegerischen Kompetenzbereich und wird beispielsweise im Krankenhausbetrieb auch zur notwendigen Abgrenzung der sog. ärztlichen Gesamtverantwortung zu den Aufgaben der Pflege herangezogen.[334]

hh) Krankenpflege-Ausbildungsverordnung

Die Ausbildungs- und Prüfungsverordnung (KrPflAPrV)[335] für die Berufe in der Krankenpflege nennt in Anlage 1 zu § 1 Abs. 1 KrPflAPrV Themenbereiche, die der theoretische und praktische Unterricht mindestens umfasst. Nummer acht betrifft die Mitwirkung bei der medizinischen Diagnostik und Therapie, wobei die Schülerinnen und Schüler zu befähigen sind,

> „- *in Zusammenarbeit mit Ärztinnen und Ärzten* sowie den Angehörigen anderer Gesundheitsberufe die für die jeweiligen *medizinischen Maßnahmen* erforderlichen Vor- und Nachbereitungen zu treffen und bei der *Durchführung* der Maßnahmen *mitzuwirken*,
> - Patientinnen und Patienten bei Maßnahmen der medizinischen Diagnostik und Therapie zu unterstützen,
> - *ärztlich veranlasste Maßnahmen* im Pflegekontext *eigenständig* durchzuführen und die dabei relevanten rechtlichen Aspekte zu berücksichtigen."

Während sich diese Regelung im Wesentlichen darauf beschränkt, den Inhalt der in § 3 KrPflG genannten Ausbildungsziele wiederzugeben, enthielt die vorherige Ausbildungs- und Prüfungsverordnung für die Berufe in der Krankenpflege in Anlage 1 zu § 1 Abs. 1 KrPflAPrV (1985)[336] in Punkt 8.7 verschiedene konkrete Pflegetechniken. Im Einzelnen sollten die

> *Anwendung von physikalischen Maßnahmen (8.7.1), die Versorgung von Wunden, das Anlegen von Verbänden und Schienen (8.7.2), Injektionen, Vorbereitung von Venenpunktionen, Infusionen und Transfusionen (8.7.3), Sondierungen und Spülungen, einschließlich Einläufe und Katheterisierung (8.7.4), die spezielle Pflege des Auges, des Ohres, der Nase, des Mundes und der Haut (8.7.5) sowie die allgemeine Instrumentenkunde (8.7.6)*

erlernt werden. Dabei weist die Überschrift „Pflegetechniken" darauf hin, dass diese Tätigkeiten eher dem pflegerischen, als dem ärztlichen Aufgabenbereich zuzuordnen sind.

Der mittelbare Rückgriff auf die genannten Pflegetechniken dürfte auch unter Geltung der aktuellen Ausbildungs- und Prüfungsverordnung nicht verwehrt sein. Jedenfalls folgt aus dem bloßen Verzicht auf die Beschreibung konkreter Aufgaben in der aktuellen Fassung nicht zwingend, dass die genannten Techniken nunmehr aus dem pflegerischen Aufgabenfeld herauszunehmen seien.

ii) Berufsordnungen für Krankenpfleger

Möglicherweise tragen die für Krankenpfleger existierenden Berufsordnungen zur Abgrenzung ärztlicher und pflegerischer Tätigkeiten bei. Wie bereits erläutert, ist das Recht der

---

334 *Thomae*, in: Weth/Thomae/Reichold, Arbeitsrecht im Krankenhaus, Teil 2, D, Rn. 6.

335 KrPflAPrV v. 10.11.2003 (BGBl. I S. 2263), zuletzt geändert durch Art. 35 G v. 2.12.2007 (BGBl. I S. 2686).

336 KrPflAPrV (1985) v. 16.10.1985 (BGBl. I S. 1979), die bis 31.12.2003 Geltung besaß.

Berufsausübung für Krankenpfleger grundsätzlich der ausschließlichen Gesetzgebungskompetenz der Länder zuzuordnen.[337] Von dieser Kompetenz machten bisher jedoch lediglich Bremen[338], Saarland[339] und Hamburg[340] Gebrauch, indem sie auf der Grundlage der jeweiligen Gesundheitsdienstgesetze[341] Berufsordnungen erließen. Daneben sind Berufsordnungen für die professionell Pflegenden in Baden-Württemberg, Niedersachsen und Rheinland-Pfalz in Vorbereitung.[342] Die bereits bestehenden, ähnlich ausgestalteten Berufsordnungen regeln die allgemeinen und speziellen Berufsaufgaben und –pflichten der Pflegeberufe.[343] Dabei stimmt die Unterteilung der allgemeinen Berufsaufgaben in eigenverantwortliche, mitwirkende und interdisziplinäre Aufgaben im Wesentlichen mit dem in § 3 Abs. 2 KrPflG formulierten Ausbildungsziel überein.[344] Dadurch soll die Kompatibilität von Berufsausübung und –ausbildung garantiert werden.[345]

Durch diese Überführung entstehen, bisher beschränkt auf die Länder Bremen, Saarland und Hamburg, kompetenzgemäße Berufsausübungsvorschriften, die den Krankenpflegern ein selbständiges und eigenverantwortliches Tätigkeitsfeld – allerdings nicht im Sinn von absoluten Vorbehaltstätigkeiten[346] – zuordnen. Damit wird der krankenpflegerischen Ausbildung nun auch im Berufsausübungsrecht Rechnung getragen. Die Eigenver-

---

337 Siehe *Zweiter Teil, B I. 2*, S. 37 ff.

338 Berufsordnung für Gesundheits- und (Kinder-)Krankenpfleger im Lande Bremen (KrPflBO v. 1.10.2004, Brem. GBl. Nr. 53, S. 516 ff.).

339 Berufsordnung für Pflegefachkräfte im Saarland (PflegeBO v. 28.11.2007 Saarl.Amtsbl. S. 2466).

340 Berufsordnung für Gesundheits- und (Kinder-)Krankenpfleger sowie Altenpfleger – Pflegefachkräfte-Berufsordnung (PflegeBO v. 29.9.2009 HmbGVBl. Nr. 43, S. 339 ff.).

341 Vgl. § 29 Abs. 2 BremGDG (Gesetz über den öffentlichen Gesundheitsdienst in Bremen v. 27.3.1995, Brem.GBl. S. 175, zuletzt geändert durch Nr. 2.1. Bek. v. 31.3.2009, Brem. GBl. S. 129); § 16 Abs. 4 SaarlGDG (Gesetz über den öffentlichen Gesundheitsdienst im Saarland v. 19.5.1999, Saarl. Amtsbl. S. 844, zuletzt geändert durch Art. 3 G v. 1.7.2009, Saarl. Amtsbl. S. 1240) sowie § 19 Abs. 4 HmbGDG (Gesetz über den öffentlichen Gesundheitsdienst in Hamburg v. 18.7.2001, HmbGVBl. S. 201, zuletzt geändert am 14.12.2007, HmbGVBl. 2008 S. 17).

342 Vgl. die Übersicht des *Deutschen Pflegerates* zum Stand der Berufsordnungen in den Bundesländern, abrufbar im Internet unter <http://www.deutscher-pflegerat.de/dpr.nsf/0/2035C18CBD86C4D2C125743D00352FF7> (Stand v. 24.2.2010). Der *Deutsche Pflegerat* vertritt als Bundesarbeitsgemeinschaft der Pflegeorganisationen und des Hebammenwesens deren Belange in der Rechtsform eines eingetragenen Vereins. Kleinster gemeinsamer Nenner sowohl der bereits existierenden als auch der sich im Vorbereitungsstadium befindlichen Berufsordnungen ist die Rahmenberufsordnung des *Deutschen Pflegerats* v. 18.5.2004, die allgemeine und spezielle Berufsaufgaben und -pflichten für Altenpfleger sowie Gesundheits- und (Kinder-)Krankenpfleger statuiert, abrufbar im Internet unter <http://www.deutscher-pflegerat.de/dpr.nsf/0/3F6CE4D95D84F8EDC12572B9003A1EF2> (Stand v. 22.5.2008).

343 Während sich der Geltungsbereich der Bremer Berufsordnung auf Gesundheits- und (Kinder-)Krankenpfleger beschränkt, fallen im Saarland und in Hamburg auch Altenpfleger unter die Regelungen der Berufsordnung.

344 Vgl. § 3 Nr. 1 – 3 KrPflBO Bremen; § 4 Abs. 2 – 4, 6 PflegeBO Saarland; § 4 Abs. 1, 2 PflegeBO Hamburg.

345 Begründung zur KrPflBO Bremen, § 3, S. 3, abrufbar im Internet unter <http://www.soziales.bremen.de/sixcms/media.php/13/Krankenpflege-Begruendung-14_10_04.pdf> (Stand v. 22.5.2008).

346 Siehe *Erster Teil, D IV*, S. 16.

antwortlichkeit hat jedoch dort ihre Grenze, wo durch eine eigenverantwortliche Maßnahme die ärztliche Heilbehandlung berührt würde. So beschreibt diese Kategorie zwar den eindeutig pflegerischen Kompetenzbereich.[347] Allerdings ist der Schluss, der Verordnungsgeber wollte alle Tätigkeiten, die nicht dem eigenverantwortlichen Bereich angehören, dem ärztlichen Tätigkeitsfeld zugeordnet wissen, nicht zwingend, da Krankenpfleger neben dem Beruf des Arztes mit einer Reihe anderer Medizinalfachberufe zusammenarbeiten.[348] Auch schafft § 3 Nr. 1 KrPflBO Bremen, § 4 Abs. 3 PflegeBO Saarland bzw. § 4 Abs. 1 S. 1 Var. 1 PflegeBO Hamburg keinen sog. *„arztfreien Bereich"*.[349] Zwar stellen lediglich § 3 Nr. 2a KrPflBO Bremen, § 4 Abs. 4a PflegeBO Saarland oder § 4 Abs. 1 S. 1 Var. 2 PflegeBO Hamburg auf die eigenständige Durchführung *ärztlich veranlasster* Maßnahmen im Rahmen der Mitwirkung ab. Im Umkehrschluss bedeutet das für die eigenverantwortlichen Tätigkeiten jedoch lediglich, dass insofern der Arzt *grundsätzlich* nicht über das „Ob" und „Wie" der Maßnahme entscheiden muss[350] und insofern auch für Fehler die dem Pflegepersonal unterlaufen weder zivil- noch strafrechtlich verantwortlich ist.[351]

Sobald sich aber durch die pflegerische Verrichtung eine – wenn auch nur erhöhte – Gefährdung des Patienten abzeichnet oder etwa infolge von Komplikationen eine diagnostische oder therapeutische Entscheidung erforderlich ist, ist die Mitwirkung bzw. Hinzuziehung eines Arztes geboten.[352]

---

347 Vgl. auch Begründung zur KrPflBO Bremen, § 3 Nr. 1c S. 3, abrufbar im Internet unter <http://www.soziales.bremen.de/sixcms/media.php/13/Krankenpflege-Begruendung-14_10_04.pdf> (Stand v. 22.5.2008).

348 *Pitz*, Was darf das Medizinalpersonal?, S. 46.

349 So aber *Pitz* für § 3 Nr. 1 KrPflBO Bremen, *Pitz*, Was darf das Medizinalpersonal?, S. 47. Vgl. *Heinze/Jung*, MedR 1985, 62 (65 f.) zu der bereits in den 1980er einsetzenden Diskussion um den sog. „arztfreien Bereich" insbesondere im Rahmen der sog. Grundpflege. Für einen „arztfreien Bereich" wohl *Steffen*, MedR 1996, 265 (265), der sowohl Grund- als auch Behandlungspflege als originäre, nicht aus dem ärztlichen Tätigkeitsbereich abgeleitete Aufgaben einstuft [a.A. aus ärztlicher Sicht *Opderbecke*, MedR 1996, 542 (542 f.)] und daher allein der Pflegedienstleitung Weisungsrechte und Überwachungsverantwortung zuerkennt. Dagegen spricht seine folgende Aussage, der Arzt habe in Bezug auf spezifische diagnostische und therapeutische Anforderungen an die Pflege ein Weisungsrecht eher gegen einen „arztfreien Raum".

350 Vgl. auch Begründung zur KrPflBO Bremen, § 3 Nr. 2a, S. 3, abrufbar im Internet unter <http://www.soziales.bremen.de/sixcms/media.php/13/Krankenpflege-Begruendung-14_10_04.pdf> (Stand v. 22.5.2008); ähnlich *Großkopf/Klein*, Recht in Medizin und Pflege, S. 218 f., der von der Konkretisierung der Kernbereiche der pflegerischen Tätigkeiten spricht, die einer ärztlichen Anordnung bedürfen bzw. nicht bedürfen.

351 Vgl. BGH, Urt. v. 18.12.1990 – VI ZR 169/90, NJW 1991, 1540 (1541), wonach das Pflegepersonal bei Bewegungs- und Transportmaßnahmen in seinem eigentlichen Aufgabenbereich tätig werde und nicht etwa Hilfsdienste im Kernbereich des ärztlichen Handelns leiste. Zustimmend für die Grund-, Funktions- und Behandlungspflege auch *Thomae*, in: Weth/Thomae/Reichold, Arbeitsrecht im Krankenhaus, Teil 2, D, Rn. 7.

352 Vgl. die Entscheidungen des BGH, nach denen es Aufgabe des Arztes sei, die für die Behandlungspflege erforderlichen Anweisungen zu geben [BGH, Urt. v. 10.1.1984 – VI ZR 158/82, NJW 1984, 1400 (1402)] bzw. krankenpflegerische Maßnahmen anzuordnen, „die über die Grundpflege hinaus im besonderen Fall aus medizinischer Sicht für den Heilerfolg erforderlich" seien [BGH, Urt. v. 29.9.1998 – VI ZR 268/97, NJW 1999, 863 (864); OLG Düsseldorf, Urt. v. 12.8.1981 – 8 U 40/80, VersR 1982, 775 (776)] oder „wegen eines aus dem Krankheitszustand des Patienten fol-

Folglich kann jede pflegerische (Kern-)Aufgabe neben der pflegerischen Verantwortung eine ärztliche Verantwortung auslösen, sodass der Begriff des arztfreien Bereichs jedenfalls missverständlich ist. Im Rahmen der sog. eigenverantwortlichen Aufgaben der Krankenpfleger kann daher von „Arztfreiheit“ ex ante allenfalls in Bezug auf die Veranlassung der Maßnahme gesprochen werden, während im Hinblick auf die Durchführung lediglich ex post die „Arztfreiheit“ festgestellt werden kann, sofern ein ärztliches Einschreiten nicht notwendig gewesen ist.

Problematisch ist ferner das Verhältnis der berufsausübungsrechtlichen zu den sozialrechtlichen Vorschriften im Hinblick auf die Formulierung „*eigenständige* Durchführung *ärztlich veranlasster* Maßnahmen“ in § 3 Nr. 2a KrPflBO Bremen, § 4 Abs. 4a PflegeBO Saarland bzw. § 4 Abs. 1 S. 1 Var. 2 PflegeBO Hamburg: Die in diesem Sinne *eigenständigen* Tätigkeiten gehören zu den sog. *mitwirkenden* Tätigkeiten. Letztere sind von den sog. *eigenverantwortlichen* Tätigkeiten des § 3 Nr. 1 KrPflBO Bremen, § 4 Abs. 3 PflegeBO Saarland bzw. § 4 Abs. 1 S. 1 Var. 1 PflegeBO Hamburg abzugrenzen. Wie bereits dargestellt, folgt aus der Systematik der pflegerischen Berufsordnungen, dass bei den sog. *eigenverantwortlichen* Tätigkeiten in der Regel die Entscheidung und Verantwortung über das *Ob und Wie* der jeweiligen Tätigkeit beim *Krankenpfleger* liegt, ex ante insofern keine ärztliche Beteiligung gegeben ist, während bei den sog. *mitwirkenden* Tätigkeiten i.S.d. § 3 Nr. 2a KrPflBO Bremen, § 4 Abs. 4a PflegeBO Saarland bzw. § 4 Abs. 2 S. 3 PflegeBO Hamburg die Entscheidung und Verantwortung über das *Ob* der Tätigkeit beim *Arzt* und über das *Wie beim Arzt und beim Krankenpfleger*[353] liegen kann, ex ante also stets ein Arzt beteiligt ist.

Eine Unstimmigkeit zu den sozialrechtlichen Vorschriften entsteht insofern, als in den Berufsausübungsvorschriften von „eigenständiger Durchführung *ärztlich veranlasster* Maßnahmen“ die Rede ist. Denn begrifflich umfasst die ärztliche Veranlassung sowohl die *ärztliche Verordnung* als auch die *ärztliche Anordnung*. Der Unterschied zwischen ärztlicher Verordnung und Anordnung wird im Sozialversicherungsrecht aber dadurch beschrieben, dass die ärztlich bloß *verordneten* Tätigkeiten von den Krankenpflegern *eigenverantwortlich* und *selbständig* ausgeführt werden, während ärztlich *angeordnete* Tätigkeiten von den Krankenpflegern *unselbständig* ausgeführt werden und der ärztlichen Berufsausübung zu-

---

genden spezifischen Pflegebedürfnisses Gegenstand ärztlicher Beurteilung und Anordnung“ seien [BGH, Urt. v. 18.3.1986 – VI ZR 215/84, NJW 1986, 2365 (2366); Urt. v. 2.6.1987 – VI ZR 174/86, NJW 1988, 762 (763)]. Gegen Arztfreiheit auch LG Dortmund, Urt. v. 25.2.1985 – 17 S 368/84, MedR 1985, 291 (291 f.); *Brenner*, Rechtskunde für das Krankenpflegepersonal, S. 238; 246 f.; *Sträßner*, in: Arbeitsgemeinschaft Medizinrecht im DAV, Medizinrecht heute, 91 (118); *ders.*, Haftungsrecht für Pflegeberufe, S. 57; *Maas*, Das Krankenhaus 1997, 27 (28); *Quaas/Zuck*, Medizinrecht, § 15, Rn. 6; a.A. *Pitz*, Was darf das Medizinalpersonal?, S. 47. Vgl. auch *Ulsenheimer*, Das Krankenhaus 1997, 22 (23), der zur Begründung der Letztverantwortung des Arztes für die Gesamtbehandlung des Patienten u.a. auch die gesetzlichen Definitionen des ärztlichen Tätigkeitsbereichs in § 2 BÄO, § 1 Abs. 2 HPG anführt. Danach bedürfe jede Tätigkeit im Pflege- und medizinischen Verantwortungsbereich, die den Heilungsprozess eines Patienten fördert einer ärztlichen Anordnung, sodass es keinen arztfreien Bereich gäbe. Angesichts der oben [siehe *Zweiter Teil, B I. 3. b) bb) (3)*, S. 56 ff.] erläuterten erforderlichen teleologischen Reduktion des Heilkundebegriffs kann dieses Argument hier jedoch nicht überzeugen.

353 Vgl. § 4 Abs. 2 S. 4 PflegeBO Hamburg: „Pflegekräfte tragen [...] für die Qualität der Durchführung einer übertragenen Maßnahme die Verantwortung.“

zurechnen sein müssen, d.h. zumindest bei ihrer Anleitung und Überwachung *ärztlicher Fachkenntnisse* bedürfen.[354] Im berufsausübungsrechtlichen Verständnis bedeutet aber eigenverantwortliche Ausführung, dass ex ante bei der Entscheidung über das Ob und Wie der Tätigkeit gerade kein Arzt beteiligt ist, während sich im Sozialversicherungsrecht die Eigenverantwortlichkeit des Krankenpflegers nur auf die Entscheidung und Verantwortung über das *Wie* der Tätigkeit beschränkt, über das *Ob* jedoch der *Arzt* zu entscheiden, also stets auch eine ärztliche Beteiligung vorzuliegen hat.

Trotz dieser terminologischen Unstimmigkeit besteht aber insofern Einigkeit als sich die eigenverantwortlichen Tätigkeiten dadurch auszeichnen, dass der Arzt die Durchführung der Tätigkeit durch den Krankenpfleger grundsätzlich weder anzuleiten noch zu überwachen hat, die Durchführung für den Arzt mithin grundsätzlich keine haftungsrechtliche Relevanz entfaltet. Daher kann festgestellt werden, dass die sog. eigenverantwortlichen Tätigkeiten grundsätzlich nicht zum ärztlichen Tätigkeitsbereich zählen und insofern als Negativgrenze für die Bestimmung ärztlicher Tätigkeiten herangezogen werden können.

jj) Zwischenergebnis

Zusammenfassend ist festzuhalten, dass eine allgemeine normative Definition[355], die den ärztlichen Tätigkeitsbereich einheitlich regelt, derzeit im deutschen Gesundheitsrecht[356]

354 Zur Unterscheidung von An- und Verordnung siehe *Zweiter Teil, B I. 3. a) bb) (1)*, S. 44 f. Nach der hier zugrunde gelegten Definition ärztlicher Tätigkeiten gehören zu den angeordneten Tätigkeiten mithin ärztliche Tätigkeiten im weiten Sinn.

355 *Narr* (Ärztliches Berufsrecht, Band 1, Rn. A 32) formuliert die Ausübung des ärztlichen Berufs i.S.d. § 2 Abs. 5 BÄO als *„die auf der Approbation als Arzt beruhende und auf ärztlich-wissenschaftliche Erkenntnis gegründete, praktische, wissenschaftliche oder verwaltende, selbständig oder im Dienste anderer ausgeübte Tätigkeit zur Verhütung, Feststellung, Heilung oder Linderung menschlicher Krankheiten, Körperschäden oder Leiden"*. Ist jedoch das entscheidende Kriterium für den ärztlichen Beruf die Ausübung der Heilkunde in den Formen der Vorbeugung, Feststellung oder Behandlung (Heilung, Linderung) menschlicher Krankheiten, Körperschäden oder Leiden, erscheint die Einstufung einer rein verwaltenden Tätigkeit als ärztliche Tätigkeit, wenngleich sie in praxi auch von Ärzten ausgeführt wird, zumindest fraglich.

356 Dagegen umfasst die Ausübung des ärztlichen Berufs nach § 2 Abs. 2 des österreichischen Ärztegesetzes 1998 (ÖÄrzteG) *„jede auf medizinisch-wissenschaftlichen Erkenntnissen begründete Tätigkeit, die unmittelbar am Menschen oder mittelbar für den Menschen ausgeführt wird, insbesondere*

1. die Untersuchung auf das Vorliegen oder Nichtvorliegen von körperlichen und psychischen Krankheiten oder Störungen, von Behinderungen oder Mißbildungen und Anomalien, die krankhafter Natur sind;
2. die Beurteilung von in Z 1 angeführten Zuständen bei Verwendung medizinisch-diagnostischer Hilfsmittel;
3. die Behandlung solcher Zustände (Z 1);
4. die Vornahme operativer Eingriffe einschließlich der Entnahme oder Infusion von Blut;
5. die Vorbeugung von Erkrankungen;
6. die Geburtshilfe sowie die Anwendung von Maßnahmen der medizinischen Fortpflanzungshilfe;
7. die Verordnung von Heilmitteln, Heilbehelfen und medizinisch diagnostischen Hilfsmitteln;
8. die Vornahme von Leichenöffnungen."

Eine dem § 2 Abs. 2 ÖÄrzteG vergleichbare gesetzliche Regelung, die den ärztlichen Tätigkeitsbereich legal definiert, gibt es, wie gezeigt, im deutschen Gesundheitsrecht nicht. Gleichwohl sind die Inhalte der Nummern eins bis fünf bereits in den gezeigten allgemeinen Definitionsansätzen und

nicht existiert. Allerdings ergibt sich aus den bestehenden Definitionsansätzen, dass der ärztliche Kompetenzbereich neben den Elementen der *„Feststellung, Heilung oder Linderung von Krankheiten, Leiden oder Körperschäden beim Menschen“*[357] auch die medizinische *Vorsorge* sowie das rein *wissenschaftliche Arbeiten* als mittelbar dem Patienten dienende Tätigkeit beinhaltet und stets – und damit als entscheidendes Merkmal – durch das Erfordernis *ärztlichen Fachwissens* geprägt ist.[358]

c) *Ärztliche Tätigkeiten im Speziellen*

Nachdem zunächst der ärztliche Tätigkeitsbereich de lege lata in allgemeiner Form umrissen wurde, erfolgt nun eine Konkretisierung anhand bereits bestehender spezialgesetzlicher Tätigkeiten des Arztes. Untersucht werden somit Regelungen nach denen bestimmte Tätigkeiten als ärztliche Tätigkeiten ausgewiesen sind. Besonderes Augenmerk gilt dabei einerseits dem Grund für die Qualifizierung als ärztliche Aufgabe, andererseits der Frage, welche Konsequenzen diese Einstufung für die Delegation dieser Tätigkeiten nach sich zieht.

aa) Musterberufsordnung-Ärzte

An den Beginn der Untersuchung werden die in der Musterberufsordnung-Ärzte enthaltenen Tätigkeiten gestellt, die zwar aufgrund des bloßen Empfehlungscharakters der Musterberufsordnung an sich keine gesetzlich geregelten Tätigkeiten darstellen, aber aufgrund der weitgehend inhaltsgleichen Übernahme in die rechtsverbindlichen Berufsordnungen der Länder faktisch normative Wirkung entfalten.

§ 8 S. 2 MBO-Ä schreibt vor, dass der Einwilligung des Patienten, derer Ärzte nach § 8 S. 1 MBO-Ä zur Behandlung bedürfen, grundsätzlich die erforderliche *Aufklärung* im persönlichen Gespräch vorauszugehen hat. Explizit verlangt dieser Wortlaut lediglich die Einwilligung des Patienten sowie eine vorangegangene Aufklärung im persönlichen Gespräch – ohne jedoch den behandelnden Arzt als ausschließlich Aufklärungsberechtigten zu benennen. Wenngleich letzteres angesichts des Standorts in der Musterberufsordnung für Ärzte zwingend zu sein scheint, steht der Wortlaut des § 8 S. 2 MBO-Ä der Einordnung als ärztliche Tätigkeit im weiten Sinn und damit als delegierbare Tätigkeit nicht entgegen[359].

---

die der Nummern sechs bis acht in den noch zu untersuchenden spezialgesetzlich normierten ärztlichen Tätigkeiten enthalten.

357 Vgl. § 1 Abs. 2 HPG.

358 Die Verbindung all dieser Elemente findet sich in der sog. European Definition of the Medical Act, in der die europäische Vereinigung der fachärztlichen Berufsverbände *UEMS (Union Européenne des Médicins Spécialites)* in ihrer Deklaration 2006/18 (Budapest Declaration) folgende Definition des Arztberufs festlegt: *„The medical act encompasses all the professional action, e.g. scientific, teaching, training and educational, clinical and medico-technical Stepps, performed to promote health and functioning, prevent diseases, provide diagnostic or therapeutic and rehabilitative care to patients, individuals, groups or communities in the framework of the respect of ethical and deontological value. It is the responsibility of, and must always be performed by a registered medical doctor/physician or under his or her direct supervision and/or prescription.“*

359 Gleichwohl wird das in § 8 S. 1 MBO-Ä geforderte Aufklärungsgespräch, das vordergründig die Risikoaufklärung über die sicheren oder möglichen Folgen des geplanten Eingriffs betrifft, überwie-

§ 9 Abs. 3 MBO-Ä formuliert als weitere ärztliche Aufgaben, Mitarbeiter und Personen, die zur Vorbereitung auf den Beruf an der ärztlichen Tätigkeit teilnehmen, über die gesetzliche Pflicht zur *Verschwiegenheit* zu *belehren* und dies *schriftlich festzuhalten*. Nach § 10 Abs. 1 S. 1 MBO-Ä haben Ärzte über die in Ausübung ihres Berufs gemachten Feststellungen und getroffenen Maßnahmen die erforderlichen *Aufzeichnungen* zu machen. Die objektiven Feststellungen über die (körperliche) Befindlichkeit des Patienten und über die Umstände und den Verlauf der durchgeführten Behandlung stellen demnach ärztliche Tätigkeiten dar, wobei die Übertragung einzelner Schritte oder gar der Dokumentation als Ganzes auch auf nichtärztliche Mitarbeiter als zulässig erachtet wird.[360] Daher ist lediglich die Belehrung i.S.d. § 9 Abs. 3 Var. 1 MBO-Ä vom Arzt persönlich vorzunehmen, während das schriftliche Festhalten der Belehrung als eine spezielle Ausformung der in § 10 Abs. 1 S. 1 MBO-Ä statuierten allgemeinen Dokumentationspflicht delegierbar ist.

§ 25 S. 1 MBO-Ä zählt zu den ärztlichen Aufgaben die *Ausstellung ärztlicher Gutachten und Zeugnisse* auf. Ärztliche Gutachten wenden medizinische Erkenntnisse und Erfahrungen auf einen Einzelfall im Hinblick auf eine bestimmte Fragestellung an, wobei der Arzt aus Tatsachen oder Zuständen, die er selbst oder ein anderer wahrgenommen hat, mit Hilfe seiner Sachkunde wissenschaftliche Schlussfolgerungen zieht.[361] Auch ärztliche Zeugnisse als Feststellungen über den Gesundheitszustand eines Menschen setzen besondere Sachkunde voraus,[362] sodass sich die Qualifizierung als ärztliche Tätigkeit im engen Sinn auf die besondere ärztliche Sachkunde stützt. Eine Delegation scheidet mithin aus.

Ferner fordert § 23b Abs. 1 S. 4 Buchst. b MBO-Ä die Trennung der Verantwortungsbereiche der Kooperationspartner gegenüber den Patienten. Insofern legt § 23b Abs. 1 S. 4 Buchst. c MBO-Ä immerhin bezüglich des ärztlichen Verantwortungsbereiches fest, dass die *„medizinische[n] Entscheidungen, insbesondere über Diagnostik und Therapie ausschließlich […] der Arzt trifft*, sofern nicht […] der Arzt nach […] seinem Berufsrecht den in der Gemeinschaft selbständig tätigen Berufsangehörigen eines anderen Fachberufs solche Entscheidungen überlassen darf". Mithin geht § 23b Abs. 1 S. 4 Buchst. c MBO-Ä bezüglich der Diagnostik und Therapie grundsätzlich davon aus, dass es sich dabei um ärztliche Tätigkeiten im engen Sinn handelt.

Folglich beschreiben die §§ 9 Abs. 3 Var. 1, 25 S. 1 und 23b Abs. 1 S. 4 Buchst. b MBO-Ä nicht delegierbare ärztliche Tätigkeiten im engen Sinn und die §§ 8 S. 2, 9 Abs. 3 Var. 2 und 10 Abs. 1 S. 1 MBO-Ä ärztliche Tätigkeiten im weiten Sinn.

---

gend als ärztliche Tätigkeit im engen Sinn verstanden, die nicht auf Krankenpfleger delegiert werden darf, *Lippert*, in: Ratzel/Lippert, MBO, § 8, Rn. 3, 8. Ausführlich zur Delegation der Aufklärungspflicht siehe *Zweiter Teil, B III. 3*, S. 239 ff.

360 *Lippert*, in: Ratzel/Lippert, MBO, § 10, Rn. 5; *Sträßner*, Pflege-& Krankenhausrecht 2002, 95 (102); a.A. *Peter*, Arbeitsteilung im Krankenhaus aus strafrechtlicher Sicht, S. 113.

361 *Lippert*, in: Ratzel/Lippert, MBO, § 25, Rn. 3.

362 *Lippert*, in: Ratzel/Lippert, MBO, § 25, Rn. 2.

bb) Hebammengesetz

Im Gegensatz zu den Gesetzen über den Beruf des Arztes oder des Krankenpflegers legt das Hebammengesetz (HebG)[363] im zweiten Abschnitt in § 4 Abs. 1 S. 1 HebG vorbehaltene Tätigkeiten fest. Danach sind zur Leistung der *Geburtshilfe*, abgesehen von Notfällen, außer Ärzten und Ärztinnen nur Hebammen oder Entbindungspfleger berechtigt. Folglich handelt es sich bei der Geburtshilfe, die gem. § 4 Abs. 2 HebG die Überwachung des Geburtsvorgangs von Beginn der Wehen an, die Hilfe bei der Geburt und die Überwachung des Wochenbettverlaufs umfasst, um eine dem ärztlichen und entbindungspflegerischen Kernbereich zugehörige Tätigkeit.[364] Die Geburtshilfe darf somit auch von bestimmten Nichtärzten, nämlich Hebammen bzw. Entbindungspflegern ausgeführt werden, sodass es sich an sich sowohl um eine entbindungspflegerische Tätigkeit als auch um eine ärztliche Tätigkeit im weiten Sinn handelt. Gleichwohl ist eine Übertragung derjenigen Aufgaben, die unmittelbar die Geburtshilfe betreffen, auf Krankenpfleger, angesichts der Beschränkung der zur Geburtshilfe berechtigten Berufsgruppen auf Ärzte und Entbindungspfleger de lege lata nicht möglich. Zur Begründung dieser Berufsgruppenbeschränkung wurden gesundheitspolitische Erwägungen angeführt.[365]

cc) Arzneimittelgesetz

Nach § 15 Abs. 3 S. 4 AMG[366] muss die verantwortliche *ärztliche Person zur Vorbehandlung* von Personen zur Separation von Blutstammzellen oder anderen Blutbestandteilen ausreichende Kenntnisse und eine mindestens zweijährige Erfahrung in dieser Tätigkeit nachweisen. Daher ist die in § 15 Abs. 3 S. 4 AMG genannte Vorbehandlung von Personen eine nicht auf Krankenpfleger delegierbare ärztliche Tätigkeit im engen Sinn. Damit soll sichergestellt werden, dass die für die Separation von Blutstammzellen oder anderen Blutbestandteilen erforderlichen Vorbehandlungen nur mit den notwendigen ärztlichen Spezialkenntnissen sowie entsprechender Erfahrung durchgeführt wird.[367]

Nach § 40 Abs. 1 S. 3 Nr. 2 und Nr. 9 AMG darf die *klinische Prüfung eines Arzneimittels* bei Menschen nur durchgeführt werden, wenn und solange die vorhersehbaren

---

363 Gesetz über den Beruf der Hebamme und des Entbindungspflegers v. 4.6.1985, BGBl. I S. 902, zuletzt geändert durch G v. 25.9.2009, BGBl. I S. 3158.

364 Dabei soll der Arzt entsprechend der in § 4 Abs. 1 S. 2 HebG niedergelegten Hinzuziehungspflicht bei jeder Entbindung einen Entbindungspfleger hinzuziehen. Ausführlich zum Verhältnis von Arzt und Hebamme, vgl. *Hiersche*, Die rechtliche Position der Hebamme bei der Geburt.

365 BT-Drucks. 10/1064, S. 16. Obwohl ärztliche Tätigkeiten im engen Sinn im Hinblick auf die einzelnen Berufsangehörigen an sich Berufsausübungsregelungen darstellen, beeinflussen sie den möglichen Zuschnitt der beruflichen Tätigkeit für alle, indem sie bestimmte zur beruflichen Tätigkeit gehörende Aufgaben einem bestimmten Personenkreis vorbehalten. Daher entfalten sie zumindest eine zulassungsbeschränkende Tendenz, *Igl/Welti*, VSSR 1999, 21 (29). Möglicherweise liegt darin der Grund, warum gegen die im Hebammengesetz auf der Grundlage des Art. 74 Abs. 1 Nr. 19 GG – einem Kompetenztitel für die Berufszulassung – statuierten Vorbehaltstätigkeiten im engen Sinn keine erheblichen kompetenzrechtlichen Bedenken geäußert wurden.

366 Gesetz über den Verkehr mit Arzneimitteln (Arzneimittelgesetz – AMG) v. 24.8.1976, neugefasst durch Bek. v. 12.12.2005 (BGBl. I S. 3394), zuletzt geändert durch Art. 1 VO v. 28.9.2009 (BGBl. I S. 3172).

367 BT-Drucks. 13/9594, S. 30.

Risiken und Nachteile gegenüber dem Nutzen für die Person, bei der sie durchgeführt werden soll, und der voraussichtlichen Bedeutung des Arzneimittels für die Heilkunde *ärztlich vertretbar* sind (Nr. 2) und für die medizinische Versorgung der betroffenen Person ein *Arzt*[368] *verantwortlich* ist (Nr. 9). Somit ist die Risiko-Nutzen-Abwägung in Nummer zwei eine nicht delegationsfähige ärztliche Tätigkeit im engen Sinn. Dagegen beschreibt die Formulierung in Nummer neun eine ärztliche Tätigkeit im weiten Sinn, wenn Verantwortung des Arztes für die medizinische Versorgung auch bedeuten kann, dass der Arzt Tätigkeiten seiner nichtärztlichen Mitarbeiter zu verantworten hat, d.h. der Arzt nicht zwingend die medizinische Versorgung umfassend in personam gewährleisten muss.

Ferner verlangt die in § 40 Abs. 2 AMG geregelte, spezialgesetzliche Ausprägung der Aufklärungspflicht i.S.d. § 8 S. 1 MBO-Ä explizit die *Aufklärung* der an einer klinischen Prüfung teilnehmenden Person durch einen Arzt[369] unter anderem über Wesen, Bedeutung, Risiken und Tragweite der klinischen Prüfung sowie über das Recht, die Teilnahme an der klinischen Prüfung jederzeit zu beenden. § 40 Abs. 2 S. 1 AMG ist somit ein weiteres Bespiel für eine ärztliche Tätigkeit im engen Sinn, die einer Delegation auf Krankenpfleger nicht zugänglich ist.

§ 40 AMG dient, wie sich bereits aus der gleich lautenden Überschrift des sechsten Abschnitts des Arzneimittelgesetzes ergibt, dem *„Schutz des einzelnen Menschen bei der klinischen Prüfung"*. Ferner ist die in § 40 Abs. 1 S. 3 Nr. 2 AMG beschriebene Risiko-Nutzen-Abwägung Ausdruck des medizinisch-ethischen Grundsatzes des „nihil nocere", wonach eine Maßnahme des Arztes dem Patienten jedenfalls nicht schaden darf.[370] Folglich ist der Schutz des Probanden vor Gefahren Grund für die Einordnung als ärztliche Tätigkeit im engen Sinn.

Nach § 48 Abs. 1 S. 1 AMG ist die Abgabe bestimmter Arzneimittel[371] in der Weise beschränkt, dass diese nur bei Vorliegen einer *ärztlichen*[372] *Verschreibung* an den Verbraucher abgegeben, d.h. ihm durch körperliche Übergabe die Verfügungsgewalt über die Arzneimittel eingeräumt werden dürfen.[373] Die Verschreibung bestimmter Arzneimittel ist daher eine ausschließlich dem Arzt vorbehaltene, nicht delegationsfähige Aufgabe. Die dem heutigen § 48 Abs. 1 S. 1 AMG vorausgehende Vorschrift des § 35 Abs. 2 Nr. 1 AMG sollte nach dem Willen des Gesetzgebers Gesundheitsgefahren der Selbstbehandlung durch Laien dadurch entgegenwirken, dass bestimmte Arzneimittel der ärztlichen Kontrolle vorbehalten bleiben.[374] Auch § 48 Abs. 1 S. 1 AMG dient der Arzneimittelsicherheit und damit dem Schutz der Volksgesundheit in besonders hohem Maße, indem Arzneimittel, die ein Gefährdungspotential in sich bergen, nicht an den Endverbraucher

---

368 Bzw. bei zahnmedizinischer Behandlung ein Zahnarzt.

369 Bzw. bei zahnmedizinischer Prüfung durch einen Zahnarzt, vgl. § 40 Abs. 2 AMG.

370 *Sander*, Arzneimittelrecht, Band 1, C Erl § 40 AMG, Anm. 21.

371 Vgl. § 48 Abs. 1 Nr. 1, Abs. 2 AMG i. V. m. § 1 Arzneimittelverschreibungsverordnung (AMVV v. 21.12.2005, BGBl. I S. 3632, zuletzt geändert durch Art. 1 VO v. 21.7.2009, BGBl. I S. 2114) und § 48 Abs. 1 S. 1 Nr. 2 AMG.

372 Bzw. zahn- oder tierärztlichen Verschreibung.

373 *Schiwy*, Deutsches Arzneimittelrecht, Band 1, § 48, S. 5.

374 Zitiert nach *Schiwy*, Deutsches Arzneimittelrecht, Band 1, § 48, S. 3.

abgeben werden können sollen, ohne dass zuvor ein Arzt[375] als die hierzu fachlich am ehesten berufene Person die medizinische Indikation für die Abgabe in schriftlicher Form niedergelegt hat.[376] Der Gesetzgeber hat die Bedeutung der Vorschrift auch dadurch unterstrichen, dass er ihre Verletzung in § 96 Nr. 13 AMG unter eine Strafandrohung gestellt hat bzw. bei fahrlässiger Begehung nach § 97 Abs. 1 AMG i.V.m. § 96 Nr. 13 AMG von einer Ordnungswidrigkeit ausgeht.

Der vorbeugende Gesundheitsschutz erfordert mithin die Einordnung der Verschreibung bestimmter Arzneimittel als nicht delegationsfähige ärztliche Tätigkeit im engen Sinn. Das Arzneimittelgesetz enthält somit in §§ 15 Abs. 3 S. 4, 40 Abs. 1 S. 3 Nr. 2, 40 Abs. 2 und 48 Abs. 1 S. 1 AMG ärztliche Tätigkeiten im engen Sinn.

dd) Betäubungsmittelgesetz

§ 13 Abs. 1 S. 1 BtMG[377] legt unter anderem[378] fest, dass verkehrs- und verschreibungsfähige *Betäubungsmittel* (Anlage III des BtMG) nur von *Ärzten*[379] *verschrieben* oder im Rahmen einer ärztlichen Behandlung *verabreicht* oder einem anderen *zum unmittelbaren Verbrauch überlassen* werden dürfen. Unter einer Verschreibung versteht § 1 Abs. 2 BtMVV[380] ein ausgefertigtes Betäubungsmittelrezept, d.h. eine persönlich von einem Arzt ausgestellte schriftliche Anweisung an einen Apotheker auf Ausgabe eines bestimmten Betäubungsmittels.[381]

Während die Verschreibung von verkehrs- und verschreibungsfähigen Betäubungsmitteln eine ausschließlich dem Arzt vorbehaltene Tätigkeit ist, bringt die Formulierung „im Rahmen der ärztlichen Behandlung“ in § 13 Abs. 1 S. 1 BtMG zum Ausdruck, dass die Verabreichung und Überlassung zum unmittelbaren Gebrauch auch durch einen Krankenpfleger erfolgen kann, soweit er auf ärztliche Weisung hin handelt.[382] Bei der Verabreichung werden die Betäubungsmittel unmittelbar dem Körper eines anderen zugeführt, ohne dass dieser aktiv mitwirkt. Sofern Krankenpfleger auf ärztliche Weisung han-

375 Bzw. ein Zahn- oder Tierarzt.

376 OLG Düsseldorf v. 20.11.1986, zitiert nach *Sander*, Arzneimittelrecht Entscheidungssammlung, Band 2, § 48 AMG / Nr. 1, S. 5; *Lippert*, in: Deutsch/Lippert, AMG, § 48, Rn. 3.

377 Gesetz über den Verkehr mit Betäubungsmitteln (Betäubungsmittelgesetz – BtMG) v. 28.7.1981, neugefasst durch Bek. v. 1.3.1994 (BGBl. I S. 358), zuletzt geändert durch Art. 1, 2 VO v. 18.12.2009 (BGBl. I S. 3944).

378 Darüber hinaus muss die Anwendung der Betäubungsmittel am oder im menschlichen Körper begründet sein. Ob darunter nur eine ärztliche Begründung fällt, die auf die Besserung von Krankheit im medizinisch-naturwissenschaftlichen Sinn gerichtet ist oder auch eine Begründung genügt, die sog. sozialmedizinische Maßnahmen umfasst, ist strittig, vgl. dazu *K. Weber*, BtMG, § 13, Rn. 23 – 27 m.w.N.

379 Sofern hier von Arzt bzw. ärztlicher Behandlung die Rede ist, bezieht sich dies auch auf Zahn- und Tierärzte sowie deren Behandlung.

380 Verordnung über das Verschreiben, die Abgabe und den Nachweis des Verbleibs von Betäubungsmitteln (Betäubungsmittel-Verschreibungsverordnung – BtMVV) v. 20.1.2998 (BGBl. I S. 74, 80), zuletzt geändert durch Art. 3 G v. 15.7.2009 (BGBl. I S. 1801).

381 Vgl. RG, Urt. 11.10.1928 – II 582/27, Rgst 62, 281 (284); *K. Weber*, BtMG, § 13, Rn. 8 i. V. m. § 4, Rn. 12.

382 BT-Drucks. 8/3551 S. 32; *Pelchen*, in: Erbs/Kohlhaas/Ambs, Strafrechtliche Nebengesetze, Band 1, B 64 (BtMG), § 13, Rn. 5; *Körner*, BtMG, § 13, Rn. 3; *K. Weber*, BtMG, § 13, Rn. 6; *Franke*, in: Franke/Wienroeder, BtMG, § 13, Rn. 3.

deln, dürfen sie daher Tabletten eingeben, injizieren, intubieren, infundieren, einreiben und einsprayen sowie betäubungsmittelhaltige Getränke und Speisen einflößen.[383] Ebenso ist es ihnen gestattet, dem Patienten Betäubungsmittel zum unmittelbaren Verbrauch zu überlassen, sodass er sie bestimmungsgemäß selbst seinem Körper zuführen kann, ohne jedoch die tatsächliche Sachherrschaft über die Betäubungsmittel zu erlangen.[384]

Der Grund für die Differenzierung in Verschreibung als nicht delegationsfähige ärztliche Tätigkeit im engen Sinn und Verabreichung bzw. Verbrauchsüberlassen als ärztliche Tätigkeiten im weiten Sinn, die auch von Krankenpflegern ausgeführt werden dürfen, ergibt sich aus der Begründung für die Strafbewehrung eines Verstoßes gegen § 13 BtMG in § 29 Abs. 1 S. 1 Nr. 6a, Nr. 6b BtMG. Diese bezwecke neben der Aufrechterhaltung der Sicherheit und Ordnung auch den Schutz der Gesundheit des einzelnen Menschen und des gesamten Volkes.[385]

ee) Transplantationsgesetz

Das Transplantationsgesetz (TPG)[386] regelt im zweiten und dritten Abschnitt die Entnahme von Organen und Geweben. Den hier interessierenden Vorschriften[387] dieser Abschnitte ist gemein, dass die *Entnahme von Organen und Geweben* unter anderem nur zulässig ist, wenn die Vornahme des Eingriffs *durch einen Arzt* erfolgt. Verstöße gegen diese gesetzlich formulierten Arztvorbehalte werden nach § 19 Abs. 1 Nr. 1[388], Abs. 2[389] TPG unter Strafe gestellt[390]. Gleichwohl handelt es sich lediglich bezüglich des Organentnah-

---

383 Vgl. BGH, Urt. v. 5.4.1951 – 4 StR 70/50, BGHSt 1, 130 (131) für Einspritzungen; *K. Weber*, BtMG, § 13, Rn. 10; *Körner*, BtMG, § 13, Rn. 11 i. V. m. § 29, Rn. 1254.

384 Zur Definition der Verbrauchsüberlassung, vgl.: *Franke*, in: Franke/Wienroeder, BtMG, § 13, Rn. 4 i.V.m. § 29, Rn. 133.

385 BT-Drucks. 8/3551 S. 37; *Körner*, BtMG, § 29, Rn. 1171.

386 Gesetz über die Spende, Entnahme und Übertragung von Organen und Geweben (Transplantationsgesetz – TPG) v. 5.11.1997, neugefasst durch Bek. v. 4.9.2007 (BGBl. I S. 2206), zuletzt geändert durch Art. 3 G v. 17.9.2009 (BGBl. I S. 1990). Das TPG wird demnächst geändert (vgl. BT-Drucks. 17/7376, elektronische Vorabfassung), um die Richtlinie 2010/53/EU des Europäischen Parlaments und des Rates vom 7. Juli 2010 über Qualitäts- und Sicherheitsstandards für zur Transplantation bestimmte menschliche Organe (ABl. L 207 v. 6.8.2010, S. 14; L 243 v. 16.9.2010, S. 68) in deutsches Recht umzusetzen. Diese Änderung hat abgesehen von dem neu eingefügten § 10a TPG keinen Einfluss auf die hiesige Untersuchung.

387 § 3 Abs. 1 S. 1 Nr. 3 TPG: „…der Eingriff durch einen Arzt vorgenommen wird“ (Entnahme mit Einwilligung des Spenders bei toten Spendern); § 4 Abs. 1 S. 1: „… Arzt, der die Organ- oder Gewebeentnahme vornehmen […] soll“ (Entnahme mit Zustimmung anderer Personen); § 4a Abs. 1 S. Nr. 3: „der Eingriff durch einen Arzt vorgenommen wird“ (Entnahme bei toten Embryonen und Föten); § 8 Abs. 1 S. 1 Nr. 4 TPG: „der Eingriff durch einen Arzt vorgenommen wird“ (Entnahme bei lebenden Spendern); § 8c Abs. 1 Nr. 3 TPG: „die Entnahme und die Rückübertragung durch einen Arzt vorgenommen werden“ (Entnahme zur Rückübertragung).

388 U.a. für §§ 8 Abs. 1 S. 1 Nr. 4, 8c Abs. 1 Nr. 3 TPG.

389 U.a. für §§ 3 Abs. 1 S. 1 Nr. 3, 4 Abs. 1 S. 1, 4a Abs. 1 S. 1 Nr. 3 TPG.

390 Zu den Verbotsvorschriften des § 17 TPG, den nebenstrafrechtlichen Vorschriften der §§ 18, 19 TPG wie den Bußgeldvorschriften des § 20 TPG, vgl. *Parzeller*, in: Pühler/Middel/Hübner, Praxisleitfaden Gewebegesetz, S. 117 ff., Tab. 2.13 – 2.16.

meeingriffs um eine nicht delegationsfähige ärztliche Tätigkeit im engen Sinn.[391] Denn nach § 3 Abs. 1 S. 2 TPG, auf den sich ferner §§ 4 Abs. 1 S. 2, 4a Abs. 1 S. 2 TPG beziehen, darf abweichend von der in § 3 Abs. 1 S. 1 Nr. 3 TPG vorausgesetzten Vornahme des Eingriffs durch einen Arzt, die *Entnahme von Geweben auch durch andere dafür qualifizierte Personen unter der Verantwortung und nach fachlicher Weisung eines Arztes* vorgenommen werden. Im Umkehrschluss daraus folgt, dass nur die Entnahme von Geweben, nicht aber die Entnahme von Organen durch nichtärztliche Mitarbeiter erfolgen darf. Dafür spricht auch die Gesetzesbegründung zu § 3 Abs. 1 S. 2 TPG, die auf eine Lockerung des strikten Arztvorbehalts für die postmortale Organentnahme bei der postmortalen Gewebeentnahme hinweist. Diese Differenzierung ist danach fachlich gerechtfertigt, da zur Sicherung der Transplantierfähigkeit der Organe erforderlich ist, dass ein Arzt diese Organe chirurgisch entnimmt. Dagegen genüge es für die Entnahme von Geweben, wenn diese zum Beispiel durch entsprechend qualifizierte nichtärztliche Personen unter ärztlicher Verantwortung und Weisung vorgenommen werden.[392] Auch in diesem Fall ist eine sachgerechte Durchführung der Gewebeentnahme gewährleistet und der Schutz des Empfängers, den § 3 Abs. 1 S. 1 Nr. 3 TPG bezweckt,[393] nicht gefährdet.

Der Schutz des Empfängers durch die Gewährleistung der sachgerechten Durchführung ist mithin entscheidendes Kriterium für die unterschiedliche Behandlung von Organ- und Gewebeentnahme. Zwar handelt es sich bei beiden Eingriffen de lege lata um ärztliche Aufgaben. Während die Organentnahme jedoch eine dem Arzt höchstpersönlich vorbehaltene, nicht delegationsfähige Tätigkeit darstellt, ist die Gewebeentnahme in den Fällen der §§ 3, 4, 4a TPG als delegationsfähige ärztliche Tätigkeit im weiten Sinn beschrieben.

Im Gegensatz zu den bisher untersuchten konkreten normativen Arzttätigkeiten stellt das Transplantationsgesetz in § 3 Abs. 1 S. 2 TPG selbst Voraussetzungen für eine Übertragung in Form der entsprechenden Qualifizierung des nichtärztlichen Personals sowie der Durchführung der Gewebeentnahme unter ärztlicher Verantwortung und Weisung auf. Ebenso hat nach dem neuen § 10a Abs. 1 S. 1 TPG[394] die von der Koordinierungsstelle beauftragte Person *„unter ärztlicher Beratung und Anleitung"* sicherzustellen, dass Organe für eine Übertragung nur freigegeben werden, wenn Organ und Spender nach ärztlicher Beurteilung geeignet sind.

Dagegen enthalten §§ 8 Abs. 1 S. 1 Nr. 4, 8c Abs. 1 Nr. 3 TPG, bei denen es um lebende Spender geht, keinen Verweis auf die Lockerung des Arztvorbehalts für die Gewebeentnahme in § 3 Abs. 1 S. 2 TPG. Folglich sind sowohl die Organ- als auch Gewebeentnahme in den Fällen der §§ 8 Abs. 1 S. 1 Nr. 4, 8c Abs. 1 Nr. 3 TPG aus systemati-

---

391 A.A. wohl: *Nickel/Schmidt-Preisigke/Sengler*, TPG, § 3, Rn. 16, der den Einsatz nichtärztlichen Hilfspersonals bei der Organentnahme mit Einwilligung des toten Spenders befürwortet, soweit der Eingriff unter ärztlicher (Gesamt-)Verantwortung bleibt. Insoweit ist jedoch anzumerken, dass diese Kommentierung die alte Fassung des § 3 TPG betrifft, die nur die Organentnahme regelte. Nach der Einführung von § 3 Abs. 1 S. 2 TPG spricht gegen diese Ansicht jedenfalls die Systematik des Gesetzes.

392 BT-Drucks. 16/3146, S. 26 zu § 3 Abs. 1 S. 2 TPG; BT-Drucks. 16/3146, S. 27 zu § 4a Abs. 1 S. 2 TPG.

393 BT-Drucks. 13/4355, S. 18 für den Sinn und Zweck des § 3 Abs. 1 Nr. 3 TPG a. F.

394 BT-Drucks. 17/7376, elektronische Vorabfassung, S. 27.

schen Gründen zwingend durch einen Arzt vorzunehmende Eingriffe,[395] die nicht delegiert werden dürfen. Der Grund für die fehlende Delegationsfähigkeit ist auf den Schutzzweck der Norm zurückzuführen. § 8 Abs. 1 S. 1 Nr. 4 TPG dient einerseits dem Schutz des Spenders, andererseits aber im Hinblick auf die sachgerechte Entnahme des Organs bzw. Gewebes auch dem Schutz des Organempfängers.[396] Dieser Schutz ist nach in der Gesetzessystematik zu erkennenden Intention nur durch höchstpersönliches Tätigwerden eines Arztes gewährleistet.

Ferner setzen §§ 8 Abs. 1 S. 1 Nr. 1c, Nr. 2[397], 8a S. 1 Nr. 2[398], 10a Abs. 1 S. 1[399] TPG eine *ärztliche Beurteilung*, etwa der *Geeignetheit des Spenders* in § 8 Abs. 1 S. 1 Nr. 1c TPG voraus. Wann Eignung vorliegt beantwortet sich ausschließlich anhand medizinischer Kriterien.[400] Folglich verbietet die Notwendigkeit medizinischer Expertise die Übertragung der Beurteilung auf nichtärztliche Mitarbeiter, sodass es sich hierbei um eine ausschließlich dem Arzt vorbehaltene, nicht delegationsfähige Tätigkeit handelt. Gleiches gilt für die in § 5 Abs. 1 TPG[401] geregelte, dem Stand der Erkenntnisse der medizinischen Wissenschaft entsprechende Feststellung des Todes des Organ- oder Gewebespenders[402] wie des endgültigen, nicht behebbaren Ausfalls der Gesamtfunktion des Großhirns, des Kleinhirns und des Hirnstamms[403].

Daneben existieren im Transplantationsgesetz eine Reihe von *Unterrichtungs-* bzw. *Aufklärungspflichten*[404] sowie *Aufzeichnungs-*[405], *Hinweis-*[406] und *Feststellungs-*[407], *Auskunfts-*

---

395 BT-Drucks. 16/3146, S. 30.

396 BT-Drucks. 13/4355, S. 20; *Esser*, in: Höfling, TPG, § 8, Rn. 61; *Nickel/Schmidt-Preisigke/Sengler*, TPG, § 8, Rn. 12.

397 § 8 Abs. 1 S. 1 Nr. 2 TPG: *„die Übertragung des Organs oder Gewebes auf den vorgesehenen Empfänger nach ärztlicher Beurteilung geeignet ist, das Lebens dieses Menschen zu erhalten oder bei ihm eine schwerwiegende Krankheit zu heilen, ihre Verschlimmerung zu verhüten oder ihre Beschwerden zu lindern"*.

398 § 8a S. 1 Nr. 2 TPG: *„Die Übertragung des Knochenmarks auf den vorgesehenen Empfänger ist nach ärztlicher Beurteilung geeignet, bei ihm eine lebensbedrohende Krankheit zu heilen"*.

399 § 10a Abs. 1 S. 1 TPG wird demnächst neu eingefügt (vgl. BT-Drucks. 17/7376, elektronische Vorabfassung). Danach dürfen Organe für eine Übertragung nur freigegeben werden, *„wenn nach ärztlicher Beurteilung die Organ- und Spendecharakterisierung nach dem Stand der medizinischen Wissenschaft und Technik ergeben hat, dass das Organ für eine Übertragung geeignet ist."* Wenn die Gesetzesbegründung allerdings formuliert *„ärztliche Tätigkeiten, wie die Spenderauswahl und –bewertung [haben] unter Beratung und Anleitung eines Arztes zu erfolgen"* (BT-Drucks. 17/7376, elektronische Vorabfassung, S. 27), spricht dies eher für eine ärztliche Tätigkeit im weiten Sinn.

400 *Esser*, in: Höfling, TPG, § 8, Rn. 41, 43.

401 Vgl. zur Qualifikation der feststellenden Ärzte *Parzeller*, in: Pühler/Middel/Hübner, Praxisleitfaden Gewebegesetz, S. 82 f.

402 Vgl. § 3 Abs. 1 S. 1 Nr. 2 TPG.

403 Vgl. § 3 Abs. 2 Nr. 2 TPG.

404 Vgl. §§ 3 Abs. 3 S. 1, 4 Abs. 1 S. 2 TPG (ärztliche Unterrichtung des nächsten Angehörigen des Organ- oder Gewebespenders über die beabsichtigte Entnahme bei toten Spendern); § 4a Abs. 1 S. 1 Nr. 2 TPG (ärztliche Aufklärung der Frau, die mit einem Embryo oder Fötus schwanger war, über die Entnahme von Organen oder Geweben bei dem toten Embryo oder Fötus); § 8 Abs. 2 TPG (ärztliche Aufklärung des Spenders über die Entnahme von Organen und Geweben bei lebenden Spendern); § 8a S. 1 Nr. 4 S. 1, 3 (ärztliche Aufklärung des gesetzlichen Vertreters und des Minderjährigen über die Entnahme von Knochenmark bei minderjährigen Personen); § 8c Abs. 1

und *Meldepflichten*[408], die den Ablauf des Verfahrens sichern, Transparenz ermöglichen und Vertrauen in die sachgerechte Durchführung fördern sollen[409] und expressis verbis von einem Arzt vorzunehmen sind.

Zur Delegierbarkeit dieser Tätigkeiten wird in der Literatur lediglich in Bezug auf das in §§ 3 Abs. 3 S. 1, 4 Abs. 1 S. 2 TPG geforderte Angehörigengespräch Stellung bezogen. So sei eine Diskrepanz zwischen der Theorie in Gesetzesform und der praktischen Umsetzung festzustellen.[410] Während der Gesetzeswortlaut die Unterrichtung des Angehörigen durch einen Arzt verlange, geschehe dies in der Praxis häufig unter Beteiligung eines Mitarbeiters der Koordinierungsstelle, bei dem es sich nicht um einen Arzt handeln müsse.[411] Gleichwohl stehe diese Handhabung im Einklang mit der Gesetzeslage. Einerseits könne die ärztliche Befragung i.S.d. § 4 Abs. 1 S. 2 TPG bereits nach den Gesetzesmaterialien „*durch eine andere Person als den in Satz 1 bezeichneten Arzt erfolgen*“[412]. Andererseits sei die postmortale Organentnahme für den Verstorbenen ohne Risiken.[413] Folglich komme es beim Angehörigengespräch nicht auf ärztliche Fachkenntnisse, sondern vor allem auf psychologisches Einfühlungsvermögen an.[414] Dies rechtfertige die Delegationsfähigkeit des Angehörigengesprächs auf entsprechend geschulte und erfahrene Mitarbeiter der Koordinierungsstelle. Mithin wird auch hier die Notwendigkeit ärztlichen Fachwissens als entscheidendes Kriterium für die Einordnung als ärztliche Tätigkeit herangezogen.

Nr. 1b TPG (ärztliche Aufklärung des Spenders über Entnahme von Organen und Geweben zur Rückübertragung).

405 Vgl. § 3 Abs. 3 S. 2 TPG (ärztliche Aufzeichnung von Ablauf und Umfang der Entnahme bei toten Spendern); § 4 Abs. 4 S. 1 TPG (ärztliche Aufzeichnung von Ablauf, Inhalt und Ergebnis der Beteiligung der nächsten Angehörigen sowie der Personen nach § 4 Abs. 2 S. 5 und Abs. 3 TPG bei der Entnahme von Organen und Geweben bei toten Spendern); § 4a Abs. 2 TPG (ärztliche Aufzeichnung von Ablauf, Inhalt und Ergebnis der Aufklärung und der Einwilligung in die Entnahme bei toten Embryonen und Föten nach § 4a Abs. 1 S. 1 Nr. 2 TPG); §§ 8 Abs. 2 S. 4, 8b Abs. 1 2, 8c Abs. 4 TPG (ärztliche Aufzeichnung des Inhalts der Aufklärung und der Einwilligungserklärung des Spenders in einer Niederschrift bei lebenden Spendern/in besonderen Fällen/bei der Entnahme zur Rückübertragung). Dabei folgen die genannten Aufzeichnungspflichten aus der allgemeinen ärztlichen Dokumentationspflicht, wie sie etwa in § 10 MBO-Ä niedergelegt ist (*Krüger*, in: Miserok/Sasse/Krüger, Transplantationsrecht, § 3, Rn. 62, § 4, Rn. 197; *Höfling/Rixen*, in: Höfling, TPG, § 3, Rn. 20; *Nickel/Schmidt-Preisigke/Sengler*, TPG, § 3, Rn. 20, § 4, Rn. 31).

406 Vgl. § 4 Abs. 1 S. 4, 5 TPG (Hinweispflicht des Arztes auf die Beachtung des mutmaßlichen Willens des möglichen Organ- oder Gewebespenders bei der Entscheidung durch den nächsten Angehörigen).

407 Vgl. § 4 Abs. 2 S. 2 TPG (Feststellung, ob der nächste Angehörige in den letzten zwei Jahren vor dem Tod des möglichen Organ- oder Gewebespenders zu diesem persönlichen Kontakt hatte durch ärztliche Befragung); § 5 Abs. 1 S. 1 TPG (Feststellungen nach § 3 Abs. 1 S. 1 Nr. 2, Abs. 2 Nr. 2 TPG durch zwei qualifizierte Ärzte).

408 Vgl. § 7 Abs. 2 S. 1 Nr. 1, Nr. 2, Nr. 4 TPG (Auskunftspflicht von Ärzten über Daten i. S. d. § 7 Abs. 1 TPG); § 13 Abs. 3 S. 1 TPG (unverzügliche Meldung des Patienten an das Transplantationszentrum durch den behandelnden Arzt).

409 *Parzeller*, in: Pühler/Middel/Hübner, Praxisleitfaden Gewebegesetz, S. 86.

410 *Krüger*, in: Miserok/Sasse/Krüger, Transplantationsrecht, § 3, Rn. 31, § 4, Rn. 33 – 37.

411 *Krüger*, in: Miserok/Sasse/Krüger, Transplantationsrecht, § 4, Rn. 35.

412 BT-Drucks. 13/8027, S. 9.

413 *Krüger*, in: Miserok/Sasse/Krüger, Transplantationsrecht, § 3, Rn. 18.

414 *Krüger*, in: Miserok/Sasse/Krüger, Transplantationsrecht, § 4, Rn. 36.

Das Transplantationsgesetz weist folglich ärztliche Tätigkeiten im engen Sinn in den Fällen der §§ 3 Abs. S. 1 Nr. 3, 4 Abs. 1 S. 1 Nr. 3 und 4a Abs. 1 S. 1 Nr. 3 TPG für Organentnahmen, in den Fällen des §§ 8 Abs. 1 S. 1 Nr. 4, 8c Abs. 1 Nr. 3 TPG für Organ- und Gewebeentnahmen und in den Fällen der §§ 8 Abs. 1 S. 1 Nr. 1c, Nr. 2, 8a S. 1 Nr. 2 TPG für bestimmte ärztliche Beurteilungen aus.

ff) Transfusionsgesetz

Die relevanten Regelungen im Transfusionsgesetz (TFG)[415] beschäftigen sich unter verschiedenen Aspekten mit der Spende, d.h. nach § 2 Nr. 1 TFG mit der beim Menschen entnommenen Menge an Blut oder Blutbestandteilen, die Wirkstoff oder Arzneimittel ist oder zur Herstellung von Wirkstoffen oder Arzneimitteln und anderen Produkten zur Anwendung bei Menschen bestimmt ist. So stellt § 4 S. 1 Nr. 3 TFG als eine Anforderung an den Betrieb einer Spendeeinrichtung auf, dass bei der Durchführung der *Spendeentnahmen* von einem Menschen eine *ärztliche Person* vorhanden ist.[416] Darunter ist nach der Gesetzesbegründung die jederzeitige Anwesenheit einer ärztlichen Person[417] in der Spendeeinrichtung während der Entnahme einer Spende zu verstehen. Denn nur so könne gewährleistet sein, dass unmittelbar anfallende medizinische oder ärztliche Fragen beantwortet oder geklärt und, wenn notwendig, notfallmedizinische Maßnahmen unverzüglich ergriffen werden.

Daraus ergibt sich, dass die Durchführung der Spendeentnahmen, die neben dem eigentlichen Entnahmevorgang auch die vorgelagerte Spendeanamnese, die Feststellung des Gesundheitszustandes der spendenden Person, die Feststellung der Spendetauglichkeit und die nachgelagerten notfallmedizinischen Maßnahmen umfasst,[418] zwar eine ärztliche, aber nicht ausschließlich vom Arzt zu erbringende Tätigkeit darstellt.[419] Die nach der Gesetzesbegründung geforderte jederzeitige Anwesenheit des Arztes und damit die Verfügbarkeit ärztlichen Fachwissens bringen vielmehr zum Ausdruck, dass es sich dabei um eine delegationsfähige Tätigkeit handelt. Dafür spricht auch die Regelung in § 7 Abs. 2 TFG. Danach darf die *Entnahme der Spende nur durch eine ärztliche Person oder durch anderes qualifiziertes Personal unter der Verantwortung*[420] *einer ärztlichen Person* erfolgen. Daraus

---

415 Gesetz zur Regelung des Transfusionswesens (Transfusionsgesetz – TFG) v. 1.7.1998, neugefasst durch Bek. v. 28.8.2007 (BGBl. I S. 2169), zuletzt geändert durch Art. 12 G v. 17.7.2009 (BGBl. I S. 1990).

416 Die Einfügung „*von einem Menschen*" in § 4 S. 1 Nr. 3 TFG hat zur Folge, dass bei extrakorporalen Spenden, wie z.B. der Nabelschnurblutspende, kein Arzt vorhanden sein muss, *Bäsler/Bein/Bender*, in: Pühler/Middel/Hübner, Praxisleitfaden Gewebegesetz, 125 (133).

417 Im Gegensatz zur vorherigen Gesetzesfassung, die das Ausüben bestimmter Tätigkeiten nur einer „*approbierten ärztlichen Person*" vorbehielt, dürfen unter der neugefassten Bezeichnung „*ärztliche Person*" alle Personen, die nach ärztlichem Berufsrecht zur Ausübung des ärztlichen Berufs befugt sind, die nach dem TFG vorgesehenen Tätigkeiten vornehmen. Diese Öffnung des Transfusionsgesetzes auch für nicht approbierte Ärzte zielt darauf ab, dem in den Blutspendediensten festgestellten Ärztemangel entgegenzuwirken, BT-Drucks. 16/5443, S. 107 f. Kritisch dazu *Bäsler/Bein/Bender*, in: Pühler/Middel/Hübner, Praxisleitfaden Gewebegesetz, 125 (132).

418 BT-Drucks. 15/3593 S. 10.

419 So auch *Bäsler/Bein/Bender*, in: Pühler/Middel/Hübner, Praxisleitfaden Gewebegesetz, 125 (133).

420 Die Formulierung „*unter der Verantwortung einer ärztlichen Person*" bringt zum Ausdruck, dass die Verantwortung für die Spendeentnahme beim Arzt verbleibt. Dadurch wird sichergestellt, dass ärzt-

ergibt sich, dass die Entnahme der Spende eine ärztliche Tätigkeit im weiten Sinn ist, die auf ausreichend qualifizierte Krankenpfleger zur Durchführung übertragen werden kann.[421] Mithin ist die Möglichkeit einer Delegation im Rahmen der vertikalen Arbeitsteilung in § 7 Abs. 2 Var. 2 TFG expressis verbis geregelt.

Dagegen dürfen nach § 5 Abs. 1 S. 1 TFG nur Personen zur Spendeentnahme zugelassen werden, die *unter der Verantwortung*, d.h. bei Anwesenheit,[422] einer *ärztlichen Person* nach dem Stand der medizinischen Wissenschaft und Technik für *tauglich befunden* worden sind und die *Tauglichkeit durch* eine *ärztliche Person festgestellt* worden ist. Während danach die Durchführung der Tauglichkeitsprüfung, d.h. im Wesentlichen die sorgfältige Erhebung der spenderelevanten medizinischen Vorgeschichte, die körperliche Untersuchung und die Laboruntersuchung des Blutes an medizinisches Personal delegiert werden kann, muss die Feststellung der Tauglichkeit, also die Entscheidung aufgrund der bei der oben dargelegten Prüfung erhobenen Befunde von einem Arzt selbst vorgenommen werden.[423] Somit ist jedenfalls die Entscheidung über die Zulassung der spendewilligen Person zur Spendeentnahme eine weitere ärztliche Tätigkeit im engen Sinn, die nicht auf Krankenpfleger delegiert werden kann.[424]

Hintergrund für die Einordnung als ärztliche Tätigkeit ist die Bedeutung der Auswahl der spendenden Person als Basis und Bedingung sicherer Gewinnung und Anwendung von Spenden. Dies gilt einerseits im Hinblick auf möglichst risikoarme Arzneimittel, also auf die Empfängersicherheit, andererseits im Hinblick auf die Sicherheit der spendenden Person.[425] Entscheidendes Kriterium ist somit auch hier der Schutz vor gesundheitlichen Gefahren. Dieser kann nur gewährleistet werden, wenn die häufig schwierige Einordnung neuer Erkenntnisse und die Ableitung von Schlussfolgerungen für den Einzelfall einem Arzt im engen Sinn vorbehalten bleiben.

§ 8 TFG statuiert die Bedingungen, unter denen Spenderimmunisierungen zur Gewinnung von Plasma durchzuführen sind. Ein *Immunisierungsprogramm* darf nach § 8 Abs. 2 S. 1 Nr. 1 TFG nur durchgeführt werden, wenn und solange die Risiken, die mit ihm für die Personen verbunden sind, bei denen es durchgeführt werden soll, *ärztlich ver-*

---

liche Hilfe bei Zwischenfällen zur Verfügung steht (vgl. BT-Drucks. 13/9594, S. 18), d.h. unverzüglich herbeigerufen werden kann, sofern das die Spenden entnehmende Person für erforderlich erachtet. Folglich muss ein Arzt lediglich im Spendebereich greifbar, nicht jedoch bei jeder Spendeentnahme persönlich anwesend sein (*Flegel*, in: Lippert/Flegel, TFG, § 7, Rn. 10).

421 *Flegel*, in: Lippert/Flegel, TFG, § 7, Rn. 9.

422 BT-Drucks. 13/9594, S. 17.

423 BT-Drucks. 13/10643, S. 5 markiert jedoch lediglich hinzugefügte Textpassage („*und die Tauglichkeit durch eine […] ärztliche Person festgestellt worden ist*"), ohne auf deren Bedeutung in der Gesetzesbegründung einzugehen.

424 So auch: *Flegel*, in: Lippert/Flegel, TFG, § 5, Rn. 4, § 7, Rn. 11; *Deutsch/Bender/Eckstein/Zimmermann*, Transfusionsrecht, Rn. 182, der aber insgesamt die Durchführung der Tauglichkeitsprüfung für nicht delegierbar erachtet. Dies ist jedoch angesichts der Differenzierung im Gesetzeswortlaut „*unter Verantwortung einer ärztlichen Person*" und „*durch eine […] ärztliche Person*" nicht zwingend. Ähnlich geht *Flegel* davon aus, dass lediglich bei der Aufnahme der Spendetätigkeit die Eignungsuntersuchung zwingend vom Arzt persönlich vorzunehmen sei, während bei jeder weiten Spendeentnahme der persönliche Kontakt mit einem Arzt im Ermessen des verantwortlichen Arztes unterbleiben könne, vgl. *Flegel*, in: Lippert/Flegel, TFG, § 5, Rn. 4 f.

425 *Flegel*, in: Lippert/Flegel, TFG, § 5, Rn. 1; *Deutsch/Bender/Eckstein/Zimmermann*, Transfusionsrecht, Rn. 180.

tretbar sind. Nach § 8 Abs. 2 S. 1 Nr. 2 TFG ist unter anderem der Immunisierte zuvor durch eine *ärztliche Person* über Wesen, Bedeutung und Risiken der Immunisierung sowie die damit verbundene Erhebung, Verarbeitung und Nutzung personenbezogener Daten *aufzuklären*. Somit ist sowohl die Risikoprüfung als auch die Aufklärung über die Immunisierung eine nicht delegationsfähige ärztliche Tätigkeit im engen Sinn. Dagegen verlangt § 6 Abs. 1 S. 1 TFG vor der Durchführung der *Spendeentnahme* lediglich eine für die spendende Person verständliche, *sachkundige Aufklärung* über Wesen, Bedeutung und Durchführung der Spendeentnahme und der Untersuchung. Sachkundig ist die Aufklärung nach der Gesetzesbegründung nicht nur, wenn sie von einem Arzt, sondern schon dann, wenn sie von *„einer entsprechend geschulten Person durchgeführt wird"*[426]. Folglich handelt es sich bei der Aufklärung über die Spendeentnahme i.S.d. § 6 Abs. 1 S. 1 TFG um eine – bei entsprechender Sachkunde – auf Krankenpfleger delegierbare ärztliche Tätigkeit im weiten Sinn.

§ 8 Abs. 2 S. 1 Nr. 3 TFG setzt voraus, dass die *Immunisierungsphase* von einer *ärztlichen Person*, die nach dem Stand der medizinischen Wissenschaft sachkundig ist, *geleitet* wird. Daraus folgt, dass die Leitung der Immunisierung de lege lata eine ausschließlich ärztliche, nicht delegierbare Aufgabe ist, während deren Durchführung auf andere fachlich befähigte Personen auf ärztliche Anweisung und unter Kontrolle[427] übertragen werden kann. Die Kontroll- und gegebenenfalls erforderliche Eingriffsmöglichkeit wird dadurch sichergestellt, dass die Leitung der Immunisierung zwingend eine Anwesenheit des Arztes vor Ort erfordert.[428]

Nach § 8 Abs. 2 S. 1 Nr. 5 TFG soll die *ärztliche Kontrolle des Gesundheitszustandes der spendenden Person* während der Immunisierungsphase, d.h. vor, während und nach der Immunisierung,[429] gewährleistet sein. Folglich ist die ärztliche Kontrolle, die in der Gesetzesbegründung als zwingende und selbstverständliche Pflicht beschrieben wird,[430] auch eine ärztliche Tätigkeit im engen Sinn.

§ 13 TFG regelt als Teil des dritten Abschnitts grundlegende Anforderungen an die Durchführung einer Transfusion, die bei der Anwendung von Blutprodukten zu beachten sind. Nach § 13 Abs. 1 S. 3 TFG müssen *„ärztliche Personen*, die im Zusammenhang mit der Anwendung von Blutprodukten *Laboruntersuchungen durchführen* oder *anfordern*, [...] für diese Tätigkeiten besonders sachkundig sein." Der Grund für die Einordnung der Durchführung oder Anordnung der Laboruntersuchungen i.S.d. § 13 Abs. 1 S. 3 TFG als ärztliche Tätigkeiten liegt an der Qualität ihrer Ergebnisse. Dabei handelt es sich nicht um bloße Laborwerte, die vom behandelnden Arzt gewertet werden, sondern um Ergebnisse, die der Erkennung einer Krankheit und der Beurteilung ihres Verlaufs[431], mithin

---

426 BT-Drucks. 13/9594, S. 18; vgl. auch *Deutsch/Bender/Eckstein/Zimmermann*, Transfusionsrecht, Rn. 200, 385.

427 *Deutsch/Bender/Eckstein/Zimmermann*, Transfusionsrecht, Rn. 340.

428 Für die Anwesenheitspflicht vgl. *Deutsch/Bender/Eckstein/Zimmermann*, Transfusionsrecht, Rn. 340.

429 BT-Drucks. 13/9594, S. 19.

430 BT-Drucks. 13/9594, S. 19.

431 Vgl. § 9 Abs. 3 MTAG, der die Erlaubnis zur Ausübung solcher Tätigkeiten von der ärztlichen, zahnärztlichen, tierärztlichen Anforderung oder der Anforderung eines Heilpraktikers abhängig macht.

der Diagnosestellung dienen.[432] Nach dem Willen des Gesetzgebers soll § 13 Abs. 1 S. 3 TFG jedoch lediglich sicherstellen, dass ärztliche Personen mit besonderer Sachkunde die Kontrolle über die immunhämatologischen Untersuchungen zur Vorbereitung und Durchführung der Anwendung von Blutprodukten behalten und somit jederzeit, auch bei eigenverantwortlicher Ergebniserstellung durch andere Personen (insbesondere medizinisch-technische Assistenten), qualifizierter Sachverstand zur Verfügung steht.[433] Ausweislich der Gesetzesbegründung ist die selbständige und eigenverantwortliche Durchführung der Laboruntersuchungen durch medizinisch-technische Assistenten nicht ausgeschlossen.[434] Folglich handelt es sich zwar um ärztliche, aber – jedenfalls im Hinblick auf medizinisch-technische Assistenten – um delegationsfähige Tätigkeiten.

Nach § 13 Abs. 2 TFG müssen *ärztliche Personen*, die eigenverantwortlich *Blutprodukte anwenden*, ausreichende Erfahrung in dieser Tätigkeit besitzen. Mithin handelt es sich bei der eigenverantwortlichen Anwendung von Blutprodukten um eine ärztliche Tätigkeit, wobei die Einbindung von Krankenpflegern in transfusionsmedizinische Abläufe des Pflegebereichs nicht ausgeschlossen ist.[435] Sollen Krankenpfleger in der Anwendung von Blut und Blutprodukten tätig werden, müssen sie jedoch die dafür erforderlichen Kenntnisse und Fähigkeiten in der Hämotherapie besitzen.[436] Mithin handelt es sich bei der Anwendung von Blutprodukten um delegationsfähige ärztliche Tätigkeiten im weiten Sinn.[437]

Nach § 14 Abs. 1 S. 1 TFG hat die „behandelnde *ärztliche Person* [...] jede Anwendung von Blutprodukten [...] zu ***dokumentieren*** oder ***dokumentieren zu lassen***". Ähnlich sind angewendete Blutprodukte und Plasmaproteine nach § 14 Abs. 2 S. 1 TFG „von der behandelnden ärztlichen Person oder unter ihrer Verantwortung zu *dokumentieren*". Die Dokumentation nach § 14 TFG[438] ist also eine delegierbare ärztliche Tätigkeit im weiten Sinn.

Die *Unterrichtung* über den anlässlich der Spende gesichert festgestellten Infektionsstatus der spendenden Person hat nach § 19 Abs. 1 S. 4 TFG die verantwortliche *ärztliche*

---

432 Somit verbleibt die Verantwortung für die Anordnung, Überwachung und Beurteilung bei der besonders sachkundigen ärztlichen Person, während der medizinisch-technische Laboratoriumsassistent die Durchführungsverantwortung trägt (*Deutsch/Bender/Eckstein/Zimmermann*, Transfusionsrecht, Rn. 421). Zu den Verantwortungsbegriffen siehe *Zweiter Teil, B II. 6. gg), 7. ff)*, S. 194, 212.

433 BT-Drucks. 13/9594, S. 21 f.

434 BT-Drucks. 13/9594, S. 22. Die Gesetzesbegründung nimmt hier ausdrücklich Bezug zum Gesetz über technische Assistenten in der Medizin (MTAG). Danach ist die Durchführung der Laboruntersuchungen i. S. d. § 13 TFG medizinisch-technischen Laboratoriumsassistenten gem. § 9 Abs. 1 Nr. 1b MTAG gestattet.

435 *Deutsch/Bender/Eckstein/Zimmermann*, Transfusionsrecht, Rn. 437.

436 So auch *Flegel*, in: Lippert/Flegel, TFG, § 13, Rn. 6, § 15 Rn. 25, der darauf hinweist, dass die durch § 13 Abs. 1 S. 3 TFG nicht ausgeschlossene Delegation der Laboruntersuchungen im Hinblick auf die Funktion der Norm als Teil des Qualitätssicherungssystems nicht zu einer Absenkung der Sachkunde insgesamt führen dürfe.

437 *Deutsch/Bender/Eckstein/Zimmermann*, Transfusionsrecht, Rn. 421, 437. Dagegen ist die vor jeder Verabreichung von Blutprodukten erforderliche Indikationsstellung eine nicht delegierbare ärztliche Tätigkeit im engen Sinn, *Deutsch/Bender/Eckstein/Zimmermann*, Transfusionsrecht, Rn. 403.

438 Zum Verhältnis der Dokumentationspflicht nach § 14 TFG zur grundsätzlich in § 10 MBO-Ä geregelten ärztlichen Dokumentationspflicht, vgl. *Deutsch/Bender/Eckstein/Zimmermann*, Transfusionsrecht, Rn. 494 – 498.

Person der Spendeeinrichtung vorzunehmen. Dieser kommt nach § 19 Abs. 1 S. 5 TFG ferner die Aufgabe der eingehenden *Aufklärung* und *Beratung* der spendenden Person zu. Dabei handelt es sich somit expressis verbis um nicht delegationsfähige ärztliche Tätigkeiten im engen Sinn.

Somit enthält das Transfusionsgesetz in §§ 5 Abs. 1 S. 1 Var. 2, 8 Abs. 2 S. 1 Nr. 1, Nr. 2, Nr. 5, 19 Abs. 1 S. 4, 19 Abs. 1 S. 5 TFG ärztliche Tätigkeiten im engen Sinn. Dagegen sind die in den §§ 4 S. 1 Nr. 3, 6 Abs. 1 S. 1, 5 Abs. 1 S. 1 Var. 1, 13 Abs. 1 S. 3, Abs. 2, 14 Abs. 1 S. 1, Abs. 2 S. 1 genannten Tätigkeiten als ärztliche Tätigkeiten im weiten Sinn zu qualifizieren.

gg) Infektionsschutzgesetz

Nach § 24 S. 1 IfSG[439] ist die *Behandlung* von Personen, die an bestimmten in § 24 S. 1 und S. 2 IfSG näher bezeichneten *übertragbaren Krankheiten* erkrankt oder dessen verdächtig sind oder die mit bestimmten in § 24 S. 1 und S. 2 IfSG näher beschriebenen *Krankheitserregern* infiziert sind, soweit im Rahmen der berufsmäßigen Ausübung der Heilkunde nur *Ärzten* gestattet. Ein Verstoß gegen § 24 S. 1 IfSG ist in § 75 Abs. 5 IfSG strafbewehrt.

Folglich stellt diese Behandlung de lege lata eine ärztliche Tätigkeit im engen Sinn dar, die nicht delegiert werden darf. Dafür spricht neben dem Gesetzeswortlaut im Übrigen auch die Systematik. Denn nach § 24 S. 3 IfSG gilt als Behandlung im Sinne der Sätze eins und zwei auch der direkte und indirekte Nachweis eines Krankheitserregers für die Feststellung einer Infektion oder übertragbaren Krankheit, wobei § 46 IfSG entsprechend gilt. Nach § 46 IfSG bedarf derjenige für Tätigkeiten mit Krankheitserregern keiner Erlaubnis, der unter Aufsicht desjenigen tätig ist, der eine Erlaubnis nach § 44 IfSG besitzt oder nach § 45 IfSG[440] keiner Erlaubnis bedarf. Es handelt sich mithin bei dem ***direkten und indirekten Nachweis eines Krankheitserregers*** um eine delegierbare, also ärztliche Tätigkeit im weiten Sinn, sofern der Arzt die Aufsicht über diese Tätigkeiten führt. Da ein Verweis auf § 46 IfSG in § 24 S. 1 IfSG fehlt, ist die Delegation der in § 24 S. 1 IfSG genannten Behandlung mithin auch aus systematischen Gründen verwehrt.

Grund für die Einordnung dieser Behandlung als ärztliche Tätigkeit ist auch hier der Schutz der Allgemeinheit vor Ansteckungen durch den Erkrankten oder durch seine Infektionsquelle.[441] Dieser Schutz kann nur durch die besonderen Kenntnisse eines Arztes

---

439 Gesetz zur Verhütung und Bekämpfung von Infektionskrankheiten beim Menschen (Infektionsschutzgesetz – IfSG) v. 20.7.2000 (BGBl. I S. 1045), zuletzt geändert durch Art. 2a G v. 17.7.2009 (BGBl. I S. 2091).

440 § 45 Abs. 1 IfSG stellt zur selbständigen Ausübung des Berufs als Arzt (bzw. Zahn- oder Tierarzt) berechtigte Personen für bestimmte Untersuchungen in der eigenen Praxis von der Erlaubnispflicht frei, um schnelle Diagnosen und Therapien sowie kostengünstige Verfahren nicht zu behindern. Von diesen Untersuchungen geht aufgrund der Sachkunde der im Gesetz genannten Personen und der für die Arbeiten erforderlichen Ausstattung keine Gefahr von der Bevölkerung aus, BT-Drucks. 14/2530, S. 84.

441 Amtliche Begründung zu § 30 BSeuchG 1961, der Vorgängervorschrift von § 24 IfSG, zitiert nach *Schumacher/Meyn*, BSeuchG, § 30, S. 96.

über die Erkrankung, Verhütung und Bekämpfung der Krankheit gewährleistet werden,[442] sodass die ärztliche Sachkunde Kriterium für die Einordnung als ärztliche Tätigkeit ist.

Weitere ärztliche, aber nicht delegationsfähige Tätigkeiten i.S.d. Infektionsschutzgesetzes sind die *Untersuchung auf übertragbare Krankheiten* (§ 36 Abs. 4 S. 7 IfSG), die *ambulante Behandlung sexuell übertragbarer Krankheiten und Tuberkulose* (§ 19 Abs. 1 S. 2 IfSG), die *Impfung* im Fall des § 60 Abs. 2 S. 2 Nr. 2 IfSG, das *ärztliche Zeugnis über die Impftauglichkeit* bestimmter impfpflichtiger Personen (§ 20 Abs. 6 S. 3 IfSG), das *ärztliche Urteil* über die Weiterverbreitung bestimmter Krankheiten oder der Verlausung und über das Auftreten einer Erkrankung an oder eines Verdachts auf bestimmte Krankheiten (§ 34 Abs. 1 S. 1, Abs. 3 IfSG). Schließlich werden bestimmte *Melde-* bzw. *Mitteilungspflichten*[443], *Bericht-* und *Übermittlungspflichten*[444] sowie *Dokumentationspflichten*[445] als ärztliche Aufgaben beschrieben, wobei insbesondere bezüglich der Dokumentationspflichten mit Blick auf die Interpretation der allgemeinen ärztlichen Dokumentationspflicht als ärztliche Tätigkeit im weiten Sinn davon ausgegangen werden kann, dass die Dokumentation delegierbar ist.

Zu den ärztlichen Tätigkeiten im engen Sinn zählen dagegen die §§ 19 Abs. 1 S. 2, 20 Abs. 6 S. 3, 24 S. 1, 34 Abs. 1 S. 3, Abs. 3, 36 Abs. 4 S. 7, 60 Abs. 2 S. 2 Nr. 2 IfSG.

hh) Embryonenschutzgesetz

Nach § 9 Nr. 1 – 3 ESchG[446] darf die *künstliche Befruchtung* (Nr. 1), d.h. alle Methoden der Fortpflanzungsmedizin wie Insemination, In-Vitro-Fertilisation mit Embryotransfer und intratubarer Gametentransfer[447], die *Übertragung eines menschlichen Embryos auf eine Frau* (Nr. 2) und die *Konservierung eines menschlichen Embryos sowie einer menschlichen Eizelle*, in die bereits eine menschliche Samenzelle eingedrungen oder künstlich eingebracht worden ist (Nr. 3) nur ein *Arzt* vornehmen. Gleichwohl ergibt sich aus der Formulierung *„Niemand ist verpflichtet, Maßnahmen der in § 9 bezeichneten Art vorzunehmen oder an ihnen mitzuwirken."* in § 10 ESchG, dass neben dem Arzt auch ärztliches Hilfspersonal und andere Personen unter Umständen in irgendeiner Weise an Maßnahmen i.S.d. § 9 ESchG beteiligt sind.[448] Die Beteiligung kann sich etwa auf Bereitstellung der notwendigen Hilfsmittel beziehen, nicht jedoch auf die Vornahme der künstlichen Befruchtung, des Embryotransfers oder der Konservierung selbst. Zweck des Arztvorbehalts in § 9 ESchG für die Durchführung einer künstlichen Befruchtung und eines Embryotransfers ist der Schutz von Leben und Gesundheit der Beteiligten,[449] weshalb der Gesetzgeber Verstöße gegen § 9 Nr. 1 und Nr. 2 ESchG in § 11 Abs. 1 Nr. 1 und Nr. 2 ESchG als Straf-

---

442 *Schumacher/Meyn*, BSeuchG, § 30, S. 96.

443 Vgl. § 8 Abs. 1 Nr. 1 i. V. m. § 6 IfSG.

444 Vgl. § 13 Abs. 2 IfSG.

445 Vgl. § 22 Abs. 1 S. 1 IfSG.

446 Gesetz zum Schutz von Embryonen (Embryonenschutzgesetz – EschG) v. 13.12.1990 (BGBl. I S. 2746), zuletzt geändert durch Art. 22 G v. 23.10.2001 (BGBl. I S. 2702).

447 *Keller/Günter/Kaiser*, ESchG, § 9, Rn. 8.

448 BT-Drucks. 11/8057, S. 17; *Keller/Günter/Kaiser*, ESchG, § 10, Rn. 6.

449 D.h. von Embryo und der den Embryo empfangenden Frau, *Keller/Günter/Kaiser*, ESchG, II Vor § 1, Rn. 8, § 11, Rn. 2.

taten qualifizierte.[450] Auch die sachgerechte Konservierung von Embryonen und befruchteten Eizellen im Vorstadium setze wissenschaftlich gesicherte Erkenntnisse und Erfahrungen voraus,[451] sodass Verstöße gegen § 9 Nr. 3 ESchG in § 12 Abs. 1 ESchG bußgeldrechtlich geahndet werden müssten.[452]

Ferner nimmt § 3 S. 2 ESchG von dem strafbewehrten Verbot der Geschlechtswahl diejenigen Fälle aus, in denen die *Auswahl der Samenzelle* durch den *Arzt* dazu dient, eine schwerwiegende, geschlechtsgebundene Erkrankung des zu erzeugenden Kindes zu vermeiden. Die Auswahl der Samenzelle wird mithin als ärztliche Tätigkeit im engen Sinn eingestuft, die nicht delegiert werden darf.

Der Gesetzgeber[453] geht davon aus, dass die Behandlung im Bereich der Fortpflanzungsmedizin wissenschaftlich gesicherte medizinische Kenntnisse voraussetze und sich nicht in einem technischen Eingriff erschöpfe. Vorbedingung einer adäquaten fortpflanzungsmedizinischen Maßnahme sei eine umfassende Diagnostik zur Sterilitätsursache. Ferner erfordere die Behandlung eine gründliche Aufklärung des Paares über mögliche Alternativen sowie alle Auswirkungen und Risiken und könne deshalb nur eine (ausschließlich) ärztliche Tätigkeit sein[454]. Eine Delegation scheidet mithin aus. Dies wird neben dem in den Gesetzesmaterialien angeführten Kriterium des ärztlichen Fachwissens mit einer den Regeln der ärztlichen Sorgfalt entsprechenden Behandlung[455] sowie verantwortlichem Handeln im Einzelfall[456] begründet.

ii) Gendiagnostikgesetz

Nach § 7 Abs. 1 GenDG[457] darf eine diagnostische genetische Untersuchung nur durch Ärzte und eine prädiktive genetische Untersuchung nur durch Fachärzte für Humangenetik oder andere besonders qualifizierte Ärzte vorgenommen werden. Dabei handelt es sich folglich um eine sog. ärztliche Tätigkeit im engen Sinn, deren Verstoß nach § 26 Abs. 1 Nr. 1 GenDG bußgeldbewehrt ist, eine Delegation scheidet aus. Als weitere ärztliche Tätigkeit im engen Sinn nicht delegierbar stellt sich die in § 7 Abs. 3 GenDG genannte genetische Beratung nach § 10 GenDG dar, die bei festgestellter genetischer Eigenschaft mit Bedeutung für eine Erkrankung oder gesundheitliche Störung, die nach dem allgemein anerkannten Stand der Wissenschaft und Technik nicht behandelbar ist, bei prädiktiver

---

450 BT-Drucks. 11/8057, S. 17; BT-Drucks. 11/5460, S. 14.

451 BT-Drucks. 11/8057, S. 17; BT-Drucks. 11/5460, S. 14.

452 Der gesetzgeberischen Intention widerspricht freilich die Tatsache, dass selbst ein Arzt ohne fortpflanzungsmedizinische Kenntnisse dem Arztvorbehalt genügt. Ähnlich: *Keller/Günter/Kaiser*, ESchG, § 11, Rn. 2.

453 BT-Drucks. 11/8057, S. 17; BT-Drucks. 11/5460, S. 13; vgl. auch *Keller/Günter/Kaiser*, ESchG, § 3, Rn. 18.

454 BT-Drucks. 11/8057, S. 17; BT-Drucks. 11/5460, S. 13. Zur Begründung, warum die fortpflanzungsmedizinische Behandlung über einen bloß technischen Eingriff hinausgeht und ärztliche Fachkenntnisse voraussetzt, vgl. im Einzelnen: *Keller/Günter/Kaiser*, ESchG, § 9, Rn. 1 – 5.

455 *Keller/Günter/Kaiser*, ESchG, II Vor § 1, Rn. 8.

456 *Pelchen*, in: Erbs/Kohlhaas/Ambs, Strafrechtliche Nebengesetze, Band 2, E 100 (ESchG), § 9, Rn. 1, 2, der in den genannten Fällen das Wissen des medizinischen Hilfspersonals als nicht ausreichend betrachtet.

457 Gesetz über genetische Untersuchungen bei Menschen (Gendiagnostikgesetz - GenDG) v. 31.7.2009 (BGBl. I S. 2529, ber. 2009 S. 3672).

genetischer Untersuchung sowie vor einer vorgeburtlichen genetischen Untersuchung und nach Vorliegen des Untersuchungsergebnisses obligatorisch ist, vgl. §§ 10 Abs. 1 S. 2, Abs. 2 S. 1, 15 Abs. 3 GenDG. Ebenso hat nach § 9 Abs. 1 S. 1 GenDG die verantwortliche ärztliche Person über Wesen, Bedeutung und Tragweite der genetischen Untersuchung aufzuklären. Daher spricht der Wortlaut für die Einordnung dieser spezialgesetzlichen Ausprägung der Aufklärungspflicht aus § 8 S. 2 MBO-Ä als nicht delegierbare ärztliche Tätigkeit im engen Sinn. Schließlich bestimmt § 17 Abs. 6 GenDG die vorgeburtliche genetische Untersuchung zur Klärung der Abstammung als nicht delegationsfähige ärztliche Tätigkeit im engen Sinn, wenn eine rechtswidrige Tat nach §§ 176 ff. StGB vermutet wird.

Dadurch soll sichergestellt werden, dass genetische Untersuchungen nur durch dazu qualifizierte Personen vorgenommen werden und dass die Untersuchung einschließlich der Aufklärung und genetischen Beratung sowie der Befundermittlung angemessen und kompetent durchgeführt wird.[458] Dies dient in erster Linie den grundrechtlich geschützten Rechtsgütern der Gesundheit[459] und der informationellen Selbstbestimmung der betroffenen Person und in zweiter Linie dem Schutz der Bevölkerung vor der Entstehung eines freien Marktes für genetische Untersuchungen, auf dem Diagnoseleistungen nach rein kommerziellen Gesichtspunkten angeboten werden.[460]

Dagegen darf nach § 7 Abs. 2 GenDG die genetische Analyse einer genetischen Probe im Rahmen einer genetischen Untersuchung auch durch eine vom verantwortlichen Arzt beauftragte Person oder Einrichtung vorgenommen werden, sodass insofern eine ärztliche Tätigkeit im weiten Sinn vorliegt, wodurch jedoch die Verantwortlichkeit beim die Beauftragung veranlassenden Arzt verbleibt.[461] Auch dürfen nach § 17 Abs. 4 GenDG genetische Untersuchungen zur Klärung der Abstammung neben Ärzten auch durch auf dem Gebiet der Abstammungsbegutachtung erfahrene nichtärztliche Sachverständige mit abgeschlossener naturwissenschaftlicher Hochschulausbildung vorgenommen werden. Insoweit handelt es sich um eine ärztliche Tätigkeiten im weiten Sinn.

Schließlich werden bestimmte *Hinweis-*[462], *Mitteilungs-*[463], *Übermittlungs-*[464], *Aufbewahrungs*[465]- und *Vernichtungspflichten*[466] sowie *Dokumentationspflichten*[467] als ärztliche

458 BT-Drucks. 16/10532, S. 47 f., S. 56 (bzgl. § 11 Abs. 1 GenDG).

459 BT-Drucks. 16/10532, S. 47 ff., 69.

460 BT-Drucks. 16/10532, S. 48, 85.

461 BT-Drucks. 16/10532, S. 49.

462 Vgl. § 15 Abs. 3 GenDG: Hinweispflicht auf Beratungsanspruch nach § 2 Schwangerschaftskonfliktgesetz (SchKG v. 27.7.1992, BGBl. I S. 1398, zuletzt geändert durch Art. 1 G v. 26.8.2009, BGBl. I S. 2990).

463 Vgl. § 11 Abs. 1 GenDG: Mitteilung des Ergebnisses der genetischen Untersuchung an betroffene Person.

464 Vgl. § 8 Abs. 2 S. 3 GenDG: Übermittlungspflicht des verantwortlichen Arztes vom Nachweis des Widerrufs an die nach § 7 Abs. 2 GenDG beauftragte Person bzw. Einrichtung.

465 Bzgl. der Ergebnisse genetischer Untersuchungen und Analysen, § 12 Abs. 1 GenDG.

466 Bzgl. der Ergebnisse genetischer Untersuchungen und Analysen, § 12 Abs. 1 GenDG; bzgl. genetischer Proben, § 13 Abs. 1 S. 2 GenDG; vgl. auch § 17 Abs. 5 GenDG: entsprechende Anwendung bei genetischen Untersuchungen zur Klärung der Abstammung.

467 Bzgl. Beratungsinhalt, §§ 10 Abs. 4, 15 Abs. 3 GenDG; bzgl. des mündlichen Widerrufs, § 8 Abs. 2 S. 2 GenDG; bzgl. des Aufklärungsinhalts, § 9 Abs. 3 GenDG.

Aufgaben beschrieben, die mit Ausnahme der Hinweis- und Mitteilungspflicht als ärztliche Tätigkeiten im weiten Sinn einzustufen sind.

jj) Strafgesetzbuch

Nach § 218a Abs. 1 Nr. 2, Abs. 4 S. 1 StGB[468] hängt die Straflosigkeit der *Tötung der Leibesfrucht* unter anderem davon ab, dass sie von einem *Arzt* vorgenommen wird. Nach § 218b Abs. 1 S. 1 StGB hat ein *Arzt festzustellen*, ob die *Voraussetzungen der Indikationsfälle* des § 218a Abs. 2 und Abs. 3 StGB vorliegen. § 218c Abs. 1 Nr. 2 StGB erfordert eine *ärztliche Beratung* über die Bedeutung des Eingriffs, insbesondere über Ablauf, Folgen, Risiken, mögliche physische und psychische Auswirkungen. Schließlich stellt § 218c Abs. 1 Nr. 3 StGB einen *Schwangerschaftsabbruch* in den Fällen des § 218a Abs. 1 oder 3 StGB ohne *vorherige ärztliche Untersuchung* unter Strafe.

Daraus folgt, dass jedenfalls der eigentliche Eingriff bis zu seinem Abschluss mit der vollständigen Ausräumung der Gebärmutter,[469] die Indikationsfeststellung, die Beratung und die Untersuchung ausschließlich dem Arzt vorbehaltene, nicht delegierbare Aufgaben sind. Ursache dafür ist der Schutz der Schwangeren vor den mit dem Abbruch verbundenen gesundheitlichen Risiken.[470] Allerdings wird bei den Schwangerschaftsabbruchmaßnahmen entgegen dem Gesetzeswortlaut eine Delegation von Tätigkeiten für zulässig erachtet.[471] Demnach gehörten zwar Diagnose, körperliche Untersuchung, Eingriffsvorbereitungen und das dem Eingriff vorangehende Gespräch mit der Schwangeren nach § 218c Abs. 1 Nr. 1, Nr. 2 StGB zu den persönlich vom Arzt wahrzunehmenden Obliegenheiten, aber nur soweit sie nicht üblicherweise[472] auf das ärztliche Hilfspersonal delegiert seien.[473] Folglich wird nicht jeder expressis verbis geregelte Arztvorbehalt zwingend als ärztliche Tätigkeit im engen Sinn verstanden.

---

468 Strafgesetzbuch – StGB v. 15.5.1871, neugefasst durch Bek. v. 13.11.1998 (BGBl. I S. 3322), zuletzt geändert durch Art. 3 G v. 2.10.2009 (BGBl. I S. 3214).

469 Die medizinisch notwendige Nachbehandlung der Schwangeren gehört dagegen nicht mehr zur Abbruchshandlung und unterliegt somit nicht mehr dem Arztvorbehalt des § 218a Abs. 1 S. 1 StGB. In Bezug auf die bei der Durchführung nicht ins Auge gefasste Nachbehandlung kommt somit allenfalls eine Ordnungswidrigkeit nach § 14 Schwangerschaftskonfliktgesetz in Betracht, vgl. *Kröger*, in: Jähnke/Laufhütte/Odersky, LK, § 218 a, Rn. 18; a.A.: *Eser*, in: Schönke/Schröder, StGB, § 218a, Rn. 59.

470 Vgl. nur *Tröndle/Fischer*, StGB, § 218a, Rn. 17.

471 *Merkel*, in: Kindhäuser/Neumann/Paeffgen, NK-StGB, § 218a, Rn. 5; *Kröger*, in: Jähnke/Laufhütte/Odersky, LK, Vor §§ 218a, Rn. 24, § 218 a, Rn. 17; a.A. wohl: *Gropp*, in: MünchKommStGB, § 218a, Rn. 22, 25, da ohne Verweis auf eine Delegationsmöglichkeit vom Arztvorbehalt die Rede sei; *Tröndle/Fischer*, StGB, § 218a, Rn. 9, 17, der zwar die Nachbehandlung durch nichtärztliches Personal für zulässig erklärt, im Übrigen aber auch uneingeschränkt vom Arztvorbehalt spricht.

472 Welche Aufgaben zu den üblicherweise auf ärztliches Hilfspersonal übertragenen Aufgaben zählen, wird jedoch nicht näher beschrieben. *Merkel* spricht von untergeordneten Aufgaben, *Merkel*, in: Kindhäuser/Neumann/Paeffgen, NK-StGB, § 218a, Rn. 5.

473 *Kröger*, in: Jähnke/Laufhütte/Odersky, LK, § 218 a, Rn. 17 (Stand: 1.4.2002).

kk) Strafprozessordnung

§ 87 Abs. 2 S. 1 StPO[474] ordnet die *Leichenöffnung* als eine *ärztliche*, nicht delegationsfähige Tätigkeit ein. Ebenso erklärt § 81a Abs. 1 S. 2 StPO *Entnahmen von Blutproben* und *andere körperliche Eingriffe*[475] auch ohne Einwilligung des Beschuldigten für zulässig, wenn sie von einem *Arzt* nach den Regeln der ärztlichen Sorgfalt zu Untersuchungszwecken vorgenommen werden und für seine Gesundheit kein Nachteil zu befürchten ist. § 81c Abs. 2 S. 2 StPO stellt mit der Formulierung, dass die *Untersuchungen zur Feststellung der Abstammung* und die *Entnahme von Blutproben „stets nur von einem Arzt"* vorgenommen werden dürfen, einen im Vergleich zu § 81a Abs. 1 S. 2 StPO noch strenger beschriebenen Arztvorbehalt auf. Folglich dürfen Krankenpfleger, selbst wenn sie nach den Regeln der ärztlichen Sorgfalt handelten, keine Handlungen i.S.d. §§ 81a Abs. 1 S. 2, 81c Abs. 2 S. 2 StPO vornehmen;[476] diese sind vielmehr nur dem Arzt vorbehalten. Leitmotiv der §§ 81a Abs. 1 S. 2, 81c Abs. 2 S. 2 StPO ist der Schutz der Gesundheit des Beschuldigten, nicht die Wahrheitsfindung– zumal der Eingriff ohne seinen Willen erfolgt.[477] So lag der Einführung der §§ 81a Abs. 1 S. 2, 81c Abs. 2 S. 2 StPO die Annahme zugrunde, dass nach Erkenntnissen der medizinischen Wissenschaft eine Fehler ausschließende Blutentnahme nur mittels einer Venüle durchgeführt werden kann. Diese sei aber einer intravenösen Injektion gleichzusetzen, sodass zur Bewahrung von gesundheitlichen Nachteilen ein Arzt eingeschaltet werden müsse.[478]

Entgegen dem Wortlaut wird jedoch auch hier die Durchführung körperlicher Eingriffe durch Krankenpfleger[479] für zulässig erachtet, wenn sie unter Anleitung, Aufsicht und Verantwortung des Arztes erfolgt und eine Gefährdung nicht zu befürchten ist.[480]

---

474 Strafprozessordnung – StPO v. 12.9.1950, neugefasst durch Bek. v. 7.4.1987 (BGBl. I S. 1047, ber. 1319), zuletzt geändert durch Art. 3 G v. 30.7.2009 (BGBl. I S. 2437).

475 Andere körperliche Eingriffe liegen vor, wenn dem Körper natürliche Bestandteile wie Liquor, Samen, Harn und Speichel entnommen, ihm Stoffe zugeführt werden oder sonst in das haut- und muskelumschlossene Innere des Körpers eingegriffen und ihm dadurch eine – wenn auch nur geringfügige – Verletzung zugeführt wird, *Meyer-Goßner*, StPO, § 81a, Rn. 15; *Pfeiffer*, StPO, § 81a, Rn. 5; *Senge*, in: KK StPO, § 81a, Rn. 6. Zu einzelnen körperlichen Eingriffen i.S.d. § 81a Abs. 1 S. 2 StPO wie z.B. Magenaushebung, Computer-Tomographie oder Röntgenuntersuchungen, vgl. *Krause*, in: Rieß, Löwe-Rosenberg, StPO, § 81a, Rn. 38 – 64.

476 *Pfeiffer*, StPO, § 81a, Rn. 6; *Senge*, in: KK StPO, § 81a, Rn. 6; *Rogall*, in: SK-StPO, § 81a, Rn. 53.

477 BGH, Urt. v. 17.3.1971 – 3 StR 189/70, BGHSt 24, 125 (128); OLG Oldenburg, Urt. v. 30.11.1954 – Ss 386/54, NJW 1955, 683 (683); *Meyer-Goßner*, StPO, § 81a, Rn. 15, § 81c, Rn. 18 f.; *Krause*, in: Rieß, Löwe-Rosenberg, StPO, § 81a, Rn. 96 m.w.N.

478 OLG Oldenburg, Urt. v. 30.11.1954 – Ss 386/54, NJW 1955, 683 (683); *Dallinger*, JZ 1953, 432 (437); *Costa*, MDR 1953, 577 (579).

479 Abgesehen davon ist es dem Beschuldigten über den Weg der Einwilligung möglich, auch einem Krankenpfleger den körperlichen Eingriff zu gestatten, *Meyer-Goßner*, StPO, § 81a, Rn. 19; *Krause*, in: Rieß, Löwe-Rosenberg, StPO, § 81a, Rn. 35.

480 BGH, Urt. v. 17.3.1971 – 3 StR 189/70, BGHSt 24, 125 (127 f.) und BayObLG, Urt. v. 16.12.1964 - RevReg. 1 a St 663/64, NJW 1965, 1088 (1089) für die von einem Medizinalassistenten entnommene Probe; *Meyer-Goßner*, StPO, § 81a, Rn. 15; *Krause*, in: Rieß, Löwe-Rosenberg, StPO, § 81a, Rn. 35; *Paulus*, in: Heintschel-Heinegg/Stöckel, KMR, § 81a, Rn. 45; a.A. *Schmidt*, MDR 1970, 461 (464), der die medizinische Ordnungsmäßigkeit nur bei der Durchführung durch einen Arzt gewährleistet sieht; *Bosch*, in: Heintschel-Heinegg/Stöckel, KMR, § 81c, Rn. 15. Auf die Darstellung des Streitstandes zur Verwertbarkeit einer unter Verstoß gegen § 81a Abs. 1 S. 2 StPO

Voraussetzung dafür sei jedoch, dass schon die Übertragung der Aufgabe in Übereinstimmung mit den Regeln der ärztlichen Sorgfalt steht.[481] Obwohl der Wortlaut insbesondere im Fall des § 81c Abs. 2 S. 2 StPO eher für eine ärztliche Tätigkeit im engen Sinn spricht, wird teilweise diesbezüglich von einer delegationsfähigen ärztlichen Tätigkeit im weiten Sinn ausgegangen.

ll) Zwischenergebnis

Abschließend lässt sich *erstens* festhalten, dass bereits heute in Teilbereichen[482] sowohl konkrete ärztliche Tätigkeiten als auch Regelungen über die Möglichkeit der Delegation ärztlicher Tätigkeiten auf nichtärztliches Personal in normativer Form existieren. *Zweitens* wird nicht jeder expressis verbis geregelte Arztvorbehalt als ärztliche Tätigkeit im engen Sinn und damit als gesetzliche Schranke der Aufgabenübertragung verstanden. Vielmehr kann eine Tätigkeit dann als delegationsfähige ärztliche Tätigkeit im weiten Sinn eingeordnet werden, wenn bereits de lege lata[483] davon die Rede war, dass sie entweder von einem Arzt oder einer anderen qualifizierten Person unter seiner Verantwortung vorgenommen werden dürften.

Tendenziell erfolgt die Abgrenzung der Aufgabenbereiche nicht im speziellen Berufsrecht der Ärzte etwa in der Bundesärzteordnung, sondern beispielsweise in sozialrechtlichen Vorschriften, deren Blickwinkel auch von der Abrechnungsfähigkeit konkreter Leistungen bestimmt wird. Dagegen ist für die Delegationsfähigkeit einer Tätigkeit entscheidend, dass es sich *drittens* bei den genannten Vorschriften nach der jeweiligen gesetzgeberischen Intention immer auch um gesundheitssichernde Arztvorbehalte handelt. Dadurch kam der Gesetzgeber der Erfüllung seiner aus Art. 2 Abs. 2 S. 1 GG abgeleiteten Schutzpflicht für die Gesundheit des Einzelnen nach[484].

---

gewonnenen Blutprobe wird hier verzichtet, vgl. nur BGH, Urt. v. 17.3.1971 – 3 StR 189/70, BGHSt 24, 125 (127 ff.); *Rogall*, in: SK-StPO, § 81a, Rn. 89 f.

481 *Rogall*, in: SK-StPO, § 81a, Rn. 53, § 81c, Rn. 39.

482 Neben den aufgeführten Regelungen finden sich in folgenden Vorschriften ärztliche Tätigkeiten im engen Sinn: Nach § 20 Abs. 1 Nr. 1 Medizinproduktegesetz (Gesetz über Medizinprodukte – MPG v. 2.8.1994, neugefasst durch Bek. v. 7.8.2002, BGBl. I S. 3146, zuletzt geändert durch Art. 1, 6 G v. 29.7.2009, BGBl. I S. 2326) darf die klinische Prüfung eines Medizinproduktes bei Menschen nur durchgeführt werden, wenn sie ärztlich vertretbar ist. Damit entspricht § 20 Abs. 1 Nr. 1 MPG der Risiko-Nutzen-Abwägung in § 40 Abs. 1 S. 3 Nr. 2 AMG und formuliert eine nicht delegationsfähige ärztliche Tätigkeit im engen Sinn. Ferner setzen § 20 Abs. 1 Nr. 2, Abs. 4 Nr. 4; § 21 Nr. 3 MPG sowie § 41 Abs. 6 Strahlenschutzverordnung (StrlSchV v. 20.7.2001, BGBl. I S. 1714, ber. BGBl. 2002 I S. 1459, zuletzt geändert durch Art. 2 G v. 29.8.2008, BGBl. I S. 1793) die Aufklärung vor einer klinischen Prüfung durch einen Arzt voraus, beschreiben mithin eine nicht delegierbare ärztliche Tätigkeit im engen Sinn. Kastrationen zählen nach § 2 Abs. 1 KastrG (Kastrationsgesetz v. 15.8.1969, BGBl. I S. 1143, zuletzt geändert durch Art. 85 G v. 17.12.2008, BGBl. I S. 2586) ebenfalls zu den ärztlichen Tätigkeiten im engen Sinn. Die Anwendung von Röntgenstrahlen zur Untersuchung oder Behandlung von Menschen ist dagegen als ärztliche Tätigkeit im weiten Sinn zu verstehen. Zwar regelt § 24 Abs. 1 Röntgenverordnung (RöV v. 1.8.1987, neugefasst durch Bek. v. 30.4.2003, BGBl. I S. 604) einen Arztvorbehalt. Dieser wird in § 24 Abs. 2 RöV für die rein technische Durchführung durch andere abschließend aufgezählte Personen eingeschränkt.

483 Vgl. § 3 Abs. 1 S. 2 TPG, § 7 Abs. 2 Var. 2 TFG, § 24 S. 3 i. V. m. § 46 IfSG.

484 Vgl. nur *Murswiek*, in: Sachs, GG, Art. 2, Rn. 188 f.

Angesichts des mit den Arztvorbehalten bezweckten Gesundheitsschutzes ist *viertens* eine Delegation ärztlicher Aufgaben auf Krankenpfleger nur zulässig, wenn sich die Gefahr für die Gesundheit des Patienten durch die Durchführung der ärztlichen Aufgabe durch den Krankenpfleger im Vergleich zur Durchführung durch den Arzt nicht erhöht. Dies wird in den genannten Fällen nur dann als gewährleistet angesehen, wenn ärztliches Fachwissen zur Verfügung steht. Folglich wird nur eine Tätigkeit, die im Zusammenhang mit der Anwendung der medizinischen Kenntnisse eines Arztes steht, zu einer ärztlichen Tätigkeit. Diesem Gedanken tragen die Vorschriften insofern Rechnung, als sie die Anordnung der Delegation durch den Arzt sowie die Durchführung durch einen entsprechend qualifizierten nichtärztlichen Mitarbeiter unter Verantwortung des Arztes verlangen.

Die Delegationsfähigkeit der ärztlichen Tätigkeit hängt *fünftens* davon ab, „wann" es auf die ärztliche Sachkunde ankommt. Erfordert die konkrete Durchführung der Maßnahme ärztliches Fachwissen, ist von einer nicht delegationsfähigen, ärztlichen Tätigkeit im engen Sinn auszugehen.[485] Setzt die Tätigkeit ärztliches Fachwissen lediglich im Hinblick auf die Veranlassung, Anleitung und/oder Überwachung voraus, liegt eine delegationsfähige ärztliche Tätigkeit im weiten Sinn vor, die auch als derivative, d.h. aus dem ärztlichen Tätigkeitsbereich abgeleitete Aufgabe bezeichnet werden kann.[486] Bedarf es dagegen ausschließlich bei der Veranlassung als solcher der ärztlichen Sachkunde – wie in der Regel bei den vom Vertragsarzt zu verordnenden Tätigkeiten – gehört die Durchführung dieser Tätigkeit nicht mehr zum ärztlichen Tätigkeitsbereich (vgl. die zusammenfassende Darstellung in *Abb. 11*).

ärztliches Fachwissens bei:	Durchführung ist:	Delegationsfall:
Veranlassung	keine ärztliche Tätigkeit	nein
Veranlassung und Anleitung und/oder Überwachung	ärztliche Tätigkeit im weiten Sinn	ja
Durchführung	ärztliche Tätigkeit im engen Sinn	nein

Abb. 11: *Erforderlichkeit ärztlichen Fachwissens und Delegationsrelevanz*

485 Dieses Ergebnis entspricht der Wertung des BGH, der ein persönliches Eingreifen des Arztes nur fordert, wo die betreffende Tätigkeit gerade dem Arzt eigene Kenntnisse und Kunstfertigkeiten voraussetze, vgl. nur Urt. 24.6.1975 – VI ZR 72/74, NJW 1975, 2245 (2246).

486 Vgl. auch die Rechtsprechung des BSG, wonach nur eine Tätigkeit zur ärztlichen Behandlung i.S.d. §§ 122 Abs. 1 S. 2, 368 Abs. 2 RVO a.F. gehört, nach der der Arzt anleitend oder beaufsichtigend verantwortlich mitwirkt, BSG, Urt. v. 22.11.1968 – 3 RK 47/66, BSGE 29, 27 (28 f.); Urt. v. 24.6.1971 – 5 RKnU 30/68, BSGE 33, 30 (31); BSG, Urt. v. 22.2.1974 – 3 RK 79/72, BSGE 37, 130 (132 f.)

II. Zivil- und strafrechtliche Verantwortlichkeit

Das zivile Haftungs- wie das Strafrecht gibt insofern Anhaltspunkte für die Delegation ärztlicher Tätigkeiten als es den am Delegationsprozess Beteiligten aufzeigt, wer wie dem Patienten für Fehler im Rahmen der Delegation zivil- und/oder strafrechtlich einzustehen hat und ihnen somit einen die „Haftungs- bzw. Straffreiheit" gewährenden Handlungsrahmen setzt.

Zivilrechtliche Haftungsschuldner sind je nach der Ausgestaltung des rechtlichen Rahmens einerseits der delegierende Arzt und der die delegierte Tätigkeit durchführende Krankenpfleger, andererseits der Einrichtungsträger, der den Arzt bzw. Krankenpfleger beschäftigt, sowie leitende Ärzte und leitende Pflegekräfte des Behandlungsträgers.[487] In *strafrechtlicher* Hinsicht kommen als Täter grundsätzlich die am Delegationsprozess beteiligten Ärzte und Krankenpfleger als natürliche Personen in Betracht. Dagegen scheidet der Behandlungsträger mangels Handlungsfähigkeit im natürlichen Sinn als Täter aus, sofern er in Gestalt einer juristischen Person oder einer rechtsfähigen Personengesellschaft die Arztpraxis, das Krankenhaus oder die Pflegeeinrichtung betreibt.[488]

Im Mittelpunkt der nachfolgenden Betrachtung stehen die bei der Delegation ärztlicher Tätigkeiten unmittelbar Beteiligten, d.h. der delegierende Arzt sowie der durchführende Krankenpfleger. Ausgehend vom jeweiligen Haftungsschuldner bzw. in Betracht kommenden Täter werden zunächst vertragliche, deliktische und strafrechtliche Grundlagen in Bezug auf die einschlägigen Haftungs- bzw. Straftatbestände dargestellt, bevor auf die rechtliche Bewertung des sog. ärztlichen Heileingriffs eingegangen wird. Dabei liegt das Interesse der nachfolgenden Untersuchung weniger auf den Tatbestandsvoraussetzungen in ihren dogmatischen Einzelheiten, als vielmehr auf der Frage nach einem gemeinsamen Anknüpfungspunkt zivil- wie strafrechtlicher Fahrlässigkeitsverantwortlichkeit in Form der Sorgfaltspflichtverletzung sowie der delegationsrelevanten Sorgfaltsmaßstäbe und Sorgfaltspflichten des delegierenden Arztes und des ausführenden Krankenpflegers.

1. Delegierender Arzt

Im Delegationsfall kann sich eine Haftung des delegierenden Arztes einerseits insbesondere aus dem Vertrags- und/oder Deliktsrecht, andererseits aus dem Strafrecht ergeben.

a) Vertragliche Grundlagen

Ob und in welchem Umfang der delegierende Arzt vertraglicher Haftungsschuldner ist, hängt zunächst davon ab, welches von den an der Heilbehandlung mitwirkenden Rechtssubjekten zu dem Patienten Vertragsbeziehungen unterhält. Die Vertragsbeziehungen als Grundlage vertraglicher Haftungszurechnung unterscheiden sich je nachdem, ob die Behandlung ambulant oder stationär erfolgt.

---

487 *Spindler*, in: BeckOK-BGB, § 823, Rn. 702; *Pitz*, Was darf das Medizinalpersonal?, S. 109.
488 Vgl. *Wessels/Beulke*, Strafrecht AT, Rn. 94.

aa) Ambulante Behandlung

Organisationsformen der *ambulanten* Patientenbehandlung sind in der Regel[489] die Einzel- oder Gruppenpraxis.

Bei der *Einzel(arzt)praxis*[490] einigen sich Patient und selbständig tätiger Arzt als Praxisinhaber über die ärztliche Behandlung im Rahmen des sog. *Behandlungsvertrags*.[491] Bei dieser Form des Vertragsschlusses ist der Praxisinhaber als behandelnder Arzt alleiniger Leistungs- und Haftungsschuldner.[492]

Eine *Gruppenpraxis* als Zusammenschluss mehrerer Ärzte wird üblicherweise in Form der Praxisgemeinschaft, der Gemeinschaftspraxis oder des Medizinischen Versorgungszentrums vorliegen. Bei der *Praxisgemeinschaft* handelt es sich um ein selbständiges Nebeneinander mehrerer Ärzte gleicher oder verschiedener Fachrichtung, das lediglich in der gemeinsamen Nutzung und Unterhaltung der notwendigen sachlichen und personellen Infrastruktur seine Verbindung findet.[493] Während beispielsweise Praxisräume gemeinsam angemietet oder nichtärztliches Personal für alle beteiligten Ärzte zusammen angestellt wird, bleiben die Ärzte vollkommen selbständig und unabhängig voneinander.[494] Daher kommt der Vertrag nur mit dem Patienten und dem jeweils behandelnden Arzt zustande,[495] sodass dieser – wie bei einer Einzelpraxis – alleiniger Leistungs- und Haftungsschuldner des Patienten ist. Dagegen schließt der Patient bei einer klassischen, auf ein Fachgebiet ausgerichteten[496] *Gemeinschaftspraxis*, d.h. der gemeinsamen Ausübung ärztlicher Tätigkeit in gemeinsamen Räumen mit gemeinsamer Praxiseinrichtung, gemeinsamer Karteiführung und Abrechnung sowie mit gemeinsamen Personal auf gemeinsame Rechnung, grundsätzlich nicht einen Vertrag mit dem behandelnden Arzt, sondern mit

489 Zur ambulanten Krankenhausbehandlung als besondere Fallgestaltung vgl. z.B. §§ 115a ff. SGB V sowie *Katzenmeier*, in: Laufs/Katzenmeier/Lipp, Arztrecht, XI., Rn. 7 f.

490 Bis 1960 erfolgte die ambulante Behandlung ausschließlich in Einzelpraxen, da ein Zusammenwirken mehrerer Ärzte außerhalb des Krankenhauses nicht gestattet war, § 18 Musterberufs- und Facharztordnung 1956, zitiert nach *Narr*, Ärztliches Berufsrecht, Band 2, Rn. B 425.

491 *Kempter*, Medizinische Sorgfaltstandards, S. 239; *Pitz*, Was darf das Medizinalpersonal?, S. 152.

492 Dies gilt für den niedergelassenen Arzt auch im Rahmen sog. vernetzter Praxen sowie den jedenfalls im ausdrücklichen Einverständnis des Patienten hinzugezogenen Konsiliarius, vgl. *Krahe*, Haftungssystematik bei ärztlicher Arbeitsteilung, S. 189 f.; *Katzenmeier*, Arzthaftung, S. 103 ff.; *Steffen/Pauge*, Arzthaftungsrecht, Rn. 45 ff.

493 *Ehmann*, MedR 1994, 141 (144); *Rupprecht*, Zivilrechtliche Haftung des niedergelassenen Arztes, S. 123 ff.

494 *Narr*, Ärztliches Berufsrecht, Band 2, Rn. B 435.

495 *Ehmann*, MedR 1994, 141 (144); *Laufs*, in: Laufs/Uhlenbruck, Handbuch des Arztrechts, § 18, Rn. 9.

496 Neben der Verbindung von Ärzten gleicher Fachrichtung wurde auch der Zusammenschluss von unterschiedlichen Fachärzten für rechtlich zulässig erklärt, vgl. BSG, Urt. v. 22.4.1983 – 6 RKa 7/81, NJW 1984, 1424 (14249). Im Gegensatz zu einer auf ein Fachgebiet beschränkten Gemeinschaftspraxis sind die ärztlichen Leistungen dann jedoch nicht „austauschbar", sodass sich die Verpflichtung zur persönlichen Leistungserbringung auf den jeweiligen Facharzt beschränkt, wenngleich die Gemeinschaft als Gesamtschuldner erhalten bleibt, *Schirmer*, MedR 1995, 341 (449); *Rupprecht*, Zivilrechtliche Haftung des niedergelassenen Arztes, S. 132 f., der allerdings das Unterhalten einer Gemeinschaftspraxis auf inhaltlich kompatible Fachgebiete beschränkt.

der Gemeinschaft als solcher.[497] Ebenso wird beim sog. *Medizinischen Versorgungszentrum*, einer fachübergreifenden ärztlich geleiteten Einrichtung, in der Ärzte als Angestellte oder Vertragsärzte tätig sind, nicht der jeweils behandelnde Arzt Vertragspartner des Patienten, sondern das Zentrum selbst.[498]

bb) Stationäre Behandlung

Die *stationäre* Behandlung im Krankenhaus erfolgt typischerweise im Rahmen der folgenden drei Gestaltungsformen.

Beim sog. *totalen Krankenhausaufnahmevertrag* verpflichtet sich lediglich der Krankenhausträger dem Patienten gegenüber, alle für die stationäre Behandlung erforderlichen Leistungen inklusive der ärztlichen Behandlung zu erbringen.[499] Die vertragliche Beziehung kommt mithin zwischen Patient und Krankenhausträger mit der Konsequenz zustande, dass der delegierende Arzt vertraglich nicht haftet.[500] Erst wenn der Patient darüber hinaus noch ärztliche Wahlleistungen in Anspruch nimmt,[501] schließt er regelmäßig in Form des sog. *Arztzusatzvertrags*[502] mit dem behandelnden Arzt einen weiteren Ver-

---

497 Dies gilt stets, sofern die Gemeinschaftspraxis als Außen-GbR i.S.d. §§ 705 ff. BGB anzusehen ist. Damit haften nach der Anerkennung der Teilrechtsfähigkeit der Außen-GbR die Mitinhaber einer ärztlichen Gemeinschaftspraxis analog § 128 HGB akzessorisch für die vertraglichen Verbindlichkeiten der GbR. Dagegen bleibt der behandelnde Arzt als Gesellschafter einer Partnerschaft (§ 8 Abs. 2 PartGG) neben der Partnerschaftsgesellschaft als Verbund gesamtschuldnerisch Haftender. Bei einer Ärzte-GmbH kommt der Vertrag ausschließlich mit dem Patienten und der GmbH zustande, sodass der delegierende Arzt nicht aus Vertrag haftet, vgl. *Krahe*, Haftungssystematik bei ärztlicher Arbeitsteilung, S. 189 f.; *Katzenmeier*, Arzthaftung, S. 103 ff.; *Steffen/Pauge*, Arzthaftungsrecht, Rn. 45 ff.

498 *Mehringer*, Die Anfängeroperation, S. 52 f.

499 *Sträßner*, Haftungsrecht für Pflegeberufe, S. 157; *Gehrlein*, Arzthaftpflicht, A, Rn. 20, 22. Der Krankenhausaufnahmevertrag ist regelmäßig privatrechtlicher Natur. Auch öffentliche Krankenhausträger regeln ihre Rechtsbeziehung zum Patienten kaum normativ (z.B. durch Satzung oder öffentlich-rechtliches Benutzungsverhältnis). Öffentlich-rechtliche Beziehungen kommen daher nur bei zwangsweiser Einweisung eines Patienten aufgrund öffentlich-rechtlicher Ermächtigungsnormen (z.B. strafprozessualer Art) in Betracht, *Genzel*, in: Laufs/Uhlenbruck, Handbuch des Arztrechts, § 92, Rn. 4.

500 BGH, Urt. v. 8.2.2000 – VI ZR 325/98, NJW 2000, 2741 (2742).

501 Vgl. § 22 Abs. 1 S. 2 BPflV (Verordnung zur Regelung der Krankenhauspflegesätze – Bundespflegesatzverordnung v. 26.9.1994, BGBl. I S. 2750, zuletzt geändert durch Art. 4 G v. 17.3.2009, BGBl. I S. 534) i.V.m. § 17 Abs. 1 S. 1, 2 KHEntgG (Gesetz über die Entgelte für voll- und teilstationäre Krankenhausleistungen – Krankenhausentgeltgesetz v. 23.4.2002, BGBl. I S. 1421, zuletzt geändert durch Art. 18 G v. 17.7.2009, BGBl. I S. 1990).

502 Die Vertragsgestaltungen, in denen die wahlärztliche Leistung in Anspruch genommen wird, werden auch als *einheitlicher Wahlbehandlungsvertrag*, *gespaltener Wahlbehandlungsvertrag* oder *kumulierter Wahlbehandlungsvertrag* bezeichnet, vgl. *Kistner*, Wahlbehandlung und direktes Liquidationsrecht des Chefarztes, S. 24 ff.; *Pflüger*, Krankenhaushaftung und Organisationsverschulden, S. 32 f.

trag[503]. In diesem Fall haftet auch der delegierende Arzt neben dem Krankenhausträger im Rahmen eines Gesamtschuldverhältnisses i.S.d. §§ 421 ff. BGB vertraglich.[504]

Der *sog. gespaltene Arzt-Krankenhausaufnahme-Vertrag* – als typischer Fall der Krankenhauseinweisung eines Patienten durch den sog. Belegarzt[505] – setzt ebenfalls zwei Vereinbarungen voraus.[506] Einerseits schließt der Patient mit dem (Beleg-)Arzt einen Vertrag über die zu erbringenden (beleg-)ärztlichen Leistungen ab. Andererseits einigt er sich mit dem Krankenhausträger über sonstige ärztliche[507] und nichtärztliche Leistungen wie Unterbringung, Verpflegung und pflegerische Versorgung.[508] Je nachdem, welchem Vertragsverhältnis die fehlerhafte Delegation ärztlicher Tätigkeiten zugerechnet[509] wird, haftet entweder der delegierende (Beleg-)Arzt oder der Krankenhausträger aus Vertrag.

cc) Einfluss des Patientenstatus

Neben der Behandlungsform – ambulant oder stationär – wirkt sich der Patientenstatus – gesetzlich oder privat krankenversichert – auf die Stellung des delegierenden Arztes als vertraglicher Haftungsschuldner aus. Einerseits können sich die im Rahmen der ambulanten Krankenhausversorgung gegenüberstehenden Vertragspartner unterscheiden. Lässt sich etwa ein *Privatpatient* im Krankenhaus ambulant behandeln, tritt er grundsätzlich[510] nur mit dem die Ambulanz betreibenden, regelmäßig selbstliquidierenden Chefarzt in vertragliche Beziehungen (sog. *Chefarztambulanz*), selbst wenn er nur von einem nachgeordneten Arzt behandelt wird.[511] Vertraglicher Haftungsschuldner ist in diesem Fall nur der Chefarzt. Dies gilt für den *gesetzlich versicherten Patienten* nur im Grundsatz. Ausnahmen enthalten die §§ 115a ff. SGB V. So ist der Krankenhausträger bei bestimmten

---

503 Nur, wenn ausdrücklich vereinbart wird, dass der selbstliquidierende Chefarzt hinsichtlich der mit ihm vereinbarten Wahlleistung alleiniger Vertragspartner des Patienten wird, ist von einem sog. *gespaltenen Arzt-Krankenhausaufnahme-Vertrag* auszugehen, vgl. nur BGH, Urt. v. 18.6.1985 – VI ZR 234/83, BGHZ 95, 63 (69).

504 BGH, Urt. v. 19.2.1998 – III ZR 169-97, NJW 1998, 1778 (1779); *Wagner*, in: MünchKommBGB, § 823, Rn. 644, 647.

505 Vgl. § 2 Abs. 1 S. 2 BPflV, wonach belegärztliche Leistungen nicht zu den Krankenhausleistungen zählen. Vgl. ferner § 22 Abs. 1 S. 1 BPflV i.V.m. §§ 2 Abs. 1, 18 Abs. 1 S. 1 KHEntgG, § 121 Abs. 2 SGB V: Belegärzte sind nicht am Krankenhaus angestellte Vertragsärzte, die berechtigt sind, ihre Patienten im Krankenhaus stationär oder teilstationär zu behandeln, ohne hierfür vom Krankenhaus eine Vergütung zu erhalten.

506 Vgl. BGH, Urt. v. 22.12.1992 – VI ZR 341/91, NJW 1993, 779 (780). Unabhängig von der Frage, ob es sich beim gespaltenen Arzt-Krankenhausaufnahme-Vertrag um zwei selbständige Verträge oder nur einen einheitlichen Vertrag mit Aufspaltung der Leistungspflichten auf der Schuldnerseite [so: *Uhlenbruck*, NJW 1964, 431 (432)] handelt, kommt es in jedem Fall zu einer Trennung der Leistungs- und damit auch Haftungsbereiche.

507 Darunter fällt die medizinische Betreuung außerhalb der ärztlichen Leistungen des (Beleg-)Arztes und der nachgeordneten Ärzte, die in seinem Fach tätig werden, vgl. insofern die Vergütungsregel §§ 2 Abs. 1 S. 2, 22 Abs. S. 1 BPflV i.V.m. § 18 Abs. 1 S. 2 KHEntgG .

508 Vgl. bereits BGH, Urt. v. 27.2.1952 – II ZR 78/51, BGHZ 5, 321 (323 ff.).

509 Zur Zurechnungsfrage siehe *Zweiter Teil, B, II. 1. a) ee)*, S. 100 ff.

510 Zur Behandlung von Privatpatienten im Rahmen der sog. Institutsambulanzen, vgl. *Pflüger*, Krankenhaushaftung und Organisationsverschulden, S. 39 f.

511 BGH, Urt. v. 8.12.1992 – VI ZR 349/91, NJW 1993, 784 (786); *Sträßner*, Haftungsrecht für Pflegeberufe, S. 161.

ambulanten Operationen und sonstigen stationsersetzenden Eingriffen i.S.d. § 115b Abs. 1 Nr. 1 SGB V alleiniger Vertragspartner und Haftungsschuldner (sog. *Instituts- oder Krankenhausambulanz*) des *gesetzlich Versicherten*, sofern er eine entsprechende Mitteilung an die in § 115b Abs. 2 S. 2 SGB V genannte Stelle gemacht hat. In diesem Fall scheidet der delegierende Arzt als Haftungsschuldner aus.[512] Nur wenn der Krankenhausträger dieses Leistungsspektrum nicht übernommen hat, kommt nach § 116 SGB V eine Zulassung leitender Krankenhausärzte zur ambulanten Operation in Betracht,[513] die die Stellung des operierenden Arztes als Haftungsschuldner begründet.[514]

Andererseits hat der Patientenstatus insofern Einfluss auf die rechtliche Einordnung der *Arzt-Patienten-Beziehung* als über das Verhältnis von Arzt und gesetzlich versichertem Patienten Uneinigkeit besteht. Während mit Verweis auf die Einbettung in ein öffentlich-rechtlich geprägtes System[515] das Vorliegen eines zivilrechtlichen Vertrags abgelehnt wird,[516] gehen andere Vertreter von einem zivilrechtlichen Vertrag aus und führen insbesondere die notwendige Irrelevanz der Pflichtenstellung des Arztes vom Versicherungsstatus des Patienten an.[517] Unabhängig davon, welcher Ansicht man folgt, bietet zwar die Vertragsfreiheit den Beteiligten der privaten Krankenversicherung einen größeren Gestaltungsspielraum in Bezug auf Behandlungsinhalte und –zuständigkeiten.[518] Allerdings gibt

---

512 Dazu zählen z.B. die nichtstationäre Notfallbehandlung (§ 76 Abs. 1 S. 2 SGB V), die Leistungen der zur Teilnahme an der vertragsärztlichen Versorgung ermächtigten ärztlich geleiteten Einrichtungen (Hochschulambulanzen, § 117 SGB V; psychiatrische Institutsambulanzen, § 118 SGB V; sozialpädiatrische Zentren, § 119 SGB V) sowie die ambulante Erbringung der in § 24b SGB V aufgeführten Maßnahmen, *Katzenmeier*, in: Laufs/Katzenmeier/Lipp, Arztrecht, XI., Rn. 7.

513 BGH, Urt. v.20.12.2005 – VI ZR 180/04, NJW 2006, 767 (768, Rn. 12); *Gehrlein*, Arzthaftpflicht, A, Rn. 11.

514 *Kingreen*, in: BeckOK-SozR, § 116 SGB V, Rn. 10a.

515 Die Einbettung in ein *„subtil organisiertes öffentlich-rechtliches System"* [BVerfG, Urt. v. 23. 3. 1960 – 1 BvR 216/51, NJW 1960, 715 (715)], an dem der Patient, die Krankenkasse, der Vertragsarzt und die Kassenärztlichen Vereinigungen beteiligt sind, charakterisiert Folgendes: Zwischen dem gesetzlich versicherten Patienten und der Krankenkasse, die eine Körperschaft des öffentlichen Rechts ist (vgl. § 4 Abs. 1 SGB V), besteht ein öffentlich-rechtliches Versicherungsverhältnis, dass dem Kassenpatienten Anspruch auf bestimmte (medizinische) Leistungen gewährt (vgl. § 2, 11 ff., 27 SGB V). Zur Erfüllung dieses Anspruchs schließen die Landesverbände der Krankenkassen und die Verbände der Ersatzkassen mit den Kassenärztlichen Vereinigungen, die die vertragsärztliche Versorgung sicherzustellen haben (vgl. § 75 Abs. 1 S. 1 SGB V), nach Maßgabe der §§ 82 ff. SGB V einen als öffentlich-rechtlich einzustufenden Gesamtvertrag über die vertragsärztliche Versorgung ab. Die Mitgliedschaft des Vertragsarztes in der als Körperschaft des öffentlichen Rechts ausgestalteten Kassenärztlichen Vereinigung stellt ebenfalls ein öffentlich-rechtliches Mitgliedschaftsverhältnis dar (vgl. § 77 Abs. 3, 5 SGB V), vgl. zur Einordnung *Katzenmeier*, Arzthaftung, S. 94 ff.; *Deutsch/Spickhoff*, Medizinrecht, Rn. 79 f.

516 Der gesetzlich versicherte Patient wolle bei einem Arztbesuch keinen Vertrag abschließen, sondern beanspruche Leistungen, die er bereits mit seinen Beiträgen erkauft habe, vgl. *Katzenmeier*, Arzthaftung, S. 95, Fn. 115 m.w.N; *Natter*, NJW 1986, 1529 (1529); *Schnapp/Düring*, NJW 1989, 2913 (2916) für das Rechtsverhältnis zwischen Kassenzahnarzt und sozialversichertem Patienten.

517 BGH, Urt. v. 3.2.1967 – VI ZR 114/65, BGHZ 47, 75 (78); Urt. v. 9. 5. 2000 – VI ZR 173/99, NJW 2000, 3429 (3430); *Deutsch/Spickhoff*, Medizinrecht, Rn. 4, 20, 79; *Lipp*, in: Laufs/Katzenmeier/Lipp, Arztrecht, III., Rn. 1; *Weidenkaff*, in: Palandt, BGB, Einf v § 611, Rn. 18.

518 *Kammerlohr*, Behandlungsfehlerhaftung im arbeitsteiligen Medizinbetrieb, S. 189f. Gleichwohl ist diese Unterscheidung nur von untergeordneter Rolle, da die *„für den Kassenpatienten vorgeprägte*

es insofern, wie § 76 Abs. 4 SGB V mit dem Verweis auf die „*Sorgfalt nach den Vorschriften des bürgerlichen Vertragsrechts*" explizit klarstellt, haftungsrechtlich keine Unterschiede, sodass auf eine weitergehende Streitdarstellung verzichtet werden kann.

dd) Haftung für eigenes Verschulden

Liegt eine der geschilderten vertraglichen oder eine diesen gleichgestellte Beziehung zwischen delegierendem Arzt und Patient vor, ergibt sich eine etwaige Haftung des delegierenden Arztes bei der schadensstiftenden Delegation aus der Verletzung von Pflichten des Behandlungsvertrages für *eigenes Verschulden* aus §§ 611 Abs. 1[519], 280 Abs. 1, 276 i.V.m. §§ 249, 253 Abs. 2 BGB.

ee) Haftung für fremdes Verschulden

Für das *Verschulden des* die zulässigerweise delegierte Tätigkeit durchführenden *Krankenpflegers* haftet der Arzt aus Vertrag nach §§ 611 Abs. 1, 280 Abs. 1, 278 S. 1 i.V.m. §§ 249, 253 Abs. 2 BGB, wenn er sich des Krankenpflegers *zur Erfüllung seiner* aus dem mit dem Patienten geschlossenen Behandlungsvertrags folgenden *Verbindlichkeit bedient.* Wann dies der Fall ist, ist problematisch, wenn dem geschädigten Patienten neben dem Arzt auch der Einrichtungsträger als Vertragspartner gegenübersteht: so beim gespaltenen Arzt-Krankenhausaufnahme-Vertrags[520] oder, wenn der Patient sowohl mit dem Arzt als auch dem Träger einer Pflegeeinrichtung einen Behandlungs- bzw. Pflegevertrag geschlossen hat.[521] Fraglich ist dann, ob das Verschulden des Krankenpflegers gemäß § 278 S. 1 BGB dem delegierenden Arzt, dem Einrichtungsträger – Krankenhaus oder Pflegeeinrich-

---

Zuständigkeitsregelung auch als von den Parteien erklärten und gewollten Inhalt der Vereinbarung zwischen Privatpatient und Chefarzt über die Behandlung in der Chefarztambulanz anzusehen ist", BGH, Urt. v. 20.9.1988 – VI ZR 296/87, BGHZ 105, 189 (195).

519 Der mit einem Arzt geschlossene Behandlungsvertrag ist seiner Rechtsnatur nach regelmäßig nicht als Werkvertrag, sondern als Dienstvertrag gem. §§ 611 ff. BGB einzustufen. Der Arzt schuldet nicht den Behandlungserfolg, dessen Eintritt er nicht vollständig kontrollieren kann, sondern lediglich das sorgfältige Bemühen um Hilfe und Heilung, BGH, Urt. v. 9.12.1974 – VII ZR 182/73, BGHZ 63, 306 (309); Urt. v. 18.3.1980 – VI ZR 247/78, BGHZ 76, 259 (261); *Gehrlein*, Arzthaftpflicht, A, Rn. 4. *Deutsch/Spickhoff*, Medizinrecht, Rn. 108, der jedoch in Rn. 113 wegen der der medizinischen Behandlung immanenten Mischung aus Tätigkeits- und Erfolgselementen für einen eigenen Typus Arztvertrag plädiert. Dies gilt auch für den mit dem Krankenhausträger geschlossenen Krankenhausaufnahmevertrag, der zwar ein typengemischter Vertrag ist, bei dem jedoch das dienstvertragliche Element in der Regel als vorherrschend gilt, *Weidenkaff*, in Palandt, Einf v § 611, Rn. 19.

520 Zwar hat der Patient auch beim *totalen Krankenhausaufnahmevertrag mit Arztzusatzvertrag* zwei Vertragspartner. Allerdings verpflichtet sich hierbei das Krankenhaus – im Gegensatz zum *gespaltenen Arzt-Krankenhausaufnahme-Vertrag* – zur umfassenden Leistungserbringung inklusive des ärztlichen Bereichs. Solange nichts anderes ausdrücklich im Krankenhausaufnahmevertrag vereinbart ist, wird der Pflichtenkreis des Krankenhausträgers durch den Arztzusatzvertrag nicht eingeschränkt. Vielmehr steht dem Patienten für die fehlerhafte ärztliche Behandlung ein zusätzlicher Schuldner zur Verfügung, vgl. BGH, Urt. v. 18.6.1985 – VI ZR 234/83, BGHZ 95, 63 (67 f., 70); Urt. v. 19.2.1998 – III ZR 169-97, NJW 1998, 1778 (1779). Folglich ist sowohl der delegierende Arzt als auch der Krankenpfleger Erfüllungsgehilfe des Krankenhausträgers, *Stadler*, in: Jauernig, § 278, Rn. 16.

521 So auch für den ambulanten Bereich *Pitz*, Was darf das Medizinalpersonal?, S. 153 ff.

tung – oder beiden gemeinsam zuzurechnen ist. Nur, wenn der Krankenpfleger zumindest auch als Erfüllungsgehilfe des Arztes qualifiziert wird, haftet der Arzt für die fehlerhafte Durchführung der delegierten Aufgabe durch den Krankenpfleger aus Vertrag.

Nachfolgend werden daher Kriterien und Lösungsansätze[522] aus Rechtsprechung und Literatur zur Haftungsabgrenzung zwischen Arzt und Einrichtungsträger für das Gehilfenverschulden dargestellt und auf die Delegation ärztlicher Tätigkeiten bezogen.

(1) Objektive Abgrenzung

Die sog. *Anstellungstheorie*[523] nimmt die Verschuldenszurechnung des Erfüllungsgehilfen anhand der arbeitsrechtlichen Anstellungssituation vor. Demnach wäre stets der Krankenpfleger, der die delegierte Tätigkeit fehlerhaft durchführt und schuldhaft einen Schaden verursacht, Erfüllungsgehilfe seines formalrechtlichen Arbeitgebers. Dies ist im stationären wie ambulanten Bereich regelmäßig der Einrichtungsträger, sodass eine vertragliche Haftung des Arztes für Fehler des Krankenpflegers bei der Delegation ausschiede.

Zieht man eine sog. *Repräsentationstheorie*[524] zur Abgrenzung der Haftungsbereiche heran, kommt es darauf an, ob der Krankenpfleger bei objektiver Betrachtung als Repräsentant des Arztes erscheint. Ist dies der Fall, hat der Arzt für das schuldhafte und schadensstiftende Tätigwerden des Krankenpflegers einzustehen.

Wenngleich die klare Haftungsverteilung dieser formal-objektiven Ansätze vorteilhaft erscheinen mag, so widersprechen sie sowohl dem Wortlaut als auch dem Telos des § 278 S. 1 BGB.[525] Anknüpfungspunkt der Zurechnung des „Gehilfenverschuldens“ ist die *Verbindlichkeit des Schuldners.* Konkretisiert wird diese Verbindlichkeit durch Art und *In-*

---

522 Die Mehrzahl der Lösungen wurde für den sog. *gespaltenen Arzt-Krankenhausaufnahme-Vertrag* entwickelt.

523 Vgl. hierzu abl. bereits *Zitelmann,* in: Grober, Das deutsche Krankenhaus, 842 (865), nachdem der Arzt für fahrlässige Handlungen jeder willentlich eingeschalteten Hilfsperson hafte, auch derjenigen, die von der Anstalt angestellt und besoldet sei, wenn die Handlung in den Bereich dessen falle, was der Arzt zu tun habe. Insofern jedoch widersprüchlich *Zitelmann,* in: Grober, Das deutsche Krankenhaus, 842 (864) *„Ist der Schuldige (…) dem Kranken gegenüber nicht selbst Vertragspartei, sondern von dem, der Vertragspartei ist, nur angestellt, so tritt nun nach (…) § 278 neben seine eigene die Haftung eben dieser Vertragspartei“.*

524 *Uhlenbruck* bespricht eine Repräsentationshaftung als mögliche Abgrenzungshilfe, lehnt sie aber ab und verweist als für das Arztrecht typische Repräsentationsnormen auf §§ 31, 86, 89 BGB, *Uhlenbruck,* NJW 1964, 2187 (2189); ebenso bereits *Westermann,* JuS 1961, 333 (334 f.). Vgl. aber BGH, Urt. v. 2.6.1995 – V ZR 52/94, NJW 1995, 2550 (2551); Urt. v. 24.11.1995 – V ZR 40/94, NJW 1996, 451 (452), der § 278 BGB für den Fall bejaht, dass der Makler als beauftragter Verhandlungsführer/Verhandlungsgehilfe des Schuldners aufgetreten ist; BGH, Urt. v. 20.2.1967 – III ZR 40/66, BGHZ 47, 224 (230) für den Fall, dass der am Zustandekommen des Schuldverhältnisses Beteiligte als Vertrauensperson des Schuldners in Erscheinung trat. Im Übrigen wird die Repräsentantenhaftung bspw. für den Versicherungsnehmer diskutiert: Dieser hat für eine schuldhafte Herbeiführung des Versicherungsfalls (§ 61 VVG a.F. bzw. § 81 VVG n.F., Versicherungsvertragssgesetz v. 23.11.2007, BGBl. I S. 2631, zuletzt geändert durch Art. 10 G v. 29.7.2009, BGBl. I S. 2355) durch seine Hilfspersonen gerade nicht nach § 278 BGB, sondern nur insoweit einzustehen, als sie seine Repräsentanten sind, vgl. bereits BGH, Urt. v. 25.11.1953 – II ZR 7/53, BGHZ 11, 120 (122).

525 *Franzki/Hansen,* NJW 1990, 737 (740); *Grundmann,* in: MünchKommBGB, § 278, Rn. 35; zust. auch: *Sträßner,* Haftungsrecht für Pflegeberufe, S. 159 f.

halt[526] des zwischen Patient auf der einen und Arzt bzw. Einrichtungsträger auf der anderen Seite bestehenden Schuldverhältnisses. Stellte man dagegen lediglich darauf ab, wer den Krankenpfleger angestellt hat, träfe den Einrichtungsträger als regelmäßigen Arbeitgeber des Krankenpflegers auch die Haftung für schuldhafte Verletzungen solcher delegationsbedingten Handlungs- und Unterlassungspflichten des Krankenpflegers, die der Einrichtungsträger selbst dem Patienten nicht schuldet.[527] Ferner haftet nach § 278 S. 1 BGB nur derjenige Schuldner, der einen anderen *willentlich* zur Erfüllung seiner eigenen Verbindlichkeit als Hilfsperson heranzieht.[528] Eine grundsätzliche Haftung des Arbeitgebers oder des Repräsentierten stünde somit in Widerspruch zu § 278 S. 1 BGB.[529] Die objektiven Abgrenzungsversuche vermögen daher nicht zu überzeugen.

Dagegen sucht die sog. *Handlungstheorie*[530] für den Bereich des gespaltenen (Beleg-)Arzt-Krankenhausaufnahme-Vertrags die Verbindlichkeit des Schuldners i.S.d. § 278 S. 1 BGB unter Zuhilfenahme der einschlägigen Vergütungsregeln[531] zu konkretisieren. Handelt der Belegarzt werden ihm in Anlehnung an §§ 2 Abs. 1 S. 2, 23 BPflV a.F.[532] nur eigene Fehler und Fehler eines ärztlichen Mitarbeiters, der im belegärztlichen Fachgebiet tätig wurde, zugeordnet. Delegiert der Belegarzt aufgrund des ihm im Belegarztvertrag eingeräumten Weisungsrechts eine Maßnahme an den Krankenpfleger, so sei weder der Arzt Erfüllungsgehilfe des Krankenhauses noch der Krankenpfleger Erfüllungsgehilfe des Arztes. Vielmehr trete der Arzt im Verhältnis Patient-Einrichtungsträger als leistungsbestimmender Dritter i.S.d. § 317 Abs. 1 BGB auf und lege zugleich fest, dass die Erfüllung dieser delegierten Aufgabe zum Pflichtenkreis des Einrichtungsträgers gehöre.

Im Ergebnis kommt somit auch hiernach eine vertragliche Haftung des delegierenden Arztes für das krankenpflegerische Verschulden nicht in Betracht. Zum einen stellt die

526 Neben dem Vertragsinhalt widerstreitet dieser objektive Haftungsmaßstab, bezogen auf den *gespaltenen (Beleg-)Arzt-Krankenhausaufnahme-Vertrag*, auch dem Regelungsgehalt der § 121 Abs. 3 Nr. 2 SGB V, §§ 2 Abs. 1 S. 2, 18 Abs. 1 S. 2 Nr. 3 KHEntgG, der die vom Belegarzt veranlassten Leistungen nachgeordneter Krankenhausärzte desselben Fachgebiets als Leistungen des Belegarztes definiert.

527 *Eichholz*, Die Rechtsstellung des Belegarztes, S. 111; *Uhlenbruck*, NJW 1964, 2187 (2189); *Pitz*, Was darf das Medizinalpersonal?, S. 154.

528 BGH, Urt. v. 21.4.1954 – VI ZR 55/53, BGHZ 13, 111 (113); Urt. v. 7.12.2004 – VI ZR 212/03, NJW 2005, 888 (889); *Grüneberg*, in: Palandt, § 278, Rn. 7.

529 Gegen die grundsätzliche Einordnung des Krankenpflegers als Erfüllungsgehilfe des Einrichtungsträgers, vgl. auch BGH, Urt. v. 22.10.1957 – VI ZR 231/56, VersR 1957, 806 (808); *Daniels*, NJW 1972, 305 (307).

530 *Franzki/Hansen*, NJW 1990, 737 (742 f.).

531 Vgl. bereits BGH, Urt. v. 22.10.1957 – VI ZR 231/56, VersR 1957, 806 (808), der allerdings zu Recht als ein bedeutsames Anzeichen dafür, wer die Tätigkeit des Krankenpflegers dem Patienten schuldet, darauf abstellt, wer die Kosten des Krankenpflegers bei dem Patienten erhoben hat und nicht darauf, von wem der Krankenpfleger seine Vergütung erhält.

532 § 23 BPflV a.F. entspricht § 18 Abs. 2 KHEntgG (i.V.m. § 22 Abs. 1 S. 1 BPflV n.F.). Danach gehören zu den nicht vom Krankenhaus geschuldeten Leistungen des Belegarztes (Nr. 1) seine persönlichen Leistungen, (Nr. 2) der ärztliche Bereitschaftsdienst für Belegpatienten, (Nr. 3) die von ihm veranlassten Leistungen nachgeordneter Ärzte des Krankenhauses, die bei der Behandlung seiner Belegpatienten in demselben Fachgebiet wie der Belegarzt tätig werden und (Nr. 4) die von ihm veranlassten Leistungen von Ärzten und ärztlich geleiteten Einrichtungen außerhalb des Krankenhauses.

Handlungstheorie auf die Vergütungsregeln ab. Diese prägen zwar auch die möglichen Formen der Vertragsgestaltung zwischen Patient und Krankenhausträger,[533] bieten jedoch nicht die gebotene Klarheit: Wenn § 23 BPflV a.F. bzw. § 18 Abs. 1 S. 2 Nr. 1 KHEntgG die persönlichen Leistungen des Belegarztes aus den Krankenhausleistungen ausschließt, so setzt das Erfordernis persönlicher Leistungen nicht zwingend auch Eigenhändigkeit voraus. Dies ergibt sich, wie eingangs bereits gezeigt, unter anderem aus § 15 Abs. 1 S. 5 BMV-Ä, der nach § 2 Abs. 2 Nr. 1 BMV-Ä[534] auch für Belegärzte gilt. Daher ist es gerechtfertigt, auch an den Krankenpfleger delegierte *ärztliche* Leistungen unter bestimmten Voraussetzungen als solche des Belegarztes zu verstehen.

Andererseits zieht die Handlungstheorie § 317 Abs. 1 BGB heran. § 317 Abs. 1 BGB stellt in Ergänzung zu § 315 Abs. 1 BGB klar, dass die Bestimmung der Leistung anstelle einer der Parteien – Patient oder Einrichtungsträger – auch einem Dritten – Arzt – überlassen werden kann. Dies setzt freilich zunächst eine Einigung zwischen Patient und Einrichtungsträger über das Bestimmungsrecht des Arztes voraus.[535] Zweifel ergeben sich allerdings im Hinblick auf die Anwendbarkeit von § 317 Abs. 1 BGB in diesen Fällen. So ist § 315 Abs. 1 BGB, der sachlich dem § 317 Abs. 1 BGB entspricht,[536] nicht anwendbar, soweit der Umfang der Leistung durch objektive Beurteilungsmaßstäbe festgelegt ist.[537] Zwar ist zu Beginn der Behandlung eines Patienten häufig unklar, welche Einzelleistungen erforderlich sein werden. Die Leistungspflicht wird somit in der Regel bei Vertragsschluss nur rahmenmäßig festgelegt.[538] Insofern liegt also eine gewisse Unbestimmtheit vor, was für eine spätere Konkretisierungsmöglichkeit spricht. Gleichwohl wird bei ärztlichen und pflegerischen Leistungen stets die *erforderliche* Behandlung – und damit ein objektiver Maßstab – geschuldet, der es ermöglicht, die vertraglichen Leistungspflichten zu bestimmen.[539] Eine Leistungsbestimmung (nach freiem oder billigem Ermessen) i.S.d. §§ 315 Abs. 1, 317 Abs. 1 BGB scheidet daher aus.[540] Insofern sind also auch einer etwaig vereinbarten Drittleistungsbestimmung Grenzen gesetzt.

(2) Subjektive Abgrenzung

Folgte man einer reinen *Willenstheorie*[541], so fände die Abgrenzung der Haftungsbereiche anhand des jeweiligen Willens des Arztes bzw. des Einrichtungsträgers statt, den Kran-

533 So legt § 2 Abs. 1 KHEntgG die Leistungspflicht des Krankenhauses als Leistungserbringer im Rahmen der gesetzlichen Krankenversicherung gegenüber dem Patienten fest.

534 Danach gehören zur ärztlichen Behandlung im Rahmen der vertragsärztlichen Versorgung auch die belegärztlichen Leistungen i.S.v. § 121 SGB V.

535 Für die Parteien eines Stromlieferungsvertrages vgl. BGH, Urt. 28.3.2007 – VIII ZR 144/06, NJW 2007, 1672 (1673): § 315 BGB setzt voraus, *„dass die Parteien vereinbart haben, eine von ihnen solle die Leistung bestimmen"*. *Rieble*, in: Staudinger, § 317, Rn. 23.

536 *Wagner*, in: Dauner-Lieb/Heidel/Ring, AnwaltKommentar BGB, § 317, Rn. 1; *Rieble*, in: Staudinger, § 317, Rn. 1.

537 *Grüneberg*, in: Palandt, § 315, Rn. 6.

538 Vgl. *Gottwald*, in: MünchKommBGB, § 315, Rn. 2; *Hohloch/Hager*, in: Erman, BGB, § 315, Rn. 1, für die ärztliche Leistung als Vertragsgegenstand.

539 *Wagner*, in: Dauner-Lieb/Heidel/Ring, AnwaltKommentar BGB, § 315, Rn. 22; *Hohloch/Hager*, in: Erman, BGB, § 315, Rn. 1.

540 Vgl. *Wagner*, in: Dauner-Lieb/Heidel/Ring, AnwaltKommentar BGB, § 315, Rn. 22.

541 Hierzu *Uhlenbruck*, NJW 1964, 2187 (2189 f.).

kenpfleger für sich in das Behandlungsverhältnis einzubeziehen. Delegiert der Arzt eine eigene Aufgabe an den Krankenpfleger, so wird der Krankenpfleger aufgrund des konkreten ärztlichen Willens tätig. Gleiches gelte allerdings für jedwede Veranlassung krankenpflegerischen Handelns durch den Arzt, so auch bei der Verordnung (grund-)pflegerischer Tätigkeiten. Folglich wäre der Krankenpfleger stets Erfüllungsgehilfe des veranlassenden Arztes, unabhängig davon, ob der Arzt die veranlasste Maßnahme im Rahmen seiner ärztlichen Behandlung auch tatsächlich schuldete. Der Arzt haftete vertraglich für die fehlerhafte und schadensstiftende Durchführung der seinerseits veranlassten Maßnahme durch den Krankenpfleger.

Wenngleich der Einschaltungswille auch Voraussetzung des § 278 S. 1 BGB ist, so kann dieses subjektive Merkmal nicht das einzig maßgebende Zurechnungskriterium sein. Vielmehr muss der Schuldner das Risiko eines fehlerhaften Verhaltens seines Gehilfen deshalb tragen, weil dieser objektiv eine Aufgabe übernimmt, die im Verhältnis zum Gläubiger ihm, dem Schuldner, selbst obliegt.[542]

(3) Funktionale Abgrenzung

Unter dem Stichwort funktionale Abgrenzung werden diejenigen Lösungsansätze vorgestellt, die sich zu Recht darum bemühen, die Verbindlichkeit des Schuldners i.S.d. § 278 S. 1 BGB in Gestalt seines Pflichtenkreises zu konkretisieren.

So wird versucht die Pflichtenkreise nach *Haupt- und Hilfstätigkeiten*[543] zu unterscheiden. Demnach schulde der Arzt die ärztlich dominierende Haupttätigkeit, während dem Einrichtungsträger alle Hilfstätigkeiten oblägen. Allerdings führte diese Unterscheidung zu unsachgerechten Ergebnissen, wenn der Arzt eine – wie auch immer zu definierende – Hilfstätigkeit eigenhändig vornimmt und demzufolge als Erfüllungsgehilfe des Einrichtungsträgers einzustufen wäre.[544]

Die Rechtsprechung hat den objektiven Pflichtenkreis von Arzt und Einrichtungsträger zum Teil anhand der eigenen Leistungen des behandelnden Arztes und den *üblichen Funktionen des Krankenhauses* abgegrenzt.[545] Demnach schulde der Einrichtungsträger – beim gespaltenen Arzt-Krankenhausaufnahme-Vertrag – auch die Gewährung derjenigen Heilbehandlung, die nicht durch den behandelnden Arzt selbst, sondern gewöhnlich nur mittels der personellen und sachlichen Einrichtungen eines Krankenhauses gewährt zu werden pflegt.[546] Danach zähle der nachgeordnete ärztliche Dienst[547] und im Erst-Recht-Schluss auch der nichtärztliche Dienst[548] zu den üblichen Funktionen des Krankenhauses.

542 BGH, Urt. v. 8.2.1974 – V ZR 21/72, BGHZ 62, 119 (124); *Unberath*, in: BeckOK-BGB, § 278, Rn. 11.

543 Vgl. hierzu *Eichholz*, Die Rechtsstellung des Belegarztes, S. 109 f.

544 *Franzki/Hansen*, NJW 1990, 737 (741).

545 BGH, Urt. v. 8.5.1962 – VI ZR 270/61, NJW 1962, 1763 (1763); LG Aachen, Urt. 30.1.1976 – 5 S 493/75, NJW 1976, 1155 (1156).

546 BGH, Urt. v. 27.2.1952 – II ZR 78/51, BGHZ 5, 321 (323 f.): Bluttransfusion; Urt. v. 8.5.1962 – VI ZR 270/61, NJW 1962, 1763 (1763): nachgeordneter ärztlicher Dienst. Aber vgl. BGH, Urt. v. 22.10.1957 – VI ZR 231/56), VersR 1957, 806 (808), der Zweifel an der Abgrenzungstauglichkeit dieser Formel äußerte.

547 BGH, Urt. v. 8.5.1962 – VI ZR 270/61, NJW 1962, 1763 (1763).

548 LG Aachen, Urt. 30.1.1976 – 5 S 493/75, NJW 1976, 1155 (1156).

Diese Interpretation der Rechtsprechungsformel liefe jedoch im Ergebnis darauf hinaus, dass der durchführende Krankenpfleger generell Erfüllungsgehilfe des Einrichtungsträgers wäre und vermag daher aus oben[549] genannten Gründen nicht zu überzeugen.

Zwar lässt sich diese Generalisierung vermeiden, indem für die konkrete Delegationsmaßnahme geklärt wird, ob sie üblicherweise nur unter Einsatz des Krankenhauspersonals geleistet wird. Dies hängt, wie noch zu zeigen sein wird, neben der personellen und sachlichen Ausstattung der Einrichtung insbesondere von der Qualifikation des an der Behandlung beteiligten Krankenpflegers ab. Daher wird der Arzt die gleiche Aufgabe in einem Fall zulässigerweise dem Krankenpfleger überlassen können bzw. dürfen, in einem anderen Fall wird er sie selbst durchführen müssen. Insofern fehlt es bei der Delegation ärztlicher Tätigkeiten – jedenfalls abstrakt – an einer üblichen Handhabung,[550] sodass sich das Merkmal der Üblichkeit letztlich als unpraktisch erweist.

Gleichwohl streitet für eine funktionale Abgrenzung, dass niemand über die Haftung nach § 278 S. 1 BGB für ein Verhalten haftbar gemacht werden soll, das nach seiner Position im arbeitsteiligen Rechts- und Wirtschaftsverkehr nicht in seinen Verantwortungsbereich fällt.[551] Ist dieser Verantwortungsbereich vertraglich nicht ausdrücklich vereinbart bzw. nicht hinreichend konkretisiert, kann mit der Rechtsprechung auf die Verkehrssitte als Auslegungskriterium abgestellt und danach gefragt werden, welche Aufgaben der Patient üblicherweise vom Arzt und welche vom Einrichtungsträger erwarten darf.[552] Dabei muss sich die Antwort aber primär an den berufsrechtlichen Kompetenzen orientieren.

Daher ist zur Definition der Pflichtenkreise der *medizinisch-ärztliche*[553] bzw. *pflegerische*[554] *Verantwortungsbereich* heranzuziehen. Befunderhebung, Diagnose und die sich daran anschließende Entscheidung, welche Behandlungsmaßnahmen erforderlich sind, fallen in den medizinisch-ärztlichen Verantwortungsbereich.[555] Dagegen gehören Grund- und Funktionspflege sowie die pflegerische Ergänzung des ärztlichen Behandlungskonzepts durch die Behandlungspflege grundsätzlich in den Aufgabenbereich der Pflegekräfte und damit des Einrichtungsträgers.[556]

So klar sich diese Frage jedoch für den operativen Eingriff als typischerweise ärztliche Tätigkeit beantworten lässt, so wenig helfen sie in den meisten Fällen der Delegation ärztlicher Tätigkeiten weiter. De lege lata ergeben sich, wie die bisherige Untersuchung verdeutlicht, selbst bei gesetzlich geregelten ärztlichen Tätigkeiten nicht in jedem Fall klare Abgrenzungsmöglichkeiten – beispielsweise wurden nach dem Wortlaut eher als ärztliche Tätigkeiten im engen Sinn einzustufende Aufgaben im Schrifttum gleichwohl als delega-

---

549 Siehe *Zweiter Teil, B, II. 1. a) ee) (1)*, S. 101 ff.

550 *Eichholz*, Die Rechtsstellung des Belegarztes, S. 109.

551 *Löwisch/Caspers*, in: Staudinger, § 278, Rn. 35; *Pitz*, Was darf das Medizinalpersonal?, S. 155.

552 *Daniels*, NJW 1972, 305 (306).

553 BGH, Urt. v. 10.1.1984 – VI ZR 158/82, BGHZ 89, 263 (268, 271); OLG Karlsruhe, Urt. v. 13. 10. 2004 – 7 U 122/03, NJW-RR 2005, 107 (107).

554 Vgl. OLG München, Urt. v. 20.6.1996 – 1 U 4529/95, VersR 1997, 977 (977); *Gehrlein*, Arzthaftpflicht, B, Rn. 71 f.; *Pitz*, Was darf das Medizinalpersonal?, S. 155 ff.

555 OLG Karlsruhe, Urt. v. 13. 10. 2004 – 7 U 122/03, NJW-RR 2005, 107 (107); *Thomae*, in: Weth/Thomae/Reichold, Arbeitsrecht im Krankenhaus, Teil 2, D, Rn. 7.

556 *Gehrlein*, Arzthaftpflicht, B, Rn. 71; *Thomae*, in: Weth/Thomae/Reichold, Arbeitsrecht im Krankenhaus, Teil 2, D, Rn. 7; *Steffen/Pauge*, Arzthaftungsrecht, Rn. 32, 75, 224; *Pitz*, Was darf das Medizinalpersonal?, S. 157, 161.

tionsfähig angesehen.[557] Im Übrigen birgt der Begriff des medizinisch-ärztlichen bzw. pflegerischen Verantwortungsbereichs wie der der Üblichkeit im Sinne der Rechtsprechung auch weiterhin die Gefahr der Rechtsunsicherheit und Unpraktikabilität.[558]

Der Ungewissheit über die Pflichtenkreise begegnet eine andere Ansicht[559] für den ambulanten Bereich insbesondere durch *Bezugnahme auf* das Verzeichnis *verordnungsfähiger Maßnahmen* der häuslichen Krankenpflege[560]. Demnach sei das Pflegepersonal im Rahmen der Behandlungspflege bei allen verordnungsfähigen und vom Arzt verordneten Maßnahmen Erfüllungsgehilfe des Einrichtungsträgers. Etwas anderes gelte nur, wenn der Arzt dem Krankenpfleger Maßnahmen übertrüge, die nicht mehr zu den gängigen Maßnahmen der Behandlungspflege gehörten.[561] Dies sei dann der Fall, wenn die Tätigkeiten über die verordnungsfähigen Maßnahmen i.S.d. der häuslichen Krankenpflege hinausgingen.[562]

Entscheidend für diesen Ansatz spricht die Praxistauglichkeit eines – freilich immer an den jeweiligen Entwicklungsstand anzupassenden – Leistungsverzeichnisses. Problematisch ist jedoch, dass es sich bei diesem Verzeichnis um einen Bestandteil der Richtlinie des Bundesausschusses der Ärzte und Krankenkassen[563] nach § 92 Abs. 1 S. 2 Nr. 6, Abs. 7 SGB V über die Verordnung häuslicher Krankenpflege handelt. Die Bindungswirkung der Richtlinie betrifft nicht jedermann i.S.e. Allgemeinverbindlichkeit, sondern nur denjenigen, der am System der gesetzlichen Krankenversicherung partizipiert.[564] Das hinzugezogene Leistungsverzeichnis gibt daher nur die in der *vertragsärztlichen Versorgung* verordnungsfähigen Maßnahmen der häuslichen Krankenpflege wieder.[565] Daher ist es jedenfalls ungenau, dieses lediglich leistungsrechtliche Verzeichnis als Verantwortungsbereich jedweder Pflegeeinrichtung zu definieren. Unbestreitbar ist dem Verzeichnis aber eine Indizwirkung beizumessen.

Ferner verbleibt die Schwierigkeit der Abgrenzung bei nicht im Leistungsverzeichnis aufgeführten Tätigkeiten. Denn bei diesen handelt es sich nach der Richtlinie[566] lediglich um Maßnahmen, die grundsätzlich nicht als häusliche Krankenpflege verordnungs- und

557 Siehe *Zweiter Teil, B, I. 3. b) c) jj) kk)*, S. 73 f., 91 ff.

558 *Kleinewefers/Wilts*, NJW 1965, 332 (333); *Daniels*, NJW 1972, 305 (307); *Franzki/Hansen*, NJW 1990, 737 (741).

559 *Pitz*, Was darf das Medizinalpersonal?, S. 159 ff. Allerdings legt *Pitz* bei der Definition der Pflichten des Arztes und der der Pflegeeinrichtung verschiedene Maßstäbe zugrunde. Während er bei den ärztlichen Pflichten allgemein auf die Sorgfaltspflichten (Anweisung, Überwachung, Kontrolle) abhebt, konkretisiert er die Pflichten der Pflegeeinrichtung in Form spezieller Leistungspflichten (Grund-, Behandlungspflege). Nur letztere können aber in den Delegationsfällen für die Abgrenzungsfrage i.S.d. § 278 S. 1 BGB Anhaltspunkte dafür bieten, ob der Krankenpfleger im Einzelfall im Pflichtenkreis der Einrichtung tätig wurde.

560 Vgl. Verzeichnis verordnungsfähiger Maßnahmen der häuslichen Krankenpflege als Anhang der HKrPflRL, BAnz. v. 9.2.2010.

561 Bezogen auf den ambulanten Bereich: *Pitz*, Was darf das Medizinalpersonal?, S. 159, 161.

562 Diese Formulierungen finden sich im Übrigen auch in Musterpflegeverträgen, vgl. *Richter*, in: Plagemann, MAB Sozialrecht, § 32, Rn. 121 (§ 9 Abs. 3 S. 2 Muster Heimvertrag).

563 Heute: Gemeinsamer Bundesausschuss (G-BA).

564 BSG, Urt. v. 20.3.1996 – 6 RKa 62/94, Absatz Nr. 20 – 23; *Seeringer*, Der Gemeinsame Bundesausschuss, S. 91.

565 Vgl. §§ 2, 37 Abs. 2 S. 1 SGB V.

566 Vgl. § 1 Abs. 4 S. 2 f. HKrPflRL.

genehmigungsfähig sind. In medizinisch begründeten Ausnahmefällen sind sie dagegen verordnungs- und genehmigungsfähig, wenn sie Bestandteil des ärztlichen Behandlungsplans sind, im Einzelfall erforderlich und wirtschaftlich sind und von geeigneten Pflegekräften erbracht werden sollen. Ausgenommen werden Maßnahmen der ärztlichen Diagnostik und Therapie, zu denen zum Beispiel eine intravenöse Injektion zählt. Bis auf die explizite Erwähnung der intravenösen Injektion, ist also weiterhin fraglich, wann eine nicht aufgeführte Tätigkeit zu einer über die „*gängigen Pflegemaßnahmen*“[567] hinausgehenden wird.

(4) Verzicht auf Abgrenzung

Den beschriebenen Schwierigkeiten in der Abgrenzung der Haftungsbereiche von Arzt und Einrichtungsträger begegnet die sog. *prozessuale Lösung* oder die Annahme einer *gesamtschuldnerischen Haftung* beider dem Patienten gegenüberstehenden Vertragspartner.

(a) Prozessuale Lösung

Die prozessuale Lösung greift auf eine Umkehr der Beweislast zurück. In entsprechender Anwendung der §§ 282, 285 BGB a.F.[568] hätten Arzt und Einrichtungsträger im Schadensfall darzutun, dass sie nicht gem. § 278 BGB für das schuldhafte Handeln einer nichtärztlichen Hilfskraft einzustehen hätten.[569] Begründet wird der Beweisnotstand des Patienten mit der Rechtsprechung des BGH, nach der es dem Patienten nicht zuzumuten sei, einen Beweis über Dinge zu führen, die seinem Gefahrenbereich und in der Regel auch seiner Sachkenntnis entzogen seien.[570]

§ 282 BGB a.F. sowie § 280 Abs. 1 S. 2 BGB n.F.[571] legen dem Schuldner indessen bei feststehender Leistungsstörung nur den Entlastungsbeweis für fehlendes Verschulden, auch des Erfüllungsgehilfen, auf.[572] Das Verschulden des Krankenpflegers bei der Delegation ist aber von der Frage, wem das Verschulden zuzurechnen ist, zu unterscheiden.[573] Sobald das Tätigwerden des Krankenpflegers als schuldhafte und schadensstiftende Handlung identifiziert werden kann, gilt es zu klären, wer zu einer ordnungsgemäßen Erfüllung

567 *Pitz*, Was darf das Medizinalpersonal?, S. 159.

568 § 282 BGB a.F. regelte die Beweislast bei Unmöglichkeit, § 285 BGB a.F. den Verzug. Im Zuge der Schuldrechtsmodernisierung 2002 sind sie in § 280 Abs. 1 S. 2 BGB n.F. aufgegangen, der die Beweislastverteilung nunmehr für jedwede Pflichtverletzung normiert.

569 *Uhlenbruck*, NJW 1964, 2187 (2190).

570 BGH, Urt. v. 11.2.1957 – VII ZR 256/56, BGHZ 23, 288 (291) für den Besteller beim Werkvertrag.

571 § 280 Abs. 1 S. 2 BGB n.F. entspricht in seiner prozessualen Bedeutung der Beweislastregel des § 282 BGB a.F., *Otto*, in: Staudinger, § 280, Rn. F 1.

572 *Grüneberg*, in: Palandt, § 278, Rn. 41.

573 So mag es vertretbar erscheinen, Zweifel an der Stellung eines für den Schuldner tätigen Gehilfen als Erfüllungsgehilfen i.S.d. § 278 S. 1 BGB dem Schuldner aufzubürden [*Unberath*, in: BeckOK-BGB, § 278, Rn. 51; *Grüneberg*, in: Palandt, § 278, Rn. 41; *Fuchs-Wissemann*, VersR 1996, 686 (687)], wenn dem Geschädigten tatsächlich nur ein Schuldner und nicht, wie in den hier besprochenen Delegationsfällen, eine Schuldnermehrheit gegenübersteht. Auch kann die Beweislastregel in den Fällen greifen, in denen bei feststehender Abgrenzung der Verantwortungsbereiche zwischen Arzt und Einrichtungsträger tatsächlich nicht mehr aufklärbar ist, in welchem Bereich die Schadensursache gesetzt worden ist, vgl. *Kleinewefers/Wilts*, NJW 1965, 332 (334).

der von dem Krankenpfleger ausgeführten Tätigkeit – Arzt oder Einrichtungsträger – verpflichtet war. Diese Frage stellt sich gleichermaßen im Verhältnis Patient-Arzt bzw. Patient-Einrichtungsträger und im Verhältnis Arzt-Einrichtungsträger. Jedoch lässt sich diese materiell-rechtliche Frage mit einer Beweislastregel, die der Überwindung tatsächlicher Schwierigkeiten dient, nicht beantworten.[574] Selbst wenn man § 280 Abs. 1 S. 2 BGB n.F. im Unterschied zu § 282 BGB a.F. neben der Funktion als Beweislastregel auch einen materiellen Haftungsausschlussgrund zuerkennt, trägt der Patient als Gläubiger weiterhin die Beweislast für die Verletzung einer Leistungspflicht des Schuldners selbst.[575] Diese Pflichtverletzung kann jedoch nur dann festgestellt werden, wenn zuvor der Leistungs- und Haftungsbereich des Schuldners hinreichend konkretisiert wurde. Bereits an dieser Konkretisierung knüpft § 278 S. 1 BGB an, wenn es um die Erfüllung einer Verbindlichkeit des Schuldners geht. Insofern vermag der vermeintliche Verzicht auf die Abgrenzung der Haftungsbereiche von Arzt und Einrichtungsträger in Form einer prozessualen Lösung nicht zu überzeugen.

(b) Gesamtschuldnerische Haftung

Andere versuchen mit unterschiedlicher Begründung die diffizile Abgrenzungsfrage dadurch zu vermeiden, dass für schuldhafte Pflichtverletzungen des durchführenden Krankenpflegers stets beide Vertragspartner dem geschädigten Patienten als *Gesamtschuldner* haften. Argumentiert wird etwa mit der Rechtsprechung des BGH, nach der Erfüllungsgehilfe i.S.d. § 278 S. 1 BGB derjenige sei, der mit Willen des Schuldners im Rahmen seines Aufgabenkreises in gegenständliche Beziehung zur Vertragserfüllung trete[576]. Eine solche gegenständliche Beziehung der ärztlichen Hilfskräfte sei beim gespaltenen Arzt-Krankenhausaufnahme-Vertrag sowohl für die Vertragserfüllung des Arztes (Behandlung) als auch des Krankenhausträgers (Krankenhausversorgung und –technik) zu bejahen.[577]

Daneben wird die Gründung einer *Gesellschaft bürgerlichen Rechts* nach § 705 BGB zwischen Arzt und Einrichtungsträger mit dem gemeinsamen Zweck der Heilung des Patienten angenommen.[578] Sämtliche Leistungen, die zur Heilbehandlung erforderlich sind, würden sowohl vom Arzt als auch vom Einrichtungsträger geschuldet.

Beiden Ansätzen ist gemein, dass sie zu einer *grundsätzlich* gesamtschuldnerischen Haftung in den Delegationsfällen führen. Dagegen spricht jedoch § 425 Abs. 1, Abs. 2 BGB, der trotz Gesamtschuldnerschaft für die Tatsache des Verschuldens Einzelwirkung anordnet, soweit sich nicht ein anderes aus dem Schuldverhältnis ergibt.[579] Daher richtet sich ein Schadensersatzanspruch grundsätzlich nur gegen den Gesamtschuldner, der die Vertragsverletzung zu vertreten hat.[580] Das Vertretenmüssen des Arztes oder Einrichtungs-

574 *Eichholz*, Die Rechtsstellung des Belegarztes, S. 111; *Franzki/Hansen*, NJW 1990, 737 (741).

575 Zur Rechtsnatur des § 280 Abs. 1 S. 2 BGB n.F. als materieller Haftungsausschluss und/oder Beweislastregel vgl. *Otto*, in: Staudinger, § 280, Rn. D 2 ff., F 1 f. m.w.N.

576 BGH, Urt. v. 21.4.1954 – VI ZR 55/53, BGHZ 13, 111 (114); i.E. auch *Barth*, PflR 2007, 307 (312 ff.); *ders.*, PflR 2007, 356 (356 ff.).

577 *Uhlenbruck*, NJW 1964, 2187 (2190).

578 *Kleinewefers/Wilts*, VersR 1964, 201 (205); *dies.*, NJW 1965, 332 (334).

579 *Eichholz*, Die Rechtsstellung des Belegarztes, S. 112; *H. P. Westermann*, NJW 1974, 577 (583).

580 *Gehrlein*, in: BeckOK-BGB, § 425, Rn. 5; *Grüneberg*, in: Palandt, § 425, Rn. 4.

trägers für das krankenpflegerische Verschulden richtet sich jedoch gerade nach § 278 S. 1 BGB, sodass das Abgrenzungsproblem insofern bestehen bliebe.

Vertretbar erscheint es, die gesamtschuldnerische Haftung *ausnahmsweise*[581] über *§ 431 BGB* zu begründen, wenn sich die Behandlungsleistung wie bei einer Operation tatsächlich als unteilbar darstellte. Demnach ergebe sich aus der Natur des Schuldverhältnisses, dass jeder Gesamtschuldner für Vertragsverletzungen des anderen hafte.[582]

Dem ist zwar zuzugeben, dass sich eine Gesamtwirkung des Gehilfenverschuldens neben der der Vereinbarung oder dem Inhalt, auch aus dem Zweck des Schuldverhältnisses[583] oder aus Rechtsscheingesichtspunkten[584] ergeben kann. Für die Fälle des gespaltenen Arzt-Krankenhausaufnahme-Vertrags mit dem Patienten auf der einen und Arzt bzw. Einrichtungsträger auf der anderen Seite und damit zwei selbständigen Verträgen und an sich unterschiedlichen Pflichten[585], kann eine solche Mithaftungsübernahme aber nicht angenommen werden. Vielmehr führt die vertragliche Trennung der Leistungsbereiche auch zur Trennung der Haftungsbereiche von Arzt und Einrichtungsträger als Leistungsschuldner.[586]

Schließlich verschiebt die Annahme einer grundsätzlichen[587] Gesamtschuldnerschaft in den Delegationsfällen die Abgrenzung der jeweiligen Pflichtenkreise lediglich auf den Innenausgleich zwischen Arzt und Einrichtungsträger. Die Ungewissheit über die Haftungszuordnung für Fehlleistungen des Krankenpflegers bestünde somit weiterhin.

(5) Verbindender Ansatz

Ausgangspunkt für die Zurechnung fremden Verschuldens ist § 278 S. 2 BGB. Demnach hat der Schuldner ein Verschulden „der Personen, deren er sich zur Erfüllung *seiner Verbindlichkeit bedient*", zu vertreten. Damit ist in einem ersten Schritt *objektiv* die Verbindlichkeit des Schuldners und anschließend das *subjektive* Element des Einschaltungswillens[588] festzustellen.

---

581 *Daniels*, NJW 1972, 305 (307). Für gesamtschuldnerische Haftung im Operationsfall ohne nähere Begründung auch *Reiling*, MedR 1995, 443 (453 f.).

582 Immerhin erklärte der BGH [Urt. v. 18.10.1951 – III ZR 138/50, NJW 1952, 217 (217)] am Beispiel einer gemeinschaftlich übernommenen Werkausführung § 425 BGB für unanwendbar, wenn das Werk einerseits eine unteilbare Leistung im Sinne des § 431 BGB darstellte und sich andererseits das Zusammenwirken der Mitunternehmer als notwendig und die Trennung der einzelnen Arbeitsleistungen als unmöglich erweise. Dann ergebe sich aus der Natur und dem Zweck des besonders gearteten Schuldverhältnisses, dass jeder Mitunternehmer für Vertragsverletzungen des anderen Mitunternehmers hafte.

583 *Grüneberg*, in: Palandt, § 425, Rn. 14.

584 BGH, Urt. v. 24.1.1978 – VI ZR 264/76, BGHZ 70, 247 (249).

585 Siehe *Zweiter Teil, B, II. 1. a) bb)*, S. 97 f.

586 *Schwall/Itzel*, MedR 2001, 565 (565); *Rupprecht*, Zivilrechtliche Haftung des niedergelassenen Arztes, S. 221.

587 Im Einzelfall ist freilich eine gesamtschuldnerische Haftung nicht ausgeschlossen. Sie kommt immer dann in Betracht, wenn sich sowohl Arzt als auch Einrichtungsträger bzw. ihre jeweiligen Hilfspersonen pflichtwidrig verhalten haben, BGH, Urt. v. 16.4.1996 – VI ZR 190/95, NJW 1996, 2429 (2430 ff.); *Noack*, in: Staudinger, § 425, Rn. 47.

588 Dieses Merkmal ist im Rahmen der sog. Willenstheorie alleinige Voraussetzung für die Verschuldenszurechnung, siehe *Zweiter Teil, B, II. 1. a) ee) (2)*, S. 103 f.

Die Bestimmung des objektiven Merkmals – Verbindlichkeit des Schuldners – richtet sich primär, wie sonst bei einem rechtsgeschäftlich begründeten Schuldverhältnis, nach dem zwischen Patient und Arzt bzw. Einrichtungsträger geschlossenen Vertrag, soweit nicht zwingende gesetzliche Regeln entgegenstehen.[589] Sobald der Einsatz eines Krankenpflegers bei der Durchführung ärztlicher Tätigkeiten explizit entweder dem ärztlichen Pflichtenkreis oder dem des Einrichtungsträgers zugeordnet werden kann, haftet über § 278 S. 1 BGB der jeweils Verpflichtete für das schuldhafte, schadensstiftende Handeln des Krankenpflegers. Ferner ist darauf hinzuweisen, dass sich das beschriebene Abgrenzungsproblem trotz dem Patienten gegenüberstehender *Schuldnermehrheit* dort nicht stellt, wo der *Leistungsbereich* eines Schuldners auch den des anderen *mitumfasst*. Dies gilt etwa für den totalen Krankenhausaufnahmevertrag mit Arztzusatzvertrag. Hierbei verpflichtet sich das Krankenhaus – im Gegensatz zum gespaltenen Arzt-Krankenhausaufnahme-Vertrag – zur umfänglichen Leistungserbringung inklusive der ärztlichen Behandlung. Solange nichts anderes ausdrücklich im Krankenhausaufnahmevertrag[590] zwischen Patient und Krankenhausträger vereinbart ist, wird der Pflichtenkreis des Trägers durch den Arztzusatzvertrag nicht eingeschränkt. Folglich schulden sowohl der Arzt als auch der Krankenhausträger dem Patienten ein und dieselbe ärztliche Behandlung.[591] Daher wird ein Krankenpfleger, dem ein Fehler bei der Durchführung einer delegierten, (wahl-)ärztlichen Maßnahme unterläuft, sowohl im Pflichtenkreis des delegierenden Arztes als auch des Einrichtungsträgers tätig. In diesem Fall haben beide über § 278 S. 1 BGB als Gesamtschuldner einzustehen.[592]

Folgt die *Schuldnermehrheit* dagegen aus *an sich verschiedenen Leistungspflichten* – wie beim gespaltenen Arzt-Krankenhausaufnahme-Vertrag oder für die Fälle, in denen der Patient neben dem ärztlichen Behandlungsvertrag eine vertragliche Beziehung zum Träger eines Pflegedienstes oder –heims eingegangen ist, so kommt es auf die abgrenzende Konkretisierung der Leistungsbereiche an. Insofern steht lediglich im Grundsatz fest, dass der Arzt die ärztlichen Tätigkeiten, der Krankenhausträger die Krankenhausversorgung und die Pflegeeinrichtung die pflegerische Versorgung schuldet. Ob die Durchführung delegierter, ärztlicher Tätigkeiten durch den Krankenpfleger dem ärztlichen Pflichtenkreis oder dem des Einrichtungsträgers zuzuordnen ist, hängt daher zunächst von der jeweiligen Definition des Pflichtenkreises ab.

---

589 *Weidenkaff*, in: Palandt, § 611, Rn. 24; *Richardi*, in: Staudinger, § 611, Rn. 260.

590 Der totale Krankenhausaufnahmevertrag wird heute vom BGH als Regelfall stationärer Behandlung angesehen. Zur Begründung zieht der BGH mit der Lehre vom objektiven Empfängerhorizont die Erwartung des Patienten heran. Dieser wolle den Träger prinzipiell nicht aus seiner Pflichten- und Haftungsstellung entlassen, wenn er sich besondere ärztliche (Wahl-)Leistungen nur hinzukaufe, vgl. nur BGH, Urt. v. 18.6.1985 – VI ZR 234/83, BGHZ 95, 63 (69).

591 Vgl. BGH, Urt. v. 18.6.1985 – VI ZR 234/83, BGHZ 95, 63 (67 f., 70); Urt. v. 19.2.1998 – III ZR 169-97, NJW 1998, 1778 (1779); *Genzel*, in: Laufs/Uhlenbruck, Handbuch des Arztrechts, § 93, Rn. 7.

592 Vgl. *Katzenmeier*, Arzthaftung, S. 108; *Genzel*, in: Laufs/Uhlenbruck, Handbuch des Arztrechts, § 93, Rn. 7; *Noack*, in: Staudinger, § 425, Rn. 47.

(a) Pflichtenkreis des Arztes

Der Arzt verpflichtet sich im Behandlungsvertrag primär, den Patienten nach den Regeln der ärztlichen Sorgfalt zu behandeln.[593] Wie eingangs untersucht,[594] darf sich der Arzt trotz § 613 S. 1 BGB, wonach er im Zweifel die ärztliche Aufgabe in eigener Person zu erbringen hat, eines Krankenpflegers bedienen, ohne dass der persönliche Charakter der Leistung verloren geht. Daher ist auch eine delegierte ärztliche Tätigkeit in den Pflichtenkreis des Arztes aus dem Behandlungsvertrag einbezogen. Wann ein „echter" Delegationsfall vorliegt, richtet sich maßgeblich nach dem Erfordernis ärztlichen Fachwissens. Wird ärztliches Fachwissen bei der Anleitung und/oder Überwachung vorausgesetzt, liegt eine ärztliche Tätigkeit im weiten Sinn vor, sodass der delegierende Arzt vertraglich auch die ordnungsgemäße Durchführung schuldet. Daher ist ihm das Verschulden des Krankenpflegers bei der Durchführung der delegierten Tätigkeit auch nach § 278 S. 1 BGB zuzurechnen. Bedarf es dagegen nur bei der Veranlassung der Tätigkeit als solcher der ärztlichen Sachkunde, gehört die Durchführung dieser Tätigkeit nicht mehr zum ärztlichen Tätigkeitsbereich. Der Krankenpfleger ist dann Erfüllungsgehilfe des Einrichtungsträgers.

Dieses Ergebnis entspricht den Grundsätzen der Arbeitsteilung zwischen Hebamme und Belegarzt. So ist allgemein anerkannt, dass die Hebamme[595] Erfüllungsgehilfe des Belegarztes ist, sofern dieser die Leitung des Geburtsvorgangs übernommen oder eine besondere ärztliche Weisungskompetenz in Anspruch genommen hat.[596] Letzteres gilt stets in fachlicher Hinsicht bei der Delegation ärztlicher Tätigkeiten auf Krankenpfleger. Der Arzt bestimmt insofern Umfang und Durchführung der einzelnen Maßnahme kraft seiner übergeordneten Kompetenz.[597] Zwar kommt es bei der Zurechnungsnorm des § 278 S. 1 BGB im Gegensatz zur Haftung nach § 831 BGB für den Erfüllungsgehilfen im Sinne des § 278 nicht darauf an, ob dieser von den Weisungen des Schuldners abhängig ist oder nicht.[598] Dies schließt die Zurechnung über § 278 S. 1 BGB im Fall der (zumindest) fachlichen Weisungsabhängigkeit aber auch nicht aus.

Freilich kommt dem Krankenpfleger bei der Durchführung der delegierten Tätigkeit im Einzelfall ein hohes Maß an Selbständigkeit zu. Dies steht der ausschließlichen Zuordnung zum ärztlichen Pflichtenkreis indes nicht entgegen. Denn Sinn und Zweck der Einschaltung des Krankenpflegers bei der ärztlichen Behandlung ist primär die damit verbundene Entlastung des Arztes. Der Arzt zieht aus dem Einsatz des Krankenpflegers einen Nutzen, sodass es nach dem Telos des § 278 S. 1 BGB auch gerechtfertigt ist,[599] ihm das damit verbundene Risiko einer fehlerhaften Durchführung aufzubürden. Wenngleich die

---

593 *Richardi*, in: Staudinger, Vorbem zu §§ 611 ff., Rn. 54; *Uhlenbruck/Laufs*, in: Laufs/Uhlenbruck, Handbuch des Arztrechts, § 44, Rn. 2 f.

594 Siehe *Zweiter Teil, B, I. 3. a)*, S. 41 f.

595 Irrelevant ist insofern, ob die Hebamme als Angestellte des Belegkrankenhauses oder als Beleghebamme tätig ist, vgl. nur *Steffen/Pauge*, Arzthaftungsrecht, Rn. 84 ff.

596 BGH, Urt. v. 16.5.2000 – VI ZR 321/98, MedR 2001, 197 (198); BGH, Urt. 14.2.1995 – VI ZR 272/93, BGHZ 129, 6 (11); OLG Stuttgart, Urt. v. 19.9.2000 – 14 U 65/99, MedR 2001, 311 (314); OLG Koblenz, Urt. 26.7.2000 – 1 U 1606/98, MedR 2001, 574 (576).

597 Vgl. *Thomae*, in: Weth/Thomae/Reichold, Arbeitsrecht im Krankenhaus, Teil 2, C, Rn. 7.

598 BGH, Urt. v. 8.2.1974 – V ZR 21/72, BGHZ 62, 119 (124); *Löwisch/Caspers*, in: Staudinger, § 278, Rn. 25; *Hiersche*, Die rechtliche Position der Hebamme bei der Geburt, S. 114.

599 Vgl. *Löwisch/Caspers*, in: Staudinger, § 278, Rn. 1.

Organisation des Einrichtungsträgers einschließlich der personellen Besetzung nicht im unmittelbaren Einflussbereich des delegierenden Arztes liegt,[600] spricht gegen eine unzulässige Ausweitung der Risikosphäre, dass es dem delegierenden Arzt im Einzelfall (theoretisch) freisteht, die konkrete Tätigkeit selbst auszuführen, er dies unter Umständen sogar muss.[601]

(b) Pflichtenkreis des Krankenhausträgers

Gehört das Handeln des Krankenpflegers bei der Delegation ärztlicher Tätigkeiten zur ärztlichen Behandlung und damit ausschließlich zum ärztlichen Pflichtenkreis, folgt im Umkehrschluss, dass die Delegationsfälle nicht dem Pflichtenkreis des Krankenhausträgers unterfallen, soweit der Träger nicht selbst die ärztliche Behandlung schuldet. Daher wird der Krankenpfleger beim gespaltenen Arzt-Krankenhausaufnahme-Vertrag sowie bei der Chefarztambulanz – im Gegensatz zum totalen Krankenhausaufnahmevertrag (mit oder ohne Arztzusatzvertrag) oder zur Institutsambulanz – nicht als Erfüllungsgehilfe des Krankenhausträgers tätig.

Dies lässt sich regelmäßig auch aus den Krankenhausaufnahmeverträgen, die den Vertragsinhalt zwischen Patient und Krankenhaus modifizieren, ableiten, wenn die von der Deutschen Krankenhaus Gesellschaft herausgegebenen Vertragsmuster übernommen worden sind. Nach § 3 Abs. 3b Muster AVB i.V.m. Anlage 4 Abs. 2, Abs. 3 Muster AVB[602] haftet das Krankenhaus nicht für Leistungen des Belegarztes, zu denen in Übereinstimmung mit § 23 BPflV a.F. bzw. § 18 Abs. 1 S. 2 Nr. 1 KHEntgG unter anderem die persönlichen Leistungen des Belegarztes zählen. Da die persönlichen (beleg-)ärztlichen Leistungen aber auch an Krankenpfleger delegierte Tätigkeiten umfassen, haftet der Krankenhausträger nach den Muster AVB nicht. Ferner heißt es in § 7 Abs. 1 S. 2 der Beratungs- und Formulierungshilfen zum Belegarztvertrag[603] – der freilich lediglich das Verhältnis Belegarzt-Krankenhaus betrifft –, dass Angestellte des Krankenhauses, die bei Leistungen im Verantwortungsbereich des Arztes mitwirken, insoweit Erfüllungsgehilfen des Arztes sind. Dabei umfasst die Formulierung „Angestellte des Krankenhauses" sowohl ärztliche als auch nichtärztliche Mitarbeiter, sodass der im Krankenhaus angestellte Krankenpfleger in den Delegationsfällen Erfüllungsgehilfe des Belegarztes ist.[604]

---

600 Verneinte man dagegen die Stellung des Krankenpflegers als Erfüllungsgehilfe des delegierenden Arztes mit Verweis auf die fehlende Einflussmöglichkeit des Arztes auf die personelle Besetzung des Einrichtungsträgers, so entspräche dies de facto einer Abgrenzung der Pflichtenkreise i.S.d. sog. Anstellungstheorie, die aus oben genannten Gründen abzulehnen ist, siehe *Zweiter Teil, B, II. 1. a) ee) (1)*, S. 101 ff.

601 Ausführlich zu den delegationsrelevanten Sorgfaltspflichten des Arztes siehe *Zweiter Teil, B, II. 6*, S. 155 ff.

602 *DKG*, Muster Allgemeiner Vertragsbedingungen (AVB) für Krankenhäuser, S. 12, 49 f.

603 *DKG*, Beratungs- und Formulierungshilfe Belegarztvertrag, S. 36, 14 (§ 15 Abs. 1 S. 2), 26 (§ 16 Abs. 1 S. 2).

604 A.A. wohl *Franzki/Hansen*, NJW 1990, 737 (740), wonach sich aus der unklaren Formulierung des § 7 nicht ergebe, dass auch das nichtärztliche Pflegepersonal gemeint sei; *Hiersche*, Die rechtliche Position der Hebamme bei der Geburt, S. 122.

(c) Pflichtenkreis des Pflegeeinrichtungsträgers

Steht dem Patienten neben dem Arzt eine Pflegeeinrichtung als Vertragspartner gegenüber, bleibt es ebenfalls bei der Negativabgrenzung: die Durchführung delegierter ärztlicher Tätigkeiten, schuldet der delegierende Arzt und damit nicht der Träger der Pflegeeinrichtung. Dieser verpflichtet sich bei der *ambulanten* pflegerischen Versorgung vielmehr im Rahmen eines sog. *Pflegevertrags* den Pflegebedürftigen zu pflegen und hauswirtschaftlich zu versorgen.[605] Art, Inhalt und Umfang der *stationären* pflegerischen Versorgung vereinbaren Pflegebedürftiger und Einrichtungsträger im sog. *Heimvertrag*.[606] Bis auf die wenigen Fälle angestellter Heimärzte[607], die in Anlehnung an die krankenhäusliche Terminologie als *totale Heimverträge* bezeichnet werden sollen, ist die ärztliche Versorgung keine Leistung des Heimes.[608] Der Krankenpfleger ist insoweit nicht Erfüllungsgehilfe der Pflegeeinrichtung.

(d) Exkurs: Behandlungspflege

Der Einrichtungsträger schuldet nach dem Pflege- bzw. Heimvertrag auch die sog. behandlungspflegerischen Maßnahmen. Legt man die Definition der Richtlinie über die Verordnung von häuslicher Krankenpflege[609] zugrunde, wonach Behandlungspflege als Maßnahme der ärztlichen Behandlung bezeichnet wird, so ließe der Wortlaut auch den Schluss zu, diese behandlungspflegerischen Maßnahmen sind Teil der ärztlichen Behandlung und gehören als solche zum ärztlichen Pflichtenkreis, sodass sowohl der Arzt als auch die Pflegeeinrichtung als Schuldner in Betracht kämen.

Die Behandlungspflege kann jedoch grundsätzlich nur dann zum ärztlichen Pflichtenkreis gehören, wenn sie auch als Teil des ärztlichen Tätigkeitsbereichs angesehen werden kann. Das ist dann der Fall, wenn sie bei der Anleitung und/oder Überwachung ärztliches Fachwissen erfordert. Dafür streitet neben der Definition der Behandlungspflege in der Häuslichen Krankenpflege-Richtlinie zwar § 27 Abs. 4 S. 1 BMV-Ä. Danach hat sich

---

605 Vgl. § 120 Abs. 1 S. 1, Abs. 3 SGB XI für die soziale Pflegeversicherung (§ 1 SGB XI). Nach überwiegender Ansicht handelt es sich ähnlich dem Behandlungsvertrag auch beim Pflegevertrag um einen Dienstvertrag i.S.d. §§ 611 ff. BGB, dessen Inhalt öffentlich-rechtlich vorgeprägt ist, *Orthen*, in: Hauck/Noftz, SGB XI, K § 120, Rn. 4.

606 Vgl. § 5 Abs. 1 S. 1, Abs. 3 S. 2, 3 HeimG (Heimgesetz v. 7.8.1974, neugefasst durch Bek. v. 5.11.2001, BGBl. I S. 2970, zuletzt geändert durch Art. 3 S. 2 G v. 29.7.2009, BGBl. I S. 2319).

607 Vgl. zur rechtlichen Grundlage sog. angestellter Heimärzte den im Zuge des Pflege-Weiterentwicklungsgesetzes eingeführten § 119b SGB XI. Danach können stationäre Pflegeeinrichtungen einzeln oder gemeinsam bei entsprechendem Bedarf unbeschadet des § 75 Abs. 1 SGB XI Kooperationsverträge mit dafür geeigneten vertragsärztlichen Leistungserbringern schließen. Auf Antrag der Pflegeeinrichtung hat die Kassenärztliche Vereinigung zur Sicherstellung einer ausreichenden ärztlichen Versorgung von pflegebedürftigen Versicherten in der Pflegeeinrichtung derartige Kooperationsverträge anzustreben. Kommt ein solcher Vertrag nicht innerhalb einer Frist von sechs Monaten nach Zugang des Antrags der Pflegeeinrichtung zustande, ist die Pflegeeinrichtung vom Zulassungsausschuss zur Teilnahme an der vertragsärztlichen Versorgung der pflegebedürftigen Versicherten in der Pflegeeinrichtung mit angestellten Ärzten, die in das Arztregister eingetragen sind und geriatrisch fortgebildet sein sollen, zu ermächtigen.

608 *G. Vogel*, Pflegeversicherungs- und Heimrecht, S. 24; *Plantholz*, in: Krahmer/Richter, LPK-HeimG, § 11, Rn. 15.

609 Vgl. § 1 Abs. 3a HKrPflRL.

der Vertragsarzt über die sachgerechte Durchführung und den Erfolg der häuslichen Krankenpflege, die nach § 37 Abs. 1 S. 2, Abs. 2 S. 1 SGB V auch die Behandlungspflege umfasst, zu vergewissern. Andererseits geht der SGB V-Gesetzgeber, wie bereits gezeigt, davon aus, dass behandlungspflegerische Tätigkeiten gerade nicht mehr dem ärztlichen Tätigkeitsbereich zuzuordnen sind.

Dafür spricht auch, dass hier ärztliches Fachwissen, wenn überhaupt, regelmäßig nur bei der Veranlassung als solcher, also bei der Verordnung von Behandlungspflege erforderlich ist. Ihre Durchführung gehört daher grundsätzlich nicht mehr zu den ärztlichen Behandlungspflichten.[610] Daher sind Fehler, die dem Krankenpfleger bei der Durchführung der ärztlicherseits verordneten Behandlungspflege unterlaufen, dem Einrichtungsträger über § 278 S. 1 BGB zuzurechnen. Zur Konkretisierung der Behandlungspflege ist auf die im Rahmen der funktionalen Abgrenzung aufgestellten Kriterien zurückzugreifen[611] und wie folgt zu ergänzen: Handelt es sich im Streitfall um eine im Verzeichnis verordnungsfähiger Maßnahmen der häuslichen Krankenpflege aufgeführte behandlungspflegerische Tätigkeit, haftet der Einrichtungsträger für die schuldhafte und schadensstiftende Durchführung dieser Maßnahme.[612] Insofern schuldet der Arzt lediglich die ordnungsgemäße Verordnung der konkreten Maßnahme, der Einrichtungsträger dagegen die Durchführung derselben durch den Krankenpfleger.

Etwas anderes gilt jedoch, wenn die behandlungspflegerische Maßnahme ausnahmsweise ärztliches Fachwissen nicht lediglich bei der Veranlassung der Maßnahme, sondern darüber hinaus auch bei der Anleitung und/oder Überwachung des damit betrauten Krankenpflegers voraussetzt. Dann wird sie zur ärztlichen Tätigkeit im weiten Sinn,[613] deren ordnungsgemäße Durchführung der Arzt – wenn auch nicht eigenhändig – vertraglich schuldet. Sofern das schadensstiftende Handeln des Krankenpflegers auf die ärztliche Anleitung und/oder Überwachung zurückzuführen ist, ist der Krankenpfleger auch in diesem Fall Erfüllungsgehilfe des Arztes.

(e) Zwischenergebnis

Die Pflichtenkreise von Arzt und Einrichtungsträger zu bestimmen und damit die Frage zu beantworten, wem die Durchführung einer ärztlicherseits veranlassten ärztlichen Maß-

610 Vgl. BGH, Urt. v. 10.1.1984 – VI ZR 158/82, BGHZ 89, 263 (271 f.); *Steffen/Pauge*, Arzthaftungsrecht, Rn. 224.

611 Insbesondere *Pitz*, Was darf das Medizinalpersonal?, S. 159.

612 Während die Häusliche Krankenpflege-Richtlinie und damit auch das in der Anlage aufgeführte Leistungsverzeichnis als untergesetzliche Norm nur für die gesetzlichen Krankenkassen und deren Versicherte verbindlich sind, kann sich eine Verbindlichkeit für private Krankenkassen und deren Versicherte etwa aus dem zwischen Patient und Einrichtungsträger geschlossenen Vertrag ergeben, wenn darin auf die Häusliche Krankenpflege-Richtlinie und deren Leistungsverzeichnis Bezug genommen wird. Insofern böte sich etwa folgende Formulierung im Vertragsverhältnis Patient-Einrichtungsträger an: Der Umfang der behandlungspflegerischen Maßnahmen richtet sich nach den jeweils gültigen Versorgungs- und Rahmenverträgen gemäß den §§ 72, 75 Abs. 2 S. Nr. 1 SGB XI (Inhalt der Pflegeleistungen) und § 132a Abs. 1 S. 4 Nr. 1 SGB V (Inhalt der häuslichen Krankenpflege).

613 BGH, Urt. v. 10.1.1984 – VI ZR 158/82, BGHZ 89, 263 (271 f.): Für den Fall, dass die behandlungspflegerische Maßnahme besondere Gefahren bedingt, deren Kenntnis vom Pflegepersonal nicht erwartet werden konnte.

nahme zugeordnet wird, hängt letztlich davon ab, ob sie zum ärztlichen Tätigkeitsbereich gehört, d.h. ärztliches Fachwissen erfordert. Wann dies der Fall ist, ist eine rein – durch § 278 S. 1 BGB nicht zu lösende – fachärztliche bzw. fachpflegerische Frage. Solange im originären Berufsrecht keine Konkretisierungen existieren, muss auf andere Leistungsbeschreibungen zurückgegriffen werden. Wenngleich die Richtlinie über die häusliche Krankenpflege primär den Zweck der Abrechnungsfähigkeit einzelner Tätigkeiten verfolgt, so besteht doch Einigkeit darin, dass die Durchführung der dort aufgeführten Tätigkeiten in der Regel zu den pflegerischen Aufgaben gehört,[614] d.h. ohne Inanspruchnahme ärztlicher Sachkunde auskommt und insofern grundsätzlich vom Einrichtungsträger geschuldet wird. Sobald es sich aber um eine Delegation ärztlicher Tätigkeiten handelt, gehört die Durchführung derselben dem ärztlichen Pflichtenkreis an. Der Krankenpfleger ist dann Erfüllungsgehilfe des Arztes. Dies ist, obwohl sich der durch Arztnähe gekennzeichnete Krankenhausbetrieb von der durch Arztferne geprägten Situation einer Pflegeeinrichtung unterscheidet, einheitlich zu bejahen.

b) Deliktische Grundlagen

Im Gegensatz zur vertraglichen Haftung bildet Anknüpfungspunkt der deliktischen Haftung[615] des Arztes für Fehler bei der Delegation seiner Tätigkeiten stets eigenes Verschulden, das allerdings beim Einsatz eines Verrichtungsgehilfen nach § 831 Abs. 1 BGB vermutet wird.

---

614 BGH, Urt. v. 10.1.1984 – VI ZR 158/82, BGHZ 89, 263 (271 f.); *Steffen/Pauge*, Arzthaftungsrecht, A, Rn. 78, B, Rn. 224.

615 Da bei der Delegation Arzt und Krankenpfleger zusammenwirken, könnte als Haftungsnorm auch an § 830 BGB gedacht werden. § 830 BGB regelt die Haftung der Beteiligung mehrerer an einer unerlaubten Handlung im Falle der gemeinschaftlichen Begehung (Abs. 1 S. 1), der Anstiftung und Beihilfe (Abs. 2) sowie dem davon zu unterscheidenden Fall der Beteiligung (Abs. 1 S. 2). § 830 Abs. 1 S. 1 und Abs. 2 BGB setzen jedoch – wie ihr strafrechtliches Pendant der §§ 25 ff. StGB – vorsätzliches Zusammenwirken voraus (*Sprau*, in: Palandt, § 830, Rn. 2; vgl. zu Gegenstimmen in der Literatur *Wagner*, in: MünchKommBGB, § 830, Rn. 20 ff.). Die seltenen Fälle vorsätzlicher Schädigung des Patienten werden nachfolgend nicht berücksichtigt, sodass es insofern keiner Auseinandersetzung bedarf. Dagegen ist die Haftung nach § 830 Abs. 1 S. 2 BGB – anders als in Abs. 1 S. 1 und Abs. 2 – nicht an eine bestimmte Form qualifiziert-gemeinschaftlichen Handelns, sondern statt dessen an eine bestimmte Beweislage geknüpft: es darf sich nicht ermitteln lassen, wer von mehreren potentiellen Tätern den Schaden durch seine Handlung verursacht hat. § 830 Abs.1 S. 2 BGB weist somit lediglich das Unaufklärbarkeitsrisiko einer Gruppe möglicher Schädiger zu, sofern feststeht, dass ein oder mehrere Mitglieder dieser Gruppe für den Schaden aufzukommen haben, jedoch offen bleibt, wer in welchem Umfang individuell verantwortlich ist. Damit handelt es sich bei § 830 Abs.1 S. 2 BGB lediglich um eine Beweiserleichterung, die erst dann haftungsbegründend wirkt, wenn sämtliche Voraussetzungen eines Haftungstatbestandes i.S.d. §§ 823 ff. BGB, einschließlich der Haftung aus vermutetem Verschulden nach § 831 BGB, nachgewiesen sind, OLG Düsseldorf, Urt. v. 24.6.1980 – 21 U 18/79, VersR 1980, 1171 (1171); *Wagner*, in: MünchKommBGB, § 830, Rn. 27 ff. Nachfolgend beschränken sich die Ausführungen daher auf die §§ 823 ff. BGB als mögliche Haftungsgrundlagen.

aa) Haftung für eigenes Verschulden

Der Arzt hat deliktsrechtlich für eigenes Verschulden bei der rechtsgutsverletzenden Delegation seiner Tätigkeit grundsätzlich nach §§ 823 Abs. 1, 276 BGB[616] und gegebenenfalls nach §§ 823 Abs. 2[617], 276 BGB i.V.m. §§ 229, 222 StGB einzustehen. Wird die Behandlung in einem öffentlich-rechtlich organisierten Krankenhaus, wie zum Beispiel einer Universitätsklinik durch einen verbeamteten Krankenhausarzt erbracht, wirkt sich die Versorgungsebene – ambulant oder stationär – auf die Anspruchsgrundlagen aus. Im Rahmen der stationären Behandlung von Krankenhauspatienten folgt die Haftung des Arztes für eigene Fehler bei der Delegation aus der Verletzung seiner öffentlich-rechtlichen Dienstpflichten aus §§ 839 Abs. 1 S. 1, 276 BGB.[618] Dies führt über das Verweisungsprivileg des § 839 Abs. 1 S. 2 BGB zum Ausschluss der persönlichen *deliktischen* Haftung des fahrlässig handelnden Arztes, sofern dem geschädigten Patienten, wie regelmäßig[619] im Rahmen des totalen Krankenhausaufnahmevertrags bzw. des Krankenhausaufnahmevertrages mit Arztzusatzvertrag, anderweitige Ersatzansprüche[620] zustehen. Dagegen gehört die ambulante Behandlung von Patienten grundsätzlich[621] nicht zu den Aufgaben des öffentlich-rechtlich organisierten Krankenhauses und damit auch nicht zu den Dienstpflichten des beamteten Arztes.[622] Insofern bleibt es bei der allgemeinen deliktsrechtlichen Haftung aus § 823 BGB.[623]

---

616 Zur zivil- wie strafrechtlich umstrittenen rechtlichen Bewertung des ärztlichen Heileingriffs siehe *Zweiter Teil, B, II. 3*, S. 122 ff.

617 Insofern kommt § 823 Abs. 2 BGB jedoch lediglich eine neben § 823 Abs. 1 BGB in der Praxis weitgehend entbehrliche Verdeutlichungs- und Präzisierungsfunktion zu, da der Verstoß gegen das Schutzgesetz haftungsrechtlich durch § 823 Abs. 1 BGB hinreichend sanktioniert ist, *Hager*, in: Staudinger, § 823, Rn. G 1.

618 BGH, Urt. v. 30.11.1982 – VI ZR 77/81, BGHZ 85, 393 (395); *Spindler*, in: BeckOK-BGB, § 823, Rn. 587. Dies kann selbst dann gelten, wenn das Eigenliquidationsrecht des beamteten Arztes als private Nebentätigkeit ausgestaltet ist, BVerfG, Beschl. v. 7.11.1979 – 2 BvR 513, 558/74, NJW 1980, 1327 (1328); BGH, Urt. v. 8.12.1992 – VI ZR 349/91, BGHZ 120, 376 (382). Zu weiteren Einzelheiten, vgl. *Kammerlohr*, Behandlungsfehlerhaftung im arbeitsteiligen Medizinbetrieb, S. 191.

619 Ausnahmsweise greift § 839 Abs. 1 S. 2 BGB auch beim gespaltenen Arzt-Krankenhausaufnahme-Vertrag, wenn der Krankenhausträger Organisationspflichten verletzt oder im eigenen Leistungsgebiet für das Verschulden des nachgeordneten ärztlichen oder nichtärztlichen Dienstes (§ 278 S. 1, §§ 823, 839, 831 BGB) einzustehen hat, *Gehrlein*, Arzthaftpflicht, A, Rn. 55.

620 Beispielsweise gegen den Krankenhausträger nach § 278 S. 1; §§ 839, 31, 89; § 831; § 823 BGB, vgl. BGH, Urt. v. 18.6.1985 – VI ZR 234/83, BGHZ 95, 63 (67); *Katzenmeier*, Arzthaftung, S. 143.

621 Ist jedoch das Krankenhaus nach §§ 39 Abs. 1 S. 1, 115a, 115b SGB V auch für die ambulante Versorgung von Kassenpatienten zuständig, gehört die entsprechende ärztliche Behandlung zu den Dienstpflichten des Arztes, sodass § 839 Abs. 1 BGB Anwendung findet, *Spindler*, in: BeckOK-BGB, § 823, Rn. 587. Vgl. zur sog. Institutsambulanz *Kammerlohr*, Behandlungsfehlerhaftung im arbeitsteiligen Medizinbetrieb, S. 191.

622 BGH, Urt. v. 20.9.1988 – VI ZR 296/87, BGHZ 105, 189 (194).

623 Dies gilt grundsätzlich auch für den beamteten Chefarzt im Rahmen der sog. Chefarztambulanz. Dagegen können sich die beamteten nachgeordneten Ärzte auf das Verweisungsprivileg berufen, *Gehrlein*, Arzthaftpflicht, A, Rn. 58. Vgl. auch *Wagener*, in: MünchKommBGB, § 823, Rn. 645,

bb) Haftung für vermutetes eigenes Verschulden

Daneben kommt in den Delegationsfällen eine Haftung des Arztes für vermutetes[624] eigenes Verschulden nach § 831 Abs. 1 BGB insbesondere bei der Auswahl, Überwachung und Leitung des Krankenpflegers in Betracht, wenn dieser Verrichtungsgehilfe des Arztes ist und sich der Arzt nicht nach § 831 Abs. 1 S. 2 BGB exkulpieren kann.

Verrichtungsgehilfe ist, wer allgemein oder im konkreten Fall im Einflussbereich eines anderen, des Geschäftsherrn, steht, der ihm eine Tätigkeit überträgt und demgegenüber er in gewisser Weise abhängig, insbesondere weisungsgebunden ist.[625] Weisungsgebundenheit setzt die Eingliederung in die Herrschafts- und Organisationssphäre des Geschäftsherrn sowie dessen Befugnis voraus, die Tätigkeit des Verrichtungsgehilfen jederzeit zu beschränken, zu untersagen und nach Zeit und Umfang zu bestimmen.[626]

Einerseits können dieser Definition gemäß Krankenpfleger, die dem Direktions- bzw. Weisungsrecht ihres Arbeitgebers – Arzt, Krankenhaus oder Pflegeeinrichtung – unterliegen, Verrichtungsgehilfen des jeweiligen Arbeitgebers sein. Andererseits erteilt auch der Arzt, der nicht zugleich Arbeitgeber des Krankenpflegers ist, bei der Delegation ärztlicher Tätigkeiten dem durchführenden Krankenpfleger jedenfalls in fachlicher Hinsicht Weisungen. Insofern nimmt auch er Einfluss auf die Tätigkeit des Krankenpflegers, sodass der Krankenpfleger ebenso Verrichtungsgehilfe dieses Arztes sein könnte. Letzterem steht es jedenfalls nicht entgegen, wenn zwischen Arzt und Krankenpfleger eine soziale Abhängigkeit in Form eines Arbeitsverhältnisses fehlt.[627] Indes genügt das bloße Bestehen einer Weisungsbefugnis nicht. Die Weisungsbefugnis muss sich vielmehr über einen losen Zusammenhang hinaus aus dem Organisationskreis des Geschäftsherrn ergeben.[628] Daher stellt sich, ähnlich wie bei der Zurechnungsnorm des § 278 S. 1 BGB, auch im Rahmen der Anspruchsgrundlage aus § 831 Abs. 1 BGB bei mehreren potentiellen Geschäftsherrn die Frage, wessen Verrichtungsgehilfe der Krankenpfleger bei der Durchführung einer ärztlicherseits delegierten ärztlichen Tätigkeit ist.

Mit Rücksicht auf den Regelungszweck des § 831 Abs. 1 BGB – Verpflichtung des Geschäftsherrn zur ordnungsgemäßen Auswahl und Aufsicht seiner Hilfsperson[629] – ist in Zweifelsfällen danach zu fragen, wer von den potentiellen Geschäftsherrn – Arzt oder Einrichtungsträger – Auswahl, Überwachung und Anleitung des Gehilfen am besten im Inte-

---

wonach sich die Deliktshaftung des Arztes für Pflichtverletzungen bei der Behandlung von Kassenpatienten nicht nach § 839 BGB, sondern nur nach § 823 BGB richte.

624 Die dogmatische Einordung von § 831 Abs. 1 BGB wird unterschiedlich beurteilt: Haftung für vermutetes Verschulden oder Haftung für Verkehrspflichtverletzung, statt vieler: *Schaub*, in: Prütting/Wegen/Weinrich, § 831, Rn. 2 m.w.N.

625 BGH, Urt. v. 30.6.1966 – VII ZR 23/65, BGHZ 45, 311 (313); Urt. 12.6.1997 – I ZR 36-95, NJW-RR 1998, 250 (251); *Schaub*, in: Prütting/Wegen/Weinrich, § 831, Rn. 7.

626 *Schaub*, in: Prütting/Wegen/Weinrich, § 831, Rn. 9; a.A. *Schiemann*, in: Erman, BGB, § 831, Rn. 7, der die Beschränkungsbefugnis wegen der Kündigungs- und Weisungsrechte des Gläubigers gegenüber selbständigen Schuldnern von Dienstleistungen als wenig tauglich erachtet.

627 BGH, Urt. v. 29.6.1956 – I ZR 129/54, NJW 1956, 1715 (1715); *Schiemann*, in: Erman, BGB, § 831, Rn. 6; *Spindler*, in: BeckOK-BGB, § 831, Rn. 12; *Wagener*, in: MünchKommBGB, § 831, Rn. 12; *Belling*, in: Staudinger, § 831, Rn. 58: tatsächliches Verhältnis für die Weisungsbeziehung ausreichend.

628 *Wagener*, in: MünchKommBGB, § 831, Rn. 11; *Sellert*, AcP 175 (1975), 77 (86 ff.).

629 *Belling*, in: Staudinger, § 831, Rn. 5.

resse der Schadensvermeidung steuern konnte.[630] Bei der Delegation ärztlicher Tätigkeiten vis-à-vis ist der delegierende Arzt in der konkreten Situation näher am Krankenpfleger; auch verfügt etwa ein Pflegeeinrichtungsträger in der Regel nicht über einen angestellten Arzt und damit nicht über ärztliche Fachkenntnisse, sodass für diese Situationen dem delegierenden Arzt Auswahl, Überwachung und Anleitung des Krankenpflegers am besten gelingt. Dies spricht dafür, den Krankenpfleger in derartigen Situationen stets als Verrichtungsgehilfen des eigene Aufgaben delegierenden Arztes zu qualifizieren.[631]

Gleichwohl wird überwiegend auf den vertraglich übernommenen Pflichtenkreis abgestellt.[632] Unterschiede ergäben sich insofern lediglich, wenn der Einrichtungsträger umfassend auch die ärztliche Behandlung schuldet, so beim totalen Krankenhausaufnahmevertrag, bei der Krankenhausambulanz oder in den Fällen angestellter Heimärzte. Dann gäbe es entsprechend der vertraglichen Schuldnerstellung nur den Einrichtungsträger als relevanten Geschäftsherrn. Der die delegierte Tätigkeit durchführende Krankenpfleger wäre mithin Verrichtungsgehilfe des Trägers, sodass der Arzt persönlich nicht nach § 831 Abs. 1 BGB haften würde.[633]

Ausschlaggebend für den Geschäftsherrnstatus ist insbesondere, wem für die schadenbringende Verrichtung das letztverbindliche Weisungsrecht zustand.[634] Letztverbindlichkeit vermag in den Fällen, in denen lediglich der Einrichtungsträger gegenüber dem Patienten die ärztliche Behandlung schuldet, jedoch allein sein verbleibendes Direktionsrecht als Arbeitgeber des Krankenpflegers erzeugen. Insofern ist der dienstrechtlichen Weisungsgebundenheit des Krankenpflegers gegenüber dem Träger stärkeres Gewicht als der fachlichen Weisungsgebundenheit gegenüber dem bloß delegierenden Arzt[635] beizumessen. Andererseits ist das Pflegepersonal regelmäßig auch dienstvertraglich verpflichtet, ärztlichen Anweisungen, sofern sie (insbesondere) nicht gegen berufs- und haftungsrechtliche Regelungen verstoßen, Folge zu leisten und ist umgekehrt der Arzt verpflichtet, sofern erforderlich, auch fachliche Weisungen an das Pflegepersonal zu erteilen.[636] So sei

---

630 *Wagener*, in: MünchKommBGB, § 831, Rn. 16; *Belling*, in: Staudinger, § 831, Rn. 63.

631 *Belling*, in: Staudinger, § 831, Rn. 66: Die im Krankenhaus angestellte Krankenschwester ist bei Behandlung eines Patienten nach den Weisungen des Arztes Verrichtungsgehilfin des Arztes; *Pitz*, Was darf das Medizinalpersonal?, S. 147.

632 *Laufs*, in: Laufs/Uhlenbruck, Handbuch des Arztrechts, § 104, Rn. 9; *Katzenmeier*, Arzthaftung, S. 130; *Frahm/Nixdorf/Walter*, Arzthaftungsrecht, Rn. 69; *Gehrlein*, Arzthaftpflicht, A, Rn. 45 ff.; a.A. *Sträßner*, Haftungsrecht für Pflegeberufe, S. 179.

633 Zu prüfen bliebe dann, ob dem delegierenden Arzt gegebenenfalls die sog. Übernehmerhaftung nach § 831 Abs. 2 BGB träfe. Dies wird jedoch abgelehnt, da § 831 Abs. 2 BGB im Ergebnis nur die Übernahme durch Außenstehende betreffe, aber auf Verrichtungsgehilfen (dann § 831 Abs. 1 BGB) oder Organe des Geschäftsherrn (§ 31 BGB) nicht passe, vgl. BGH, Urt. 13.4.1994 – II ZR 16/93, BGHZ 125, 366 (375); *Schaub*, in: Prütting/Wegen/Weinrich, § 831, Rn. 23. Regelmäßig ist der delegierende Arzt aber seinerseits entweder Verrichtungsgehilfe oder Organ des Einrichtungsträgers, sodass § 831 Abs. 2 BGB nicht greift, a.A. noch: BGH, Urt. v. 8.3.1960 – VI ZR 45/59, VersR 1960, 871 (872).

634 *Belling*, in: Staudinger, § 831, Rn. 65; *Krause*, in: Soergel, BGB, § 831, Rn. 26; vgl. auch BGH, Urt. v. 20.1.1995 – VII ZR 240/93, NJW-RR 1995, 659 (660), wonach der entsendende Unternehmer, der sein, einem anderen zur Verfügung gestelltes Personal jederzeit zurückziehen und anders verwenden kann, weiterhin Geschäftsherr des überlassenen Personals bleibt.

635 Sofern er nicht zugleich Arbeitgeber des Krankenpflegers ist.

636 Siehe *Zweiter Teil, B, II. 6. b) cc)*, S. 178 ff.

auch ein angestellter Krankenhausarzt – und als solcher nicht Dienstvorgesetzter des krankenhäuslichen Pflegepersonals – im Rahmen der Ausübung seiner Tätigkeit Fachvorgesetzter des ihn dabei unterstützenden Pflegepersonals.[637] Diesem gegenüber sei er nicht nur weisungsberechtigt, sondern auch weisungsverpflichtet und daher für die richtige Ausübung der Tätigkeit des ihm zugeteilten Hilfspersonals auch mitverantwortlich, jedenfalls dann, wenn und soweit er selbst augenscheinlich davon Kenntnis habe.[638] Der Arzt trage dann die Gesamtverantwortung, selbst wenn ansonsten anderes Krankenhauspersonal gegenüber dem Pflegepersonal etwaige Überwachungs- und Beaufsichtigungspflichten wahrzunehmen habe.[639] Insofern erscheint es gerechtfertigt, den durchführenden Krankenpfleger jedenfalls in der beschriebenen Konstellation auch dann als Verrichtungsgehilfe sowohl des Arztes als auch des Trägers zu qualifizieren, wenn lediglich der Träger die ärztliche Behandlung vertraglich schuldet.[640]

Daher ist festzuhalten, dass die deliktische Haftung nach § 831 Abs. 1 BGB in den Delegationsfällen in weiten Teilen dem vertraglichen Behandlungsverhältnis und damit dem zu § 278 S. 1 BGB gefundenen Ergebnis folgt: Schuldet ausschließlich der Arzt die ärztliche Behandlung,[641] obliegt ihm die Weisungszuständigkeit für eine Delegation ärztlicher Tätigkeiten, sodass der Krankenpfleger Verrichtungsgehilfe des Arztes ist. Dagegen ist der die delegierte Tätigkeit durchführende Krankenpfleger Verrichtungsgehilfe sowohl des Arztes als auch des Einrichtungsträgers in den Fällen der kumulativen Schuldnermehrheit im Hinblick auf die ärztliche Behandlung.[642] Im Unterschied zu § 278 S. 1 BGB kann der Krankenpfleger darüber hinaus jedenfalls in den beschriebenen Delegationssituationen auch dann als Verrichtungsgehilfe sowohl des Arztes als auch des Trägers qualifiziert werden, wenn lediglich der Träger die ärztliche Behandlung vertraglich schuldet.

Trotz des weitgehenden Gleichlaufs[643] von vertraglicher und deliktischer Haftung für die Einschaltung eines Krankenpflegers bleiben freilich die deliktischen Pflichten hinter

---

637 LAG Berlin, Urt. v. 30.5.1983 – 9 Sa 21/83, VersR 1983, 937 (938); *Thomae*, in: Weth/Thomae/Reichold, Arbeitsrecht im Krankenhaus, Teil 2, C, Rn. 6, D, Rn. 6 f.

638 LAG Berlin, Urt. v. 30.5.1983 – 9 Sa 21/83, VersR 1983, 937 (938).

639 LAG Berlin, Urt. v. 30.5.1983 – 9 Sa 21/83, VersR 1983, 937 (938), allerdings im Rahmen von § 823 Abs. 1 BGB besprochen.

640 So beim totalen Krankenhausaufnahmevertrag [OLG Düsseldorf, Urt. v. 22.3.1984 – 8 U 157/83, VersR 1985, 291 (293); OLG Oldenburg, Urt. v. 17.6.1997 – 5 U 21/97, VersR 1998, 1285 (1286); *Katzenmeier*, Arzthaftung, S. 130], bei der Institutsambulanz oder beim totalen Heimvertrag.

641 So beim Behandlungsvertrag, beim gespaltenen Arzt-Krankenhausaufnahme-Vertrag [*Steffen/Pauge*, Arzthaftungsrecht, Rn. 107; *Laufs*, in: Laufs/Uhlenbruck, Handbuch des Arztrechts, § 104, Rn. 10; a.A. wohl *Katzenmeier*, Arzthaftung, S. 131, der den Träger durchgehend für das nichtärztliche Pflegepersonal deliktisch haften lassen will, ohne auf den Zusammenhang zum ärztlichen Fachwissen im Sinne einer besonderen Weisungskompetenz abzustellen] und bei der Chefarztambulanz [BGH, Urt. v. 20.9.1988 – VI ZR 296/87, NJW 1989, 769 (771); *Gehrlein*, Arzthaftpflicht, A, Rn. 51].

642 So beim totalen Krankenhausaufnahmevertrag mit Arztzusatzvertrag, *Gehrlein*, Arzthaftpflicht, A, Rn. 50; *Katzenmeier*, Arzthaftung, S. 130.

643 Seit dem Schuldrechtsmodernisierungsgesetz besteht auch bei vertraglicher Haftung ein Schmerzensgeldanspruch (§ 253 Abs. 2 BGB) und es gelten für beide Haftungsordnungen einheitliche Verjährungsfristen von drei (§ 195 BGB) bzw. von 30 Jahren (§ 199 Abs. 2 BGB) bei Verletzung von

den vertraglichen in ihrem Umfang zurück: Während nach § 831 Abs. 1 BGB der Geschäftsherr nur zur ordnungsgemäßen Auswahl und Aufsicht der Hilfsperson verpflichtet ist, trifft ihn im Vertragsrecht darüber hinaus die Verpflichtung zur ordnungsgemäßen Durchführung selbst.[644]

c) *Strafrechtliche Grundlagen*

In Bezug auf die unmittelbare Patientenbehandlung kommen in erster Linie fahrlässig[645] begangene Straftaten gegen die körperliche Unversehrtheit bzw. gegen das Leben in Betracht. Wird der Patient infolge der fehlerhaften Delegationsentscheidung bei der Durchführung durch den Krankenpfleger verletzt, kommt eine Strafbarkeit des delegierenden Arztes wegen fahrlässiger Körperverletzung nach § 229 StGB oder gegebenenfalls wegen fahrlässiger Tötung nach § 222 StGB in Betracht.

Da bei der Delegation ärztlicher Tätigkeiten an Krankenpfleger in der Regel mehrere Ursachen den strafrechtlich missbilligten Erfolg beim Patienten herbeiführen können, ergibt sich im Hinblick auf verschiedene fahrlässige täterschaftliche Beteiligungsformen Diskussionsstoff. Diesen jedoch in strafrechtsdogmatischer Sicht befriedigend darzustellen, würde den Rahmen dieser Arbeit sprengen.[646] Mit der überwiegenden und am Gesetzeswortlaut orientierten Ansicht ist daher bei den hier in Rede stehenden Fahrlässigkeitstaten nicht zwischen Täterschaft und Teilnahme zu differenzieren und stattdessen im Sinne eines Einheitstäterbegriffs[647] davon auszugehen, dass der delegierende Arzt auch Fahrlässigkeitstäter sein kann, wenn ein pflegerisches (Fehl-)Verhalten bei der Durchführung der Tätigkeiten Leib oder Leben des Patienten geschädigt hat.[648] Stets setzt eine

---

Leben, Körper und Gesundheit. Daher liegt der wesentliche Unterschied zwischen vertraglicher und deliktischer Haftung darin, dass sich der Deliktsschuldner bei Fehlern von Hilfskräften im Unterschied zum Vertragsschuldner (§ 278 S. 1 BGB) exkulpieren kann (§ 831 Abs. 1 BGB). In praxi verliert jedoch auch dieser Unterschied durch höhere gerichtliche Anforderungen an den Entlastungsbeweis, ausdehnende Anwendung der Vorschriften über die Organhaftung (§§ 31, 89 BGB) sowie der Organisationspflichten an Bedeutung, *Geiß/Greiner*, Arzthaftpflichtrecht, Einleitung, Rn. 2; *Katzenmeier*, ZaeFQ 101 (2007), 531 (532).

644 *Löwisch/Caspers*, in: Staudinger, § 278, Rn. 1; *Belling*, in: Staudinger, § 831, Rn. 5.

645 Auf die seltenen Fälle vorsätzlicher Schädigung soll hier nicht eingegangen werden. Zur Kritik an der Strafbarkeit fahrlässigen ärztlichen Fehlverhaltens, vgl. *Lilie*, ZEFQ 2008, 529 (530, 533 f.); *ders.*, in: Husfeldt/Raschke, Thrombosen und Embolien, Arzthaftung, 215 (215 ff.); *Lilie/Orben*, ZRP 2002, 154 (159); *Nemetschek*, in: Ratajczak/Schwarz-Schilling, Medizin und Strafrecht, 155 (155 ff.); *Ulsenheimer*, Anm. zu BGH, Urt. v. 20.12.1986 – 4 StR 668/84, JR 1986, 250 (250).

646 Hinzuweisen sei an dieser Stelle etwa auf die Ausführungen bei *Kamps* zu *Exner* und seinem differenzierenden Gefahrbegriff innerhalb der Nebentäterschaft, zu *Stratenwerth* mit der Übernahme des der Tatherrschaft korrespondieren Begriffs der Beherrschbarkeit und zu *Roxin* mit seiner differenzierenden Betrachtung gemeinsamer und geteilter Pflichten, *Kamps*, Ärztliche Arbeitsteilung und strafrechtliches Fahrlässigkeitsdelikt, S. 150 ff. Vgl. auch *Renzikowski*, Restriktiver Täterbegriff und fahrlässige Beteiligung, 261 ff., 282 ff.; *Schumann*, Strafrechtliches Handlungsunrecht, S. 42 ff.

647 *Kamps*, Ärztliche Arbeitsteilung und strafrechtliches Fahrlässigkeitsdelikt, S. 140; *Jescheck/Weigend*, Strafrecht AT, § 61, II. 1. f., S. 645 ff.; *Stratenwerth/Kuhlen*, Strafrecht AT, § 15, Rn. 74 ff., 78 f.

648 *Joecks*, in: MünchKommStGB, § 25, Rn. 238. Arbeitsteilige Prozesse können sich somit tendenziell haftungserweiternd auswirken. So kann die tatsächliche Arbeitsteilung strafrechtlich zu einer Verantwortungsvervielfachung führen, vgl. *Schädler*, Strafrechtliche Aspekte des Organisationsverschuldens in stationären Pflegeeinrichtungen, S. 26 f., 63 ff.

Strafbarkeit des delegierenden Arztes jedoch voraus, dass die Schädigung des Patienten auf die individuelle Schuld des Arztes zurückzuführen ist, da das Strafrecht im Gegensatz zum Zivilrecht ein Einstehenmüssen für fremdes Verschulden nicht kennt.[649].

2. Durchführender Krankenpfleger

Ebenso wie für den delegierenden Arzt kommt für den die delegierte Tätigkeit durchführenden Krankenpfleger bei einem schadensstiftenden Fehlverhalten eine Haftung aus Vertrag und/oder Delikt ebenso wie eine Strafbarkeit in Betracht.

a) *Vertragliche Grundlagen*

Eine vertragliche Haftung des Krankenpflegers auf Schadensersatz und/oder Schmerzensgeld gemäß §§ 611 Abs. 1, 280 Abs. 1 i.V.m. §§ 249, 253 Abs. 2 BGB für ihm unterlaufene Fehler setzt das Vorliegen eines Vertrags zwischen ihm und dem Patienten über die pflegerische Versorgung bzw. Betreuung voraus und kommt daher grundsätzlich nur bei *selbständig* tätigen[650] Krankenpflegern in Betracht.[651]

Für den hier zu untersuchenden Fall der fehlerhaften Durchführung einer ärztlicherseits delegierten Tätigkeit gilt jedoch, dass die delegierte Tätigkeit weiterhin zum ärztlichen Pflichtenkreis gehört und somit selbst bei bestehendem Vertrag zwischen Patient und *selbständigem* Krankenpfleger von diesem nicht geschuldet wird. Eine vertragliche Haftung für Delegationsfehler selbständig tätiger Krankenpfleger scheidet somit regelmäßig aus. Ebenso wenig sieht sich ein *angestellt* beschäftigter Krankenpfleger bereits mangels eigener vertraglicher Beziehung zum Patienten einer vertraglichen Haftung für Fehler im Rahmen des Delegationsprozesses ausgesetzt.[652]

b) *Deliktische Grundlagen*

Der Krankenpfleger haftet somit persönlich für die fehlerhafte und rechtsgutsverletzende Durchführung oder gegebenenfalls bereits für die Übernahme[653] der delegierten Tätigkeit lediglich im Rahmen des Deliktsrechts unter den Voraussetzungen der §§ 823 Abs. 1, 276 BGB sowie gegebenenfalls der §§ 823 Abs. 2, 276 BGB i.V.m. §§ 229, 222 StGB.

---

649 *Bergmann*, in: Ratajczak/Schwarz-Schilling, Medizin und Strafrecht, 35 (36); *Ulsenheimer*, Arztstrafrecht, Rn. 141.

650 Zu Regelungen für „freiberuflich tätige professionell Pflegende" bzw. „selbständig tätige Pflegefachkräfte" vgl. § 4 Rahmenberufsordnung des Deutschen Pflegerats v. 18.5.2004, die für seine Mitgliedsverbände verbindlich ist (§ 6 Rahmenberufsordnung), abrufbar im Internet unter <http://www.deutscher-pflegerat.de/dpr.nsf/0/3F6CE4D95D84F8EDC12572B9003A1EF2> (Stand v. 22.5.2008); § 8 KrPflBO Bremen v. 1.10.2004; § 10 PflegeBO Saarland; § 9 PflegeBO Hamburg.

651 Dann handelt es sich um einen sog. freien Dienstvertrag, *Müller-Glöge*, in: MünchKommBGB, § 611, Rn. 77, 116; vgl. auch *Taupitz/Pitz/Niedziolka*, Der Einsatz nicht-ärztlichen Heilpersonals, S. 40.

652 Der Behandlungsvertrag wird i.d.R. zwischen dem Patienten und dem Arzt bzw. dem Arbeitgeber des Krankenpflegers – Krankenhaus oder Pflegeeinrichtung – zustande kommen, vgl. *Roßbruch*, PflR 2003, S. 95 (98); *Gaßner/Schottky*, MedR 2006, 391 (391).

653 Siehe *Zweiter Teil, B, II. 7. a) aa), b) aa)*, S. 195 ff., 202 f.

c) *Strafrechtliche Grundlagen*

Krankenpfleger unterliegen wie Ärzte[654] keinem Sonderstrafrecht, sondern den allgemeinen strafrechtlichen Vorschriften. Krankenpflegerische Eingriffe werden nicht anders behandelt als die von Ärzten.[655] Daher kommt in den Delegationsfällen eine Strafbarkeit des ausführenden Krankenpflegers insbesondere wegen fahrlässiger[656] Körperverletzung nach § 229 StGB sowie wegen fahrlässiger Tötung nach § 222 StGB in Betracht.

3. Rechtliche Bewertung des sog. ärztlichen Heileingriffs

Die soeben dargestellten Grundlagen in Bezug auf die einschlägigen zivilen Haftungs- bzw. Straftatbestände ließen die dahinter stehende rechtliche Bewertung des sog. *ärztlichen*[657] *Heileingriffs*, d.h. des medizinisch indizierten, in heilender Absicht und sorgfaltsgerecht vorgenommenen Eingriffs,[658] zu dem auch die Ausführung ärztlich delegierter Tätigkeiten zählt, außer Betracht. Die Frage, ob der Heileingriff tatbestandlich als Körperverletzung zu beurteilen ist, wird im Strafrecht und im Zivilrecht im deliktsrechtlichen Bereich gleichermaßen gestellt. Ohne den vielschichtigen Streitstand in straf[659]- wie zivilrechtlicher[660] Hinsicht umfassend abzuhandeln, werden nachfolgend die Kernpositionen wiedergegeben.

a) *Strafrecht*

Die strafrechtliche Diskussion teilt sich einerseits in die sog. *Rechtfertigungslösung* der Rechtsprechung, andererseits in verschiedene sog. *Tatbestandslösungen* des Schrifttums.

aa) Rechtfertigungslösung der Rechtsprechung

Nach ständiger Rechtsprechung der Strafgerichte[661] und unter überwiegender Zustimmung des Schrifttums[662] stellt der Heileingriff – gleichgültig, ob erfolgreich oder miss-

---

654 Mit Ausnahme einiger Nebengebiete, vgl. nur § 7 KastrG.

655 *Eser*, ZStW 97 (1985), 1 (4).

656 Auf die seltenen Fälle vorsätzlicher Schädigung wird hier nicht eingegangen.

657 Zwar bezieht sich die Diskussion lediglich auf das unmittelbar ärztliche Handeln. Gleichwohl stellt sich die Problematik in gleicher Weise bei der zivil- wie strafrechtlichen Beurteilung des krankenpflegerischen Handelns in den Delegationsfällen.

658 Vgl. in Anlehnung an *Göbbels*' Definition des ärztlichen Heileingriffs *Cramer*, in: FS Lenckner, 761 (772). Eingriffe, die experimentellen Zwecken dienen, aus kosmetischen, fremdnützigen Gründen oder sonst ohne intendierten Heilzweck vorgenommen werden, stellen schon begrifflich keine Heilbehandlung, wohl aber ärztliche Eingriffe dar, *Wessels/Hettinger*, Strafrecht BT/1, Rn. 330.

659 Vgl. dazu je m.w.N. *Lilie*, in: LK[11], Vor § 223, Rn. 3 ff.; *Tag*, Der Körperverletzungstatbestand im Spannungsfeld zwischen Patientenautonomie und Lex artis, S. 13 ff.

660 Vgl. dazu je m.w.N. *Katzenmeier*, Arzthaftung, S. 111 ff.; *Müller-Hegen*, Die Haftung für Aufklärungsfehler im Arztrecht, S. 24 ff.

661 RG, Urt. v. 27.5.1908 – VI 484/07, RGZ 68, 431 (433 f.); BGH, Urt. v. 9.12.1958 – VI ZR 203/57, BGHZ 29, 46 (49); Urt. v. 14.2.1989 – VI ZR 65/88, BGHZ 106, 391 (397 f.); Urt. v. 14.3.2006 – VI ZR 279/04, MedR 2006, 588 (588 f.); OLG Koblenz, Urt. v. 29.11.2001 – 5 U 1382/00, NJW-RR 2002, 816 (817).

glückt, sorgfaltsgerecht oder fehlerhaft – *stets eine tatbestandsmäßige Körperverletzung* dar. Danach entfällt die Rechtswidrigkeit bei einer sorgfaltsgemäßen Durchführung des Eingriffs, sofern der Patient wirksam in den konkreten Eingriff eingewilligt hat, was seinerseits eine vorausgehende, ordnungsgemäße Aufklärung des Patienten erfordert.

Liegt eine wirksame Einwilligung des Patienten vor, scheidet somit eine Strafbarkeit i.S.d. §§ 223 ff. StGB auf der Ebene der Rechtswidrigkeit aus. Andernfalls kommt ebenso wie bei nicht fachgerechter Durchführung, in die der Patient regelmäßig nicht einwilligt,[663] eine Strafbarkeit wegen vorsätzlicher Körperverletzung in Betracht.

bb) Tatbestandslösungen des Schrifttums

Dagegen verneinen andere Autoren mit unterschiedlicher Begründung bei einer Heilbehandlung den Tatbestand einer (vorsätzlichen oder fahrlässigen) Körperverletzung.[664] Im Wesentlichen werden zwei Unterscheidungskriterien[665] – Heilerfolg sowie Sorgfaltsgerechtheit des Eingriffs – alternativ oder kumulativ zur Begründung der Tatbestandslosigkeit herangezogen.

Nach der sog. „*Erfolgstheorie*“[666] ist der Tatbestand des § 223 StGB immer dann – und zwar unabhängig von der Einwilligung des Patienten – zu verneinen, wenn im Ergebnis das körperliche Wohl im Ganzen erhöht oder jedenfalls bewahrt worden ist, der Heileingriff somit als *gelungen* zu bezeichnen ist. Begründet wird dies mit der sozialen Sinnhaftigkeit eines gelungenen Eingriffs, der weder eine körperliche Misshandlung noch eine Gesundheitsschädigung darstelle.[667] Findet sich der Patient in einem schlechteren Zustand wieder, als er ihn ohne den Eingriff erleiden müsste, sei der Eingriff als *misslungen* zu qualifizieren, was nach einem Teil der Literatur zur Annahme einer tatbestandlichen Körperverletzung führe, die zur Rechtfertigung einer das Erfolgsrisiko deckenden Einwilligung bedürfe[668].

---

662 *Cramer*, in: FS Lenckner, 761 (776); *Weber*, in: Arzt/Weber, StrafR BT, § 6, Rn. 99; *Rengier*, StrafR BT II, § 13, Rn. 17; *Lilie*, in: LK[11], Vor § 223, Rn. 3 m.w.N.

663 Eine Einwilligung bezieht sich i.d.R. nur auf den lege artis durchgeführten Eingriff, BGH, Urt. 19.11.1997 – 3 StR 271/97, BGHSt 43, 306 (309); *Th. Fischer*, § 223, Rn. 9.

664 *Kühl*, in: Lackner/Kühl, § 223, Rn. 3; *Lilie*, in: LK[11], Vor § 223, Rn. 3 ff. m.w.N.

665 Zu den modifizierenden Auffassungen von *Eser* (Wesentlichkeit der Substanzveränderungen als Entscheidungskriterium), *Horn* (eigenmächtiger Heileingriff verletze das durch die §§ 223 ff. StGB als zweites Rechtsgut geschützte Selbstbestimmungsrecht), *Krauß* (zu prüfende Kriterien: 1. Verschlechterung des körperlichen status activus der Person, seiner Leistungsfähigkeit oder seines Wohlbefindens; 2. Verletzung der an den Arzt zu stellenden Kommunikationsanforderungen; 3. Realisierung der Kommunikationsstörung im zunächst festgestellten Erfolg) vgl. *Lilie*, in: LK[11], Vor § 223, Rn. 4.

666 *Bockelmann*, Strafrecht des Arztes, S. 67 ff.; *Hardwig*, GA 1965, 161 (162 f., vgl. aber 166: keine tatbestandliche Körperverletzung durch den misslungenen, aber lege artis ausgeführten Heileingriff, soweit keine wesentliche Verschlimmerung des körperlichen Zustandes hervorgerufen wurde); vgl. auch *Niese*, in: FS Schmidt, 364 (367).

667 *Bauer*, Die strafrechtliche Beurteilung des ärztlichen Heileingriffs, S. 14.

668 *Hardwig*, GA 1965, 161 (163); *Schröder*, NJW 1961, 951 (953), der die Einwilligung allerdings nicht als typischen Rechtfertigungsgrund, sondern als rechtliche Voraussetzung für die Ausübung des ärztlichen Heilberufs versteht.

Unabhängig vom Heilerfolg und einer etwaigen Einwilligung des Patienten scheidet nach der *„lex artis Theorie“* eine tatbestandliche Körperverletzung aus, wenn der von Heilungstendenz getragene Eingriff *sorgfaltsgerecht*[669] ausgeführt worden ist.[670] Argumentativ wird beispielsweise ähnlich der Erfolgstheorie bezüglich des gelungenen Eingriffs auf die Gesundheitsmehrung[671] des Heileingriffs oder das Prinzip des überwiegenden Interesses[672] allerdings im Zeitpunkt der Handlung abgestellt. So sei der Begriff der Körperverletzung nicht rein äußerlich zu verstehen, sondern bedeute Körperinteressenverletzung. Die Körperinteressen im Ganzen werden jedoch bei einem lege artis durchgeführten Heileingriff wahrscheinlich – der tatsächliche Ausgang des Eingriffs ist insoweit unerheblich[673] – nicht verletzt, wenngleich einzelne untergeordnete Interessen in Mitleidenschaft gezogen würden. Entspricht die Vornahme dagegen nicht den Regeln der ärztlichen Sorgfalt, so ist sie *fehlerhaft* und es liegt ein den objektiven Tatbestand der Körperverletzung begründender Eingriff vor.[674]

Unstreitig liegt demnach eine tatbestandsmäßige Körperverletzung i.S.d. §§ 223[675], 229[676] StGB bei *misslungener und fehlerhafter (Heil-)Behandlung* vor, wobei der vorsätzliche oder fahrlässige Verstoß gegen die lex artis regelmäßig nicht mehr von einer etwaigen Einwilligung des Patienten gedeckt sein wird.[677]

Im Übrigen hängt es bei alternativer Betrachtung der Kriterien – Heilerfolg oder sorgfaltsgerechte Ausführung – davon ab, welchem Kriterium Entscheidungserheblichkeit beigemessen wird. Bei kumulativer Betrachtung beider Kriterien scheidet einerseits selbst bei *misslungenem*, aber *sorgfaltsgerecht* ausgeführtem Heileingriff eine Strafbarkeit des Arztes wegen vorsätzlicher oder fahrlässiger Köperverletzung auf Tatbestandsebene aus, sodass es insofern auf eine etwaige rechtfertigende Einwilligung des Patienten nicht mehr ankommt. Im Hinblick auf § 223 StGB verneinen einige bereits den objektiven Körperverletzungstatbestand aufgrund sozialer Adäquanz des Heileingriffs[678] oder konstruieren ein unechtes Unterlassungsdelikt und entlassen den Arzt aus seiner Garantenstellung[679], während es nach anderer Ansicht am Vorsatz des Arztes zum Misserfolg und damit am subjek-

669 Der Begriff *kunstgerecht* wird vorliegend durch *sorgfaltsgerecht* ersetzt, da der Begriff des Kunstfehlers im Zivil- wie im Strafrecht als überholt anzusehen ist, vgl. nur *Deutsch/Spickhoff*, Medizinrecht, Rn. 157.

670 *Binding*, BT/1, S. 53 ff., 57; *Engisch*, ZStW 58 (1939), 1 (5); *Schmidt*, Der Arzt im Strafrecht, S. 69 ff., 72.

671 *Binding*, BT/1, S. 56.

672 *Engisch*, ZStW 58 (1939), 1 (5 ff., 9); *Schmidt*, Der Arzt im Strafrecht, S. 72 ff.; *Grünwald*, ZStW 73 (1961), 5 (9).

673 *Engisch*, ZStW 58 (1939), 1 (9); *Schmidt*, Der Arzt im Strafrecht, S. 73.

674 *Engisch*, ZStW 58 (1939), 1 (5 ff., 9), *Schmidt*, Der Arzt im Strafrecht, S. 69 ff.

675 So je nach Ansicht entweder bereits aufgrund des misslungenen Eingriffs oder aufgrund eines vorsätzlichen Verstoßes gegen die Regeln der ärztlichen Sorgfalt, bei dem es dem Arzt zusätzlich am Heilungswillen, also an der Absicht fehlt, insgesamt das körperliche Wohl des Patienten zu bewahren.

676 So bei einem fahrlässigen Verstoß gegen die Regeln der ärztlichen Sorgfalt, also einem ungewollten Behandlungsfehler.

677 Vgl. nur *Bauer*, Die strafrechtliche Beurteilung des ärztlichen Heileingriffs, S. 17 m.w.N.

678 *Kaufmann*, ZStW 73 (1961), 341 (373); *Schaffstein*, ZStW 72 (1960), 369 (378 f.).

679 *Schmidt*, Der Arzt im Strafrecht, S. 78 ff.

tiven Tatbestand fehlt[680]. Im Hinblick auf § 229 StGB mangelt es beim lege artis ausgeführten Heileingriff am sorgfaltswidrigen Verhalten. Andererseits steht auch bei *gelungenem* Heileingriff, der aber wegen *fehlerhafter* Durchführung zu Nebenfolgen wie etwa stark erhöhten Schmerzen oder vermeidbaren Entzündungen und damit einem „körperverletzenden Plus“ [681] führt, eine Strafbarkeit gem. §§ 223, 229 StGB in Frage.

cc) Zwischenergebnis

Somit unterscheiden sich Rechtfertigungs- und Tatbestandslösungen hinsichtlich der Strafbarkeit des Heileingriffs in folgendem Punkt: Während nach ersterer trotz sorgfaltsgerecht und erfolgreich vorgenommener Heilbehandlung eine Strafbarkeit gem. §§ 223 ff. StGB in Betracht kommt, scheidet dies – mit unterschiedlicher Begründung – nach den Tatbestandslösungen aus.

Hierin zeigt sich der Kerngehalt des Disputs: die strafrechtliche Bewertung des sog. *eigenmächtigen*, d.h. ohne wirksame Einwilligung erfolgenden, Heileingriffs und damit die Frage nach der Strafbarkeit von Aufklärungspflichtverletzungen[682]. Nach den Tatbestandslösungen können gelungene bzw. sorgfaltsgerecht ausgeführte, aber eigenmächtig vorgenommene Heilbehandlungen insbesondere nur unter den Voraussetzungen der Nötigung (§ 240 StGB) oder Freiheitsberaubung (§ 239 StGB) bestraft werden.[683] Letztere greifen in der Mehrzahl der Fälle jedoch nicht, da der Arzt bzw. Krankenpfleger in der Regel den Willen des Patienten nicht mit Zwangsmitteln beugt. Daher bieten die §§ 239, 240 StGB keinen ausreichenden Schutz des verfassungsrechtlich gewährten freien Selbstbestimmungsrechts des Patienten über seinen Körper. Diese Strafbarkeitslücken vermeidet zwar die Rechtfertigungslösung, doch geschieht dies auf einer mit dem Inhalt des Rechtsgut der §§ 223 ff. StGB nicht zu vereinbarenden Weise.[684] Die §§ 223 ff. StGB schützen die Gesundheit und die körperliche Unversehrtheit und damit die Gesundheit bzw. den Körper selbst, nicht jedoch den Willen zur Wahrung der Gesundheit bzw. Unversehrtheit des Körpers.[685] Wer die eigenmächtige Heilbehandlung als tatbestandliche Körperverletzung erfasst, erweitert somit das in den §§ 223 ff. StGB geschützte Rechtsgut der Unversehrtheit des Körpers um das Selbstbestimmungsrecht des Patienten, verwischt mithin die Grenzen zwischen Freiheits- und Körperverletzungsdelikten und müsste selbst die nur fahrlässig fehlerhafte, zur Unwirksamkeit der Einwilligung führende Aufklärung als Körperverletzung behandeln.[686]

---

680 Ein auf Heilerfolg gerichteter Wille ist kein Körperverletzungsvorsatz, *Lilie*, in: LK[11], Vor § 223, Rn. 5; *Bockelmann*, Strafrecht des Arztes, S. 68.

681 Vgl. *Lilie*, in: LK[11], Vor § 223, Rn. 5.

682 Zur Aufklärungspflicht im Delegationsfall siehe *Zweiter Teil, B, III*, S. 212 ff.

683 *Cramer*, in: FS Lenckner, 761 (765 ,776); *Rengier*, StrafR BT II, § 13, Rn. 17; *Eser*, in: Schönke/Schröder, § 223, Rn. 32: Ferner könnten geglückte eigenmächtige Heilbehandlungen strafrechtlich unter ehrverletzenden Umständen nach § 185 StGB erfassbar sein.

684 *Lilie*, in: LK[11], Vor § 223, Rn. 3; *Katzenmeier*, Arzthaftung, S. 116.

685 *Lilie*, in: LK[11], Vor § 223, Rn. 1; *Bockelmann*, Strafrecht des Arztes, S. 71. So aber: *Weber*, in: Arzt/Weber, StrafR BT, § 6, Rn. 27, 99; *Krey/Heinrich*, StrafR BT 1, Rn. 223; *SK-Horn*, § 223, Rn. 35 f.; *Cramer*, in: FS Lenckner, 761 (776), wonach der Patient nicht zum Objekt ärztlicher Vernunfthoheit werden dürfe.

686 *Lilie*, in: LK[11], Vor § 223, Rn. 6; *Katzenmeier*, Arzthaftung, S. 117; *Niese*, in: FS Schmidt, 364 (366).

Die Rechtfertigungslösung reduziert die Tatbestandsmäßigkeit mithin auf den objektiv wahrnehmbaren Einzelakt, den Einstich oder Schnitt, und öffnet in der Konsequenz theoretisch selbst den Qualifikationstatbeständen der §§ 224, 226 StGB einen Anwendungsraum.[687] Daran wird besonders deutlich, dass die §§ 223 ff. StGB bei der eigenmächtigen Heilbehandlung nicht einschlägig sind: So liegt ihr Unrechtsgehalt nicht in der Zufügung eines schweren Körperschadens, sondern in der Missachtung der Autonomie oder Entschlussfreiheit des Patienten, also einem geringer zu wertenden Freiheitsdelikt.[688]

Besteht gleichwohl ein Bedürfnis[689] nach strafrechtlicher Absicherung des freien Selbstbestimmungsrechts des Patienten über seinen Körper, ist es nicht Aufgabe der Judikative unter Umgehung des strafrechtlichen Fundamentalgrundsatzes „nullum crime sine lege" (Art. 103 Abs. 2 GG) straffreies Verhalten zu ahnden, sondern Aufgabe der Legislative[690], bestehende Gesetzeslücken zu schließen.[691] Vorzugswürdiger erscheint es daher mit den Tatbestandslösungen eine sorgfaltsgerecht und erfolgreich ausgeführte Heilbehandlung bereits nicht unter den Tatbestand einer Körperverletzung zu subsumieren, sodass insofern – unabhängig vom Vorliegen einer wirksamen Einwilligung und somit eines etwaigen Aufklärungsfehlers – eine Strafbarkeit ausscheidet. Innerhalb der Tatbestandslösungen streiten die überzeugenderen Argumente für die lex artis Theorie. Während nach der Erfolgstheorie die Qualifizierung der Heilbehandlung und die sich daran anschließenden strafrechtlichen Konsequenzen vom zufälligen Erfolg der Behandlung abhängt, liegt

---

687 *Bockelmann*, Strafrecht des Arztes, S. 52; *Cramer*, in: FS Lenckner, 761 (778); *Krey/Heinrich*, StrafR BT 1, Rn. 209. Allerdings relativieren sich diese Bedenken in der Verfahrenswirklichkeit, da die Rechtsprechung bislang Verurteilungen nach §§ 224, 226 StGB vermeidet, vgl. *Orben*, Rechtliche Verantwortung für Behandlungsfehler, S. 59. Einschränkungen macht die Rechtsprechung jedoch insoweit, als der Eingriff von einem Nichtarzt ausgeführt wird, BGH, Urt. v. 23.12.1986 – 1 StR 598/86, NStZ 1987, 174 (174): gefährliche Körperverletzung bei Verabreichung von Spritzen durch Nichtarzt, der sich unberechtigt als zugelassener Heilkundiger ausgab. Die Berechtigung unterschiedlicher strafrechtlicher Beurteilung liege in der unterschiedlichen Gefährlichkeit der Handlungen geprüfter und approbierter Heilkundiger einerseits und sonstiger Personen andererseits, mögen diese im Einzelfall gewisse Kenntnisse der Heilkunde besitzen oder nicht. Ablehnend *Wolski*, GA 1987, 527 (529): Die Behauptung erhöhter Gefährdung der Körperintegrität durch Nichtärzte, ohne Prüfung einer etwaigen Beachtung der Regeln der ärztlichen Sorgfalt, vermöge nur abstrakte Gefährdung darzutun. Ferner hindere der Mangel der Zulassung zum Heilberuf die Wirksamkeit der Einwilligung des Patienten rechtlich ebenso wie der Mangel der medizinischen Indikation.

688 *Lilie*, in: LK[11], Vor § 223, Rn. 3; *Bockelmann*, Strafrecht des Arztes, S. 68.

689 Dieses lässt sich allerdings mit Blick auf die Verfahrenswirklichkeit bezweifeln. So ist der Vorwurf einer vorsätzlichen Missachtung des Selbstbestimmungsrechts eines Patienten in keinem der in einer Studie zu den Gründen eines Arztstrafverfahrens untersuchten Verfahren erhoben worden. Daher weist *Lilie* darauf hin, dass es zwar theoretisch richtig wäre, den lege artis, aber fahrlässig oder vorsätzlich eigenmächtig durchgeführten Heileingriff in einem ärztlichen Sonderdelikt zu erfassen, es praktisch allerdings mangels tatsächlicher Relevanz einer „Kampfansage gegen Windmühlen" gleichkäme, *Lilie*, ZEFQ 2008, 529 (531).

690 Allerdings scheiterten die bisherigen gesetzgeberischen Versuche in Deutschland, einen selbständigen Straftatbestand der eigenmächtigen Heilbehandlung einzuführen, vgl. *Lilie*, in: LK[11], Vor § 223, Rn. 6; *ders.*, Der Frauenarzt 1978, 16 (18); *Orben*, Rechtliche Verantwortung für Behandlungsfehler, S. 23 ff. Dagegen stellt § 110 österr. StGB die eigenmächtige Heilbehandlung ausdrücklich unter Strafe.

691 *Kaufmann*, ZStW (73) 1961, 341 (374); *Katzenmeier*, ZRP 1997, 156 (158); *Bockelmann*, Strafrecht des Arztes, S. 67, 71.

der lex artis Theorie ein verständlicher Ansatzpunkt zugrunde, nämlich die den Regeln der ärztlichen Sorgfalt entsprechende Ausführung eines Heileingriffs. Gleichwohl vermag aus den genannten Gründen in strafrechtlicher[692] Hinsicht keine der beiden Auffassungen de lege lata vollauf zu befriedigen.

b) *Zivilrecht*

Im Zivilrecht wird die Debatte um den Heileingriff im deliktsrechtlichen Bereich geführt. Fraglich ist, welches von § 823 Abs. 1 BGB geschützte Rechtsgut – Körper und Gesundheit[693], das allgemeine Persönlichkeitsrecht als sonstiges Recht oder eine Kombination aus beiden[694] – den methodischen Anknüpfungspunkt für eine Haftung wegen eigenmächtiger Heilbehandlung bildet.

Dabei lassen sich im Wesentlichen[695] einerseits die sog. *Körperverletzungsdoktrin*[696] der Rechtsprechung in Zivilsachen, andererseits verschiedene Auffassungen des Schrifttums gegenüberstellen, die das allgemeine Persönlichkeitsrecht zumindest auch für betroffen halten und daher hier alle unter den sog. *Persönlichkeitsrechtsdoktrinen* aufgeführt werden.

aa) Körperverletzungsdoktrin der Rechtsprechung

Ebenso wie die ständige Rechtsprechung der Strafgerichte behandelt auch die der Zivilgerichte[697] überwiegend den Heileingriff – unabhängig davon, ob er gelang oder sorgfaltsgerecht ausgeführt worden ist – als Körperverletzung i.S.d. § 823 Abs. 1 BGB. In der Konsequenz wird dem Heileingriff die Rechtswidrigkeit erst genommen, wenn sich Arzt bzw.

---

692 Im Gegensatz zum Strafrecht ist das Zivilrecht nicht darauf angewiesen, die eigenmächtige Heilbehandlung unter die Körperverletzungsdelikte zu subsumieren, sondern kann bereits de lege lata auf das allgemeine Persönlichkeitsrecht als sonstiges Recht i.S.d. § 823 Abs. 1 BGB abstellen. Vgl. dazu, auch im Hinblick auf die Relevanz der Doktrinwahl bzgl. Voraussetzungen und Rechtsfolgen der Haftung *Katzenmeier*, Arzthaftung, S. 118 – 126.

693 Da Körper und Gesundheit des Patienten oftmals bei einem Heileingriff gleichermaßen betroffen sind, ist eine genaue Zuordnung entbehrlich.

694 Vgl. *Deutsch/Spickhoff*, Medizinrecht, Rn. 248 m.w.N.

695 Ferner wird vertreten, die ärztliche Berufshaftung insgesamt als Ausdruck eines extra legem nachgewachsenen Sonderdeliktsrechts zu begreifen, das in Analogie zu den deliktischen Sonderregeln des BGB in §§ 831 ff., 839 BGB einzuordnen ist, vgl. *Weber-Steinhaus*, Ärztliche Berufshaftung als Sonderdeliktsrecht, S. 13 f. m.w.N.

696 Während im Strafrecht die Auffassung der Rechtsprechung häufig als Rechtfertigungslösung bezeichnet wird, wird die inhaltlich übereinstimmende Auffassung der zivilgerichtlichen Rechtsprechung überwiegend unter dem Begriff der Körperverletzungsdoktrin geführt. Ähnliches gilt für die im Schrifttum vertretenen Positionen, die im Strafrecht oft Tatbestandslösungen, im Zivilrecht Persönlichkeitsrechtsdoktrinen genannt werden. Trotz inhaltlicher Nähe soll die unterschiedliche Terminologie im Straf- und Zivilrecht hier beibehalten werden, um zu verdeutlichen, dass das Zivilrecht im Unterschied zum Strafrecht nicht darauf angewiesen ist, die eigenmächtige Heilbehandlung unter die Körperverletzungsdelikte zu subsumieren, sondern bereits de lege lata auf das allgemeine Persönlichkeitsrecht als sonstiges Recht i.S.d. § 823 Abs. 1 BGB abstellen kann.

697 RG, Urt. v. 27.5.1908 – VI 484/07, RGZ 68, 431 (433 f.); BGH, Urt. v. 9.12.1958 – VI ZR 203/57, BGHZ 29, 46 (49); Urt. v. 14.2.1989 – VI ZR 65/88, BGHZ 106, 391 (397 f.); Urt. v. 14.3.2006 – VI ZR 279/04, MedR 2006, 588 (588 f.); OLG Koblenz, Urt. v. 29.11.2001 – 5 U 1382/00, NJW-RR 2002, 816 (817).

Krankenpfleger auf einen Rechtfertigungsgrund, in der Regel die wirksame Einwilligung des Patienten, berufen können.

bb) Persönlichkeitsrechtsdoktrinen des Schrifttums

Im Schrifttum wird zur Bewertung des eigenmächtigen Heileingriffs dagegen das allgemeine Persönlichkeitsrecht – in unterschiedlichem Maße – in den Vordergrund gestellt. Einige qualifizieren einen ohne wirksame Einwilligung, aber sorgfaltsgerecht durchgeführten Eingriff *ausschließlich* als Verletzung des Selbstbestimmungsrechts, das in Form des allgemeinen *Persönlichkeitsrechts* als sonstiges Recht i.S.d. § 823 Abs. 1 BGB geschützt werde.[698]

Nach anderer Auffassung sei beim eigenmächtigen Heileingriff *sowohl* das *Persönlichkeitsrecht als auch* die *körperliche Integrität* betroffen.[699] Dem verfügbaren Rechtsgut Körper sei die Dispositionsfreiheit über dieses Rechtsgut – als Ausformung des allgemeinen Persönlichkeitsrechts – vorgelagert. Diese Entscheidungsfreiheit sei als Rechtsgut *transparent* und öffne damit den Blick auf das hinter ihr liegende, zur eigenen Bestimmung zugewiesene Rechtsgut Körper.

Die sog. Lehre vom doppelten Schutzgut begreift den eigenmächtigen Heileingriff dagegen als Verletzung eines neuartigen[700] Rechtsguts in Form des *Selbstbestimmungsrechts über die leiblich-psychische Integrität*[701]. Dieses umfasse zwei verschiedene, aber untrennbar miteinander verknüpfte Schutzbereiche: einen kognitiv-voluntativen (Autonomie) und einen somatisch-psychischen (Kontingenz).

cc) Zwischenergebnis

Während der eigenmächtige, aber gelungene und lege artis ausgeführte Heileingriff nach den strafrechtlichen Tatbestandslösungen bereits tatbestandsmäßig keine Relevanz aufweist, steht seine deliktsrechtliche Tatbestandsmäßigkeit i.S.d. § 823 Abs. 1 BGB nach allen Auffassungen fest. Fraglich ist in zivilrechtlicher Hinsicht lediglich, welches von § 823 Abs. 1 BGB geschützte Rechtsgut den methodischen Anknüpfungspunkt für die Haftung wegen eigenmächtiger Heilbehandlung und damit auch wegen etwaiger Aufklärungsfehler bildet. Zwar ist die Doktrinwahl auch in zivilrechtlicher Hinsicht keine bloße Konstruktionsfrage, sondern erlangt vielmehr im Hinblick auf die Unterschiede in der Beweislastverteilung[702], des Schmerzensgeldes[703] und des Umfangs des zu ersetzenden materiellen Schadens[704] erhebliche Bedeutung.[705]

---

698 *Laufs*, NJW 1974, 2025 (2028 ff.); *Kleinewefers*, VersR 1962, 197 (197).

699 *Deutsch*, NJW 1965, 1985 (1989).

700 *Müller-Hegen*, Die Haftung für Aufklärungsfehler im Arztrecht, S. 35; *Voll*, Die Einwilligung im Arztrecht, S. 25 f.

701 *Brüggemeier*, Deliktsrecht, Anm. 701.

702 Wird der Einwilligung des Patienten mit der Körperverletzungsdoktrin lediglich rechtfertigende Wirkung beigemessen, liegt die Beweislast für die ordnungsgemäße Aufklärung als Voraussetzung des Rechtfertigungsgrundes beim Arzt. Dagegen trägt nach den Persönlichkeitsrechtsdoktrinen der Patient als Anspruchsteller die Beweislast für die unterlassene ordnungsgemäße Aufklärung. Zum Ganzen vgl. *Katzenmeier*, Arzthaftung, S. 125 m.w.N.

703 Nach § 253 Abs. 2 BGB ist der Ersatz immaterieller Schäden ausdrücklich nur bei der Verletzung des Körpers, der Gesundheit, der Freiheit oder der sexuellen Selbstbestimmung vorgesehen. Ein An-

Mit Blick auf das Ziel der vorliegenden Arbeit – Handlungsempfehlungen aufzustellen, die bereits mangels Tatbestandsmäßigkeit weder eine zivil- noch strafrechtliche Verantwortlichkeit erwarten lassen – ist eine weitergehende Auseinandersetzung jedoch entbehrlich und abschließend Folgendes festzuhalten:

Die Diskussion über die rechtliche Bewertung insbesondere des eigenmächtigen Heileingriffs verläuft im Straf- wie Zivilrecht ähnlich. Dreh- und Angelpunkt ist dabei die Bestimmung der von §§ 223 ff. StGB bzw. § 823 Abs. 1 BGB geschützten Rechtsgüter, wenn es mangels ordnungsgemäßer Aufklärung an einer wirksamen Einwilligung des Patienten fehlt. Während die Rechtsprechung der Autonomie des Patienten und damit seiner Einwilligung in die Heilbehandlung eine rechtfertigende Wirkung beimisst, kommt ihr in Abhängigkeit von der Bestimmung der Schutzgüter im Schrifttum unterschiedliche Bedeutung zu.

Stets bildet jedoch ein zur Unwirksamkeit der Einwilligung führender Aufklärungsfehler zumindest im Zivilrecht den Ausgangspunkt für die Prüfung der Tatbestandsmäßigkeit i.S.d. § 823 Abs. 1 BGB. Daher gilt es auch in den Delegationsfällen Aufklärungsfehler zu vermeiden. Welche Aufklärungsfragen sich im Hinblick auf die Delegation ärztlicher Tätigkeiten ergeben, wird daher gesondert[706] behandelt.

4. Sorgfaltspflichtverletzung als Bezugspunkt der Fahrlässigkeit

Nachdem soeben zivil- und strafrechtliche Grundlagen in Bezug auf die einschlägigen Haftungs- bzw. Straftatbestände sowie auf die Bewertung des Heileingriffs geschildert wurden, soll es im Folgenden darum gehen, dasjenige Verhalten des delegierenden Arztes sowie des die delegierte Tätigkeit durchführenden Krankenpflegers zu bestimmen, das den Ausgangspunkt zivil- wie strafrechtlicher Verantwortlichkeit bilden kann: die Sorgfaltspflichtverletzung.

Während es im zivilen Haftungsrecht in erster Linie[707] um den Ausgleich widerstreitender, gleichberechtigter Privatinteressen geht, steht im Strafrecht neben Prävention und Schuldausgleich das hoheitliche Auftreten des Staates gegenüber dem Täter unter Zuschreibung sozialer Verwerflichkeit durch das Urteil im Vordergrund.[708] Obgleich der

---

spruch auf Geldentschädigung für zugefügten immateriellen Schaden wegen der Verletzung des allgemeinen Persönlichkeitsrechts ist dagegen nach der Rechtsprechung nur für schwerwiegende Eingriffe, bei denen die Beeinträchtigung des Berechtigten nicht auf andere Weise befriedigend auszugleichen ist, anerkannt, ständige Rechtsprechung seit BGH, Urt. v. 14.2.1958 – I ZR 151/56, BGHZ 26, 349 (354 ff.).

704 Während der Ersatz aller adäquaten Körper- und Gesundheitsschäden bei Aufklärungspflichtverletzungen nach der Körperverletzungsdoktrin zumindest bei fehlender Grundaufklärung bejaht wird, ist innerhalb der Persönlichkeitsdoktrinen umstritten, ob Körperschäden in den Schutzbereich der dem Persönlichkeitsrecht dienenden Aufklärungspflicht fallen können, *Katzenmeier*, Arzthaftung, S. 123 f. m.w.N.

705 *Voll*, Die Einwilligung im Arztrecht, S. 32; *Katzenmeier*, Arzthaftung, S. 121 ff.

706 Siehe *Zweiter Teil, B, III*, S. 212 ff.

707 Verhaltenssteuernde Präventivwirkung ist lediglich Nebeneffekt.

708 *Deutsch/Spickhoff*, Medizinrecht, Rn. 472; *Sternberg-Lieben*, in: Schönke/Schröder, § 15, Rn. 203a a.E.

grundsätzlich verschiedenen Zwecksetzungen in beiden Rechtsgebieten[709] ist eine schuldhafte, d.h. im Normalfall *fahrlässige*[710] Pflichtverletzung bzw. Verletzung des geschützten Rechtsguts der am Delegationsprozess Beteiligten stets zentrale Voraussetzung zivil- wie strafrechtlicher Würdigung. *Soweit* diese Voraussetzung in zivil- wie strafrechtlicher Sicht inhaltlich übereinstimmend konkretisiert werden kann, steht einer gemeinsamen Abhandlung der delegationsrelevanten Sorgfaltspflichten nichts entgegen.[711] Daher gilt es zunächst zu klären, ob das, was im Zivilrecht die Fahrlässigkeit begründen kann, auch für das Strafrecht zumindest als fahrlässigkeitsrelevant einzuordnen ist.

a) Fahrlässigkeit im Zivilrecht

Fahrlässig i.S.d. des Zivilrechts handelt – vorbehaltlich etwaiger vertraglicher Modifikationen der Haftung[712] – nach § 276 Abs. 2 BGB, wer die *im Verkehr erforderliche Sorgfalt* außer Acht lässt.

aa) Fahrlässigkeit und Sorgfaltspflichtverletzung

Systematisch handelt es sich bei der so umschriebenen Fahrlässigkeitsdefinition um eine Form des Verschuldens.[713] Ein Verschulden in Form der Fahrlässigkeit an sich gibt es jedoch nicht.[714] Vielmehr bedarf es stets eines Bezugspunktes in Gestalt des haftungsbegründenden Tatbestands, dessen (drohende) Verwirklichung für den Handelnden erkennbar und vermeidbar gewesen sein muss.[715] Wird dieser Bezugspunkt, wie überwiegend, als Verletzung von „Sorgfaltspflichten" bezeichnet, verwischt die Grenze zwischen Rechtswidrigkeit auf der einen, und Fahrlässigkeit als Verschuldensform auf der anderen

709 Vgl. nur BGH, Beschl. v. 4.3.1957 – GSZ 1/56, NJW 1957, 785 (786).

710 Auf den Vorsatz als weitere Verschuldensform wird angesichts seines Ausnahmecharakters bei der Patientenbehandlung in der vorliegenden Arbeit nicht eingegangen.

711 Dabei geht es der folgenden Untersuchung nur darum einzelne delegationsrelevante Sorgfaltspflichten, deren Verletzung Anknüpfungspunkt zivil- und strafrechtlicher Verantwortlichkeit sein kann, zu konkretisieren, ohne jedoch auf das Verhältnis der Sorgfaltspflichtverletzung zum tatbestandsmäßigen Erfolg einzugehen, vgl. dazu in strafrechtlicher Hinsicht *Kamps*, Ärztliche Arbeitsteilung und strafrechtliches Fahrlässigkeitsdelikt.

712 Diese vertraglichen Haftungsmodifikationen wie z.B. Fälle, in denen ein besonders hoher, an die individuellen Fähigkeiten eines überdurchschnittlich qualifizierten Arztes angelegter Maßstab vereinbart wird, werden vorliegend nicht berücksichtigt, vgl. dazu allgemein *Grüneberg*, in: Palandt, § 276, Rn. 24 ff.

713 Vgl. nur *Grüneberg*, in: Palandt, § 276, Rn. 12, 8; a.A. insbesondere *Nipperdey*, NJW 1957, 1777 (1779, 1782), der die Fahrlässigkeit nicht als Verschuldensform, sondern als Element der Rechtswidrigkeit einordnet.

714 *Grüneberg*, in: Palandt, § 276, Rn. 8; *Spickhoff*, NJW 2002, 2530 (2535).

715 BGHZ, Urt. v. 21.5.1996 – VI ZR 161/95, NJW-RR 1996, 981 (981); *Grundmann*, in: MünchKommBGB, § 276, Rn. 52, 68 ff., 73 ff. Zwischen den Begriffen der objektiven Sorgfaltspflichtverletzung und dem der Vorhersehbarkeit, die die objektive Fahrlässigkeit respektive Sorgfaltswidrigkeit ausmachen, wird im Folgenden nicht strikt getrennt. Zum einen sind die für den jeweiligen Verkehrskreis zu fordernden Kenntnisse und Fähigkeiten sowohl für die Frage der Sorgfaltspflichtverletzung als auch der Vorhersehbarkeit maßgeblich (*Tamm*, Außenseitermethoden, S. 117 f.), zum anderen zielt diese Arbeit (nur) darauf ab, konkret darzustellen, welche Pflichten den unmittelbar Delegationsbeteiligten obliegen, um dem Vorwurf einer zivil- wie strafrechtlichen Haftung grundsätzlich zu entgehen.

Seite. Insofern stellt nämlich sowohl die Verschuldensform als solche als auch deren Bezugspunkt – d.h. bei bestehenden Schuldverhältnissen die zur Rechtswidrigkeit gehörenden Verhaltenspflichten – auf den Begriff der Sorgfalt ab, sodass sich die Abgrenzung im Einzelnen schwierig gestalten kann.[716]

Dieses doppelte Auftauchen der verkehrserforderlichen Sorgfalt qualifiziert sie als das zentrale Element der zivilrechtlichen Fahrlässigkeitshaftung und spiegelt sich in der überwiegend vorgenommenen Aufspaltung des Sorgfaltsbegriffs.[717] Differenziert wird – allerdings nicht immer einheitlich[718] – einerseits zwischen der Verletzung der *äußeren und inneren Sorgfalt*[719], andererseits zwischen der *Sorgfalt im Höchstmaß* und der *situationsbezogenen Sorgfalt*[720]. Die Verletzung der äußeren Sorgfalt entspreche als äußerlich wahrnehmbare Verletzung einer Verhaltenspflicht der Pflichtverletzung, während die Verletzung der inneren Sorgfalt Gegenstand des Verschuldensvorwurfs sei.[721] In ähnlicher Weise wird auch das andere Begriffspaar verwendet: So sei Maßstab der zur Rechtswidrigkeit gehörenden Verhaltenspflichten ein Höchstmaß an Sorgfalt, das generell auf Grund einer ex-

---

716 BGH, Urt. 15.3.1977 – VI ZR 201/75, NJW 1977, 1102 (1103); *Mehringer*, Die Anfängeroperation, S. 144 ff.

717 *Spickhoff*, NJW 2002, 2530 (2535 f.); *Deutsch*, Fahrlässigkeit und erforderliche Sorgfalt, S. 468 ff.; *Katzenmeier*, Arzthaftung, S. 188 f.; *Laufs*, in: Laufs/Uhlenbruck, Handbuch des Arztrechts, § 99, Rn. 18; *Löwisch/Caspers*, in: Staudinger, § 276, Rn. 53; a.A. *Velten*, Der medizinische Standard im Arzthaftungsprozeß, S. 19 f.; *Brüggemeier*, Deliktsrecht, Anm. 98 ff., 111 ff.: Der Fahrlässigkeitsbegriff sei auf die objektive Verhaltenspflichtwidrigkeit zu reduzieren.

718 So wird teilweise die Sorgfalt im Höchstmaß auch als äußere Sorgfalt und die situationsbezogene als innere Sorgfalt bezeichnet (*Katzenmeier*, Arzthaftung, S. 188 f.), während andere zwischen der Aufgliederung in äußere und innere Sorgfalt und des bloßen Wechsels im Sorgfaltsmaßstab unterscheiden und die Pflichtverletzung als die Verletzung der inneren wie äußeren Sorgfalt im objektiven Höchstmaß verstehen, *Deutsch/Spickhoff*, Medizinrecht, Rn. 178, anders aber wohl in Rn. 226 f.

719 Diese Unterscheidung wurde zunächst im Strafrecht getroffen (*Exner*, Das Wesen der Fahrlässigkeit, S. 179 ff.; *Engisch*, Untersuchungen über Vorsatz und Fahrlässigkeit im Strafrecht, S. 266 ff., 269 ff.) und ins Zivilrecht insbesondere von *Deutsch* übertragen (*Deutsch*, Fahrlässigkeit und erforderliche Sorgfalt, S. 93 ff., 468 ff.; vgl. ferner *von Bar*, Verkehrspflichten, S. 172 ff.; *Deutsch*, NJW 1993, 1506 (1508); *Laufs*, in: Laufs/Uhlenbruck, Handbuch des Arztrechts, § 99, Rn. 18; *Löwisch/Caspers*, in: Staudinger, § 276, Rn. 53). Auch die Rechtsprechung ist dieser Differenzierung im Grundsatz gefolgt, vgl. BGH, Urt. v. 27.11.1952 – VI ZR 25/52, BGHZ 8, 138 (140); Urt. v. 17.3.1981 – VI ZR 191/79, BGHZ 80, 186 (196 f.); OLG Zweibrücken, Urt. v. 13.8.1990 – 4 U 266/89, VersR 1992, 496 (497). Abl. dagegen *Fabarius*, Äußere und innere Sorgfalt, S. 101 f., 139 f., 148; *Brüggemeier*, Deliktsrecht, Anm. 113 f.

720 *Katzenmeier*, Arzthaftung, S. 188; *Deutsch/Spickhoff*, Medizinrecht, Rn. 178.

721 *Katzenmeier*, Arzthaftung, S. 189. Vgl. *Spickhoff*, NJW 2005, 1694 (1698); *ders.*, NJW 2002, 2530 (2535 f.) zur Gefahr, die innere Sorgfalt als subjektiven Verschuldensvorwurf fehlzuinterpretieren, obwohl (auch) die innere Sorgfalt einem objektiv-typisierenden Sorgfaltsmaßstab unterliegt. Daher spricht er sich gegen eine pauschale Zuordnung der Verletzung der äußeren Sorgfalt zur Pflichtwidrigkeitsebene und der Verletzung der inneren Sorgfalt zum (vermuteten) Verschulden aus. Gegen eine Differenzierung in innere und äußere Sorgfalt auch *Schlechtriem/Schmidt-Kessel*, Schuldrecht AT, Rn. 565: Bei Verstößen gegen die innere Sorgfalt handele es sich lediglich um einen Unterfall des allgemeinen Sorgfaltsverstoßes, da sich die innere Sorgfalt auf die – wiederum an objektiven Standards zu messende – Vergewisserung über die eigene Leistungsfähigkeit beziehe und diese ebenfalls an objektiven Maßstäben zu messen sei.

post Betrachtung verlangt werde,[722] während das Verschulden ex-ante an dem zwar gleichsam objektiv-typisierten Sorgfaltsmaßstab gemessen werde, der sich aber auch situations-, gruppen- und bereichsspezifisch am engeren Verkehrskreis des potenziell Haftpflichtigen ausrichte.[723]

Gerade im medizinischen Bereich stimmt jedoch die Pflichtverletzung zum erheblichen Teil mit dem Außerachtlassen der im Verkehr erforderlichen Sorgfalt als Verschuldensform überein,[724] sodass dieser Unterscheidung nur geringe praktische Relevanz zukommt.[725] Jedenfalls enthält die Fahrlässigkeit als Verschuldensform auch Pflichtmomente,[726] sie setzt ein Verhaltensprogramm voraus, dass der Handelnde zu beachten hat, sodass es gerechtfertigt erscheint, die zugegebenermaßen ungenaue Formulierung der Sorgfaltspflichtverletzung[727] beizubehalten. Daher wird im Folgenden von delegationsrelevanten Sorgfaltspflichten (Delegationspflichten) gesprochen, obwohl diese sowohl Bezüge zu den Verhaltenspflichten als auch zur Fahrlässigkeit im verschuldenstechnischen Sinn – im Hinblick auf die Einteilung in solche des delegierenden Arztes und solche des durchführenden Krankenpflegers und damit im Hinblick auf die verschiedenen Verkehrskreise der Delegationsbeteiligten – aufweisen. Festzuhalten bleibt jedoch, dass eine zivilrechtliche Fahrlässigkeitshaftung zwar grundsätzlich ausscheidet, wenn Arzt und Krankenpfleger ihren im Einzelnen noch zu erläuternden delegationsrelevanten Sorgfaltspflichten nachkommen. Eine Verletzung dieser Sorgfaltspflichten, die im Vertrags- und Deliktsrecht in gleicher Weise auf den Schutz des Patienten ausgerichtet und daher inhaltlich weitgehend identisch sind,[728] aber nicht zwingend einen Schuldvorwurf i.S.d. § 276 Abs. 2 BGB einschließt.[729]

bb) Fahrlässigkeit und objektiv-abstrakter Sorgfaltsmaßstab

Liegt eine delegationsrelevante Sorgfaltspflichtverletzung vor, erscheint somit das Verhalten des delegationsbeteiligten Arztes oder Krankenpflegers selbst als verkehrswidrig, ist

---

722 *von Bar*, Verkehrspflichten, S. 172 ff.; *Wolf*, in: Soergel, BGB, § 831, Rn. 36, 73; *Katzenmeier*, Arzthaftung, S. 188; *Deutsch/Spickhoff*, Medizinrecht, Rn. 226.

723 *Wolf*, in: Soergel, BGB, § 831, Rn. 73; *Deutsch/Spickhoff*, Medizinrecht, Rn. 178, 227; *Katzenmeier*, Arzthaftung, S. 188 f.

724 *Spickhoff*, NJW 2002, 2530 (2532); *Kunz-Schmidt*, MedR 2009, 517 (518); *Katzenmeier*, Arzthaftung, S. 188;vgl. auch BGH, Urt. v. 13.2.2001 – VI ZR 34/00, NJW 2001, 1786 (1787).

725 *Spickhoff*, NJW 2005, 1694 (1698); *Katzenmeier*, Arzthaftung, S. 188.

726 *Deutsch*, AcP 202 (2002), 889 (897).

727 Kritisch zum Begriff der Sorgfaltspflicht(verletzung) auch *Larenz*, Schuldrecht I, AT, § 20, IV, S. 291; *von Bar*, Verkehrspflichten, S. 173.

728 BGH, Urt. v. 20.9.1988 – VI ZR 37/88, NJW 1989, 767 (768); Urt. v. 25.6.1991 – VI ZR 320/90, NJW 1991, 2960 (2960 f.); *Martis/Winkhart-Martis*, Arzthaftungsrecht, S. 61, 91; *Pitz*, Was darf das Medizinalpersonal?, S. 177 ff.; *Krahe*, Haftungssystematik bei ärztlicher Arbeitsteilung, S. 314 ff.; *SVR Gesundheitswesen*, Kooperation und Verantwortung, Abbildung zu Anm. 126 ff., S. 104 f., abrufbar im Internet unter <http://www.svr-gesundheit.de/Startseite/Startseite.htm> (Stand v. 4.9.2007).

729 BGH, Urt. v. 27.11.1952 – VI ZR 25/52, BGHZ 8, 138 (140); Urt. v. 17.3.1981 – VI ZR 191/79, BGHZ 80, 186 (196 f.); OLG Zweibrücken, Urt. v. 13.8.1990 – 4 U 266/89, VersR 1992, 496 (497); *Katzenmeier*, Arzthaftung, S. 188 f.; a.A. *Meinecke*, Haftungskriterien für Injektionsschäden, S. 26 f.; *Fabarius*, Äußere und innere Sorgfalt, S. 139, Fn. 636; *Giesen*, Arzthaftungsrecht, Rn. 107 f.

ferner zu prüfen, ob bereits das die Sorgfaltspflichtverletzung begründende Verhalten bzw. der Entschluss dazu die verkehrserforderliche Sorgfalt vermissen lässt.

Die im Verkehr erforderliche Sorgfalt wird insofern normativ, objektiv typisierend und sozialbezogen verstanden:[730] *normativ*, weil es jeweils auf den zur Gefahrenkontrolle angemessenen Standard ankommt; *objektiv typisierend*, weil auf das erwartete Verhalten eines Vertreters des jeweiligen Verkehrskreises – ohne Rücksicht auf geringere persönliche Fähigkeiten[731] – abgestellt wird und *sozialbezogen*, weil kein abstrakter Standard verlangt, sondern die Sorgfaltsanforderungen aus der konkreten Situation heraus bemessen werden.[732] Daher bestimmt sich aus Gründen des Vertrauensschutzes im Rechtsverkehr nach heute anerkannter Ansicht[733] die im Verkehr erforderliche Sorgfalt anhand eines auf die allgemeinen Verkehrsbedürfnisse ausgerichteten *objektiv-abstrakten Sorgfaltsmaßstabs*.[734] Demnach ist die im Verkehr erforderliche Sorgfalt diejenige Sorgfalt, die nach dem Urteil besonnener und gewissenhafter Angehöriger des in Betracht kommenden Verkehrskreises – hier des Arztes sowie des Krankenpflegers – im Zeitpunkt des zu beurteilenden Verhaltens zu beachten ist.[735] Aus dieser Gruppenbezogenheit des an sich objektiven Fahrlässigkeitsmaßstabs folgt jedoch, dass beispielsweise ein Facharzt ein anderes Maß an Sorgfalt schuldet als ein Arzt für Allgemeinmedizin.[736] Entsprechende Unterschiede sind auch zwischen dem klinisch tätigen und dem niedergelassenen Arzt zu machen.[737] Daher ergeben sich trotz des objektiven Sorgfaltsmaßstabs Differenzierungen unter dem Gesichtspunkt der Gruppenfahrlässigkeit[738] und im Hinblick auf die Verkehrserwartung.

Ein objektiv-abstrakter Sorgfaltsmaßstab ermöglicht mithin zwar eine fachgebiets- bzw. versorgungsspezifische Bestimmung der Verkehrskreise, lässt jedoch bei konsequenter Anwendung nicht bloß subjektives Un-[739], sondern auch „Über"vermögen außer Betracht. Dagegen wendet sich die Rechtsprechung[740] und in Teilen auch die Literatur[741],

---

730 *Deutsch*, NJW 1993, 1506 (1508).

731 Sog. Gruppenfahrlässigkeit, *Grundmann*, in: MünchKommBGB, § 276, Rn. 55 f.

732 *Katzenmeier*, Arzthaftung, S. 185; *Deutsch/Spickhoff*, Medizinrecht, Rn. 189; *Kempter*, Medizinische Sorgfaltstandards, S. 7.

733 Näher zu den älteren subjektiven Lehren *Deutsch*, Fahrlässigkeit und erforderliche Sorgfalt, S. 22 ff.; kritisch zur Objektivierung des Fahrlässigkeitsmaßstabs *Koziol*, AcP 196 (1996), 593 (593 ff.).

734 BGH, Urt. v. 20.10.1987 – VI ZR 280/86, NJW 1988, 909 (909 f.); Urt. v. 11.4.2000 – X ZR 19/98, NJW 2000, 2812 (2813); *Löwisch/Caspers*, in: Staudinger, § 276, Rn. 29; *Grüneberg*, in: Palandt, § 276, Rn. 15; *Medicus/Lorenz*, Schuldrecht I AT, Rn. 368; *Schlechtriem/Schmidt-Kessel*, Schuldrecht AT, Rn. 564; *Schmidt-Kessel*, in: Prütting/Wegen/Weinrich, § 276, Rn. 3.

735 BGH, Urt. v. 20.10.1987 – VI ZR 280/86, NJW 1988, 909 (909); *Westermann*, in: Erman, BGB, § 276, Rn. 10.

736 BGH, Urt. v. 24.6.1997 – VI ZR 94/96, MedR 1998, 26 (26); OLG Düsseldorf, Urt. v. 22.3.1984 – 8 U 192/81, VersR 1984, 791 (791); *Larenz*, SchuldR I, AT, § 20 III, S. 285 f.; *Deutsch*, NJW 1993, 1506 (1508); *Kempter*, Medizinische Sorgfaltstandards, S. 6.

737 *Kamps*, MedR 1984, 167 (169); *Ulsenheimer* Arztstrafrecht, Rn. 20a.

738 Vgl. *Kohte*, in: Lilie/Bernat/Rosenau, Standardisierung in der Medizin als Rechtsproblem, 79 (80) m.w.N.

739 Vgl. nur BGH, Urt. v. 13.2.2001 – VI ZR 34/00, NJW 2001, 1786 (1787).

740 Vgl. BGH, Urt. v. 10.2.1987 – VI ZR 68/86, NJW 1987, 1479 (1480); für besondere Ortskenntnisse BGH, Urt. v. 6.12.1957 – VI ZR 270/56, VersR 1958, 94 (94); OLG Frankfurt/M., Urt. v. 12.7.1972 – 13 U 241/71, VersR 1975, 381 (381); OLG Koblenz, Urt. v. 18.3.2004, NJW-RR 2004, 1025 (1025).

indem gleichwohl fahrlässig handele, wer trotz höherer individueller Fähigkeiten oder Situationskenntnisse diese nicht einsetze. Dagegen wird zwar vorgebracht, dass man den gewährten Freiraum des Handelnden einenge, weil dieser sich zusätzlich sorgfältig im Hinblick auf diese Fähigkeiten und Kenntnisse verhalten müsse.[742] Zugleich wird aber eingeräumt, dass schon die im Verkehr erforderliche Sorgfalt in bestimmten Konstellationen die Berücksichtigung individueller Kenntnisse und Fähigkeiten verlange.[743] Letzteres folgt auch aus dem normativen Verständnis der im Verkehr erforderlichen Sorgfalt, wonach der zur Gefahrenkontrolle angemessene Standard das zu leisten verlangt, wozu man zur Vermeidung von Gefahren – unter Einsatz der zur Verfügung stehenden Kenntnisse und Fähigkeiten – imstande ist. Schließlich sprechen Gründe des Verkehrs- und Vertrauensschutzes für die ausnahmsweise Berücksichtigung besonderer Qualifikationen.[744]

b) *Fahrlässigkeit im Strafrecht*

Im Strafrecht bildet insbesondere § 15 StGB im Allgemeinen Teil des Strafgesetzbuches den Anknüpfungspunkt für fahrlässiges Handeln, ohne jedoch eine Begriffsbestimmung zu enthalten. Weitgehende Einigkeit besteht zunächst darin, dass sich entgegen der früher vertretenen objektiven Unrechtsauffassung das Fahrlässigkeitsunrecht nicht allein im Erfolgsunwert der Rechtsgutsverletzung erschöpft,[745] da sich andernfalls selbst eine strafrechtliche Verantwortung für den Zufall begründen ließe.[746] Vielmehr ist bei den Fahrlässigkeits- wie bei den Vorsatzdelikten zwischen Handlungs- und Erfolgsunrecht zu unterscheiden, sodass nicht allein das Herbeiführen des strafrechtlich missbilligten Erfolgs, sondern erst seine Herbeiführung durch einen Verhaltensfehler einen Widerspruch zur strafrechtlichen Sollensordnung darstellt.[747] Wie dieser Verhaltensfehler zu konkretisieren ist, wird jedoch unterschiedlich beurteilt.

aa) Fahrlässigkeit als Sorgfaltspflichtverletzung

Zurückgehend auf vor allem *Engisch*[748], der die Fahrlässigkeit im Grundsatz als fehlerhaftes äußerliches Verhalten und Verletzung der „äußeren Sorgfalt“ bestimmte, zu der die Verletzung der „inneren Sorgfalt“ nur hinzutrete, bildet sowohl nach der Rechtspre-

---

741 *Zeuner*, JZ 1966, 1 (8); *Deutsch*, Fahrlässigkeit und erforderliche Sorgfalt, S. 143; *Grundmann*, in: MünchKommBGB, § 276, Rn. 56; vgl. auch *Rupprecht*, Zivilrechtliche Haftung des niedergelassenen Arztes, S.42 f. beschränkt auf Fälle, in denen der behandelnde Arzt seinen überdurchschnittlichen Fähigkeiten entweder durch den individuellen Kontakt mit dem Patienten oder durch die allgemeine Bekanntheit seiner Expertenstellung Ausdruck verliehen und ein entsprechendes Vertrauen des Behandlungsbedürftigen geweckt habe.

742 *Löwisch/Caspers*, in: Staudinger, § 276, Rn. 30.

743 *Löwisch/Caspers*, in: Staudinger, § 276, Rn. 30, § 276, Rn. 31.

744 *Grundmann*, in: MünchKommBGB, § 276, Rn. 56; *Mehringer*, Die Anfängeroperation, S. 159 f.

745 *Kudlich*, in: BeckOK-StGB, § 15, Anm. 36; *Duttge*, in: MünchKommStGB, § 15, Rn. 90.

746 *Puppe*, Jura 1997, 513 (513).

747 Vgl. nur *Cramer/Sternberg-Lieben*, in: Schönke/Schröder, § 15, Rn. 120.

748 *Engisch*, Untersuchungen über Vorsatz und Fahrlässigkeit im Strafrecht, S. 269 ff., 273 ff., 326 ff., 344 ff.; vgl. *Welzel*, Das Deutsche Strafrecht, S. 131 ff.; *Arm. Kaufmann*, ZfRV 1964, 41 (45 ff.); *Maurach/Gössel/Zipf*, Strafrecht, AT 2, § 43, Rn. 17 ff.

chung[749] als auch der Lehre[750] die *Sorgfaltspflichtverletzung* bis heute vielfach den „normative(n) Kern der Fahrlässigkeit“[751]. Wenngleich die Ansichten im Detail voneinander abweichen[752], soll insofern auf eine weitere Darstellung verzichtet werden, da es um das Für und Wider der Sorgfaltspflichtverletzung als Merkmal auch der strafrechtlichen Fahrlässigkeit im Vergleich zu anderen Fahrlässigkeitsbestimmungen geht.

bb) Andere Fahrlässigkeitsbestimmungen

Neben bzw. abweichend vom Merkmal der „Sorgfaltspflichtverletzung“ wird zur Bestimmung des fahrlässigen Handlungsunrechts insbesondere auf die *„Erkennbarkeit oder Voraussehbarkeit der Tatbestandsverwirklichung“*[753], das *„Überschreiten des erlaubten Risikos bzw. Schaffung einer erhöhten Gefahr“*[754] oder ein *„konkretes Veranlassungsmoment“*[755] abgestellt.

cc) Zwischenergebnis

Wie die starke terminologische Ähnlichkeit des Topos der *Sorgfaltspflichtverletzung* zum zivilrechtlichen Fahrlässigkeitsbegriff i.S.d. § 276 Abs. 2 BGB vermuten lässt, wird hier-

---

749 Vgl. BGH, Urt. v. 25.9.1952 – 4 StR 41/52, BGHSt 3, 203 (203 f.); Urt. v. 19.4.2000 – 3 StR 442/99, NJW 2000, 2754 (2758); Urt. v. 14.3.2003 – 2 StR 239/02, NStZ 2003, 657 (657 f.).

750 *Boll*, MedR 2002, 232 (233); *Jescheck/Weigend*, Strafrecht AT, § 55, I., S. 577 ff.; *Baumann/Weber/Mitsch*, Strafrecht AT, § 22, Rn. 9 ff., 12; *Lackner/Kühl*, § 15, Rn. 36 ff.; *Cramer/Sternberg-Lieben*, in: Schönke/Schröder, § 15, Rn. 121 ff., 131; *Wessels/Beulke*, Strafrecht AT, Rn, 667 ff.; *Schädler*, Strafrechtliche Aspekte des Organisationsverschuldens in stationären Pflegeeinrichtungen, S. 54 ff.

751 *Bockelmann*, Strafrecht des Arztes, S. 68; *Burgstaller*, Das Fahrlässigkeitsdelikt im Strafrecht, S. 31 ff.

752 Uneinigkeit besteht etwa im Hinblick auf die straftatsystematische Einordnung der Sorgfaltspflichtverletzung als Element der Tatbestands- [*Arm. Kaufmann*, ZfRV 1964, 41 (46); *Bockelmann/Volk*, Strafrecht AT, § 20, B I. 2., S. 157 f.; *Hirsch*, ZStW 94 (1982), 239 (266 ff., 270); *Wessels/Beulke*, Strafrecht AT, Rn. 657 f., 664, 667 ff.], Rechtfertigungs- [*Baumann/Weber/Mitsch*, Strafrecht AT, § 22, Rn. 18 ff., 26, 28, 31; *Henkel*, in: FS Mezger, 249 (283, 287)] oder Schuldebene [ältere Auffassung (sog. Schuldlösung): *Binding*, Die Normen und ihre Übertretung II, § 39, S. 115 ff., 119; *Mezger*, Strafrecht, § 46, S. 349 f.; *von Liszt*, Lehrbuch, § 41 IV., S. 272 ff., 275 f.)]. Überwiegend wird die Fahrlässigkeit heute als besonderer Typus des strafbaren Verhaltens aufgefasst, der Unrechts- und Schuldelemente in sich vereint, BGH, Urt. v. 22.9.1953 – 5 StR 331/53, BGHSt 4, 340 (341); Urt. v. 17.11.1994 – 4 StR 441/94, BGHSt 40, 341 (348); *Wessels/Beulke*, Strafrecht AT, Rn. 657; a.A. *Schmidhäuser*, Strafrecht AT, 7/39; vgl. insgesamt dazu *Duttge*, Zur Bestimmtheit des Handlungsunwerts von Fahrlässigkeitsdelikten, S. 40 ff. Neben der straftatsystematischen Konfliktebene ist auch der Maßstab, nach dem die Sorgfaltswidrigkeit eines Verhaltens zu beurteilen ist, umstritten, siehe dazu *Zweiter Teil, B, II. 4. c)*, S. 139 ff.

753 *Schroeder*, JZ 1989, 776 (779 f.): „Kenntnis oder Erkennbarkeit der Möglichkeit der Tatbestandsverwirklichung“; *Schmidhäuser*, in: FS Schaffstein, 129 (142, 157): „Erkennbarkeit der Tat und ihres Unrechts“; *Jakobs*, Strafrecht AT, 9. Abschn., Rn. 6: „individuelle Erkennbarkeit der Tatbestandsverwirklichung“.

754 *Wolter*, GA 1977, 257 (257 ff.); *Roxin*, Strafrecht AT I, § 24, Rn. 6, 14; *Gropp*, Strafrecht AT, § 12, Rn. 66 ff., 78 f.

755 *Duttge*, in: MünchKommStGB, § 15, Rn. 112, 120.

nach auch in strafrechtlicher Sicht geprüft, ob der Täter die im Verkehr erforderliche Sorgfalt außer Acht gelassen hat.

Dagegen vermeiden Vertreter, die die *„Erkennbarkeit der Tatbestandsverwirklichung"* bzw. das *„Überschreiten des erlaubten Risikos"* als den Wesensgehalt strafrechtlich relevanter Fahrlässigkeit bezeichnen, bereits begrifflich eine Anbindung an die zivilrechtliche Definition des § 276 Abs. 2 BGB – wenngleich inhaltlich die Erkennbarkeit bzw. Voraussehbarkeit auch zivilrechtlich Elemente des Fahrlässigkeitsbegriffs sind.[756] Dabei wird der Verzicht bzw. die Ablehnung des Merkmals der Sorgfaltspflichtverletzung unter anderem im Hinblick auf Art. 103 Abs. 2 GG, § 1 StGB mit dessen mangelnder Bestimmtheit begründet.[757] Dem ist jedoch entgegenzuhalten, dass die Bestimmung von Inhalt und Ausmaß der Sorgfaltspflichten insofern erleichtert wird, als sich verschiedene Ursprungsquellen herausgebildet haben:[758] So lassen sich Sorgfaltspflichten *erstens* aus den sog. Sondernomen im engen Sinn, d.h. Rechtsvorschriften im formellen wie auch im nur materiellen Sinn ableiten. *Zweitens* bieten untergesetzliche Gepflogenheiten und Standards bestimmter Verkehrskreise wie zum Beispiel die lex artis im medizinischen Bereich Sorgfaltsanforderungen. Schließlich wird *drittens*, etwa wenn gesetzliche oder bereichsspezifisch anerkannte Standards fehlen, darauf abgestellt, wie sich ein sorgfältiger, besonnener Durchschnittsbürger in der konkreten Situation des Täters verhalten würde oder genauer welches Verhalten man von ihm erwarten dürfte.[759] Andere nehmen eine Interessenabwägung zwischen den nach Art und Größe des Risikos abgestuften Rechtsgüterschutzinteressen einerseits und der Handlungsfreiheit andererseits[760] vor und stellen damit letztlich auf das allgemeine Schädigungsverbot ab.[761] Letzteres liegt ebenso den sog. Sondernormen und Standards zugrunde – stellen sie doch das „Ergebnis einer auf Erfahrung und Überlegung beruhenden umfassenden Voraussicht möglicher Gefahren"[762] dar, derer sie entgegenwirken sollen. Folglich existieren greifbare Anhaltspunkte für die Bestimmung der jeweils anzuwendenden Sorgfalt – wenngleich die Einhaltung der so ermittelten Sorgfaltspflichten nur ein Anzeichen für die Verkehrsrichtigkeit des Täterverhaltens bzw. umgekehrt deren Nichtbeachtung ein fehlerhaftes Verhalten lediglich indiziert.[763]

---

756 Vgl. nur BGHZ, Urt. v. 21.5.1996 – VI ZR 161/95, NJW-RR 1996, 981 (981); *Grundmann*, in: MünchKommBGB, § 276, Rn. 52, 68 ff., 73 ff.

757 *Schroeder*, JZ 1989, 776 (776 f.); *Duttge*, Zur Bestimmtheit des Handlungsunwerts von Fahrlässigkeitsdelikten, S. 99, 207 ff.

758 *Kudlich*, in: BeckOK-StGB, § 15, Anm. 38c ff.

759 *Kudlich*, in: BeckOK-StGB, § 15, Anm. 42cc; *Sternberg-Lieben*, in: Schönke/Schröder, § 15, Rn. 133 ff.; *Wessels/Beulke*, Strafrecht AT, Rn. 669; *Burgstaller*, Das Fahrlässigkeitsdelikt im Strafrecht, S. 54 ff.; *Jescheck/Weigend*, Strafrecht AT, § 55, I. 2. b), S. 578; abl. *Duttge*, in: MünchKommStGB, § 15, Rn. 116 f.

760 *Schünemann*, JA 1975, StR S. 149 ff. [575 (575 ff.)]; *Kudlich*, in: BeckOK-StGB, § 15, Anm. 43.

761 *Duttge*, Zur Bestimmtheit des Handlungsunwerts von Fahrlässigkeitsdelikten, S. 276 f.

762 Vgl. für die sog. Sondernormen BGH, Urt. v. 23.4.1953 – 3 StR 894/52, BGHSt 4, 182 (185); BGH, Urt. v. 10.7.1958 – 4 StR 180/58, BGHSt 12, 75 (78).

763 BGH, Urt. v. 23.4.1953 – 3 StR 894/52, BGHSt 4, 182 (185); BGH, Urt. v. 10.7.1958 – 4 StR 180/58, BGHSt 12, 75 (78); *Engisch*, Untersuchungen über Vorsatz und Fahrlässigkeit im Strafrecht, S. 360 ff.; *Jescheck/Weigend*, Strafrecht AT, § 55, I. 3. d), S. 581 f. So kann in strafrechtlicher Hinsicht nach Ansicht des BGH im Falle des Abweichens von den Vorgaben und einem damit ggf. verbundenen Sorgfaltspflichtverstoß häufig von der Kenntnis der Sondernorm auf die subjektive

Die lediglich indizielle Bedeutung der Sorgfaltspflichtenquellen wird zwar auch kritisiert und stattdessen das Abstellen auf ein *„konkretes Veranlassungsmoment“* gefordert, das anhand kognitionspsychologischer Erkenntnisse zu ermitteln sei: Kern der Fahrlässigkeit sei es, trotz triftigen Anlasses – in den äußeren Gegebenheiten unter Einschluss auch des eigenen Wissens – von dem weiteren Geschehensverlauf in Richtung einer Rechtsgutsbeeinträchtigung nicht oder nicht rechtzeitig Abstand genommen zu haben.[764] Gleichwohl wird die Veranlassung regelmäßig daraus abzuleiten sein, dass bestimmte Sorgfaltspflichten bestehen. Daher lässt sich auch die Forderung eines konkreten Veranlassungsmoments nicht als Verzicht auf das Merkmal der Sorgfaltspflichtverletzung, sondern lediglich als Ergänzung desselben begreifen.[765] Insgesamt gewährt somit die Vorstellung von bestimmten Sorgfaltspflichten und deren Verortung auch in sog. Sondernormen eine hinreichende Bestimmbarkeit und bietet eine für die Rechtspraxis überaus wichtige Orientierungssicherheit.[766] Somit greifen die Bedenken gegen die Bestimmtheit des Merkmals der Sorgfaltspflichtverletzung nicht durch.

Vielmehr bestehen diese Bedenken etwa im Hinblick auf das *„Überschreiten des erlaubten Risikos“* – handelt es sich dabei doch um einen hoch abstrakten Begriff, der dem Rechtsanwender einen außerordentlich weiten und im Grunde überhaupt nicht näher umrissenen Spielraum einräumt und somit die rechtsstaatlich geforderte Berechenbarkeit des Rechts, die Rechtsklarheit und Rechtssicherheit vermissen lässt.[767] Angesichts dessen ist der Risikogedanke jedenfalls nicht zur Begründung, sondern lediglich zur Begrenzung strafrechtlich relevanten fahrlässigen Verhaltens heranzuziehen.[768]

Stützt man sich dagegen anstelle der Sorgfaltspflichtverletzung auf die bloße *Erkennbarkeit* ohne funktionsäquivalentes anderes Merkmal, so können Fälle erlaubt riskanten Verhaltens nicht immer ausreichend als nicht fahrlässig ausgeschieden werden.[769] Dem kann zwar durch das Erfordernis einer „hinreichend konkreten“ Erkennbarkeit regelmäßig entgegen getreten werden. Wann von einer solchen hinreichenden Konkretheit gesprochen werden kann, ist in der Sache aber auch davon abhängig, ob das Verhalten sorgfaltsgemäß war oder nicht.[770] Insofern bedarf es der Konstruktion einer „Pflicht zur Voraussicht“, also eines Voraussehen-Müssens,[771] was den Begriff der „Sorgfaltspflichtverletzung“ als geeigneter erscheinen lässt. Schließlich wird dem Merkmal der Erkennbarkeit bzw. Voraussehbarkeit der Tatbestandsverwirklichung neben der Sorgfaltspflichtverletzung eine

Seite der Fahrlässigkeit, d.h. auf die Erkennbarkeit der Gefahr, zu schließen sein, vgl. *Erlinger*, ZaeFQ 2004, 226 (228).

764 *Duttge*, Zur Bestimmtheit des Handlungsunwerts von Fahrlässigkeitsdelikten, S. 410 ff.; *Duttge*, in: MünchKommStGB, § 15, Rn. 121.

765 So *Duttge* selbst, wenn er den Begriff der Sorgfaltspflichtverletzung als nicht unpassend bezeichnet, *Duttge*, in: MünchKommStGB, § 15, Rn. 109; vgl. auch *Kudlich*, in: BeckOK-StGB, § 15, Anm. 37.1.

766 *Vogel*, in: LK[12], § 15, Rn. 223; *Kudlich*, in: BeckOK-StGB, § 15, Anm. 37b.

767 *Duttge*, Zur Bestimmtheit des Handlungsunwerts von Fahrlässigkeitsdelikten, S. 128, 131, 209 ff.

768 Vgl. *Duttge*, in: MünchKommStGB, § 15, Rn. 106.

769 *Kudlich*, in: BeckOK-StGB, § 15, Anm. 37.6.

770 *Kudlich*, in: BeckOK-StGB, § 15, Anm. 37.6.

771 *Duttge*, in: MünchKommStGB, § 15, Rn. 109.

eigenständige Bedeutung abgesprochen,[772] da Voraussehbarkeit und Sorgfaltspflichtverletzung als Bestandteile des Handlungsunrechts derart innerlich miteinander verknüpft seien, dass sie nicht isoliert beurteilt werden könnten. Vielmehr gehe das Merkmal der Voraussehbarkeit insoweit in der Sorgfaltspflichtverletzung auf, als die Sorgfaltspflicht bedeute, die aus dem konkreten Verhalten für das geschützte Rechtsgut erwachsenden Gefahren zu erkennen und sich darauf richtig einzustellen.[773]

Neben der geschilderten begrifflichen[774] Kritik werden gegen das Erfordernis einer Sorgfaltspflichtverletzung ferner sachliche[775] Einwände erhoben. So gebe „es bei der Fahrlässigkeit – wie beim Vorsatz – keine andere Pflicht als die sich aus der Norm ergebende Pflicht" „und nur gegen diese Pflicht werde verstoßen".[776] Insbesondere der Topos der „gebotenen Sorgfalt" sei „*normlogisch falsch*", da der Täter beim Begehungsdelikt nicht sorgfältig zu handeln, sondern unsorgfältiges Handeln zu lassen hat.[777] So sei nicht etwa sorgfältiger Umgang mit Streichhölzern geboten, sondern sorgloser Umgang verboten; eine Pflicht zum Umgang bestehe nicht. Dem ist zwar zuzugeben, dass dem Täter kein Unterlassen eines sorgfaltsgemäßen, sondern die Vornahme einer sorgfaltswidrigen Handlung vorgeworfen wird.[778] So darf man – um im Beispiel zu bleiben – selbstverständlich den Umgang mit Zündhölzern unterlassen, wenn man aber – aus welchen Gründen auch immer – die Streichhölzer benutzt – dann muss man dies mit der erforderlichen Sorgfalt tun, um die mit dem Umgang verbunden Gefahren möglichst gering zu halten. Daher lassen sich aus dem eigentlichen Inhalt des Normbefehls durchaus in sich stimmig Sorgfaltspflichten ableiten.[779] Die Außerachtlassung der Sorgfalt dient mithin lediglich der Bewertung des Handelns, also eines Tuns, sodass der Vorwurf, das Abstellen auf die Sorgfaltswidrigkeit führe zu einer Umdeutung fahrlässiger Begehungsdelikte in dem Sinn, dass unrechtsbegründend auf ein Unterlassungsmoment abgehoben wird, nicht zutrifft.[780]

Freilich hat die Konkretisierung des fahrlässigen Handlungsunrechts respektive des Verhaltensfehlers anhand des Merkmals der Sorgfaltspflichtverletzung auch Schwächen[781]

---

772 *Renzikowski*, Restriktiver Täterbegriff und fahrlässige Beteiligung, S. 225; *Wessels/Beulke*, Strafrecht AT, Rn. 667; *Hannes*, Der Vertrauensgrundsatz bei arbeitsteiligem Verhalten, S. 175.

773 *Renzikowski*, Restriktiver Täterbegriff und fahrlässige Beteiligung, S. 225: „Gebrauchsanweisungen zu tatbestandslosem Verhalten"; *Wessels/Beulke*, Strafrecht AT, Rn. 667 ff.

774 *Schroeder*, JZ 1989, 776 (776 f.); *Hardwig*, ZStW 78 (1966), 1 (27).

775 *Wolter*, GA 1977, 257 (267); *Schmidhäuser*, in: FS Schaffstein, 129 (129 ff.); *Roxin*, Strafrecht AT I, § 24, Rn. 10 ff.

776 *Jakobs*, Strafrecht AT, 9. Abschn., Rn. 6.

777 *Umbreit*, Verantwortlichkeit des Arztes, S. 11; *Jakobs*, Strafrecht AT, 9. Abschn., Rn. 6.

778 *Jakobs*, Strafrecht AT, 9. Abschn., Rn. 6; *Roxin*, Strafrecht AT I, § 24, Rn. 12.

779 *Kudlich*, in: BeckOK-StGB, § 15, Anm. 37.5; *Wessels/Beulke*, Strafrecht AT, Rn. 667.

780 *Kaminski*, Der objektive Maßstab im Tatbestand des Fahrlässigkeitsdelikts, S. 17.

781 So ist die Bezeichnung des fahrlässigen Verhaltens als Sorgfaltspflichtverletzung insofern unglücklich, als ein Handelnder zur Vermeidung einer Fahrlässigkeitsverantwortlichkeit nicht bloß in fremdem, sondern zugleich eigenem Interesse Sorgfalt walten lassen muss, sodass normenlogisch in der Tat lediglich eine Obliegenheit vorliegt, *Vogel*, in: LK[12], § 15, Rn. 174. Auch darf man sich nicht dazu verführen lassen, das Wesen der Fahrlässigkeit in einer Unterlassung zu sehen und Sorgfaltspflicht und Garantenstellung gleichzusetzen [*Schroeder*, JZ 1989, 776 (779)] oder fahrlässige Erfolgsdelikte auf Ungehorsams- und abstrakte Gefährdungsdelikte zu reduzieren, vgl. die Nachweise bei *Vogel*, in: LK[12], § 15, Rn. 173, Fn. 253.

und ihr kann nur Indizwirkung[782] zukommen. Gleichwohl erscheint es vertretbar daran festzuhalten, zumal sie der Legaldefinition der zivilrechtlichen Fahrlässigkeit in § 276 Abs. 2 BGB entspricht.[783] Schließlich kommt dies auch dem allgemeinen Sprachgebrauch entgegen:[784] Wer fahrlässig handelt, vernachlässigt etwas, nämlich die gebotene Sorgfalt. Daher liegt die begriffliche Verknüpfung zwischen „fahrlässig" und „sorgfaltswidrig" näher als zwischen „Fahrlässigkeit" und „Risikoüberschreitung" oder „Tatbestandserkennbarkeit".[785] Wenngleich letztere auch im Rahmen der Fahrlässigkeitsdogmatik unbedingt berücksichtigungswürdig sind, so erfordern sie kein Abweichen vom Merkmal der Sorgfaltspflichtverletzung als Anknüpfungspunkt auch der strafrechtlich relevanten Fahrlässigkeit.

c) Bestimmung des Sorgfaltsmaßstabs

Setzen somit zivil- wie strafrechtliche Fahrlässigkeit jedenfalls begrifflich eine Sorgfaltspflichtverletzung als Bezugspunkt voraus, kommt es nun darauf an, ob die zu beachtende Sorgfalt in beiden Rechtsgebieten zumindest teilweise gleich definiert wird.

Wie bereits eingangs erwähnt, gilt im Zivilrecht ein auf die allgemeinen Verkehrsbedürfnisse ausgerichteter *objektiv-abstrakter Sorgfaltsmaßstab*[786], sodass bloß subjektives Unvermögen nicht von der zivilrechtlichen Verantwortlichkeit entlastet.[787] Demgegenüber folgt aus dem strafrechtlichen Schuldprinzip, dass die Kenntnisse und Fähigkeiten des Täters bei der strafrechtlichen Würdigung seines Verhaltens zu berücksichtigen sind.[788] Umstritten ist insofern zum einen, ob der im Strafrecht anzuwendende Sorgfaltsmaßstab von vornherein rein individuell oder zumindest in einem ersten Schritt, wie im Zivilrecht, nach objektiven Kriterien bestimmt werden kann. Zum anderen stellt sich für diejenigen, die die Sorgfaltswidrigkeit nach objektiven Kriterien beurteilen, die Frage, ob gleichwohl ein etwaiges Sonderwissen und/oder –können zu berücksichtigen ist.[789]

aa) Subjektiver Sorgfaltsmaßstab

Einige beurteilen die Sorgfaltswidrigkeit einer Handlung im strafrechtlichen Sinn *allein* nach den individuellen Kenntnissen und Fähigkeiten des konkreten Täters.[790] Danach sei ein Verhalten dann sorgfaltswidrig, wenn der Täter im Zeitpunkt der Handlung deren Gefährlichkeit für das Rechtsgut hätte erkennen können. Demzufolge verpflichte ein größeres individuelles Leistungsvermögen zu größerer Umsicht und rechtfertige entsprechend

782 Stets sind die Umstände des Einzelfalls zu berücksichtigen.
783 *Vogel*, in: LK[12], § 15, Rn. 174; *Kudlich*, in: BeckOK-StGB, § 15, Anm. 37.3.
784 *Kudlich*, in: BeckOK-StGB, § 15, Anm. 37.3.
785 *Kudlich*, in: BeckOK-StGB, § 15, Anm. 37.3.
786 BGH, Urt. v. 11.4.2000 – X ZR 19/98, NJW 2000, 2812 (2813); Urt. v. 29.1.1991 – VI ZR 206/90, BGHZ 113, 297 (303); *Grüneberg*, in: Palandt, § 276, Rn. 15.
787 BGH, Urt. v. 13.2.2001 – VI ZR 34/00, NJW 2001, 1786 (1787).
788 *Jescheck/Weigend*, Strafrecht AT, § 54, I.4., S. 566, § 57,II., S. 594 f.; *Baumann/Weber/Mitsch*, Strafrecht AT, § 22, Rn. 28; *Vogel*, in: LK[12], § 15, Rn. 155.
789 Siehe zur zivilrechtlichen Paralleldiskussion *Zweiter Teil, B, II. 4. a) bb)*, S. 132 ff.
790 *Renzikowski*, Restriktiver Täterbegriff und fahrlässige Beteiligung, S. 233 ff.; *Duttge*, in: MünchKommStGB, § 15, Rn. 94 ff., 99; *Gropp*, Strafrecht AT, § 12, Rn. 82 ff.; *Jakobs*, Strafrecht AT, 9. Abschn., Rn. 5 ff., 13.

höhere Leistungsanforderungen.[791] Dagegen beseitigten unter dem Durchschnitt der am Verkehrskreis beteiligten Personen liegende Fähigkeiten bereits das Handlungsunrecht und nicht erst die Schuld, soweit der Täter hierdurch gehindert war, die Gefährlichkeit seiner Handlung zu erkennen.[792]

Daher kann eine Handlung, die zwar nach dem für das Zivilrecht entscheidenden objektiv-abstrakten Maßstab sorgfaltswidrig und fahrlässig ist, nach der für das Strafrecht von vornherein angelegten rein individuellen Beurteilung sorgfaltsgemäß und daher nicht fahrlässig sein.

bb) Doppelter Sorgfaltsmaßstab

Andere ziehen zur Bestimmung des sorgfaltswidrigen Verhaltens einen doppelten Maßstab heran und stellen in einem ersten Schritt auf objektive Kriterien ab.[793] Demnach ergeben sich Art und Maß der anzuwendenden Sorgfalt aus den *„Anforderungen, die bei einer Betrachtung der Gefahrenlage ex ante an einen besonnenen und gewissenhaften Menschen in der konkreten Lage und der sozialen Rolle des Handelnden zu stellen sind.“*[794] Damit sind die normativen, objektiv-typisierenden und sozialbezogenen (Durchschnitts-)Anforderungen, wie sie mit der „im Verkehr erforderlichen Sorgfalt“ i.S.d. § 276 Abs. 2 BGB beschrieben werden, auch in strafrechtlicher Hinsicht als Mindestmaß dessen anzusehen, was jedermann an Sorgfalt zu erbringen hat, der ein bestimmtes riskantes Verhalten durchführt oder durchführen will.[795] Unbeschadet des Umstandes, dass das Handeln des Täters im Einzelfall gerechtfertigt sein oder ein Schuldvorwurf nicht erhoben werden kann, ist demnach ein Verhalten auch strafrechtlich als sorgfaltswidrig anzusehen, das hinter der objektiv für den jeweiligen Verkehrskreis ermittelten Sorgfalt zurück bleibt.[796]

---

791 Vgl. auch *Cramer/Sternberg-Lieben*, in: Schönke/Schröder, § 15, Rn. 133, der einen doppelten Maßstab anwendet und überdurchschnittliche Fähigkeiten auf Tatbestandsebene und unterdurchschnittliche Fähigkeiten auf Schuldebene berücksichtigt.

792 *Stratenwerth/Kuhlen*, Strafrecht AT, § 15, Rn. 11 f.; *Jakobs*, Strafrecht AT, 9. Abschn., Rn. 13.

793 BGH, Urt. v. 19.4.2000 – 3 StR 442/99, NJW 2000, 2754 (2758); *Ulsenheimer*, Anm. zu BGH, Urt. v. 20.12.1986 – 4 StR 668/84, JR 1986, 250 (251); *ders.*, MedR 1984, 161 (162); *ders.*, Arztstrafrecht in der Praxis, Rn. 17 ff.; *Cramer/Sternberg-Lieben*, in: Schönke/Schröder, § 15, Rn. 133; *Schreiber*, in: Nagel/Fuchs, Leitlinien und Standards im Gesundheitswesen, 167 (167); *Bockelmann/Volk*, Strafrecht AT, § 20, 158 ff.; *Jescheck/Weigend*, Strafrecht AT, § 54, I.4., S. 565 f.; *Arm. Kaufmann*, ZfRV 1964, 41 (46 ff.); ähnlich *Baumann/Weber/Mitsch*, Strafrecht AT, § 22, Rn. 41 ff.; *Roxin*, Strafrecht AT I, § 24, Rn. 54, Fn. 80 m.w.N.

794 BGH, Urt. v. 10.12.1965 – 1 StR 327/65, BGHSt 20, 315 (321); *Jescheck/Weigend*, Strafrecht AT, § 55, I. 2. b), S. 578 f.; *Wessels/Beulke*, Strafrecht AT, Rn. 669; *Cramer/Sternberg-Lieben*, in: Schönke/Schröder, § 15, Rn. 133: „einsichtiger Mensch in der Lage des Täters“.

795 *Cramer/Sternberg-Lieben*, in: Schönke/Schröder, § 15, Rn. 134.

796 BGH, Urt. v. 10.12.1965 – 1 StR 327/65, BGHSt 20, 315 (321); *Engisch*, Untersuchungen über Vorsatz und Fahrlässigkeit im Strafrecht, S. 334 ff.; *Jescheck/Weigend*, Strafrecht AT, § 55, I., S. 577 ff.; *Lackner/Kühl*, § 15, Rn. 37 ff.; näher zur differenzierten Maßfigur: *Burgstaller*, Das Fahrlässigkeitsdelikt im Strafrecht, S. 54 ff.; abl. zu dem in der Tat zu fingierenden Maßstab eines gewissenhaften und besonnenen, dem Verkehrskreis des Täters angehörenden Menschen: *Duttge*, in: MünchKommStGB, § 15, Rn. 116 f.; vgl. auch *Arm. Kaufmann*, ZfRV 1964, 41 (49): „ex-ante-Homunkulus aus der Retorte der Rechtswissenschaft“; *Roxin*, Strafrecht AT I, § 24, Rn. 56 ff., der eine gewisse Aussageschwäche einräumt.

Ob der Täter nach seinem persönlichen Leistungsvermögen, seinen individuellen Fähigkeiten und seinem Erfahrungswissen subjektiv in der Lage ist, das objektiv erforderliche Maß an Sorgfalt zu erbringen, ist für die Frage der Tatbestandsmäßigkeit seines Verhaltens unerheblich und erst auf der Schuldebene zu prüfen.

cc) Zwischenergebnis

Während ein rein subjektiver Sorgfaltsmaßstab keinen Bezug zur zivilrechtlichen Fahrlässigkeitshaftung aufweist, stellt sich nach der zweiten Auffassung ein objektiv-typisierender Sorgfaltsmaßstab – unabhängig von der deliktssystematischen Verortung – als gemeinsamer Anknüpfungspunkt zivil- wie strafrechtlicher Würdigung dar,[797] sodass sich insoweit die delegationsrelevanten Sorgfaltspflichten in zivil- und strafrechtlicher Hinsicht gemeinsam betrachten lassen.

Demnach würde auch im Strafrecht die Sorgfaltspflichtverletzung jedenfalls im Ausgangspunkt objektiv zu bestimmen sein.[798] Dagegen wird jedoch vorgebracht, dass nicht praktikabel zwischen „höchster Abstraktion und rein täterbezogener Konkretisierung“[799] differenziert werden könne, da sich der Umfang der an den einzelnen zu stellenden Sorgfaltsanforderungen wiederum nach dem nicht verbindlich vorgegebenen Zuschnitt des maßgeblichen Verkehrskreises richte. Dem ist zwar zuzugeben, dass eine zu weitgehende Individualisierung des Verkehrskreises zu vermeiden ist. Das gelingt jedoch, wenn nur die für den jeweiligen Verkehrskreis typischen, ihn als Gruppe aus der Allgemeinheit heraushebenden Verhaltensweisen – etwa die Berufsspezifika der Ärzte und Krankenpfleger – zur Bestimmung der objektiven Sorgfaltspflicht herangezogen werden.[800] Das Abstellen auf die sog. „Durchschnittsanforderungen“ ist daher nur als Richtschnur zur Beurteilung fehlerhaften Verhaltens zu verstehen und bedarf wie jeder Allgemeinbegriff weiterer Konturen in Form der konkreten Sorgfaltsanforderungen in den jeweiligen Lebenssituationen: den Verkehrskreisen.[801]

Gegen die Lehre von der objektiven Sorgfaltspflichtverletzung wird hervorgebracht, dass danach ein überdurchschnittlich Befähigter nur verpflichtet sei, diejenige Sorgfalt zu erbringen, die für den Durchschnitt gelte.[802] Diese Sorge einer ungerechtfertigten Privilegierung von Tätern mit überdurchschnittlichen Kenntnissen oder Fähigkeiten bei der

797 Vgl. auch *Ratajczak*, in: Ratajczak/Schwarz-Schilling Medizin und Strafrecht, 5 (18); *Geilen*, in: Wenzel, Handbuch FA Medizinrecht, Kapitel 4, Rn. 461; *Deutsch/Spickhoff*, Medizinrecht, Rn. 470 ff.: keine Überbetonung der (sich annähernden) Zweckdivergenzen von zivilem Haftungs- und Strafecht; a.A. Unterscheidung zwischen optimaler Sorgfalt zur Vermeidung zivilrechtlicher Haftung und der Frage der Strafbarkeit sorgfaltswidrigen Verhaltens, *Sternberg-Lieben*, in: Schönke/Schröder, § 15, Rn. 203a a.E. m.w.N.

798 Krit. zur obj. Sorgfaltspflichtverletzung: *Stratenwerth/Kuhlen*, Strafrecht AT, § 15, Rn. 11 ff., *Roxin*, Strafrecht AT I, § 24, Rn. 57 ff., *Schmidhäuser*, in: FS Schaffstein, 129 (129 ff.); *Wolter*, GA 1977, 257 (267).

799 Vgl. *Cramer/Sternberg-Lieben*, in: Schönke/Schröder, § 15, Rn. 137.

800 *Kaminski*, Der objektive Maßstab im Tatbestand des Fahrlässigkeitsdelikts, S. 135 ff.; *Cramer/Sternberg-Lieben*, in: Schönke/Schröder, § 15, Rn. 137.

801 *Roxin*, Strafrecht AT I, § 24, Rn. 34 f., krit. aber Rn. 63; *Cramer/Sternberg-Lieben*, in: Schönke/Schröder, § 15, Rn. 137.

802 *Stratenwerth/Kuhlen*, Strafrecht AT, § 15, Rn. 14.

Anwendung eines doppelten Prüfungsmaßstabs erweist sich aber als unbegründet,[803] wenn man den maßgebenden Verkehrskreis von vornherein auf einen mit Sonderwissen[804] und/oder –können[805] ausgestatteten Täter begrenzt. Denn die genannten Durchschnittsanforderungen sind nicht empirisch, sondern normativ zu verstehen und verlangen letztlich von jedermann das zu leisten, was er zur Vermeidung von Gefahren imstande ist.[806]

Das bedeutet indes nicht, dass sich die unterdurchschnittliche Befähigung des Täters bereits an dieser Stelle auswirken müsste. Denn das Unvermögen wird auch von Vertreten des doppelten Maßstabs unter Wahrung des strafrechtlichen Schuldprinzips deliktssystematisch auf der Schuldebene zugunsten des Täters hinreichend berücksichtigt.[807] Daher trägt der Einwand, die Einhaltung der generellen Sorgfaltsanforderungen werde von jedermann erwartet, auch dem unterdurchschnittlich Befähigtem, der hierzu nicht in der Lage sei,[808] im Ergebnis nicht durch. Nicht bestraft wird nämlich, wer wegen unterdurchschnittlicher Kenntnisse und Fähigkeiten subjektiv nicht in der Lage ist, objektiven Sorgfaltsanforderungen zu genügen. Beseitigten jedoch unterdurchschnittliche Fähigkeiten und Kenntnisse nicht nur – wie bei einem doppelten Maßstab – die Schuld, sondern – wie beim rein individuellen Maßstab – bereits das Unrecht der Tat,[809] würde beispielsweise die Verhängung von Maßregeln der Besserung und Sicherung, die eine „rechtswidrige Tat" (vgl. §§ 63 ff., 11 Abs. 1 Nr. 5 StGB) und damit tatbestandsmäßiges Verhalten voraussetzt, nach dem Gesetzeswortlaut ausscheiden.[810]

Schließlich erweist sich ein rein individueller Sorgfaltsmaßstab etwa in Fällen der pflichtwidrigen Tätigkeitsübernahme nur als vermeintliche Alternative zu generellen Sorg-

---

803 *Wolter*, GA 1977, 257 (269 f.); *Hirsch*, ZStW 94 (1982), 239 (272 ff.); *Schünemann*, in: FS Schaffstein, 159 (165 ff.); *Lackner/Kühl*, § 15, Rn. 38.

804 *Jescheck/Weigend*, Strafrecht AT, § 55, I. 2. b), S. 579; *Wessels/Beulke*, Strafrecht AT, Rn. 670; *Welzel*, Das Deutsche Strafrecht, S. 132.

805 *Hirsch*, ZStW 94 (1982), 239 (274); *Cramer/Sternberg-Lieben*, in: Schönke/Schröder, § 15, Rn. 138 f; *Roxin*, Strafrecht AT I, § 24, Rn. 62; *Baumann/Weber/Mitsch*, Strafrecht AT, § 22, Rn. 24, 45 ff., die sich jedoch dafür aussprechen, die damit verbundene subjektive Erweiterung des objektiven Fahrlässigkeitsmaßstabs ausdrücklich zu benennen; krit. *Schmidhäuser*, in: FS Schaffstein, 129 (151 ff.). Dagegen bestimmen andere den Umfang der dem einzelnen obliegenden Sorgfaltspflichten ausschließlich nach den Durchschnittsanforderungen des jeweiligen Verkehrskreises, sodass überdurchschnittliche Fähigkeiten unberücksichtigt bleiben, wohl *Henkel*, in: FS Mezger, 249 (283). Da es sich jedoch bei dem Sonderwissen oder –können für den Täter um nicht mehr als lediglich die Ausschöpfung und Nutzung seiner „normalen" Kenntnisse und Fähigkeiten handelt, kann letztere Ansicht angesichts der damit verbundenen Besserstellung eines überdurchschnittlich Befähigten nicht überzeugen, *Cramer/Sternberg-Lieben*, in: Schönke/Schröder, § 15, Rn. 141; *Duttge*, in: MünchKommStGB, § 15, Rn. 97.

806 *Cramer/Sternberg-Lieben*, in: Schönke/Schröder, § 15, Rn. 139 f.; *Duttge*, in: MünchKommStGB, § 15, Rn. 97; ähnlich *Baumann/Weber/Mitsch*, Strafrecht AT, § 22, Rn. 46; *Stratenwerth/Kuhlen*, Strafrecht AT, § 15, Rn. 17.

807 Vgl. nur *Baumann/Weber/Mitsch*, Strafrecht AT, § 22, Rn. 48.

808 *Stratenwerth/Kuhlen*, Strafrecht AT, § 15, Rn. 18.

809 *Roxin*, Strafrecht AT I, § 24, Rn. 59.

810 In der Konsequenz könnte einem kurzsichtigen und farbenblinden Autofahrer, der an übergroßer Schreckhaftigkeit leidet und einen Fußgänger überfährt, den er infolge dieser Mängel nicht wahrnehmen konnte, bei Anwendung eines rein individuellen Sorgfaltsmaßstabs der Führerschein nicht entzogen werden, *Cramer/Sternberg-Lieben*, in: Schönke/Schröder, § 15, Rn. 142.

faltsanforderungen.[811] Besteht die Pflichtwidrigkeit darin, eine Tätigkeit begonnen zu haben, obwohl man nicht in der Lage ist, den zur Durchführung dieser Tätigkeit erforderlichen Sorgfaltsanforderungen zu genügen, können sich letztere als Vergleichsgröße nur anhand des Durchschnitts bemessen.[812]

Auch die Feststellung überdurchschnittlicher Fähigkeiten und Kenntnisse setzt die Bestimmung des Durchschnitts voraus. Soll nicht auf ein allgemein-gültiges Ge- bzw. Verbot gänzlich verzichtet werden, bedarf es mithin auch im Strafrecht eines objektiven Ausgangs- und Bezugspunktes.[813] Unbeschadet der verschiedenen Regelungszwecke und strukturellen Unterschiede von Zivil- und Strafrecht ist daher § 276 Abs. 2 BGB *„auch zur Ergänzung des Tatbestandes der Fahrlässigkeitsstraftaten heranzuziehen"*[814]. Freilich gibt der zivilrechtlich festgeschriebene Standard lediglich die Obergrenze strafrechtlicher Verantwortlichkeit vor, stellt – angesichts der auf Schuldebene zu berücksichtigenden Umstände – nicht zwingend zugleich einen strafrechtlich zu verfolgenden Sorgfaltsmangel dar.[815]

Nach vorzugswürdiger Ansicht ist der Fahrlässigkeit im Strafrecht mithin eine Doppelfunktion beizumessen als sie sowohl eine Verhaltens- als auch eine Schuldform darstellt. In ihrer ersten Funktion ist innerhalb des Unrechtstatbestandes das Außerachtlassen der objektiv erforderlichen Sorgfalt zu prüfen, während auf der Schuldebene festzustellen bleibt, ob der Täter nach dem Maß seines individuellen Könnens zur Erfüllung der objektiven Sorgfaltsanforderungen in der Lage war.[816] Nachfolgend geht es lediglich um die erste Funktion der strafrechtlichen Fahrlässigkeit, die der zivilrechtlichen Fahrlässigkeitsdefinition des § 276 Abs. 2 BGB entspricht,[817] sodass insoweit die delegationsrelevanten Sorgfaltspflichten in zivil- wie strafrechtlicher Hinsicht gemeinsam behandelt werden.

5. Delegationsrelevante Sorgfaltsmaßstäbe

Nachdem der Sorgfaltsbegriff sowohl zivil- wie strafrechtlich als entscheidendes Element der Fahrlässigkeit einzuordnen ist und in beiden Rechtsgebieten zumindest auch eine objektiv-abstrakte Bestimmung des Sorgfaltsmaßstabs Anwendung findet, gilt es nun zu klären, welcher konkrete Sorgfalts- und damit Haftungsmaßstab für die Beurteilung der Verantwortlichkeit des delegierenden Arztes und des durchführenden Krankenpflegers entscheidend ist.

---

811 *Vogel*, in: LK[12], § 15, Rn. 160.

812 *Cramer/Sternberg-Lieben*, in: Schönke/Schröder, § 15, Rn. 142.

813 *Duttge*, Zur Bestimmtheit des Handlungsunwerts von Fahrlässigkeitsdelikten, S. 87.

814 *Mezger*, Strafrecht, § 46, S. 358; *von Liszt*, Lehrbuch, § 41, S. 277; *Bockelmann/Volk*, Strafrecht AT, § 12, S. 54; *Erlinger*, ZaeFQ 2004, 226 (226); *Wienke*, HNO 2004, 267 (268). Jedenfalls sind im Strafrecht keine strengeren objektiven Sorgfaltsanforderungen zu stellen als im Zivilrecht, *Vogel*, in: LK[12], § 15, Rn. 207; vgl. auch BGH, Urt. v. 26.6.1990 – 2 StR 549/89, BGHSt 37, 106 (114 f.).

815 *Schmidt*, in: Ratzel/Luxenburger, § 14, Rn. 9.

816 Vgl. nur *Wessels/Beulke*, Strafrecht AT, Rn. 658 m.w.N.

817 *Kaminski*, Der objektive Maßstab im Tatbestand des Fahrlässigkeitsdelikts, S. 120.

a) *Facharztstandard*

Die bei der Delegation ärztlicher Tätigkeiten von den Delegationsbeteiligten einzuhaltende Sorgfalt richtet sich somit nach der i.S.d. § 276 Abs. 2 BGB verkehrserforderlichen Sorgfalt.[818] Erforderlich ist bei der Behandlung eines Patienten die Gewährleistung des sog. medizinischen Standards oder Facharztstandards[819], d.h. diejenige Behandlung, die ein durchschnittlich qualifizierter Facharzt nach dem ihm zugänglichen Stand von medizinischer Wissenschaft und Praxis an Kenntnissen, Wissen, Können und Aufmerksamkeit erbringen kann.[820] Nur diejenige Behandlung genügt der „im Verkehr erforderlichen Sorgfalt" im Sinne des § 276 Abs. 2 BGB, die auch nach der Delegation einer ärztlichen Tätigkeit auf einen Krankenpfleger noch dem Facharztstandard entspricht. Es ist mithin sicherzustellen, dass alle Maßnahmen ergriffen werden, die von einem gewissenhaften und aufmerksamen Arzt aus berufsfachlicher Sicht in der konkreten Behandlungssituation vorausgesetzt und erwartet würden.[821] Dabei entschuldigen in praxi übliche Nachlässigkeiten nicht.[822] Umgekehrt erlangt eine tatsächliche ärztliche Übung insofern Bedeutung als bei der Aufstellung von Sorgfaltspflichten, denen keine tatsächliche ärztliche Übung entspricht, Zurückhaltung geboten ist.[823]

Problematisch ist, dass der die delegierte Tätigkeit durchführende Krankenpfleger keine Facharztausbildung absolviert hat und daher jedenfalls formell nicht über das für den medizinischen Standard erforderliche Wissen und Können eines erfahrenen Facharztes verfügen kann. Fraglich ist daher, ob auch eine von einem Krankenpfleger ausgeführte ärztliche Tätigkeit überhaupt dem Facharztstandard genügen kann. Das hängt davon ab, wie der sog. Facharztstandard zu bestimmen ist.

aa) Formelle Bestimmung

Einerseits könnte man davon ausgehen, dass nur, wer die Facharztprüfung erfolgreich abgelegt hat, auch die Einhaltung des Facharztstandards gewährleisten kann. Unter diesem rein formellen Gesichtspunkt ist ein Krankenpfleger lediglich in der Lage, den krankenpflegerischen Standard bei der Durchführung einer ärztlichen Tätigkeit sicherzustellen.

---

818 BGH, Urt. v. 29.1.1991 – VI ZR 206/90, NJW 1991, 1535 (1537); *Kullmann*, VersR 1997, 529 (529); *Kohte*, in: Lilie/Bernat/Rosenau, Standardisierung in der Medizin als Rechtsproblem, 79 (80).

819 *Velten*, Der medizinische Standard im Arzthaftungsprozeß, S. 38 f.; *Deutsch/Spickhoff*, Medizinrecht, Rn. 210. Inhaltsgleich werden auch die Begriffe des „Standards eines erfahrenen Facharztes" oder die „anerkannten Regeln der ärztlichen Kunst" verwendet. Zum früher verwendeten Begriff „Stand der Wissenschaft und Technik" vgl. *Kriele*, NJW 1976, 355 (355 ff.).

820 BGH, Urt. v. 15.6.1993 – VI ZR 175/92, NJW 1993, 2989 (2990); *Katzenmeier*, Arzthaftung, S. 279; *Fischer/Lilie*, Ärztliche Verantwortung im europäischen Rechtsvergleich, S. 11; *Schreiber*, in: Nagel/Fuchs, Leitlinien und Standards im Gesundheitswesen, 167 (170); *Kempter*, Medizinische Sorgfaltstandards, S. 5.

821 Vgl. nur BGH, Urt. v. 29.11.1994 – VI ZR 189/93, VersR 1995, 659 (666).

822 BGH, Urt. v. 27.11.1952 – VI ZR 25/52, NJW 1953, 257 (257); *Kullmann*, VersR 1997, 529 (529 f.).

823 BGH, Urt. v. 8.10.1974 – VI ZR 159/72, VersR 1975, 43 (44); Urt. v. 24.6.1975 – VI ZR 72/74, NJW 1975, 2245 (2246); *Grundmann*, in: MünchKommBGB, § 276, Rn. 112.

Demnach verstieße die Delegation ärztlicher Tätigkeiten an einen Krankenpfleger stets gegen die erforderliche Sorgfalt i.S.d. § 276 Abs. 2 BGB.

bb) Materielle Bestimmung

Andererseits könnte man den Facharztstandard auch dann für gewährleistet erachten, wenn der die delegierte Tätigkeit Durchführende in Bezug auf die konkrete Tätigkeit entweder selbst dem Facharztstandard aufgrund seiner tatsächlichen Kenntnisse und Fähigkeiten, d.h. in materieller Hinsicht genügt[824] oder ein formelles wie materielles Unterschreiten des Facharztstandards auf andere Art und Weise – etwa durch entsprechende Weisungen und Aufsicht durch den delegierenden Arzt – kompensiert werden kann. Demgemäß genügte die Delegation ärztlicher Tätigkeiten auf einen Krankenpfleger der verkehrserforderlichen Sorgfalt i.S.d. § 276 Abs. 2 BGB.

cc) Zwischenergebnis

Für die rein formelle Interpretation lässt sich zwar anführen, dass jeder, der die Facharztprüfung bestanden hat, den Facharztstandard auch sicherstellen können muss und in der Regel auch wird. Das rein formelle Kriterium des erworbenen Facharzttitels brächte insoweit Rechtssicherheit und –klarheit, stünde jedoch in Widerspruch zu den tatsächlichen Gegebenheiten. So hat die bisherige Untersuchung gezeigt, dass über das „Ob" der Delegation ärztlicher Tätigkeiten auf Nichtärzte generell Einigkeit besteht und höchstrichterlich die Arbeitsteilung auch in Form der Delegation als zum heutigen Medizinbetrieb gehörend qualifiziert wurde. Abgesehen davon sprechen gegen das ausschließliche Abstellen auf das Bestehen der Facharztprüfung teleologische Aspekte. Die Einhaltung des Facharztstandards wird im Interesse des Patientenschutzes gefordert. Solange der Facharztstandard sichergestellt werden kann, ist dem Schutz und der Sicherheit des Patienten hinreichend Rechnung getragen. Nachfolgend geht es daher um Möglichkeiten, den Facharztstandard trotz fehlender formeller Qualifikation zu sichern.

(1) Qualifikation des Durchführenden bei den sog. „Anfängeroperationen"

Wie der Facharztstandard bei der Patientenbehandlung gewährleistet werden kann, wenn der Durchführende selbst (noch) kein Facharzt ist, wird in Rechtsprechung und Literatur insbesondere[825] im Hinblick auf den Einsatz von ärztlichen Berufsanfängern oder noch in der (Facharzt-)Ausbildung befindlichen Ärzten bei Operationen (sog. „Anfängeroperation") diskutiert: Danach wird eine Behandlung, die dem Facharztstandard entspricht, auch dann als gewahrt angesehen, wenn der Behandelnde das medizinisch Gebotene *„theoretisch*

---

824 *Laufs*, in: Laufs/Uhlenbruck, Handbuch des Arztrechts, § 139, Rn. 18; vgl. auch *Deutsch/Bender/Eckstein/Zimmermann*, Transfusionsrecht, Rn. 438: sog. Gleichsetzungskompetenz, d.h. der ausführende Krankenpfleger verfügt über die gleiche materielle Qualifikation wie der delegierende Arzt.

825 Vgl. zum Heilpraktiker, der bei der Anwendung einer invasiven Behandlungsmethode den Sorgfaltsstandard mindestens eines Arztes für Allgemeinmedizin zu erbringen hat, BGH, Urt. v. 29.1.1991 – VI ZR 206/90, BGHZ 113, 297 (302 ff., 304); OLG Bamberg, Urt. v. 27.11.2000 – 4 U 106/99, VersR 2002, 323 (323); *Geiß/Greiner*, Arzthaftpflichtrecht, B, Rn. 13.

wie praktisch so beherrscht, wie das von einem Facharzt dieses Fachs erwartet werden muss.“[826] Solange noch Zweifel an den erforderlichen Kenntnissen und Fertigkeiten des ärztlichen Berufsanfängers bestehen, herrscht jedenfalls insoweit Einigkeit, als es einer *ärztlichen Aufsicht und Überwachung des Berufsanfängers* bedarf,[827] um trotz seiner eventuellen „Minderqualifikation“ eine dem Facharztstandard entsprechende Patientenbehandlung sicherzustellen.

(2) Entsprechende Anwendung bei der Delegation auf Krankenpfleger

Diese in Anlehnung an die für die sog. „Anfängeroperationen“[828] aufgestellten Grundsätze lassen sich auch für die Delegation ärztlicher Tätigkeiten auf Krankenpfleger fruchtbar machen.[829] Zwar handelt es sich bei den ärztlichen Berufsanfängern im Gegensatz zu den Krankenpflegern bereits um approbierte Ärzte, die demzufolge über einen umfangreicheren theoretischen Kenntnisstand verfügen als aus- und weitergebildete Krankenpfleger.[830] Daher weichen auch die delegierbaren Tätigkeiten voneinander ab. Während ärztlichen Berufsanfängern ärztliche Tätigkeiten sowohl im engen als auch im weiten Sinn übertragen werden dürfen, dürfen Krankenpfleger im Rahmen der Delegation keine ausschließlich dem Arzt obliegenden Aufgaben, sondern lediglich ärztliche Tätigkeiten im weiten Sinn übernehmen.

Auch unterscheiden sich beide Situationen dadurch, dass die Übertragung ärztlicher Aufgaben auf ärztliche Berufsanfänger durch die Notwendigkeit der Aus- und Weiterbildung von (Fach-)Ärzten bedingt und unverzichtbar ist,[831] während die Übertragung ärztlicher Aufgaben auf Krankenpfleger, wie eingangs erwähnt[832], zwar im Hinblick etwa auf die mit ihr verbundene Arbeitsentlastung, die verbesserten Behandlungsabläufe oder die sinkenden Arztzahlen in praxi erforderlich ist, aber gerade nicht im Rahmen einer unvermeidbaren beruflichen Weiterbildungsphase vollzogen werden muss.

Beiden Fällen ist jedoch gemein, dass die Durchführung ärztlicher Tätigkeiten[833] einem (Noch-)Nicht-Facharzt überlassen wird und sowohl der ärztliche Berufsanfänger wie

---

826 OLG Düsseldorf, Urt. v. 7.10.1994 – 8 U 18/92, NJW 1994, 1598 (1598 f.); *Steffen*, MedR 1995, 360 (360); vgl. auch: *Ulsenheimer*, Arztstrafrecht in der Praxis, Rn. 20.

827 BGH, Urt. v. 27.9.1983 – VI ZR 230/81, NJW 1984, 655 (656); *Mehringer*, Die Anfängeroperation, S. 103 ff.; *Deutsch/Spickhoff*, Medizinrecht, Rn. 209.

828 Der Begriff der „Anfängeroperation“ ist jedoch im Interesse einer patientengerechten Ausbildung extensiv zu verstehen und kann mit der Übernahme der Heilbehandlung durch einen Berufsanfänger gleichgesetzt werden, vgl. BGH, Urt. v. 10.2.1987 – VI ZR 68/86, NJW 1987, 1479 (1480); Urt. v. 26.4.1988 – VI ZR 246/86, NJW 1988, 2298 (2299 f.): Rückgriff auf die Grundsätze zur Anfängeroperation, obwohl kein operativer Sachverhalt zugrunde lag; *Schmid*, NJW 1994, 767 (772); zustimmend *Mehringer*, Die Anfängeroperation, S. 29.

829 Vgl. OLG Köln, Urt. v. 22.1.1987 – 7 U 193/86, VersR 1988, 44 (45 f.); *Umbreit*, Verantwortlichkeit des Arztes, S. 159 f.; *Mehringer*, Die Anfängeroperation, S. 23; *Pitz*, Was darf das Medizinalpersonal?, S. 164 f.; vgl. auch *Thomas*, Vertikale Arbeitsteilung in der stationären Anästhesie aus haftungsrechtlicher Sicht, S. 163, 174, der gegen die unmittelbare Heranziehung der aufgestellten Grundsätze erhebliche Bedenken hat.

830 *Thomas*, Vertikale Arbeitsteilung in der stationären Anästhesie aus haftungsrechtlicher Sicht, S. 164.

831 *Mehringer*, Die Anfängeroperation, S. 1 ff.

832 Siehe *Erster Teil, A*, S. 2 f.

833 Bezogen auf die ärztlichen Tätigkeiten im weiten Sinn.

der Krankenpfleger dem delegierenden Arzt gegenüber (fachlich) weisungsgebunden ist. Es liegen jeweils Formen der sog. vertikalen Arbeitsteilung vor, sodass auf die in der Rechtsprechung entwickelten Grundsätze zurückgegriffen werden kann. Allerdings erfordern die genannten Unterschiede eine Abweichung, weil der die delegierte Tätigkeit durchführende Krankenpfleger stets ärztlicher Anordnung, Aufsicht und Überwachung bedarf. Lediglich die Intensität der Einbindung des Arztes kann in Abhängigkeit der vorhandenen Kenntnisse und Fertigkeiten des Krankenpflegers variieren. Dadurch kommt es auch beim Einsatz eines Krankenpflegers zu keinem Qualitätsverlust. Eine dem Facharztstandard entsprechende Behandlung ist gewahrt. Somit ist kein Grund ersichtlich, die Durchführung einer ärztlichen Tätigkeit durch einen Krankenpfleger im Sinne einer rein formellen Bestimmung des Facharztstandards per se als nicht standardgemäß auszuweisen.

(3) Qualifikation des Aufsichtsführenden bei den sog. „Anfängeroperationen“

Wird bezüglich des die Tätigkeit durchführenden ärztlichen Berufsanfängers bzw. in entsprechender Anwendung der aufgestellten Grundsätze auch bezüglich des Krankenpflegers der Facharztstandard materiell definiert, bleibt noch fraglich, ob die geforderte ärztliche Aufsicht ihrerseits nur durch einen formell qualifizierten Facharzt oder auch durch einen lediglich in materieller Hinsicht den Facharztstandard gewährenden Arzt erfolgen kann.

Ersteres verlangte der BGH mehrfach in den sog. Facharzturteilen. Danach sei der Facharztstandard nur dann zu gewährleisten, wenn dem ärztlichen Berufsanfänger ein formell qualifizierter Facharzt assistiere.[834] Nur er könne die Gewähr übernehmen, dass der in der Ausbildung befindliche Arzt richtig angeleitet und überwacht werde, und nur er habe die erforderliche Autorität gegenüber einem Berufsanfänger, um erforderlichenfalls eingreifen zu können.[835] Zwar stellte der BGH später auch fest, dass Blick- und/oder wenigstens Rufkontakt zum aufsichtsführenden Arzt genüge, die Aufsichtsintensität somit – je nach der vom Patienten abzuwendenden Gefahr – variieren kann, hielt aber gleichwohl am Erfordernis der formellen Facharztqualifikation des Aufsichtsführenden fest.[836]

Raum für eine eher am materiellen Facharztstandard ausgerichtete Interpretation der erforderlichen Qualifikation des Aufsichtsführenden bietet allenfalls eine Entscheidung des BGH aus dem Jahr 1994. Darin sah er es als ausreichend an, dass etwaige Defizite des in Weiterbildung befindlichen Assistenzarztes durch die rechtzeitige Unterstützung „anderer“ ausgeglichen würden, ohne die „anderen“ explizit als formell qualifizierte Fachärzte zu definieren.[837]

Ausdrücklich stellt dagegen die nicht höchstrichterliche Rechtsprechung[838] und die Literatur[839] auch im Hinblick auf die Qualifikation des aufsichtsführenden Arztes auf einen hinreichend erfahrenen Arzt ab. Bei der Beurteilung sei nicht das formale Kriterium

834 BGH, Urt. v. 27.9.1983 – VI ZR 230/81, BGHZ 88, 248 (254 f.); Urt. v. 10.3.1992 – VI ZR 64/91, NJW 1992, 1560 (1561).

835 BGH, Urt. v. 10.3.1992 – VI ZR 64/91, NJW 1992, 1560 (1561).

836 BGH, Urt. v. 15.6.1993 – VI ZR 175/92, NJW 1993, 2989 (2990, 2991).

837 BGH, Urt. v. 12.7.1994 – VI ZR 299/93, NJW 1994, 3008 (3009).

838 OLG Düsseldorf, Urt. 9.3.1995 – 8 U 100/93, NJW 1995, 1620 (1620); anders aber noch OLG Düsseldorf, Urt. v. 7.10.1993 – 8 U 18/92, NJW 1994, 1598 (1599).

839 *Baur*, MedR 1995, 192, (192 f.); *Opderbecke/Weißauer*, MedR 1993, 2 (3 ff.); Weißauer/Opderbecke, MedR 1993, 447 (449); *Mehringer*, Die Anfängeroperation, S. 111 ff.

der Facharztanerkennung, sondern das Ausmaß der tatsächlich erworbenen theoretischen Kenntnisse und praktischen Erfahrung entscheidend. Begründet wird dies unter anderem mit dem Erfordernis einer einzelfallbezogenen Differenzierung,[840] das sich letztlich daraus ergebe, dass auch ein Facharzt bei einer Behandlung gegen den Standard seines Fachgebietes verstoßen könne und umgekehrt ein bereits mehrjährig erfahrener und kurz vor dem Abschluss der Facharztausbildung stehender Arzt in der Lage sein könne, den Facharztstand zu erfüllen.[841] So vollziehe sich der Wechsel vom Nichtfacharzt zum Facharzt mit Aushändigung der Facharzturkunde gleichsam von einer Sekunde zur anderen, wohingegen die fachliche Qualifikation sukzessive während eines mehrjährigen Prozesses erworben werde.[842] Verfügt somit der überwachende Arzt selbst (noch) nicht über den Titel Facharzt, aber über das Wissen und Können, das ein Facharzt für die jeweilige Anleitungs- und Überwachungstätigkeit aufweisen sollte, erscheint auch eine lediglich materielle Facharztqualifikation des aufsichtsführenden Arztes mit dem Gebot der Patientensicherheit in Übereinstimmung mit den Erläuterungen zur Qualifikation des Durchführenden vereinbar.[843]

(4) Keine entsprechende Anwendung bei der Delegation auf Krankenpfleger

Gleichwohl tendiert die (höchstrichterliche) Rechtsprechung[844], wie aufgezeigt, eher dazu, vom aufsichtsführenden Arzt bei den sog. Anfängeroperationen eine formelle Facharztqualifikation zu verlangen. In Anbetracht der Tatsache, dass Krankenpflegern im Gegensatz zu ärztlichen Berufsanfängern nur ärztliche Tätigkeiten im weiten Sinn und damit weniger gefahrträchtige Aufgaben übertragen werden dürfen, entfaltet diese Problematik allerdings nicht die gleiche Brisanz wie bei den sog. „Anfängeroperationen". Überdies machen auch bisher ergangene Urteile zur Facharztqualifikation des Arztes, der eine ärztliche Tätigkeit zur Durchführung an einen Krankenpfleger delegiert, keine Ausführungen.[845]

Daher ist – in Überstimmung mit der nicht höchstrichterlichen Rechtsprechung wie dem Schrifttum – davon auszugehen, dass der delegierende und dann den Krankenpfleger überwachende Arzt im Interesse des Patientenwohls und der Patientensicherheit zwar fachärztlicher Qualitäten, nicht jedoch zwingend eines Facharzttitels bedarf. Es kommt auch in diesem Fall auf den Facharztstandard, nicht auf den Facharztstatus an.

---

840 *Mehringer*, Die Anfängeroperation, S. 111 ff.

841 *Simmler*, in: Wienke/Dierks, Zwischen Hippokrates und Staatsmedizin, 137 (145); vgl. auch *Ulsenheimer*, Arztstrafrecht in der Praxis, Rn. 20.

842 *Opderbecke/Weißauer*, MedR 1993, 2 (4).

843 Zweifel an der vom BGH aufgestellten Forderung, dass dem Berufsanfänger stets ein Facharzt im formellen Sinn beistehen muss, hegt insoweit auch *Deutsch/Spickhoff*, Medizinrecht, Rn. 209.

844 BGH, Urt. v. 27.9.1983 – VI ZR 230/81, BGHZ 88, 248 (254 f.); Urt. v. 10.3.1992 – VI ZR 64/91, NJW 1992, 1560 (1561); vgl. ferner: OLG Hamm, Beschl. v. 8.6.2005 – 3 Ws 473-476 /04, MedR 2006, 358 (360); OLG Zweibrücken, Urt. v. 7.10.1987 – 2 U 16/86, VersR 1988, 165 (165); Urt. v. 18.2.1997 – 5 U 3/96, VersR 1997, 833 (833).

845 Vgl. BGH, Urt. v. 10.7.1952 – 5 StR 324/52, BGHSt 3, 91 (91 ff.): Dort ist lediglich von Assistenzarzt die Rede. BGH, Urt. v. 1.7.1954 – 3 StR 869/53, BGHSt 6, 282 (282 ff.); Urt. v. 10.6.1955 – 1 StR 632/54, NJW 1955, 1487 (1487 ff.); OLG Dresden, Urt. v. 24.7.2008 – 4 U 1857/07, MedR 2009, 410 (411 ff.): Übertragung einer intravenösen Injektion an eine medizinisch technische Assistentin für Radiologie.

b) *Krankenpflegerstandard*

Angesichts des unbestrittenen Anspruchs des Patienten auf eine dem Facharztstandard entsprechende Behandlung stellt sich die weitere Frage, welcher Sorgfaltsmaßstab bei der Beurteilung der individuellen Verantwortlichkeit des durchführenden Krankenpflegers anzulegen ist. Einerseits könnte die Bestimmung des Facharztstandards als delegationsrelevanter Sorgfaltsmaßstab zur Folge haben, dass auch der durchführende Krankenpfleger bei der konkreten Tätigkeit hinsichtlich seiner Eigenhaftung anhand des medizinischen Wissens- und Erfahrungsstands eines Facharztes zu messen ist und insofern von einem *tätigkeitsspezifischen Standard* gesprochen werden kann. Andererseits könnte man im Hinblick auf den durchführenden Krankenpfleger auch den seiner beruflichen Qualifikation entsprechend geringeren Sorgfaltsmaßstab und damit einen *berufsgruppenspezifischen Standard* anlegen.

aa) Tätigkeitsspezifischer Standard – Facharztstandard

Möglicherweise bieten einige Urteile und Literaturansichten, die sich in den Bereichen der Rechtsberatung, Zahnheilkunde und Heilkunde allgemein mit der Frage beschäftigen, welcher Sorgfaltsmaßstab anzulegen ist, wenn ein *„Minderqualifizierter“* die Tätigkeit eines *„Höherqualifizierten“* ausführt, Anhaltspunkte dafür, welchen Standard der Krankenpfleger bei der Durchführung einer ärztlichen Tätigkeit zu wahren hat. Demnach dürfe für den *Rechtsbeistand* – ein nicht in gleicher Weise wie der Rechtsanwalt akademisch Ausgebildeter – jedenfalls dann, wenn es sich um alltägliche Rechtsfragen handelt, kein unterschiedlicher Maßstab bei der Beurteilung der Sorgfaltspflicht angelegt werden.[846] Ebenso seien an die Sorgfaltspflichten eines – bis zum Inkrafttreten des Zahnheilkundegesetzes im Vergleich zum Zahnarzt geringer qualifizierten – *Dentisten* keine geringeren Anforderungen zu stellen als an die eines Zahnarztes.[847] Auch sei der *Heilpraktiker*, obwohl er regelmäßig kein ausgebildeter Mediziner sei, bei der Ausführung ärztlicher Tätigkeiten bezüglich seines Wissens und seiner Fortbildung am Sorgfaltsstandard jedenfalls eines Arztes für Allgemeinmedizin zu messen.[848]

---

846 BGH, Urt. v. 26.2.1981 – VII ZR 50/80, NJW 1981, 1553 (1553); a.A. aber BGH, Urt. v. 8.6.1971 – VI ZR 30/70, VersR 1971, 866 (866): Die Anforderungen an die Rechtskenntnisse eines Rechtsbeistands seien nicht ohne weiteres denen gleichzusetzen, die an einen Rechtsanwalt zu stellen sind.

847 BGH, Urt. v. 27.11.1952 – VI ZR 25/52, VersR 1953, 67 (68); *L. Eberhardt*, VersR 1986, 110 (115).

848 Generell: *L. Eberhardt*, VersR 1986, 110 (115, 116 a.E.); *Deutsch/Spickhoff*, Medizinrecht, Rn. 69: Sicherlich werde man nicht das besondere, von Fachärzten erwartete Können von Heilpraktikern fordern dürfen. Allerdings werde nicht selten unter dem Aspekt der Sorgfaltsausübung als Gefahrkontrolle ein dem ärztlichen Verhalten ähnlicher Standard angelegt werden müssen. Bzgl. der Anwendung invasiver Behandlungsmethoden: BGH, Urt. v. 29.1.1991 – VI ZR 206/90, NJW 1991, 1535 (1537); OLG Bamberg, Urt. v. 27.11.2000 – 4 U 106/99, VersR 2000, 323 (323); *Laufs*, in: Laufs/Uhlenbruck, Handbuch des Arztrechts, § 10, Rn. 16; *Uhlenbruck*, in: Laufs/Uhlenbruck, Handbuch des Arztrechts, § 44, Rn. 10. Bzgl. eines Ernährungsplans für einen frisch am Darm operierten Krebspatienten: OLG Stuttgart, Urt. v. 21.4.1998 – 14 U 25/97, VersR 1999, 1027 (1028); a.A. RG, Urt. v. 1.12.1931 – I 707/31, RGSt 67, 12 (23): „Doch kann von dem nichtärztlichen Heilbehandler nicht dasselbe Maß von allgemeiner Ausbildung und Fortbildung verlangt werden, wie vom approbierten Arzt“; vgl. auch *Taupitz*, NJW 1991, 1505 (1505 ff., insbes. 1508 ff.); *ders.*,

Trotz Durchführung der Tätigkeit eines Höherqualifizierten wurden die Sorgfaltspflichten des Minderqualifizierten in den genannten Fällen anhand des Standards des Höherqualifizierten beurteilt. Zur Begründung dieses eher tätigkeitsspezifischen Standardbegriffs wurde zum einen darauf verwiesen, dass sich der Minderqualifizierte als sachkundig ausgegeben und insofern auch dafür einzustehen habe.[849] Zum anderen hätten die Minderqualifizierten nicht weniger wichtige bzw. gleichartige[850] oder vergleichbar gefährliche[851] Aufgaben zu erfüllen. Fehler, die sie dabei begingen, lösten regelmäßig die gleichen Konsequenzen aus wie die der Höherqualifizierten.[852] So gingen die Informationspflichten dessen, der eine Behandlungsmethode anwendet – unabhängig vom Berufsstand –, umso weiter, je größer die Gefahr sei, die diese Methode potentiell bergen könne.[853]

Einer Übertragung dieser Auffassung auf die Delegation ärztlicher Tätigkeiten auf Krankenpfleger steht jedoch entgegen, dass es an der für einen Analogieschluss erforderlichen vergleichbaren Sachverhaltsgestaltung fehlt. Die zitierten Entscheidungen betrafen Fälle, in denen der Minderqualifizierte allein und unabhängig von der Einbindung eines Höherqualifizierten tätig wurde. Dagegen führt der Krankenpfleger in den hier untersuchten Situationen stets nur auf Veranlassung des Arztes im Rahmen vertikal strukturierter Arbeitsabläufe eine ärztliche Aufgabe durch. Insofern greift weder das Argument, dass der-

---

Die Standesordnungen der freien Berufe, S. 1229 ff., der die zuweilen leichtfertige Ausdehnung des Sorgfaltsmaßstabs eines Spezialisten auf minderqualifizierte Berufstätige einer anderen Berufsgruppe kritisiert.

849 BGH, Urt. v. 26.2.1981 – VII ZR 50/80, NJW 1981, 1553 (1553); in diese Richtung vgl. auch *Matthies*, Anm. zu BGH, Urt. v. 29.1.1991 – VI ZR 206/90, JR 1992, 24 (25): Wer sich bestimmter „wissenschaftlicher“ Methoden bediene (…), wecke im Sinne einer Verkehrspflicht ein Vertrauen dahingehend, er beherrsche die Methode und verfüge über einen Wissensvorsprung gegenüber dem Patienten im Hinblick auch auf deren Risiken.; *Deutsch*, Fahrlässigkeit und erforderliche Sorgfalt, S. 133 f.: Danach hafte derjenige, der, obwohl dazu unfähig, den Beruf ausübt, als Mitglied der Berufsgruppe auftrete nach ihrem Standard, wobei die Zugehörigkeit zu einer Berufsgruppe durch Willensakt begründet werde. Damit komme es nicht auf eine Ausbildung, Prüfung oder Approbation an. Entscheidend sei, ob die Person als Mitglied einer bestimmten Berufsgruppe in dem sozialen Verhältnis aufgetreten sei. So auch *Pitz*, Was darf das Medizinalpersonal?, S. 95, vgl. aber die Ausführungen auf S. 164 ff., die eher für einen berufsspezifischen Standard sprechen.

850 BGH, Urt. v. 27.11.1952 – VI ZR 25/52, VersR 1953, 67 (68): für Dentisten; *L. Eberhard*, VersR 1986, 110 (115): für Heilpraktiker; *R. Cramer*, Strafrechtliche Grenzen der Therapiefreiheit, S. 149 ff.: Das Handeln des Heilpraktikers müsse, soweit er eine Tätigkeit ausübt, die auch Ärzte ausüben (S. 158) bzw. die der ärztlichen Tätigkeit vergleichbar ist, an dem Kenntnisstand eines Arztes gemessen werden. Im Übrigen lehnt er aber eine generelle Gleichstellung des Heilpraktikers mit dem Arzt ab. Ähnlich *Meyer-George*, Die zivilrechtliche Haftung des Heilpraktikers, S. 107 f.: Soweit der Heilpraktiker Methoden oder Techniken anwendet, die auch von Vertretern der Schuldmedizin praktiziert werden, sei der Heilpraktiker am Maßstab des Arztes zu messen. Das Abstellen auf den „Durchschnittsheilpraktiker“ verbietet sich ihrer Ansicht nach, weil sich dieser aufgrund der sehr unterschiedlichen Zusammensetzung der Heilpraktikerschaft nicht ermitteln lasse (S. 83 ff.).

851 *Tamm*, Außenseitermethoden, S. 147, der zwar auf S. 141 feststellt, dass Maßstab für die Beurteilung des sorgfaltsgemäßen Verhaltens eines Heilpraktikers grundsätzlich der gewissenhafte Berufskollege, also der gewissenhafte Heilpraktiker sei, dann aber unter Heranziehung des Kriteriums der Gefährlichkeit der jeweiligen Methode eine Gleichsetzung der Sorgfaltspflichten des Heilpraktikers mit denen des Arztes (S. 144) befürwortet.

852 *L. Eberhardt*, VersR 1986, 110 (115).

853 *Matthies*, Anm. zu BGH, Urt. v. 29.1.1991 – VI ZR 206/90, JR 1992, 24 (25).

jenige, der durch sein Auftreten vorgebe, Fachmann zu sein, die von Fachleuten des entsprechenden Faches anerkannten Sorgfaltsmaßstäbe einzuhalten habe, noch das Abstellen auf die Gefahrenkomponente. Weder geriert sich nämlich der Krankenpfleger bei der Durchführung einer ärztlichen Tätigkeit gegenüber dem Patienten als Arzt noch muss der Krankenpfleger allein aus dem Gesichtspunkt der Gefährdung von Leib oder Leben des Patienten zwingend selbst den Facharztstandard erbringen können. Vielmehr kann der Facharztstandard und damit die Vermeidung einer Gefahrerhöhung auch dann gewährleistet werden, wenn eventuelle krankenpflegerische „Minderkompetenzen" durch entsprechende ärztliche Mitwirkung in Form von Anleitung und/oder Überwachung kompensiert werden.[854]

Im Übrigen spricht gegen einen eher tätigkeitsspezifischen Standardbegriff, dass es bei der Prüfung der zivil- wie strafrechtlichen Verantwortlichkeit des Krankenpflegers zumindest im ersten Schritt auf die verkehrserforderliche Sorgfalt i.S.d. § 276 Abs. 2 BGB ankommt. Wie bereits dargestellt[855], lässt der im Ausgangspunkt objektive Fahrlässigkeitsmaßstab eine Differenzierung nach Verkehrskreisen und nach den typisierten Anforderungen an bestimmte Personengruppen zu, weil in einer bestimmten typischen Situation die Handelnden nicht einfach anhand der Anforderungen gemessen werden dürfen, denen ein objektiv mit dieser Situation Vertrauter sich gewachsen zeigen würde, da ein mit geringeren Kenntnissen und Erfahrungen Ausgestatteter nicht anders reagiert haben würde.[856] Neben dem Alter einer Person kann so auch ihre berufliche Erfahrung und Ausbildung Relevanz gewinnen und insofern die Sorgfaltsanforderungen relativieren, ohne sie – da die typischerweise von der betroffenen Gruppe zu erwartende Sorgfalt maßgeblich ist – zu individualisieren.[857] Dass von Ärzten einerseits und Krankenpflegern andererseits typischerweise nicht dieselben Kenntnisse und Fähigkeiten erwartet werden können, legen zum einen die unterschiedlichen Ausbildungs- und Zulassungsvoraussetzungen beider Berufe, zum anderen auch die Verkehrsanschauung, die beide Berufe im Hinblick auf die Fachkunde nicht gleichstellt, nahe.[858] Krankenpfleger und Ärzte werden vielmehr als selbständige Berufskreise angesehen, sodass für die Haftung des Krankenpflegers wie bei anderen Berufsgruppen auch die Grundsätze der sog. Gruppenfahrlässigkeit gelten. Demnach ist auf den Verkehrskreis eines besonnenen und erfahrenen Krankenpflegers und somit auf einen berufsgruppenspezifischen Standard abzustellen. Die bloße Durchführung ärztlicher Tätigkeiten durch den Krankenpfleger im Rahmen der Delegation kann somit nicht dazu führen, ihn im Hinblick auf seine Eigenhaftung anhand des Facharztstandards zu beurteilen.[859]

---

854 Siehe die Ausführungen zur materiellen Bestimmung des Facharztstandards *Zweiter Teil, B, II. 5. a)*, S. 144 ff.

855 Siehe *Zweiter Teil, B, II. 4*, S. 129 ff.

856 *Westermann*, in: Erman, BGB, § 276, Rn. 11.

857 BGH, Urt. v. 28.2.1984 – VI ZR 132/82, NJW 1984, 1958 (1958 f.); *Westermann*, in: Erman, BGB, § 276, Rn. 11; *Löwisch/Caspers*, in: Staudinger, § 276, Rn. 46 ff.

858 Vgl. für Arzt und Heilpraktiker *Taupitz*, NJW 1991, 1505 (1507 f.); *Taupitz*, Die Standesordnungen der freien Berufe, S. 1229 f.

859 Im Ergebnis auch *Kamps*, Ärztliche Arbeitsteilung und strafrechtliches Fahrlässigkeitsdelikt, S. 194; *Pitz*, Was darf das Medizinalpersonal?, S. 165 f., vgl. aber die Ausführungen auf S. 93 ff. Dort vertritt *Pitz* eher einen tätigkeitsspezifischen Standard, wenn er immer dann den ärztlichen Sorgfalts-

bb) Berufsgruppenspezifischer Standard – Krankenpflegerstandard

Die an den Krankenpfleger zu stellenden Sorgfaltsanforderungen bestimmen sich, obwohl er ärztliche Tätigkeiten durchführt, wie soeben gezeigt, anhand eines berufsgruppenspezifischen Standards.

Für diesen berufsgruppenspezifischen Standardbegriff streiten auch die zu den sog. Anfängeroperationen von der Rechtsprechung aufgestellten und auf die Tätigkeit ärztlicher Berufsanfänger entsprechend angewendeten Grundsätze, die in Teilen aufgrund der vergleichbar vertikal strukturierten Arbeitsteilung auch für die Delegation ärztlicher Tätigkeiten auf Krankenpfleger übertragen werden können.[860] Danach könne Maßstab für die an einen ärztlichen Berufsanfänger bzw. einen in der Ausbildung befindlichen Assistenzarzt zu stellenden Sorgfaltsanforderungen, d.h. für die Überlegungen, die er im Hinblick auf die Gefährdung des Patienten anzustellen und wie er sich danach zu verhalten habe, nicht der medizinische Wissens- und Erfahrungsstand eines fertigen, in der Praxis geübten Facharztes sein. Vielmehr könne dem ärztlichen Berufsanfänger bzw. dem Assistenzarzt nur dann ein Vorwurf daraus gemacht werden, dass er sich weisungsgemäß auf die Durchführung der jeweiligen Tätigkeit eingelassen habe, wenn er nach den *bei ihm* vorauszusetzenden Kenntnissen und Erfahrungen dagegen Bedenken hätte haben und eine Gefährdung des Patienten hätte voraussehen müssen.[861]

Damit sind die Fälle der sog. Übernahmefahrlässigkeit[862] angesprochen, die den Zeitpunkt der Sorgfaltswidrigkeit bereits auf die (der eigentlichen Durchführung vorangehende) Übernahme der Tätigkeit vorverlegen.[863] Dabei liegt der Vorwurf allerdings nicht in der Übernahme der Tätigkeit schlechthin, sondern in der Übernahme der Tätigkeit trotz insoweit – aus welchen Gründen auch immer – fehlender Qualifikation.[864] Da der Ge-

---

maßstab zugrunde legt, *„wenn durch die Behandlungsmaßnahme für den Patienten eine Gefahr geschaffen wird, die typischerweise nicht von einem Angehörigen der entsprechenden Medizinialberufsgruppe beherrscht werden kann.“*; a.A. wohl *Püschel*, Das Krankenhaus 2007, 736 (740): „das Assistenzpersonal [ist] verpflichtet […], den aktuellen – von der ärztlichen Profession definierten – medizinischen Standard einzuhalten“; *Sträßner*, in: Arbeitsgemeinschaft Medizinrecht im DAV, Medizinrecht heute, 91 (110); *Schädler*, Strafrechtliche Aspekte des Organisationsverschuldens in stationären Pflegeeinrichtungen, S. 166 f.

860 Siehe *Zweiter Teil, B, II. 5. a) cc) (2)*, S 146 f.; so auch *Pitz*, Was darf das Medizinalpersonal?, S. 163 ff.

861 BGH, Urt. v. 27.9.1983 – VI ZR 230/81, NJW 1984, 655 (656, 657); offengelassen von BGH, Urt. v. 26.4.1988 – VI ZR 246/86, NJW 1988, 2298 (2299); Urt. v.10.3.1992 – VI ZR 64/91, NJW 1992, 1560 (1561); Urt. v. 15.6.1993 – VI ZR 175/92, NJW 1993, 2989 (2992); Urt. v. 12.7.1994 – VI ZR 299/93, NJW 1994, 3008 (3008 f.): betr. eines in Weiterbildung zum Gynäkologen befindlichen Assistenzarztes; OLG Düsseldorf, Urt. v. 2.10.1985 – 8 U 100/83, VersR 1986, 659 (660): betr. eines in Ausbildung befindlichen Assistenzarztes; OLG Zweibrücken, Urt. v. 7.10.1987 – 2 U 16/86, VersR 1988, 165 (166): betr. Anfängernarkose; OLG Zweibrücken, Urt. v. 21.10.1997 – 5 U 56/95, NJWE-VHR 1998, 186 (187): betr. eines in Weiterbildung zum Gynäkologen stehenden Arztes.

862 Siehe *Zweiter Teil, B, II. 7 a) aa)*, S. 195 ff.

863 *Spickhoff*, NJW 2002, 2530 (2536); *Taupitz*, NJW 1991, 1505 (1509 f.); *Deutsch*, NJW 1993, 1506 (1509); *Vogel*, in: LK[12], § 15, Rn. 57, 305; *Deutsch/Bender/Eckstein/Zimmermann*, Transfusionsrecht, Rn. 395; *Medicus/Lorenz*, Schuldrecht I AT, Rn. 368.

864 Vgl. schon RG, Urt. v. 1.12.1931 – I 707/31, RGSt 67, 12 (23 f.): Dabei stellt das RG auch klar, dass in der Übernahme der Behandlung nicht schon allein deshalb eine Verletzung der im Verkehr

sichtspunkt der sog. Gruppenfahrlässigkeit die Grenze zur sog. Übernahmefahrlässigkeit zieht,[865] wird in den zitierten Entscheidungen zur Beurteilung des „*Übernahmeakts*" auf den Maßstab des Delegationsempfängers abgestellt, während die Nichteinhaltung des Facharztstandards beim „*Durchführungsakt*" insgesamt dem für den Einsatz des ärztlichen Berufsanfängers Verantwortlichen zur Last gelegt wird.[866]

Es kommen demnach bei der Delegation ärztlicher Tätigkeiten im Rahmen vertikaler Arbeitsteilung grundsätzlich zwei Sorgfaltsmaßstäbe zur Anwendung: einerseits der Standard eines Assistenzarztes im Hinblick auf die an die Übernahme der Tätigkeit zu stellenden Sorgfaltsanforderungen, andererseits der Facharztstandard im Hinblick auf die Sicherstellung der sorgfaltsgemäßen Durchführung der Tätigkeit.

Insofern erlaubt die Rechtsprechung in den genannten Fällen selbst innerhalb *einer* Berufsgruppe Differenzierungen aufgrund des naturgemäß geringeren Erfahrungsstands und tendiert – freilich nur im Hinblick auf die Eigenhaftung des ärztlichen Berufsanfängers – zu geringeren Sorgfaltsanforderungen, ohne jedoch grundsätzlich den objektiven Sorgfaltsmaßstab aufzugeben.[867] Wenn aber derartige Differenzierungen schon innerhalb der Gruppe „Ärzteschaft" möglich sind, muss dies argumentum a maiore ad minus für die Gruppe der Krankenpfleger gelten.

Allerdings erfuhr diese Rechtsprechung auch Kritik. So liege darin eine entbehrliche Personalisierung des Verkehrskreises, die sich als nicht sachgerechte Verschiebung bzw. Neuschaffung des gesamten Beurteilungsrahmens darstelle.[868]

---

erforderlichen Sorgfalt gefunden werden könne, weil der Übernehmende kein approbierter Arzt sei und nicht über alle Kenntnisse eines solchen verfüge. *Ulsenheimer*, Anm. zu BGH, Urt. v. 14.3.2003 – 2 StR 239/02, StV 2007, 77 (79); *Vogel*, in: LK[12], § 15, Rn. 303; *Taupitz*, NJW 1991, 1505 (1509); *ders.*, Die Standesordnungen der freien Berufe, S. 1233.

865 *Taupitz*, NJW 1991, 1505 (1509); *ders.*, Die Standesordnungen der freien Berufe, S. 1233.

866 Vgl. nur BGH, Urt. v. 27.9.1983 – VI ZR 230/81, NJW 1984, 655 (656); Urt. v. 12.7.1994 – VI ZR 299/93, NJW 1994, 3008 (3009): Die Gewährung des Facharztstandards sei in erster Linie Sache der Entscheidungsträger, die über den Einsatz des Assistenzarztes zu befinden haben und seine Fähigkeiten und deren Grenzen kennen. So auch *Deutsch*, NJW 1993, 1506 (1509), wonach die Anfängeroperation oder auch die Anfängeranästhesie ein Gebiet sei, in dem das Verschulden trotz Unterschreitung des Standards fehlen könne und die wirkliche Verpflichtung gegenüber dem Patienten den Krankenhausträger im Rahmen seiner Organisationspflicht treffe.

867 Vgl. *Geiß/Greiner*, Arzthaftpflichtrecht, B, Rn. 5; zustimmend auch: *Westermann*, in: Erman, BGB, § 276, Rn. 13: Bei Berufsanfängern und bloßem Hilfspersonal, das keine verantwortlichen Entscheidungen zu treffen hat, sei einen ihnen angemessener Sorgfaltsmaßstab nötig; *Grundmann*, in: MünchKommBGB, § 276, Rn. 111: Der geringere Ausbildungsstand entlastet nur den Arzt persönlich und auch nur, wenn er seine Überforderung nicht erkennen und die Konsequenzen vermeiden konnte.

868 *Heilmann*, NJW 1990, 1513 (1514); *Spindler*, in: BeckOK-BGB, § 823, Rn. 682, der stattdessen eine entsprechende Einschränkung der Arbeitnehmerhaftung gegenüber Dritten bevorzugt; vgl. auch *Deutsch*, NJW 1984, 650 (650), der hinsichtlich der subjektiv beschränkt erscheinenden Haftung des Assistenzarztes Bedenken hegt, diese aber letztlich nicht durchgreifen lässt, wenn er an anderer Stelle unter Bezugnahme auf die erwähnte Rechtsprechung erklärt, dass für die Haftung des Anfängers selbst nur ein Übernahmeverschulden in Betracht komme, „*wenn er nach den bei ihm vorauszusetzenden Kenntnissen und Erfahrungen [...] eine Gefährdung der Patientin hätte voraussehen müssen*", *Deutsch*, NJW 1993, 1506 (1509); so auch *Fahrenhorst*, MedR 1991, 173 (175 f.). Insofern ist die Formulierung „*der Anfänger habe, freilich unterstützt durch einen Facharzt, dem Patienten für die Sorgfalt eines ordentlichen Operateurs einzustehen*" missverständlich, *Deutsch*, NJW 1993,

Mag man die Bildung weiterer Verkehrskreise innerhalb einer Berufsgruppe auch kritisieren, so folgt daraus kein Grund, für die hier im Mittelpunkt stehenden Delegationsfälle von dem bereits gefundenen Ergebnis abzuweichen, da es sich bei der Ärzteschaft einerseits und der Krankenpflegerschaft andererseits um zwei Berufsgruppen und damit verschiedene Verkehrskreise handelt. Folglich entfaltet der *Krankenpflegerstandard* beim „*Übernahmeakt*" und damit der Eigenhaftung des Krankenpflegers Relevanz, während der *Facharztstandard* beim „*Durchführungsakt*" im Hinblick auf die Haftung des delegierenden Arztes bzw. des für den Einsatz des Krankenpflegers als Delegationsempfänger Verantwortlichen herangezogen wird.

cc) Zwischenergebnis

Die Bestimmung des Facharztstandards als delegationsrelevanter Sorgfaltsmaßstab ist mithin von der Frage, wer rechtlich wie für die Einhaltung dieses Facharztstandards einzustehen hat, zu unterscheiden. Während ersteres bedeutet, dass es bei der Delegation ärztlicher Tätigkeiten auf Krankenpfleger zur Bestimmung des „dem Patienten geschuldeten" Sorgfaltsmaßstabs nicht auf die Berufsgruppe der Krankenpfleger mit eigenem (herabgesetzten) Standard ankommt,[869] sondern die Einhaltung des ärztlichen Standards gleichsam „mitdelegiert" wird[870] und ein formelles oder materielles Unterschreiten des Facharztstandards durch den durchführenden Krankenpfleger rechtlich als individuelle Minderkompetenz zu werten ist, die keine Herabsetzung der nach objektiven Kriterien zu bestimmenden verkehrserforderlichen Sorgfalt nach sich zieht,[871] hängt letzteres davon ab, in wessen Verantwortungsbereich die Durchführung der delegierten ärztlichen Tätigkeiten fällt. Zivil[872]- wie strafrechtlich[873] (gesamt-)verantwortlich für die dem Facharztstandard entspre-

---

1506 (1508); vgl. auch *Löwisch/Caspers*, in: Staudinger, § 276, Rn. 47: Die Eigenschaft als Berufsanfänger vermindere die an ihn zu stellenden Sorgfaltsanforderungen nicht; vgl. auch OLG Hamm, Urt. v. 27.4.1981 – 3 U 307/80, VersR 1983, 883 (884), wonach ein noch in der Facharztausbildung befindlicher Arzt, der möglicherweise noch nicht über das erforderliche fachärztliche Wissen und Können verfügte, gegen die gebotene Sorgfalt verstoße. Dabei stellte das Gericht jedoch maßgeblich darauf ab, dass der in Ausbildung zum Facharzt stehende Arzt den Oberarzt nicht sofort bei Auftreten der ersten Auffälligkeiten gerufen und somit gegen die Hinzuziehungspflicht verstoßen hatte.

869 BGH, Urt. v. 27.9.1983 – VI ZR 230/81, BGHZ 88, 248 (254, 259); Urt. v.10.3.1992 – VI ZR 64/91, NJW 1992, 1560 (1561); Urt. v. 15.6.1993 – VI ZR 175/92, NJW 1993, 2989 (2990); *Fischer/Lilie*, Ärztliche Verantwortung im europäischen Rechtsvergleich, S. 12.

870 *Lilie*, in: VPU, Übernahme ärztlicher Tätigkeiten, 2007, 10 (14); *ders.*, Deutsche Krankenpflegezeitschrift 1985, 458 (460); vgl. aber *Pitz*, Was darf das Medizinalpersonal?, S. 165: „*das Medizinalpersonal [ist] im Rahmen der Delegation lediglich verpflichtet [...], den Sorgfaltsmaßstab der eigenen Berufsgruppe einzuhalten*". Diese Ausführungen beziehen sich jedoch lediglich auf die Eigenhaftung des Krankenpflegers. Wenngleich seine Aussagen auf den Seiten 95 ff. und 164 ff. widersprüchlich erscheinen, verlangt auch *Pitz* im Ergebnis bei der Delegation ärztlicher Tätigkeiten gegenüber dem Patienten die Einhaltung des sog. Facharztstandards und lediglich bzgl. der krankenpflegerischen Eigenhaftung einen berufsgruppenspezifischen Standard.

871 Vgl. für Berufsanfänger: *Fischer/Lilie*, Ärztliche Verantwortung im europäischen Rechtsvergleich, S. 12; *Gounalakis*, NJW 1991, 2945 (2946); *Giesen*, Anm. zu BGH, Urt. v. 27.9.1983 – VI ZR 230/81, JZ 1984, 331 (332).

872 *Hager*, in: Staudinger, § 823, Rn. I 32. Dies gilt im Rahmen des Vertragsrechts nur dann nicht, wenn nicht der delegierende Arzt selbst, sondern nur der Einrichtungsträger die ärztliche Behand-

chende ärztliche Behandlung, die auch die Delegation ärztlicher Tätigkeiten und die sich daraus ergebenden Sorgfaltspflichten umfasst, ist und bleibt der delegierende Arzt – unter Umständen neben den jeweils für den ärztlichen und nichtärztlichen Personaleinsatz Verantwortlichen. Dafür streitet schließlich auch der für den Einsatz eines Erfüllungsgehilfen geltende Gedanke: Danach soll der Schuldner (Arzt) für den Erfüllungsgehilfen (Krankenpfleger) insoweit haften, als er auch haften müsste, wenn er selbst gehandelt hätte, sodass auch der für ihn geltende Sorgfaltsmaßstab (Facharztstandard) entscheidend ist.[874]

Abschließend sei angemerkt, dass obwohl der Krankenpfleger bei der Übernahme ärztlicher Tätigkeiten (nur) den eigenen berufsgruppenspezifischen Standard zu wahren hat, insofern von einer Erhöhung des krankenpflegerischen Haftungsrisikos[875] gesprochen werden kann, als der Krankenpfleger in den Delegationsfällen, wie noch zu zeigen sein wird, seinerseits zur Einhaltung von Delegationspflichten verpflichtet ist und beispielsweise selbstkritisch zu prüfen hat, ob er zur sorgfaltsgemäßen Durchführung der delegierten Tätigkeiten in der Lage ist.[876]

6. Delegationsrelevante Sorgfaltspflichten des Arztes

Bezugsgröße für die Beschreibung delegationsrelevanter Sorgfaltspflichten[877] des Arztes ist grundsätzlich der soeben beschriebene Facharztstandard. Wird eine vom jeweiligen Standard abweichende Behandlung vorgenommen oder fehlt es (noch) an einem Standard[878], an dem der Einzelfall gemessen werden könnte, ist das Vorliegen eines Sorgfaltspflichtverstoßes ohne Rückgriff auf den Standardbegriff anhand des im Einzelfall medizinisch Möglichen und Nötigen unter möglichster Schonung der körperlichen Integrität des Patienten zu bewerten.[879] Welches Vorgehen dem medizinischen Standard entspricht bzw. medizinisch möglich und nötig ist, kann das Recht nicht aus sich heraus bestimmen. Denn die medizinwissenschaftliche Entwicklung befindet sich in einem ständigen Fortschritt und

---

lung schuldet, siehe *Zweiter Teil, B, II. 1. a)*, S. 95 ff., 114. Dagegen bleibt es für die deliktsrechtliche Haftung – neben einer etwaigen Haftung des Einrichtungsträgers – bei der Verantwortung des delegierenden Arztes. BGH, Urt. v. 30.11.1982 – VI ZR 77/81, MedR 1983, 104 (105 f.); Urt. v. 18.3.1986 – VI ZR 215/84, NJW 1986, 2365 (2366); *Fahrenhorst*, MedR 1991, 173 (176), der für die ebenfalls vertikal strukturierte Arbeitsteilung von Arzt – AiP (Arzt im Praktikum) feststellt, dass sich die Haftung vom AiP auf den übergeordneten Arzt oder die Klinik verlagert.

873 Vgl. BGH, Urt. v. 1.7.1954 – 3 StR 869/53, BGHSt 6, 282 (286 ff.); *Ellbogen*, ArztR 2008, 312 (316); *Geilen*, in: Wenzel, Handbuch FA Medizinrecht, Kapitel 4, Rn. 476; *Peter*, Arbeitsteilung im Krankenhaus aus strafrechtlicher Sicht, S. 21; *Ulsenheimer*, Arztstrafrecht, Rn. 168; *Kamps*, Ärztliche Arbeitsteilung und strafrechtliches Fahrlässigkeitsdelikt, S. 222; *Schädler*, Strafrechtliche Aspekte des Organisationsverschuldens in stationären Pflegeeinrichtungen, S. 10, 171; *Lackner/Kühl*, § 15, Rn. 40.

874 *Löwisch/Caspers*, in: Staudinger, § 278, Rn. 2, 60.

875 Vgl. *Lilie*, Deutsche Krankenpflegezeitschrift 1985, 458 (460).

876 Zu den delegationsrelevanten Pflichten des durchführenden Krankenpflegers siehe *Zweiter Teil, B, II. 7*, S. 195 ff. Vgl. für den ärztlichen Berufsanfänger : BGH, Urt. v. 26.4.1988 – VI ZR 246/86, NJW 1988, 2298 (2299 f.); *Heilmann*, NJW 1990, 1513 (1514).

877 Im Folgenden auch Delegationspflichten genannt.

878 Zur Bildung von Standards vgl. nur *Michaelis*, in: Nagel/Fuchs, Leitlinien und Standards im Gesundheitswesen, 92 ff.

879 *Schreiber*, in: Nagel/Fuchs, Leitlinien und Standards im Gesundheitswesen, 167 (170).

erfolgt zudem höchst differenziert in vielen Sachbereichen.[880] Zur Definition angemessener konkreter Behandlungsstandards bedarf es daher regelmäßig medizinisch-sachverständiger Beratung.[881] Dabei ermöglicht die Generalklausel des § 276 Abs. 2 BGB eine zeitgemäße Rechtsanwendung, indem der Rechtsprechung die Normkonkretisierung und damit die Anpassung an die sich wandelnden Umstände und Gefahren des medizinischen Behandlungsgeschehens überlassen bleiben.[882]

Dies betrifft für die Delegationsproblematik insbesondere die Frage, welche konkreten ärztlichen *Tätigkeiten* zu den ärztlichen Tätigkeiten im engen bzw. weiten Sinn zu zählen sind.[883] Diese Bestimmung unterliegt – vergleichbar der Definition von Behandlungsstandards – der medizininternen Auseinandersetzung in Form der wissenschaftlichen Fachgesellschaften, der Berufsverbände sowie sonstiger ärztlicher wie pflegerischer Sachverständigen und ist – um nur zwei Beispiele zu nennen – von der BÄK[884] und dem Verband der Pflegedirektorinnen und Pflegedirektoren der Universitätsklinika in Deutschland e.V. (VPU)[885] bereits wahrgenommen worden. Darüber hinaus kann nur der medizinisch-pflegerische Sachverstand Aufschluss darüber geben, ob der *Zustand des Patienten* eine Durchführung ärztlicher Tätigkeiten durch einen Krankenpfleger zulässt. Insofern sind delegationsrelevante Sorgfaltspflichten mithin medizinisch-pflegerisch geprägt.

Dagegen lässt sich anhand juristischer Kategorien messen, unter welchen Rahmenbedingungen eine nach medizinisch-pflegewissenschaftlichem Sachverstand für delegierbar erklärte Tätigkeit, einem *Krankenpfleger* übertragen werden darf, ohne einen ärztlichen Sorgfaltspflichtverstoß zu begründen.[886] Da arbeitsteiliges Vorgehen grundsätzlich nicht von der rechtlichen Verantwortung entbindet,[887] stellt das Recht für den Bereich der Arbeitsteilung und dessen Organisation eigene Verhaltensanforderungen auf. Diesbezüglich ergeben sich delegationsrelevante Sorgfaltspflichten somit auch aus juristischen Überlegungen heraus. An welcher Stelle diese (juristisch geprägten) Sorgfaltspflichten verortet und wie sie im Einzelnen bestimmt werden, wird nachfolgend erläutert. Allerdings können delegationsrelevante Sorgfaltspflichten nur unter dem Vorbehalt des Regelfalls stehen. Stets sind die Besonderheiten des jeweiligen Einzelfalls zu beachten, sodass spezielle Sorg-

---

880 So die ganz überwiegende Ansicht: *Francke*, Ärztliche Berufsfreiheit und Patientenrechte, S. 146; *Deutsch/Spickhoff*, Medizinrecht, Rn. 190.

881 BGH, Urt. 25.11.2003 – VI ZR 8/03, NJW 2004, 1452 (1453); *Richardi*, in: Staudinger, Vorbem zu §§ 611 ff., Rn. 1277; *Laufs*, in: Laufs/Uhlenbruck, Handbuch des Arztrechts, § 6, Rn. 30, § 99, Rn. 4; *Buchner*, in: Lilie/Bernat/Rosenau, Standardisierung in der Medizin als Rechtsproblem, 63 (64); *Katzenmeier*, Arzthaftung, S. 279, 281 Fn. 64 m.w.N. Daher gibt tendenziell die Rechtsprechung den Ärzten keine Verhaltensanforderungen vor, *Groß*, VersR 1996, 657 (663). A.A. *Giesen*, Arzthaftungsrecht, Rn. 107 f.: Sorgfaltsverletzung ist vor allem eine Rechtsfrage, für die die medizinischen Sorgfaltskategorien nur Ausgangspunkte liefern.

882 *Velten*, Der medizinische Standard im Arzthaftungsprozeß, S. 104; *Katzenmeier*, Arzthaftung, S. 166 f.

883 Siehe auch die Ausführungen unter *Zweiter Teil, A*, S. 17 ff.

884 *BÄK/KBV*, Persönliche Leistungserbringung, DÄB 2008, A 2173 (A 2174 ff.).

885 *VPU*, Übernahme ärztlicher Tätigkeiten, S. 20 ff.

886 A.A. wohl *Böhme/Hasseler*, Die Schwester/Der Pfleger 2006, 664 (666): wonach die Beurteilung der Delegationsfrage keine juristische Frage sei.

887 Vgl. nur: *Stratenwerth*, in: FS Schmidt, S. 383 (393 f.); *Jähnke*, in: LK, § 222, Rn. 4.

faltspflichten nie einen absoluten, sondern nur einen relativen Maßstab zur näheren Bestimmung der delegationsspezifischen Sorgfalt bilden können.[888]

a) *Anknüpfungspunkte zur Bestimmung der Sorgfaltspflichten*

Sowohl in legislativer wie judikativer Form finden sich Verhaltensanforderungen, die entweder allgemein für Bereiche der Arbeitsteilung Geltung beanspruchen oder sich speziell auf die medizinische Arbeitsteilung beziehen. Neben dem Grundsatz der persönlichen Leistungserbringungspflicht des Arztes, lassen sich zur Bestimmung delegationsrelevanter Sorgfaltspflichten insbesondere die Pflichten i.S.d. §§ 831 Abs. 1 S. 2, 823 Abs. 1 BGB sowie die arbeitsteilige Struktur und ihre Auswirkungen auf den sog. Vertrauensgrundsatz fruchtbar machen.

aa) Grundsatz der persönlichen Leistungserbringungspflicht des Arztes

Spezielle delegationsrelevante Sorgfaltspflichten können zunächst den normativen und judikativen Ausprägungen des Grundsatzes der persönlichen Leistungserbringungspflicht des Arztes entnommen werden. Wie eingangs gezeigt[889], ergeben sich daraus konkrete Mitwirkungspflichten des Arztes: Diese reichen von einer *Auswahlpflicht*, wenn die Vorschrift wie § 15 Abs. 1 S. 5 BMV-Ä auf die Qualifikation des nichtärztlichen Mitarbeiters abstellt, über eine *Anordnungspflicht*, wie in §§ 15 Abs. 1 S. 2, 28 Abs. 1 S. 2 SGB V, 15 Abs. 1 S. 5 BMV-Ä ausdrücklich erwähnt oder die Auslegung des § 613 S. 1 BGB ergibt, dass grundlegende therapeutische Entscheidungen vom Arzt zu treffen sind,[890] sowie eine *Anleitungspflicht*, wenn die ärztliche Verantwortung i.S.d. §§ 15 Abs. 1 S. 2, 28 Abs. 1 S. 2 SGB V von der sozialgerichtlichen Rechtsprechung unter anderem mit dem Merkmal der ärztlichen Anleitung konkretisiert wird oder wenn in § 4 Abs. 2 S. 1 GOÄ von fachlicher Weisung des Arztes die Rede ist, bis hin zu einer *Überwachungspflicht*, wie in § 15 Abs. 1 S. 5 BMV-Ä explizit genannt bzw. in § 4 Abs. 2 S. 1 GOÄ von ärztlicher Aufsicht gesprochen wird oder Einigkeit darin besteht, dass eine persönliche Leistung i.S.d. § 613 S. 1 BGB auch die Überwachung der Behandlung erfordert[891].

bb) Pflichten i.S.d. §§ 831 Abs. 1 S. 2, 823 Abs. 1 BGB

Als weiterer normativer Ausgangspunkt für die Konkretisierung delegationsrelevanter Sorgfaltspflichten des Arztes eignen sich die die Exkulpation des Geschäftsherrn ermöglichenden Auswahl-, Anleitungs- und Überwachungspflichten des § 831 Abs. 1 S. 2 BGB. In judikativer Hinsicht ist an die im Rahmen von § 823 Abs. 1 BGB entwickelten allgemeinen Verkehrssicherungsspflichten, namentlich die (betrieblichen und körperschaftlichen) Organisationspflichten[892] zu denken, die sich im Falle der Delegation in unüber-

---

888 Vgl. nur *Ulsenheimer*, Arztstrafrecht in der Praxis, Rn. 18.

889 Siehe *Zweiter Teil, B, I. 3. a)*, S. 39 ff.

890 *Richardi*, in: Staudinger, § 613, Rn. 10; Raab, in: Soergel, BGB, § 613, Rn. 7.

891 *Richardi*, in: Staudinger, § 613, Rn. 10; Raab, in: Soergel, BGB, § 613, Rn. 7.

892 In diesem Zusammenhang wird auch von der Haftung aus Organisationsverschulden gesprochen, vgl. *Wagner*, in: MünchKommBGB, § 823, Rn. 371 m.w.N., der auf die ungenaue Formulierung des Organisationsverschuldens hinweist, da es nicht um Verschuldensfragen gehe, sondern um die Bestimmung der dem Unternehmensträger obliegenden Sorgfaltspflichten. Die Organisations-

tragbare Aufsichtspflichten des Delegierenden wandeln und im speziellen Anweisungs-, Überwachungs- und Kontrollpflichten auslösen.[893]

Ungeachtet des unterschiedlich beurteilten Verhältnisses der Geschäftsherrnpflichten als gesetzlich konkretisierte Verkehrs(sicherungs)pflichten zum deliktsrechtlichen Grundtatbestand des § 823 Abs. 1 BGB[894], herrscht Einigkeit über die Existenz dieser Pflichten, sodass insofern auf eine weitere Darstellung verzichtet wird. Auch steht der Eignung zur Konkretisierung delegationsrelevanter Sorgfaltspflichten nicht entgegen, dass es sich standortbedingt explizit um *deliktsrechtliche* Sorgfaltspflichten handelt, denn die inhaltliche Übereinstimmung von in gleicher Weise auf den Schutz des Patienten ausgerichteten vertraglich und deliktisch geschuldeten Pflichten wird nicht bezweifelt.[895]

Vielmehr betrifft sowohl § 831 BGB als auch § 823 BGB für den Bereich der Verkehrs(sicherungs)pflichten gerade den Einsatz weisungsabhängiger Hilfspersonen und damit auch die Delegation ärztlicher Tätigkeiten auf Krankenpfleger. Sowohl dem legislativen wie dem judiziellen Konzept liegt im Kern die Pflicht zur Abwehr von Gefahren und Risiken zugrunde, die sich aus arbeitsteiligen Prozessen ergeben. Allgemein formuliert soll derjenige, der einen über das Maß des allgemeinen Risikos und der sozialen Adäquanz hinausgehenden, gefährlichen Ablauf beherrscht, diejenigen zumutbaren und möglichen

---

pflichten, die auch als Ausfluss der sog. Verkehrs(sicherungs)pflichten anzusehen sind, treffen sowohl den Einrichtungsträger als auch im Rahmen seiner Zuständigkeiten den delegierenden Arzt selbst, *Spindler*, in: BeckOK-BGB, § 823, Rn. 702. Überwiegend werden die Verkehrspflichten als Präzisierung der Verletzung durch mittelbare Eingriffe oder Beeinträchtigungen durch Unterlassen angesehen, wenngleich die dogmatische Struktur der Verkehrspflichten im Ausgangspunkt sehr umstrittenen ist, vgl. *Hager*, in: Staudinger, § 823, Rn. E 2 ff. Zum Organisationsverschulden aus strafrechtlicher Perspektive vgl. *Schädler*, Strafrechtliche Aspekte des Organisationsverschuldens in stationären Pflegeeinrichtungen, S. 6 ff.

893 BGH, Urt. v. 23.1.1990 – VI ZR 209/89, BGHZ 110, 114 (121 f.); OLG Frankfurt a.M., Urt. v. 19.2.2008 – 18 U 58/07, NJW-RR 2008, 1476 (1476); AG Karlsruhe, Urt. v. 4.4.1997 – 13 C 448/95, MedR 1997, 512 (512).

894 So wird in diesen Fällen ein tatbestandliches Nebeneinander von § 831 BGB und § 823 BGB (wohl *Wagner*, in: MünchKommBGB, § 823, Rn. 380, § 831, Rn. 11; vgl. auch *Spindler*, in: BeckOK-BGB, § 831, Rn. 7 m.w.N.) ebenso vertreten wie die Zuordnung sämtlicher Organisationspflichten zu § 831 BGB [*Canaris*, in: FS Larenz, 26 (82); *Brüggemeier*, AcP 191 (1991), 33 (59 f.); *Belling/Eberl-Borges*, in: Staudinger, § 831, Rn. 12]. Andere fordern vor allem im Hinblick auf die unterschiedlich verteilte Darlegungs- und Beweislast eine klare Abgrenzung beider [*Hassold*, JuS 1982, 583 (583, 585); vgl. auch OLG Bremen, Urt. v. 21.3.1979 – 3 U 24/77, VersR 1979, 1060 (1062); *Brandes*, Die Haftung für Organisationspflichtverletzung, S. 197 ff., wobei § 823 BGB insoweit als Auffangtatbestand fungiere Auffangtatbestand, *von Bar*, Verkehrspflichten, S. 272 ff.]. Vgl. auch BGH, Urt. v. 30.1.1996 – VI ZR 408/94, NJW-RR 1996, 867 (868), der strikt zwischen betrieblicher Organisations- und Überwachungspflicht unterscheidet.

895 Im Ergebnis auch *Martis/Winkhart-Martis*, Arzthaftungsrecht, S. 61, 91; *Pitz*, Was darf das Medizinalpersonal?, S. 177 ff.; *Krahe*, Haftungssystematik bei ärztlicher Arbeitsteilung, S. 314 ff.; *SVR Gesundheitswesen*, Kooperation und Verantwortung, Abbildung zu Anm. 126 ff., S. 104 f, abrufbar im Internet unter <http://www.svr-gesundheit.de/Startseite/Startseite.htm> (Stand v. 4.9.2007). Zur rechtlichen Einordnung der ärztlichen Organisationspflichten in das vertragliche Pflichtengefüge etwa als unselbständige, in Ergänzung zur Hauptleistungspflicht leistungsbezogene Nebenpflichten oder als mittelbar den Integritätsschutz bezweckende vertragliche Hauptpflicht, vgl. *Geiß/Greiner*, Arzthaftpflichtrecht, A, Rn. 6; *Rupprecht*, Zivilrechtliche Haftung des niedergelassenen Arztes, S. 18 ff.; *Kohte*, AcP 185 (1985), 105 (130): Nebenpflicht.

Maßnahmen treffen, um die Dritten drohenden Gefahren abzuwenden.[896] Daraus ergibt sich eine normative Übereinstimmung beider Haftungsgrundlagen insofern als die in § 831 Abs. 1 BGB genannten Pflichten bei Auswahl und Überwachung des eingesetzten Personals ebenso aus dem Normgehalt des § 823 Abs. 1 BGB ableitbar sind.[897]

Daher werden die in § 831 Abs. 1 S. 2 BGB festgeschriebenen bzw. im Rahmen der Rechtsfortbildung entwickelten Pflichten i.S.d. § 823 BGB auch von der zivilrechtlichen Rechtsprechung und Lehre mit[898] oder ohne[899] Verweis auf die zivilrechtlichen Normen zur Bestimmung delegationsrelevanter Sorgfaltspflichten herangezogen.

cc) Vertikale Arbeitsteilung und Vertrauensgrundsatz

Obwohl das Strafrecht explizit für die medizinische Arbeitsteilung keine mit den Pflichten des § 831 Abs. 1 S. 2 BGB vergleichbare Norm enthält, sind die darin angesprochenen Sorgfaltspflichten, jedenfalls dem Grunde nach[900], ebenso für die strafrechtliche Beurteilung des delegierenden Arztes maßgeblich. So stellen Rechtsprechung und Schrifttum auch im Strafrecht[901] im Bereich der Arbeitsteilung auf Auswahl-, Leitungs-, Überwachungs- oder Kontrollpflichten ab. Abgesehen von vereinzelten Stimmen[902], die auch im Strafrecht explizit die zivilrechtlichen Pflichten beanspruchen, wird zur Konkretisierung delegationsrelevanter Sorgfaltspflichten neben dem Prinzip der Arbeitsteilung[903] auf den

---

896 BGH, Urt. v. 18.12.1972 – III ZR 121/70, BGHZ 60, 54 (55); Urt. v. 23.10.1975 – III ZR 108/73, BGHZ 65, 221 (224); Urt. v. 16.5.2006 – VI ZR 189/05, in: NJW 2006, 2326 (2326).

897 Zum Ganzen vgl. *Brüggemeier*, Deliktsrecht, Anm. 12 ff.; *Wagner*, in: MünchKommBGB, § 831, Rn. 380, § 8314. A., Rn. 2, 11; *Rupprecht*, Zivilrechtliche Haftung des niedergelassenen Arztes, S. 33 f.

898 BGH, Urt. v. 27.9.1983 – VI ZR 230/81, BGHZ 88, 248 (154 ff.); Urt. v. 7.11.2006 – VI ZR 206/05, MedR 2007, 169 (169, Anm. 8 ff.); OLG Köln, Urt. v. 22.1.1987 – 7 U 193/86, VersR 1988, 44 (45 f.); *Rupprecht*, Zivilrechtliche Haftung des niedergelassenen Arztes, S. 107 ff.

899 *Pitz*, Was darf das Medizinalpersonal?, S. 177 ff.; *Mehringer*, Die Anfängeroperation, S. 102 ff.; *Krahe*, Haftungssystematik bei ärztlicher Arbeitsteilung, S. 314 ff.; *Thomas*, Vertikale Arbeitsteilung in der stationären Anästhesie aus haftungsrechtlicher Sicht, S. 101 f.

900 So wird der Gleichklang der Pflichten auch in einer materiell-rechtlichen Parallelität zwischen Geschäftsherrnhaftung – nach der sich der Geschäftsherr von dem Vorwurf des Eigenverschuldens befreien kann, wenn er die in § 831 Abs. 1 S. 2 BGB angelegten Sorgfaltspflichten nachweislich beachtet hat – und Verantwortlichkeit i.S.d. Vertrauensgrundsatz gesehen, *Wilhelm*, Verantwortung und Vertrauen bei Arbeitsteilung in der Medizin, S. 110; *Rupprecht*, Zivilrechtliche Haftung des niedergelassenen Arztes, S. 108. Gegen eine generelle Übertragung der zivilrechtlichen Judikatur und Dogmatik bezüglich der Überwachungspflicht auf das materielle Strafrecht vgl. *Umbreit*, Verantwortlichkeit des Arztes, S. 182 ff., 194.

901 BGH, Urt. v. 1.7.1954 – 3 StR 869/53, BGHSt 6, 282 (287); *Vogel*, in: LK[12], § 15, Rn. 275; *Kamps*, Ärztliche Arbeitsteilung und strafrechtliches Fahrlässigkeitsdelikt, S. 150 ff., 167; *Peter*, Arbeitsteilung im Krankenhaus aus strafrechtlicher Sicht, S. 27 f.; *Ulsenheimer*, Arztstrafrecht, Rn. 167, 174, 183; *Wilhelm*, Verantwortung und Vertrauen bei Arbeitsteilung in der Medizin, S. 107.

902 *Wilhelm*, Verantwortung und Vertrauen bei Arbeitsteilung in der Medizin, S. 107, nach der es auf der Hand liege, die im Zusammenhang mit der vertikalen Arbeitsteilung auftretenden strafrechtlichen Haftungsfragen anhand der zu § 831 BGB entwickelten Grundsätzen zu beantworten.

903 Vgl. nur: *Jescheck/Weigend*, Strafrecht AT, § 55, I. 3. e), S. 582; *Ulsenheimer*, Arztstrafrecht in der Praxis, Rn. 140; *Cramer/Sternberg-Lieben*, in: Schönke/Schröder, § 15, Rn. 223e.

sog. Vertrauensgrundsatz[904] Bezug genommen. Der Vertrauensgrundsatz ist aus dem Straßenverkehrsrecht entwickelt worden. Mit Rücksicht auf die medizinischen Besonderheiten wurde er überwiegend[905] auf den Bereich der arbeitsteilig organisierten Heilbehandlung zunächst von der strafgerichtlichen[906] Rechtsprechung und Lehre[907] übertragen und inzwischen auch im Rahmen der zivilrechtlichen[908] Haftung herangezogen.[909]

---

904 Zur Entstehungsgeschichte und dem Wandel vom Misstrauens- zum Vertrauensgrundsatz vgl. *Kirschbaum*, Der Vertrauensschutz im deutschen Straßenverkehrsrecht, S. 18 ff.; *Umbreit*, Verantwortlichkeit des Arztes, S. 66 ff. Zur dogmatischen Herleitung und struktureller Unterschiede zwischen Straßenverkehrsrecht und medizinischer Arbeitsteilung, vgl. *Wilhelm*, Verantwortung und Vertrauen bei Arbeitsteilung in der Medizin, S. 61 ff.; *Umbreit*, Verantwortlichkeit des Arztes, S. 70 ff.

905 A.A. *Schmidhäuser*, Strafrecht AT, 9/42: *Schmidhäuser* versteht den Vertrauensgrundsatz im Straßenverkehr als Ausformung des erlaubten Risikos als Rechtfertigungsgrund. Die Ausdehnung des Vertrauensgrundsatzes auf die medizinische Arbeitsteilung komme daher nur in Betracht, wenn er dort rechtfertigend wirken könne. Seiner Meinung nach handelt es sich jedoch beim Vertrauen-Dürfen auf die Arbeitsbeiträge anderer Personen eher um ein Problem der Fahrlässigkeitsschuld als des Unrechts. Ferner wird etwa im Hinblick auf die strukturellen Unterschiede zwischen dem Bereich des Straßenverkehrs und dem der medizinischen Arbeitsteilung darauf verwiesen, dass es sich nicht mehr um den ursprünglich geschaffenen Vertrauensgrundsatz handele, sondern zusätzliche Einschränkungen erforderlich seien, der Vertrauensgrundsatz bei arbeitsteiligem Verhalten somit als eigenständiges Rechtsinstitut zu verstehen sei, *Hannes*, Der Vertrauensgrundsatz bei arbeitsteiligem Verhalten, S. 173 ff., 225.

906 BGH, Urt. v. 10.7.1952 – 5 StR 324/52, BGHSt 3, 91 (96); Urt. v. 2.10.1979 – 1 StR 440/79, NJW 1980, 649 (650); Urt. v. 19.11.1997 – 3 StR 271/97, BGHSt 43, 306 (310); Urt. v. 13.12.2006 – 5 StR 211/06, MedR 2007, 304 (305); Urt. v. 13.11.2008 – 4 StR 252/08, NJW 2009, 240 (240 ff.) bzgl. arbeitsteiliger Erledigungen von Bauleistungen.

907 *Stratenwerth*, in: FS Schmidt, S. 383 (383 ff.); *Stratenwerth*, Der Anaesthesist 1962, 239 (245 ff.); *Schmidt*, Der Arzt im Strafrecht, S. 188 ff. Nach *Schmidt* drehe sich beim Einsatz einer Hilfsperson alles um die Frage, „*ob die Hilfsperson als für die konkret in Betracht kommenden Maßnahmen so geschult, erprobt, erfahren und zuverlässig angesehen werden dürfe, daß bei Erteilung richtiger und von ihr auch richtig aufgefaßter Anweisungen ein von ihr begangener Fehler der konkreten Art in der konkreten Situation als außerhalb des Rahmens gewöhnlicher Lebenserfahrung und der besonderen Wissensmöglichkeit des Arztes liegend*“ (S. 193) anzusehen sei. Wenngleich der im Hinblick auf das Maß an Vertrauen getätigten Differenzierung zwischen der Inanspruchnahme öffentlich zugelassener, unter staatlicher Kontrolle stehender Einrichtungen einerseits und privater Einrichtungen andererseits, nicht gefolgt werden kann, geht *Schmidt* aber selbst bei den öffentlichen Einrichtungen bei bestehender Kontrollmöglichkeit von einer Kontrollpflicht aus, sieht diese damit im Zusammenhang mit dem Vertrauensgrundsatz, *Schmidt*, Der Arzt im Strafrecht, S. 190.

908 BGH, Urt. v. 8.11.1988 – VI ZR 320/87, NJW 1989, 1536 (1538); Urt. v. 5.10.1993 – VI ZR 237/92, NJW 1994, 797 (798); Urt. v. 26.1.1999 – VI ZR 376-97, NJW 1999, 1779 (1780); OLG Düsseldorf, Urt. 30.6.1983 – 8 U 178/80, NJW 1984, 2636 (2637); OLG Hamm, Urt. v. 16.12.1996 – 3 U 62/96, VersR 1998, 323 (324); *Spindler*, in: BeckOK-BGB, § 823, Anm. 599. Freilich kommt dem Vertrauensgrundsatz im vertraglichen Bereich bei vertikaler Arbeitsteilung insofern keine Wirkung zu, als de lege lata die in § 278 BGB angeordnete, verschuldensunabhängige Haftung des delegierenden Arztes als Vertragsschuldner gerade keine Exkulpation zulässt.

909 Allerdings wird der Vertrauensgrundsatz nicht stets als solcher bezeichnet. So wird in der Rechtsprechung auch vom Grundsatz der (horizontalen oder vertikalen) Arbeitsteilung gesprochen, vgl. BGH, Urt. v. 26.2.1991 – VI ZR 344/89, NJW 1991, 1539 (1539); OLG Köln, Beschl. v. 3.9.2008 – 5 U 51/08, Juris; Urt. v. 14.7.1993 – 27 U 13/93, NJW-RR 1993, 1440 (1440). Inhaltlich geht es aber stets um die Frage, inwieweit dem Vertrauen auf das sorgfaltsgemäße Arbeiten

Danach darf sich jeder bei der Patientenbehandlung Mitwirkende grundsätzlich darauf verlassen, dass der oder die anderen den ihm bzw. ihnen obliegenden Aufgabenteil mit den erforderlichen Kenntnissen und der gebotenen Sorgfalt erfüllen.[910]

Allerdings ermöglichte ein derart auch im Bereich der vertikalen Arbeitsteilung verstandener Vertrauensgrundsatz dem delegierenden Arzt ein umfassendes Vertrauendürfen auf die sorgfaltsgemäße Durchführung der Tätigkeit durch den Krankenpfleger und begründete damit an sich keine delegationsrelevanten Sorgfaltspflichten des Arztes etwa in Form der Überwachung.[911] Dies würde jedoch der durch Über-/Unterordnung geprägten und sich regelmäßig durch ein Wissensgefälle auszeichnenden Situation sowie der Tatsache, dass es sich bei den hier betrachteten Delegationsfällen um ärztliche Tätigkeiten handelt, die stets in der Gesamtverantwortung des delegierenden Arztes verbleiben,[912] nicht gerecht. So ist anerkannt, dass im Gegensatz zu den Verkehrsteilnehmern im Straßenverkehr zwischen arbeitsteilig Zusammenwirkenden nähere Beziehungen bestehen, die (im Einzelnen noch zu bestimmende) Pflichten zur Beaufsichtigung, Kontrolle und Überwachung auslösen,[913] sich die beschriebenen Pflichten somit bereits aus der arbeitsteiligen Struktur als solcher ergeben.[914] Wenngleich der Vertrauensgrundsatz mithin unmittelbar keine eigenständigen Sorgfaltspflichten zu konstituieren vermag, dient er der Beurteilung, wie weit die einzelnen Pflichten reichen und damit der Bestimmung der individuellen Verantwortung des delegierenden Arztes.[915]

---

anderer zivil- und strafrechtlich haftungsausschließende Wirkung zukommt. Dabei wird der Vertrauensgrundsatz in Straf- und Zivilrecht unterschiedslos angewandt, wie die wechselseitige Bezugnahme der straf- und zivilrechtlichen Entscheidungen dokumentiert, vgl. Verweis Zivil- auf Strafsenat: BGH, Urt. v. 26.2.1991 – VI ZR 344/89, NJW 1991, 1539 (1539); Verweis Straf- auf Zivilsenat: Urt. v. 19.11.1997 – 3 StR 271/97, BGHSt 43, 306 (310).

910 BGH, Urt. v. 10.7.1952 – 5 StR 324/52, BGHSt 3, 91 (96 f.); Urt. v. 26.2.1991 – VI ZR 344/89, NJW 1991, 1539 (1540); *Deutsch*, VersR 2007, 40 (41); *Carstensen/Schreiber*, Arbeitsteilung und Verantwortung, in: Jung/Schreiber, Arzt und Patient zwischen Therapie und Recht, S. 167 (173); *Hannes*, Der Vertrauensgrundsatz bei arbeitsteiligem Verhalten, S. 53; *Ulsenheimer*, Arztstrafrecht in der Praxis, Rn. 144; *Wagner*, in: MünchKommBGB, § 823, Rn. 557, 656; *Löwisch/Caspers*, in: Staudinger, § 276, Rn. 29.

911 Vgl. BGH, Urt. v. 26.2.1991 – VI ZR 344/89, NJW 1991, 1530 (1539), wonach – bezogen auf die horizontale Arbeitsteilung zwischen Chirurg und Anästhesist – unter Berufung auf den Vertrauensgrundsatz gerade keine gegenseitigen Überwachungspflichten begründet werden.

912 Siehe *Zweiter Teil, B, II. 5. b) cc)*, S. 154 ff. Freilich kann die strafrechtliche Haftung nicht allein am Tragen der Gesamtverantwortung festgemacht werden, sondern setzt stets einen durch ärztliches Verhalten verursachten schädlichen Erfolg voraus.

913 Vgl. bereits *Engisch*, Langenbecks Arch. klin. Chir. (Bd. 288) 1958, 573 (578); *Vogel*, in: LK[12], § 15, Rn. 232; *Schumann*, Strafrechtliches Handlungsunrecht, S. 23 ff.; *Zwiehoff*, MedR 2004, 364 (370); *Geilen*, in: Wenzel, Handbuch FA Medizinrecht, Kapitel 4, Rn. 476; *Gropp*, Strafrecht AT, § 12, Rn. 41; *Jescheck/Weigend*, Strafrecht AT, § 55, I.3.e), S. 582.

914 Folgen delegationsrelevante Sorgfaltspflichten des Arztes daher in erster Linie aus der arbeitsteilig organisierten Heilbehandlung, kann insofern auch von Organisationspflichten gesprochen werden, vgl. *Mehringer*, Die Anfängeroperation, S. 119; *Brandes*, Die Haftung für Organisationspflichtverletzung, S. 194; *Ulsenheimer*, Arztstrafrecht, Rn. 138 ff., 167; vgl. auch BGH, Urt. v. 7.11.2006 – VI ZR 206/05, MedR 2007, 169 (169); *Gounalakis*, NJW 1991, 2945 (2945, Fn. 2).

915 *Wagner*, in: MünchKommBGB, § 823, Rn. 656; *Bergmann*, in: Ratajczak/Schwarz-Schilling, Medizin und Strafrecht, 34 (39); *Hannes*, Der Vertrauensgrundsatz bei arbeitsteiligem Verhalten, S. 57;

An welcher Stelle das deliktssystematisch erfolgt, hängt von der jeweils vertretenen strafrechtlichen Fahrlässigkeitsdogmatik[916] und dem grundsätzlichen Verständnis[917] des Vertrauensgrundsatzes ab. Während er überwiegend der Tatbestandsebene[918] zugeordnet wird, gibt es auch Stimmen, die ihn im Rahmen der Rechtswidrigkeit[919] bzw. Schuld[920] heranziehen oder eine genaue Zuordnung bewusst offen lassen[921]. In concreto wird der Vertrauensgrundsatz explizit mit dem Merkmal der Sorgfaltspflicht in Verbindung gebracht. Andere ordnen ihn dem Kriterium der Voraussehbarkeit[922] zu oder behandeln ihn

---

Schumann, Strafrechtliches Handlungsunrecht, S. 19 f. *Deutsch* spricht von Vertrauen als Merkmal der Sorgfalt, *Deutsch*, VersR 2007, 40 (42).

916 Siehe *Zweiter Teil, B, II. 4. b)*, S. 134 f.

917 Trotz der grundsätzlichen Anerkennung des Vertrauensgrundsatzes als solchem, besteht über Begründung und Einzelheiten keine Einigkeit: Nach der sog. *Prämientheorie* gehe es beim Vertrauensgrundsatz um eine Belohnung dessen, der sich selbst sorgfältig verhalte (*Kirschbaum*, Der Vertrauensschutz im deutschen Straßenverkehrsrecht, S. 120 ff., 213). Andere leiten ihn aus dem Gesichtspunkt fehlender unzulässiger Gefahrschaffung her (*Burgstaller*, Das Fahrlässigkeitsdelikt im Strafrecht, S. 63, *Roxin*, Strafrecht AT I, § 24, Rn. 22; *Sternberg-Lieben*, in: Schönke/Schröder, § 15, Rn. 148), begreifen ihn als risikovermindernde Erfahrungsregel (*Brinkmann*, Der Vertrauensgrundsatz als eine Regel der Erfahrung, S. 138 ff.) oder als Metaregel zur Bestimmung nicht-positivierter Sorgfaltspflichten [*Puppe*, Jura 1998, 21 (22 f.)]. Die Lehre von den Verantwortungsbereichen sucht mit dem Prinzip der Selbstverantwortung in Anlehnung an die unterschiedlichen Teilnahmeformen bei der Vorsatztat (§§ 25 ff. StGB) auch beim Fahrlässigkeitsdelikt verschiedene Verantwortungsbereiche abzugrenzen (*Schumann*, Strafrechtliches Handlungsunrecht, S. 20; *Stratenwerth*, in: FS Schmidt, S. 383 (383 ff., 390 ff.). Wohl überwiegend wird in der heutigen Strafrechtslehre eine Güter- und Interessenabwägung als Basis des Vertrauensgrundsatzes angesehen, *Burgstaller*, Das Fahrlässigkeitsdelikt im Strafrecht, S. 63; *Krümpelmann*, in: FS Lackner, 289 (299); *Stratenwerth/Kuhlen*, Strafrecht AT, § 15, Rn. 68; *Duttge*, Zur Bestimmtheit des Handlungsunwerts von Fahrlässigkeitsdelikten, S. 479.

918 *Carstensen/Schreiber*, Arbeitsteilung und Verantwortung, in: Jung/Schreiber, Arzt und Patient zwischen Therapie und Recht, S. 167 (169 f.); *Hannes*, Der Vertrauensgrundsatz bei arbeitsteiligem Verhalten, S. 173; *Wessels/Beulke*, Strafrecht AT, Rn. 671; *Cramer/Sternberg-Lieben*, in: Schönke/Schröder, § 15, Rn. 151; *Lackner/Kühl*, § 15, Rn. 40; *Ulsenheimer*, Arztstrafrecht in der Praxis, Rn. 144 ff.; *Kamps*, Ärztliche Arbeitsteilung und strafrechtliches Fahrlässigkeitsdelikt, S. 184 f., 227; *Stratenwerth*, in: FS Schmidt, S. 383 (390 f.).

919 Wird der Vertrauensgrundsatz als Unterfall des erlaubten Risikos betrachtet (vgl. nur *Duttge*, in: MünchKommStGB, § 15, Rn. 139; *Kudlich*, in: BeckOK-StGB, § 15, Rn. Anm. 46.1), hängt die deliktssystematische Einordnung auch davon ab, ob man das erlaubte Risiko als Problem des Tatbestands (*Jakobs*, Strafrecht AT, 7. Abschn., Rn. 39 ff.), der Rechtswidrigkeit (*Maurach/Gössel/Zipf*, Strafrecht, AT 2, § 44, Rn. 11; vgl. auch *Engisch*, Untersuchungen über Vorsatz und Fahrlässigkeit im Strafrecht, S. 286 f.) oder der Schuld begreift.

920 *Schmidt*, Der Arzt im Strafrecht, S. 193: *Schmidt* sieht – in Übereinstimmung mit dem zeitgemäßen Verständnis der Fahrlässigkeit als Schuldform – im Vertrauensgrundsatz ein Schuldmerkmal, das die Voraussehbarkeit ergänze. *Cramer/Sternberg-Lieben*, in: Schönke/Schröder, § 15, Rn. 153: Für den Fall, dass eine Hilfsperson eine fehlerhafte Anweisung ohne Nachprüfung ausführe, wirke der Vertrauensgrundsatz nicht bereits auf Tatbestandsebene, sondern als Begrenzung der Erkenntnisverschaffungspflicht erst auf Schuldebene, da die Ausführung als solche objektiv fehlerhaft bleibe.

921 *Umbreit*, Verantwortlichkeit des Arztes, S. 75.

922 *Maurach/Gössel/Zipf*, Strafrecht, AT 2, § 43, Rn. 70 ff.; wohl auch *Schmidt*, Der Arzt im Strafrecht, S. 193. Dem ist jedoch entgegenzuhalten, dass Fehler auch zuverlässiger Mitarbeiter gerade nicht außerhalb des Rahmens gewöhnlicher Erfahrung liegen [*Stratenwerth*, in: FS Schmidt, S. 383

im Rahmen der objektiven Zurechnung[923]. Schließlich wird er in gewisser Parallelität zu den zivilrechtlichen Haftungserleichterungen im Falle gefahrgeneigter Tätigkeit zur Entkriminalisierung leicht fahrlässigen Verhaltens herangezogen.[924]

Obwohl der Einfluss des Vertrauensgrundsatzes auf die Konkretisierung von Sorgfaltspflichten nur bei den Autoren nahe liegt, die ihn im Rahmen der Sorgfaltspflichtverletzung besprechen, wird er auch von den übrigen Auffassungen direkt oder indirekt festgestellt.[925] Vorliegend soll es somit nur noch um die Frage gehen, ob der Vertrauensgrundsatz trotz der bestehenden Auswahl-, Anleitungs-, Überwachungs- oder Kontrollpflichten auch im Rahmen der vertikalen Arbeitsteilung Anwendung findet und ihm eine sorgfaltspflichtbegrenzende oder sorgfaltspflichtbestimmende Wirkung zuzumessen ist.

(1) Sorgfaltspflichtbegrenzende Wirkung

Wie im Straßenverkehr wird dem Vertrauensgrundsatz auch im Bereich der Arbeitsteilung mehrheitlich die Wirkung einer Sorgfaltspflichtbegrenzung zugeschrieben.[926] Trotz erfahrungsgemäßer Unzulänglichkeit menschlichen Verhaltens soll auf dessen Richtigkeit vertraut werden dürfen, sofern nicht besondere Umstände vorliegen, die Anlass zum Nicht-

---

(387)] und damit generell voraussehbar sind. Im Übrigen ist davon auszugehen, dass der Vorhersehbarkeit neben dem Merkmal der Sorgfaltspflichtverletzung keine eigenständige Bedeutung zukommt, siehe auch *Zweiter Teil, B, II. 4. b)*, S. 134 ff.

923 *Kamps*, Ärztliche Arbeitsteilung und strafrechtliches Fahrlässigkeitsdelikt, S. 184 f., 227; *Jakobs*, Strafrecht AT, 7. Abschn., Rn. 4b, 51 ff. Andere verzichten zwar nicht auf das Merkmal der Sorgfaltspflichtverletzung, bringen den Vertrauensgrundsatz aber gleichwohl mit der objektiven Zurechnung in Verbindung, *Maiwald*, JuS 1989, 186 (187); *Maurach/Gössel/Zipf*, Strafrecht, AT 2, § 43, Rn. 70 ff.

924 *Wilhelm*, Verantwortung und Vertrauen bei Arbeitsteilung in der Medizin, S. 62 ff. Den Handelnden stelle keine geminderte Sorgfaltspflicht sanktionslos, sondern der Umstand, dass ihm die bevorstehende Gefahrenrealisierung nicht besonders erkennbar gewesen sei. Dies bedeute nichts anderes, als dass die strafrechtliche Haftung genau an dem Punkt einsetze, wo ohne Geltung des Vertrauensgrundsatzes ein gesteigerter Grad der Fahrlässigkeit erreicht, zumindest aber die Stufe leichtester Fahrlässigkeit verlassen wäre.

925 Vgl. bzgl. Voraussehbarkeit: So drehe sich zwar bei der Fahrlässigkeit des Arztes alles um die Frage, ob ein von der Hilfsperson begangener Fehler „*in der konkreten Situation als außerhalb des Rahmens gewöhnlicher Erfahrung und der besonderen Wissensmöglichkeit des Arztes liegend anzusehen sei*". Dies wird aber zuvor von der Überprüfung der Schulung, Erprobung, Erfahrung und Zuverlässigkeit der Hilfsperson abhängig gemacht, was de facto auf die Sorgfaltspflichten verweist, *Schmidt*, Der Arzt im Strafrecht, S. 193. Ebenso ergibt sich nach *Wilhelm* erst dann eine rechtlich schutzwürdiges Vertrauen, wenn der Arzt die Sorgfaltspflichten bei der Anordnung erfüllt habe, *Wilhelm*, Verantwortung und Vertrauen bei Arbeitsteilung in der Medizin, S. 117.

926 BGH, Urt. v. 2.10.1979 – 1 StR 440/79, NJW 1980, 649 (650); Urt. v. 19.11.1997 – 3 StR 271/97, BGHSt 43, 306 (310); Urt. v. 31.1.2002, BGHSt 47, 224 (231 f.); *Kudlich*, in: BeckOK-StGB, § 15, Rn. Anm. 46; *Cramer/Sternberg-Lieben*, in: Schönke/Schröder, § 15, Rn. 151; *Lackner/Kühl*, § 15, Rn. 39 f.; *Ulsenheimer*, Arztstrafrecht in der Praxis, Rn. 144 ff.; *Carstensen/Schreiber*, Arbeitsteilung und Verantwortung, in: Jung/Schreiber, Arzt und Patient zwischen Therapie und Recht, S. 167 (169 f.); *Peter*, Arbeitsteilung im Krankenhaus aus strafrechtlicher Sicht, S. 11, *Wessels/Beulke*, Strafrecht AT, Rn. 671 f.; *Stratenwerth*, in: FS Schmidt, S. 383 (387, 400); vgl. auch *Kamps*, Ärztliche Arbeitsteilung und strafrechtliches Fahrlässigkeitsdelikt, S. 227; *Roxin*, Strafrecht AT I, § 24, Rn. 13, 22, die den Vertrauensgrundsatz zwar im Rahmen der objektiven Zurechnung behandeln, gleichwohl aber von einer die Sorgfaltspflichten einschränkende Funktion ausgehen.

vertrauen geben. Sorgfaltspflichten dürfen mithin nicht aus der generellen Vorhersehbarkeit von Fehlern anderer geschlossen werden, sondern erfahren umgekehrt durch den Vertrauensgrundsatz ihre Begrenzung.[927] Dies gelte auch im Bereich vertikaler Arbeitsteilung, soweit der Delegierende die ihm obliegenden abgeleiteten bzw. sekundären[928] oder mittelbaren[929] und vorliegend als delegationsrelevant bezeichneten Sorgfaltspflichten beachtet hat.[930] Die Einhaltung dieser Pflichten indiziert gleichsam das Nichtvorliegen besonderer, d.h. vertrauenszerstörender Umstände.[931] Insoweit ermöglicht nach dieser Auffassung der Vertrauensgrundsatz dem delegierenden Arzt ein Vertrauendürfen auf die im Übrigen ordnungsgemäße Durchführung der delegierten Tätigkeit durch den Krankenpfleger.

(2) Sorgfaltspflichtbestimmende Wirkung

Dagegen lehnen andere Autoren die Anwendung des Vertrauensgrundsatzes im Rahmen vertikaler Arbeitsteilung ab.[932] In deutlicher Abgrenzung zur sorgfaltspflicht*begrenzenden* Wirkung des Vertrauensgrundsatzes wird von einer sorgfaltspflicht*bestimmenden* Wirkung dergestalt ausgegangen, dass der Vertrauensgrundsatz in arbeitsteiligen Prozessen den gel-

---

927 *Stratenwerth/Kuhlen*, Strafrecht AT, § 15, Rn. 69; *Duttge*, Zur Bestimmtheit des Handlungsunwerts von Fahrlässigkeitsdelikten, S. 469.

928 *Stratenwerth*, in: FS Schmidt, S. 383 (391 ff).

929 *Stratenwerth*, Der Anaesthesist 1962, 239 (247); *Hahn*, Die Haftung des Arztes für nichtärztliches Hilfspersonal, S. 60 ff.

930 BGH, Urt. 24.6.1975 – VI ZR 72/74, NJW 1975, 2245 (2246): Der Anästhesist darf sich darauf verlassen, dass das dafür zuständige Personal das Narkosegerät auf seine Funktionsfähigkeit hin prüft; *Grundmann*, in: MünchKommBGB, § 276, Rn. 110, Fn. 400 i.V.m. Rn. 112; *Opderbecke*, MedR 1996, 542 (543); *Engisch*, Langenbecks Arch. klin. Chir. (Bd. 288) 1958, 573 (579); *Ulsenheimer*, Arztstrafrecht, Rn. 167, 181; *Bergmann*, in: Ratajczak/Schwarz-Schilling, Medizin und Strafrecht, 34 (44); *Vogel*, in: LK[12], § 15, Rn. 275; *Kudlich*, in: BeckOK-StGB, § 15, Rn. Anm. 47.1; *Gropp*, Strafrecht AT, § 12, Rn. 41, 28; *Kienzle*, Langenbecks Arch Chir Suppl II 1997, 740 (743); *Schumann*, Strafrechtliches Handlungsunrecht, S. 28 f.; *Carstensen/Schreiber*, Arbeitsteilung und Verantwortung, in: Jung/Schreiber, Arzt und Patient zwischen Therapie und Recht, S. 167 (173); *Schroth*, in: Roxin/Schroth, Medizinstrafrecht, 73 (99 f.); *Peter*, Arbeitsteilung im Krankenhaus aus strafrechtlicher Sicht, S. 17; *Schädler*, Strafrechtliche Aspekte des Organisationsverschuldens in stationären Pflegeeinrichtungen, S. 65 f.; *Carstensen*, Langenbecks Archiv für Chirurgie 1981, 593 (593); *Hahn*, Die Haftung des Arztes für nichtärztliches Hilfspersonal, S. 59.

931 Daher ist neben der Einhaltung der delegationsrelevanten Sorgfaltspflichten eine weitere Grenze oder Ausnahme des Vertrauensgrundsatzes in Form von „persönlichen Mängeln eines Mitarbeiters" (*Peter*, Arbeitsteilung im Krankenhaus aus strafrechtlicher Sicht, S. 32; *Hannes*, Der Vertrauensgrundsatz bei arbeitsteiligem Verhalten, S. 88 f., 207 ff.) oder „Erkennen bzw. Erkennenmüssen der Sorgfaltspflichtverletzung eines Mitarbeiters" (*Peter*, Arbeitsteilung im Krankenhaus aus strafrechtlicher Sicht, S. 30 f.; *Hannes*, Der Vertrauensgrundsatz bei arbeitsteiligem Verhalten, S. 88, 207 ff.) als eigenständiger Prüfungspunkt entbehrlich. Vielmehr finden die genannten Qualifikations- oder Sorgfaltsmängel als besondere vertrauenszerstörende Umstände [vgl. BGH, Urt. v. 26.2.1991 – VI ZR 344/89, NJW 1991, 1539 (1539): für die horizontale Arbeitsteilung; *Kudlich*, in: BeckOK-StGB, § 15, Rn. Anm. 48] bereits im Rahmen der Auswahl- bzw. Überwachungspflicht Berücksichtigung, siehe *Zweiter Teil, B, II. 6. b) aa), dd)*, S. 167 ff., 180 ff.

932 *Hannes*, Der Vertrauensgrundsatz bei arbeitsteiligem Verhalten, S. 89, 203 ff.; *Simmler*, in: Wienke/Dierks, Zwischen Hippokrates und Staatsmedizin, 137 (145); vgl. auch *Roxin*, Strafrecht AT I, § 24, Rn. 25, der von den Vertrauensgrundsatz außer Kraft setzenden Aufsichtspflichten spricht.

tenden Sorgfaltsmaßstab angebe.[933] Verblieben jedoch beim Vertrauenden Überwachungs- und Kontrollpflichten, stehe die zu beachtende Sorgfaltspflicht bereits fest und müsse nicht mehr anhand des Vertrauensgrundsatzes bestimmt werden.[934] In der Konsequenz ist ein Vertrauendürfen des delegierenden Arztes aufgrund der sich bereits aus der Arbeitsteilung als solcher ergebenden Auswahl-, Anleitungs-, Überwachungs- und Kontrollpflichten nicht geschützt.

(3) Zwischenergebnis

Die letztgenannte Ansicht wendet gegen eine sorgfaltspflichtbeschränkende Wirkung des Vertrauensgrundsatzes ein, dass dies zu einer nicht zu rechtfertigenden Schlechterstellung derjenigen Personen führe, die nicht in einen arbeitsteiligen Prozess eingebunden seien und verstoße daher gegen den Gleichheitssatz. So dürften die berechtigten Belange des Rechtsgüterschutzes nicht durch die Wahl der Organisationsform beeinträchtigt werden.[935] Diese Kritik basiert auf der Grundannahme, dass sowohl für den allein als auch den in einem medizinisch-pflegerischen Team handelnden Arzt die Sorgfaltspflichten gleichermaßen bestünden.[936] Damit wird jedoch verkannt, dass die Vergleichbarkeit – als Voraussetzung für eine Berufung auf den Gleichheitssatz – von solitärem und arbeitsteilig organisiertem Handeln nicht gegeben ist. Zwar wird in beiden Fällen der Patient behandelt, sodass sie im Ergebnis vergleichbar sind. Wie dieses Ergebnis – Patientenbehandlung – erfolgt, unterscheidet sich jedoch wesentlich. Während beim allein tätigen Arzt lediglich das Handeln einer Person auf Sorgfaltsgemäßheit überprüft werden muss, sind bei der Arbeitsteilung die Handlungen mehrere Personen zu betrachten. Erst infolge der Arbeitsteilung entstehen neue Kommunikationsschnittstellen und damit auch –risiken. Daher ist bereits das abstrakte Gefahrenpotential von solitärem und arbeitsteilig organisiertem Handeln nicht vergleichbar; die gleichheitssatzbezogene Argumentation kann somit nicht überzeugen.

Zwar ist der Kritik zuzugeben, dass der Vertrauensgrundsatz an sich bewirkt, die Grenzen des sorgfältigen bzw. erlaubt riskanten Verhaltens ohne Rücksicht auf mögliches Fehlverhalten anderer zu bestimmen.[937] Davon wird im Rahmen der vertikalen Arbeitsteilung insoweit eine Ausnahme gemacht, als die genannten Auswahl-, Überwachungs- und Kontrollpflichten gerade dazu dienen, etwaige krankenpflegerische Fehler zu vermeiden. Dadurch wird der Vertrauensgrundsatz jedoch nicht in sein Gegenteil verkehrt.[938] Wie noch zu zeigen sein wird, handelt es sich nicht um generell bestehende Sorgfaltspflichten. Sie kommen vielmehr je nach Schwierigkeit der zu delegierenden Tätigkeit, der mit ihr verbundenen Risiken sowie der Qualifikation des eingesetzten Krankenpflegers in einem

---

933 *Hannes*, Der Vertrauensgrundsatz bei arbeitsteiligem Verhalten, S. 173 ff., 189 ff.

934 *Hannes*, Der Vertrauensgrundsatz bei arbeitsteiligem Verhalten, S. 203. Allerdings zählt *Hannes* die bei vertikaler Arbeitsteilung bestehenden Überwachungs- und Kontrollpflichten nicht zu den von ihr gemeinten Überwachungs- und Kontrollpflichten. Letztere würden stets eine Berufung auf den Vertrauensgrundsatz versagen, erstere nur im Einzelfall, *Hannes*, Der Vertrauensgrundsatz bei arbeitsteiligem Verhalten, S. 206 f.

935 *Hannes*, Der Vertrauensgrundsatz bei arbeitsteiligem Verhalten, S. 187 f.

936 *Hannes*, Der Vertrauensgrundsatz bei arbeitsteiligem Verhalten, S. 186.

937 *Vogel*, in: LK[12], § 15, Rn. 224.

938 So aber *Hannes*, Der Vertrauensgrundsatz bei arbeitsteiligem Verhalten, S. 204.

abgestuften System[939] zum Tragen. Erst mit der sorgfaltspflichtbegrenzenden Wirkung des Vertrauensgrundsatzes auch im Rahmen vertikaler Über- und Unterordnungsverhältnisse wird eine funktionsfähige Arbeitsteilung ermöglicht. Andernfalls verdichteten sich die im Einzelnen noch zu konkretisierenden delegationsrelevanten Sorgfaltspflichten dergestalt, dass eine effektive Arbeitsteilung ausgeschlossen wäre. Vielmehr müssten generell so hohe Anforderungen an Umfang und Intensität dieser Sorgfaltspflichten zu stellen sein, dass de facto der delegierende Arzt durchgehend während der Durchführung der Tätigkeit anwesend sein müsste, um einem eigenen Fahrlässigkeitsvorwurf zu entgehen.

Schließt man somit die Geltung des Vertrauensgrundsatzes stets dann aus, wenn Sorgfaltspflichten bereits positiv feststehen – auch in Form von sog. Sondernormen – gäbe es keine Möglichkeit Umfang und Intensität dieser Sorgfaltspflichten zu bestimmen. Dies widerspricht jedoch der bereits geschilderten lediglich indiziellen Wirkung von Sondernormen für das Vorliegen einer Sorgfaltspflichtverletzung.[940] Daher steht auch die Reichweite des Vertrauensgrundsatzes unter dem Vorbehalt des Einzelfalls, sodass ein genereller Ausschluss des Vertrauensgrundsatzes nicht zu überzeugen vermag.

Ebenso wenig rechtfertigt allein das Über-/Unterordnungsverhältnis zwischen Arzt und Krankenpfleger und damit die Möglichkeit des jederzeitigen Widerrufs der auf den Krankenpfleger übertragenen Tätigkeit eine Verwerfung des Vertrauensgrundsatzes. Das durch die fachliche Überlegenheit bedingte Vermögen des delegierenden Arztes, Gefahrenquellen und Fehler des Krankenpflegers unter Umständen eher zu erkennen, wird vielmehr bei der Bestimmung des Umfangs der delegationsrelevanten Sorgfaltspflichten berücksichtigt, nimmt dem Vertrauensgrundsatz jedoch nicht seine grundsätzliche Eignung zur sachangemessenen Haftungsbeschränkung.[941]

Beachtet der delegierende Arzt somit seine delegationsrelevanten Sorgfaltspflichten, ist kein Grund ersichtlich, ihm die Berufung auf das Vertrauen in die ordnungsgemäße Durchführung der Tätigkeit durch den Krankenpfleger zu versagen.

Umgekehrt bedeutet dies jedoch nicht, dass der Vertrauensgrundsatz bei eigenem sorgfaltswidrigem Verhalten des Arztes stets „verwirkt" werde.[942] Der für den Bereich des Straßenverkehrs formulierte Verwirkungssatz erlangt lediglich in zwei Konstellationen Bedeutung: Einerseits darf derjenige, der andere durch verkehrswidriges Verhalten in eine gefährliche Lage bringt, sich nicht darauf verlassen, dass diese die von ihm heraufbeschworenen Gefahren meistern werden.[943] Andererseits darf nicht im Vertrauen auf das sorgfaltsgemäße Handeln anderer sorgfaltswidrig gehandelt werden.[944] Soweit sich die dem

---

939 *Zwiehoff*, MedR 2004, 364 (370).

940 Vgl. auch *Duttge*, Zur Bestimmtheit des Handlungsunwerts von Fahrlässigkeitsdelikten, S. 475.

941 *Rupprecht*, Zivilrechtliche Haftung des niedergelassenen Arztes, S. 94.

942 So die für den Bereich des Straßenverkehrs als Verwirkungssatz bezeichnete Feststellung: BGH, Urt. v. 10.4.1968 – 4 StR 62/68, NJW 1968, 1532 (1533); Beschl. v. 11.6.1958 – 4 StR 119/58, BGHSt 11, 389 (393); Urt. v. 8.6.1962 – 4 StR 130/62, BGHSt17, 299 (301 ff.) für den Bereich des Straßenverkehrs; BayObLG, Urt. v. 7.12.1979 – RReg. 1 St 456/79, VRS 58, 221 (222); *Kirschbaum*, Der Vertrauensschutz im deutschen Straßenverkehrsrecht, S. 118 ff.; *Stratenwerth/Kuhlen*, Strafrecht AT, § 15, Rn. 70; *Krümpelmann*, in: FS Lackner, 289 (289 ff.).

943 BGH, Urt. 4.7.1957 – 4 StR 190/57, VRS 13, 225 (226); Urt. v. 10.4.1968 – 4 StR 62/68, NJW 1968, 1532 (1533).

944 *Sternberg-Lieben*, in: Schönke/Schröder, § 15, Rn. 215; *Peter*, Arbeitsteilung im Krankenhaus aus strafrechtlicher Sicht, S. 33.

Arzt vorzuwerfende Sorgfaltswidrigkeit allerdings weder im Erfolg, d.h. in der Schädigung des Patienten ausgewirkt noch den Krankenpfleger zu sorgfaltswidrigem Handeln veranlasst hat, findet der Vertrauensgrundsatz dagegen Anwendung. Andernfalls käme man zur inzwischen überwundenen Lehre vom „versari in re illicita" zurück, die demjenigen, der etwas Verbotenes tat, ohne weiteres alle daraus erwachsenden Folgen zurechnete und somit eine unbegrenzte Zufallshaftung begründete.[945] Die Zurechnung eines Erfolges richtet sich mithin auch bei mitwirkendem Verschulden Dritter nach allgemeinen Kriterien,[946] die im Übrigen vermeiden, dass die hier in Rede stehenden Erfolgsdelikte unzulässig in abstrakte Gefährdungsdelikte umqualifiziert werden. Die nachfolgend erläuterten Sorgfaltspflichten sind weder zivil- noch strafrechtlich als solche stets tatbestandsmäßig. Tatbestandsmäßigkeit ergibt sich erst aus dem Zusammenspiel von Sorgfaltspflichtverletzung, tatsächlichem Erfolgseintritt und Erfolgsverursachung[947]. Juristisch handelt es sich somit bei einer Delegationspflicht um eine obligatio imperfecta, eine unvollständige Pflicht in dem Sinn, dass ein den Patienten nicht schädigender und insofern medizinisch folgenlos bleibender Verstoß gegen die Delegationspflicht grundsätzlich auch (straf- wie zivil-)rechtlich folgenlos bleibt.[948]

b) Konkretisierung der Sorgfaltspflichten

Nachfolgend werden diejenigen delegationsrelevanten Sorgfaltspflichten des Arztes, die eine Gewährleistung des Facharztstandards trotz Delegation der ärztlichen Tätigkeit auf einen Krankenpfleger erwarten lassen, inhaltlich konkretisiert.

aa) Auswahlpflicht

Die Auswahlpflicht des delegierenden Arztes erstreckt sich neben der sorgfältigen Auswahl des Krankenpflegers als Delegationsempfänger zunächst auf die sorgfältige Auswahl der konkret zu delegierenden Tätigkeit[949] unter Berücksichtigung besonderer physischer oder

---

945 *Vogel*, in: LK^{12}, § 15, Rn. 226; *Duttge*, in: MünchKommStGB, § 15, Rn. 142; *Roxin*, Strafrecht AT I, § 24, Rn. 24; vgl. auch *Hannes*, Der Vertrauensgrundsatz bei arbeitsteiligem Verhalten, S. 210; *Brose*, in: Roxin/Schroth, Medizinstrafrecht, 53 (62 f.); *Umbreit*, Verantwortlichkeit des Arztes, S. 120 ff., 122: Nur, wenn die Sorgfaltswidrigkeit des delegierenden Arztes im Zusammenhang mit der Nachlässigkeit der nachgeordneten Kraft den Unrechtserfolg ursächlich herbeigeführt hat, ist der Vertrauensgrundsatz unanwendbar.

946 *Peter*, Arbeitsteilung im Krankenhaus aus strafrechtlicher Sicht, S. 37. Welche Kriterien in concreto den Zusammenhang zwischen sorgfaltswidriger Handlung und Erfolg bestimmen, wird unterschiedlich beurteilt und kann im Rahmen dieser Arbeit nicht dargestellt werden. Hinzuweisen ist lediglich auf vier überwiegend herangezogene Aspekte, wobei Begrifflichkeit und deliktssystematische Einordnung differieren: *äquivalenter* und *adäquater Kausalzusammenhang* zwischen Handlung und Erfolg, *Risikozusammenhang* als der im einzelnen umstrittene Konnex zwischen Pflichtwidrigkeit und Erfolg und *Schutzzweckzusammenhang*, wonach der eingetretene Erfolg vom Schutzzweck der zugrunde liegenden verletzten Sorgfaltsnorm umfasst sein muss, *Schünemann*, JA 1975, StR S. 149 ff. [575 (578 ff.)].

947 *Hardwig*, JZ 1968, 289 (291).

948 Vgl. *Paeffgen*, in: FS Rudolphi, 187 (207); *Wenzel*, in: Wenzel, Handbuch FA Medizinrecht, Kapitel 4, Rn. 790.

949 Die Berücksichtigung der Delegationstätigkeit erfolgt i.d.R. nicht im Rahmen der sog. Auswahlpflicht, sondern wird unter der Überschrift „zulässige Delegation oder zulässige Aufspaltung der

psychischer Gegebenheiten des Patienten sowie der am Behandlungsort vorhandenen sachlichen und personellen Infrastruktur.

(1) Auswahl der Delegationstätigkeit

Sorgfältig ausgewählt ist die zu delegierende Tätigkeit, wenn sowohl deren abstrakte wie konkrete Delegationsfähigkeit vom Arzt festgestellt worden ist.[950] *Abstrakt* delegationsfähig sind nur solche Tätigkeiten, die nicht höchstpersönlich vom Arzt zu erbringen sind, d.h. Tätigkeiten, deren Schwierigkeits- und Gefährdungsgrad nach medizinischem Sachverstand eine Zuordnung zu den sog. ärztlichen Tätigkeiten im weiten Sinn möglich macht.[951] Darüber hinaus setzt *konkrete* Delegationsfähigkeit voraus, dass nicht Besonderheiten, die im Gesundheitszustand des Patienten oder der Behandlungssituation begründet sind, eine Delegation auf Nichtärzte im Einzelfall ausschließen. So kann es beispielsweise angesichts eines besonderen Risikos für den Patienten erforderlich sein, dass auch ein Verbandswechsel und damit eine Tätigkeit, die, wie eingangs gezeigt, von den Umfrageteilnehmern als delegierbar und häufig von Krankenpflegern ausgeführte Tätigkeit deklariert wurde, zu einer höchstpersönlich vom Arzt vorzunehmenden Tätigkeit wird.[952] Auch ergeben sich im durch „Arztnähe" gekennzeichneten Krankenhausbereich quantitativ und qualitativ andere Delegationsmöglichkeiten als in der durch „Arztferne" geprägten Pflegeeinrichtung.[953] Insofern lässt sich nicht eine bestimmte Tätigkeit als solche, sondern nur eine Tätigkeit in einer bestimmten Konstellation als delegationsfähig bezeichnen. Daher besteht die Auswahlpflicht im Hinblick auf die Delegationstätigkeit bei *jeder* Delegationsentscheidung.

(2) Auswahl des Delegationsempfängers

Die Pflicht zur sorgfältigen Auswahl des Delegationsempfängers trifft den Arzt dagegen nur bei jeder *erstmaligen* Delegation[954] einer bestimmten ärztlichen Aufgabe.[955] Er hat nur

---

Heilbehandlung" angesprochen, vgl. *Hannes*, Der Vertrauensgrundsatz bei arbeitsteiligem Verhalten, S. 91; *Umbreit*, Verantwortlichkeit des Arztes, S. 115 f. Diese Trennung von der zu beachtenden Delegationssorgfalt in der Darstellung ist jedoch nicht erforderlich. Wie die übrigen delegationsrelevanten Sorgfaltspflichten folgt die Auswahlpflicht aus den sich infolge der arbeitsteilig organisierten Heilbehandlung ergebenden Risiken und ist daher in einem umfassenden Sinn zu verstehen.

950 *Frahm* spricht von sachlicher Delegationsfähigkeit, *Frahm*, VersR 2009, 1576 (1579).

951 Vgl. BGH, Urt. v. 16.4.1996 – VI ZR 190/95, NJW 1996, 2429 (2430 f.), wonach die CTG-Überwachung die pflegerische Kompetenz der Nachtschwester übersteige, ihr somit nicht überlassen werden dürfe, sondern Aufgabe des Arztes (oder der Hebamme) sei. OLG München, Urt. v. 27.1.1994 – 1 U 2040/93, VersR 1994, 1113, wonach Geburtshilfemaßnahmen (insbes. der sog. Crede'sche Handgriff) nicht einer Krankenschwester überlassen werden dürften, sondern vom Arzt oder der Hebamme auszuführen seien.

952 OLG Köln, Urt. v. 18.12.1995 – 5 U 183/94, NJWE-VHR 1996, 14 (15): bei erhöhter Infektionsgefahr.

953 I.E., aber ohne Zuordnung zur Auswahlpflicht, auch *Bachstein*, Pflege Aktuell 2005, 544 (545); *Pitz*, Was darf das Medizinalpersonal?, S. 176 am Beispiel einer Belegklinik, wo sich der Bereitschaftsarzt außer Haus befindet.

954 Vgl. *Krause*, in: Soergel, BGB, § 831, Rn. 44; *Belling*, in: Staudinger, § 831, Rn. 101; a.A. *Roßbruch*, PflR 2003, 139 (141), der zwischen ärztlichen Tätigkeiten unterscheidet, die delegationsfä-

diejenigen Krankenpfleger als Delegationsempfänger auszuwählen, die die fehlerfreie Durchführung der übertragenen Aufgabe erwarten lassen und die hierfür die gesetzlichen Anforderungen erfüllen.[956] Zu diesem Zweck muss sich der Arzt einerseits von der Qualifikation, andererseits von der Zuverlässigkeit des Krankenpflegers überzeugen.[957]

(a) Qualifikation

Die Qualifikation des Krankenpflegers lässt sich in formeller wie materieller Hinsicht ermitteln.

(aa) Formelle Qualifikation

Angaben über die formelle Qualifikation enthalten beispielsweise Ausbildungs- sowie Weiterbildungs[958]- oder qualifizierte Arbeitszeugnisse[959]. Zwar besteht Einigkeit darüber, dass sich der Arzt grundsätzlich auf diesen formellen Nachweis der krankenpflegerischen Qualifikation verlassen und die darin ausgewiesenen Kenntnisse auch voraussetzen darf.[960] Problematisch ist insofern jedoch zum einen, dass Unterschiede in den landesrechtlich geregelten Aus- und Weiterbildungen diesen „Vertrauenstatbestand" in praxi erschweren, zum anderen, dass die – wenn überhaupt konkret – bezeugten Tätigkeiten nicht in jedem Fall mit der zu delegierenden Tätigkeit übereinstimmen. Selbst, wenn durch spezielle Nachqualifikationen das Erlernen einzelner Tätigkeiten bescheinigt wird, bezieht sich die-

---

hig, grundsätzlich nicht delegationsfähig und nicht delegationsfähig sind, und im ersten Fall eine Auswahlpflicht gänzlich ablehnt.

955 Handelt es sich dagegen nicht um einen „echten" Delegationsfall, sondern um die Übertragung einer lediglich ärztlicherseits veranlassten Tätigkeit, ohne dass die übertragene Tätigkeit selbst als eine ärztliche zu qualifizieren ist (z.B. vom Arzt verordnete Maßnahmen der häuslichen Krankenpflege), trifft die Auswahlpflicht in erster Linie den Einrichtungsträger – Krankenhaus oder Pflegeeinrichtung, vgl. auch *Pitz*, Was darf das Medizinalpersonal?, S. 159. Dagegen treffen den Vertragsarzt bei diesen Übertragungen Überwachungs- und Kontrollpflichten, wie aus § 27 Abs. 4 S. 1 BMV-Ä folgt. Danach hat sich der Vertragsarzt über die sachgerechte Durchführung und den Erfolg der häuslichen Krankenpflege zu vergewissern.

956 BGH, Urt. v. 8.5.1979 – VI ZR 58/78, NJW 1979, 1935 (1935 f.); Urt. v. 8.10.2002 – VI ZR 182/01, NJW 2003, 288 (289); OLG Köln, Urt. v. 22.1.1987 – 7 U 193/86, VersR 1988, 44 (45 f.). OLG Stuttgart, Urt. v. 21.4.1994 – 14 U 54/93, AHRS, II, 51. Lfg.X/04, 0930/101; LG Berlin, Urt. v. 28.6.1993 – 6 O 330/92, NJW-RR 1994, 801 (801 f.); *Hahn*, NJW 1981, 1977 (1983); *Krahe*, Haftungssystematik bei ärztlicher Arbeitsteilung, S. 314; *Spindler*, in: BeckOK-BGB, § 831, Rn. 42.

957 OLG München, Urt. v. 19.9.1962 – 7 U 1947/61, VersR 1963, 686 (687); LG Berlin, Urt. v. 28.6.1993 – 6 O 330/92, NJW-RR 1994, 801 (801 f.); *Krause*, in: Soergel, BGB, § 831, Rn. 44; *Belling*, in: Staudinger, § 831, Rn. 103; *Peikert*, MedR 2000, 352 (356).

958 Vgl. bspw. die Weiterbildungsempfehlungen der Deutschen Krankenhausgesellschaft (*DKG*) und die einschlägigen Landesempfehlungen in den Bereichen der Intensivpflege und Anästhesie, des Operationsdienstes, des Endoskopiedienstes, der Onkologie, Nephrologie, Psychiatrie oder Rehabilitation, *Storsberg/Neumann/Neiheiser*, KrPflG, S. 243 ff., 249 ff.

959 OLG Köln, Urt. v. 21.6.1996 – 19 U 2/96, NJW-RR 1997, 471 (471); *Wagner*, in: MünchKommBGB, § 831, Rn. 33; *Rupprecht*, Zivilrechtliche Haftung des niedergelassenen Arztes, S. 109.

960 BGH, Urt. v. 10.7.1952 – 5 StR 324/52, BGHSt 3, 91 (96); *Steffen*, MedR 1996, 265 (265, Anm. 6); *Bockelmann*, Strafrecht des Arztes, S. 89; *Pitz*, Was darf das Medizinalpersonal?, S. 178 Fn. 720 m.w.N.

se Bescheinigung regelmäßig auf einen bestimmten, vergangenen Zeitpunkt, sodass bescheinigtes Können und tatsächliches „Könnenmüssen“[961] voneinander abweichen können.[962] Daher ist die formelle Qualifikation des Delegationsempfängers zwar eine notwendige[963], aber grundsätzlich keine hinreichende Bedingung für die Feststellung, dass der Krankenpfleger zur fehlerfreien, dem Facharztstandard entsprechenden Durchführung der konkreten Tätigkeit in der Lage ist[964].

(bb) Materielle Qualifikation

Stärkeres Gewicht wird für die Frage der ärztlichen Auswahlpflicht der sog. materiellen Qualifikation des eingeschalteten Krankenpflegers beigemessen.[965] Materiell qualifiziert ist der Krankenpfleger, wenn er im Zeitpunkt der Durchführung der konkreten Delegationsmaßnahme zur fehlerfreien Durchführung derselben aufgrund seines tatsächlichen Könnens in der Lage ist. Insofern gewinnt der durch die geübte Praxis bzw. der durch die langjährige Erfahrung erlangte tatsächliche Wissens- und Kenntnisstand des Krankenpflegers an Bedeutung[966] – ohne jedoch Berufsanfänger prinzipiell als Delegationsempfänger auszuschließen.[967]

Theoretisch sollte sich der Arzt stets von der materiellen Qualifikation bei der *erstmaligen* Übertragung einer Aufgabe überzeugen. Dies kann dadurch erfolgen, dass während der erstmaligen Durchführung der konkreten Tätigkeit durch den Krankenpfleger entweder der delegierende Arzt selbst oder ein anderer Arzt durchgehend anwesend ist. *Praktisch* ist diese Vorgehensweise etwa im Hinblick auf hohe Personalfluktuation, Schichtdienste oder auf die in Pflegeeinrichtungen bestehende Arztferne[968] nicht immer durchführbar, weshalb beispielsweise gern auf sog. *Spritzenscheine* zurückgegriffen wird. Darin wird dem Inhaber eines sog. Spritzenscheins quittiert, dass er nach ärztlicher Prüfung berechtigt und in der Lage ist, die in dieser Bescheinigung genannten Injektionstätigkeiten vorzunehmen.[969]

---

961 Im Sinne der ordnungsgemäßen, d.h. der im Verkehr erforderlichen Sorgfalt entsprechenden Durchführung, die aufgrund des medizinischen Fortschritts einem laufenden Wandel unterliegt.

962 *Sträßner*, in: Arbeitsgemeinschaft Medizinrecht im DAV, Medizinrecht heute, 91 (115).

963 *Kunz-Schmidt*, MedR 2009, 517 (522); vgl. auch SG Speyer, Urt. v. 27.7.2005 – S 3 P 122/03, PflR 2006, 188 (193), wonach die formelle Qualifikation von entscheidender Bedeutung sei.

964 *Pitz*, Was darf das Medizinalpersonal?, S. 178: formelle Qualifikation als abstrakter Minimalstandard; *Großkopf/Klein*, Recht in Medizin und Pflege, S. 228: formelle Qualifikation als zwingender Orientierungsrahmen für Delegationsentscheidung.

965 *Spickhoff/Seibl*, MedR 2008, 463 (470); *Saffé/Sträßner*, PflR 1997, 98 (102); *Rieger*, Anm. zu BGH, Urt. v. 8.5.1979 – , VI ZR 58/78, NJW 1979, 1936 (1937); *Sträßner*, in: Arbeitsgemeinschaft Medizinrecht im DAV, Medizinrecht heute, 91 (107); *Boll*, Strafrechtliche Probleme bei Kompetenzüberschreitungen, S. 34 f.

966 *Hahn* konstatiert dem Pflegepersonal eine faktische Spezialisierung, die z.T. weit über den formellen Befähigungsstand hinausweise, *Hahn*, NJW 1981, 1977 (1982).

967 *Belling*, in: Staudinger, § 831, Rn. 103; a.A. wohl *Hahn*, NJW 1981, 1977 (1984), der als Verstoß gegen die ärztliche Auswahlpflicht wertet, wenn der Arzt einem bekanntermaßen Unerfahrenen eine Aufgabe übertrüge.

968 Nach *Klie* ist es praxisfern, dass sich der delegierende Arzt von der Fähigkeit der einzelnen Pflegefachkraft in der Einrichtung überzeugt, *Klie* Rechtskunde, S. 117.

969 *Debong/Andreas/Siegmund-Schulze*, Die Schwester/Der Pfleger 1992, 966 (966); *Deutsch/Spickhoff*, Medizinrecht, Rn. 401.

Oben geschilderten Bedenken formeller Qualifikationsnachweise kann ein solcher Tätigkeitsnachweis allerdings nur dann begegnen, wenn er neben der konkret erlernten Tätigkeit auch Angaben zu Kenntnis von Wirkung und Nebenwirkung einzelner Medikamente sowie gegebenenfalls im Komplikationsfall einzuleitender Hilfsmaßnahmen enthält und in regelmäßigen Abständen unter Berücksichtigung zwischenzeitlicher medizinischer Entwicklungen aktualisiert wird.[970] Wird dem Krankenpfleger in dieser fortlaufenden Form die Befähigung zur Durchführung bestimmter Tätigkeiten attestiert, kann insofern der delegierende Arzt seiner Auswahlpflicht auch dadurch nachkommen, dass er sich lediglich diesen qualifizierten Tätigkeitsnachweis vorlegen lässt.[971] Zwar wird auch der qualifizierte Spritzenschein nicht im Rahmen einer Weiterbildung mit staatlicher Anerkennung, sondern lediglich einrichtungsintern erworben und ausgestellt, sodass ihm regelmäßig lediglich der Status einer einrichtungsinternen Qualitätssicherung und –kontrolle zuzumessen ist.[972] Gleichwohl ist im Rahmen von § 831 BGB anerkannt, dass der Auswahlpflicht auch in Form qualifizierter Arbeitszeugnisse Rechnung getragen werden kann,[973] ein qualifizierter Spritzenschein insofern ebenso genügen können muss. Ferner wird eine Erprobung nur dann für erforderlich erachtet, wenn das anhand formeller Befähigungsnachweise gewonnene Bild zur Beurteilung unzureichend ist.[974] Ein in oben beschriebener Weise qualifizierter Nachweis bietet durch seine fortlaufende Aktualisierung die Gewähr für die materielle Qualifikation der konkret bescheinigten Tätigkeit im Delegations- bzw. Durchführungszeitpunkt und kann insofern im Einzelfall für die Prüfung der Kenntnisse und Fähigkeiten des Krankenpflegers genügen. Allerdings erhöhen sich dann die Anforderungen an die Anleitungs-, Überwachungs- und Kontrollpflichten des delegierenden Arztes.[975]

(cc) Exkurs: Delegation bei ausschließlich materieller Qualifikation

Obwohl sich die vorliegende Untersuchung primär mit der Delegation ärztlicher Tätigkeiten auf Krankenpfleger und damit auf formell qualifizierte Personen beschäftigt, soll nach-

---

970 *Großkopf/Klein*, Recht in Medizin und Pflege, S. 225, der hinsichtlich dieser Punkte die Prüfung der materiellen Qualifikation bei der Anordnung von Injektionen verlangt. Vgl. auch das insofern unzureichende Beispiel für einen Spritzenschein bei *Klie*, Rechtskunde, S. 118.

971 *Franzki*, Der Arzthaftungsprozess, S. 17; *Sträßner*, Haftungsrecht für Pflegeberufe, S. 254; vgl. *Deutsch/Spickhoff*, Medizinrecht, Rn. 401, die insofern von der Gewährleistung der allgemeinen Zuverlässigkeit des Spritzenden sprechen. Ähnlich auch die Empfehlung des Sachverständigenrates zur Begutachtung der Entwicklung im Gesundheitswesen, nach der die (materielle) Qualifikation vor der Delegation nicht mehr geprüft werden muss, wenn die Leistung fester Bestandteil der Ausbildung ist, *SVR Gesundheitswesen*, Kooperation und Verantwortung, Abb. 1 zu Anm. 130, S. 105, aber widersprüchlich zu Anm. 126, S. 104, abrufbar im Internet unter <http://www.svr-gesundheit.de/Startseite/Startseite.htm> (Stand v. 4.9.2007); a.A. *Großkopf/Klein*, Recht in Medizin und Pflege, S. 225.

972 *Sträßner*, Pflege- & Krankenhausrecht 2002, 29 (29 f.); vgl. auch *Schell*, Injektionsproblematik aus rechtlicher Sicht, S. 30, 38 ff., 186 f.

973 Vgl. nur *Wagner*, in: MünchKommBGB, § 831, Rn. 33.

974 *Schiemann*, in: Erman, BGB, § 831, Rn. 17; *Sprau*, in: Palandt, § 831, Rn. 12.

975 Vgl. bzgl. beschränkter Möglichkeiten der Auswahlprüfung *Belling*, in: Staudinger, § 831, Rn. 103; *Krause*, in: Soergel, BGB, § 831, Rn. 26.

folgend kurz auf die Einsatzmöglichkeiten lediglich materiell qualifizierter Hilfskräfte im Rahmen der Patientenbehandlung eingegangen werden.

So gibt es Stimmen in der Literatur[976] und Beispiele in der praktischen Tätigkeit[977], die allein die materielle Qualifikation des Delegationsempfängers als ausreichend erachten. Demnach wird eine Delegation pflegerischer oder gar ärztlicher Tätigkeiten an zwar angelernte, im Übrigen aber über keine medizinisch-pflegerische Ausbildung verfügende Hilfskräfte für möglich gehalten. Sogar BÄK und KBV halten eine Delegation an Personen, die nicht über eine abgeschlossene Ausbildung in einem Fachberuf im Gesundheitswesen verfügen, für zulässig, wenn der Arzt *erstens* prüfe, ob der Delegationsempfänger aufgrund seiner allgemeinen Fähigkeiten geeignet scheine, ihn *zweitens* zur selbständigen Durchführung der zu delegierenden Tätigkeit anlerne, sich *drittens* davon überzeuge, dass der Delegationsempfänger die betreffende Tätigkeit beherrsche und ihn *viertens* regelmäßig überwache, bevor er sich *fünftens* auf Stichproben beschränken könne.[978]

Dem ist freilich zuzugeben, dass einzelne Tätigkeiten, wie etwa Injektionstechniken, durch entsprechende Schulungen auch von medizinisch-pflegerischen Laien erlernt werden können.[979] Auch steht der Ausführung dieser Tätigkeiten durch Laien das gesetzgeberische Modell des Krankenpflegegesetzes nicht entgegen, da es keine absoluten Vorbehaltstätigkeiten[980] normiert und somit auch in dieser Hinsicht nicht den Umkehrschluss erlaubt, dass jeder, der den formellen Abschluss nicht hat, die einzelnen Tätigkeiten nicht verrichten könne.

Allerdings verfügen lediglich angelernte Pflegepersonen über Detailwissen hinaus regelmäßig nicht über weitergehende medizinisch-pflegerische Kenntnisse, sodass eine Gefahrerhöhung für den Patienten – zum Beispiel im Komplikationsfall – nicht ausgeschlossen werden kann.[981] Ausreichende Rückschlüsse auf die fachliche Qualifikation lässt nur

---

976 *Bockelmann*, JZ 1962, 525 (526); *Eberhardt*, Das Selbstbestimmungsrecht des Patienten und ärztliche Aufklärungspflicht im Zivilrecht Frankreichs und Deutschlands, S. 189; *Böhme*, Anm. zu LG Waldshut-Tiengen, Urt. v. 23.3.2004 – 2 Ns 13 Js 1059/99, PKR 2005, 52 (54); *ders.*, Das Recht des Krankenpflegepersonals, S. 229; vgl. auch *BÄK/KBV*, Persönliche Leistungserbringung, DÄB 2008, A 2173 (A 2173, Abb. „angelernte Kräfte“, A 2175); *Saffé/Sträßner*, PflR 1997, 98 (102): die die Frage, ob eine Pflegekraft ständig formeller Qualifikation bedarf, als strittig betrachten und das Merkmal der materiellen Qualifikation als entscheidend einstufen und an anderer Stelle die Delegationsfähigkeit einer Tätigkeit jedenfalls dann für gegeben halten, wenn die materielle Qualifikation vorliegt, *Saffé/Sträßner*, PflR 1998, 30 (30). *Sträßner*, in: Arbeitsgemeinschaft Medizinrecht im DAV, Medizinrecht heute, 91 (110), nach dem es darauf ankomme, dass der nichtärztliche Mitarbeiter aufgrund seiner Ausbildung und/oder aufgrund seiner Berufserfahrung zur Durchführung ärztlicher Tätigkeiten in der Lage ist, er aber an anderer Stelle (S. 117 f.) als regelmäßige Delegationsadressaten Krankenpfleger einordnet und mit dem Verweis auf den absoluten Patientenschutz wohl insofern pflegefremde Personen ausschließt.

977 Vgl. die Fälle, in denen medizinisch nicht ausgebildete, sondern lediglich angelernte Hilfskräfte (z.B. KfZ-Mechaniker) für Injektionstätigkeiten [LG Waldshut-Tiengen, Urt. v. 23.3.2004 – 2 Ns 13 Js 1059/99, PflR 2004, 511 (511 ff.)] oder zu Hilfstätigkeiten bei kosmetischen Eingriffen [BGH, Urt. v. 5.7.2007 – 4 StR 549/06, MedR 2008, 158 (159)] herangezogen wurden.

978 *BÄK/KBV*, Persönliche Leistungserbringung, DÄB 2008, A 2173 (A 2175).

979 *Hahn*, NJW 1981, 1977 (1983).

980 Siehe *Erster Teil, D, IV*, S. 16.

981 SG Speyer, Urt. v. 27.7.2005 – S 3 P 122/03, PflR 2006, 188 (193); *Hahn*, NJW 1981, 1977 (1982).

die durch das Bestehen der staatlichen Prüfungen erworbene formelle Basisqualifikation zu.[982] Sie gewährleistet eher als ein bloßes Anlernen, dass eine Erkrankung oder eine fehlerhafte medizinische Behandlung rechtzeitig erkannt und entsprechende Gegenmaßnahmen zum Schutz des Patienten eingeleitet werden können.[983] Diesem Zweck, dem Patientenschutz, dienen die gesetzlich festgelegten, pflegerischen Ausbildungsberufe und die Berufsausübungsregelungen nicht nur,[984] er bzw. mit den Worten des BVerfG, der Schutz der „*Volksgesundheit*“[985] als „*besonders wichtige[s], überragende[s]*“[986] Gemeinschaftsgut ist gerade der Grund für die die Freiheit der Berufswahl einschränkenden (subjektiven und objektiven) Zulassungsvoraussetzungen im Bereich der Heilkunde.

Daher werden formale Qualifikationsanforderungen auch nach der Rechtsprechung des BSG einer langjährigen Erfahrung nicht gleichgestellt.[987] Ebenso lässt sich aus der Rechtsprechung des BGH[988] eine Tendenz zum kumulativen Vorhandensein von formeller und materieller Qualifikation erkennen: Im erstzitierten Urteil verneinte der BGH eine hypothetische Einwilligung in eine zweite (kosmetische) Operation, weil sie von vornherein so angelegt sei, dass sie nicht dem medizinischen Standard entspreche. So stellte es angesichts der unzureichenden Notfallversorgung eine besondere Risikoerhöhung dar, dass sich der Arzt eines medizinischen Laien statt eines ausgebildeten Krankenpflegers als Hilfspersonal bediente. Hier ging es zwar nicht explizit um die Übertragung einer ärztlichen Tätigkeit, sondern lediglich um vom medizinischen Laien auszuführende Hilfstätigkeiten. Wenn der BGH aber selbst für die bloßen Hilfstätigkeiten eine medizinische, d.h. formelle Vorbildung verlangt, dann wird er das im Erst-Recht-Schluss für die Delegation ärztlicher Tätigkeiten fordern. Im zweitgenannten Urteil verneinte der BGH die Wirksamkeit der Einwilligung in das Setzen von Spritzen sowie venöser Blutentnahmen durch einen Nichtarzt, der sich unberechtigt als zugelassener Heilkundiger ausgab, weil er zur Ausübung der Heilkunde mangels Prüfung und Approbation „*der Sache nach – ungeachtet dessen, daß er sich in gewissem Umfange medizinische Kenntnisse angeeignet haben mag – […] nicht qualifiziert*“ war. Obwohl auch hier kein Fall vertikaler Arbeitsteilung vorlag, so wird doch deutlich, dass der BGH die für medizinische Tätigkeiten erforderliche Qualifikation erst dann annimmt, wenn sie in formeller wie materieller Hinsicht nachgewiesen werden kann.

---

982 SG Speyer, Urt. v. 27.7.2005 – S 3 P 122/03, PflR 2006, 188 (193); *Großkopf/Klein*, Recht in Medizin und Pflege, S. 228.

983 SG Speyer, Urt. v. 27.7.2005 – S 3 P 122/03, PflR 2006, 188 (193).

984 Vgl. SG Speyer, Urt. v. 27.7.2005 – S 3 P 122/03, PflR 2006, 188 (193); *Hahn*, Die Haftung des Arztes für nichtärztliches Hilfspersonal, S. 52, mit dem Hinweis darauf, dass diese Regelungen ansonsten obsolet würden.

985 BVerfG, Urt. v. 16.6.1959 – 1 BvR 71/57, BVerfGE 9, 338 (346); Urt. v. 25.2.1969 – 1 BvR 224/67, BVerfGE 25, 236 (251); *Igl/Welti*, VSSR 1999, 21 (28).

986 BVerfG, Urt. v. 11.6.1958 – 1 BvR 596/56, BVerfGE 7, 377 (405 f.).

987 BSG, Urt. v. 21.12.2002 – B 3 KR 14/02 R, PflR 2003, 211 (215): zum Einsatz eines Rettungsassistenten ohne krankenpflegerische Ausbildung in der häuslichen Krankenpflege.

988 BGH, Urt. v. 5.7.2007 – 4 StR 549/06, MedR 2008, 158 (159); Urt. v. 23.12.1986 – 1 StR 598/86, NStZ 1987, 174 (174); vgl. ferner LG Waldshut-Tiengen, Urt. v. 23.3.2004 – 2 Ns 13 Js 1059/99, PflR 2004, 511 (511 ff.), das den Einsatz medizinisch und pflegerisch unerfahrener Kraftfahrzeugmechaniker zum Verabreichen subkutaner Spritzen nach kurzer Einweisung ohne ärztliche Anleitung oder Überwachung als Verstoß gegen den medizinischen Standard qualifizierte.

Folglich handelt es sich, wie bereits geschildert, bei der formellen Qualifikation trotz des starken Gewichts der materiellen Qualifikation, nach hier vertretener Auffassung um eine notwendige, aber grundsätzlich[989] keine hinreichende Voraussetzung für die Durchführung ärztlicher Tätigkeiten.[990]

(b) Zuverlässigkeit

Darüber hinaus wird für den Entlastungsbeweis i.S.d. § 831 Abs. 1 S. 2 BGB eine Zuverlässigkeitsprüfung, die über den Nachweis der formellen und materiellen Qualifikation hinausgeht, dann für notwendig erachtet, wenn es um die Durchführung von Tätigkeiten geht, die mit besonderen Gefahren für die öffentliche Sicherheit oder Leben und Gesundheit verbunden sind.[991] In diesen Fällen muss sich der Geschäftsherr – in den Grenzen des Persönlichkeitsschutzes – auch von den persönlichen und moralischen Eigenschaften wie Charakterstärke, Besonnenheit und Verantwortungsgefühl des Gehilfen überzeugen.[992] Mangelnde Zuverlässigkeit kann sich insbesondere aus Vorstrafen oder Suchterkrankungen der zu betrauenden Person ergeben.[993]

Der Durchführung ärztlicher Tätigkeiten, ob nun eigenhändig durch den Arzt oder nach Delegation durch den Krankenpfleger, ist ein besonderes Gefahrenpotenzial für die Gesundheit des Patienten immanent. Dies rechtfertigt es auch, den Krankenpfleger vor Beginn seiner generellen Arbeitstätigkeit einer Zuverlässigkeitsprüfung zu unterziehen. Da für das Fortbestehen der charakterlichen und persönlichen Zuverlässigkeit zunächst die Lebenserfahrung spricht,[994] ist bei längerer fehlerfreier Zusammenarbeit eine erneute Zuverlässigkeitsprüfung nur dann zu fordern, wenn nachfolgende Entwicklungen Anlass zu Zweifeln an der Zuverlässigkeit des Krankenpflegers geben. Gerade der Umstand, dass die Zuverlässigkeit des Krankenpflegers im Rahmen der Patientenbehandlung stets erforderlich und insofern nicht tätigkeitsspezifisch ist, spricht dafür, vom delegierenden Arzt neben der Qualifikationsprüfung nicht zusätzlich vor jeder Delegation „neuer" ärztlicher Tätigkeiten eine Zuverlässigkeitsprüfung zu verlangen, um seiner Auswahlpflicht hinreichend nachzukommen. Daher genügt der delegierende Arzt nach einer einmal erfolgten positiven Zuverlässigkeitsprüfung regelmäßig seiner Auswahlpflicht bereits, wenn er sich

---

989 Ausnahmen können sich aufgrund eines in oben beschriebener Weise erworbenen sog. Spritzenscheins als berufliche Qualifizierungsmaßnahme bzw. dann ergeben, wenn die konkrete Tätigkeit fester Bestandteil der krankenpflegerischen Aus-, Fort-, oder Weiterbildung war und eine fortlaufende Aktualisierung an neue Durchführungstechniken etc. gewährleistet ist, siehe auch *Vierter Teil, B, II. 2. b) aa) (3)*, S. 292.

990 I.E. auch *Spickhoff/Seibl*, MedR 2008, 463 (470); *Püschel*, Das Krankenhaus 2007, 736 (741); *Großkopf/Klein*, Recht in Medizin und Pflege, S. 228.

991 BGH, Urt. v. 8.10.2002 – VI ZR 182/01, NJW 2003, 288 (289 f.); Urt. v. 14.3.1978 – VI ZR 213/76, NJW 1978, 1681 (1681): fachliche und charakterliche Qualifikation eines Arztes; *Belling*, in: Staudinger, § 831, Rn. 103.

992 *Katzenmeier*, in: Dauner-Lieb/Heidel/Ring, AnwaltKommentar BGB, § 831, Rn. 34; *Schiemann*, in: Erman, BGB, § 831, Rn. 17.

993 BGH, Urt. v. 14.5.1957 – VI ZR 101/56, VersR 1957, 463 (464); *Belling*, in: Staudinger, § 831, Rn. 103.

994 OLG Köln, Urt. v. 15.2.1989 – 27 U 144/88, VersR 1989, 708 (708 f.); *Belling*, in: Staudinger, § 831, Rn. 106.

von den theoretischen und praktischen Fähigkeiten, also der formellen und materiellen Qualifikation des Delegationsempfängers überzeugt hat.

(c) Einfluss auf die Auswahl

Anzumerken ist freilich, dass dem Arzt nur dann eine Auswahlpflicht im Hinblick auf die formelle Qualifikation wie die Zuverlässigkeit des Delegationsempfängers auferlegt werden kann, wenn er Einfluss auf dessen Auswahl hat.[995] Daran fehlt es bei nicht beim Arzt selbst angestelltem Personal, wie regelmäßig im Hinblick auf die pflegerische Belegschaft eines Krankenhauses oder einer Pflegeeinrichtung.

Dieser Umstand führt jedoch nicht zu einer generellen Delegationssperre.[996] Die fehlende Auswahlmöglichkeit des Arztes im Hinblick auf das generelle Tätigwerden eines Krankenpflegers in einer Einrichtung führt vielmehr dazu, dass er sich insofern auf die Auswahl des Krankenpflegers durch dessen Arbeitgeber verlassen darf, als es die formelle krankenpflegerische Qualifikation sowie Zuverlässigkeit betrifft. Denn Personaleinstellung und -einsatz wird in diesen Fällen vom Einrichtungsträger als dem formalrechtlichen Arbeitgeber bestimmt und auch verantwortet, sodass der delegierende Arzt dann grundsätzlich nicht das Risiko mangelnder formeller Qualifikation oder Zuverlässigkeit der eingesetzten Krankenpfleger zu tragen hat.[997]

Im Übrigen ist er aber zur ordnungsgemäßen Auswahl im Hinblick auf die materielle Qualifikation des Krankenpflegers und auf die konkrete Delegationstätigkeit sowie die nachfolgend dargestellten Anleitungs-, Überwachungs- und Kontrollpflichten verpflichtet,[998] da es sich bei der Delegation einer ärztlichen Tätigkeit weiterhin um eine ihm als behandelndem Arzt obliegende Tätigkeit handelt, für die er regelmäßig die (Gesamt-)Verantwortung trägt.

Ähnliches hat in Fällen der Subdelegation[999] zu gelten, in denen etwa leitende Pflegekräfte[1000] zwischengeschaltet sind, die die ärztliche Anordnung ihrerseits auf die schließ-

---

995 *Bockelmann*, Strafrecht des Arztes, S. 89; *Engisch*, Langenbecks Arch. klin. Chir. (Bd. 288) 1958, 573 (580 f.); *Stratenwerth*, in: FS Schmidt, S. 383 (394, Fn. 39); vgl. auch *Schmidt*, Der Arzt im Strafrecht, S. 197: *„Es kann sein, dass der Arzt auf bestimmte Hilfspersonen einfach angewiesen ist, die er mit allen ihren Unzulänglichkeiten hinzunehmen hat. Dem Stationsarzt, der nicht maßgeblichen Einfluss auf die Besetzung der Pflegerposten hat, kann kein Vorwurf daraus gemacht werden, dass auf diesen Posten von ungeeigneten Personen Fehler mit schädlicher Auswirkung begangen werden, sofern der Stationsarzt die ihm obliegende und mögliche Kontrolle nicht verabsäumt hat"*.

996 Vgl. *Barth*, PflR 2007, 307 (316 f.); *ders.*, PflR 2007, 356 (364); *Sträßner*, in: Arbeitsgemeinschaft Medizinrecht im DAV, Medizinrecht heute, 91 (110); *Bockelmann*, Strafrecht des Arztes, S. 89: Zwar könne der Arzt, Klinikpersonal nicht ohne weiteres auswechseln, doch dürfe er sich auf die Sachkunde und die Zuverlässigkeit seiner Gehilfen nicht blind verlassen. *BÄK/KBV*, Persönliche Leistungserbringung, DÄB 2008, A 2173 (A 2177).

997 *Saffé/Sträßner*, PflR 1998, 30 (31); *Taupitz/Pitz/Niedziolka*, Der Einsatz nicht-ärztlichen Heilpersonals, S. 69.

998 Vgl. *BÄK/KBV*, Persönliche Leistungserbringung, DÄB 2008, A 2173 (A 2177).

999 Auch als mittelbare Delegation bezeichnet. *Sträßner*, Haftungsrecht für Pflegeberufe, S. 246 f.; *ders.*, in: Arbeitsgemeinschaft Medizinrecht im DAV, Medizinrecht heute, 91 (117).

1000 Z.B. Pflegedienst-, Stations-, Gruppenleitung. Delegiert der Arzt bei der Visite dem Stationspfleger eine Aufgabe, die dieser seinerseits auf einen anderen Krankenpfleger zur Durchführung überträgt, liegt eine *Subdelegation* vor.

lich die konkrete Tätigkeit ausführenden Krankenpfleger weiterdelegieren. Auch in dieser Situation verbleibt die Auswahlpflicht im Hinblick auf die materielle Qualifikation beim delegierenden Arzt. Abgesehen von Notsituationen ist daher auf einen persönlichen Kontakt zwischen Arzt und Krankenpfleger nicht vollkommen zu verzichten. Das gründet sich auf der Überlegung, dass es sich bei den vorliegend untersuchten Delegationsfällen um Tätigkeiten handelt, die im Gegensatz zu Tätigkeiten wie etwa der Verordnung von häuslicher Krankenpflege, nicht lediglich bei der Veranlassung als solcher ärztlicher Sachkunde bedürfen, sondern darüber hinaus auch bei der Anleitung und/oder Überwachung ärztliches Fachwissen erfordern. Soll daher ein dem delegierenden Arzt noch gänzlich unbekannter Krankenpfleger die ärztliche Tätigkeit ausführen, verdichten sich die übrigen ärztlichen Delegationspflichten dergestalt, dass er während der Durchführung der Tätigkeit prüfend anwesend sein muss. Dagegen kann es im Einzelfall bei dem Arzt bereits bekannten Krankenpflegern genügen, dass in der ärztlichen Anordnung zum Ausdruck kommt, durch welche Person(en) die angeordnete Tätigkeit durchgeführt werden darf.[1001]

bb) Anordnungspflicht

Bevor ein Krankenpfleger eine ärztliche Maßnahme durchführen darf, ist stets[1002] eine ärztliche Anordnung erforderlich.[1003] Darunter ist eine patientenbezogene, individuell-konkrete fachliche Weisung zum Tätigwerden des Krankenpflegers zu verstehen.[1004] Dabei muss der Arzt zunächst den sich gerade aus der Zusammenarbeit mehrerer Personen ergebenden Gefahren von Kommunikations- und Koordinationsmängeln entgegenwirken und beispielsweise darauf achten, dass der Delegationsempfänger seine Anordnungen richtig verstanden und notiert hat.[1005]

1001 Vgl. auch *Gaibler/Trengler*, in: Berg/Ulsenheimer, Patientensicherheit, Arzthaftung, Praxis- und Krankenhausorganisation, 111 (115), die auf ein Schnittstellen-Management in Form der Abstimmung zwischen behandelndem Arzt und Pflegedienstleitung verweisen, in dem festgehalten wird, welche Pflegekräfte, welche Tätigkeiten übernehmen dürfen.

1002 Im Zuge des Pflege-Weiterentwicklungsgesetzes ist insofern mit § 63 Abs. 3c SGB V eine Ausnahme geschaffen worden, siehe *Dritter Teil, B*, S. 262 ff.

1003 *Peikert*, MedR 2000, 352 (356); *Geilen*, in: Wenzel, Handbuch FA Medizinrecht, Kapitel 4, Rn. 476; *Großkopf/Klein*, Recht in Medizin und Pflege, S. 212; *Ulsenheimer*, Arztstrafrecht in der Praxis, Rn. 190; *Steffen/Pauge*, Arzthaftungsrecht, Rn. 226. Vgl. aber jüngst zum Auseinanderfallen von Soll- und Istzustand: ArbG Göttingen, Urt. v. 7.3.2006 – 1 Ca 289/05, PflR 2006, 479 (481 ff.): Das Gericht sah keinen zur außerordentlichen Kündigung berechtigenden wichtigen Grund darin, dass ein Krankenpfleger ohne ärztliche Anordnung Blasenkatheter und Magensonden entfernt hat, weil es erhebliche Zweifel daran hatte, dass in der täglichen Praxis tatsächlich Magensonden und Blasenkatheter ausnahmslos und ausschließlich auf Anordnung der Ärzte entfernt würden, sondern Soll- und Istzustand insofern voneinander abwichen.

1004 So wird z.B. eine Bedarfsmedikation nur dann für zulässig erachtet, wenn die ärztliche Anordnung detaillierte Angaben über Art und Dosis des Medikaments, die Konzentration, den Zeitpunkt und die Dauer sowie die Art der Applikation enthält, vgl. *Großkopf/Klein*, Recht in Medizin und Pflege, S. 216; *Höfert*, Pflege im Recht, S. 49 f.; *Sträßner*, Pflege-& Krankenhausrecht 2002, 95 (96). Ferner muss sich der „Bedarf" zumindest aufgrund klarer Vorgaben (z.B. Äußerung des Patienten über Kopfschmerzen oder Einschlafschwierigkeiten) eindeutig, nachvollziehbar und zweifelsfrei ergeben.

1005 BGH, Urt. v. 10.7.1952 – 5 StR 324/52, BGHSt 3, 91 (94 f.); Urt. v. 1.7.1954 – 3 StR 869/53, BGHSt 6, 282 (285 f.).

Dagegen genügen generelle oder abstrakte Anordnungen des Arztes bei noch unbekannten oder im Einzelfall nicht individualisierten Patienten an den Krankenpfleger dergestalt, dass er nach eigenen Feststellungen routinemäßig bestimmte Maßnahmen vorzunehmen habe, nicht.[1006] Ansonsten hätte der Krankenpfleger einen eigenen Entscheidungsspielraum im diagnostischen und therapeutischen Bereich. Die Entscheidung über die medizinische Indiziertheit einer Tätigkeit wie die Gewährleistung des Facharztstandards trotz Delegation an einen Krankenpfleger ist jedoch eine ärztliche Tätigkeit im engen Sinn.

(1) Form der ärztlichen Anordnung

Insbesondere im pflegewissenschaftlichen Schrifttum wird die zu fordernde Form der ärztlichen Anordnung diskutiert.

Überwiegend wird grundsätzlich eine schriftliche Anordnung des Arztes verlangt. (Fern-)Mündliche Anordnungen müssten demnach auf Notfälle beschränkt bleiben.[1007] Einige Vertreter leiten dieses Gebot der Schriftlichkeit aus der ärztlichen Dokumentationspflicht i.S.d. § 10 Abs. 1 S. 1 MBO-Ä ab[1008]. Danach haben Ärzte über die in Ausübung ihres Berufes gemachten Feststellungen und getroffenen Maßnahmen die erforderlichen Aufzeichnungen zu machen. Dies könne *„so verstanden werden, dass auch Delegationsentscheidungen […] in der Regel schriftlich zu erfolgen haben“*[1009].

Dabei wird jedoch verkannt, dass es sich bei der Dokumentationspflicht um eine nachträgliche Verschriftlichung bereits getätigter[1010] Behandlungsschritte handelt und sie sich allein aus diesem Grunde nicht dazu eignet, dem delegierenden Arzt die Pflicht aufzuerlegen, bereits die Delegationsentscheidung als solche mittels schriftlicher Anordnung zu erteilen. Wenngleich eine schriftliche Anordnung etwa im Hinblick auf die damit verbundene Möglichkeit, Hör- bzw. Verständigungsfehler[1011] oder Beweisschwierigkeiten[1012]

1006 *Roßbruch*, PflR 2003, 139 (143); *ders.*, PflR 2004, 343 (344); *Peikert*, MedR 2000, 352 (356); *Großkopf/Klein*, Recht in Medizin und Pflege, S. 216 und *Sträßner*, Pflege-& Krankenhausrecht 2002, 95 (99): am Beispiel der unzulässigen, weil unbestimmten sog. Bedarfsmedikation („bei Unruhe / Schmerzen / Schlafstörungen / Angstzuständen“); *BÄK/KBV*, Persönliche Leistungserbringung, DÄB 2008, A 2173 (A 2175) und *BÄK/KBV*, Stellungnahme zu den Anforderungen an die persönliche Leistungserbringung, DÄB 1988, A 2604 (A 2605, Punkt 5); a.A. ohne Begründung *Simon*, Delegation ärztlicher Leistungen, S. 131: *„Die Anordnung kann speziell für den Einzelfall oder generell für bestimmte Fälle erteilt werden.“* Auch der BGH verzichtet in den sog. Dekubitusentscheidungen nicht auf eine einzelfallbezogene ärztliche Anordnung, sondern lediglich auf deren Dokumentation, wenn es im Krankenhaus eine allgemeine schriftliche Anweisung gibt, vgl. BGH, Urt. v. 18.03.1986 – VI ZR 215/84, NJW 1986, 2365 (2366 f.); Urt. v. 2.6.1987 – VI ZR 174/86, Juris, Anm. 11 f.

1007 *Roßbruch*, PflR 2004, 343 (343); *Schell*, Krankendienst 2002, 173 (176); *Schell*, Injektionsproblematik aus rechtlicher Sicht, S. 33; *Klie*, Rechtskunde, S. 100; *Höfert*, Pflege im Recht, S. 4 f., 90; *W. Reimer*, Pfleglicher Umgang mit dem Recht, S. 111; *DKG*, Stellungnahme zur Vornahme von Injektionen, Infusionen, Transfusionen und Blutentnahmen durch das Krankenpflegepersonal v. 11.3.1980, 2.5., abgedruckt in: *Schell*, Injektionsproblematik aus rechtlicher Sicht, S. 148 – 150.

1008 *Roßbruch*, PflR 2003, 139 (144 f.); *ders.*, PflR 2004, 343 (344 f.); *ders.*, PflR 2005, 115 (115 ff.); *Schell*, Krankendienst 2002, 173 (175).

1009 *Schell*, Krankendienst 2002, 173 (175).

1010 Vgl. § 10 Abs. 1 S. 1 MBO-Ä: „gemachten Feststellungen und getroffenen Maßnahmen“.

1011 *Kampmann*, Pflege Aktuell 1996, 422 (423).

1012 *Schell*, Krankendienst 2002, 173 (176).

zu vermeiden und so größere Rechtssicherheit zu bieten, zweckmäßig erscheinen mag, wäre sie in praxi ein aufwendiges und unflexibles Informationsmittel, das nicht in jedem Fall eine Unter- bzw. Nichtversorgung des Patienten verhindern könnte.[1013] Freilich kann und wird angesichts der genannten Vorteile einer schriftlichen Fixierung sowie früherer Entscheidungen[1014] zumindest die Empfehlung ausgesprochen, dass der Krankenpfleger eine (fern-)mündliche Anordnung selbst verschriftlicht, dem Arzt zur Vermeidung von Übermittlungsfehlern vorliest, sie selbst abzeichnet und bei nächster Gelegenheit vom Arzt abzeichnen lässt.[1015]

Entscheidend gegen das verpflichtende Erfordernis einer vorherigen schriftlichen Anordnung spricht jedoch, dass es de lege lata keine Formvorschriften bezüglich der zu erteilenden ärztlichen Anordnung gibt.[1016]

(2) Zwischenergebnis

Aufgrund der für die ärztliche Anordnung bestehenden Formfreiheit, kann sie schriftlich oder auch (fern-)mündlich erfolgen.

cc) Anleitungspflicht

Darüber hinaus wird in der einschlägigen Literatur[1017] die sog. Anleitungspflicht als weitere Sorgfaltspflicht des Arztes benannt. Auch diese Delegationspflicht findet ihre normative Verankerung unter anderem in § 831 Abs. 1 S. 2 BGB[1018], der auf die Leitung der Durchführung der Verrichtung abstellt. Entgegen dem ursprünglich vom Gesetzgeber intendier-

---

1013 *Sträßner*, PflR 2004, 336 (336); *ders.*, PflR 2005, 103 (104, 112); *Böhme/Jacobs*, Die Schwester/Der Pfleger 1997, 149 (149), nach denen eine Forderung, nach der Pflegepersonal nur nach schriftlicher Fixierung die ärztliche Anordnung ausführen dürfe, zum Stillstand unseres Gesundheitswesens führe. Insofern widersprüchlich *Böhme*, Das Recht des Krankenpflegepersonals, S. 222, wonach die ärztlichen Anordnungen grundsätzlich schriftlich zu erfolgen haben, was sich aus der Fürsorgepflicht des Arbeitgebers ergebe.

1014 Vgl. BGH, Urt. v. 10.7.1952 – 5 StR 324/52, BGHSt 3, 91 (94 f.); Urt. v. 1.7.1954 – 3 StR 869/53, BGHSt 6, 282 (285 f.).

1015 Vgl. nur *Steffen/Pauge*, Arzthaftungsrecht, Rn. 232; *Schneider*, Rechts- und Berufskunde, S. 113; *Gaibler/Trengler*, in: Berg/Ulsenheimer, Patientensicherheit, 111 (114, 116 f.).

1016 Im Ergebnis auch OLG Frankfurt, Urt. v. 6.4.1999 – 24 U 18/89, NJW-RR 1991, 1373 (1373 f.), in der das Gericht die Fernmündlichkeit der Anordnung nicht beanstandete; *Sträßner*, PflR 2004, 336 (341); *ders.*, PflR 2005, 103 (103 ff.).

1017 Ebenso als Leitungs- oder Instruktionspflicht bezeichnet, *Hahn*, Die Haftung des Arztes für nichtärztliches Hilfspersonal, S. 62; *Pitz*, Was darf das Medizinalpersonal?, S. 180; *Krahe*, Haftungssystematik bei ärztlicher Arbeitsteilung, S. 315; *Wern*, in: Weth/Thomae/Reichold, Arbeitsrecht im Krankenhaus, Teil 5, A, Rn. 40.

1018 Die in § 831 Abs. 1 S. 2 BGB gesondert ausgewiesene Anleitungspflicht wird überwiegend von der allgemeinen Organisationspflicht, die der Behandlungsträger stets auch in Form von allgemeinen Anleitungen im Rahmen von § 823 Abs. 1 BGB zu gewährleisten hat, unterschieden (*Schiemann*, in: Erman, BGB, § 831, Rn. 22; *Wagner*, in: MünchKommBGB, § 831, Rn. 30; *Belling* grenzt die Anleitungspflicht von der sog. Übertragungssorgfalt ab, vgl. *Belling*, in: Staudinger, § 831, Rn. 104, 107).

ten Exklusivitätsverhältnis zwischen Auswahl- und Anleitungspflicht[1019] ist in Übereinstimmung mit dem Wortlaut „und" heute jedoch anerkannt, dass der Geschäftsherr und als solcher der delegierende Arzt zu beidem, sorgfältiger Auswahl und sorgfältiger Anleitung, verpflichtet ist.[1020] Allerdings handelt es sich bei der expliziten Anleitungspflicht um eine Sonderaufsicht über einzelne konkrete Verrichtungen, die bei einfachen Tätigkeiten[1021] oder beim Einsatz eines in der konkreten Tätigkeit erfahrenen Krankenpflegers[1022] nicht erwartet wird. So ergibt sich bereits aus dem Wortlaut des § 831 Abs. 1 S. 2 BGB, dass eine sorgfältige Auswahl eine spezielle Anleitung entbehrlich macht, eine Anleitungspflicht somit die Ausnahme, nicht die Regel ist.[1023]

Erfordert die konkrete Delegationssituation – etwa bei besonders gefährlichen oder außergewöhnlichen Tätigkeiten sowie beim Einsatz unbekannter oder berufsunerfahrener Krankenpfleger eine Anleitung, so muss der delegierende Arzt beispielsweise den Krankenpfleger fachrichtig[1024] über die beabsichtigte Maßnahme sowie deren typische Gefahrenlage[1025] oder über die anatomischen Besonderheiten des Patienten[1026] informieren. Die Anweisungen müssen so formuliert sein, dass sie Unklarheiten über die delegierte Tätigkeit beim Delegationsempfänger vermeiden[1027] und zugleich sicherstellen, dass bei jedem

---

1019 Vgl. *Wagner*, in: MünchKommBGB, § 831, Rn. 33: Soweit der Gehilfe selbständig handeln konnte, sollte der Geschäftsherr zur sorgfältigen Auswahl, soweit er auf Weisung agierte, zur sorgfältigen Anleitung verpflichtet sein.

1020 *Wagner*, in: MünchKommBGB, § 831, Rn. 33; *Hahn*, Die Haftung des Arztes für nichtärztliches Hilfspersonal, S. 62; *Krahe*, Haftungssystematik bei ärztlicher Arbeitsteilung, S. 315; *Pitz*, Was darf das Medizinalpersonal?, S. 180.

1021 RG, Urt. v. 26.4.1913 – VI 572/12, RGZ 82, 206 (218); BGH, Urt. v. 10.1.1984 – VI ZR 2158/82, BGHZ 89, 263 (273): *„Stellen die vom Arzt zu verantwortenden Behandlungsmaßnahmen spezifische Anforderungen an die pflegerische Betreuung, so ist es seine Sache, durch entsprechende Hinweise und Anordnungen an das Pflegepersonal darauf hinzuwirken, daß diesen Anforderungen Genüge getan wird."* Vgl. auch BGH, Urt. v. 4.11.1953 – VI ZR 64/52, BGHZ 11, 151 (153); *Belling*, in: Staudinger, § 831, Rn. 107.

1022 Vgl. OLG Dresden, Urt. v. 24.7.2008 – 4 U 1857/07, MedR 2009, 410 (411 f.): bzgl. i.v. Injektion durch Medizinisch-technische Assistentin für Radiologie.

1023 RG, Urt. v. 4.12.1902 – VI. 256/02, RGZ 53, 123 (125); Urt. v. 26.4.1913 – VI. 572/12, RGZ 82, 206 (218 f.); *Wagner*, in: MünchKommBGB, § 831, Rn. 35.

1024 Vgl. OLG Bremen, Urt. v. 4.12.1969 – 2 U 117/69, NJW 1970, 1233 (1235): bzgl. der Erteilung unrichtiger oder unvollständiger Anweisungen des Arztes bei der selbständigen Durchführung einer Magenausheberung durch seine Sprechstundenhilfe.

1025 BGH, Urt. v. 7.3.1951 – II ZR 67/50, NJW 1951, 566 (566): Gefährlichkeit falscher Einspritzungstechnik sowie spezifische Gefährlichkeit einzelner Medikamente; Urt. 10.6.1955 – 1 StR 632/54, NJW 1955, 1487 (1488): Pflicht des Arztes auf die Gefahr des Abgleitens eines vom gewohnten Operationsablaufs abweichenden und daher „unüblichen" Instruments (Roux-Haken) in den Körper des Patienten hinzuweisen; Urt. v. 10.1.1984 – VI ZR 2158/82, BGHZ 89, 263 (272 f.).

1026 BGH, Urt. v. 30.6.1959 – VI ZR 125/58, NJW 1959, 2302 (2303): besondere Anweisung und Belehrung einer Krankenschwester, die bei Kindern ein nervenschädigendes Mittel intramuskulär injizieren soll.

1027 OLG Bremen, Urt. 4.12.1969 – 2 U 117/69, NJW 1970, 1233 (1235): Haftung aus § 823 Abs. 1 BGB wegen unvollständiger Anweisung der ärztlichen Hilfskraft; *Schumann*, Strafrechtliches Handlungsunrecht, S.29.

Abweichen vom normalen Verlauf sofort der Arzt hinzugezogen wird.[1028] Wie und in welchem Umfang diese Anweisungen zu erteilen sind, richtet sich wiederum nach Komplikations- und Gefährdungspotenzial der konkreten Delegationssituation,[1029] d.h. neben der Natur der konkreten Tätigkeit und den konkreten Umständen der Durchführung auch nach dem Delegationsempfänger[1030] und dem Zustand des Patienten. Genügt es in einem Fall, die Anleitungspflicht etwa durch Dienstanordnungen[1031] zu präzisieren, kann in einem anderen Fall die erforderliche Leitung in persönlicher Präsenz des delegierenden Arztes während der Durchführung bestehen.[1032] Im Unterschied zur Anordnungspflicht, die sich regelmäßig darin erschöpft, das „Ob" der Ausführung zu bestimmen, erfordert die Anleitungspflicht – im Fall ihres Eingreifens, d.h. beim Vorliegen einer Nicht-Routine-Situation – das „Wie" der Ausführung der ärztlichen Tätigkeit zu konkretisieren.

dd) Überwachungspflicht

Die soeben erörterten Sorgfaltspflichten beziehen sich auf einen Zeitpunkt, der vor der eigentlichen Durchführung der Tätigkeit durch den Krankenpfleger liegt. Ob und wie sich der Pflichtenkreis des delegierenden Arztes auch in Gestalt der Überwachung des Krankenpflegers während und nach der Durchführung fortsetzt, ist umstritten.

(1) Keine Überwachungspflicht

Vereinzelt wird eine über Auswahl- und Anleitungspflicht hinausreichende Überwachungspflicht in der Durchführungsphase abgelehnt.[1033] Die Ansicht geht davon aus, dass eine Überwachungspflicht i.S.d. § 831 Abs. 1 S. 2 BGB vornehmlich für Konstellationen von Bedeutung sei, in denen der Delegationsempfänger in einiger räumlicher Entfernung zum Delegierenden tätig werde, sich die medizinische Zusammenarbeit im Über-/Unterordnungsverhältnis aber gerade durch die Verbundenheit im Team auszeichne[1034]

1028 OLG München, Urt. v. 29.9.1988 – 24 U 806/87, AHRS 3020/20; *Ratzel*, ZMGR 2008, 186 (188); *Hahn*, Die Haftung des Arztes für nichtärztliches Hilfspersonal, S. 62; *Rupprecht*, Zivilrechtliche Haftung des niedergelassenen Arztes, S. 113.

1029 BGH, Urt. v. 15.10.1971 – I ZR 27/70, NJW 1972, 42 (42); *Krahe*, Haftungssystematik bei ärztlicher Arbeitsteilung, S. 315; *Belling*, in: Staudinger, § 831, Rn. 107.

1030 Z.B. Unerfahrenheit des Delegationsempfängers, BGH, Urt. v. 14.3.1978 – VI ZR 213/76, NJW 1978, 1681 (1681); Urt. 26.4.1988 – VI ZR 246/86, NJW 1988, 2298 (2300); *Krause*, in: Soergel, BGB, § 831, Rn. 56.

1031 Vgl. *Spindler*, in: BeckOK-BGB, § 823, Rn. 30; *Sprau*, in: Palandt, § 831, Rn. 15. Die Möglichkeit, die Instruktionspflicht zum Teil in Dienstanordnungen zu konkretisieren, besteht für den delegierenden Arzt freilich nur dort, wo ihm als formalrechtlicher Arbeitgeber des Delegationsempfängers ein sog. Direktions- bzw. Weisungsrecht zusteht. Ist dagegen der Einrichtungsträger Arbeitgeber des Krankenpflegers, entfällt eine derartige Dienstanweisungsbefugnis des delegierenden Arztes. Um die Anleitungspflicht jedoch auf das im Einzelfall erforderliche Maß in schriftlicher Form beschränken zu können, könnte man auf die dem delegierenden Arzt aufgrund seiner fachlichen Kompetenz bei der Delegation ärztlicher Tätigkeiten zustehende fachliche und in diesem Sinne faktische Weisungsbefugnis abstellen.

1032 *Katzenmeier*, in: Dauner-Lieb/Heidel/Ring, AnwaltKommentar BGB, § 831, Rn. 37; *Schiemann*, in: Erman, BGB, § 831, Rn. 22.

1033 *Wilhelm*, Verantwortung und Vertrauen bei Arbeitsteilung in der Medizin, S. 117.

1034 *Wilhelm*, Verantwortung und Vertrauen bei Arbeitsteilung in der Medizin, S. 111 f.

und schon deshalb eine Überwachungspflicht entbehrlich sei. Ferner wird gegen das Bestehen einer Überwachungspflicht vorgebracht, dass sie dem Sinn der Arbeitsteilung zuwiderliefe und die in Auswahl und Anleitung liegenden Vorsichtsmaßnahmen gerade unter dem Vorzeichen stünden, eine einwandfreie selbständige Durchführung zu gewährleisten.[1035]

Dieser Auffassung ist zwar zuzugeben, dass es zusätzlicher Überwachungsmaßnahmen dann nicht bedarf, wenn der delegierende Arzt wegen der Besonderheiten der Verrichtung, den Krankenpfleger in seiner unmittelbaren Nähe hat und seine Arbeitsbeiträge und deren Wertigkeit automatisch wahrnimmt.[1036] Dann ist dem eigentlichen Sinn und Zweck der Überwachungspflicht, die Qualifikation des Delegationsempfängers auch im maßgeblichen Durchführungszeitpunkt beurteilen zu können,[1037] ausreichend Rechnung getragen. Im Übrigen aber vermag die Ansicht nicht zu überzeugen. Zum einen begrenzt sie den Anwendungsbereich der Überwachungspflicht i.S.d. § 831 Abs. 1 S. 2 BGB unzutreffend auf Fälle räumlicher Entfernung zwischen Geschäftsherrn und Verrichtungsgehilfen.[1038] Zum anderen lässt sich die Annahme, dass die räumliche Verbundenheit vertikale Arbeitsstrukturen typisiere, nicht bestätigen. So fehlt es etwa an einer räumlichen Nähebeziehung zwischen delegierendem Arzt und durchführendem Krankenpfleger, wenn der Arzt einen Patienten in einer Pflegeeinrichtung behandelt und dazu Krankenpfleger dieser Pflegeeinrichtung einsetzt, obwohl auch diese Situationen typische Beispiele vertikaler Arbeitsteilung darstellen.

Ferner bietet nur eine Überwachung des Krankenpflegers über den Delegationszeitpunkt hinaus die Möglichkeit, begründeten Zweifeln an seiner Qualifikation nachzugehen und damit den Schutz des Patienten zu gewährleisten. Umgekehrt wird im Rahmen von § 831 Abs. 1 S. 2 BGB vertreten, dass der Bezug der Eignungsbeurteilung auf den konkreten Durchführungszeitpunkt den Geschäftsherrn im Einzelfall auch entlasten kann, wenn zwar die Auswahl des Gehilfen sorgfaltswidrig war, sich letzterer jedoch unter der Aufsicht des Geschäftsherrn bewährt hatte und im Zeitpunkt seiner Bestellung zu der konkreten Verrichtung als zuverlässig gelten konnte.[1039] Zusammenfassend ist es – auch angesichts der betroffenen hohen Rechtsgüter, Leib und Leben – geboten, den delegierenden Arzt neben der sorgfältigen Auswahl, Anordnung und Anleitung über den Zeitpunkt der Aufgabenbetreuung hinaus zur Überwachung des Krankenpflegers zu verpflichten, da eine Überwachung das Risiko zwar nicht stets ausschließen, aber reduzieren kann.[1040]

1035 *Wilhelm*, Verantwortung und Vertrauen bei Arbeitsteilung in der Medizin, S. 117.

1036 *Umbreit*, Verantwortlichkeit des Arztes, S. 194.

1037 *Sprau*, in: Palandt, BGB, § 831, Rn. 13; *Krause*, in: Soergel, BGB, § 831, Rn. 45 m.w.N.

1038 Vgl. *Rupprecht*, Zivilrechtliche Haftung des niedergelassenen Arztes, S. 116; *Umbreit*, Verantwortlichkeit des Arztes, S. 184.

1039 BGH, Urt. v. 21.6.1963 – VI ZR 250/62, VersR 1963, 1076 (1078); *Belling*, in: Staudinger, § 831, Rn. 98: „Heilung" vorangegangener Sorgfaltsmängel; *Wagner*, in: MünchKommBGB, § 831, Rn. 34.

1040 Vgl. *Hager*, in: Staudinger, § 823, Rn. I 93; *Mehringer*, Die Anfängeroperation, S. 105.

(2) Bestehende Überwachungspflicht

In der Tat wird in Rechtsprechung[1041] und Literatur[1042] ganz überwiegend vertreten, dass der delegierende Arzt sich nicht nur vergewissern muss, dass der nichtärztliche Delegationsempfänger seinen Aufgaben gewachsen ist, sondern dass er daneben für seine Überwachung und Beaufsichtigung durch einen Arzt Sorge trägt. Andernfalls liegt ein Behandlungsfehler im weiten Sinn vor. Wie diese sog. laufende oder fortwährende Überwachung, die im Rahmen des § 831 Abs. 1 S. 2 BGB gleichsam als „Auswahl in der Zeit" verstanden wird,[1043] umzusetzen ist, wird jedoch unterschiedlich beurteilt.

(a) Anwesenheit

Einige Stimmen nehmen an, die Überwachungspflicht bedinge stets die persönliche Anwesenheit[1044] des Arztes.[1045] Nur bei vorübergehender Abwesenheit dürften angeordnete Leistungen beendet werden.[1046]

Diese Auffassung entspricht dem Teil der vergütungsrechtlichen Interpretation der persönlichen Leistungserbringungspflicht des Arztes, der für das Merkmal der Beaufsichtigung der Hilfsperson die Anwesenheit des aufsichtsführenden Arztes in den Untersuchungs- oder zumindest in den Praxisräumen, in denen die Untersuchung stattfindet, ver-

1041 BGH, Urt. v. 10.6.1955 – 1 StR 632/54, NJW 1955, 1487 (1487): Aufsichts- und Überwachungspflicht des Arztes betr. Operationsschwester; Urt. v. 8.5.1979 – VI ZR 58/78, NJW 1979, 1935 (1935 f.) für Krankenpflegehelferin; OLG Köln, Urt. v. 22.1.1987 – 7 U 193/86, VersR 1988, 44 (45 f.).

1042 Vgl. *Sträßner*, in: Arbeitsgemeinschaft Medizinrecht im DAV, Medizinrecht heute, 91 (110); *Wienke*, Laryngo-Rhino-Otol. 1992, 176 (176 f.); *Wern*, in: Weth/Thomae/Reichold, Arbeitsrecht im Krankenhaus, Teil 5, A, Rn. 40; weitere Nachweise in den folgenden Fußnoten.

1043 Nachdem das RG ursprünglich die Überwachungspflicht aus § 823 BGB ableitete [RG, Urt. v. 20.11.1902 – VI 268/02RGZ 53, 53 (56)], setzte sich zunehmend die heute allgemein vertretene Ansicht durch, dass nur ein „*wohl beaufsichtigtes Personal als wohl ausgewählt erachtet werden kann*", vgl. RG, Urt. 25.2.1915 – VI 526/14, RGZ 87, 1 (4); BGH, Urt. v. 18.12.1952 – VI ZR 54/52, BGHZ 8, 239 (243); Urt. v. 20.9.1988 – VI ZR 296/87, NJW 1989, 769 (771); Urt. v. 8.10.2002 – VI ZR 182/01, NJW 2003, 288 (290); *Wagner*, in: MünchKommBGB, § 831, Rn. 34; *Belling*, in: Staudinger, § 831, Rn. 105; a.A. wohl *Steffen*, MedR 1996, 265 (265, Anm. 9).

1044 Allerdings erfordert Anwesenheit mehr als bloßes Zugegensein, OLG Oldenburg, Urt. v. 14.10.1997 – 5 U 45/97, NJWE-VHR 1998, 140 (141): für das Verhältnis Assistenzarzt – Oberarzt bei einer Anfängeroperation.

1045 BSG, Beschl. v. 8. 9. 2004 – B 6 KA 25/04 B, Juris, Rn. 9: telefonische Erreichbarkeit nicht ausreichend; LSG NRW, Urt. v. 25.9.1996 – L 11 Ka 41/96, NZS 1997, 195 (197); LSG Nieders.-Bremen, Urt. v. 18. 2. 2004 – L 3 KA 99/02, Juris, Rn. 22; SG Dortmund, Urt. v. 9.1.1996 – S 10 Ka 240/95 (nicht rechtskräftig), MedR 1996, 338 (339); *Jörg*, Das neue Kassenarztrecht, Rn. 298; vgl. auch OLG Köln, Urt. v. 29.11.1989 – 27 U 111/89, VersR 1991, 311 (311): Ausführungsüberwachung des Einführens des Darmrohrs des verwendeten Ballonkatheters durch eine Arzthelferin; LG Berlin, Urt. v. 28.6.1993 – 6 O 330/92, NJW-RR 1994, 801 (801): Ausführungsüberwachung der Injektion durch eine Arzthelferin; *Böhme*, DKZ 1989, 44 (45): bzgl. Krankenpflegeschüler.

1046 *Jörg*, Das neue Kassenarztrecht, Rn. 298.

langt.[1047] Erforderlich sei jedenfalls, dass sich der Arzt im Einflussbereich des Hilfspersonals[1048] und damit örtlich in unmittelbarer Nähe zum Durchführungsort aufhalte.

Von diesem Anwesenheitserfordernis rückt die neuere Gesetzgebung allerdings in bestimmten Fällen explizit ab: So wurde im Zuge des Pflege-Weiterentwicklungsgesetzes in § 87 Abs. 2b S. 5 SGB V die Entscheidung getroffen, dass auch ärztlich angeordnete Hilfeleistungen anderer Personen nach § 28 Abs. 1 S. 2 SGB V, die in der Häuslichkeit des Patienten, in Alten- oder Pflegeheimen oder in anderen beschützenden Einrichtungen *in Abwesenheit des Arztes* erbracht werden, als ärztliche Leistungen zu vergüten sind. Damit wurden die Voraussetzungen geschaffen, erprobte Modellprojekte – wie beispielsweise das Projekt AGnES[1049] oder EVA[1050] – in die Regelversorgung zu übernehmen.[1051] Insofern sehen auch die vergütungsrechtlichen Vorschriften im Bereich der gesetzlichen Krankenversicherung unter bestimmten Voraussetzungen von dem Erfordernis einer unmittelbaren räumlichen Nähe zwischen delegierendem Arzt und durchführendem Krankenpfleger ab. Daher wird § 87 Abs. 2b S. 5 SGB V auch als vergütungsrechtlicher Anreiz zur Delegation ärztlicher Tätigkeiten verstanden,[1052] wofür ebenfalls die Feststellung des Gesetzgebers spricht, dass die bereits de lege lata bestehenden Delegationsmöglichkeiten in der Vergangenheit nicht umfassend genutzt wurden.[1053] Einschränkend ist jedoch darauf hinzuweisen, dass § 87 Abs. 2b S. 5 SGB V sowohl aufgrund seiner systematischen Stellung als auch nach der gesetzgeberischen Intention[1054] ausschließlich die hausärztliche Versorgung und damit nicht die von Fachärzten angeordneten Leistungen betrifft.[1055]

Zwar legen die zu schützenden hohen Rechtsgüter Leib und Leben zur Kompensation des bestehenden Behandlungsrisikos eine uneingeschränkte Überwachungspflicht auf den ersten Blick nahe – ermöglicht sie doch den schnellen, helfenden ärztlichen Zugriff

---

1047 LSG NRW, Urt. v. 25.9.1996 – L 11 Ka 41/96, NZS 1997, 195 (195 f.); SG Dortmund, Urt. v. 9.1.1996 – S 10 Ka 240/95 (nicht rechtskräftig), MedR 1996, 338 (339), wonach die kurzfristige Erreichbarkeit des Arztes in der 200 m entfernten Praxis auf Anforderung des Hilfspersonals nicht ausreichend sei. LG Lübeck, Urt. v. 1.8.2005 – 7 KLs 21/04, MedR 2006, 210 (210), wonach es für die Abrechenbarkeit einer zytologischen Leistung außerhalb der eigenen Praxisräume in einem Labor als persönliche ärztliche Leistung nicht genüge, dass der delegierende Arzt nur zu kurzen Besuchen (zur Übergabe von Geschenken) im Labor anwesend sei, im Übrigen aber weder über die konkrete Ausführung der durchgeführten Untersuchungen informiert gewesen sei noch die Präparate selbst überprüft habe. *Steinhilper*, in: Wenzel, Handbuch FA Medizinrecht, Kapitel 11, Rn. 411 f.; *Hess/Hübner*, in: Wenzel, Handbuch FA Medizinrecht, Kapitel 11, Rn. 38.

1048 LSG NRW, Urt. v. 25.9.1996 – L 11 Ka 41/96, NZS 1997, 195 (195 f.); SG Dortmund, Urt. v. 9.1.1996 – S 10 Ka 240/95 (nicht rechtskräftig), MedR 1996, 338 (339).

1049 Arzt-entlastende, gemeindenahe, E-Health-gestützte, systematische Intervention, erprobt in Mecklenburg-Vorpommern und Brandenburg.

1050 Entlastende Versorgungsassistentin, erprobt in Nordrhein-Westfalen.

1051 Vor der Einführung des § 87 Abs. 2b S. 5 SGB V war nach Regelungen im EBM ein ärztlicher Hausarztbesuch nur dann berechnungsfähig, wenn der Arzt hierzu die Praxis verließ und sich an eine andere Stelle zur Behandlung begab, BT-Drucks. 16/8525, S. 105; *Engelhard*, in: Hauck/Noftz, SGB V, K § 87, Rn. 150; *Dalichau*, SGB V, § 87, S. 13.

1052 *Reimer/Merold*, SGb 2008, 381 (387).

1053 BT-Drucks. 16/7439, S. 96.

1054 BT-Drucks. 16/8525, S. 105.

1055 *Engelhard*, in: Hauck/Noftz, SGB V, K § 87, Rn. 151.

bei Zwischenfällen[1056] oder das Erkennen kurzfristiger materieller Qualifikationsmängel des Delegationsempfängers wie Übermüdung, Trunkenheit oder Erkrankung.[1057] Andererseits würde die ausschließliche Forderung nach ständiger persönlicher Anwesenheit des Arztes während der Durchführung der Tätigkeit Sinn und Zweck der – auch patientennützlichen – vertikalen Arbeitsteilung ad absurdum führen,[1058] könnte der Arzt dann die Tätigkeit gleichsam auch selbst ausführen. Jedenfalls würde eine derart engmaschige Überwachungspflicht den Arzt stark einbinden und den Einsatz seiner Kompetenz an anderer, schwierigerer Stelle verhindern. Daher wird eine Pflicht zur lückenlosen oder ununterbrochenen Überwachung überwiegend nicht verlangt[1059] und – auch im Hinblick auf den bereits angesprochenen Vertrauensgrundsatz – davon ausgegangen, dass eine vorherige ordnungsgemäße Auswahl, Anordnung und gegebenenfalls erforderliche Anleitung des Krankenpflegers für die Vermutung der einwandfreien Durchführung der Tätigkeit streitet.[1060]

Eine Verpflichtung des Arztes der notwendigen Überwachung stets in Form von persönlicher Anwesenheit im Durchführungszeitpunkt nachzukommen, ist somit abzulehnen.

(b) Erreichbar- und Verfügbarkeit

Andere sehen die Überwachungspflicht in Übereinstimmung mit der Auslegung des Tatbestandsmerkmals *„unter Aufsicht des Arztes“* wie es in einigen spezialgesetzlichen Regelungen[1061] enthalten ist, immer dann als ausreichend erfüllt an, wenn die Erreichbarkeit des delegierenden Arztes durch zumindest fernmündlichen Rufkontakt gewährleistet ist

1056 SG Dortmund, Urt. v. 9.1.1996 – S 10 Ka 240/95 (nicht rechtskräftig), MedR 1996, 338 (339); Urt. v. 1.9.1992 – S 9 Ka 38/92, Arzt und Recht 1998/1, 10 (10 f.). Dagegen sei dies und damit die hochwertige medizinische Versorgung nach Ansicht des Gerichts bei Verzicht auf die ärztliche Anwesenheit und damit der Möglichkeit eines „nicht anwesenden Überwachers“ ausgeschlossen.

1057 BGH, Urt. v. 20.3.2007 – VI ZR 158/06, NJW 2007, 1682 (1683): Spritzenabzess infolge einer Infektion durch eine als Keimträgerin bekannten Arzthelferin.

1058 *Stratenwerth*, in: FS Schmidt, S. 383 (398); *Krahe*, Haftungssystematik bei ärztlicher Arbeitsteilung, S. 316; *Pitz*, Was darf das Medizinalpersonal?, S. 181; *Cramer/Sternberg-Lieben*, in: Schönke/Schröder, § 15, Rn. 152.

1059 *Vogel*, in: LK[12], § 15, Rn 275; *Roxin*, Strafrecht AT I, § 24, Rn. 25: Es dürften dem Überwachenden nur so viele Überwachungspflichten auferlegt werden, wie er ohne Gefahr einer Vernachlässigung seines persönlichen Arbeitsanteils erfüllen kann. *Engisch*, Langenbecks Arch. klin. Chir. (Bd. 288) 1958, 573 (584); *Ulsenheimer*, Arztstrafrecht, Rn. 182; *Fehn/Selen*, Rechtshandbuch, S. 203 f.

1060 *Hahn*, NJW 1981, 1977 (1984); *ders.*, Die Haftung des Arztes für nichtärztliches Hilfspersonal, S. 63; *Gitter/Köhler*, in: Broglie, Der Grundsatz der persönlichen ärztlichen Leistungspflicht, S. 113; *Rupprecht*, Zivilrechtliche Haftung des niedergelassenen Arztes, S. 117.

1061 Vgl. nur § 4 Abs. 2 S. 1 GOÄ; § 24 Abs. 2 Nr. 3, 4 RöV (Röntgenverordnung, i.d.F. der Bekanntmachung v. 30.4.2003, BGBl. I S. 604) verlangt sogar die „ständige[...] Aufsicht eines Arztes“. Gleichwohl wird darunter (lediglich) ärztliche Erreichbar- und Verfügbarkeit verstanden, vgl. OLG Stuttgart, Urt. v. 24.11.1982 – 1 U 66/82, NJW 1983, 2644 (2644); *Kramer/Zerlett*, RöV, § 23, Anm. 6; a.A. wohl *Kierski*, Bundesgesundheitsblatt 1975, S. 317 (321), nach dem während der Anwendung ein Arzt zugegen sein müsse.

und er notfalls kurzfristig persönlich am Durchführungsort sein kann.[1062] Die Kurzfristigkeit sei in Anlehnung an die Forderung, dass der Chefarzt binnen einer halben Stunde das Krankenhaus von seiner Wohnung aus erreichen können muss, bis zu einer Dauer von 30 Minuten gegeben.[1063]

Im Gegensatz zur erstgenannten betont diese Ansicht zu Recht stärker die Einzelfallbezogenheit der Überwachungspflicht und nimmt eine Abwesenheit des Arztes umso eher hin, je höher Kenntnisstand und Erfahrung des Mitarbeiters in Bezug auf die delegierte Tätigkeit sind und je geringer das mit ihr für den Patienten verbundene Gefährdungspotenzial ist.[1064] Gleichwohl wird das Erfordernis der jederzeitigen schnellen Erreichbar- und Verfügbarkeit kritisiert, da es faktisch auf eine erhebliche Einschränkung der Ziele moderner Arbeitsteilung hinausliefe.[1065] Dem ist jedoch zu entgegnen, dass es sich bei den delegierten Tätigkeiten weiterhin um ärztliche Tätigkeiten handelt und nur eine jederzeitige ärztliche Erreichbar- und Verfügbarkeit sicherstellen kann, dass der Arzt im Komplikationsfall notfalls weitere Maßnahmen ergreifen und so eine Gefahr für den Patienten abwehren oder verhindern kann.[1066]

(c) Regelmäßige Stichproben

Nach anderer Ansicht genügt der delegierende Arzt seiner Überwachungspflicht, wenn er sich durch stichprobenartige Überprüfung von der weiterhin bestehenden Qualifikation des Delegationsempfängers überzeuge.[1067]

Begründet wird dies damit, dass eine ordnungsgemäße Auswahl und Anleitung die einwandfreie Gehilfenverrichtung vermuten lasse.[1068] Solange keine Umstände vorliegen,

---

1062 AG Hamburg, Urt. v. 6.9.2000 – 18A C 292/99, MedR 2001, 47 (48) m. zust. Anm. *Meine*, MedR 2001, 49 (49); *BÄK/KBV*, Persönliche Leistungserbringung, DÄB 2008, A 2173 (A 2175) und *BÄK/KBV*, Stellungnahme zu den Anforderungen an die persönliche Leistungserbringung, DÄB 1988, A 2604 (A 2605, Punkt 5); *Simon*, Delegation ärztlicher Leistungen, S. 136; *Uhlenbruck/Kern*, in: Laufs/Uhlenbruck, Handbuch des Arztrechts, § 82, Rn. 38: Erreichbarkeit und unverzügliche persönliche Mitwirkungsmöglichkeit.

1063 *Taupitz/Jones*, MedR 2001, 499 (505); *Taupitz/Neikes*, MedR 2008, 121 (129).

1064 *BÄK/KBV*, Persönliche Leistungserbringung, DÄB 2008, A 2173 (A 2175).

1065 *Krahe*, Haftungssystematik bei ärztlicher Arbeitsteilung, S. 316.

1066 Vgl. *Gitter/Köhler*, in: Broglie, Der Grundsatz der persönlichen ärztlichen Leistungspflicht, S. 65.

1067 Vgl. allgemein zu der im Rahmen von § 831 Abs. 1 S. 2 BGB vom Geschäftsherrn geforderten Überwachung durch regelmäßige bzw. stichprobenartige Kontrollen: BGH, Urt. v. 8.10.2002 – VI ZR 182/01, NJW 2003, 288 (290); Urt. v. 30.1.1996 – VI ZR 408/94, NJW-RR 1996, 867 (868); OLG Hamm, 23.3.1998 – 6 U 210-97, NJW-RR 1998, 1403 (1404); vgl. für das Verhältnis Arzt/nichtärztliches Medizinalpersonal: BGH, Urt. v. 24.6.1975 – VI ZR 72/74, NJW 1975, 2245 (2246); *Ulsenheimer*, Arztstrafrecht in der Praxis, Rn. 183; *Wenzel*, in: Wenzel, Handbuch FA Medizinrecht, Kapitel 4, Rn. 815; *Hahn*, NJW 1981, 1977 (1984); *Peikert*, MedR 2000, 352 (357); *Gitter/Köhler*, in: Broglie, Der Grundsatz der persönlichen ärztlichen Leistungspflicht, S. 113; *Hiersche*, Die rechtliche Position der Hebamme bei der Geburt, S. 95; *Krahe*, Haftungssystematik bei ärztlicher Arbeitsteilung, S. 316; *Peter*, Arbeitsteilung im Krankenhaus aus strafrechtlicher Sicht, S. 27; *Pitz*, Was darf das Medizinalpersonal?, S. 181; *Rupprecht*, Zivilrechtliche Haftung des niedergelassenen Arztes, S. 117.

1068 *Hahn*, NJW 1981, 1977 (1984); *ders.*, Die Haftung des Arztes für nichtärztliches Hilfspersonal, S. 63; *Gitter/Köhler*, in: Broglie, Der Grundsatz der persönlichen ärztlichen Leistungspflicht, S. 113; *Rupprecht*, Zivilrechtliche Haftung des niedergelassenen Arztes, S. 117.

die die Annahme des Gegenteils oder zumindest von Zweifeln rechtfertigten – wie zum Beispiel wiederholte Unachtsamkeit oder Unregelmäßigkeiten – und der Arzt davon positiv Kenntnis hatte oder hätte haben müssen[1069], gelte der Vertrauensgrundsatz.[1070] Der Arzt sei dann nicht verpflichtet, Vorsorge gegen Sorgfaltsmängel zu treffen.[1071] Diese „Zweifelsregelung" entspricht auch den Forderungen, die der BGH für Fälle vertikaler Arbeitsteilung im Rahmen sog. Anfängeroperationen[1072] aufgestellt hat. Demnach ist die ständige Anwesenheit des überwachenden Arztes nur dann erforderlich, wenn Zweifel am erforderlichen Ausbildungsstand des ärztlichen Berufsanfängers bestehen, es mangels Fähigkeiten also einer Risikokompensation bedarf.[1073]

Eingeschränkt wird die Geltung dieser Zweifelsregelung teilweise jedoch durch den Zusatz der regelmäßigen, für den Krankenpfleger unerwarteten[1074] Stichproben: So dürfe sich der Arzt angesichts des Gefahrenpotentials auch nicht auf eine längere Zeit der unbeanstandeten Tätigkeit des Krankenpflegers verlassen, sondern sei mindestens zu gelegentlichen Überwachungsmaßnahmen verpflichtet.[1075]

Diese Ansicht ermöglicht somit schon eher eine effiziente Arbeitsteilung zwischen Arzt und Krankenpfleger. Problematisch ist einerseits jedoch, dass selbst eine jahrelange beanstandungsfreie Zusammenarbeit stets einer stichprobenhaften Kontrolle bedarf, andererseits aber ein in der konkreten Tätigkeit noch unerfahrener Krankenpfleger keiner intensiveren Beaufsichtigung unterzogen werden muss und darüber hinaus auf das Erfor-

---

1069 *Peter*, Arbeitsteilung im Krankenhaus aus strafrechtlicher Sicht, S. 30 f., 32; *Hannes*, Der Vertrauensgrundsatz bei arbeitsteiligem Verhalten, S. 88 f., 207 ff. sowie BGH, Urt. v. 26.2.1991 – VI ZR 344/89, NJW 1991, 1539 (1539): für die horizontale Arbeitsteilung.

1070 Vgl. BGH, Urt. v. 13.12.2006 – 5 StR 211/06, MedR 2007, 304 (305, Anm. 27); *Stratenwerth*, in: FS Schmidt, S. 383 (383 ff., 398 f.); *Hahn*, NJW 1981, 1977 (1984); *Rupprecht*, Zivilrechtliche Haftung des niedergelassenen Arztes, S. 117 f.; *Pitz*, Was darf das Medizinalpersonal?, S. 117.

1071 *Cramer/Sternberg-Lieben*, in: Schönke/Schröder, § 15, Rn. 152; vgl. auch *Mehringer*, Die Anfängeroperation, S. 104.

1072 Zur teilweisen Übertragbarkeit dieser Grundsätze auf die Delegation ärztlicher Tätigkeiten auf einen Krankenpfleger siehe *Zweiter Teil, B, II. 5. a) cc) (2)*, S. 146 ff.

1073 BGH, Urt. v. 27.9.1983 – VI ZR 230/81, BGHZ 88, 248 (254 f.); *Hager*, in: Staudinger, § 823, Rn. I 33; *Mehringer*, Die Anfängeroperation, S. 105.

1074 Vgl. allgemein zu den Anforderungen der Überwachung eines Verrichtungsgehilfen i.S.d. § 831 Abs. 1 S. 2 BGB: OLG Hamm, Urt. v. 23.3.1998 – 6 U 210/97, NJW-RR 1998, 1403 (1404); OLG Köln, Urt. v. 21.6.1996 – 19 U 2/96, NJW-RR 1997, 471 (471 f.).

1075 BGH, Urt. v. 7.11.2006 – VI ZR 206/05, NJW-RR 2007, 310 (311, Anm. 9); Urt. v. 7.10.1980 – VI ZR 176/79, NJW 1981, 628 (629); OLG Köln, Urt. v. 22.1.1987 – 7 U 193/86, VersR 1988, 44 (45 f.); *Katzenmeier*, Arzthaftung, S. 133; *Büsken/Klüglich*, VersR 1994, 1141 (1145); *Rupprecht*, Zivilrechtliche Haftung des niedergelassenen Arztes, S. 117; *Wagner*, in: MünchKommBGB, § 831, Rn. 45; *Spindler*, in: BeckOK-BGB, § 831, Rn. 42; a.A. wohl BGH, Urt. 11.4.1991 – II ZR 68/50, BGHZ 1, 383 (387 f.): Danach muss ein Krankenhausträger, der nachweist, dass der im Krankenhaus beschäftigte Chefarzt oder eine Operationsschwester viele Jahre hindurch die ihnen obliegende Tätigkeit ohne irgendwelche Pflichtversäumnis erfüllt haben, keinen weiteren Entlastungsbeweis im Sinne des § 831 BGB erbringen; BGH, Urt. v. 20.9.1988 – VI ZR 296/87, NJW 1989, 769 (771); *Spindler*, in: BeckOK-BGB, § 831, Rn. 28, wonach das Erfordernis einer stichprobenhaften persönlichen Überwachung der Arbeit eines Assistenzarztes, der sich bereits mehrjährig bewährt und entsprechende Erfahrungen gesammelt hatte, in Zweifel gezogen wird.

dernis der jederzeitigen Erreichbarkeit eines Arztes[1076] anscheinend verzichtet wird. Angesichts der Tatsache, dass ärztliche Aufgaben an Nichtärzte delegiert werden und sich aus der Unwägbarkeit menschlichen Verhaltens unter Umständen ein hohes Gesundheitsrisiko für den Patienten ergeben kann, ist diese Auffassung insoweit ergänzungsbedürftig.

(d) Verbindender Ansatz

Wie schon bei der vorletzten Meinung angeklungen, richten sich Art und Ausmaß der Überwachungspflicht nach den Umständen des Einzelfalls,[1077] d.h. insbesondere nach der konkret zu übertragenden Tätigkeit,[1078] den theoretischen Kenntnissen und praktischen Erfahrungen des Krankenpflegers in Bezug auf diese Tätigkeit sowie der sonstigen personellen und strukturellen Ausstattung in der Durchführungssituation. Um die Einzelfallabhängigkeit genügend zu berücksichtigen, soll diese allgemein gehaltene Feststellung im Folgenden näher erläutert werden. Dazu werden die jeweils an die Überwachungspflicht zu stellenden Anforderungen, die auch nach der Rechtsprechung nicht überspannt werden dürfen,[1079] durch Verbindung der bereits aufgeführten Kriterien konkretisiert.

Insofern eignet sich wiederum ein teilweiser Rückgriff auf die Grundsätze zur sog. Anfängeroperation[1080], die von einem Stufenmodell[1081] ausgehen, das die Kompetenz des ärztlichen Berufsanfängers schrittweise mit dem Ausbildungsstand proportional erweitert. Unter Berücksichtigung der Unterschiede[1082] zwischen der Übertragung einer ärztlichen Aufgabe auf einen ärztlichen Berufsanfänger oder einen Krankenpfleger, scheint ein *Zwei-Stufensystem* in letzterem Fall als angemessen:

Dabei sollte die Überwachung auf der *ersten Stufe* durch Anwesenheit erfolgen, wenn *erstmalig* besonders schwierige Tätigkeiten delegiert werden, bei denen auftretende Kom-

---

1076 Vgl. *Wenzel*, in: Wenzel, Handbuch FA Medizinrecht, Kapitel 4, Rn. 815; dagegen zu Recht für Erreichbarkeit und stichprobenartige Überwachung (bzgl. § 4 Abs. 2 S. 1 GOÄ) *Taupitz*, MedR 1996, 498 (499, Fn. 12).

1077 BGH, Urt. v. 25.1.1966 – VI ZR 154/64, VersR 1966, 364 (364 f.); Urt. v. 8.10.2002 – VI ZR 182/01, NJW 2003, 288 (290); *Spickhoff/Seibl*, MedR 2008, 463 (465); *Peikert*, MedR 2000, 352 (357).

1078 *Taupitz/Jones*, MedR 2001, 499 (505); *Taupitz/Neikes*, MedR 2008, 121 (130).

1079 BGH, Urt. v. 15.6.1993 – VI ZR 175/92, NJW 1993, 2989 (2991): bzgl. der Überwachung eines Assistenzarztes; Urt. v. 1.2.1994 – VI ZR 65/93, NJW 1994, 1594 (1595): bzgl. der Organisationspflicht eines Chefarztes; OLG Naumburg, Urt. v. 14.9.2004 – 1 U 97/03, MedR 2005, 232 (233): für die horizontale Arbeitsteilung zwischen Chirurg und Anästhesist; *Sprau*, in: Palandt, § 831, Rn. 13; vgl. auch *Laufs*, NJW 2003, 2288 (2288): Im Interesse der Handlungsfreiheit gelte es eine Überspannung des Güterschutzes zu vermeiden.

1080 Wie bereits festgehalten, sind beide Situationen Fälle vertikaler Arbeitsteilung und insofern vergleichbar, als die Durchführung ärztlicher Tätigkeiten im weiten Sinn einem (Noch-)Nicht-Facharzt überlassen wird und sowohl der ärztliche Berufsanfänger als auch der Krankenpfleger dem delegierenden Arzt gegenüber (fachlich) weisungsgebunden ist, siehe *Zweiter Teil, B, II. 5. a) cc) (2)*, S. 146 f.

1081 Vgl. dazu BGH, Urt. v. 27.9.1983 – VI ZR 230/81, BGHZ 88, 248 (253 ff.); Urt. v.10.3.1992 – VI ZR 64/91, NJW 1992, 1560 (1561); OLG Koblenz, Urt. v. 13.6.1990 – 5 U 860/88, MedR 1991, 35 (37); *Franzki*, MedR 1984, 186 (186, 189); *Hager*, in: Staudinger, § 823, Rn. I 33; *Rupprecht*, Zivilrechtliche Haftung des niedergelassenen Arztes, S. 203 f.

1082 Siehe *Zweiter Teil, B, II. 5. a) cc)*, S. 145 ff.

plikationen einer sofortigen Reaktion bedürfen, oder ein noch unerfahrener Krankenpfleger zum Einsatz kommen soll.

Handelt es sich dagegen bei den delegierten Tätigkeiten um einfachere, weniger komplikationsbehaftete Aufgaben oder verfügt der Krankenpfleger über einschlägige Kenntnisse und Erfahrungen, genügt im Sinne der *zweiten Stufe* eine Überwachung in Form sporadischer Stichproben.

Selbst das Erfordernis einer stichprobenhaften persönlichen Überwachung eines Delegationsempfängers, der sich in mehrjähriger Arbeit bewährt und entsprechende Erfahrungen gesammelt hatte, wurde von der Rechtsprechung zu Recht mehrfach in Zweifel gezogen.[1083] Daher ist Letzteres mit einem Teil der Rechtsprechung dann nicht zu fordern, wenn es sich um einen Krankenpfleger handelt, der sich jahrelang bewährt hat, solange er weiter auf seinem eigenen Fachgebiet arbeitet. Dann kann sich die weitere Überwachung darauf beschränken, ob seine Qualifikation und Zuverlässigkeit, für deren Fortbestehen zunächst die Lebenserfahrung spricht, durch irgendwelche nachfolgenden Entwicklungen wie zum Beispiel Krankheiten, außerdienstliche Einflüsse oder Belastungen gemindert werden.[1084] Insofern können langjährige, einschlägige, positive Erfahrungen mit dem Krankenpfleger die Anforderungen an die Überwachungspflicht des delegierenden Arztes auf der zweiten Stufe nach hier vertretener Auffassung auf ein Minimum reduzieren. Diese Reduzierung auf die sog. „Zweifelsregelung" in Fällen jahrelanger Delegationen mit gleich bleibendem Tätigkeitsprofil wird der Forderung[1085] gerecht, dass die Sorgfaltsanforderungen nicht überspannt werden dürfen.

Gleichwohl wird der notwendige Patientenschutz dadurch gewährleistet, dass im Komplikationsfall kurzfristig ein Arzt am Behandlungsort eintreffen kann, sodass auf die Merkmale der zumindest fernmündlichen Erreichbarkeit und ärztlichen Verfügbarkeit nicht verzichtet werden kann. Dabei kann es in Anlehnung an die aktuelle Stellungnahme zur persönlichen Leistungserbringungspflicht der BÄK und der KBV im Einzelfall auch genügen, dass überhaupt ein Arzt erreichbar ist, sodass ärztlich delegierte Tätigkeiten beispielsweise im Krankenhaus auch zur Nachtzeit und an Wochenenden von den Krankenpflegern ausgeführt werden dürfen, also zu einem Zeitpunkt, zu dem zwar regelmäßig nicht der delegierende Arzt, aber etwa Ärzte im Bereitschaftsdienst anwesend sind, vorausgesetzt der nicht delegierende Arzt ist – etwa trotz eines anderen Fachgebietes – in der Lage, dem jeweiligen Facharztstandard entsprechend zu handeln.[1086] Daraus folgt freilich,

---

1083 BGH, Urt. v. 20.9.1988 – VI ZR 296/87, NJW 1989, 769 (771); OLG Köln, Urt. v. 15.2.1989 – 27 U 144/88, VersR 1989, 708 (708 f.); *Spindler*, in: BeckOK-BGB, § 831, Rn. 28: bzgl. der Tätigkeit eines Assistenzarztes. Vgl. auch BGH, Urt. 11.4.1951 – II ZR 68/50, BGHZ 1, 383 (387 f.): Danach muss ein Krankenhausträger, der nachweist, dass eine Operationsschwester viele Jahre hindurch die ihr obliegende Tätigkeit ohne irgendwelche Pflichtversäumnis erfüllt hat, keinen weiteren Entlastungsbeweis im Sinne des § 831 BGB erbringen. Zust. BGH, Urt. v. 13.12.1951 – III ZR 144/50, BGHZ 4, 138 (152).

1084 OLG Köln, Urt. v. 15.2.1989 – 27 U 144/88, VersR 1989, 708 (708 f.).

1085 BGH, Urt. v. 15.6.1993 – VI ZR 175/92, NJW 1993, 2989 (2991); Urt. v. 1.2.1994 – VI ZR 65/93, NJW 1994, 1594 (1595); OLG Naumburg, Urt. v. 14.9.2004 – 1 U 97/03, MedR 2005, 232 (233); OLG Köln, Urt. v. 15.2.1989 – 27 U 144/88, VersR 1989, 708 (708 f.); *Sprau*, in: Palandt, § 831, Rn. 13; vgl. auch *Laufs*, NJW 2003, 2288 (2288).

1086 *BÄK/KBV*, Persönliche Leistungserbringung, DÄB 2008, A 2173 (A 2175); *Frahm*, VersR 2009, 1576 (1580).

dass in ambulanten wie stationären Pflegeeinrichtungen ohne ständige ärztliche Präsenz die Delegationsmöglichkeiten im Vergleich zu Krankenhäusern eingeschränkt sind.

Zusammenfassend ist daher davon auszugehen, dass eine Überwachungspflicht des Arztes zwar stets besteht; deren Ausgestaltung im Einzelfall aber einem abgestuften System[1087] unterliegt.

ee) Reaktionspflicht

Weiterhin verdichtet sich die Überwachungspflicht zu einer Reaktions- bzw. Eingriffspflicht, wenn dem delegierenden Arzt wiederholt Unachtsamkeiten oder andere Umstände bekannt werden, die Anlass zu Zweifeln an der fortbestehenden Qualifikation des betrauten Krankenpflegers geben.[1088] Die Reaktion kann von Anleitungen über verstärkte Überwachung bis zur Rücknahme der Delegationsanordnung und Einschaltung eines anderen Delegationsempfängers oder gar der Selbstvornahme reichen.[1089] Daher existiert eine Reaktionspflicht nicht stets, sondern nur im „Zweifelsfall".

ff) Kontrollpflicht

Ferner wird bei der Delegation ärztlicher Tätigkeiten auf die sog. Kontrollpflicht des Arztes verwiesen. Darunter wird einerseits eine abschließende Überprüfung der Wirksamkeit der ausgeführten Tätigkeit durch den delegierenden Arzt verstanden.[1090] So böte sich die Kontrolle insbesondere an, wenn der Behandlungserfolg vom Zusammenwirken verschiedener ärztlicher Maßnahmen abhängig sei.[1091] Bezieht sich somit die Überwachungspflicht

1087 Begriff bei *Zwiehoff*, MedR 2004, 364 (370) insgesamt für die ärztlichen Sorgfaltspflichten; vgl. auch *Rieger*, Anm. zu BGH, Urt. v. 8.5.1979 – VI ZR 58/78, NJW 1979, 1936 (1937), der insofern von einem „graduellen Problem" spricht.

1088 BGH, Urt. 14.3.1978 – VI ZR 213/76, NJW 1978, 1681 (1681 f.), wonach schon eine Entbindung ohne üblichen Arztkittel zu Zweifeln an der fachlichen und charakterlichen Qualifikation führen könne; *Krahe*, Haftungssystematik bei ärztlicher Arbeitsteilung, S. 316; *Ulsenheimer*, Arztstrafrecht in der Praxis, Rn. 183; *Wagner*, in: MünchKommBGB, § 831, Rn. 34; *Spindler*, in: BeckOK-BGB, § 831, Rn. 28.

1089 BGH, Urt. v. 18.12.1952 – VI ZR 54/52, BGHZ 8, 239 (243); *Hahn*, Die Haftung des Arztes für nichtärztliches Hilfspersonal, S. 64; *Rupprecht*, Zivilrechtliche Haftung des niedergelassenen Arztes, S. 118.

1090 OLG Bremen, Urt. v. 4.12.1969 – 2 U 117/69, NJW 1970, 1233 (1235 f.): bzgl. einer vom Arzt selbst vorzunehmenden Prüfung der Sondenlage bei der selbständigen Durchführung einer Magenausheberung durch seine Sprechstundenhilfe; *Spickhoff/Seibl*, MedR 2008, 463 (465); *Sträßner*, in: Arbeitsgemeinschaft Medizinrecht im DAV, Medizinrecht heute, 91 (92); *Bockelmann*, Strafrecht des Arztes, S. 89; *Hahn*, Die Haftung des Arztes für nichtärztliches Hilfspersonal, S. 64; *Pitz*, Was darf das Medizinalpersonal?, S. 181; *Krahe*, Haftungssystematik bei ärztlicher Arbeitsteilung, S. 317; *Rupprecht*, Zivilrechtliche Haftung des niedergelassenen Arztes, S. 119; *Wern*, in: Weth/Thomae/Reichold, Arbeitsrecht im Krankenhaus, Teil 5, A, Rn. 40; vgl. auch *Höfler*, in: KassKomm SozVersR, SGB V, § 15, Rn. 9; *Noftz*, in: Hauck/Noftz, SGB V, K § 15, Rn. 15.

1091 *Hahn*, Die Haftung des Arztes für nichtärztliches Hilfspersonal, S. 64; *Rupprecht*, Zivilrechtliche Haftung des niedergelassenen Arztes, S. 119; vgl. BGH, Urt. v. 18.3.1980 – VI ZR 155/78, NJW 1980, 1903 (1904): zur Beurteilung der Frage, was bei Häufung der von verschiedenen Ärzten verordneten Injektionen, die zu Schwierigkeiten bei der Auffindung weiterer geeigneter Injektionsstellen führt, noch tragbar ist.

in erster Linie auf die Qualifikation und damit die Person des Delegationsempfängers,[1092] dient die Kontrollpflicht in diesem Sinne primär der Feststellung, ob die Tätigkeit den gewünschten Erfolg hatte. Insofern stellt sie sich nicht als eine delegationsspezifische Sorgfaltspflicht dar. Das ergibt sich mittelbar auch aus § 27 Abs. 4 S. 1 BMV-Ä. Darin ist eine abschließende Erfolgskontrolle ausdrücklich für den Vertragsarzt verankert, der sich über die sachgerechte Durchführung und den Erfolg der von ihm verordneten häuslichen Krankenpflege zu vergewissern hat. Obwohl es sich dabei nicht um einen „echten" Delegationsfall handelt,[1093] sondern der Arzt regelmäßig lediglich die Durchführung nichtärztlicher Tätigkeiten veranlasst, hat er danach eine Schlusskontrolle vorzunehmen. Ferner ist der Arzt im Rahmen der Patientenbehandlung ohnehin verpflichtet, ergriffene Maßnahmen auf ihre Wirksamkeit zu prüfen,[1094] um gegebenenfalls eine andere Behandlung einzuleiten. Insoweit handelt es sich bei der Kontrollpflicht zwar um eine ärztliche Sorgfaltspflicht, die sich aber nicht unmittelbar aus der Delegation ärztlicher Tätigkeiten ergibt.

Andererseits wird die Kontrolle nach Durchführung der Tätigkeit als Mittel der Überwachung des Delegationsempfängers[1095] und damit der Prüfung beschrieben, ob der ausgewählte Krankenpfleger sich auch im Durchführungszeitpunkt als qualifiziert genug erweist. Demnach kann die Kontrollpflicht als Ausfluss der Überwachungspflicht verstanden werden. Insofern fallen Überwachungs- und Kontrollpflicht zusammen, wenn eine nachträgliche Erfolgs- bzw. Qualitätskontrolle der ausgeführten Tätigkeit als ausschließliche Überwachungsmaßnahme geeignet erscheint. Geeignet ist eine Schlusskontrolle dann, wenn sie dem Sinn und Zweck der im Rahmen der medizinischen Arbeitsteilung geforderten Überwachungspflicht genügt. Dieser besteht in der Sicherstellung des Facharztstandards trotz Durchführung einer ärztlichen Tätigkeit durch einen Nichtarzt und damit in der Beurteilung der Qualifikation des Krankenpflegers im Durchführungszeitpunkt. Daher kann die Ansicht, die eine ausschließliche Überwachung in Form der nachträglichen Schlusskontrolle auch dann für sorgfaltsgemäß hält, wenn die nichtärztliche Durchführung der konkreten Maßnahme für die Gesundheit des Patienten ungefährlich ist,[1096] insofern nicht überzeugen, als damit diejenigen Fälle außer Acht gelassen werden, in denen die Schadensfreiheit lediglich dem Zufall geschuldet ist, eine Aussage über die Qualifikation des Krankenpflegers aber nicht gewährleistet.

Sobald jedoch allein der Tätigkeitserfolg bzw. der Umstand, dass ein Patient durch die Durchführung der ärztlichen Tätigkeit durch einen Krankenpfleger nicht zu Schaden gekommen ist, zwingend den Rückschluss auf die sorgfaltsgemäße Durchführung erlaubt,[1097] ist auch eine bloß nachträgliche Schlusskontrolle sorgfaltsgemäß. Dann genügt der Arzt seinen Delegationspflichten in Form der Überwachung und Kontrolle, wenn er

---

1092 *Schiemann*, in: Erman, BGB, § 831, Rn. 18.

1093 Verordnet der Arzt häusliche Krankenpflege, und damit Aufgaben, die nicht zum ärztlichen Tätigkeitsbereich zählen, delegiert er auch keine ärztliche Tätigkeit.

1094 Vgl. *Sträßner*, Pflege-& Krankenhausrecht 2002, 95 (98 f.): zur Kontrolle der Auswirkungen der angeordneten Medikation.

1095 Vgl. nur BGH, Urt. v. 26.4.1988 – VI ZR 246/86, NJW 1988, 2298 (2300); Urt. v. 30.1.1996 – VI ZR 408/94, NJW-RR 1996, 867 (868); so auch *Geiß/Greiner*, Arzthaftpflichtrecht, B, Rn. 31: „Überwachung (Kontrolle)".

1096 *Peikert*, MedR 2000, 352 (357 f.).

1097 Vgl. *Peikert*, MedR 2000, 352 (357 f.); *Wenzel*, in: Wenzel, Handbuch FA Medizinrecht, Kapitel 4, Rn. 815.

entweder den Delegationsempfänger bei der Ausführung überwacht oder nachträglich die ausgeführte Tätigkeit auf ihr Gelingen hin kontrolliert,[1098] wobei jeweils die stichprobenhafte Prüfung als ausreichend angesehen werden kann.

Gegen eine in bestimmten Fällen lediglich auf Stichproben beschränkte Überwachung und Kontrolle spricht jedoch eine jüngere Entscheidung des BGH zur *Delegation der Risikoaufklärung* an einen anderen Arzt. Danach ließ es der BGH nicht genügen, dass sich der delegierende Arzt üblicherweise durch einen Blick in die Behandlungsunterlagen vom Vorliegen einer schriftlichen Einwilligung mit entsprechenden Hinweisen über die mit dem Eingriff verbundenen Risiken vergewissert und wegen der zehnjährigen besonders im Aufklärungsbereich beanstandungsfreien Zusammenarbeit zwischen delegierendem und aufklärendem Arzt auch kein Anhaltspunkt dafür vorgelegen habe, an der Zuverlässigkeit des Aufklärenden zu zweifeln.[1099] Vielmehr seien an die Kontrollpflicht des die Aufklärung delegierenden Arztes strenge Anforderungen zu stellen. So müsse er stets sicherstellen, dass *„eine für einen medizinischen Laien verständliche Aufklärung unter Hinweis auf die spezifischen Risiken des vorgesehenen Eingriffs"* erfolgt ist.[1100] Dies könne *„etwa in einem Gespräch mit dem Patienten über dessen ordnungsgemäße Aufklärung und/oder durch einen Blick in die Krankenakte vom Vorhandensein einer von Patient und aufklärendem Arzt unterzeichneten Einverständniserklärung"*[1101] erfolgen.

Diese strengen Anforderungen des BGH an die Kontrollpflicht des die Aufklärung delegierenden Arztes erfuhren zu Recht Kritik in der Literatur.[1102] So verlangte man vom delegierenden Arzt etwas Unmögliches, hielte man ihn für verpflichtet, in einem Gespräch mit dem Patienten dessen ordnungsgemäße Aufklärung nachzuprüfen.[1103] Denn der Patient selbst könne keine Auskunft über die Ordnungsgemäßheit der Aufklärung geben. In der Tat kann er lediglich rezipieren, worüber ihn der aufklärende Arzt informiert hat. Dies liefe aber auf eine dem Sinn und Zweck der Arbeitsteilung entgegenstehende[1104] und vom Sinn und Zweck der Aufklärung – Mitteilung der entscheidungserheblichen Umstände – nicht geforderte Wiederholung des Aufklärungsgesprächs hinaus, bedeutete einen für die Praxis kaum zu bewältigenden Aufwand[1105] und kann insofern nicht überzeugen.

Entgegen dem BGH wird die Kontrollpflicht des die Aufklärungspflicht Delegierenden daher dahingehend verstanden, dass es ausreiche, wenn er überprüfe, ob durch einen anderen Arzt überhaupt ein Aufklärungsgespräch geführt wurde.[1106] Dies könne durch

---

1098 *Peikert*, MedR 2000, 352 (358).

1099 BGH, Urt. v. 7.11.2006 – VI ZR 206/05, NJW-RR 2007, 310 (311, Anm. 9).

1100 BGH, Urt. v. 7.11.2006 – VI ZR 206/05, NJW-RR 2007, 310 (311, Anm. 7 a.E., 8 a.E., 9); vgl. auch *Rupprecht*, Zivilrechtliche Haftung des niedergelassenen Arztes, S. 243, der insofern von einer Ermittlungspflicht des Arztes über den konkreten Wissensstand des Patienten spricht.

1101 BGH, Urt. v. 7.11.2006 – VI ZR 206/05, NJW-RR 2007, 310 (311, Anm. 9).

1102 *Katzenmeier*, Anm. zu BGH, Urt. v. 7.11.2006 – VI ZR 206/05, JZ 2007, 642 (642 ff., 644): unrealistische Kontrollpflichten; *Deutsch*, Anm. zu BGH, Urt. v. 7.11.2006 – VI ZR 206/05, VersR 2007, 210 (210 f.); *Bender*, Anm. zu BGH, Urt. v. 7.11.2006 – VI ZR 206/05, MedR 2007, 170 (170 ff.).

1103 *Bender*, Anm. zu BGH, Urt. v. 7.11.2006 – VI ZR 206/05, MedR 2007, 170 (171).

1104 Vgl. schon *Kern/Laufs*, Die ärztliche Aufklärungspflicht, S. 13.

1105 *Deutsch*, Anm. zu BGH, Urt. v. 7.11.2006 – VI ZR 206/05, VersR 2007, 210 (211).

1106 *Bender*, Anm. zu BGH, Urt. v. 7.11.2006 – VI ZR 206/05, MedR 2007, 170 (172); *Katzenmeier*, Anm. zu BGH, Urt. v. 7.11.2006 – VI ZR 206/05, JZ 2007, 642 (644).

einen Blick in die Krankenakte, durch eine Nachfrage beim Patienten oder anhand einer Checkliste zur Eingriffsvorbereitung, in der unter anderem die Patientenaufklärung abgehakt sei, erfolgen.[1107] Eine darüber hinausgehende Absicherung der unterschriebenen Einwilligungserklärung, die Bemerkungen über den Inhalt der Aufklärung enthält, ist neben gelegentlichen Kontrollen nicht zu verlangen.[1108]

Wenngleich es sich bei dieser Kontroverse nur um die Kontrollpflicht im Hinblick auf die Delegation der Aufklärung auf einen nachgeordneten Arzt handelt, so betrifft sie einen Fall vertikaler Arbeitsteilung und kann auch für die hier behandelten vertikalen Strukturen zwischen Arzt und Krankenpfleger herangezogen werden kann. Ohne an dieser Stelle bereits auf die Frage einzugehen, ob die Aufklärung auf einen Krankenpfleger delegiert werden darf,[1109] ergäbe sich bei Übertragung dieser Grundsätze insgesamt auf die Delegation ärztlicher Tätigkeiten, dass der delegierende Arzt stets, in jedem einzelnen Delegationsfall prüfen müsste, ob die delegierte Tätigkeit erstens überhaupt ausgeführt worden sei und dies zweitens auch ordnungsgemäß erfolgte.

Art und Umfang der einzelnen Sorgfaltspflichten sind aber stets von den Umständen des Einzelfalls abhängig, sodass eine derartige generelle Verpflichtung des Arztes weder für den Schutz des Patienten in jedem Delegationsfall gefordert werden müsste noch – mit Blick auf die Personalsituation – umgesetzt werden könnte.

Vielmehr bedarf es eines im oben geschilderten Sinne abgestuften Systems. So ist auf der *ersten Stufe* – bei schwierigen Tätigkeiten und/oder beim Einsatz unerfahrener bzw. noch unbekannter Krankenpfleger – durch das ärztliche Anwesenheitserfordernis sowohl eine Überwachung des Delegationsempfängers als auch eine Kontrolle der Tätigkeit in jedem einzelnen Delegationsfall sichergestellt. Dagegen genügt es im Sinne der *zweiten Stufe*, dass sich der Arzt – bei leichteren Tätigkeiten oder der Ausführung durch erfahrene und bewährte Krankenpfleger – von der ordnungsgemäßen Ausführung seiner Anordnung durch den Krankenpfleger von Zeit zu Zeit durch unerwartete Überwachungen und Kontrollen vergewissert.

Ferner sprechen auch frühere Entscheidungen des BGH zu den Sorgfaltspflichten im Rahmen vertikaler Arbeitsteilung für die Zulässigkeit einer bloß stichprobenhaften Überwachung und Kontrolle in bestimmten Fällen. So beanstandete es der BGH nicht, dass die von einem in der Facharztausbildung befindlichen Arzt durchgeführten Maßnahmen nicht in jedem Fall kontrolliert worden sind, sondern sah es als ausreichend an, dass eine Kontrolle am Anfang der Ausbildung häufiger stattfand als später.[1110] Zudem zog er sogar, wie bereits im Rahmen der Überwachungspflicht dargestellt, das Erfordernis einer stichprobenhaften Überprüfung in Zweifel, wenn es sich bei dem Delegationsempfänger um jemanden handelt, der sich bereits in mehrjähriger Arbeit bewährt und entsprechende

1107 *Bender*, Anm. zu BGH, Urt. v. 7.11.2006 – VI ZR 206/05, MedR 2007, 170 (172); *Katzenmeier*, Anm. zu BGH, Urt. v. 7.11.2006 – VI ZR 206/05, JZ 2007, 642 (644).

1108 *Deutsch*, Anm. zu BGH, Urt. v. 7.11.2006 – VI ZR 206/05, VersR 2007, 210 (211): für das Verhältnis von operierendem, die Aufklärung delegierendem Arzt und dem aufklärenden Arzt.

1109 Siehe dazu *Zweiter Teil, B, III. 3*, S. 212 ff.

1110 BGH, Urt. v. 20.9.1988 – VI ZR 296/87, NJW 1989, 769 (771): im Rahmen des Entlastungsbeweises nach § 831 Abs. 2 BGB.

Erfahrungen gesammelt hatte.[1111] Bei jahrelanger beanstandungsfreier Zusammenarbeit und gleich bleibenden Delegationstätigkeiten kann sich nach hier vertretener Auffassung die Sorgfaltspflicht des Arztes auf das Eingreifen in sog. „Zweifelsfällen" beschränken. Dies stellt – da die Überwachungs- bzw. Kontrollpflicht am Ende der delegationsrelevanten Pflichtenkette steht – und der Arzt zuvor seiner Auswahl-, Anordnungs-, und ggf. Anleitungspflicht in der oben geschilderten Art und Weise nachgekommen ist, eine dem medizinischen Standard entsprechende Behandlung sicher.

Zusammenfassend kann konstatiert werden, dass die Kontrollpflicht einerseits allgemein auf die Wirksamkeitsprüfung einer Behandlungsmaßnahme bezogen wird. Andererseits wird sie als Mittel zur Erfüllung der delegationsrelevanten Überwachungspflicht und damit der Prüfung verstanden, ob sich der ausgewählte Krankenpfleger auch im Durchführungszeitpunkt als qualifiziert erweist. Während die erste Interpretation unabhängig davon gilt, ob eine vorgesehene Maßnahme delegiert wird oder nicht, betrifft die zweite Auslegung die Delegation ärztlicher Tätigkeiten, sodass es sich insofern bei der Kontrollpflicht des Arztes auch um eine Delegationspflicht handelt. Insgesamt wird aber weder in Rechtsprechung noch Literatur strikt zwischen Überwachungspflicht einerseits und Kontrollpflicht andererseits unterschieden, sondern beide auch synonym verwandt. Festzuhalten bleibt, dass der delegierende Arzt in bestimmten, oben beschriebenen Situationen seiner Überwachungs- und Kontrollpflicht entweder bereits durch stichprobenhafte Prüfungen des Krankenpflegers während der Ausführung der Tätigkeit bzw. der Qualität der bereits erbrachten Tätigkeit oder dadurch hinreichend nachkommt, dass er jedwedem Anlass zu Zweifeln an der fortbestehenden krankenpflegerischen Qualifikation nachgeht.

gg) Zwischenergebnis

Die Untersuchung hat gezeigt, dass nicht alle Delegationspflichten in jedem Delegationsfall bestehen: *Stets* zu beachten hat der delegierende Arzt die *Auswahlpflicht* bezüglich der zu delegierenden Tätigkeit, die *Anordnungspflicht* und die *Überwachungspflicht*, wobei letztere in ihrem Umfang und ihrer Intensität einem abgestuften System unterliegt und von persönlicher Anwesenheit über (fern-)mündliche Erreichbarkeit bis hin zu stichprobenhafter Überprüfung während oder nach (Schlusskontrolle) der Durchführung der Tätigkeit reichen kann. Dagegen ergeben sich die sog. *Anleitungs-* wie auch die *Reaktionspflicht* nur ausnahmsweise: erstere bei besonders gefährlichen oder außergewöhnlichen Tätigkeiten sowie beim Einsatz unbekannter oder berufsunerfahrener Krankenpfleger; letztere bei wiederholten Unachtsamkeiten oder anderen Umständen, die Anlass zu Zweifeln an der fortbestehenden Qualifikation des betrauten Krankenpflegers geben. Ferner trifft den Arzt die Pflicht zur sorgfältigen Auswahl des Krankenpflegers als Delegationsempfänger, d.h. die Prüfung seiner formellen und grundsätzlich[1112] auch materiellen Qualifikation, nur bei

---

1111 BGH, Urt. v. 20.9.1988 – VI ZR 296/87, NJW 1989, 769 (771): im Rahmen des Entlastungsbeweises nach § 831 Abs. 2 BGB.

1112 Ausnahmsweise darf auf die Prüfung der materiellen Qualifikation verzichtet werden, wenn der Delegationsempfänger das sichere Beherrschen der Delegationstätigkeit durch einen in oben beschriebener Weise erworbenen sog. Spritzenschein als berufliche Qualifizierungsmaßnahme bzw. dadurch nachweist, dass die konkrete Tätigkeit fester Bestandteil seiner krankenpflegerischen Aus-, Fort-, oder Weiterbildung war und eine fortlaufende Aktualisierung an neue Durchführungstechniken etc. gewährleistet ist, siehe *Vierter Teil, B, II. 2. b) aa) (3)*, S. 1112.

der *erstmaligen Übertragung* einer bestimmten Tätigkeit und nur insofern als er de facto Einfluss auf die Auswahl des Krankenpflegers hat. Allerdings führt eine fehlende oder nur eingeschränkte Einflussmöglichkeit auf die Auswahl des Delegationsempfängers zu erhöhten Anforderungen an die Anleitungs- und Überwachungspflicht.

Umgekehrt sind die Anforderungen an die Überwachungspflicht umso geringer, je sorgfältiger und strenger der Delegationsempfänger ausgewählt und angeleitet wurde.[1113] Demnach verstößt der delegierende Arzt nicht gegen seine Delegationspflichten, wenn er eine ärztliche Tätigkeit an einen krankenpflegerischen Berufsanfänger überträgt, solange er das „Weniger“ an Erfahrung durch ein „Mehr“ an ärztlicher Anleitung und Überwachung kompensiert. Daraus folgt, dass die genannten Delegationspflichten nicht beziehungslos nebeneinander stehen, sondern typologischer Natur sind.

Unterschiede in der Intensität der einzelnen Sorgfaltspflichten können sich auch im Hinblick auf verschiedene Aufgabenbereiche ergeben: So bestimmt die Möglichkeit zur Ausübung der genannten Delegationspflichten zugleich den Delegationsumfang. Während der in Sicht- oder Rufkontakt zum Delegationsempfänger befindliche Arzt jederzeit seiner Überwachungspflicht nachkommen kann, ist dies bei einem aus dem faktischen Einwirkungsbereich des Arztes entlassenen Krankenpfleger nicht in dem Maße realisierbar und birgt daher ein größeres Gefährdungspotenzial in sich. Angesichts dessen, können bei Arztnähe nach Art und Umfang andere ärztliche Tätigkeiten delegiert werden als bei Arztferne.[1114] Insofern gebieten es die genannten Delegationspflichten, dass der Arzt bei der Delegationsentscheidung die konkrete *Umsetzungsmöglichkeit* der Pflichten berücksichtigt.

Kommt der delegierende Arzt den delegationsrelevanten Sorgfaltspflichten wie beschrieben nach, fehlt es in der Regel an der für eine zivil- wie strafrechtliche Verantwortung vorausgesetzten Verletzung einer Sorgfaltspflicht.[1115] Dann genügt er regelmäßig seiner sog. *Anordnungsverantwortung*[1116], die sich auf alle soeben erläuterten delegationsrelevanten Sorgfaltspflichten und damit neben der Anordnung der Tätigkeit auch auf die Auswahl der Tätigkeit und des Krankenpflegers, die gegebenenfalls erforderliche Anlei-

1113 *Belling*, in: Staudinger, § 831, Rn. 96 f.; *Schiemann*, in: Erman, BGB, § 831, Rn. 17.

1114 *Katzenmeier*, Interview in: Flintrop/Merten/Gerst, DÄB 2008, A 979 (A 980); i.E. auch *Pitz*, Was darf das Medizinalpersonal?, S. 181; *Brose*, in: Roxin/Schroth, Medizinstrafrecht, 53 (77). So gelten etwa im Vorfeld einer Operation im Vergleich zum originär operativen Betrieb gesteigerte ärztliche Auswahl- und Überwachungspflichten.

1115 A.A. wohl *Gaisbauer*, Anm. zu BGH, Urt. v. 24.6.1975 – VI ZR 72/74, VersR 1976, 41 (43), wenn er formuliert, dass der Delegierende für die ordnungsgemäße Durchführung allein verantwortlich sei bzw. an anderer Stelle anführt, dass der Delegierende trotz Einhaltung der Delegationspflichten neben dem Hilfspersonal hafte.

1116 Der Begriff der Anordnungsverantwortung als Umschreibung der delegationsrelevanten Sorgfaltspflichten des delegierenden Arztes wird überwiegend im pflegewissenschaftlichen Schrifttum verwandt und hat seinen normativen Ursprung in den österreichischen Delegationsregelungen des dortigen Ärztegesetzes (vgl. § 49 Abs. 3 S. 2 ÖÄrzteG 1998: Der delegierende Arzt *„trägt die Verantwortung für die Anordnung“*) und des Gesundheits- und Krankenpflegegesetzes [vgl. § 15 Abs. 2 ÖGuKG: *„Der anordnende Arzt trägt die Verantwortung für die Anordnung (Anordnungsverantwortung)“*].

tung des Krankenpflegers und dessen Überwachung sowie das unter Umständen notwendige Eingreifen des Arztes bezieht.[1117]

7. Delegationsrelevante Sorgfaltspflichten des Krankenpflegers

Bezugsgröße für die Beschreibung delegationsrelevanter Sorgfaltspflichten des Krankenpflegers ist, wie oben erläutert, der Krankenpflegerstandard. Auch hier kann das Recht nur unter Zuhilfenahme medizinisch-pflegerischer Sachverständigenberatung entscheiden, welches Vorgehen in der konkreten Situation unter Berücksichtigung des Zustandes des Patienten dem krankenpflegerischen Behandlungsstandard entspricht. Insofern sind auch die delegationsrelevanten Sorgfaltspflichten des Krankenpflegers medizinisch-pflegerisch geprägt.

Dagegen zählen zu den eher juristisch geprägten Sorgfaltspflichten solche, die die Rahmenbedingungen dafür liefern, wann ein *Krankenpfleger* eine nach medizinisch-pflegewissenschaftlichem Sachverstand für delegierbar erklärte Tätigkeit durchführen darf, ohne in der Regel einen krankenpflegerischen Sorgfaltspflichtverstoß zu begründen. Welche Anknüpfungspunkte sich zur Bestimmung der krankenpflegerischen Delegationspflichten eignen und wie die Pflichten im Einzelnen konkretisiert werden, ist Gegenstand des folgenden Abschnitts.

a) Anknüpfungspunkte zur Bestimmung der Sorgfaltspflichten

Im Gegensatz zum Arztberuf finden sich für den des Krankenpflegers keine spezialgesetzlich normierten delegationsrelevanten Sorgfaltspflichten.[1118] Anknüpfungspunkte zur Bestimmung derselben liefern daher vornehmlich die allgemeine Fahrlässigkeitsdogmatik in Verbindung mit dem schon angesprochenen Vertrauensgrundsatz bei der arbeitsteilig organisierten Patientenbehandlung.

aa) Übernahme- bzw. Fortführungsfahrlässigkeit

Normativer Anknüpfungspunkt zur Bestimmung der delegationsrelevanten Sorgfaltspflichten des Krankenpflegers bleibt somit das Außerachtlassen der im Verkehr erforderlichen Sorgfalt i.S.d. § 276 Abs. 2 BGB. Die insoweit erforderliche Sorgfaltspflichtverletzung kann im Zeitpunkt der Durchführung der Tätigkeit, aber auch bereits im Zeitpunkt

---

1117 *Bachstein*, Pflege Aktuell 2005, 544 (546); *M. Weber*, Pflege- & Krankenhausrecht 2000, 90 (91); *Saffé/Sträßner*, PflR 1997, 98 (99); *Kampmann*, Pflege Aktuell 1996, 422 (423); *Höfert*, Pflege im Recht, S. 4 f., 287; *Großkopf/Klein*, Recht in Medizin und Pflege, S. 191 f.; *Quaas/Zuck*, Medizinrecht, § 15, Rn. 6; *Schneider*, Rechts- und Berufskunde, S. 113; *Schädler*, Strafrechtliche Aspekte des Organisationsverschuldens in stationären Pflegeeinrichtungen, S. 164 f.; *Pitz*, Was darf das Medizinalpersonal?, S. 149, missverständlich allerdings insofern, als er Anordnungs- und Anleitungspflicht nicht klar voneinander abgrenzt; a.A. wohl *Schell*, Krankendienst 2002, 173 (174), wonach die Anordnungsverantwortung lediglich die Verantwortung für die gewählte Tätigkeit wie die Qualifikation des Delegationsempfängers umfasse.

1118 Vgl. aber die Normierung einer allgemeinen Hinzuziehungspflicht in § 5 Nr. 1 e) KrPflBO Bremen; § 5 Nr. 2 d) a.E. 2 PflegeBO Hamburg; § 5 Nr. 4 PflegeBO Saarland.

der Übernahme der konkreten Tätigkeit begangen werden. Letzteres wird im Straf[1119]- wie im Zivilrecht[1120] unter dem Stichwort Übernahmefahrlässigkeit[1121] behandelt. Obwohl insbesondere in strafrechtsdogmatischer Hinsicht insoweit die Begründungsmöglichkeiten differieren,[1122] herrscht im Ergebnis Einigkeit darüber, dass derjenige, der eine Tätigkeit freiwillig, d.h. ohne Not[1123] – übernimmt[1124] oder fortführt[1125], obwohl er – erkennbar[1126]

1119 RG, Urt. v. 1.12.1931 – I 707/31, RGSt 67, 12 (12 ff., 23); BGH, Urt. v. 20.12.1984 – 4 StR 668/84, JR 1986, 248 (250); *Wessels/Beulke*, Strafrecht AT, Rn. 668 f.; *Gropp*, Strafrecht AT, § 12, Rn. 25 f.; *Boll*, Strafrechtliche Probleme bei Kompetenzüberschreitungen, S. 21; *Cramer/Sternberg-Lieben*, in: Schönke/Schröder, § 15, Rn. 136; *Maurach/Gössel/Zipf*, Strafrecht, AT 2, § 43, Rn. 62; *Jakobs*, Strafrecht AT, 9. Abschn., Rn. 14; *Roxin*, Strafrecht AT I, § 24, Rn. 118; *Ulsenheimer*, Anm. zu BGH, Urt. v. 20.12.1986 – 4 StR 668/84, JR 1986, 250 (251); *ders.*, Arztstrafrecht in der Praxis, Rn. 20, 22 ff., 172; *Kudlich*, in: BeckOK-StGB, § 15, Rn. Anm. 66.

1120 BGH, Urt. v. 7.6.1966 – VI ZR 250/64, VersR 1966, 853 (854); vgl. auch Urt. v. 29.1.1991 – VI ZR 206/90, NJW 1991, 1535 (1537); Urt. v. 12.7.1994 – VI ZR 299/93, NJW 1994, 3008 (3008 f.); OLG Düsseldorf, Urt. v. 15.12.1983 – 8 U 67/82, MedR 1985, 85 (86); *Schlund*, A/ZusR 2005, 1 (4 f.); *Kern*, NJW 1996, 1561 (1562); *Deutsch*, Fahrlässigkeit und erforderliche Sorgfalt, S. 111 f., 137 f., 307 ff.; *Larenz*, Schuldrecht I, AT, S. 285; *Looschelders*, Schuldrecht AT, Rn. 518; *Medicus/Lorenz*, Schuldrecht I AT, Rn. 368; *Spindler*, in: BeckOK-BGB, § 823, Rn. 602; *Unberath*, in: BeckOK-BGB, § 277, Rn. 3; *Grundmann*, in: MünchKommBGB, § 276, Rn. 111; *Wolf*, in: Soergel, BGB, § 276, Rn. 81. Speziell aus der arzt- und pflegerechtlichen Literatur: vgl. *Pitz*, Was darf das Medizinalpersonal?, S. 166 f.; *Geiß/Greiner*, Arzthaftpflichtrecht, B, Rn. 11; *Quaas/Zuck*, Medizinrecht, § 15, Rn. 6; *Deutsch/Spickhoff*, Medizinrecht, Rn. 208; *Großkopf/Klein*, Recht in Medizin und Pflege, S. 212.

1121 Auch als fahrlässige Tätigkeitsübernahme oder als Übernahmeverschulden bezeichnet, wobei der Begriff des Übernahmeverschuldens zu Recht kritisiert wird, vgl. nur *Mehringer*, Die Anfängeroperation, S. 78 f.; *Gropp*, Strafrecht AT, § 12, Rn. 25. Die Vorverlagerung des Fahrlässigkeitsvorwurfs ähnelt strukturell der actio libera in causa, *Roxin*, Strafrecht AT I, § 24, Rn. 118; *Vogel*, in: LK[12], § 15, Rn. 305. Sowohl im Strafrecht (*Maurach/Gössel/Zipf*, Strafrecht, AT 2, § 43, Rn. 63; *Baumann/Weber/Mitsch*, Strafrecht AT, § 22, Rn. 61) als auch im Zivilrecht (*Deutsch*, Fahrlässigkeit und erforderliche Sorgfalt, S. 112) wird die freiwillige Übernahme auch als Unterfall der actio libera in causa verstanden. Sieht man aber bei den hier in Rede stehenden fahrlässigen Erfolgsdelikten, wie gezeigt, jedes sorgfaltswidrige erfolgskausale Verhalten als tatbestandsmäßig an [vgl. nur BGH, Urt. v. 22.8.1996 – 4 StR 217/96, BGHSt 42, 235 (236 f.)], bedarf es keiner Konstruktion einer „fahrlässigen actio libera in causa", um zur Übernahmefahrlässigkeit zu gelangen, vgl. zum Streitstand *Müller*, Fahrlässige Tätigkeitsübernahme und personale Zurechnung, S. 7 ff., 32 ff.; *Duttge*, in: MünchKommStGB, § 15, Rn. 129 ff.

1122 Allerdings liegt nach der heute ganz überwiegend vertretenen (strafrechtlichen) Auffassung der Übernahmefahrlässigkeit ebenso wie der (strukturell ähnlichen) fahrlässigen actio libera in causa das sog. Tatbestandsmodell zugrunde, nachdem in Übereinstimmung mit dem Koinzidenzprinzip in der Übernahme der Tätigkeit als Vorverhalten selbst eine tatbestandliche Handlung gesehen wird, die den Bezugspunkt für die Sorgfaltspflichtverletzung bildet (vgl. nur *Sternberg-Lieben*, in: Schönke/Schröder, § 15, Rn. 198; *Müller*, Fahrlässige Tätigkeitsübernahme und personale Zurechnung, S. 32, Fn. 143 m.w.N.).

1123 Kritisch zur Formulierung „freiwillig", die darauf hindeute das Merkmal der Freiwilligkeit bereits beim Merkmal der Sorgfaltspflichtverletzung und damit auf Tatbestandsebene zu prüfen, *Boll*, Strafrechtliche Probleme bei Kompetenzüberschreitungen, S. 37 ff.

1124 *Für das Strafrecht*: BGH, Urt. v. 20.12.1984 – 4 StR 668/84, JR 1986, 248 (250); *Lilie*, in: Husfeldt/Raschke, Thrombosen und Embolien, Arzthaftung, 215 (218); *Bockelmann*, Strafrecht des Arztes, S. 89, Fn. 27 „Übernahmefahrlässigkeit", die nach Ansicht *Bockelmanns* insbesondere beim nicht approbierten Heilkundigen in Frage kommt. *Für das Zivilrecht*: *Medicus/Lorenz*, Schuldrecht

– nicht über die erforderlichen Kenntnisse oder Fähigkeiten verfügt und dadurch nicht in der Lage ist, die sorgfaltsgemäße Durchführung derselben zu gewährleisten, zivil- wie strafrechtlich zur Verantwortung gezogen werden kann.

(1) Anwendungsbedenken

Die damit verbundene Vorverlagerung der Sorgfalts- bzw. Pflichtwidrigkeit rief insbesondere in der strafrechtlichen Diskussion Bedenken hervor. Problematisch erweise sich zum einen die hohe Zahl potentieller Tathandlungen, die von der Übernahme der konkreten, nicht beherrschten Tätigkeit (z.B. Injektion) über die Übernahme einer generell gefährlichen Tätigkeit (z.B. Ergreifen des Arzt- oder Krankenpflegerberufs ohne ausreichende Aufmerksamkeit bei der Aus- oder Fortbildung) bis hin zum Vorwurf einer Lebensführungsschuld reichen könnten.[1127] Zum anderen ergäben sich insbesondere für Tätigkeitsdelikte, bei denen der Gesetzgeber die Handlungsmodalitäten des strafbaren Verhaltens bestimmt habe, unüberbrückbare Überschreitungen des Gesetzeswortlautes.[1128]

So berechtigt die geäußerten Erwägungen sein mögen, so wenig greifen sie in den hier besprochenen Delegationsfällen durch: Einerseits steht der Gefahr einer zu weiten Ausdehnung der (Übernahme-)Fahrlässigkeit entgegen, dass der Krankenpfleger, der eine ärztliche Aufgabe übertragen bekommt, nicht vor der Frage steht, ob er vor ihrer Durchführung erst noch die dazu erforderlichen Fähigkeiten erwerben oder vervollkommnen sollte oder nicht. Seine Handlungsalternative heißt vielmehr nur: *übernehmen und durchführen* oder *nicht übernehmen und nicht durchführen.*[1129] Insofern kann nur auf die Übernahme einer konkret delegierten ärztlichen Tätigkeit abgestellt und damit ein zu weitge-

---

I AT, Rn. 368; *Larenz*, Schuldrecht I, AT, S. 285; *Deutsch*, Fahrlässigkeit und erforderliche Sorgfalt, S. 111.

1125 *Für das Strafrecht*: RG, Urt. v. 1.12.1931 – 707/31, RGSt 67, 12 (23); BGH, Urt. v. 20.12.1984 – 4 StR 668/84, JR 1986, 248 (250); *Vogel*, in: LK[12], § 15, Rn. 303; *Ulsenheimer*, Arztstrafrecht in der Praxis, Rn. 22. *Für das Zivilrecht*: BGH, Urt. v. 7.6.1966 – VI ZR 250/64, VersR 1966, 853 (854); *Deutsch*, Fahrlässigkeit und erforderliche Sorgfalt, S. 111, 138.

1126 Zwischen den Begriffen der objektiven Sorgfaltspflichtverletzung und dem der Vorhersehbarkeit bzw. Erkennbarkeit, die neben dem hier nicht behandelten Kriterium der Vermeidbarkeit notwendig den objektiven Fahrlässigkeitsvorwurf ausmachen (*Westermann*, in: Erman, BGB, § 276, Rn. 13), wird vorliegend nicht strikt getrennt. Das liegt zum einen daran, dass die für den Verkehrskreis des Krankenpflegers zu fordernden Kenntnisse und Fähigkeiten sowohl für die Frage der Sorgfaltspflichtverletzung – Übernahme bzw. Fortführung der Tätigkeit – als auch der Vorhersehbarkeit – Schädigung des Patienten infolge fehlender Kenntnisse und Fähigkeiten – maßgeblich sind (vgl. *Tamm*, Außenseitermethoden, S. 117 f.). Zum anderen zielt diese Arbeit (nur) darauf ab, konkret darzustellen, welche Pflichten dem Krankenpfleger obliegen, um dem Vorwurf einer zivil- wie strafrechtlichen Haftung aus der Übernahme bzw. Fortführung einer ärztlichen Tätigkeit zu entgehen.

1127 Vgl. *für das Strafrecht*: *Roxin*, Strafrecht AT I, § 24, Rn. 118; *Müller*, Fahrlässige Tätigkeitsübernahme und personale Zurechnung, S. 32 f.; *Duttge*, in: MünchKommStGB, § 15, Rn. 130. *Für das Zivilrecht*: *Deutsch*, Fahrlässigkeit und erforderliche Sorgfalt, S. 111.

1128 Im Sich-Betrinken könne nicht das Führen eines Fahrzeugs i.S.d. § 316 StGB gesehen werden. So lautet der im Rahmen der Diskussion um die actio libera in causa zu recht vorgebrachte Einwand, BGH, Urt. v. 22.8.1996 – 4 StR 217/96, BGHSt 42, 235 (238 ff.); *Neumann*, Zurechnung und „Vorverschulden“, S. 192 f.

1129 Vgl. *Neumann*, Zurechnung und „Vorverschulden“, S. 198.

hender zeitlicher Abstand zwischen unmittelbar ursächlicher Durchführungshandlung und Sorgfaltspflichtverletzung vermieden[1130] und dem geforderten Gebot der realistischen Begrenzung der Sorgfaltsanforderungen Rechnung getragen werden.[1131] Andererseits handelt es sich bei den in Rede stehenden etwaigen Verletzungen von Gesundheit, Körper oder Leben um reine Erfolgsdelikte, bei denen jedenfalls die Vorverlagerung auf die Übernahme der konkreten Tätigkeit als unbedenklich erachtet wird,[1132] sodass mit Blick auf das Ziel der Arbeit – mögliche Sorgfaltspflichten zu konkretisieren – auf eine grundlegende Streitdarstellung[1133] verzichtet wird.

(2) Anwendung im Zivil- und Strafrecht

Im Zivilrecht bedarf es im Unterschied zum Strafrecht seltener eines „Rückgriffs" auf den Übernahmeakt als solchen.[1134] Denn der ausschließlich geltende objektiv-abstrakte Sorgfaltsmaßstab hat zur Folge, dass der Krankenpfleger bereits unter dem Aspekt der sorgfaltswidrigen Durchführung der konkreten Tätigkeit und damit wegen eines Behandlungsfehlers haftet, wenn sein Vorgehen nicht den typischen Kenntnissen und Fähigkeiten eines Angehörigen des Verkehrskreises der Krankenpfleger entsprach.[1135] Daher bildet ein Übernahmefehler zivilrechtlich erst dann den Ausgangspunkt einer Fahrlässigkeitshaftung, wenn die mangelnde Sorgfalt nicht in der Ausführung der konkreten Tätigkeit begründet liegt, weil sich auch ein besonnener und gewissenhafter Krankenpfleger bei der Durchführung der Tätigkeit nicht anders verhalten hätte, die typischen krankenpflegerischen

1130 Andere versuchen eine zeitliche Beschränkung der Haftung für fahrlässige Erfolgsdelikte dadurch zu erreichen, dass nur an eine Handlung angeknüpft werden kann, die in dem Fall, dass der Täter mit dem entsprechenden Erfolgsverursachungsvorsatz gehandelt hätte, die Voraussetzungen des Versuchsbeginns (§ 22 StGB) erfüllen würde, *Horn*, StV 1997, 264 (265 f.); *Fellenberg*, Zeitliche Grenzen der Fahrlässigkeitshaftung, S. 17 ff., 95 f.; *Stühler*, Die actio libera in causa de lege lata und de lege ferenda, S. 119 f. Der insofern angeführte „Erst-Recht-Schluss", der als Unterfall des Analogieschlusses eine wertungsmäßige Gleichheit voraussetzt, geht jedoch bereits insofern fehl, als die Fahrlässigkeit im Verhältnis zum Vorsatz als eigenständiger Vorwurf (aliud) begriffen wird, *Duttge*, in: MünchKommStGB, § 15, Rn. 131. Gegen ein Beziehen der Übernahmefahrlässigkeit auf ein unmittelbares Ansetzen zum Versuch entsprechend § 22 StGB vgl. auch *Vogel*, in: LK[12], § 15, Rn. 306; *Cramer/Sternberg-Lieben*, in: Schönke/Schröder, § 15, Rn. 136.

1131 *Engisch*, Untersuchungen über Vorsatz und Fahrlässigkeit im Strafrecht, S. 318 ff.; *Vogel*, in: LK[12], § 15, Rn. 306; *Duttge*, in: MünchKommStGB, § 15, Rn. 132.

1132 *Müller*, Fahrlässige Tätigkeitsübernahme und personale Zurechnung, S. 33; *Rengier*, in: KK OWiG, § 10, Rn. 25; *Cramer/Sternberg-Lieben*, in: Schönke/Schröder, § 15, Rn. 136.

1133 Vgl. dazu *Müller*, Fahrlässige Tätigkeitsübernahme und personale Zurechnung, S. 30 ff., 60 ff.; *Neumann*, Zurechnung und „Vorverschulden", S. 187 ff.

1134 I.E.: *Tschichoflos*, Die Begründung der Fahrlässigkeitsstrafbarkeit durch Übernahmeverschulden, S. 53 f.; vgl. auch *Schmidt-Kessel*, in: Prütting/Wegen/Weinrich, § 276, Rn. 10; *Schlechtriem/Schmidt-Kessel*, Schuldrecht AT, Rn. 565: Übernahmefahrlässigkeit als Unterfall des allgemeinen Sorgfaltsverstoßes; ähnlich für das Strafrecht: *Duttge*, in: MünchKommStGB, § 15, Rn. 131 f., wonach es – jedenfalls in den vorliegend untersuchten Delegationsfällen keiner Sonderdogmatik zur Übernahmefahrlässigkeit bedürfe, die Fahrlässigkeit vielmehr bereits aus allgemeinen Grundsätzen folgte.

1135 Vgl. nur BGH, Urt. v. 17.3.2003 – IX ZR 399/99, NJW 2003, 2022 (2024). Zur Unterscheidung zwischen dem sog. Grundsatz der objektiven Übernahme und der Übernahmefahrlässigkeit siehe *Zweiter Teil, B, II. 7. a) aa) (3)*, S. 199 ff.

Kenntnisse und Fähigkeiten zur sorgfaltsgemäßen Durchführung der konkreten Tätigkeit mithin nicht ausgereicht hätten.[1136] Dann gilt es zu klären, ob ein mit typischen Fähigkeiten ausgestatteter, umsichtiger Krankenpfleger in der konkreten Situation die Grenzen seiner Leistungsfähigkeit erkennen konnte und die Tätigkeit nicht begonnen bzw. nicht fortgeführt hätte.[1137]

Im Gegensatz dazu werden im Strafrecht über diese typisierten Fähigkeiten und Kenntnisse hinaus etwaige persönliche Mängel wie Müdigkeit, Trunkenheit oder Krankheit mit der Konsequenz berücksichtigt,[1138] dass eine strafrechtliche Verantwortlichkeit für die sorgfaltswidrige Durchführung ausscheidet, wenn der Krankenpfleger mit seinem individuellen Niveau an Kräften, Erfahrungen und Kenntnissen in der konkreten Situation nicht in der Lage war, den objektiven Sorgfaltsmaßstab zu erfüllen. Sobald der durchführende Krankenpfleger an einem solchen, nicht als „typischer Mangel" seines Berufskreises anzusehenden Mangel leidet, kommt somit in strafrechtlicher Hinsicht (nur) die Übernahme der konkreten Tätigkeit als Anknüpfungspunkt für eine Fahrlässigkeitstat in Betracht,[1139] während sich im Zivilrecht (noch) der Durchführungsakt eignet.

Jedenfalls bildet aber auch im Strafrecht nach hier vertretener Ansicht die objektive Sorgfaltspflichtverletzung den Ausgangspunkt für eine Fahrlässigkeitstat,[1140] sodass bei der Beurteilung zivil- wie strafrechtlich der verobjektivierte Sorgfaltsmaßstab entscheidend und damit auf die typischen Kenntnisse und Fähigkeiten des Verkehrskreises abzustellen ist, dem der Übernehmer bzw. Fortführer einer Tätigkeit angehört und in dem er sich bewegt.

(3) Sorgfaltspflichten

Der in Betracht kommenden zivil- wie strafrechtlichen Verantwortlichkeit für die Übernahme bzw. Fortführung einer konkreten ärztlichen Tätigkeit kann somit derjenige Krankenpfleger entgehen, der sich – gemessen am Krankenpflegerstandard – bei Übernahme

---

1136 Vgl. BGH, Urt. v. 27.9.1983 – VI ZR 230/81, NJW 1984, 655 (657); *Tschichoflos*, Die Begründung der Fahrlässigkeitsstrafbarkeit durch Übernahmeverschulden, S. 54.

1137 Vgl. BGH, Urt. v. 20.10.1987 – VI ZR 280/86, NJW 1988, 909 (910 f.): bzgl. Kraftfahrzeugführer; *Deutsch*, Anm. zu BGH, Urt. v. 9.6.1967 – VI ZR 11/66, JZ 1968, 103 (104): bzgl. eines dem Kraftfahrer unbekannten Sehfehlers sowie des plötzlichen Fähigkeitsabfalls infolge Herzanfalls: maßgeblich ist, ob der Sehfehler bzw. das Bevorstehen eines Herzanfalls bei Aufwendung der typischen Kraftfahrersorgfalt erkennbar war; *Larenz*, Schuldrecht I, AT, S. 286; *Schmidt-Kessel*, in: Prütting/Wegen/Weinrich, § 276, Rn. 3; *Schlechtriem/Schmidt-Kessel*, Schuldrecht AT, Rn. 565; *Westermann*, in: Erman, BGB, § 276, Rn. 10.

1138 *Engisch*, Untersuchungen über Vorsatz und Fahrlässigkeit im Strafrecht, S. 349 ff.; *Tschichoflos*, Die Begründung der Fahrlässigkeitsstrafbarkeit durch Übernahmeverschulden, S. 35.

1139 Vgl. *Kudlich*, in: BeckOK-StGB, § 15, Rn. Anm. 44d, 66; *Vogel*, in: LK[12], § 15, Rn. 155 ff., 304, der die Rechtsfigur der Übernahmefahrlässigkeit für eine weitgehende Zurückdrängung des Einwandes fehlender „subjektiver" Fahrlässigkeit (Schuldebene) verantwortlich macht; ähnlich für das Zivilrecht: *Deutsch*, Fahrlässigkeit und erforderliche Sorgfalt, S. 113; kritisch *Neumann*, Zurechnung und „Vorverschulden", S. 186 ff.

1140 Siehe *Zweiter Teil, B, II. 4. b)*, S. 134 ff.

bzw. Fortführung der Tätigkeit selbstkritisch der eigenen Leistungsfähigkeit vergewissert.[1141]

Einen möglichen Ableitungsansatz dieser hier als *Prüfpflicht* bei der *Übernahme* (*Übernahmeprüfpflicht*) bzw. *Fortführung* (*Fortführungsprüfpflicht*) bezeichneten Sorgfaltspflicht bietet insofern bereits der im Zivilrecht hinter dem objektiv-abstrakten Sorgfaltsmaßstab stehende sog. Grundsatz der ***objektiven*** *Übernahme*[1142]. Danach wird, um es nochmals zu verdeutlichen, von jedermann die Sorgfalt gefordert, die der Verkehr an seiner Stelle erwartet.[1143] Ein Auftreten im Verkehrskreis enthält mithin die Garantie, zu dem Sorgfaltsstandard des Kreises in der Lage zu sein und entlastet den Handelnden – zugunsten der Sicherheit und Leichtigkeit des Verkehrs[1144] – grundsätzlich nicht vom Fahrlässigkeitsvorwurf, wenn seine Kenntnisse, Fähigkeiten, körperliche Geschicklichkeit oder Leistungsfähigkeit zur Vermeidung von Fehlern nicht ausreichen.[1145] Will der Handelnde dieser Garantie oder indirekten Auftretenswirkung[1146] gerecht werden, verbleibt ihm nur die Überprüfung seiner insofern erforderlichen Fähigkeiten und Kenntnisse.

Ferner wird die Prüfpflicht entweder direkt auf das Institut der Übernahmefahrlässigkeit[1147] oder indirekt auf die dahinterstehende allgemeine Regel gestützt, dass sich jedermann so zu verhalten habe, dass er die Verletzung geschützter Rechtsgüter und Interessen vermeide[1148]. Nach letzterer hat jemand, der etwas möglicherweise Rechtsgut- oder Interessengefährdendes unternehmen will und den Gefahren wegen körperlicher Mängel oder fehlender Übung und Geschicklichkeit nicht gewachsen ist, das Verhalten zu unterlas-

1141 *Für das Strafrecht*: *Gropp*, Strafrecht AT, § 12, Rn. 25; *Ulsenheimer*, Arztstrafrecht in der Praxis, Rn. 20; *Für das Zivilrecht*: BGH, Urt. v. 26.4.1988 – VI ZR 246/86, NJW 1988, 2298 (2300): Berufsanfänger; *Deutsch*, NJW 1993, 1506 (1509): ärztlicher Berufsanfänger; *Saffé/Sträßner*, PflR 1997, 98 (101 f.); *Fahrenhorst*, MedR 1991, 173 (176): AiP; *Spindler*, in: BeckOK-BGB, § 823, Rn. 715: Berufsanfänger.

1142 *Deutsch*, Anm. zu BGH, Urt. v. 9.6.1967 – VI ZR 11/66, JZ 1968, 103 (104); *ders.*, Fahrlässigkeit und erforderliche Sorgfalt, S. 137 f.

1143 *Deutsch*, Anm. zu BGH, Urt. v. 9.6.1967 – VI ZR 11/66, JZ 1968, 103 (104).

1144 *Medicus/Lorenz*, Schuldrecht I AT, Rn. 368.

1145 Vgl. nur BGH, Urt. v. 20.10.1987 – VI ZR 280/86, NJW 1988, 909 (910 f.); *Grundmann*, in: MünchKommBGB, § 276, Rn. 58.

1146 *Deutsch*, Fahrlässigkeit und erforderliche Sorgfalt, S. 138.

1147 *Für das Strafrecht*: vgl. nur *Gropp*, Strafrecht AT, § 12, Rn. 25. *Für das Zivilrecht*: vgl. nur *Pitz*, Was darf das Medizinalpersonal?, S. 41 f.; *Mehringer*, Die Anfängeroperation, S. 78 f.: Zu Recht weist er daraufhin, dass auch das sog. Übernahmeverschulden auf einer Pflichtverletzung basiere und ihm in Analogie zum Organisationsverschulden ein Verstoß gegen eine Übernahmepflicht zugrunde liegen müsse, der sich konsequenterweise als Nichtübernahme darstellen müsse. Es gehe dabei aber nicht um den Vorwurf, eine Tätigkeit nicht übernommen zu haben, sondern sie übernommen zu haben, ohne über die dazu erforderlichen Kenntnisse und Fähigkeiten zu verfügen, *Heilmann*, NJW 1990, 1513 (1516). Alternativ wird beispielsweise von „negativer Übernahmepflicht" (*Mehringer*, Die Anfängeroperation, S. 78 f.), „Überweisungspflicht" [*Heilmann*, NJW 1990, 1513 (1516)] oder „Prüfungspflicht" [*Giesen*, JZ 1982, 345 (349 f.)] gesprochen.

1148 *Für das Strafrecht*: *Hardwig*, JZ 1968, 289 (291); *Jescheck/Weigend*, Strafrecht AT, § 55, I.3.d), S. 581; *Tschichoflos*, Die Begründung der Fahrlässigkeitsstrafbarkeit durch Übernahmeverschulden, S. 135; vgl. auch *Duttge*, in: MünchKommStGB, § 15, Rn. 132. *Für das Zivilrecht*: *Deutsch*, Fahrlässigkeit und erforderliche Sorgfalt, S. 299.

sen.[1149] Insofern wird die Übernahmefahrlässigkeit als Sonderfall[1150] dieser so entwickelten Unterlassungspflicht verstanden. Zwingend setzt jedoch auch diese Unterlassungspflicht die Überlegung voraus, ob man etwaigen Gefahren begegnen kann, sodass die Pflicht zur selbstkritischen Prüfung der eigenen Kenntnisse und Fähigkeiten bei dem Vorwurf einer fahrlässigen Tätigkeitsübernahme bzw. –fortführung im Vordergrund steht. Erst das im Hinblick auf die erforderlichen Fähigkeiten und Kenntnisse negative Ergebnis dieser Prüfung führt bezüglich der Tätigkeitsübernahme zu einer *Unterlassungs- und Remonstrationspflicht* und bezüglich der Tätigkeitsfortführung zu einer *Unterbrechungs- und Hinzuziehungspflicht.*

Dagegen folgt aus der die erforderlichen Fähigkeiten und Kenntnisse bestätigenden Prüfung grundsätzlich eine Pflicht zur Durchführung der konkreten ärztlichen Tätigkeit (*Durchführungspflicht*).

bb) Vertikale Arbeitsteilung und Vertrauensgrundsatz

Der Vertrauensgrundsatz findet, wie oben gezeigt[1151], auch im Rahmen vertikaler Arbeitsteilung Anwendung. Dabei gilt er nicht nur in Richtung Arzt – Krankenpfleger, sondern auch umgekehrt in Richtung Krankenpfleger – Arzt. Wenngleich die Mehrzahl der nachfolgenden Literatur- und Rechtsprechungsnachweise insofern das Verhältnis ärztlicher Berufsanfänger – erfahrener Arzt betrifft, können die Ausführungen aufgrund der vergleichbar vertikal strukturierten Arbeitsteilung auf das hier untersuchte Verhältnis von Krankenpfleger – Arzt übertragen werden.

Daher darf auch der Krankenpfleger, so wie sich der delegierende Arzt grundsätzlich auf die sorgfaltsgemäße Durchführung der Tätigkeit durch den Krankenpfleger verlassen darf, auf die Richtigkeit der ärztlichen Anordnung sowohl in *medizinischer* als auch *organisatorischer* Hinsicht vertrauen.[1152] So braucht er sie zum einen inhaltlich, auch soweit ihm dies – etwa aufgrund eigener Sachkunde, durch Nachschlagen in Fachliteratur oder

---

1149 *Roxin*, Strafrecht AT I, § 24, Rn. 36: „wer etwas nicht kann, muss es lassen"; *Jescheck/Weigend*, Strafrecht AT, § 55, I.3.a), S. 580; *Gropp*, Strafrecht AT, § 12, Rn. 67; *Tschichoflos*, Die Begründung der Fahrlässigkeitsstrafbarkeit durch Übernahmeverschulden, S. 60; kritisch zur Herleitung solcher Pflichten *Müller*, Fahrlässige Tätigkeitsübernahme und personale Zurechnung, S. 43 ff.; *Duttge*, in: MünchKommStGB, § 15, Rn. 130.

1150 *Für das Strafrecht*: *Jescheck/Weigend*, Strafrecht AT, § 55, I.3.a), S. 580. Dagegen betont *Duttge* bezüglich der hier betrachteten Fälle, dass sich die Fahrlässigkeit bereits aus den allgemeinen Grundsätzen und nicht aus einer Sonderdogmatik zur Übernahmefahrlässigkeit, ergebe, *Duttge*, in: MünchKommStGB, § 15, Rn. 132; a.A. *Troberg*, Das Übernahmeverschulden, S. 17 ff., 20, der danach unterscheidet, ob der Täter einer Rolle – dann Übernahmefahrlässigkeit – oder einer Lage – dann allgemeine Fahrlässigkeit – nicht gewachsen war. *Für das Zivilrecht*: *Deutsch*, Fahrlässigkeit und erforderliche Sorgfalt, S. 307 bzgl. vertraglich begründeter Schuldverhältnisse; *Tschichoflos*, Die Begründung der Fahrlässigkeitsstrafbarkeit durch Übernahmeverschulden, S. 53.

1151 Siehe *Zweiter Teil, B, II. 6. a) cc) (1)*, S. 163.

1152 *Für das Strafrecht*: *Cramer/Sternberg-Lieben*, in: Schönke/Schröder, § 15, Rn. 153; *Ulsenheimer*, Arztstrafrecht in der Praxis, Rn. 23. *Für das Zivilrecht*: BGH, Urt. v. 12.7.1994 – VI ZR 299/93, NJW 1994, 3008 (3008 f.); OLG Düsseldorf, Urt. v. 25.11.1999 – 8 U 126/98, VersR 2001, 460 (461); OLG Zweibrücken, Urt. v. 18.2.1997 – 5 U 3/96, VersR 1997, 833 (833): bzgl. Assistenzarzt; *Spindler*, in: BeckOK-BGB, § 823, Rn. 717.

durch Befragen anderer – möglich ist, grundsätzlich nicht zu überprüfen.[1153] Zum anderen bezieht sich das Vertrauen darauf, dass die delegierte Tätigkeit ihn nicht überfordere,[1154] der delegierende Arzt mithin seine Fähigkeiten und Kenntnisse im Hinblick auf die Durchführung der konkreten Tätigkeit – unter Berücksichtigung der Möglichkeiten eines etwa komplikationsbedingt notwendigen ärztlichen Eingreifens – richtig beurteilt und organisatorisch Vorsorge getroffen hat.

Gleichwohl ist der Krankenpfleger nicht schon deswegen von jeder haftungsrechtlichen Verantwortung für einen Gesundheitsschaden des Patienten frei, weil ihm ein weisungsberechtigter Arzt eine Aufgabe delegiert hat.[1155] In welchem Umfang das krankenpflegerische Vertrauen in die ärztliche Delegationsentscheidung geschützt ist, wird daher nachfolgend anhand der einzelnen delegationsrelevanten Sorgfaltspflichten des Krankenpflegers dargestellt.

b) Konkretisierung der Sorgfaltspflichten

Im folgenden Abschnitt werden die bereits genannten delegationsrelevanten Sorgfaltspflichten des Krankenpflegers inhaltlich konkretisiert. Im Zeitpunkt der Übernahme der Tätigkeit können den Krankenpfleger neben der Übernahmeprüfpflicht, die Unterlassungs- und Remonstrationspflicht treffen, während er – bei bestehender Durchführungspflicht – im Ausführungszeitpunkt neben der Fortführungsprüfpflicht unter Umständen die Unterbrechungs- und Hinzuziehungspflicht zu beachten hat.

aa) Übernahme- bzw. Fortführungsprüfpflicht

Neben der oben bereits erwähnten Übernahme bzw. Fortführung einer ärztlichen Tätigkeit trotz mangelnder Kenntnisse oder Fähigkeiten und in diesem Sinne einer Selbstüberschätzung,[1156] kann der Vorwurf der Übernahmefahrlässigkeit, von Notfällen abgesehen, auch dann erhoben werden, wenn der Krankenpfleger ohne ärztliche Anordnung eine ärztliche Tätigkeit ausführt bzw. die erforderlichen sachlichen, räumlichen oder hygienischen Verhältnisse nicht zur Verfügung stehen.[1157] Während Letztere als äußere Umstän-

---

1153 BGH, Urt. v. 10.7.1952 – 5 StR 324/52, BGHSt 3, 91 (98): Es besteht keine Pflicht einer Krankenschwester, *„einen Arzt durch Erkundigung bei einer anderen Krankenschwester zu überwachen"*; Urt. v. 1.7.1954 – 3 StR 869/53, BGHSt 6, 282 (288): Es gehört grundsätzlich nicht zu den Aufgaben des Krankenpflegers, *„von sich aus die Verordnung des Arztes nachzuprüfen"*; *Cramer/Sternberg-Lieben*, in: Schönke/Schröder, § 15, Rn. 153; *Schumann*, Strafrechtliches Handlungsunrecht, S. 29 f.

1154 Vgl. nur BGH, Urt. v. 27.9.1983 – VI ZR 230/81, BGHZ 88, 248 (260); Urt. v. 12.7.1994 – VI ZR 299/93, NJW 1994, 3008 (3009); OLG Düsseldorf, Urt. v. 25.11.1999 – 8 U 126/98, VersR 2001, 460 (461).

1155 Vgl. BGH, Urt. v. 27.9.1983 – VI ZR 230/81, BGHZ 88, 248 (259).

1156 Vgl. bereits RG, Urt. v. 14.4.1916 – II 54/16, RGSt 50, 37 (39 f.); Urt. v. 5.10.1925 – II 318/25, RGSt 59, 355 (355 ff.); *Ulsenheimer*, Anm. zu BGH, Urt. v. 20.12.1986 – 4 StR 668/84, JR 1986, 250 (251); *Maurach/Gössel/Zipf*, Strafrecht, AT 2, § 43, Rn. 62.

1157 *Für das Strafrecht*: *Ulsenheimer*, Arztstrafrecht in der Praxis, Rn. 23. *Für das Zivilrecht*: BGH, Urt. v. 30.5.1989 – VI ZR 200/88, NJW 1989, 2321 (2322): bzgl. apparativer Ausstattung; OLG Naumburg, Urt. v. 11.7.2006 – 1 U 1/06, BeckRS 2007 03103, II. 2. 1. a): bzgl. technisch-apparativer Ausstattung; *Kern*, NJW 1996, 1561 (1562); *Uhlenbruck*, in: Laufs/Uhlenbruck, Handbuch des Arztrechts, § 43, Rn. 2; *Geiß/Greiner*, Arzthaftpflichtrecht, B, Rn. 11. Zwar betrefde einer Feststellung leicht zugänglich sind, gestaltet sich die Prüfung eigener Fähigkeiten[1158] bzw. Unfähigkeiten durchaus schwieriger. Anhaltspunkte für die Übernahme- bzw. Fortführungsprüfpflicht liefern insofern die bereits im Rahmen der ärztlichen Auswahlpflicht genannten Kriterien der formellen und materiellen Qualifikation des Krankenpflegers.[1159]

(1) Formelle Qualifikation

Die formelle Befähigung ist nach hier vertretener Auffassung als notwendige Bedingung für die sorgfaltsgemäße Ausführung einer ärztlichen Tätigkeit einzustufen. Ein ausgebildeter Krankenpfleger verfügt freilich über eine formelle Basisqualifikation in Gestalt seiner Aus- bzw. Weiterbildungszeugnisse. Eine dahingehende Übernahmeprüfpflicht erübrigt sich somit. Gleichwohl muss sich der Krankenpfleger im Delegationsfall fragen, ob er die *konkrete Tätigkeit* im Rahmen seiner Aus-, Fort- bzw. Weiterbildung oder einer sonstigen beruflichen Nachqualifikation einmal erlernt hat. Die Übernahmeprüfpflicht des Krankenpflegers hat sich daher *stets*, d.h. in jedem Delegationsfall, auf seine formelle Qualifikation im Hinblick auf die konkrete Tätigkeit zu beziehen.

(2) Materielle Qualifikation

Darüber hinaus hat der Krankenpfleger in materieller Hinsicht einerseits zu prüfen, ob er die konkrete Tätigkeit auch bereits während seiner beruflichen Praxis durchgeführt und somit entsprechende Erfahrungen gesammelt hat. Andererseits bezieht sich die Prüfpflicht – unabhängig von seinem Erfahrungsstand – *stets* auf das Vorliegen kurzfristiger materieller Qualifikationsmängel wie Erschöpfung, Übermüdung, Trunkenheit, sonstige Berauschung oder eigene Erkrankung.

bb) Unterlassungs- und Remonstrationspflicht

Die Übernahmeprüfpflicht kann sich zu der Pflicht, die Durchführung der konkreten Tätigkeit zu unterlassen und dies dem delegierenden Arzt mitzuteilen (sog. *Unterlassungs-* und *Remonstrationspflicht*[1160]) verdichten, wenn das Vertrauen des Krankenpflegers in die

---

fen die genannten Fundstellen – aufgrund der häufigeren judikativen Beschäftigung – regelmäßig die Berufsgruppe der Ärzte. Entsprechende Grundsätze gelten aber ebenso für die Krankenpfleger, vgl. OLG Oldenburg, Urt. v. 9.4.1996 – 5 U 158/95, VersR 1997, 749 (749); *Taupitz*, NJW 1991, 1505 (1509); *ders.*, Die Standesordnungen der freien Berufe, S. 1233; *Spindler*, in: BeckOK-BGB, § 823, Rn. 681.

1158 Vgl. die Aufstellung der das Verhalten eines Menschen prägenden Fähigkeiten und die verschiedenen Möglichkeiten eines Fähigkeitsabfalls bei *Deutsch*, Fahrlässigkeit und erforderliche Sorgfalt, S. 100 ff., 138 f.

1159 Vgl. *Boll*, MedR 2002, 232 (233); *Spindler*, in: BeckOK-BGB, § 823, Rn. 681.

1160 BGH, Urt. v. 27.9.1983 – VI ZR 230/81, NJW 1984, 655 (657): bzgl. Anfängeroperation; Urt. v. 7.12.2004 – VI ZR 212/03, NJW 2005, 888 (891): bzgl. Hebamme; OLG Zweibrücken, Urt. v. 20.10.1998 – 5 U 50/97, NJW-RR 1999, 611 (612): bzgl. des nachgeordneten Arztes; *Gaibler/Trengler*, in: Berg/Ulsenheimer, Patientensicherheit, 111 (115); *Großkopf/Klein*, Recht in Medizin und Pflege, S. 212; *Steffen/Pauge*, Arzthaftungsrecht, Rn. 233; *Deutsch/Spickhoff*, Medizinrecht, Rn. 208; *Quaas/Zuck*, Medizinrecht, § 15, Rn. 6. *Wilhelm* leitet diese Pflicht aus der beamtenrechtlichen Remonstrationspflicht bei Bedenken gegen die Rechtmäßigkeit dienstlicher Anordärztliche Delegationsentscheidung nicht mehr geschützt ist. Letzteres ist anzunehmen, wenn dem Krankenpfleger die Unrichtigkeit einer ärztlichen Anordnung positiv bekannt ist oder ihm die Unrichtigkeit bzw. zumindest erhebliche Zweifel an deren Richtigkeit auch ohne besondere Nachprüfung hätten aufdrängen müssen[1161] – so bei offensichtlichen Fehlern[1162]. Die Fehlerhaftigkeit kann sich dabei sowohl in *medizinischer*[1163] als auch *organisatorischer* Hinsicht ergeben oder in der *Person* des delegierenden Arztes begründet liegen.

Ersteres bedarf vor allem der Konkretisierung anhand des medizinisch-pflegerischen Sachverstands. Allerdings wird und braucht ein Krankenpfleger regelmäßig nicht über die Sachkunde verfügen, die eine fachlich fundierte Beurteilung über die Richtigkeit der Delegationsentscheidung erfordert.[1164] Daher ist von einer offensichtlichen Fehlerhaftigkeit beispielsweise nur auszugehen, wenn der Arzt bei einem dem Krankenpfleger als gefährlich bekannten Mittel fälschlich das Vielfache des sonst in vergleichbaren Fällen Verordneten angibt oder er die bisher regelmäßig verordneten unterschiedlichen Medikamente für zwei von dem Krankenpfleger betreute und an verschiedenen Krankheiten leidende Patienten verwechselt.[1165]

Während sich die Bestimmung medizinischer Zweifel auch angesichts der verschiedenen Meinungen darüber, was aus medizinischer Sicht richtigerweise zu tun ist,[1166] schwierig gestaltet, können sich Zweifel im Hinblick auf die *Person* des delegierenden Arztes etwa aus dem Wissen ergeben, dass sich der Arzt durch zahlreiche vorangegangene Fehlentscheidungen als allgemein oder auf einem bestimmten Gebiet fachlich inkompe-

---

nungen i.S.d. § 56 Abs. 2 BBG a.F. bzw. § 63 Abs. 2 S. 1 BBG n.F. (Bundesbeamtengesetz i.d.F. der Bek. v. 31.3.1999, BGBl. I S. 675, zuletzt geändert durch Art. 17 Abs. 11 S. 2 des Gesetzes v. 5.2.2009, BGBl. I S. 160) ab, *Wilhelm*, Verantwortung und Vertrauen bei Arbeitsteilung in der Medizin, S. 121 ff. Teilweise wird sie auch als Mitteilungspflicht bezeichnet, vgl. *Steffen*, MedR 1996, 265 (265, Anm. 9). Andere stellen auf § 8 Abs. 2 S. 3 BAT (Bundes-Angestelltentarif v. 23.2.1961, der inzwischen weitgehend durch den TVöD und TV-L, d.h. den Tarifvertrag für den öffentlichen Dienst auf Bundes- und Landesebene ersetzt worden ist) ab, wonach der Angestellte Anordnungen, deren Ausführung ihm erkennbar den Strafgesetzen zuwiderlaufen würde, nicht zu befolgen hat, *Roßbruch*, PflR 2003, 139 (145); *M. Weber*, Pflege- & Krankenhausrecht 2000, 90 (91). Kritisch zur Festlegung von Remonstrations-, Informations- und Weigerungspflichten des Krankenhauspersonals als Nebenpflichten aus dem gespaltenen Krankenhausaufnahmevertrag mit Verweis auf das Prinzip der Haftungstrennung, vgl. OLG Koblenz, Urt. v. 26.7.2000 – 1 U 1606/98, MedR 2001, 574 (577).

1161 *Schumann*, Strafrechtliches Handlungsunrecht, S. 30; *Wilhelm*, Verantwortung und Vertrauen bei Arbeitsteilung in der Medizin, S. 123; vgl. auch *Deutsch*, Fahrlässigkeit und erforderliche Sorgfalt, S. 140; *Fahrenhorst*, MedR 1991, 173 (176 f.).

1162 *Altenhain*, Anm. zu BGH, Urt. v. 19.4.2000 – 3 StR 442/99, NStZ 2001, 189 (190); *Schumann*, Strafrechtliches Handlungsunrecht, S. 30; *Wilhelm*, Verantwortung und Vertrauen bei Arbeitsteilung in der Medizin, S. 123; vgl. auch *Deutsch*, Fahrlässigkeit und erforderliche Sorgfalt, S. 140.

1163 BGH, Urt. v. 7.12.2004 – VI ZR 212/03, NJW 2005, 888 (891): Remonstrationspflicht der Hebamme trotz übergeordneter Kompetenz des Arztes bei grob fehlerhafter Behandlung; *Wilhelm*, Verantwortung und Vertrauen bei Arbeitsteilung in der Medizin, S. 126.

1164 BGH, Urt. v. 1.7.1954 – 3 StR 869/53, BGHSt 6, 282 (288 f.); *Schumann*, Strafrechtliches Handlungsunrecht, S. 31.

1165 *Schumann*, Strafrechtliches Handlungsunrecht, S. 31.

1166 *Wilhelm*, Verantwortung und Vertrauen bei Arbeitsteilung in der Medizin, S. 124.

tent erwiesen hat, er bei seinen Delegationsentscheidungen sichtlich abgelenkt ist oder gar unter Alkoholeinfluss bzw. sonstiger Berauschung steht.[1167]

Darüber hinaus kann der Krankenpfleger zur Unterlassung und Remonstration verpflichtet sein, wenn die Delegationsentscheidung offensichtlich in *organisatorischer* Hinsicht an einem Mangel leidet, etwa, weil der delegierende Arzt für den Krankenpfleger erkennbar von falschen Voraussetzungen im Hinblick auf die formelle oder materielle Qualifikation des Krankenpflegers bezüglich der konkreten Delegationstätigkeit ausgeht.[1168] Insofern ist zwischen formellen und materiellen Qualifikationsdefiziten des Krankenpflegers zu unterscheiden. Während ein formelles Defizit[1169] stets eine Unterlassungs- und Remonstrationspflicht begründet, hängen die Konsequenzen eines materiellen Defizits vom jeweiligen Bezugspunkt ab. So kann mangelnde Erfahrung in der Durchführung der konkreten Tätigkeit in bestimmten Fällen durch die in Umfang und Intensität am Stufenmodell orientierten Überwachungs- und Anleitungspflichten des Arztes ausgeglichen werden. Völlig fehlende Erfahrung bezüglich der konkreten Tätigkeit entspricht der *ersten Stufe* und bedingt damit die ärztliche Anwesenheit während der Durchführung. Daher kommt eine krankenpflegerische Unterlassungs- und Remonstrationspflicht allenfalls in Betracht, wenn dem Krankenpfleger bereits bei der Übernahme der Tätigkeit die Abwesenheit des Arztes während der gesamten Durchführung positiv bekannt ist. Verfügt der Krankenpfleger dagegen schon über einschlägige Kenntnisse und Erfahrungen, bietet in Übereinstimmung mit der *zweiten Stufe* lediglich das Wissen um die kurzfristige Nichterreichbarkeit eines Arztes einen Anknüpfungspunkt für eine Unterlassungs- und Remonstrationspflicht.

Gelingt es jedoch die fehlende Berufspraxis des Krankenpflegers in der beschriebenen Art auszugleichen, löst mangelnde Erfahrung allein keine krankenpflegerische Unterlassungspflicht aus.

Dagegen scheidet eine Kompensation *kurzfristiger materieller Qualifikationsmängel* regelmäßig aus. Daher trifft den Krankenpfleger bei einer akuten defizitären physischen und/oder psychischen Konstitution – unabhängig vom eigenen Erfahrungsstand – *stets* eine Unterlassungs- und Remonstrationspflicht. Etwas anderes gilt nur beim zufälligen Fähigkeitsabfall und damit einem trotz Anwendung der verkehrserforderlichen Sorgfalt nicht vorhersehbaren Leistungsdefizits.[1170] Allerdings treten nach Auffassung der Rechtsprechung Ausfallerscheinungen geistiger wie körperlicher Art nur selten plötzlich und damit unvorhersehbar auf.[1171] „Erschwerend" kommt hinzu, dass es sich hier um Krankenpfleger handelt, die im Vergleich zu medizinisch ungeschultem Personal Warnzeichen bevorstehender Mängel wohl eher zu erkennen vermögen.

1167 *Schumann*, Strafrechtliches Handlungsunrecht, S. 31.

1168 Vgl. *Fahrenhorst*, MedR 1991, 173 (176 f.): bzgl. des inzwischen abgeschafften AiP.

1169 D.h. der Krankenpfleger hat die konkrete Tätigkeit weder im Rahmen seiner Aus-, Fort- oder Weiterbildung noch einer sonstigen Nachqualifikation kennengelernt.

1170 *Deutsch*, Anm. zu BGH, Urt. v. 9.6.1967 – VI ZR 11/66, JZ 1968, 103 (104); *ders.*, Fahrlässigkeit und erforderliche Sorgfalt, S. 138 f.

1171 BGH, Urt. v. 9.6.1967 – VI ZR 11/66, JZ 1968, 103 (103): bzgl. Sehvermögen; Urt. v. 17.4.1958 – 4 StR 21/58, VRS 14, 441 (442); Urt. v. 18.11.1969 – 4 StR 66/69, VRS 38, 144 (146 ff.); Urt. v. 5.2.1974 – VI ZR 52/72, NJW 1974, 948 (949): bzgl. Ermüdung; Urt. v. 20.10.1987 – VI ZR 280/86, NJW 1988, 909 (910 f.): bzgl. Kraftfahrzeugführer; *Sternberg-Lieben*, in: Schönke/Schröder, § 15, Rn. 136.

Abschließend sei angemerkt, dass die Pflicht zu remonstrieren, d.h. Bedenken gegen die ärztliche Anordnung zu äußern,[1172] auf den ersten Blick dem der vertikalen Arbeitsteilung immanenten Über-/Unterordnungsverhältnis zwischen Arzt und dem in formaler und/oder fachlicher Hinsicht weisungsgebundenen Krankenpfleger wie auch der Aufrechterhaltung des Medizinbetriebs insgesamt zu widersprechen scheint.[1173] Auf den zweiten Blick ist der Krankenpfleger als Delegationsempfänger in Übereinstimmung mit dem Grundsatz der Eigenverantwortung aber nicht von vornherein von jedweder Verantwortung freigestellt, nur weil ihm der delegierende Arzt die Fähigkeit „zugesprochen" hat, die Tätigkeit sorgfaltsgemäß auszuführen.[1174] Äußert der Krankenpfleger seine – aus welchen Gründen auch immer bestehenden – Bedenken gegenüber dem delegierenden Arzt und bleibt dieser gleichwohl bei der getroffenen Delegationsentscheidung, entsteht jedoch regelmäßig eine neue Vertrauensbasis in die Richtigkeit der ärztlichen Anordnung[1175] und eine krankenpflegerische Sorgfaltswidrigkeit scheidet regelmäßig aus. Angesichts der hohen betroffenen Rechtsgüter und der Beschränkung auf „erhebliche Zweifel" an der ärztlichen Delegationsentscheidung ist die Remonstrationspflicht daher nicht nur mit der Weisungsgebundenheit des Krankenpflegers zu vereinbaren, sondern wird auch als das bei jedem arbeitsteiligen Zusammenwirken notwendige Mindestmaß an gegenseitiger Kontrolle verstanden.[1176] Insofern fände auch ein Verweis des Krankenpflegers auf etwaige befürchtete berufliche Nachteile infolge der gebotenen Remonstration kein Gehör.[1177]

cc) Unterbrechungs- und Hinzuziehungspflicht

Vergleichbare Konsequenzen ergeben sich, wenn der Krankenpfleger erst während der Durchführung der Tätigkeit an die Grenzen seiner persönlichen Leistungsfähigkeit gelangt, etwa weil Fragestellungen auftreten, die seinen Wissens- bzw. Ausbildungsstand überschreiten.[1178] Letzteres wurde beispielsweise für das Eintreten ernsthafter Komplikationen angenommen.[1179] Dann obliegt es dem Arzt das nach den jeweiligen Umständen des Einzelfalls risikoloseste und am wenigsten verletzungsträchtige Vorgehen auszuwählen.[1180]

1172 BGH, Urt. v. 27.9.1983 – VI ZR 230/81, BGHZ 88, 248 (259); OLG Frankfurt, Urt. v. 6.4.1990 – 24 U 18/89, NJW-RR 1991, 1373 (1373 f.); *Ulsenheimer*, Arztstrafrecht in der Praxis, Rn. 23; *Sträßner*, Haftungsrecht für Pflegeberufe, S. 207, Abb. 24.

1173 Vgl. *Wilhelm*, Verantwortung und Vertrauen bei Arbeitsteilung in der Medizin, S. 119.

1174 BGH, Urt. v. 27.9.1983 – VI ZR 230/81, BGHZ 88, 248 (259); *Ulsenheimer*, Anm. zu BGH, Urt. v. 20.12.1986 – 4 StR 668/84, JR 1986, 250 (251); *Schumann*, Strafrechtliches Handlungsunrecht, S. 30.

1175 OLG Frankfurt, Urt. v. 6.4.1990 – 24 U 18/89, NJW-RR 1991, 1373 (1374); *Schumann*, Strafrechtliches Handlungsunrecht, S. 31.

1176 *Carstensen/Schreiber*, Arbeitsteilung und Verantwortung, in: Jung/Schreiber, Arzt und Patient zwischen Therapie und Recht, 167 (171); *Altenhain*, Anm. zu BGH, Urt. v. 19.4.2000 – 3 StR 442/99, NStZ 2001, 189 (190).

1177 So anerkannt für ärztliche Berufsanfänger: BGH, Urt. v. 27.9.1983 – VI ZR 230/81, NJW 1984, 655 (657); *Fahrenhorst*, MedR 1991, 173 (176); *Mehringer*, Die Anfängeroperation, S. 81

1178 OLG Hamm, Urt. v. 27.4.1981 – 3 U 307/80, VersR 1983, 883 (884); *Taupitz*, NJW 1991, 1505 (1509); *Taupitz*, Die Standesordnungen der freien Berufe, S. 1233.

1179 OLG Oldenburg, Urt. v. 9.4.1996 – 5 U 158/95, VersR 1997, 749 (749); *Spindler*, in: BeckOK-BGB, § 823, Rn. 681.

1180 Vgl. nur LG Dortmund, Urt. v. 25.2.1985 – 17 S 368/84, MedR 1985, 291 (292).

Daher folgt aus der Fortführungsprüfpflicht eine *Unterbrechungs-* und *Hinzuziehungspflicht*[1181], wonach der Krankenpfleger umgehend den delegierenden Arzt zu verständigen und bis zu seinem Eintreffen eigenes weiteres Handeln einzustellen hat.

dd) Durchführungspflicht

Verfügt der Krankenpfleger über die erforderlichen Fähigkeiten und Kenntnisse, ist er in *jedem* „Durchführungsfall" verpflichtet, die ärztliche Tätigkeit *anordnungs-* und *sorgfaltsgemäß* durchzuführen – ihm obliegt insofern eine *Durchführungspflicht*[1182].

Demnach kommt eine Haftung wegen eines Behandlungsfehlers in Betracht, wenn der Krankenpfleger die ärztliche Anordnung missachtet[1183] und/oder er bei der Durchführung gegen die im Verkehr erforderliche Sorgfalt verstößt[1184] – etwa eine Injektion unsteril aufzieht[1185] –und ihm infolgedessen ein Fehler unterläuft, der den Patienten schädigt. Ein Abweichen von der ärztlichen Delegationsentscheidung ist allerdings noch möglich und auch erforderlich, wenn sich zum Beispiel der Gesundheitszustand des Patienten zwischen der ärztlichen Anordnung und dem Tätigwerden des Krankenpflegers verändert hat und sich somit die Notwendigkeit zum Treffen anderer ärztlicher Anordnungen ergibt. Dieser Fall ist mit der Situation vergleichbar, in der der Krankenpfleger erst während der Durchführung der Tätigkeit an die Grenzen seiner Leistungsfähigkeit gelangt, sodass ihn analog dazu eine Hinzuziehungspflicht trifft.

ee) Exkurs: Unterscheidung zwischen rechtlichem „Dürfen" und „Müssen"

Wenn vorliegend von einer Durchführungspflicht gesprochen wird, so ist die Verpflichtung dahingehend zu verstehen, dass der Krankenpfleger, der eine aus berufs- und (straf- wie zivil-)haftungsrechtlicher Sicht zulässigerweise delegierte Tätigkeit durchführt und

---

1181 Vgl. RG, Urt. v. 1.12.1931 – I 707/31, RGSt 67, 12 (23); OLG Koblenz, Urt. v. 30.10.2008 – 5 U 576/07, PflR 2009, 135 (138 f.); OLG Oldenburg, Urt. v. 9.4.1996 – 5 U 158/95, VersR 1997, 749 (749); OLG München, Urt. v. 20.6.1996 – 1 U 4529/95, VersR 1997, 977 (978); OLG Köln, Urt. v. 2.12.1992 – 27 U 103/91, VersR 1993, 1487 (1488), Nichtannahme BGH, Beschl. v. 5.10.1993 – VI ZR 3/93; OLG Hamm, Urt. v. 27.4.1981 – 3 U 307/80, VersR 1983, 883 (884): für einen noch in der Facharztausbildung befindlichen Arzt; OLG Oldenburg, Urt. v. 9.4.1996 – 5 U 158/95, VersR 1997, 749 (749); LG Dortmund, Urt. v. 25.2.1985 – 17 S 368/84, MedR 1985, 291 (292); *Spindler*, in: BeckOK-BGB, § 823, Rn. 681. Eine allgemeine als Informations- und Beteiligungspflicht bezeichnete Hinzuziehungspflicht ist auch in den krankenpflegerischen Berufsordnungen verankert, vgl. § 5 Nr. 1 e) KrPflBO Bremen; § 5 Nr. 2 d) a.E. 2 PflegeBO Hamburg; § 5 Nr. 4 PflegeBO Saarland.

1182 OLG Zweibrücken, Urt. v. 20.10.1998 – 5 U 50/97, NJW-RR 1999, 611 (612); OLG Hamm, Urt. v. 5.11.1980 – 3 U 67/80, VersR 1983, 564 (565), Nichtannahme BGH, Beschl. v. 9.11.1982 – VI ZR 3 S/81; *Steffen*, MedR 1996, 265 (265, Anm. 10); *Steffen/Pauge*, Arzthaftungsrecht, Rn. 233; *Sträßner*, Haftungsrecht für Pflegeberufe, S. 208.

1183 LG Göttingen, Urt. v. 28.9.1983 – 8 O 207/77 (nicht rechtskräftig), VersR 1983, 1188 (1189); *Sträßner*, Haftungsrecht für Pflegeberufe, S. 208.

1184 Vgl. *Bachstein*, Pflege Aktuell 2005, 544 (546); *Quaas/Zuck*, Medizinrecht, § 15, Rn. 6; *Großkopf/Klein*, Recht in Medizin und Pflege, S. 212; *Höfert*, Pflege im Recht, S. 5, 288; *Pitz*, Was darf das Medizinalpersonal?, S. 149; *Gaibler/Trengler*, in: Berg/Ulsenheimer, Patientensicherheit, 111 (112).

1185 *Sträßner*, Haftungsrecht für Pflegeberufe, S. 116 f. mit weiteren Beispielen.

insofern auch durchführen darf, dies stets anordnungs- und sorgfaltsgemäß zu tun hat. Das berufs- und haftungsrechtliche *„Dürfen"* ist jedoch vom arbeitsrechtlichen *„Müssen"* zu unterscheiden. Ein abhängig beschäftigter Krankenpfleger muss nämlich nur dann eine berufs- und haftungsrechtlich zulässig delegierte Tätigkeit ausführen, wenn er auch aus arbeitsrechtlicher Sicht dazu verpflichtet ist.[1186]

Hauptpflicht des Krankenpflegers in seiner Arbeitnehmereigenschaft ist die geschuldete Arbeitspflicht bzw. Arbeitsleistung.[1187] Diese wird in erster Linie durch den Arbeitsvertrag konkretisiert,[1188] sodass die arbeitsvertragliche Tätigkeitsbeschreibung den Inhalt der Leistungspflicht begrenzt.[1189] Wird die Tätigkeit durch eine Berufsbezeichnung gekennzeichnet, ist auf das übliche Berufsbild und dessen Entwicklung unter Berücksichtigung etwa der Branche, des Ortes oder gegebenenfalls des Betriebs abzustellen. Der Krankenpfleger, der laut Arbeitsvertrag regelmäßig nur allgemein als Krankenpfleger beschäftigt wird, ist demnach jedenfalls zu allen Tätigkeiten verpflichtet, die zu seinem Berufsbild zählen.[1190] Fraglich ist daher, ob die Durchführung einer ärztlichen Tätigkeit im Rahmen der Delegation zum Berufsbild des Krankenpflegers gehört.

(1) Berufsbild umfasst keine Delegationsfälle

Einerseits wird vertreten, dass ein Krankenpfleger nach seinem Berufsbild keine ärztlichen Tätigkeiten zu übernehmen habe.[1191] Unterschieden wird teilweise zwischen normalem und erweitertem Leistungsspektrum des Krankenpflegers. Während ersteres die Grund-, Behandlungs-, Sonder- und Funktionspflege umfasse,[1192] gehörten zu letzterem pflegefremde Tätigkeiten wie hauswirtschaftliche, verwaltende, technische und *ärztliche* Tätigkeiten, soweit sie in einem örtlichen, sachlichen und zeitlichen Zusammenhang mit dem normalen Leistungsspektrum stünden.[1193] Pflegefremd seien zum Beispiel Injektionen,

---

1186 Vgl. *Roßbruch*, PflR 2003, S. 95 (96); *ders.*, PflR 2003, 139 (139 ff.); *Mazal*, RdM 1997, 161 (161); *Flemmich*, ÖKZ 2004, 16 (16 f.).

1187 Ob die geschuldete Leistung in der bloßen Zurverfügungstellung der Arbeitskraft [*von Stebut*, RdA 1985, 66 (70)] oder in der Arbeit selbst besteht, ist in Übereinstimmung mit dem Wortlaut des § 611 Abs. 1 BGB, der zu der „Leistung der versprochenen Dienste" verpflichtet, zugunsten der zweiten Ansicht zu beantworten, vgl. *Preis*, in: Müller-Glöge/Preis/Schmidt, ErfK Arbeitsrecht, § 611 BGB, Rn. 642; *Kamanabrou*, in: Dornbusch/Fischermeier/Löwisch, Arbeitsrecht, § 611 BGB, Rn. 338.

1188 *Kamanabrou*, in: Dornbusch/Fischermeier/Löwisch, Arbeitsrecht, § 611 BGB, Rn. 337; *Großkopf/Klein*, Recht in Medizin und Pflege, S. 310.

1189 *Kamanabrou*, in: Dornbusch/Fischermeier/Löwisch, Arbeitsrecht, § 611 BGB, Rn. 339; *Thomae*, in: Weth/Thomae/Reichold, Arbeitsrecht im Krankenhaus, Teil 2, D, Rn. 10.

1190 Vgl. *Preis*, in: Müller-Glöge/Preis/Schmidt, ErfK Arbeitsrecht, § 611 BGB, Rn. 648; *Kamanabrou*, in: Dornbusch/Fischermeier/Löwisch, Arbeitsrecht, § 611 BGB, Rn. 340; *Thüsing*, in: Henssler/Willemsen/Kalb, Arbeitsrecht, § 611 BGB, Rn. 289.

1191 *Sträßner*, PflR 2007, 3 (9); *ders.*, in: Arbeitsgemeinschaft Medizinrecht im DAV, Medizinrecht heute, 91 (113); *Roßbruch*, Stellungnahme zum Gesetzentwurf des PfWG, in: BT, Ausschuss für Gesundheit, A-Drucks. 16(14)0327(65), S. 13.

1192 *Sträßner*, PflR 2007, 3 (4); *ders.*, in: Arbeitsgemeinschaft Medizinrecht im DAV, Medizinrecht heute, 91 (113).

1193 *Sträßner*, PflR 2007, 3 (4); *ders.*, in: Arbeitsgemeinschaft Medizinrecht im DAV, Medizinrecht heute, 91 (113).

Infusionen oder Blutentnahmen. Diese würden dem ärztlichen Berufsbild zugeordnet,[1194] nicht jedoch dem des Krankenpflegers.

Mangels generell fehlender Berufsbildzugehörigkeit ärztlicher Tätigkeiten könnten dem Krankenpfleger über das aus dem Arbeitsvertrag folgende, arbeitgeberseitig bestehende Weisungs- bzw. Direktionsrecht,[1195] das an die im Arbeitsvertrag konkret getroffenen Vereinbarungen über Art, Inhalt, Umfang, Ort und Zeit der Arbeit gebunden ist,[1196] grundsätzlich keine ärztlichen Tätigkeiten zur Durchführung zugewiesen werden. Eine arbeitsrechtliche Verpflichtung zur Durchführung der aus berufs- und haftungsrechtlicher Sicht zulässigerweise delegierten ärztlichen Tätigkeiten ergäbe sich für den Krankenpfleger mithin nur dann, wenn eine entsprechende Delegationsklausel im Arbeitsvertrag vereinbart worden wäre.[1197]

Dafür streitet auf den ersten Blick ein arbeitsgerichtliches Urteil zur Operationsassistenz[1198]: Demnach sei eine im OP-Bereich beschäftigte Pflegeperson, von Notfällen abgesehen, nicht verpflichtet, bei Operationen Tätigkeiten eines Assistenzarztes auszuüben, insbesondere Wundsekret abzusaugen, Gefäße zu koagulieren, Haken zu halten, Fäden abzuschneiden und darauf zu achten, ob Nerven beschädigt werden können. Wenn das Gericht in der Begründung darauf abstellt, dass es sich insoweit um Tätigkeiten handelt, die dem Arzt vorbehalten seien und sich der Krankenpfleger daher der unzumutbaren Gefahr aussetze, bei einem Behandlungsfehler strafrechtlich zur Verantwortung gezogen zu werden, so sind damit jedoch die vorliegend als ärztliche Tätigkeiten im engen Sinn bezeichneten, d.h. höchstpersönlich vom Arzt durchzuführenden Tätigkeiten angesprochen.

Auf den zweiten Blick kann das Urteil daher nicht als Beleg dafür herangezogen werden, dass die Durchführung ärztlicher Tätigkeiten – unabhängig von der Unterscheidung zwischen ärztlichen Tätigkeiten im engen und weiten Sinn – generell nicht dem Berufsbild eines Krankenpflegers entspreche. Dass es aber bei der Berufsbildzugehörigkeit auf die Feststellung ankommt, ob es sich um eine höchstpersönliche ärztliche Tätigkeit handelt oder nicht, ergibt sich mittelbar auch aus einer weiteren arbeitsgerichtlichen Entscheidung. Darin wird ein zur außerordentlichen Kündigung berechtigender wichtiger Grund abgelehnt, weil nicht feststehe, dass in der täglichen Praxis den Ärzten die Entscheidung über die Entfernung von Blasenkathetern und Magensonden tatsächlich und ausnahmslos vorbehalten bleibe.[1199]

1194 *Sträßner*, PflR 2007, 3 (9); wohl auch *Thomae*, in: Weth/Thomae/Reichold, Arbeitsrecht im Krankenhaus, Teil 2, D, Rn. 10.

1195 BAG, Urt. v. 7.12.2000 – 6 AZR 444/99, NZA 2001, 780 (780); Urt. v. 10.11.1992 – 1 AZR 185/92, NZA 1993, 331 (331); *Preis*, in: Müller-Glöge/Preis/Schmidt, ErfK Arbeitsrecht, § 611 BGB, Rn. 233, 649, § 106 GewO, Rn. 11. Der Sache nach handelt es sich bei dem nunmehr in § 106 GewO für alle Arbeitsverhältnisse gesetzlich definierten Direktionsrecht um ein einseitiges Gestaltungsrecht zur Leistungsbestimmung, sodass die Ausübung desselben der Billigkeitsprüfung gem. § 315 BGB unterliegt, *Hesse*, in: MünchKommBGB, Vorbemerkungen zu §§ 620-630, Rn. 62.

1196 *Preis*, in: Müller-Glöge/Preis/Schmidt, ErfK Arbeitsrecht, § 611 BGB, Rn. 649, § 106 GewO, Rn. 11; *Hromadka/Maschmann*, Arbeitsrecht 1, § 6, Rn. 16.

1197 So wohl *Thomae*, in: Weth/Thomae/Reichold, Arbeitsrecht im Krankenhaus, Teil 2, D, Rn. 10.

1198 ArbG Koblenz, Urt. v. 24.8.1993 – Ca 713/93, PflR 1997, 125 (125 f.); *Roßbruch*, Anm. zu ArbG Koblenz, Urt. v. 24.8.1993 – Ca 713/93, in: PflR 1997, 125 (126).

1199 ArbG Göttingen, Urt. v. 7.3.2006 – 1 Ca 289/05, PflR 2006, 479 (482).

(2) Berufsbild umfasst Delegationsfälle

Daher könnte man andererseits davon ausgehen, dass die Durchführung ärztlicher Tätigkeiten im weiten Sinn dem Berufsbild des Krankenpflegers zuzuordnen ist.[1200] Ein Berufsbild soll der Verdeutlichung der spezifischen Inhalte und Konturen eines Berufs dienen und wird häufig in ein normatives und ein traditionelles Verständnis unterteilt.[1201] Während das normative Berufsbild die gesetzliche Typisierung oder Fixierung meint, gründet sich das traditionelle Berufsbild auf traditionelle bzw. bestimmte soziologisch erfassbare Berufsentwicklungen.[1202] Letzterem Verständnis entspricht somit die Aussage, dass zum Berufsbild der Krankenpflege schon traditionell die Durchführung ärztlicher Tätigkeiten zu diagnostischen und therapeutischen Zwecken wie die Klassiker der subkutanen und intramuskulären Injektionen, Katheterisierungen der Harnblase und Verbandwechsel gehöre.[1203]

In normativer Hinsicht ermächtigt die Rechtsprechung den Gesetzgeber ausdrücklich, Erscheinungsformen und Ausübungsmodalitäten eines Berufs durch rechtliche Ausgestaltung von Berufsbildern zu regeln.[1204] Auch das Krankenpflegegesetz wird – wenngleich es sich lediglich um ein die Berufsbezeichnung schützendes Gesetz handelt – als eine normative Fixierung des Berufsbildes verstanden[1205] und zum Beispiel in der Ausbildungszielbeschreibung des § 3 Abs. 2 KrPflG ein Beitrag zu einer klareren Profilierung desselben gesehen.[1206]

Wenn nun § 3 Abs. 2 Nr. 2a und 2b KrPflG die eigenständige Durchführung ärztlich veranlasster Maßnahmen oder Maßnahmen der medizinischen Diagnostik, Therapie oder Rehabilitation als im Rahmen der Mitwirkung auszuführende Aufgaben deklariert, werden Delegationsfälle jedenfalls nicht ausgeschlossen. Insofern spricht Einiges dafür, dass bereits die Durchführung zulässigerweise delegierter ärztlicher Tätigkeiten vom Be-

---

1200 In diese Richtung: ArbG Göttingen, Urt. v. 7.3.2006 – 1 Ca 289/05, PflR 2006, 479 (482); *Risse*, PflR 2006, 457 (457 f.).

1201 Vgl. grundlegend BVerfG, Urt. v. 11.6.1958 – 1 BvR 596/56, BVerfGE 7, 377 (397, 406); *Scholz*, in: Maunz/Dürig, GG, Art. 12, Rn. 281.

1202 *Scholz*, in: Maunz/Dürig, GG, Art. 12, Rn. 281.

1203 *Risse*, PflR 2006, 457 (457 f.), der allerdings aufgrund verringerter Theoriestundenanzahl für die medizinischen Fächer i.E. davon ausgeht, dass die Inhalte der Pflegeausbildungen an sich „konträr zur Übernahme weiterer ärztlicher Tätigkeiten" stünden.

1204 BVerfG, Urt. v. 11.6.1958 – 1 BvR 596/56, BVerfGE 7, 377 (406); Beschl. v. 14.3.1989 – 1 BvR 1033/82 u. 174/84, BVerfGE 80, 1 (24).

1205 BVerfG, Urt. v. 11.6.1958 – 1 BvR 596/56, BVerfGE 7, 377 (406); Beschl. v. 14.3.1989 – 1 BvR 1033/82 u. 174/84, BVerfGE 80, 1 (24), wonach die sog. subjektiven Voraussetzungen der Berufszulassung, d.h. v.a. solche der Vor- und Ausbildung, als Teil der rechtlichen Ordnung eines Berufsbildes qualifiziert werden. Speziell zum KrPflG vgl. *SVR Gesundheitswesen*, Kooperation und Verantwortung, S. 96, Anm. 107, abrufbar im Internet unter <http://www.svr-gesundheit.de/Startseite/Startseite.htm> (Stand v. 4.9.2007). Ferner allgemein zur Funktion des Bezeichnungsschutzes als gesetzliche Fixierung von Berufsbildern *Igl/Welti*, VSSR 1999, 21 (28 f.) unter Bezug auf BVerfG, Urt. v. 13.2.1964 – 1 BvL 17/61, 1 BvR 494/60, 128/61, BVerfGE 17, 232 (241 f.); a.A. *Sträßner*, PflR 2007, 3 (4), da sich die genaue Abgrenzung von Arbeitsfeldern durch ein lediglich die Berufsbezeichnung schützendes Gesetz sehr schwierig gestalte.

1206 BT-Drucks. 15/804, S. 40; BT-Drucks. 15/13, S. 22; *Storsberg/Neumann/Neiheiser*, KrPflG, § 3, S. 73.

rufsbild des Krankenpflegers gedeckt ist[1207] und somit auch im Rahmen des Weisungs- bzw. Direktionsrechts zugwiesen werden kann. In welchem Umfang Krankenpfleger ärztliche Tätigkeiten (im weiten Sinn) durchzuführen haben, unterliegt insofern in erster Linie der Entscheidung des jeweiligen Arbeitgebers des Krankenpflegers und somit regelmäßig dem Einrichtungsträger.[1208]

Unabhängig davon reicht eine wie auch immer zu konkretisierende Arbeitspflicht des Krankenpflegers nur so weit, wie sie nicht gegen höherrangiges Recht verstößt.[1209] Daher bildet das Berufs- und Haftungsrecht stets die Grenze der arbeitsvertraglichen Leistungspflicht des Krankenpflegers,[1210] sodass vorliegend nicht das arbeitsrechtliche Müssen, sondern das berufs- und haftungsrechtliche Dürfen der Durchführung ärztlicher Tätigkeiten und insofern die delegationsrelevanten Sorgfaltspflichten im Mittelpunkt der Betrachtung stehen.

ff) Zwischenergebnis

Nicht alle delegationsrelevanten Sorgfaltspflichten des Krankenpflegers bestehen in jedem Delegationsfall. *Stets* trifft den Krankenpfleger jedoch eine *Übernahme- bzw. Fortführungsprüfpflicht.* Dagegen wird eine *Unterlassungs- und Remonstrationspflicht* nur insoweit begründet, als sich dem Krankenpfleger die Unrichtigkeit oder zumindest *erhebliche Zweifel* – seien sie medizinischer oder organisatorischer Art – an der Richtigkeit der ärztlichen Delegationsentscheidung auch ohne besondere Nachprüfung hätten aufdrängen müssen. Letzteres ist bei kurzfristigen materiellen und formellen Qualifikationsmängeln in Bezug auf die konkrete Tätigkeit anzunehmen und richtet sich im Übrigen in Anlehnung an das Stufensystem nach der positiven Kenntnis des Krankenpflegers entweder von der ärztlichen Abwesenheit oder Nichterreichbarkeit während der Durchführung der Tätigkeit.

Ferner wird dem Krankenpfleger eine *Unterbrechungs- und Hinzuziehungspflicht* erst auferlegt, wenn er während der Durchführung der Tätigkeit an die *Grenzen* seiner persönlichen Leistungsfähigkeit gelangt.

Da der Krankenpfleger, solange er über die erforderlichen Fähigkeiten und Kenntnisse zur Durchführung der konkreten Tätigkeit verfügt und eine weder in medizinischer noch organisatorischer Hinsicht offensichtlich fehlerhafte Delegationsentscheidung des Arztes gegeben ist, zur anordnungs- und sorgfaltsgemäßen Durchführung der delegierten Tätigkeit verpflichtet ist, kann die Durchführungspflicht als *stets* zu beachtende delegationsrelevante Sorgfaltspflicht des Krankenpflegers betrachtet werden.

Kommt der durchführende Krankenpfleger den delegationsrelevanten Sorgfaltspflichten wie beschrieben nach, fehlt es regelmäßig an der für eine zivil- wie strafrechtliche Ver-

---

1207 So ausdrücklich für die österreichische Rechtslage *Flemmich*, ÖKZ 2004, 16 (16 f.).

1208 *Sträßner*, in: Arbeitsgemeinschaft Medizinrecht im DAV, Medizinrecht heute, 91 (103 f., 111 f.); Vgl. z.B. die Muster-Dienstanweisung zur Durchführung von Injektionen und Blutentnahmen durch das Krankenpflegepersonal auf Allgemeinpflegestationen in: *VPU*, Übernahme ärztlicher Tätigkeiten, S. 39; vgl. aber auch BAG, Urt. v. 10.11.1992 – 1 AZR 185/92, NZA 1993, 331 (331 ff.): tarifliche Regelungen; *Sträßner*, PflR 2007, 3 (5): Der Träger dürfe dem Arbeitnehmer kraft seines Direktionsrechts nur Aufgaben zuweisen, die der Vergütungsgruppe des Arbeitnehmers entsprechen.

1209 *Hromadka/Maschmann*, Arbeitsrecht 1, § 6, Rn. 13 ff.

1210 Vgl. *Sträßner*, PflR 2007, 3 (7 f.); *Stärker*, RdM 1998, 3 (5); *Flemmich*, ÖKZ 2004, 16 (16 f.).

antwortung vorausgesetzten Verletzung einer Sorgfaltspflicht[1211]. Dann genügt er grundsätzlich seiner sog. *Durchführungsverantwortung*[1212], die sich auf alle erläuterten delegationsrelevanten Sorgfaltspflichten und damit auf die Übernahme- bzw. Fortführungsprüfpflicht, die Unterlassungs- und Remonstrationspflicht bzw. die Unterbrechungs- und Hinzuziehungspflicht sowie die Durchführungspflicht bezieht.[1213]

Wenngleich der Vertrauensgrundsatz somit sowohl in Richtung Arzt-Krankenpfleger als auch Krankenpfleger-Arzt gilt, ergeben sich Unterschiede in der sorgfaltspflichtbegrenzenden Wirkung des Vertrauensgrundsatzes. Während sich der Arzt erst dann auf die ordnungsgemäße Durchführung der delegierten Tätigkeit durch den Krankenpfleger verlassen darf, wenn er seinerseits die delegationsrelevanten Sorgfaltspflichten beachtet hat, ist das Vertrauen des Krankenpflegers in die ärztliche Delegationsentscheidung – abgesehen von der Übernahmeprüfpflicht – grundsätzlich ohne Zutun des Krankenpflegers geschützt, reduziert somit Anzahl und Umfang der krankenpflegerischen Sorgfaltspflichten erheblich.[1214]

III. Aufklärungspflicht im Delegationsfall

Die Verletzung der bisher dargestellten Delegationspflichten wird als Behandlungsfehler im weiten Sinn eingeordnet. Darüber hinaus bilden bei der Patientenbehandlung Aufklä-

---

1211 An dieser Stelle sei jedoch – wenngleich vorliegend nicht strikt zwischen dem Merkmal der Sorgfaltspflichtverletzung und dem der Vorhersehbarkeit unterschieden wird – explizit auf den relativen Charakter der Sorgfalt hingewiesen, der die Vorverlagerung der Sorgfaltswidrigkeit einschränkt. Denn stets muss das frühere Fehlverhalten, die Übernahme der Tätigkeit ohne entsprechende Fähigkeiten und Kenntnisse, bei den hier betrachteten Erfolgstatbeständen in Bezug auf den schließlich eingetretenen Erfolg unsorgfältig gewesen sein, sog. Verschuldenszusammenhang, *Deutsch*, Fahrlässigkeit und erforderliche Sorgfalt, S. 111. Demnach müsste bereits im Übernahmezeitpunkt die nahe Möglichkeit der (später tatsächlich eingetretenen) Patientenschädigung als aus der unterlassenen Vergewisserung der eigenen Leistungsfähigkeit – unter Berücksichtigung ärztlicher Einflussmöglichkeiten – folgend vorhergesehen werden können, *Deutsch*, Fahrlässigkeit und erforderliche Sorgfalt, S. 113.

1212 Der Begriff der Durchführungsverantwortung als Umschreibung der delegationsrelevanten Sorgfaltspflichten des durchführenden Krankenpflegers wird überwiegend im pflegewissenschaftlichen Schrifttum verwandt und hat seinen normativen Ursprung in den österreichischen Delegationsregelungen des dortigen Gesundheits- und Krankenpflegegesetzes [vgl. § 15 Abs. 2 ÖGuKG: „... *der Angehörige des gehobenen Dienstes für Gesundheits- und Krankenpflege trägt die Verantwortung für die Durchführung der angeordneten Tätigkeit (Durchführungsverantwortung).*"]

1213 *Bachstein*, Pflege Aktuell 2005, 544 (546); *Quaas/Zuck*, Medizinrecht, § 15, Rn. 6; *Pitz*, Was darf das Medizinalpersonal?, S. 149.

1214 *Ulsenheimer*, Anm. zu BGH, Urt. v. 20.12.1986 – 4 StR 668/84, JR 1986, 250 (251); *Wilhelm*, Verantwortung und Vertrauen bei Arbeitsteilung in der Medizin, S. 123; *Schumann*, Strafrechtliches Handlungsunrecht, S. 30. A.A. *Cramer/Sternberg-Lieben*, in: Schönke/Schröder, § 15, Rn. 153, wonach sich der Vertrauensgrundsatz nicht auf der Ebene der objektiven Sorgfaltsnormen, sondern auf der Ebene der Fahrlässigkeitsschuld in Form einer Begrenzung der auf den Inhalt dieser Normen bezogenen Erkenntnisverschaffungspflicht auswirke.

rungsfehler[1215] regelmäßig den Anknüpfungspunkt für eine zivil- wie strafrechtliche Verantwortlichkeit.

Nachfolgend soll daher die Delegationsrelevanz der Aufklärungspflicht in zweierlei Hinsicht untersucht werden: Einerseits gilt es zu klären, ob über die Delegation aufzuklären ist. Andererseits ist auf die Frage einzugehen, wer den Patienten in den hier untersuchten Delegationsfällen über die für ihn entscheidungserheblichen Umstände aufzuklären hat – der delegierende Arzt oder der durchführende Krankenpfleger.

1. Normativer Ursprung

Die Aufklärungspflicht, die heute nach § 8 S. 1 MBO-Ä ärztliche Berufspflicht ist und teilweise spezialgesetzliche Ausprägungen[1216] erfahren hat, folgt aus dem verfassungsrechtlich in der Achtung und dem Schutz der Würde des Menschen (Art. 1 Abs. 1 GG), seiner Freiheit (Art. 2 Abs. 1 GG) sowie seines Rechts auf Leben und körperliche Unversehrtheit (Art. 2 Abs. 2 S. 1 GG) wurzelnden Erfordernis der Einwilligung des Patienten[1217] in jedweden, d.h. auch den medizinisch indizierten und lege artis durchgeführten Heileingriff.[1218] Dies betrifft alle diagnostischen und therapeutischen Eingriffe in die körperliche Integrität, also neben Operationen und den dazu gehörenden Anästhesieverfahren, auch alle Neben- und Folgeeingriffe wie beispielsweise Injektionen, Infusionen, Bestrahlungen, Spiegelungen oder die Einnahme von Medikamenten.[1219] Dieses Einwilligungserfordernis sichert dem Patienten das Recht, über seinen Körper und das, was mit ihm geschieht, selbst frei zu bestimmen.[1220] Damit eine freie Entscheidung des einwilligungsfähigen[1221]

1215 Im Zivilprozess wird die eingenommene Funktion der Aufklärungspflichtverletzung als Auffangtatbestand bemängelt, vgl. BGH, Urt. v. 27.9.1977 – VI ZR 162/76, NJW 1978, 587 (588), der auf den Missbrauch dieses Klagegrundes hinweist, wenn der Nachweis eines ärztlichen Behandlungsfehlers nicht geführt werden könne; auch *Deutsch/Spickhoff*, Medizinrecht, Rn. 245. Ähnliches befürchtet *Ulsenheimer* für den Strafprozess (*Ulsenheimer*, Arztstrafrecht in der Praxis, Rn. 53 ff., 55b) zu Unrecht, wie *Lilie/Orben* in empirischer Hinsicht belegen. Danach spielte die eigenmächtige Heilbehandlung im Gegensatz zum Zivilrecht in Strafverfahren, insbesondere in Ermittlungsverfahren, tatsächlich noch nicht mal eine untergeordnete Rolle, *Lilie/Orben*, ZRP 2002, 154 (156). Darüber hinaus weist *Lilie* daraufhin, dass die Bedeutung eines Aufklärungsfehlers im Strafprozess dadurch begrenzt ist, dass die Aussage des Arztes gegen die Aussage des Patienten steht, *Lilie*, ZEFQ 2008, 529 (531). Gleichwohl führt die juristisch geprägte Thematisierung der Aufklärung zu einer Verunsicherung der mit dem juristischen Vokabular wenig vertrauten Ärzte, Pflegenden und Patienten, *Luderer/Behrens*, Pflege 2005, 15 (16).

1216 Vgl. z.B. in § 40 Abs. 2 AMG; §§ 4a Abs. 1 S. 1 Nr. 2, 8 Abs. 2, 8a S. 1 Nr. 4 S. 1, 3, 8c Abs. 1 Nr. 2b TPG; §§ 8 Abs. 2 S. 1 Nr. 2, 6 Abs. 1 S. 1, 19 Abs. 1 S. 5 TFG; § 9 Abs. 1 S. 1 GenDG.

1217 BVerfG, Beschl. v. 25.7.1979 – 2 BvR 878/74, NJW 1979, 1925 (1930 f., Minderheitenvotum); BGH, Urt. v. 29.6.1995 – 4 StR 760/94, NStZ 1996, 34 (34).

1218 BGH, Urt. v. 28.11.1957 – IV StR 525/57, BGHSt 11, 111 (115); Urt. v. 28.11.1972 – VI ZR 133/71, NJW 1973, 556 (557 f.); *Katzenmeier*, Arzthaftung, S. 324; *Quaas/Zuck*, Medizinrecht, § 13, Rn. 82.

1219 *Biermann*, in: Berg/Ulsenheimer, Patientensicherheit, Arzthaftung, Praxis- und Krankenhausorganisation, 197 (197).

1220 BVerfG, Beschl. v. 25.7.1979 – 2 BvR 878/74, NJW 1979, 1925 (1930 f., Minderheitenvotum); BGH, Urt. v. 16.1.1959 – VI ZR 179/57, BGHZ 29, 176 (180 f.); *Kohte*, AcP 185 (1985), 105 (115).

Patienten möglich ist, müssen ihm – abgesehen von den Fällen des wirksamen Aufklärungsverzichts – die für seine Entscheidung bedeutsamen Umstände „im Großen und Ganzen" in einer für ihn verständlichen Art und Weise im Rahmen der sog. Selbstbestimmungsaufklärung[1222] mitgeteilt werden.[1223]

Andernfalls scheidet nach ständiger Rechtsprechung in Straf- wie Zivilsachen, die, wie oben gezeigt[1224], den Heileingriff unabhängig von erfolgreicher oder sorgfaltsgerechter Durchführung stets als eine tatbestandsmäßige Körperverletzung qualifiziert, eine Rechtfertigung desselben mangels ordnungsgemäßer Aufklärung aus. Wenngleich die Aufklärung neben dem verfassungsrechtlich geschützten Selbstbestimmungsrecht ihre rechtliche Grundlage auch im zivilrechtlichen Behandlungsvertrag[1225] findet und insofern bei ihrer Verletzung vertragliche Schadensersatzansprüche auszulösen vermag, liegt ihre eigentliche rechtliche Bedeutung somit in ihrer „haftungsbefreienden" Funktion im Rahmen der Rechtfertigungslösung bzw. der Körperverletzungsdoktrin der straf- wie zivilgerichtlichen Rechtsprechung. Diesbezüglich bildet das Selbstbestimmungsrecht straf- wie zivilrechtlich den gemeinsamen Ausgangspunkt der Aufklärungspflicht. Insofern gleichen sich die Anforderungen an die Aufklärung in beiden Rechtsgebieten,[1226] sodass es einer getrennten Betrachtung nicht bedarf.

1221 Auf die Darstellung der Problematik um den nicht einwilligungsfähigen Patienten wird hier verzichtet, vgl. dazu nur *Laufs*, in: Laufs/Uhlenbruck, Handbuch des Arztrechts, § 64, Rn. 11; *Zentai*, Aufklärung, S. 29 ff.

1222 Davon zu trennen ist die als Behandlungsfehler eingestufte sog. therapeutische Sicherheitsaufklärung über die zur Sicherung des Behandlungserfolgs dem Patienten zu erteilenden Schutz- und Warnhinweise, BGH, Urt. v. 24.6.1986 – VI ZR 21/85, NJW 1987, 705 (705); Urt. v. 7.7.1994 – III ZR 52/93, NJW 1994, 3012 (3012); *Geiß/Greiner*, Arzthaftpflichtrecht, B, Rn. 95 ff. Daneben besteht bei bestimmten Fallkonstellationen eine aus dem Behandlungsvertrag resultierende sog. wirtschaftliche Aufklärungspflicht, die zum Schutz der Vermögensinteressen des Patienten die Information über vom Patienten zu tragende Selbstkostenanteile umfasst, *Wagner*, in: MünchKommBGB, § 823, Rn. 699; *Quaas/Zuck*, Medizinrecht, § 13, Rn. 95.

1223 BGH, Urt. 7.2.1984 – VI ZR 174/82, BGHZ 90, 103 (106); Urt. v. 15.2.2000 – VI ZR 48/99, BGHZ 144, 1 (7); *Lilie*, in: Werdan/Trappe/Zerkowski, Das Herz-Buch, 14 (15); *ders.*, Der Frauenarzt 1978, 16 (20); *Zentai*, Aufklärung, S. 9.

1224 Siehe *Zweiter Teil, B, II. 3. a) aa), b) aa)*, S. 122, 127.

1225 Vertraglich wird sie entweder als Haupt(leistungs)pflicht [BGH, Urt. v. 28.2.1984 – VI ZR 70/82, NJW 1984, 1807 (1808); *von Hirschfeld/Stampehl*, in: Ehlers/Broglie, Arzthaftungsrecht, Rn. 61; *Laufs*, in: Laufs/Uhlenbruck, Handbuch des Arztrechts, § 61, Rn. 13], Neben(leistungs)pflicht oder bloße (nicht selbständig einklagbare) Nebenpflicht des Behandlungsvertrages (*Deutsch/Spickhoff*, Medizinrecht, Rn. 328, Fn. 158 a.E.) und deliktisch als Ausfluss der Garantenstellung des Arztes angesehen [BGH, Urt. v. 15.3.2005 – VI ZR 313/03, NJW 2005, 1718 (1718); *Zentai*, Aufklärung, S. 13 m.w.N.].

1226 Vgl. z.B. die Verweisungen des BGH in Straf- wie Zivilsachen auf Entscheidungen und Vorschriften aus dem jeweils anderen Rechtsgebiet, BGH, Urt. v. 29.6.1995 – 4 StR 760/94, NStZ 1996, 34 (34 f.). Der BGH wirft aber auch die Frage auf, ob die zivilrechtliche Rechtsprechung nicht *„die Anforderungen an die vom Arzt geschuldete Aufklärung überspannt hat"* und stellt fest, dass der Arzt sich nicht *„mit jedem nach einer mangelhaften Aufklärung (und folglich aufgrund unwirksamer Einwilligung) vorgenommenen Eingriff wegen Körperverletzung strafbar macht oder für alle sich aus dem Eingriff ergebenden Risiken strafrechtlich einzustehen"* hat; *Geilen*, Einwilligung und ärztliche Aufklärungspflicht, S. 19; *Zentai*, Aufklärung, S. 280 f.; *Lilie*, in: Husfeldt/Raschke, Thrombosen und Embolien, Arzthaftung, 215 (217). *Ulsenheimer* weist daraufhin, dass gleichwohl die unter-

2. Aufklärungsumfang

In einem ersten Schritt soll nun geklärt werden, ob es zu den bedeutsamen Umständen der Behandlung gehört, dass einzelne ärztliche Tätigkeiten im Rahmen der Behandlung nicht durch den Arzt, sondern durch einen Krankenpfleger ausgeführt werden, d.h. ob über die Delegation als solche aufzuklären ist.

Bei der Selbstbestimmungsaufklärung werden ausgehend von der richterlichen Spruchpraxis regelmäßig Diagnoseaufklärung sowie die – teilweise fließend ineinander übergehende[1227] – Risiko- und Verlaufsaufklärung unterschieden. Während die *Diagnoseaufklärung* den medizinischen Befund beinhaltet, vermittelt die *Risikoaufklärung* Informationen über solche Gefahren des Eingriffs, die sich auch bei Anwendung der gebotenen Sorgfalt und fehlerfreier Durchführung des Eingriffs nicht mit Gewissheit ausschließen lassen und erstreckt sich die *Verlaufsaufklärung* auf Art, Umfang und Durchführung des Eingriffs inklusive der nach dem jeweiligen Stand des ärztlichen Wissens prognostizierbaren Gesundheitsentwicklung mit und ohne der konkreten Behandlung.[1228]

Demnach kommen als Anknüpfungspunkte für eine Aufklärungspflicht über die Delegation als solche einerseits der Verlaufsaufklärung zuzuordnende Aspekte in Betracht, da die Person des Behandlers selbst zwangsläufig zur Durchführung des Eingriffs gehört und sein Erfahrungsstand Einfluss auf die Art und Weise der Behandlung hat. Andererseits erscheint die Unerfahrenheit des Behandlers als risikoerhöhendes Moment, sodass insoweit die Risikoaufklärung betroffen ist. Danach hat die Aufklärung einerseits sowohl Risiken zu umfassen, die mit der Eigenart des Eingriffs spezifisch verbunden sind, als auch dem Eingriff nur mittelbar anhaftende oder atypische Risiken.[1229] Andererseits dürfen allgemeine Risiken, wie sie mit jeder Behandlung verbunden sind, in der Regel als bekannt vorausgesetzt werden.[1230] Daher sind Gegenstand der Risikoaufklärung alle behand-

---

schiedliche Funktion von Zivil- und Strafverfahren nicht außer Acht gelassen werden darf, *Ulsenheimer*, Arztstrafrecht in der Praxis, Rn. 55, 55b.

1227 *Parzeller et al.*, DÄB 2007, A 576 (A 577); *Katzenmeier*, Arzthaftung, S. 326. Nach *Ulsenheimer* bildet die Risikoaufklärung den Oberbegriff für die Eingriffs- und Verlaufsaufklärung, *Ulsenheimer*, Arztstrafrecht in der Praxis, Rn. 64. Daneben wird zum Teil die sog. Behandlungsaufklärung abgegrenzt, die auch die Information über Behandlungsalternativen umfasse, vgl. *Parzeller et al.*, DÄB 2007, A 576 (A 578); *Martis/Winkhart-Martis*, Arzthaftungsrecht, S. 87; *Quaas/Zuck*, Medizinrecht, § 13, Rn. 90. Diejenigen Autoren, die lediglich eine Dreiteilung vornehmen, behandeln diese Unterrichtungspflicht dagegen im Rahmen der Risikoaufklärung.

1228 OLG Koblenz, Urt. v. 29.11.2001 – 5 U 1382/00, NJW-RR 2002, 816 (817 ff.); *Laufs*, in: Laufs/Uhlenbruck, Handbuch des Arztrechts, § 64, Rn. 1, § 63, Rn. 13, 16; *Katzenmeier*, Arzthaftung, S. 326; *Quaas/Zuck*, Medizinrecht, § 13, Rn. 89, 92 ff.

1229 Unterschiedlich beurteilt wird lediglich die Abhängigkeit der Aufklärung von der nicht zuverlässig zu bestimmenden Komplikationsrate. Während die Rechtsprechung die früher einseitige Betonung der Komplikationsdichte inzwischen weitgehend aufgegeben hat [BGH, Urt. v. 21.11.1995 – VI ZR 341/94, NJW 1996, 779 (781); OLG Zweibrücken, Urt. v. 19.10.2004 – 5 U 6/04 (nicht rechtskräftig), NJW 2005, 74 (75)], wird sie in der Literatur bei den atypischen Risiken herangezogen (*Laufs*, in: Laufs/Uhlenbruck, Handbuch des Arztrechts, § 64, Rn. 3; *Martis/Winkhart-Martis*, Arzthaftungsrecht, S. 89).

1230 BGH, Urt. 8.1.1991 – VI ZR 102/90, NJW 1991, 1541 (1542); *Lilie*, in: Werdan/Trappe/Zerkowski, Das Herz-Buch, 14 (20); *ders.*, Der Frauenarzt 1978, 16 (20);

lungstypischen Risiken, deren Kenntnis beim Laien nicht vorausgesetzt werden kann, die aber für die Entscheidung des Patienten über die Zustimmung ernsthaft ins Gewicht fallen.[1231]

Legt man diese Grundsätze[1232], die bislang vorwiegend Ausgangspunkt für die Beurteilung konkreter medizinischer Risiken[1233] waren, auch den hier eher dem arbeitsorganisatorischen Bereich zuzuordnenden Delegationsrisiken zugrunde, so richtet sich der Aufklärungsumfang danach, ob der Delegationsfall an sich ein aufklärungspflichtiges Risiko oder ein nicht aufklärungspflichtiges sog. Allgemeinrisiko in sich birgt.

a) Delegation als aufklärungspflichtiges Risiko

In diese Kategorie werden hier diejenigen Ansichten eingeordnet, nach denen der Patient in jedem Fall darüber aufgeklärt werden muss, dass neben dem Arzt auch nichtärztliche Mitarbeiter bei seiner Behandlung tätig werden.[1234]

Sofern eine Begründung der Aufklärungspflicht erfolgt, werden insbesondere zwei Aspekte herangezogen: Entweder wird die Delegation als neuartige Behandlungsmethode eingestuft[1235] oder es wird auf die geringere Qualifikation eines Nichtarztes im Vergleich zu einem Arzt abgestellt.[1236] Im Sinne der oben genannten Definition aufklärungspflichtiger Risiken müsste es sich bei diesen Aspekten zunächst um solche handeln, die für den Patienten entscheidungserheblich sind. Davon ist jedenfalls dann auszugehen, wenn sie eine wesentliche Risikoerhöhung zur Folge hätten.

aa) Risikoerhöhung infolge einer neuartigen Behandlungsmethode

Dem ersten Aspekt ist zuzugeben, dass die vorgesehene Anwendung einer neuartigen oder wissenschaftlich umstrittenen Behandlungsmethode anerkanntermaßen einer gesonderten

---

Geiß/Greiner, Arzthaftpflichtrecht, C, Rn. 47; *Parzeller et al.*, DÄB 2007, A 576 (A 578); a.A. *Francke/Hart*, Ärztliche Verantwortung und Patienteninformation, S. 28.

1231 BGH, Urt. v. 10.10.2006 – VI ZR 74/05, NJW 2007, 217 (218).

1232 Kritisch zur Abgrenzung von allgemein bekannten und eingriffsspezifischen Risiken, *Ulsenheimer*, Arztstrafrecht in der Praxis, Rn. 69.

1233 So wie sie sich in der Person des Patienten in Form von z.B. Wundinfektionen, Narbenbrüchen oder Embolien verwirklichen können, vgl. die Einzelfallübersicht bei *Martis/Winkhart-Martis*, Arzthaftungsrecht, S. 97 ff.

1234 *Spickhoff/Seibl*, MedR 2008, 463 (471 f.); *Andreas*, ArztRecht 2008, 144 (150); *Ratzel*, ZMGR 2008, 186 (188); *Ellbogen*, ArztR 2008, 312 (314); *Thomas*, Vertikale Arbeitsteilung in der stationären Anästhesie aus haftungsrechtlicher Sicht, S. 190 ff., 194, 214; *Gaibler/Trengler*, in: Berg/Ulsenheimer, Patientensicherheit, 111 (114); *Sträßner*, in: Arbeitsgemeinschaft Medizinrecht im DAV, Medizinrecht heute, 91 (112); *Saffé/Sträßner*, PflR 1998, 30 (31), allerdings ohne nähere Begründung, anders aber *Saffé/Sträßner*, PflR 1998, 98 (101), wonach eine Einwilligung in die jeweilige Delegationsmaßnahme nicht erfolgen müsse.

1235 *Andreas*, ArztRecht 2008, 144 (150); *Spickhoff/Seibl*, MedR 2008, 463 (471 f.); vgl. auch *SVR Gesundheitswesen*, Kooperation und Verantwortung, Anm. 119, S. 101, abrufbar im Internet unter <http://www.svr-gesundheit.de/Startseite/Startseite.htm> (Stand v. 4.9.2007): Delegation als „abweichende Behandlungsform".

1236 *Spickhoff/Seibl*, MedR 2008, 463 (472).

Aufklärung bedarf,[1237] weil die Risiken noch nicht absehbar oder zumindest strittig sind. Allerdings bergen die auch unter dem Stichwort „Neulandmethoden" diskutierten Fälle primär die Möglichkeit unbekannter Risiken bezüglich der medizinischen Behandlung als solche in sich, nicht jedoch im Hinblick auf die Person des Behandlers. Ärztliche Tätigkeiten, die an Krankenpfleger delegiert werden, sind regelmäßig bereits erprobte Maßnahmen, die gerade nicht den Charakter eines neuartigen Verfahrens aufweisen. Neuartig oder auch wissenschaftlich umstritten[1238] ist daran lediglich, dass die Durchführung der Tätigkeiten im Einzelfall durch einen Nichtarzt erfolgt. Allein aus diesem Umstand eine erhöhte Aufklärungspflicht unter dem Stichwort der sog. Neulandmethode herzuleiten, wird daher auch von anderen Autoren abgelehnt.[1239]

Stuft man aber den Wechsel in der Person des die Tätigkeit Durchführenden als neuartige oder alternative Behandlungsmethode ein,[1240] setzte eine diesbezügliche Aufklärungspflicht ferner ein dadurch wesentlich erhöhtes Behandlungsrisiko für den Patienten voraus.[1241]

Dass es daran selbst bei der erstmaligen[1242] Delegation einer Tätigkeit auf einen Krankenpfleger fehlt, wird durch die Einhaltung der ärztlichen und krankenpflegerischen Delegationspflichten sichergestellt. Diese Situation entspräche nämlich im Hinblick auf die ärztliche Überwachungspflicht der ersten Modellstufe und setzte, wie gezeigt, ärztliche Anwesenheit voraus. Werden die Delegationspflichten erfüllt, geht die Durchführung einer ärztlichen Tätigkeit durch einen Krankenpfleger mithin nicht mit einer wesentlichen Risikosteigerung für den Patienten einher. Eine Aufklärungspflicht besteht somit selbst nach diesem Ansatz nicht.

bb) Risikoerhöhung infolge geringerer Qualifikation

Passender als auf die „Neuartigkeit" der Person des Behandlers erscheint es mit dem zweiten Aspekt auf die geringere Qualifikation des Krankenpflegers als risikoerhöhendes Moment abzustellen. Auch daran ist zunächst richtig, dass ein Nichtarzt formell stets geringer qualifiziert ist als ein Arzt. Ebenso kann ein das Risiko der Behandlung als signifikant erhöhender und damit aufklärungspflichtiger Umstand darin liegen, dass der Standard in

---

1237 Vgl. dazu das Robodoc-Urteil des BGH, Urt. v. 13.6.2006 – VI ZR 323/04, NJW 2006, 2477 (2478 f.); Urt. v. 22.5.2007 – VI ZR 35/06, NJW 2007, 2774 (2775, Anm. 24a, 27); *Martis/Winkhart-Martis*, Arzthaftungsrecht, S. 149 f. m.w.N.

1238 So wie z.B. das von der HELIOS Kliniken GmbH entwickelte MAfA-Konzept, siehe dazu Fn. 26.

1239 *Bergmann*, MedR 2009, 1 (8).

1240 So wohl auch BGH, Urt. v. 27.11.1973 – VI ZR 167/72, NJW 1974, 604 (604), der die Überlassung einer intravenösen Injektion körperfremder Stoffe an eine nicht voll medizinisch ausgebildete Hilfskraft (MTA) unter Verweis auf die Ansicht der Bundes- und bay. Landesärztekammer zwar als eine nicht allgemein anerkannte Behandlungsmethode einstuft, es aber ausdrücklich offen lässt, ob dieser Umstand eine zusätzliche Aufklärung erforderlich macht.

1241 BGH, Urt. v. 15.3.2005 – VI ZR 313/03, NJW 2005, 1718 (1718); LG Marburg, Urt. v. 23.4.2008 – 5 O 69/04, BeckRS 2008, 11320.

1242 Sei es, weil eine ärztliche Tätigkeit im engen Sinn nach medizinisch-pflegerischem Sachverstand künftig als ärztliche Tätigkeit im weiten Sinn eingeordnet und insofern erstmals auf Krankenpfleger delegiert wird oder weil eine bereits nach medizinisch-pflegerischem Sachverstand als ärztliche Tätigkeit im weiten Sinn qualifizierte Tätigkeit erstmals einrichtungsintern auf Krankenpfleger übertragen wird.

der Ausbildung und Erfahrung der behandelnden Ärzte und Krankenpfleger für die in Betracht kommenden ärztlichen Maßnahmen niedriger ist als in anderen Einrichtungen.[1243] Schließlich stellten drei Verfassungsrichter in ihrer abweichenden Meinung zu einem Beschluss des BVerfG die – im Ergebnis aber offengelassene – Frage, ob *„etwa für schwerwiegende Eingriffe mit erheblichen Risiken der konkrete Erfahrungsstand des Operateurs mit Operationen dieser Art unter die Aufklärungspflicht fällt*"[1244].

Davon unterscheiden sich jedoch die hier untersuchten Delegationsfälle dadurch, dass sie nicht zu einer signifikanten Risikoerhöhung führen, soweit sowohl delegierender Arzt als auch durchführender Krankenpfleger die ihnen obliegenden Delegationspflichten wahrnehmen. Vielmehr ist dann die Einhaltung des Facharztstandards gesichert. Eine dem „ordentliche[n] Standard" entsprechende Delegation führte auch ein landgerichtliches Urteil[1245] als Begründung dafür an, dass die nach Art und Umfang vom Patienten nicht näher bestimmte Einwilligung in eine medizinische Behandlung die Delegation auf medizinisches Hilfspersonal umfasse. Daher muss ebenso wenig wie auf die – im Vergleich zu einem voll ausgebildeten Arzt – formell und materiell geringere Qualifikation eines noch in der Facharztausbildung stehenden, unerfahrenen, aber operierenden Assistenzarztes hingewiesen werden,[1246] wie auf die Durchführung einer ärztlichen Tätigkeit durch einen Krankenpfleger,[1247] sofern sich dadurch die Behandlungsqualität nicht verkürzt. Eine erweiterte Aufklärungspflicht über die Delegation als solche lässt sich somit mangels wesentlicher Risikoerhöhung nicht mit der geringeren Qualifikation des Krankenpflegers begründen.

1243 BGH, Urt. v. 10.11.1971 – VI ZR 83/69, NJW 1971, 241 (242); Urt. 27.9.1983 – VI ZR 230/81, NJW 1984, 655 (655); *Gehrlein*, Arzthaftpflicht, C, Rn. 38. Dagegen ist der Patient nicht allgemein darüber aufzuklären, dass die Behandlungsbedingungen schlechter sind als anderswo, solange die Behandlung noch dem jeweils zu fordernden medizinischen Standard genügt, BGH, Urt. 22.9.1987 – VI ZR 238/86, BGHZ 102, 17 (21 ff.); *Ulsenheimer*, Arztstrafrecht in der Praxis, Rn. 86; *Katzenmeier*, Arzthaftung, S. 332 f.

1244 Minderheitenvotum zu BVerfG, Beschl. v. 25.7.1979 – 2 BvR 878/74, NJW 1979, 1925 (1931).

1245 LG Waldshut-Tiengen, Urt. v. 23.3.2004 – 2 Ns 13 Js 1059/99, PflR 2004, 511 (512); vgl. auch BGH, Urt. v. 18.3.1980 – VI ZR 155/78, NJW 1980, 1903 (1903 f.), wonach die Einwilligung in eine von einer Krankenschwester durchzuführenden Injektion im Hinblick auf einen etwaigen Widerruf der Einwilligung problematisiert worden ist. Dabei bezog sich der Widerrufsgrund jedoch nicht auf die Person der die Injektion durchführenden Krankenschwester, sondern lediglich auf die Geeignetheit der Injektionsstelle. Da es sich bei den Injektionen um eine reine Routinebeschäftigung handelte, müsse sich die Krankenschwester auch nicht des Umfangs der Einwilligung ausdrücklich versichern. Das sei allein Sache des Arztes.

1246 BGH, Urt. 27.9.1983 – VI ZR 230/81, NJW 1984, 655 (655); zust.: OLG München, Urt. v. 31.1.2002 – 1 U 3145/01, Juris, Rn. 39; OLG Oldenburg, 29.7.1997 – 5 U 46/97, VersR 1998, 1380 (1380); *Gounalakis*, NJW 1991, 2945 (2946); *Schaffer*, VersR 1993, 1458 (1461 f.); *Deutsch*, NJW 1984, 650 (650); a.A. noch OLG Köln, Urt. v. 6.8.1981 – 7 U 105/80, VersR 1982, 453 (454). Ausgenommen sind freilich die Fälle, in denen der Patient ausdrücklich die Behandlung durch einen bestimmten Arzt wünscht bzw. dies ihm verbindlich zugesagt worden ist. Dann ist eine erneute Aufklärung über den Wechsel in der Person des Behandlers erforderlich, OLG Oldenburg, Urt. v.11.5.2005 – 5 U 163/04, MedR 2008, 295 (296); *Franzki*, MedR 1984, 186 (188, 189); *Geiß/Greiner*, Arzthaftpflichtrecht, C, Rn. 15.

1247 *Bergmann*, MedR 2009, 1 (8); zust. wohl *Brunner/Heppekausen*, KHR 2009, 80 (83).

Die fehlende Risikosteigerung bestätigen auch internationale Studien über den Einsatz spezialisierter nichtärztlicher Pflegekräfte in der Patientenversorgung. Im Allgemeinen werden je nach Studiendesign 20%[1248] bzw. zwischen 25% und sogar 70%[1249] der ärztlichen Aufgaben als übertragbar deklariert.[1250] Im Speziellen konnte etwa im Hinblick auf die Delegation ärztlicher Tätigkeiten in der *Primärversorgung*[1251] oder der Übertragung von *Narkoseleistungen*[1252] keine signifikante Erhöhung der Patientengefährdung nachgewiesen werden. Allerdings können die internationalen Ergebnisse aufgrund anderer Ausbildungscurricula und Rahmenbedingungen der Berufsausübung nur eingeschränkt für die Situation in Deutschland verwendet werden.[1253]

Dennoch ergibt sich aus der Sicht der Umfrageteilnehmer in Deutschland[1254] ein ähnliches Bild. So schätzen die Befragten im allgemeinen das Risiko eines Behandlungsfehlers bei einer durch einen Krankenpfleger durchgeführten, delegierten ärztlichen Aufgabe im Vergleich zur Durchführung durch einen Arzt überwiegend als *eher niedrig* bzw. *niedrig* ein (vgl. *Abb. 12*).

1248 *Wanless*, Securing our Future Health, S. 91, abrufbar im Internet unter <http://www.hm-treasury.gov.uk/wanless> (Stand v. 16.8.2008).

1249 *Richardson et al.*, Health Policy 45 (1998), 119 (125).

1250 Auch in der Versorgung chronisch kranker Patienten wurde ein großes Potential für nichtärztliche Heilberufe festgestellt, *Großmann et al.*, ZEFQ 2008, 41 (41 ff., 45 f.).

1251 *Laurant et al.*, Cochrane Database of Systematic Reviews 2004, Issue 4, S. 1 ff., im Internet abrufbar unter <http://ovidsp.tx.ovid.com/spa/ovidweb.cgi> (Stand v. 16.8.2008).

1252 *Pine et al.* 2003, US-amerikanische Studie, nach der die Berufsgruppen-Zugehörigkeit des die Narkose durchführenden Leistungserbringers (Anästhesist, Nurse Anesthesist, Teams aus beiden Berufsgruppen) keinen signifikanten Einfluss auf die risiko-adjustierte Mortalitätsrate hat; vgl. aber die US-amerikanische Studie von *Silber et al.*, Anesthesiology 2000 (93), 152 (159 ff., 162), die geringere Mortalitätsraten bei der Narkoseführung durch Anästhesisten nachwies. In der niederländischen Studie von *Arbous et al.*, Anesthesiology 2005 (102), 257 (260 ff.) hatten berufsgruppen-bezogene Faktoren ebenfalls keinen messbaren Einfluss auf das Narkoseergebnis. Weitere Nachweise zur internationalen Studienlage *SVR Gesundheitswesen*, Kooperation und Verantwortung, S. 110 ff., abrufbar im Internet unter <http://www.svr-gesundheit.de/Startseite/Startseite.htm> (Stand v. 4.9.2007).

1253 *SVR Gesundheitswesen*, Kooperation und Verantwortung, Anm. 134, S. 112, 144, abrufbar im Internet unter <http://www.svr-gesundheit.de/Startseite/Startseite.htm> (Stand v. 4.9.2007).

1254 Ebenso sei nach einer von der *DKG* in Auftrag gegebenen Studie die Übertragung ärztlicher Tätigkeiten auf Krankenpfleger durchweg mit positiven Erfahrungen verbunden. Danach komme es zu einer Entlastung des ärztlichen Dienstes, ohne dass die Qualität der Krankenhausleistungen abnehme, *Gehrlein*, S., HB-Magazin 4/2008, 8 (8). An dieser Stelle sei auch darauf hingewiesen, dass Ärzte einige ihrer „ärztlichen“ Tätigkeiten von denselben Pflegekräften lernen, die sie hinterher wieder überprüfen müssen, *Bachstein*, Delegation von Injektionen, Infusionen und Katheterisierung, in: Ullrich, Zu- und ableitende Systeme, 265 (269).

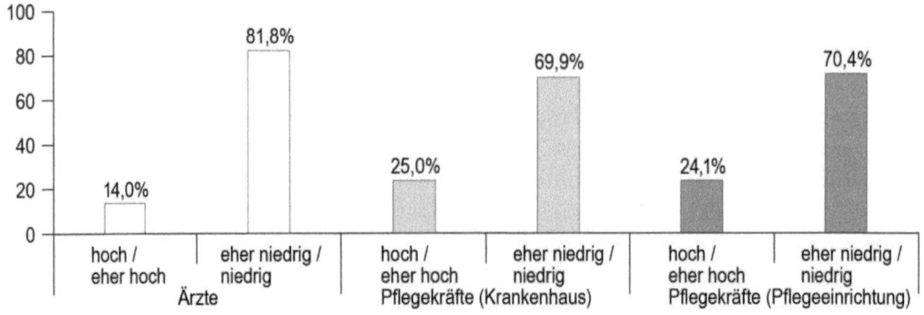

Abb. 12: *Risiko eines Behandlungsfehlers. Die zu 100% fehlenden Werte entfallen auf diejenigen Umfrageteilnehmer, die diese Frage nicht bzw. nicht vollständig beantworteten.*

Weiterhin verneinten die im Krankenhaus tätigen Ärzte und Pflegekräfte Qualitätsunterschiede hinsichtlich der Durchführung einer ärztlichen Maßnahme durch einen Krankenpfleger im Vergleich zur Durchführung durch einen Arzt überwiegend. Bei den in einer Pflegeeinrichtung Beschäftigten bildete sich insofern zwar keine einfache, mit 48,1% aber immerhin eine relative Mehrheit (vgl. *Abb. 13*). Tendenziell ist somit nach Ansicht der Befragten eine Delegation bei entsprechender Qualifikation ohne Beeinträchtigung der Versorgungsqualität möglich.

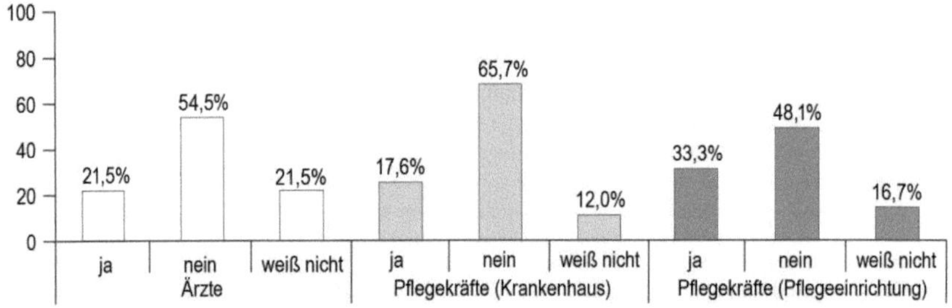

Abb. 13: *Kenntnis von Qualitätsunterschieden. Die zu 100% fehlenden Werte entfallen auf diejenigen Umfrageteilnehmer, die diese Frage nicht bzw. nicht vollständig beantworteten.*

Diejenigen Teilnehmer, die konkrete Qualitätsunterschiede benannten, bezogen sich in der Regel auf die angewandte Sorgfalt, die Erfahrung und die medizinische Expertise. Während Pflegekräfte demnach einerseits mangelnde Sorgfalt insbesondere im Hinblick auf Sterilität walten ließen, seien sie andererseits aufgrund ihrer Erfahrung routinierter und sicherer zum Beispiel beim Setzen intramuskulärer und subkutaner Injektionen sowie venöser Blutentnahmen. Dagegen fehle bei diesen Maßnahmen gerade den Ärzten die Übung. Ferner biete nur die fundierte fachlich-theoretische Verknüpfung der Ärzte die Gewähr für eine sichere Patientenversorgung, was sich im klinischen Alltag insbesondere bei der Medikation zeige.

Den geäußerten Bedenken bezüglich der krankenpflegerischen Qualifikation kann der delegierende Arzt jedoch durch die Einhaltung der beschriebenen Delegationspflichten begegnen. Abschließend ist daher festzuhalten, dass eine wesentlich erhöhte Gefahr, die die Delegationsentscheidung als solche zum aufklärungspflichtigen Risiko machte, nicht gegeben ist.

b) *Delegation als nicht aufklärungspflichtiges Allgemeinrisiko*

Die Einordnung als nicht aufklärungspflichtiges Allgemeinrisiko setzt insbesondere voraus, dass es um solche Gefahren der Behandlung geht, mit denen der Patient üblicherweise rechnet, deren Kenntnis mithin bei einem medizinischen Laien vorausgesetzt werden kann.[1255]

Eingangs wurde bereits darauf hingewiesen, dass es sich bei den Delegationsrisiken vordergründig nicht um solche medizinischer, sondern organisatorischer Art handelt. Jedem arbeitsteiligen Zusammenwirken, auch demjenigen in Form der Delegation ärztlicher Tätigkeiten, ist durch vermehrte Kommunikations- und Koordinationsschnittstellen – und insofern unabhängig von der konkreten Tätigkeit und Qualifikation des Durchführenden – eine Risikoerhöhung immanent. Dass es sich dabei um naheliegende Gefahren handelt, die jedem Laien einsichtig sind, stellte der BGH[1256] bereits fest. Mithin streitet auch dieser Umstand für die Qualifizierung der mit der Delegation verbundenen Gefahren als allgemein bekannte Risiken einer Behandlung.

c) *Delegation und Erwartungshorizont des Patienten*

Ferner führen Vertreter, die eine Aufklärungspflicht ablehnen, zur Begründung den Erwartungshorizont des Patienten bei seiner Einwilligung an[1257] – und zwar nicht im Hinblick auf die Kenntnis von Risiken, sondern auf die Kenntnis der Zusammenarbeit von Arzt und Krankenpfleger. Der Patient willige bei komplexen Behandlungen in eine Vielzahl einzelner Maßnahmen ein, ohne dass differenziert werde, wer die Maßnahme im Einzelnen durchführe. Daher sei der Inhalt der Einwilligung durch Auslegung zu ermitteln und die §§ 133, 157 BGB zwar nicht direkt, aber jedenfalls sinngemäß anzuwenden[1258]. Demnach sei jedem Patienten bewusst, dass es im Rahmen seiner Behandlung

---

1255 BGH, Urt. v. 27.6.1978 – VI ZR 183/76, VersR 1978, 1022 (1022); Urt. v. 23.10.1979 – VI ZR 197/78, NJW 1980, 633 (635); *Tag*, Der Körperverletzungstatbestand im Spannungsfeld zwischen Patientenautonomie und Lex artis, S. 274.

1256 BGH, Urt. v. 10.7.1952 – 5 StR 324/52, BGHSt 3, 91 (94); Urt. v. 1.7.1954 – 3 StR 869/53, BGHSt 6, 282 (286 f.).

1257 *Frahm*, VersR 2009, 1576 (1578): *„der Patient wird in der Regel nicht erwarten, dass jeder Schritt in der Behandlung auch vom Arzt persönlich vorgenommen wird*"; *Heinze/Jung*, MedR 1985, 62 (68): Der Patient gehe von der Teilhabe der Krankenpflegeperson an der ärztlichen Heilbehandlung kraft Delegation aus. Vgl. *Saffé/Sträßner*, PflR 1997, 98 (101 f.); *Pitz*, Was darf das Medizinalpersonal?, S. 125 f., 129, 172; *Taupitz/Pitz/Niedziolka*, Der Einsatz nicht-ärztlichen Heilpersonals, S. 55, 101; in diese Richtung auch LG Kassel, das der Famuli-Entscheidung des BGH vorangegangen war, vgl. BGH, Urt. v. 1.2.1961 – 2 StR 457/60, BGHSt 16, 309 (310).

1258 Unabhängig von der umstrittenen Frage, ob es sich bei der Einwilligung um eine Willenserklärung, ein Rechtsgeschäft oder zumindest eine geschäftsähnliche Handlung i.S.d. BGB handelt oder nicht [BGH, Urt. 2.12.1963 – III ZR 222/62, NJW 1964, 1177 (1177); *Ulsenheimer*, Arzt-

Maßnahmen gebe, die nicht von einem Arzt vorgenommen würden.[1259] Eine Aufklärung über die Delegation als solche sei nur dann erforderlich, wenn der Patient verständigerweise damit rechnete oder rechnen dürfte, dass die betreffende Maßnahme üblicherweise von einem Arzt durchgeführt werde.[1260]

Letzteres wird jedenfalls dann zu verneinen sein, wenn die Behandlung trotz Delegation dem medizinischen Standard entspricht. Insofern liegt auch dieser Begründung einer nicht bestehenden Aufklärungspflicht der Gedanke zugrunde, dass es regelmäßig auf die Einhaltung der Delegationspflichten und damit eine in diesem Sinne zulässige Delegation ankommt. Entscheidend für den Umfang der Einwilligung ist insofern, was nach objektiven Maßstäben als zulässig anzusehen ist, nicht was sich der Patient unter einer zulässigen Delegation vorstellt, es sei denn, er macht gerade seine Vorstellung ausdrücklich zum Gegenstand seiner Erklärung.[1261] Folglich bleibt es bei dem gefundenen Ergebnis, dass eine unter Beachtung der Delegationspflichten getroffene Delegationsentscheidung nicht aufklärungspflichtig ist.[1262]

d) Delegation und Irrtum des Patienten über die Arzteigenschaft

Möglicherweise ergibt sich eine andere Beurteilung – Aufklärungspflicht über die zulässige Delegation als solche – aus der Behandlung von Irrtümern bei der Einwilligung, die ihre

---

strafrecht in der Praxis, Rn. 108], ziehen sowohl Rechtsprechung [BGH, Urt. v. 18.3.1980 – VI ZR 155/78, NJW 1980, 1903 (1903 f.); OLG Karlsruhe, Urt. v. 25.1.1978 – 7 U 299/76, VersR 1979, 58 (59)] als auch Literatur (*Pitz*, Was darf das Medizinalpersonal?, S. 125) zu Recht die §§ 133, 157 BGB für Inhalt und Auslegung der erteilten Einwilligung direkt oder analog heran, *Kohte*, AcP 185 (1985), 105 (125 ff., 128).

1259 *Heinze/Jung*, MedR 1985, 62 (66, 68); *Pitz*, Was darf das Medizinalpersonal?, S. 125 f.; a.A. *Debong*, ArztR 2007, 204 (206). Während *Heinze/Jung* den Erwartungshorizont auf die Delegation beziehen und sich demnach jede selbständig vom Pflegepersonal ausgeführte Maßnahme auf eine ärztliche Anordnung zurückführen lassen müsse, ist dies nach *Pitz* nicht erforderlich. Der Patient wisse, dass der Arzt nicht jede Maßnahme, die ein Krankenpfleger ausführt, anweise und kontrolliere. Richtig daran ist, dass typische pflegerische Tätigkeiten, die nach den Berufsordnungen (vgl. § 3 Nr. 1 – 3 KrPflBO Bremen; § 4 Abs. 2 – 4, 6 PflegeBO Saarland) eigenverantwortlich ausgeführt werden – im Gegensatz zu den nur unter Mitwirkung erbrachten Tätigkeiten – nicht der Aufsicht und Kontrolle des Arztes bedürfen. Solange es sich aber um einen echten Delegationsfall, also die Übertragung ärztlicher Tätigkeiten handelt, bedarf es im Rahmen der ärztlichen Delegationspflichten der Anordnung. Im Recht der gesetzlichen Krankenversicherung liegt das Verordnungs- und Anordnungsmonopol auch typischer pflegerischer Tätigkeiten (vgl. § 73 Abs. 2 S. 1 Nr. 6, 7, 8 SGB V) – abgesehen von den durch das Pflege-Weiterentwicklungsgesetz geschaffenen Ausnahmen, § 63 Abs. 3b Nr. 1 SGB V (siehe dazu *Dritter Teil, A, I.*, S. 249 ff.) – beim Arzt. Insoweit muss sich eine pflegerische Maßnahme in der Tat auf eine ärztliche Ver- bzw. Anordnung zurückführen lassen.

1260 *Pitz*, Was darf das Medizinalpersonal?, S. 126, 129, 172; *Taupitz/Pitz/Niedziolka*, Der Einsatz nicht-ärztlichen Heilpersonals, S. 55, 101.

1261 LG Waldshut-Tiengen, Urt. v. 23.3.2004 – 2 Ns 13 Js 1059/99, PflR 2004, 511 (512); zust. *Lackner/Kühl*, § 228, Rn. 14.

1262 Im Ergebnis auch *Deutsch*, NJW 1984, 650 (650); vgl. aber *Franzki*, MedR 1984, 186 (187 ff.), der dem Patienten bei der sog. Anfängeroperation ein Auskunftsrecht zugesteht, da er seine Einwilligung nur personenbezogen geben könne.

Ursache allein in der Person des einwilligenden Patienten haben.[1263] Sofern die eigenerzeugte Fehlvorstellung des Patienten über die „Arzteigenschaft"[1264] des die Tätigkeit Durchführenden als Willensmangel zur Unwirksamkeit der Einwilligung führte, ließe sich daraus mittelbar eine Pflicht zur Aufklärung über die Person des Durchführenden und damit über die Delegation als solche ableiten.

Davon zu trennen ist zunächst die Situation, in der der Patient seine Einwilligung in die Behandlung ausdrücklich auf eine bestimmte Person mit einer bestimmten Qualifikation beschränkt hat, und die Behandlung nunmehr eine andere Person (ohne entsprechende Qualifikation) ausführen soll. Dann wird sowohl im Straf- als auch im Zivilrecht – unabhängig von dem zugrunde liegenden Vertragsverhältnis und somit von einem etwaigen Anspruch auf Behandlung durch einen bestimmten Arzt[1265] – ganz überwiegend zu Recht eine Aufklärungspflicht über die Person des Durchführenden mit der Begründung bejaht, dass das Selbstbestimmungsrecht dem Patienten nicht nur gewährt, über das „Ob" und „Wie" des Eingriffs, sondern auch darüber zu entscheiden, durch „Wen" der Eingriff erfolgen soll.[1266]

Im Unterschied dazu nimmt der Patient regelmäßig eine (nach außen erkennbare) Konkretisierung des Eingreifenden nicht vor, etwa weil die Art des Eingriffs oder die Organisation der Krankenbehandlung einen Kontakt zwischen tatsächlich Eingreifendem

---

1263 Darüber hinaus kann die Einwilligung durch eine täuschungsbedingte Fehlvorstellung über die „Arzteigenschaft" des Behandlers oder durch Drohung bzw. Gewalt herbeigeführt worden sein. Letztere Typen von Willensmängeln bleiben vorliegend jedoch außer Betracht.

1264 D.h. über das Vorliegen der Voraussetzungen zur Ausübung des ärztlichen Berufs (z.B. ärztliche Approbation) im Sinne der formellen Qualifikation.

1265 Ein solcher vertraglicher Anspruch besteht beispielsweise für den ambulanten Bereich beim Vertrag mit dem Inhaber einer Einzelpraxis oder eines selbständig und unabhängig arbeitenden Arztes einer sog. Praxisgemeinschaft und für den stationären Bereich beim totalen Krankenhausaufnahmevertrag mit Arztzusatzvertrag oder dem gespaltenen Arzt-Krankenhausaufnahme-Vertrag. Der Grund der Aufklärung über die Person des Behandlers beim abredewidrigen Austausch liegt hier ausschließlich darin, dass der Behandelnde nicht der vertraglich vereinbarte ist, sodass auch von vertraglich begründeter Aufklärungspflicht gesprochen werden kann, die freilich nicht mit der Aufklärung im Sinne der Selbstbestimmungsaufklärung verwechselt werden darf, vgl. *Schmid*, NJW 1984, 2601 (2601 ff.); *Gounalakis*, NJW 1991, 2945 (2946); *Mehringer*, Die Anfängeroperation, S. 66 ff.

1266 Vgl. *für das Strafrecht*: *Göbel*, Die Einwilligung im Strafrecht als Ausprägung des Selbstbestimmungsrechts, S. 89 f.; *Eser*, in: Schönke/Schröder, § 223, Rn. 39 m.w.N.; *für das Zivilrecht*: BGH, Urt. v. 15.2.1957 – VI ZR 289/55, VersR 1957, 408 (409); OLG Oldenburg, Urt. v.11.5.2005 – 5 U 163/04, MedR 2008, 295 (296); OLG München, Urt. v. 28.7.1983 – 1 U 1459/83, NJW 1984, 1412 (1412 f.); OLG Celle, Urt. v. 2.3.1981 – 1 U 22/80, NJW 1982, 706 (706); *Spindler*, in: BeckOK-BGB, § 823, Rn. 641. Nach a.A. sei das Auswechseln des Eingreifenden – unabhängig von einer Konkretisierung des Eingreifenden durch den Einwilligenden – strafrechtlich [*Arzt*, in: FS Baumann, 201 (208 f.); *Tag*, Der Körperverletzungstatbestand im Spannungsfeld zwischen Patientenautonomie und Lex artis, S. 370] bzw. deliktsrechtlich [*Schmid*, NJW 1984, 2601 (2603, 2604: aber vertragliche Aufklärungspflicht bejaht)] irrelevant, solange sich dadurch das Risiko für das Rechtsgut der körperlichen Unversehrtheit nicht erhöht. Demzufolge müsste der Patient auch nicht darüber aufgeklärt werden, dass absprachewidrig ein anderer den Eingriff vornehmen werde. Dadurch wird aber vernachlässigt, dass unsere Rechtsordnung dem einzelnen mit der Einwilligung auch die Möglichkeit zugestanden hat, eigene Güter nach selbstbestimmten Zwecken zur Interessenbefriedigung einzusetzen, *Rönnau*, Willensmängel bei der Einwilligung im Strafrecht, S. 418.

und Patienten nicht vorsehen.[1267] Vielmehr stimmt der Patient lediglich einer bestimmten Behandlungsmaßnahme zu. Führt die Maßnahme ein Krankenpfleger durch, obwohl sich der Patient vorstellte, dies würde ein Arzt tun, handelt es sich um einen Irrtum bei der Willensbildung, der – zivilrechtlich gesprochen – als bloßer Motivirrtum grundsätzlich unbeachtlich ist.[1268] Fraglich ist daher, welche Auswirkungen dieser Irrtum im Hinblick auf die Wirksamkeit der erteilten Einwilligung hat.

Dabei geht es im Folgenden also nur um einen kleinen Ausschnitt aus der Einwilligungsdoktrin – und zwar am Beispiel der zulässigen Delegation ärztlicher Tätigkeiten im Rahmen der Heilbehandlung, während eine allgemeine Diskussion der „Willensmängel bei der Einwilligung" nicht beabsichtigt ist.

Einführend sei nur angemerkt, dass sich das Strafrecht intensiv mit der Problematik der willensmangelbehafteten Einwilligung beschäftigte und sie im Zivilrecht als der wohl am wenigsten geklärte Aspekt der Einwilligungslehre gilt,[1269] obwohl das Zivilrecht – im Gegensatz zum Strafrecht – insbesondere in den §§ 119 ff. BGB i.V.m. §§ 142 f. BGB Regelungen über die Voraussetzungen und Rechtsfolgen von Willensmängeln kennt.

Während im Zivilrecht die Auseinandersetzung um die direkte oder analoge Heranziehung dieser Vorschriften andauert,[1270] lehnen im Strafrecht mittlerweile[1271] Rechtsprechung und Literatur allgemein – wenn auch mit unterschiedlicher Begründung[1272] – die

---

1267 Vgl. *Arzt*, in: FS Baumann, 201 (203), der in diesem Zusammenhang von einer Blanko-Einwilligung spricht.

1268 *Singer*, in: Staudinger, § 119, Rn. 2, 45 mit Gegenbeispiel zur Abgrenzung vom Identitätsirrtum. Zivilrechtlich (anfechtungs-)relevante Irrtümer sind dagegen grundsätzlich auf diejenigen Fehlvorstellungen beschränkt, die den Erklärungsvorgang selbst betreffen.

1269 *Ohly*, Die Einwilligung im Privatrecht, S. 356.

1270 Dabei sollte nicht die isolierte Frage der umstrittenen Rechtsnatur der Einwilligung – Rechtsgeschäft, kein Rechtsgeschäft oder rechtsgeschäftsähnlich (umfassend *Ohly*, Die Einwilligung im Privatrecht, S. 35 ff. m.w.N.) entscheidender Maßstab für die (Nicht-)Anwendbarkeit sein, sondern die Funktion der Einwilligung unter Berücksichtigung des jeweiligen Rechtsgebiets, *Kohte*, AcP 185 (1985), 105 (128, 159 ff.); ähnlich *Götting*, Persönlichkeitsrechte als Vermögensrechte, S. 166.

1271 Dagegen hielt die ältere Rechtsprechung und Literatur die zivilrechtlichen Normen für direkt anwendbar, vgl. RG, Urt. v. 31.5.1894 – 1406/94, RGSt 25, 375 (381); *Zitelmann*, AcP 99 (1906), 1 (47 ff., 56); umfassend zur Entwicklung *Kußmann*, Einwilligung und Einverständnis, S. 4 ff., 205 ff.

1272 Begründet wird dies insbesondere damit, dass die Einwilligung anders als die zivilrechtliche Willenserklärung nicht auf die Erzeugung von Rechtsbindung abzielt, die nur durch eine ex-tunc wirkende Anfechtung zu beseitigen ist, sondern als Ausdruck der Handlungsfreiheit jederzeit und damit unabhängig von einem Willensmangel widerrufen werden kann, vgl. dazu nur *Amelung*, Irrtum und Täuschung, S. 13 ff.; *Rönnau*, Willensmängel bei der Einwilligung im Strafrecht, S. 176 ff. m.w.N.

Anwendbarkeit der §§ 119 ff. BGB auf die Willensmängel bei der Einwilligung ab[1273] und befürworten eine Behandlung nach ausschließlich strafrechtlichen Grundsätzen.[1274]

aa) Strafrecht

Unabhängig davon, ob der Einwilligung tatbestandsausschließende oder rechtfertigende Wirkung[1275] beigemessen wird, besteht in der strafrechtlichen Diskussion Einigkeit darin, dass eine auf einem wesentlichen Willensmangel beruhende Einwilligung zur Unwirksamkeit derselben führt.[1276] Uneinigkeit herrscht dagegen im Hinblick auf die Wesentlichkeit bzw. Beachtlichkeit eines Willensmangels.[1277] Fraglich ist daher, ob der eigenerzeugte Irrtum über die Arzteigenschaft des die delegierte Tätigkeit durchführenden Krankenpflegers ein in diesem Sinne wesentlicher bzw. beachtlicher Willensmangel ist.

(1) Beachtlichkeit des Irrtums

Eine insbesondere im früheren Schrifttum vertretene Auffassung hielt unterschiedslos jede irrtumsbehaftete Einwilligung für unwirksam.[1278] Demzufolge führe der Irrtum des Patienten über die Arzteigenschaft des eine Tätigkeit Vornehmenden zur Unwirksamkeit der Einwilligung und könnte mittelbar eine Aufklärungspflicht über die Delegation als solche begründen.

Die Beachtlichkeit jeglicher Irrtümer bietet zunächst den Vorteil, dass Abgrenzungsschwierigkeiten vermieden werden.[1279] Auch trägt diese Auffassung der Autonomie des Patienten, die gerade den Grund für das Einwilligungserfordernis bildet, umfassend Rechnung.

In der Konsequenz hätten demnach jedoch auch zulässigerweise delegierte Tätigkeiten, die unter Einhaltung des Facharztstandards ausgeführt werden und damit im Ergebnis für die körperliche Integrität des Patienten keinen Unterschied machen, ebenso die Unwirksamkeit der Einwilligung zur Folge und stellten eine entscheidende Weiche für die Strafbarkeit des eingreifenden Krankenpflegers. Dies erscheint jedoch angesichts der Tat-

---

1273 RG, Urt. v. 3.7.1908 – V 420/08, RGSt 41, 392 (395 f.); *Kühne*, JZ 1979, 241 (242 f.); *Bichlmeier*, JZ 1980, 53 (54); *Arzt*, Willensmängel bei der Einwilligung, S. 16 ff.; *Rönnau*, Willensmängel bei der Einwilligung im Strafrecht, S. 177, Fn. 6 m.w.N.

1274 *Rönnau*, Willensmängel bei der Einwilligung im Strafrecht, S. 176 ff., 180; *Tag*, Der Körperverletzungstatbestand im Spannungsfeld zwischen Patientenautonomie und Lex artis, S. 364 ff.; vgl. auch *Kohte*, AcP 185 (1985), 105 (139).

1275 Zur systematischen Trennung von tatbestandsausschließendem Einverständnis und rechtfertigender Einwilligung vgl. insbesondere *Geerds*, Einwilligung und Einverständnis des Verletzten, S. 4ff. Zur parallelen zivilrechtlichen Diskussion vgl. nur *Götting*, Persönlichkeitsrechte als Vermögensrechte, S. 145 f. m.w.N.

1276 BGH, Urt. v. 20.1.2004 – 1 StR 319/03, NStZ 2004, 442 (442); Urt. 22.1.1953 – 4 StR 373/52, BGHSt 4, 88 (90 f.); *Rönnau*, in: LK[11], Vor § 32, Rn 198; *Hirsch*, in: LK[11], StGB, § 228, Rn 18; *Wessels/Beulke*, Strafrecht AT, Rn. 376.

1277 Vgl. zur Diskussion *Rönnau*, Willensmängel bei der Einwilligung im Strafrecht, S. 273 ff.

1278 *Maurach/Zipf*, Strafrecht AT 1, § 17, Rn. 59; *Bockelmann*, Strafrecht des Arztes, S. 57; weitere Nachweise bei *Kußmann*, Einwilligung und Einverständnis, S. 205, Fn. 1; *Rönnau*, Willensmängel bei der Einwilligung im Strafrecht, S. 274, Fn. 52.

1279 *Rönnau*, Willensmängel bei der Einwilligung im Strafrecht, S. 274.

sache, dass es hier um die sog. eigenerzeugten Irrtümer geht, die weder vom Arzt noch vom Krankenpfleger hervorgerufen worden sind, problematisch.

Ein derart „idealer Autonomiebegriff" als Wirksamkeitsmaßstab für die Einwilligung spricht dem einwilligenden Patienten somit jegliche Verantwortung für seine Willensentscheidung ab.[1280] Dem widerspricht jedoch gerade der Gedanke, dass die Einwilligung primär ein Instrument des Rechtsgutsträgers ist und dieser auch folgerichtig – jedenfalls beim eigenerzeugten Irrtum – eine gewisse Verantwortung für ihren Gebrauch tragen muss.[1281]

(2) Beachtlichkeit bei Irrtumskenntnis

Im Unterschied dazu legt eine andere Auffassung stärkeres Gewicht auf die Selbstverantwortung des Einwilligenden und will diesen als Veranlasser des Irrtums grundsätzlich an seiner Einwilligung festhalten.[1282] Ausnahmsweise sei das Ergebnis der Wirksamkeit dann zum Nachteil des Eingreifenden zu korrigieren, wenn er den Willensmangel gekannt oder bewusst herbeigeführt habe.[1283] Die Einwilligung sei dann ihm gegenüber nach Rechtsmissbrauchsgrundsätzen relativ unwirksam.[1284]

Demnach handele es sich zwar auch beim eigenerzeugten Irrtum des Patienten grundsätzlich um eine unbeachtliche Fehlvorstellung. Diese erlangt jedoch dann Bedeutung, wenn der Arzt bzw. Krankenpfleger als Erklärungsempfänger Kenntnis vom Irrtum des Patienten hat. Dann wäre die Einwilligung relativ unwirksam und könnte mittelbar eine Aufklärungspflicht über die Delegation als solche bedingen.

Für diese Auffassung wird angeführt, dass der Erklärungsempfänger, der wisse, dass der Rechtsgutsträger in Wirklichkeit einen Rechtsgutsverzicht nicht oder nicht in der durch die Einwilligung formulierten Art erdulden wolle, grundsätzlich nicht anders gewürdigt werden könne, als ein gewöhnlicher Täter, der wisse, dass das Opfer den Eingriff nicht dulden wolle.[1285] Zwar ist der Gedanke eines Rechtsmissbrauchs auch dem Strafrecht nicht fremd, wie die Dogmatik bei der Notwehrprovokation und der actio libera in causa zeigt.[1286] Im Unterschied zu diesen Konstellationen, in denen der Missbrauch überwiegend aus einem rechtswidrigen Vorverhalten abgeleitet wird, fehlt letzteres bei der Einwilligung beim ausschließlich eigenerzeugten Irrtum und damit dann, wenn der Eingreifende den Irrtum weder verursacht noch als Garant für seine Beseitigung zu sorgen

1280 *Rönnau*, Willensmängel bei der Einwilligung im Strafrecht, S. 262 f., 277.

1281 *Kußmann*, Einwilligung und Einverständnis, S. 234.

1282 *Kühne*, JZ 1979, 241 (244).

1283 *Kühne*, JZ 1979, 241 (246), der hier sog. gegenwartsbezogene unentgeltliche Motivirrtümer als Beispiel nennt, zu denen, wie der Verweis auf den Famuli-Fall des BGH [siehe dazu *Zweiter Teil, B, III., 2. d) aa) (3)*, S. 227 f.] zeigt, auch der eigenerzeugte Irrtum des Patienten über die Arzteigenschaft gehört. Ähnlich auch *Otto*, in: FS Geerds, 603 (618); *Tag*, Der Körperverletzungstatbestand im Spannungsfeld zwischen Patientenautonomie und Lex artis, S. 382, wonach sich der Einwilligungsempfänger bei Kenntnis bzw. Erkennbarkeit eines rechtsgutsbezogenen Irrtums auf Patientenseite nicht auf die Einwilligung berufen können solle.

1284 *Kühne*, JZ 1979, 241 (246).

1285 *Kühne*, JZ 1979, 241 (245).

1286 *Kühne*, JZ 1979, 241 (244); *Rönnau*, Willensmängel bei der Einwilligung im Strafrecht, S. 249 ff.

hat.[1287] Gerade bei der Verbindung des eigenerzeugten Irrtums mit der den medizinischen Standard gewährleistenden zulässigen Delegation erscheint es unhaltbar, die Relevanz dieser für die körperliche Integrität unbeachtlichen Fehlvorstellung mittels der Kenntnis des Täters über das Rechtsmissbrauchsprinzip zu begründen.[1288]

Ferner stellt sich der konstruktive Weg über den Rechtsmissbrauchsgedanken als überflüssig und irreführend dar:[1289] Steht der Einwilligungsempfänger, wie bei medizinischen Behandlungen, in einem Sonderverhältnis zum Einwilligenden, das ihn verpflichtet, nicht einfach auf die Einwilligungserklärung zu vertrauen, hat eine Haftung nach allgemeinen Grundsätzen wegen Fahrlässigkeit zu erfolgen, wenn sich die Beseitigung des Willensdefekts als unsorgfältig darstellt.[1290] Letzteres ist aber, wie oben gezeigt, nicht der Fall, da den Arzt im Rahmen der Selbstbestimmungsaufklärung des Patienten keine Aufklärungspflicht über die Delegation als solche trifft.

Abschließend ist dieser Ansicht zwar zuzugeben, dass sie die Belange des Einwilligungsempfängers stärker zu berücksichtigen versucht, aber das Korrektiv in Form des Rechtsmissbrauchsprinzips insbesondere für die hier interessierenden zulässigen Delegationsfälle nicht zu überzeugen vermag.

(3) Unbeachtlichkeit bei bloßem Begleit- oder Motivirrtum

In der sog. Famuli-Entscheidung des BGH[1291] bezieht das Gericht Stellung zur Strafbarkeit von zwei famulierenden Medizinstudenten, die in einem Krankenhaus körperliche Eingriffe bei Patienten vornahmen, die die Patienten ihnen in der Annahme gestattet hatten, sie seien approbierte Ärzte. In der Urteilsbegründung geht der BGH von der Prämisse aus, dass Willensmängel der Einwilligung regelmäßig die rechtfertigende Kraft nähmen, weil die Erklärung nicht dem wahren Willen des Patienten entspreche. Daher fehle es grundsätzlich an einer wirksamen Einwilligung, wenn der Patient den Behandelnden irrtümlich für einen approbierten Arzt halte. Allerdings schließe nicht jede die Einwilligungserklärung begleitende[1292] oder motivierende, irrige Vorstellung den Rechtfertigungsgrund aus.[1293] So könne der Irrtum über die Arzteigenschaft in Ausnahmefällen bedeutungslos sein, wenn er ganz in den Hintergrund trete und unwesentlich bleibe. Einen sol-

1287 *Rönnau*, Willensmängel bei der Einwilligung im Strafrecht, S. 249 ff.; i.E. auch *Eschelbach*, in: BeckOK-StGB, § 228, Anm. 14.

1288 Vgl. *Kußmann*, Einwilligung und Einverständnis, S. 240.

1289 *Amelung*, Irrtum und Täuschung, S. 48 f.

1290 *Rönnau*, Jura 2002, 665 (673); *Amelung*, Irrtum und Täuschung, S. 48 f.

1291 BGH, Urt. v. 1.2.1961 – 2 StR 457/60, BGHSt 16, 309 (309 ff.).

1292 Zustimmend *Amelung*, der den Irrtum über die Person des Eingreifenden nicht als Fehlvorstellung über das „Ob" des Eingriffs, sondern nur über dessen Begleitumstände definiert, *Amelung*, Irrtum und Täuschung, S. 61.

1293 BGH, Urt. v. 1.2.1961 – 2 StR 457/60, BGHSt 16, 309 (310), der insofern auf die zivilrechtliche Terminologie von den unbeachtlichen Motivirrtümern zurückgreift. Ebenso wurden nach überwiegender Ansicht im früheren Schrifttum beachtliche Fehlvorstellungen von unbeachtlichen Motivirrtümern unterschieden, vgl. *Rönnau*, Willensmängel bei der Einwilligung im Strafrecht, S. 274 m.w.N. Gegen die Verwendung des zivilrechtlich geprägten Begriffs des Motivirrtums im Strafrecht, *Kußmann*, Einwilligung und Einverständnis, S. 206 ff.

chen Ausnahmefall nimmt der BGH in medizinisch ganz einfach liegenden Fällen[1294] an, die nicht die besonderen Kenntnisse des Arztes erforderten und daher von einem anderen Sachkundigen, einem Heilgehilfen oder einer Krankenschwester genauso gut und so sicher wie von einem Arzt geleistet werden könnten.[1295] Dann umfasse die Einwilligung ihrem objektiven Sinn nach auch die Behandlung durch einen Nichtarzt.

Zusammenfassend macht der BGH in Strafsachen die Wirksamkeit der Einwilligung trotz Irrtums des Patienten über die Arzteigenschaft davon abhängig, ob eine tatsächlich geringfügige Krankheit oder Verletzung vorliegt, der Nichtarzt die Geringfügigkeit selbst beurteilen kann sowie die notwendige Sachkunde für die Behandlung besitzt[1296] und die Behandlung nicht die Kenntnis eines ausgebildeten Arztes erfordert.[1297]

Diese Anforderungen sind allesamt erfüllt, wenn sowohl Arzt als auch Krankenpfleger die oben dargestellten Delegationspflichten wahrnehmen. *Erstens* setzt eine in diesem Sinn zulässige Delegation nämlich voraus, dass es um eine ärztliche Tätigkeit im weiten Sinn und damit nach der hier zugrunde gelegten Definition um eine Tätigkeit geht, deren Durchführung kein ärztliches Fachwissen verlangt. *Zweitens* wird die „notwendige Sachkunde" des Krankenpflegers, d.h. seine Qualifikation für die Ausführung der konkreten Tätigkeit durch die Auswahlpflicht des Arztes und durch die Übernahme- bzw. Fortführungsprüfpflicht des Krankenpflegers sichergestellt. Gleiches gilt schließlich *drittens* für das Merkmal der „Geringfügigkeit der Krankheit oder Verletzung" und damit die sorgfältige Auswahl der konkret zu delegierenden Tätigkeit unter Berücksichtigung besonderer physischer oder psychischer Gegebenheit des Patienten sowie der am Behandlungsort vorhandenen sachlichen und personellen Infrastruktur.

Zwar ging der BGH in einem anderen Fall von der Unwirksamkeit der Einwilligung des Patienten bei der Verabreichung von Spritzen sowie venöser Blutentnahme durch einen Nichtarzt aus.[1298] Dies gründete sich allerdings im Unterschied zum Famuli-Fall darauf, dass sich der Eingreifende die Einwilligung dadurch erschlich, dass er sich unberechtigt als zugelassener Heilkundiger ausgab und weder über eine formelle noch – abgesehen vom Selbststudium medizinischer Bücher – über eine materielle medizinische Qualifikation verfügte, woraus sich, wie der BGH zu Recht annimmt – die im Vergleich zu geprüften und approbierten Heilkundigen unterschiedliche Gefährlichkeit der Handlungen ergebe. Da es bei der Beachtung der ärztlichen und krankenpflegerischen Delegationspflichten weder an der formellen noch materiellen Qualifikation des die ärztliche Tätigkeit

1294 Beispielhaft führt der BGH geringfügige Schnitt- und Stoßverletzungen, die äußerliche Versorgung einer Wunde und das Anlegen eines Verbandes an, BGH, Urt. v. 1.2.1961 – 2 StR 457/60, BGHSt 16, 309 (311); zust. für zweifelsfrei geringfügige Tätigkeiten, die gewöhnlich nichtärztlichem Personal übertragen werden *Sowada*, Anm. zu BGH, Urt. v. 23.12.1986 – 1 StR 598/86, JR 1988, 123 (123).

1295 BGH, Urt. v. 1.2.1961 – 2 StR 457/60, BGHSt 16, 309 (311); zust. *Eser*, in: Schönke/Schröder, § 223, Rn. 39; *Ulsenheimer*, in: Laufs/Uhlenbruck, Handbuch des Arztrechts, § 139, Rn. 35.

1296 BGH, Urt. v. 1.2.1961 – 2 StR 457/60, BGHSt 16, 309 (312).

1297 BGH, Urt. v. 1.2.1961 – 2 StR 457/60, BGHSt 16, 309 (311, 313); ähnlich für unzulässige Delegationen: LG Frankfurt, Urt. v. 9.12.1981 – 2/22 O 467/80, NJW 1982, 2610 (2610 f.), das von Unwirksamkeit einer Einwilligung in die Durchführung einer Tätigkeit in Abwesenheit des Zahnarztes ausgeht, wenn der Patient nicht weiß, dass diese Tätigkeit einem Zahnarzt vorbehalten ist oder jedenfalls unter seiner Aufsicht zu erfolgen hat.

1298 BGH, Urt. v. 23.12.1986 – 1 StR 598/86, NStZ 1987, 174 (174).

durchführenden Krankenpflegers fehlt und insofern, wie oben gezeigt, auch keine erheblichen Unterschiede in der Gefährlichkeit der Eingriffe, die von einem Arzt bzw. einem Krankenpfleger vorgenommen werden, bestehen, ändert dieses Urteil nichts an dem zuvor festgestellten Ergebnis. Folglich steht nach dem BGH in Strafsachen der eigenerzeugte Irrtum des Patienten über die Arzteigenschaft des durchführenden Krankenpflegers – bei zulässiger Delegation – einer wirksamen Einwilligung nicht entgegen.

(4) Unbeachtlichkeit bei nichtrechtsgutsbezogenem Irrtum

Nach der auf *Arzt* zurückgehenden Willensmängeldogmatik, die er am Beispiel der Täuschung entwickelte, wird überwiegend auch beim eigenerzeugten Irrtum zwischen rechtsgutsbezogenen und rechtsgutsfremden Fehlvorstellungen unterschieden[1299] und nur im ersten Fall die Unwirksamkeit der Einwilligung angenommen. Von einem rechtsgutsbezogenen Irrtum sei dann auszugehen, wenn der Einwilligende über die Tragweite seiner Einwilligung für das betroffene Rechtsgut irre,[1300] ihm also nicht klar sei, was er preisgebe.[1301] Irre sich der Einwilligende hingegen nur über die vom Eingreifenden in Aussicht gestellte Gegenleistung und somit lediglich über rechtsgutsfremde Umstände, lasse der Irrtum die Wirksamkeit der Einwilligung unberührt.

Hintergrund dieser Überlegungen ist *Arzts* Verständnis vom Schutzgegenstand des Strafrechts. So schützten die Körperverletzungsdelikte das Rechtsgut der körperlichen Integrität in seinem Bestand, nicht jedoch in seinem Tauschwert.[1302] Vielmehr gewährleiste das Strafrecht Tauschfreiheit nur unter den Voraussetzungen des Betrugs- oder Nötigungstatbestandes bzw. einiger Sexualdelikte (§§ 263, 240, 174 f., 182 StGB).[1303]

Von dieser grundsätzlichen Unterscheidung weicht *Arzt* allerdings speziell für den Heileingriff insofern ab, als ausnahmsweise auch die Gegenleistung des Täters rechtsgutsbezogen sein könne, wenn der Preisgabe der körperlichen Unversehrtheit durch das Opfer das Versprechen des den Heileingriff durchführenden Täters gegenüberstehe, per Saldo das körperliche Wohlbefinden zu bessern.[1304] So bleibe durch § 223 StGB geschützt, wer in eine Blinddarmoperation durch einen Dilettanten[1305] oder allgemein in einen Eingriff

1299 *Arzt*, Willensmängel bei der Einwilligung, S. 19 ff., 29 f.; *Kußmann*, Einwilligung und Einverständnis, S. 86 ff., 217; *Jescheck/Weigend*, Strafrecht AT, § 34 IV. 5., S. 382 f.; *Lenckner*, in: Schönke/Schröder, Vorbemerkungen zu den §§ 32 ff., Rn. 46; *Bloy*, ZStW 96 (1984), 703 (717 f.): unter der Voraussetzung, dass das Erfordernis der Rechtsgutsbezogenheit beim eigenerzeugten Irrtum als Irrtum über den sozialen Sinngehalt der Entschließung verstanden wird; *Janker*, NJW 1987, 2897 (2901, 2902); *Kühl*, Strafrecht AT, § 9, Rn. 40; *Wessels/Beulke*, Strafrecht AT, Rn. 376a. Diese auf *Arzt* zurückgehende Theorie findet auch im Zivilrecht Anhänger, vgl. *Steffen*, in: RGRK, § 823, Rn. 380.

1300 *Arzt*, Willensmängel bei der Einwilligung, S. 20.

1301 *Arzt*, Willensmängel bei der Einwilligung, S. 22.

1302 *Arzt*, Willensmängel bei der Einwilligung, S. 18. Zur Verdeutlichung bildet *Arzt* folgendes Beispiel: Der zahlungsunfähige T täuscht O darüber, ihm 1.000 DM zu zahlen, wenn T ihm eine Ohrfeige versetzen dürfe. Willige O ein, ginge es ihm nicht um den Schutz seiner körperlichen Integrität, sondern um seinen Anspruch auf die von T versprochene Gegenleistung.

1303 *Arzt*, Willensmängel bei der Einwilligung, S.17 ff.

1304 *Arzt*, Willensmängel bei der Einwilligung, S. 22.

1305 *Arzt*, Willensmängel bei der Einwilligung, S. 22, Fn. 29.

durch eine generell oder wegen besonderer Umstände wie Übermüdung unqualifizierte Person einwillige.[1306]

Legt man diese Grundsätze für die vorliegend untersuchte Delegation ärztlicher Tätigkeiten auf Krankenpfleger zugrunde, ergibt sich Folgendes: Die bei der Delegation ärztlicher Tätigkeiten betroffenen Rechtsgüter – Gesundheit, Körper und Leben – sind bei einer zulässigen, unter Beachtung der delegationsrelevanten Sorgfaltspflichten vorgenommenen Delegation nach Art und Umfang ebenso betroffen wie bei der Durchführung durch einen Arzt. In beiden Fällen ist die ordnungsgemäße, dem Facharztstandard entsprechende Durchführung der Tätigkeit gewährleistet. Die Fehlvorstellung bezieht sich lediglich auf die Person des Durchführenden, ohne dass dieser Umstand negativen Einfluss auf die ordnungsgemäße Ausführung bzw. auf die damit verbundenen Risiken für den Patienten hat, sodass nach der *Arzt*schen Terminologie ein rechtsgutsfremder Irrtum gegeben ist. Demnach ist die irrige Vorstellung des Patienten über die Person des Durchführenden einer zulässigerweise delegierten Tätigkeit unbeachtlich, die Einwilligung somit wirksam.

(5) Unbeachtlichkeit bei normativ-autonomer Entscheidung

Im Unterschied zur vorgenannten Ansicht wird die körperliche Integrität nach einem anderen Ansatz als Individualrechtsgut nicht in ihrem statischen Bestand und damit isoliert von der Person des Rechtsgutsträgers,[1307] sondern als Möglichkeit zur Selbstverwirklichung ihres Inhabers strafrechtlich geschützt. Ausschlaggebend für die Wirksamkeit der Einwilligung sei demnach, ob sich das Geschehen nach normativen Maßstäben noch als Ausdruck der Autonomie des Rechtsgutsträgers, als Verwirklichung seiner Handlungsfreiheit, darstelle.[1308] So taste der Irrtum über die Arzteigenschaft die Autonomie der Entscheidung des Rechtsgutsträgers nicht an, wenn sie einen nach rechtlichen Maßstäben unwesentlichen Punkt betreffe.[1309] Letzteres sei dann der Fall, wenn die Körperintegrität nicht mehr gefährdet werde, als sie es bei einem ärztlichen Eingriff gewesen wäre.[1310] Dann liege lediglich ein nicht rechtsgutsbezogener, unbeachtlicher Irrtum über die Begleitumstände der Tat vor.[1311]

Für den Körper des einzelnen Patienten gehen von der Durchführung delegierter Tätigkeiten durch einen Krankenpfleger – bei Einhaltung der Delegationspflichten – keine Gefahren aus, die nicht auch beim Handeln durch Ärzte bestünden, sodass auch nach dieser Auffassung die Person des Durchführenden lediglich einen nach rechtlichen Maßstäben unwesentlichen Punkt darstellt.

Ferner liege ein unbeachtlicher Irrtum bei einem Eingriff vor, bei dem es der Arzt unterlassen habe, über Aspekte aufzuklären, die vernünftigerweise für die Gestattung des Eingriffs keine Bedeutung hätten.[1312] Der Person des Durchführenden kann mangels signifikanter Risikoerhöhung bei der zulässigen Delegation vernünftigerweise keine Aufklä-

1306 *Arzt*, in: FS Baumann, 201 (207).
1307 *Roxin*, in: GS Noll, 275 (275).
1308 *Roxin*, Strafrecht AT I, § 13, Rn. 99.
1309 *Roxin*, Strafrecht AT I, § 13, Rn. 101.
1310 *Roxin*, Strafrecht AT I, § 13, Rn. 101.
1311 *Roxin*, Strafrecht AT I, § 13, Rn. 101.
1312 *Roxin*, in: GS Noll, 275 (290).

rungsrelevanz beigemessen werden. Eine diesbezügliche Fehlvorstellung des Patienten wird somit hiernach als unbeachtlicher, die Wirksamkeit der Einwilligung nicht berührender Irrtum behandelt.

(6) Unbeachtlichkeit bei „selbstverursachtem" Irrtum

Weiterhin wird das (Un-)Wirksamkeitsurteil der Einwilligung im Ergebnis auch[1313] an die „Verantwortung" für den Willensmangel geknüpft und eine Trennung von Wirksamkeits- und Zurechnungsfrage vorgenommen.

(a) Keine Zurechnung bei gleicher Qualifikation

Ein Ansatz verfolgt eine zweistufige Prüfung. In einem ersten Schritt wird eine auf einem Irrtum beruhende Einwilligung generell für unwirksam erklärt, weil der Einwilligende nicht in Übereinstimmung mit seinem Wertesystem entscheide.[1314] Dies gelte auch bei Fehlvorstellungen über die Begleitumstände des Eingriffs, insbesondere über die Person des Eingreifenden.[1315] Erst nach der Feststellung dieses Willens- und damit Autonomiemangels sei in einem zweiten Schritt die entscheidende Weiche für die Strafbarkeit des Eingreifenden zu stellen und zu fragen, wem die Rechtsgutsverletzung letztlich zuzurechnen sei.[1316] Dies sei anhand der Handlung des Eingreifenden unter Rückgriff auf die bewährten straf- und deliktsrechtlichen Zurechnungsregeln zu beantworten, die wegen ihrer Zielsetzung – einen angemessenen Ausgleich zwischen den Interessen des Rechtsgutsträgers und denen des Rechtsgutsverletzers herzustellen – auch für die willensmangelbehaftete Einwilligung gerechte Ergebnisse versprächen.[1317] Könne die Rechtsgutsverletzung demnach nicht dem Eingreifenden angelastet werden, sei sie dem Einwilligenden zuzurechnen.[1318] Bei einem Irrtum über die Person des Eingreifenden bewahrten so objektive Zurechnungskriterien den Eingreifenden vor einer unangemessenen Inanspruchnahme.[1319] Denn es fehle dem Eingriff der Erfolgsunwert, wenn der Einwilligende, einem anderen die Güterverletzung in jedem Fall gestattet hätte, er also zur Preisgabe seines Gutes entschlossen sei. Ist der tatsächlich Eingreifende in gleicher Weise qualifiziert wie der

---

1313 Auch die bereits dargestellten Ansichten (mit Ausnahme der ersten beiden) ziehen ganz überwiegend das „Verursacherprinzip" beim sog. eigenerzeugten Irrtum heran. So verdiene der Einwilligungsempfänger, der den Willensmangel nicht veranlasst habe, gegenüber dem täuschenden Einwilligungsempfänger einen gesteigerten Schutz. Daher wird in diesen Fällen von der Beachtlichkeit rechtsgutsbezogener Irrtümer und deren Unwirksamkeitsfolge eine Ausnahme gemacht, vgl. *Kußmann*, Einwilligung und Einverständnis, S. 218 ff. m.w.N. Dies bedarf hier jedoch keiner Darstellung, da die Ansichten im Falle der hier untersuchten zulässigen Delegation, wie gezeigt, ohnehin eine Rechtsgutsbezogenheit ablehnen, sodass die Unbeachtlichkeit des Irrtums unabhängig von der Verantwortung für den Willensmangel besteht.

1314 *Amelung*, Irrtum und Täuschung, S. 36 ff., 41.

1315 *Amelung*, Irrtum und Täuschung, S. 61 ff.

1316 Vgl. *Amelung*, Irrtum und Täuschung, S. 37 f., 44 f.

1317 *Amelung*, Irrtum und Täuschung, S. 45.

1318 *Amelung*, Irrtum und Täuschung, S. 45.

1319 *Amelung*, Irrtum und Täuschung, S. 64.

„vorgestellt" Eingreifende, schaffe sein Tun keine unerlaubten Risiken, womit seinem Eingriff auch der Handlungsunwert fehle.[1320]

Bezogen auf die Delegationsfälle, führte – auf der ersten Prüfungsebene – der Irrtum über die Arzteigenschaft zwar zur Unwirksamkeit der Einwilligung. Solange es sich aber um eine unter Beachtung der Delegationspflichten vorgenommene Übertragung ärztlicher Tätigkeiten auf Krankenpfleger handelt, die erforderliche Qualifikation für die ordnungsgemäße Durchführung der konkreten Tätigkeit somit gewährleistet ist, ist die Rechtsgutsverletzung – auf der zweiten Prüfungsebene – im Substraktionswege dem Einwilligenden selbst zuzurechnen, eine Strafhaftung des Eingreifenden somit zu verneinen und demzufolge auch einer etwaigen mittelbaren Aufklärungspflicht über die Delegation als solche der Boden entzogen.

(b) Zurechnung aufgrund einer Garantenstellung

Nach anderer Ansicht fehle es schon mangels Bewusstseins der (vollen) Preisgabe an einer Einwilligung, soweit der Dispositionsbefugte über das „Ob" oder das Gewicht der durch die Eingriffshandlung mit dem Gut stattfindenden nachteiligen Veränderung irre, sich also nach der *Arzt*schen Terminologie rechtsgutsbezogen irre.[1321] Wann dies bei einem Irrtum über die Qualifikation des Eingreifenden der Fall ist, wird innerhalb dieser Auffassung wiederum differenziert betrachtet.

Einerseits wird darauf abgestellt, ob der Nichtqualifizierte *Folgen* hervorrufe, mit denen bei einem Qualifizierten nicht zu rechnen sei oder der tatbestandsmäßige Erfolg davon abhänge, dass der Täter die *Qualifikation* nicht besitze.[1322] In allen anderen Fällen bleibe die Einwilligung wirksam.[1323] Aus dem angeführten Beispiel mit der Einwilligung in eine ärztliche Injektion, die ebenso wenig konkludent die Zustimmung zu einer falschen Handhabung durch einen Arzt beinhalte wie zu Belastungen, die dadurch entstünden, dass ein Laie die Spritze falsch setze, wird ersichtlich, dass die Beachtlichkeit des Irrtums hiernach davon abhängt, ob die Durchführung der Tätigkeit unter Einhaltung des medizinischen Standards sichergestellt ist. Letzteres ist in den Fällen zulässiger Delegation ärztlicher Tätigkeiten auf Krankenpfleger gegeben, sodass insofern von einem unbeachtlichen, die Wirksamkeit der Einwilligung nicht berührenden Irrtum auszugehen ist.

Gleiches ergibt sich, wenn andererseits danach unterschieden wird, ob die konkrete Maßnahme *üblicher- und berechtigterweise* vom ärztlichen Hilfspersonal oder vom Arzt selbst vorgenommen werde.[1324] Im ersten Fall sei ein Irrtum des Patienten über die Arzteigenschaft unbeachtlich, die Einwilligung wirksam. Im zweiten Fall liege dagegen eine beachtliche, zur Unwirksamkeit der Einwilligung führende Fehlvorstellung vor. „Berechtig-

1320 *Amelung*, Irrtum und Täuschung, S. 63 f.

1321 *Jakobs*, Strafrecht AT, 7. Abschn., Rn. 117; *Göbel*, Die Einwilligung im Strafrecht als Ausprägung des Selbstbestimmungsrechts, S. 85 ff.; *Rönnau*, Willensmängel bei der Einwilligung im Strafrecht, S. 454.

1322 *Jakobs*, Strafrecht AT, 7. Abschn., Rn. 117.

1323 Allerdings weicht *Jakobs* weitere Konstruktion grundlegend von anderen Ansätzen ab: Denn für den Fall, dass die wirksame Einwilligung gegenüber einem Nichtqualifizierten gleichwohl unvernünftig sei, sei für ihre Erzeugung oder Ausnutzung (also bei Täuschung oder Drohung) nach den Regeln der mittelbaren Täterschaft zu haften, *Jakobs*, Strafrecht AT, 7. Abschn., Rn. 117 f.

1324 *Göbel*, Die Einwilligung im Strafrecht als Ausprägung des Selbstbestimmungsrechts, S. 91.

terweise“ nimmt ärztliches Hilfspersonal, wie gezeigt, nur dann ärztliche Tätigkeiten vor, wenn die geschilderten Delegationspflichten erfüllt werden.

Schließlich irre sich der Patient rechtsgutsbezogen, wenn die Minderqualifikation des Eingreifenden ein erhöhtes *Eingriffsmisserfolgsrisiko* bedinge.[1325] Dagegen liege eine lediglich nichtrechtsgutsbezogene Fehlvorstellung vor, wenn der Irrtum allein die formelle Qualifikation des Behandelnden betreffe, deren Fehlen keinerlei Auswirkungen auf das „Ob“ und den Umfang der bevorstehenden Gutsverletzung habe.[1326] Die körperliche Integrität ist in den zulässigen Delegationsfällen bei der Ausführung der Tätigkeit durch einen Krankenpfleger in gleicher Weise betroffen wie bei der Ausführung durch einen Arzt, sodass es sich auch hiernach um eine nichtsrechtsgutsbezogene Fehlvorstellung handelt, wenn sich der Patient insofern irrt.

Im Unterschied zu den beiden zuvor genannten Ansätzen, die auch bei Kenntnis des Eingreifenden vom Willensdefekt mangels Zuständigkeit desselben für eigenerzeugte Irrtümer an der Wirksamkeit der Einwilligung festhalten,[1327] führt nach dem dritten Ansatz aber auch der nichtrechtsgutsbezogene Irrtum zur Unwirksamkeit der Einwilligung, wenn er anderen Personen zugerechnet werden kann. Neben Täuschung oder Drohung sei das dann der Fall, wenn der Eingreifende als *Garant* auf den Erhalt des ihm anvertrauten Gutes hinwirken müsse und den Irrtum pflichtwidrig nicht beseitigt habe.[1328] Letzteres sei jedoch bei der medizinischen Behandlung durch einen Famulus zu verneinen, weil er in keinem Garantenverhältnis zum Patienten stünde, das ihn auch zur Aufklärung über seinen Status verpflichtet hätte.[1329] Demnach ist der die ärztliche Tätigkeit durchführende Krankenpfleger gegenüber dem Patienten selbst nicht zur Aufklärung über seinen beruflichen Status verpflichtet. In Bezug auf den delegierenden Arzt ist zwar festzuhalten, dass dieser aufgrund der Behandlungsübernahme als Beschützergarant für Leib und Leben des Patienten im Rahmen der Selbstbestimmungsaufklärung dazu verpflichtet ist, ihm Art, Bedeutung und Tragweite des Eingriffs in seinen Grundzügen erkennbar zu machen, um ihm eine Abwägung der für und gegen den Eingriff sprechenden Aspekte zu ermöglichen.[1330] Wie bereits erörtert, erfordert die ärztliche Aufklärungspflicht nach hier vertretener Auffassung keine Information über die zulässige Delegation als solche,[1331] sodass inso-

---

1325 *Rönnau*, Willensmängel bei der Einwilligung im Strafrecht, S. 417; so schon *Arzt*, in: FS Baumann, 201 (208).

1326 I.E. auch *Bockelmann*, JZ 1962, 525 (526); *Kußmann*, Einwilligung und Einverständnis, S. 86 ff.; *Pitz*, Was darf das Medizinalpersonal?, S. 126, die nur dann von der Beachtlichkeit eines Irrtums über die Person des Behandlers ausgehen, wenn der Irrtum die materielle bzw. sachliche Qualifikation des Behandlers und damit die Fähigkeit zur ordnungsgemäßen Durchführung der konkreten Tätigkeit betrifft.

1327 Entscheidend sei nicht die Kenntnis vom Willensdefekt, sondern die „Zuständigkeit für die Kenntnis“, vgl. *Jakobs*, Strafrecht AT, 7/120, 7/56 ff.; 29/29 ff.; *Göbel*, Die Einwilligung im Strafrecht als Ausprägung des Selbstbestimmungsrechts, S. 92 ff., 94; so auch *Kußmann*, Einwilligung und Einverständnis, S. 244.

1328 *Rönnau*, Willensmängel bei der Einwilligung im Strafrecht, S. 423, 454.

1329 *Rönnau*, Willensmängel bei der Einwilligung im Strafrecht, S. 417.

1330 *Rönnau*, Willensmängel bei der Einwilligung im Strafrecht, S. 425.

1331 A.A. wohl *Rönnau*, Jura 2002, 665 (673); *ders.*, Willensmängel bei der Einwilligung im Strafrecht, S. 429, der den Arzt auch zur Beseitigung von Fehlvorstellungen verpflichtet sieht, die lediglich den für die Motivbildung relevanten Sachverhalt betreffen. Indem er eine unangemessene Strafhaftung durch die Regeln der objektiven (insbesondere unter dem Aspekt des rechtmäßigen Alternafern auch die Garantenstellung des Arztes keine Auswirkung auf die Wirksamkeit der Einwilligung hat.

(7) Zwischenergebnis

Bis auf die beiden zuerst dargestellten und aus genannten Gründen abzulehnenden Ansichten, wird die hier aufgeworfene Frage trotz verschiedenster dogmatischer Ansätze zur Behandlung willensmangelbehafteter Einwilligungen gleich beantwortet, sodass es einer weitergehenden Auseinandersetzung nicht bedarf: Irrt sich der Patient über die Arzteigenschaft des Behandelnden, ist bei Einhaltung der Delegationspflichten im Ergebnis von der Unbeachtlichkeit dieser Fehlvorstellung und damit der Wirksamkeit der Einwilligung auszugehen. Daher ergibt sich eine Aufklärungspflicht über die Delegation als solche auch nicht mittelbar aus der Behandlung einer willensmangelbehafteten Einwilligung.

Die zur Begründung herangezogenen Kriterien – wie etwa die Geringfügigkeit der Krankheit, das Misserfolgsrisiko des Eingriffs sowie die Qualifikation des Eingreifenden – münden letztlich in der Feststellung, dass die fehlende Arzteigenschaft des die zulässig delegierte Tätigkeit Ausführenden ohne signifikante Auswirkung auf das Rechtsgut der körperlichen Unversehrtheit bleibt, sich vielmehr als „rechtsgutsneutraler Begleitumstand“[1332] darstellt. Trifft letzteres mit einem ausschließlich eigenerzeugten Irrtum zusammen, wird ganz überwiegend somit die Autonomie des Patienten nicht als umfassend schutzwürdig angesehen, sondern ihrer Kehrseite, der Eigenverantwortung, zu Recht stärkere Bedeutung beigemessen.

bb) Zivilrecht

Bei der zivilrechtlichen Behandlung der willensmangelbehafteten Einwilligung stehen Vertreter, die die direkte oder analoge Anwendbarkeit der §§ 119 ff. BGB befürworten denjenigen gegenüber, die einen von den rechtsgeschäftlichen Regeln des BGB losgelösten Ansatz verfolgen.

(1) Unbeachtlichkeit bei Irrtum über nichtverkehrswesentliche Eigenschaft

Nach der auf *Zitelmann*[1333] zurückgehenden Anwendung der §§ 119 ff. BGB auf willensmangelbehaftete Einwilligungen kommt es zunächst darauf an, ob der Irrtum über die Arztqualifikation des Durchführenden als Irrtum über eine verkehrswesentliche Eigenschaft i.S.d. § 119 Abs. 2 Var. 1 BGB zu beurteilen ist.

Gleichwohl setzten sich diejenigen, die §§ 119 ff. BGB auf die Einwilligung direkt oder analog anwenden,[1334] nur vereinzelt[1335] mit der Frage auseinander, wie die Verkehrs-

---

tivverhaltens) oder subjektiven (insbesondere unter Rückgriff auf § 16 StGB) Zurechnung verhindern will, misst er diesen Irrtümern im Ergebnis letztlich doch keine Relevanz zu.

1332 Vgl. *Amelung*, Irrtum und Täuschung, S. 62; *Rönnau*, Willensmängel bei der Einwilligung im Strafrecht, S. 416 f.

1333 *Zitelmann*, AcP 99 (1906), 1 (62): „Die Vorschriften über Willensmängel sind vollständig anwendbar.“

1334 *Frömming/Peters*, NJW 1996, 958 (959): zur Einwilligung im Medienrecht; *Simitis*, in: Simitis, BDSG, § 4a, Rn. 27: zur Einwilligung in die Datenerhebung, -verarbeitung und -nutzung; *Ohly*, Die Einwilligung im Privatrecht, S. 366 ff.; *Dasch*, Die Einwilligung zum Eingriff in das Recht am

wesentlichkeit einer Eigenschaft im Allgemeinen und im Hinblick auf die ärztliche Approbation bei der Heilbehandlung im Speziellen zu definieren ist. Daher werden nachfolgend auch diejenigen Ansichten herangezogen, die sich ausschließlich im Rahmen von § 119 Abs. 2 BGB und losgelöst von der Einwilligungsproblematik mit dem Eigenschaftsirrtum beschäftigen. Während die verschiedenen Ansätze darin übereinstimmen, dass es sich bei der formellen, berufsrechtlichen Qualifikation „Arzt" um einen die Person prägenden Faktor[1336] und damit um eine Eigenschaft einer Person handelt, wird das Merkmal der Verkehrswesentlichkeit unterschiedlich interpretiert, wobei sich im Wesentlichen[1337] zwei Auffassungen gegenüberstehen.

(a) Konkret-objektive Bestimmung der Verkehrswesentlichkeit

Wird die Verkehrswesentlichkeit einer Eigenschaft nach einem konkret-objektiven Maßstab bestimmt, sind alle Eigenschaften verkehrswesentlich, denen entweder im Rechtsverkehr bei Geschäften dieser Art unter den konkreten Umständen typischerweise entscheidende Bedeutung beigemessen wird oder die die Parteien selbst als für sie verkehrswesentlich festlegen.[1338] Zusätzlich fordert die Rechtsprechung zum Eigenschaftsirrtum, dass die Eigenschaft vom Erklärenden in irgendeiner Weise erkennbar dem Vertrag zugrunde gelegt worden sei,[1339] was im Hinblick auf bloß formale Kriterien zu verneinen sei, wenn es dem Erklärenden nur auf die nötige Sachkunde und Zuverlässigkeit[1340] und damit auf tatsächliche Befähigung zur Ausführung der vereinbarten Leistungen ankomme.

Wie eingangs erläutert, beschränkt der Patient in den hier besprochenen Fällen seine Einwilligung in die Behandlungsmaßnahme in der Regel weder ausdrücklich auf die Durchführung durch einen Arzt noch ergibt sich aus den übrigen Umständen, dass er ausschließlich von einem Arzt behandelt werden möchte. Der Patient willigt vielmehr lediglich in eine ordnungsgemäße, dem medizinischen Standard entsprechende Behandlung ein. Demnach scheidet eine explizite Festlegung der Arzteigenschaft als verkehrswe-

---

eigenen Bild, S. 76 ff.; *K. E. Wenzel*, Das Recht der Wort- und Bildberichterstattung, Kap. 7, Rn. 83: zur Einwilligung nach § 22 KUG (Gesetz betr. das Urheberrecht an Werken der bildenden Künste und der Fotografie von 1907).

1335 *Ohly*, Die Einwilligung im Privatrecht, S. 367 f., die ausdrücklich Bezug auf den sog. Famuli-Fall des BGH nimmt.

1336 Vgl. *Bork*, BGB AT, Rn. 845. Der Eigenschaftsbegriff umfasst nach der h.M. außer den körperlichen Eigenarten auch solche rechtlichen oder tatsächlichen Merkmale oder Verhältnisse, die in der Person selbst begründet sind, BGH, Urt. v. 22.9.1983 – VII ZR 43/83, NJW 1984, 230 (231); *Palm*, in: Erman, BGB, § 119, Rn. 45; *Wendtland*, in: BeckOK-BGB, § 119, Rn. 40.

1337 Für einen differenzierteren Überblick vgl. *Medicus*, BGB AT, Rn. 767 ff.; *Kramer*, in: MünchKommBGB, § 119, Rn. 104 ff., die auch Ausführungen zur umstrittenen Einordnung des Eigenschaftsirrtums als ausnahmsweise beachtlicher Motivirrtum, als Erklärungsirrtum (eigener Art) oder als erweiterter Sachverhaltsirrtum enthalten.

1338 *Köhler*, Anm. zu BGH Urt. v. v. 22.9.1983 – VII ZR 43/83, JR 1984, 324 (325); *Bork*, BGB AT, Rn. 846; *Palm*, in: Erman, BGB, § 119, Rn. 43; *Ellenberger*, in: Palandt, § 119, Rn. 25; *Wendtland*, in: BeckOK-BGB, § 119, Rn. 40.

1339 BGH, Urt. v. 22.9.1983 – VII ZR 43/83, NJW 1984, 230 (231); Urt. v. 11.10.2000 – VIII ZR 321/99, NJW 2001, 226 (227).

1340 BGH, Urt. v. 22.9.1983 – VII ZR 43/83, NJW 1984, 230 (231): Eintragung in die Handwerksrolle.

sentlich ebenso aus wie ein Zugrundelegen dieser Eigenschaft im Sinne der Rechtsprechung.

Folglich ist auf die Verkehrsanschauung als Beurteilungsgrundlage und somit darauf abzustellen, ob die ärztliche Approbation typische Eigenschaft des die Patientenbehandlung Durchführenden ist. Typischerweise wird die ärztliche Approbation nur dann als vorausgesetzt gelten können, wenn es sich bei der konkreten Maßnahme um eine ausschließlich Ärzten vorbehaltene Behandlungsmaßnahme – etwa eine Operation – und damit um eine ärztliche Tätigkeit im engen Sinn handelt.[1341] Dies ist jedoch, wie gezeigt, in Fällen zulässiger Delegation ausgeschlossen. Irrt sich der Patient über die Arzteigenschaft des Krankenpflegers, der eine zulässig delegierte Tätigkeit und damit eine ärztliche Tätigkeit im weiten Sinn ausführt, so liegt hiernach keine Fehlvorstellung über eine verkehrswesentliche Eigenschaft vor. Mangels eines zur Anfechtung berechtigenden Irrtums bleibt daher die Wirksamkeit der Einwilligung unberührt.

(b) Reduzierung der Verkehrswesentlichkeit auf Geschäftswesentlichkeit

Nach anderer Auffassung reduziert sich die in § 119 Abs. 2 BGB genannte Verkehrswesentlichkeit auf die Geschäftswesentlichkeit des Eigenschaftsirrtums. Entscheidend sei, ob sich das Rechtsgeschäft kraft besonderer Bestimmung oder nach der Art des Geschäftstypus auf die Person als eine solche mit der bestimmten Eigenschaft beziehe.[1342]

Eine ausdrückliche Bestimmung der Arzteigenschaft scheidet regelmäßig mangels dahingehender Konkretisierung durch den Patienten aus, sodass es darauf ankommt, *„ob und inwieweit sich aus dem Geschäftstyp die Beziehung des Rechtsgeschäfts auf die persönlichen Eigenschaften ergibt“*.[1343] Demnach gelten typische, gewöhnlich vorhandene Eigenschaften als miterklärt, wohingegen die innere Vorstellung von atypischen Eigenschaften als einseitiges Motiv unberücksichtigt bleibt.[1344] Als eine typische, gewöhnlich vorhandene Eigenschaft kann die ärztliche Approbation bei einer medizinischen Behandlung jedoch nur bezeichnet werden, wenn es um eine Behandlung geht, deren Durchführung ausschließlich ärztliches Tätigwerden erfordert. Nur dann entspräche ein Krankenpfleger hinsichtlich seiner formalen, berufsrechtlichen Qualifikation nicht der vereinbarten Behandlung.

(c) Zwischenergebnis

Insofern ergeben sich im Hinblick auf die Irrtumsrelevanz bei zulässigen Delegationen keine Unterschiede zur konkret-objektiven Bestimmung der Verkehrswesentlichkeit. Vielmehr ist die Art des Geschäftstypus – hier medizinische Behandlung – auch nach der Verkehrsauffassung für die Beachtlichkeit einer Eigenschaft ausschlaggebend, sodass es einer weiteren Streitdarstellung[1345] nicht bedarf. Ferner erübrigt sich mangels Verkehrs-

1341 *Ohly*, Die Einwilligung im Privatrecht, S. 368, wobei *Ohly* in Fn. 77 anmerkt, dass möglicherweise bereits nach Auslegungsgrundsätzen keine Einwilligung vorliege.

1342 *Flume*, BGB AT II, § 24, 2b, S. 477 ff.; zust. *Medicus*, BGB AT, Rn. 770 m.w.N.

1343 *Flume*, BGB AT II, § 24, 2b, S. 479.

1344 Vgl. *Flume*, BGB AT II, § 24, 2b, S. 479 ff.; *Pawlowski*, BGB AT, Rn. 543.

1345 Mangels Verkehrswesentlichkeit der Arzteigenschaft in Fällen zulässiger Delegation kommt es ferner nicht darauf an, wie der Risikogedanke bei den ausschließlich eigenerzeugten Irrtümern zu berücksichtigen ist. Selbst die Ansicht, die eine Beachtlichkeit des Irrtums zulässt, wenn die Fehlbzw. Geschäftswesentlichkeit des Irrtums über die Arzteigenschaft eine Auseinandersetzung mit der Frage, ob der zur Anfechtung berechtigende Irrtum eo ipso zur Unwirksamkeit der Einwilligung führt[1346] oder ob, wie es die §§ 142 f. BGB vorsehen eine Anfechtung der Einwilligung erforderlich ist[1347].

(2) Unbeachtlichkeit i.S.d. des strafrechtlichen Meinungsspektrums

Diejenigen Ansichten, die die Willensmangelproblematik frei von der gesetzlichen Vorgabe des § 119 Abs. 2 BGB lösen, entsprechen im Wesentlichen dem bereits erörterten strafrechtlichen Meinungsspektrum[1348] und sollen daher nur kurz genannt werden.

Bis auf vereinzelt gebliebene und aus oben[1349] genannten Gründen abzulehnende Auffassungen, die auch im Zivilrecht unter Verweis auf die Patientenautonomie die Unwirksamkeit jeder irrtumsbehaftete Einwilligung befürworten[1350] bzw. das (Un-)wirksamkeitsurteil der Einwilligung an die Kenntnis des Einwilligungsempfängers knüpfen[1351], kommen die übrigen Ansichten bei der Übertragung einer ärztlichen Aufgabe auf einen Krankenpfleger unter Einhaltung der Delegationspflichten im Ergebnis zur Unbeachtlichkeit des Irrtums über die Arzteigenschaft des Durchführenden.

So schließen sich der oben zitierten Rechtsprechung des BGH in Strafsachen auch zivilgerichtliche Urteile[1352] (und ihnen folgend Teile der Literatur[1353]) an, die unter Verweis auf die Famuli-Judikatur die durch einfachen Irrtum beeinflusste Einwilligung als *„grundsätzlich noch freiwillig, also rechtsbeständig"* einstufen. Diesen Grundsatz schränkt der BGH in Zivilsachen zwar dahingehend ein, dass es für die Beurteilung der Unbeachtlichkeit einer irrigen Einwilligung entscheidend sei, *„ob nach Lage der Verhältnisse der Wille in einer Art und in einem Maße beeinträchtigt ist, daß die Willensentschließung noch als Ausfluß einer eigenen wahren inneren Willensbildung des Betroffenen gelten kann"*[1354]. Letzteres kann aber gerade beim eigenerzeugten Irrtum des Patienten, der noch dazu – bei zulässiger Delegation – auf die Gewährleistung einer dem medizinischen Standard entsprechenden Behandlung keinen negativen Einfluss hat, angenommen werden. Andere kommen zur Un-

---

vorstellung allein die Sphäre des Irrenden betroffen hat, verlangt einen verkehrswesentlichen Irrtum, vgl. *Kramer*, in: MünchKommBGB, § 119, Rn. 110 m.w.N.

1346 *Steffen*, in: RGRK, § 823, Rn. 380; *Hager*, in: Staudinger, § 823, Rn. I 111; *Schenke*, Die Einwilligung des Verletzten im Zivilrecht, S. 69; *Ohly*, Die Einwilligung im Privatrecht, S. 371.

1347 *Kohte*, AcP 185 (1985), 105 (141), wonach in der Klageerhebung, die sich auf eine fehlende bzw. fehlerhafte Einwilligung stützt, regelmäßig die konkludente Anfechtungserklärung zu sehen ist; zust. *Dasch*, Die Einwilligung zum Eingriff in das Recht am eigenen Bild, S. 79.

1348 Vgl. *Ohly*, Die Einwilligung im Privatrecht, S. 356, die vom Rezipieren strafrechtlicher Lehren im Zivilrecht spricht.

1349 I.E. auch *Ohly*, Die Einwilligung im Privatrecht, S. 368 ff.

1350 *Berger*, JZ 2000, 797 (801, Fn. 47).

1351 *Dietz*, Anspruchskonkurrenz bei Vertragsverletzung und Delikt, S. 233; wohl auch *Hager*, in: Staudinger, § 823, Rn. I 111.

1352 BGH, Urt. v. 2.12.1963 – III ZR 222/62, NJW 1964, 1177 (1178); OLG Frankfurt a.M., Urt. v. 8.6.1994 – 1 U 87/94, VersR 1997, 572 (573).

1353 *Schenke*, Die Einwilligung des Verletzten im Zivilrecht, S. 68 f.; *Spindler*, in: BeckOK-BGB, § 823, Rn. 15; *Schäfer*, in: Staudinger12,§ 823, Rn. 464.

1354 BGH, Urt. v. 2.12.1963 – III ZR 222/62, NJW 1964, 1177 (1178); zust. *Sprau*, in: Palandt, § 823, Rn. 39.

beachtlichkeit des Irrtums aufgrund der Einseitigkeit[1355] oder durch den Verweis auf die fehlende Rechtsgutsbezogenheit i.S.d. der *Arzt*schen Lehre[1356].

(3) Zwischenergebnis

Im Unterschied zur strafrechtlichen Diskussion, in der zum Irrtum des Patienten über die Arzteigenschaft des Behandlers nahezu ausnahmslos von jeder Ansicht Stellung bezogen worden ist – bleibt eine dahingehende zivilrechtliche Auseinandersetzung die Ausnahme. Gleichwohl entscheiden sich Straf- wie Zivilrecht bei eigenerzeugten Irrtümern ohne signifikanten Einfluss auf das preisgegebene Rechtsgut im Rahmen der Wirksamkeitsprüfung der Einwilligung für eine ähnliche Gewichtung von Selbstbestimmung auf der einen und Selbstverantwortung auf der anderen Seite: Der eigenerzeugte Irrtum des Patienten über die Arzteigenschaft hat bei zulässiger Delegation ganz überwiegend im Strafrecht und im Zivilrecht im Ergebnis keine Unwirksamkeit der Einwilligung des Patienten zur Folge, sodass insofern auch keine mittelbare Aufklärungspflicht über die Delegation als solche begründet werden kann. Abschließend bleibt somit festzuhalten, dass über die Beteiligung eines Krankenpflegers an der Patientenbehandlung im Rahmen einer zulässigen Delegation der Patient unter rechtlichen Gesichtspunkten nicht gesondert aufgeklärt werden muss.

e) Aufklärung und Einwilligung aus Sicht der Umfrageteilnehmer

Ob und in welcher Form sich die die Aufklärung voraussetzende Einwilligung des Patienten auch auf die Übernahme der ärztlichen Tätigkeit durch einen Angehörigen der Gesundheits- und Krankenpflegeberufe bezieht, war Gegenstand der Umfrage. Wie *Abb. 14* zeigt, herrscht im Hinblick auf die Berücksichtigung der Einwilligung und damit auch der Aufklärung des Patienten über die Delegation als solche keine Einigkeit zwischen den Berufsgruppen. Während Ärzte und im Krankenhaus tätige Pflegekräfte die *Einwilligung* als überwiegend *eher nicht* oder *überhaupt nicht* ihrer Praxis entsprechend deklarierten, gaben 64,8% der in einer Pflegeeinrichtung beschäftigten Pflegekräfte an, die mündliche Einwilligung des Patienten in die Übernahme der ärztlichen Tätigkeit werde eingeholt. Entsprechend befürwortete nur diese Befragungsgruppe mit einfacher Mehrheit, die mündliche Einwilligung des Patienten in die Delegation als solche zum Inhalt einer gesetzlichen Delegationsregelung zu machen, während in Krankenhäusern tätige Ärzte und Pflegekräfte dies – in Übereinstimmung mit der hier vertretenen Rechtsauffassung – mehrheitlich ablehnten.

1355 *Deutsch/Spickhoff*, Medizinrecht, Rn. 258.

1356 *Steffen*, in: RGRK, § 823, Rn. 380; *Müller-Hegen*, Die Haftung für Aufklärungsfehler im Arztrecht, S. 87.

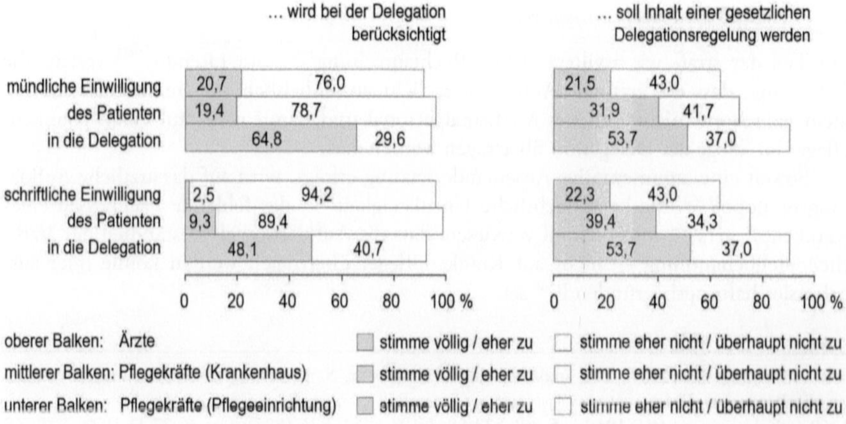

Abb. 14: *Einwilligung des Patienten in die Delegation. Die zu 100% fehlenden Werte entfallen auf diejenigen Umfrageteilnehmer, die diese Frage nicht bzw. nicht vollständig beantworteten.*

3. Delegation der Aufklärung

Von der Frage der Aufklärung über die *Delegation* ist die Frage zu unterscheiden, ob die *Aufklärung* übertragen werden darf. Zunächst ist festzuhalten, dass die Aufklärung über ärztliche Behandlungsmaßnahmen eine ärztliche Berufspflicht ist,[1357] die grundsätzlich dem behandelnden Arzt selbst obliegt.[1358] Dies allein begründet freilich keine Delegationssperre. Vielmehr besteht über die Möglichkeit des behandelnden Arztes, die Aufklärung im Rahmen vertikaler Arbeitsteilung auf einen anderen Arzt zu übertragen, Einigkeit.[1359] Uneinigkeit herrscht dagegen im Straf- wie Zivilrecht gleichermaßen im Hinblick auf die Delegation der Aufklärung auf einen Krankenpfleger und damit einen Nichtarzt.

1357 Vgl. § 8 MBO-Ä.

1358 BGH, Urt. v. 10. 7. 1954 – VI ZR 45/54, NJW 1956, 1106 (1107); Beschl. v. 22.5.1981 – 4 Str 225/81, NStZ 1981, 351 (351); OLG Köln, Urt. v. 1.6.2005 – 5 U 91/03, VersR 2006, 124 (125); OLG Jena, Urt. v. 18.5.2005 – 4 U 641/04, NJOZ 2005, 4626 (4631); *Katzenmeier*, MedR 2004, 34 (37); *ders.*, Arzthaftung, S. 323; *Laufs*, in: Laufs/Uhlenbruck, Handbuch des Arztrechts, § 66, Rn. 1, § 68, Rn. 5; *Ulsenheimer*, Arztstrafrecht in der Praxis, Rn. 104a; *Tag*, Der Körperverletzungstatbestand im Spannungsfeld zwischen Patientenautonomie und Lex artis, S. 335.

1359 Auch in diesem Fall ist und bleibt der behandelnde Arzt der Aufklärungspflichtige. Er trägt – ebenso wie in den hier untersuchten Delegationsfällen zwischen Arzt-Krankenpfleger – auch weiterhin die Verantwortung für die ordnungsgemäße Durchführung der delegierten Aufklärung des Patienten. Letzteres wird durch die Einhaltung der oben geschilderten Delegationspflichten, die im Verhältnis Arzt-Arzt entsprechend heranzuziehen sind, als gewährleistet angesehen. So muss die Aufklärung durch einen für die spezifische Behandlung fachkundigen Arzt durchgeführt und auch kontrolliert werden, BGH, Urt. v. 7.11.2006 – VI ZR 206/05, NJW-RR 2007, 310 (311, Anm. 7 ff.); OLG Karlsruhe, Urt. v. 19.3.1997 – 13 U 42-96, NJW-RR 1998, 459 (461); *Spindler*, in: BeckOK-BGB, § 823, Rn. 635; *Franzki*, Der Arzthaftungsprozess, S. 23; *Kern*, in: FS Weißauer,

a) *Arzt als Delegationsempfänger*

Ein Teil der straf- wie zivilrechtlichen Rechtsprechung[1360] und Literatur[1361] vertritt die Auffassung, dass die ärztliche Aufklärungspflicht ausschließlich auf einen anderen Arzt, nicht jedoch auf nichtärztliches Medizinalpersonal und damit nicht auf einen Krankenpfleger im Wege der Delegation übertragen werden darf.

Soweit eine argumentative Auseinandersetzung erfolgt, wird auf das ärztliche Aufklärungsmonopol[1362], die berufsrechtliche Unzulässigkeit[1363], das fehlende Fachwissen eines Krankenpflegers[1364] sowie darauf verwiesen, dass die Aufklärung als Bestandteil der ärztlichen Heilbehandlung[1365] nicht auf Krankenpfleger übertragen werden könne oder ausnahmslos haftungsbegründend[1366] sei.

---

71 (80); *Kern/Laufs*, Die ärztliche Aufklärungspflicht, S. 11; *Ulsenheimer*, Arztstrafrecht in der Praxis, Rn. 104a.

1360 BGH, Urt. v. 10.2.1959 – 5 StR 533/58, NJW 1959, 825 (825); Urt. v. 27.11.1973 – VI ZR 167/72, NJW 1974, 604 (604 f.), wobei das Gericht jedoch die Krankengeschichte des Klägers als ausschlaggebend bezeichnet und betont, dass der Kläger angesichts „dieser besonderen Umstände [...] einen Anspruch darauf [hat], vom Arzt Aufklärung darüber zu erhalten, weshalb der Test auch in seinem Falle nötig war". Bbg. OLG, Urt. v. 27.3.2008 – 12 U 239/06, Juris, Rn. 6; OLG Dresden, Urt. v. 11.7.2002 – 4 U 574/02, BeckRS 2002, 30272111.

1361 *Bauer*, Die strafrechtliche Beurteilung des ärztlichen Heileingriffs, S. 163; *Bergmann*, Das Krankenhaus 2006, 689 (689, 691); *ders.*, in: Arbeitsgemeinschaft Rechtsanwälte im Medizinrecht e.V., Risiko Aufklärung, 91 (93); *ders.*, in: Arbeitsgemeinschaft Rechtsanwälte im Medizinrecht e.V., Delegation und Substitution, 25 (40); *ders.*, Die Arzthaftung, S. 62; *Bonvie*, in: Arbeitsgemeinschaft Rechtsanwälte im Medizinrecht e.V., Delegation und Substitution, 17 (21); *Deutsch/Spickhoff*, Medizinrecht, Rn. 301, 306, 401; *Frahm*, VersR 2009, 1576 (1577 f.); *Franzki*, Arzt und Krankenhaus 1985, 168 (174); *Francke/Hart*, Ärztliche Verantwortung und Patienteninformation, S. 30; *Gehrlein*, Arzthaftpflicht, C, Rn. 56; *Geilen*, in: Wenzel, Handbuch FA Medizinrecht, Kapitel 4, Rn. 449; *Geiß/Greiner*, Arzthaftpflichtrecht, C, Rn. 106; *Hahn*, Die Haftung des Arztes für nichtärztliches Hilfspersonal, S. 71; *Katzenmeier*, Anm. zu BGH, Urt. v. 7.11.2006 – VI ZR 206/05, JZ 2007, 642 (643); *ders.*, Arzthaftung, S. 337 f.; *Kempter*, Medizinische Sorgfaltstandards, S. 222; *Parzeller et al.*, DÄB 2007, A 576 (A 579); *Quaas/Zuck*, Medizinrecht, § 13, Rn. 98; *Rumler-Detzel*, VersR 1994, 254 (257); *Schaffer*, VersR 1993, 1458 (1462); *Schmidt*, in: Ratzel/Luxenburger, § 14, Rn. 33; *Spindler*, in: BeckOK-BGB, § 823, Rn. 635; *Sträßner*, Pflege- & Krankenhausrecht 2002, 95 (103); *Tag*, Der Körperverletzungstatbestand im Spannungsfeld zwischen Patientenautonomie und Lex artis, S. 336, Fn. 1702; *Tempel*, NJW 1980, 607 (615); *Ulsenheimer*, Arztstrafrecht in der Praxis, Rn. 104a; *Weber-Steinhaus*, Ärztliche Berufshaftung als Sonderdeliktsrecht, S. 213 f.; *Stratenwerth*, in: Heim, Ärztliche Aufklärungspflicht, 59 (67); *Wenzel*, in: Wenzel, Handbuch FA Medizinrecht, Kapitel 4, Rn. 805, 817; *Zentai*, Aufklärung, S. 100. Vgl. auch *DKG*, Empfehlungen zur Aufklärung der Krankenhauspatienten über vorgesehene ärztliche Maßnahmen, S. 3.

1362 *Tempel*, NJW 1980, 607 (615); *Deutsch/Spickhoff*, Medizinrecht, Rn. 401; *Geilen*, in: Wenzel, Handbuch FA Medizinrecht, Kapitel 4, Rn. 449.

1363 *Parzeller et al.*, DÄB 2007, A 576 (A 579); *Bergmann*, in: Arbeitsgemeinschaft Rechtsanwälte im Medizinrecht e.V., Risiko Aufklärung, 91 (93); *Gehrlein*, Arzthaftpflicht, C, Rn. 56; *Francke/Hart*, Ärztliche Verantwortung und Patienteninformation, S. 30; *Hahn*, Die Haftung des Arztes für nichtärztliches Hilfspersonal, S. 71 f.

1364 Vgl. nur *Frahm*, VersR 2009, 1576 (1577); *Ulsenheimer*, Arztstrafrecht in der Praxis, Rn. 104a.

1365 *Schlosshauer-Selbach*, DRiZ 1982, 361 (364); *Tempel*, NJW 1980, 607 (615).

1366 *Bergmann*, Das Krankenhaus 2006, 689 (689, 691).

Dabei stellt sich letztere Aussage bereits durch einen Blick in die Rechtsprechung als nicht haltbar dar. Denn neben in der Tat für eine Haftungsbegründung sprechenden Urteilen[1367], finden sich ebenso Entscheidungen, die diese Frage entweder bewusst offen lassen[1368] oder sich für die Möglichkeit der Aufklärungsdelegation auf Nichtärzte aussprechen – so direkt, wenn das Hilfspersonal nur *„über entsprechendes Fachwissen"* verfüge[1369] oder indirekt, wenn die Tatsache, dass ausschließlich eine Stationsschwester den Patienten über seine weitere Behandlung unterrichtete, mit keinem Wort beanstandet wird[1370].

Somit fällt das Augenmerk auf die übrigen Argumente. Wie die bisherige Untersuchung zeigte, ist der behandelnde Arzt weder aus straf- noch zivilrechtlicher Sicht zur höchstpersönlichen Durchführung aller Behandlungsmaßnahmen verpflichtet. Vielmehr ist anerkannt, dass eine Delegation von ärztlichen Tätigkeiten auf Krankenpfleger unter Einhaltung der oben dargestellten ärztlichen und krankenpflegerischen Delegationspflichten zulässig ist und die delegierte Tätigkeit freilich weiterhin Teil der ärztlichen Heilbehandlung bleibt. Ob gleiches auch für die Aufklärung gilt, ist somit anhand der Delegationspflichten zu entscheiden.

Daher kann der Verweis auf das ärztliche Aufklärungsmonopol, die berufsrechtliche Unzulässigkeit oder das fehlende Fachwissen eines Krankenpflegers nur dann überzeugen, wenn sich bereits aus der ärztlicherseits bestehenden Auswahl- bzw. krankenpflegerischerseits bestehenden Übernahmeprüfpflicht eine echte Delegationssperre ergibt.

Danach darf ein Krankenpfleger, dem eine ärztliche Tätigkeit zur Durchführung qua Delegation übertragen wird, über diese Tätigkeit jedenfalls dann nicht selbst aufklären, wenn die Aufklärung als ärztliche Tätigkeit im engen Sinn einzustufen ist, es somit der Aufklärung als solcher an der abstrakten Delegationsfähigkeit mangelt. Abstrakt delegationsfähig sind nur solche Tätigkeiten, die nicht höchstpersönlich vom Arzt zu erbringen sind,[1371] d.h. Tätigkeiten, deren Schwierigkeits- und Gefährdungsgrad nach medizinischem Sachverstand eine Zuordnung zu den sog. ärztlichen Tätigkeiten im weiten Sinn

---

1367 BGH, Urt. v. 10.2.1959 – 5 StR 533/58, NJW 1959, 825 (825); Urt. v. 27.11.1973 – VI ZR 167/72, NJW 1974, 604 (604 f.); Bbg. OLG, Urt. v. 27.3.2008 – 12 U 239/06, Juris, Rn. 6; OLG Dresden, Urt. v. 11.7.2002 – 4 U 574/02, BeckRS 2002, 30272111.

1368 RG, Urt. v. 27.5.1908 – VI 484/07, RGZ 68, 431 (436): bzgl. Krankenschwester; BGH, Urt. v. 14.3.2006 – VI ZR 279/04, MedR 2006, 588 (589).

1369 OLG Jena, Urt. v. 18.5.2005 – 4 U 641/04, NJOZ 2005, 4626 (4631); OLG Zweibrücken, Urt. v. 19.10.2004 – 5 U 6/04 (nicht rechtskräftig), NJW 2005, 74 (76): bei entsprechend geschultem Personal.

1370 BGH, Urt. v. 18.3.1980 – VI ZR 155/78, NJW 1980, 1903 (1904); vgl. auch OLG Karlsruhe, Urt. v. 19.3.1997 – 13 U 42/96, NJW-RR 1998, 459 (461), wonach das Gericht zu Recht zwar einen ärztlichen Aufklärungsfehler annahm, weil ein Pfleger bei türkischen Patienten, die nicht über hinreichende Deutschkenntnisse verfügten, zum Teil die Selbstbestimmungsaufklärung durchgeführt hat. Allerdings beanstandete das Gericht ausdrücklich nur, dass dem Pfleger die teilweise Aufklärung über operative Maßnahmen allein überlassen blieb und sich der Arzt nicht vergewissert hatte, dass gleichwohl hinreichend aufgeklärt worden ist.

1371 Vgl. BGH, Urt. v. 16.4.1996 – VI ZR 190/95, NJW 1996, 2429 (2430 f.), wonach die CTG-Überwachung die pflegerische Kompetenz der Nachtschwester übersteigt, ihr somit nicht überlassen werden darf, sondern Aufgabe des Arztes (oder der Hebamme) ist. OLG München, Urt. v. 27.1.1994 – 1 U 2040/93, VersR 1994, 1113, wonach Geburtshilfemaßnahmen (insbes. der sog. Crede'sche Handgriff) nicht einer Krankenschwester überlassen werden dürfen, sondern vom Arzt oder der Hebamme auszuführen sind.

möglich macht. Ob das auch für die Aufklärung als solche gilt, die jedenfalls allgemein keine gesetzliche Regelung erfahren hat, soll zunächst anhand ihrer sonstigen normativen Ausprägungen untersucht werden:

Während die § 40 Abs. 2 AMG[1372], §§ 3 Abs. 3 S. 1, 4 Abs. 1 S. 2 TPG[1373], § 4a Abs. 1 S. 1 Nr. 2 TPG[1374], § 8 Abs. 2 TPG[1375], § 8a S. 1 Nr. 4 S. 1, S. 3 TPG[1376], § 8c Abs. 1 Nr. 1b TPG[1377], § 8 Abs. 2 S. 1 Nr. 2 TFG[1378] und § 19 Abs. 1 S. 5 TFG[1379] explizit die Aufklärung *durch einen Arzt* verlangen und daher (in Verbindung mit den jeweiligen Gesetzesmaterialien) bereits eingangs als ärztliche Tätigkeiten im engen Sinn eingestuft worden sind, genügt nach § 6 Abs. 1 S. 1 TFG lediglich eine für die spendende Person verständliche, *sachkundige Aufklärung*, die nach der Gesetzesbegründung nicht nur von einem Arzt, sondern auch von *„einer entsprechend geschulten Person durchgeführt“*[1380] werden darf. Folglich gehört die Aufklärung i.S.d. § 6 Abs. 1 S. 1 TFG zu den sog. ärztlichen Tätigkeiten im weiten Sinn, die einer Delegation auch auf Nichtärzte zugänglich ist. Ferner schreibt § 8 S. 2 MBO-Ä, der weitgehend inhaltsgleich in die rechtsverbindlichen Berufsordnungen der Länder übernommen worden ist, ausdrücklich nur die Einwilligung des Patienten sowie die vorangegangene Aufklärung im persönlichen Gespräch vor – ohne jedoch den Arzt als ausschließlich Aufklärungsberechtigten zu benennen.[1381]

Somit lässt sich eine einheitliche Handhabung der Person des Aufklärenden durch den Gesetzgeber nicht feststellen. Das legt den Schluss nahe, dass es ihm für die Einordnung der Aufklärung als ärztliche Tätigkeit im engen oder weiten Sinn und damit für die Delegationsfähigkeit einer ärztlichen Tätigkeit auf bestimmte Nichtärzte entscheidend auf die konkrete, die Aufklärungspflicht erst begründende Tätigkeit ankommt.

Letzteres belegen auch teleologische Aspekte. So ist es Sinn und Zweck der Aufklärungspflicht, dem Patienten eine sinnvolle Wahrnehmung seines Selbstbestimmungsrechts zu ermöglichen.[1382] Dazu müssen ihm die für ihn entscheidungserheblichen Umstände, insbesondere die maßgeblichen Risiken des bevorstehenden Eingriffs nicht nur in für ihn verständlicher Weise mitgeteilt, sondern ihm auch die Möglichkeit gegeben werden, Ein-

1372 Ärztliche (bzw. bei zahnmedizinischer Prüfung: zahnärztliche) Aufklärung der an einer klinischen Prüfung teilnehmenden Person.

1373 Ärztliche Unterrichtung des nächsten Angehörigen des Organ- oder Gewebespenders über die beabsichtigte Entnahme bei toten Spendern.

1374 Ärztliche Aufklärung der Frau, die mit einem Embryo oder Fötus schwanger war, über die Entnahme von Organen oder Geweben bei dem toten Embryo oder Fötus.

1375 Ärztliche Aufklärung des Spenders über die Entnahme von Organen und Geweben bei lebenden Spendern.

1376 Ärztliche Aufklärung des gesetzlichen Vertreters und des Minderjährigen über die Entnahme von Knochenmark bei minderjährigen Personen.

1377 Ärztliche Aufklärung des Spenders über Entnahme von Organen und Geweben zur Rückübertragung.

1378 Ärztliche Aufklärung über Immunisierung.

1379 Ärztliche Aufklärung und Beratung der spendenden Person.

1380 BT-Drucks. 13/9594, S. 18; vgl. auch *Pelchen*, in: Erbs/Kohlhaas/Ambs, Strafrechtliche Nebengesetze, Band 4, T 105 (TFG), § 6, Rn. 2; *Deutsch/Bender/Eckstein/Zimmermann*, Transfusionsrecht, Rn. 200, 385.

1381 A.A. *Lippert*, in: Ratzel/Lippert, MBO, § 8, Rn. 3, 8.

1382 BVerfG, Beschl. v. 25.7.1979 – 2 BvR 878/74, NJW 1979, 1925 (1931, Minderheitenvotum); *Katzenmeier*, Arzthaftung, S. 324; *Geiß/Greiner*, Arzthaftpflichtrecht, C, Rn. 4.

wände gegen die Durchführung des Eingriffs vorzutragen und auf Fragen seinerseits eine fachgerechte Antwort zu erhalten.[1383] Dies setzt wiederum voraus, dass die aufklärende Person über die für die Beurteilung der Eingriffsrisiken erforderliche Qualifikation verfügt. Das mag freilich bei Ärzten, die über ärztliche Tätigkeiten aufklären, regelmäßig der Fall sein,[1384] schließt aber die Aufklärung durch einen Nichtarzt nicht aus, soweit er in der Lage ist, den Patienten umfassend zu informieren und Rückfragen des Patienten medizinisch richtig zu beantworten. Letzteres ist nur dann ausgeschlossen, wenn die Aufklärung ärztliches Fachwissen voraussetzt.[1385] Ob ärztliches Fachwissen erforderlich ist, kann jedoch nicht losgelöst von der konkreten Tätigkeit, über die aufzuklären ist, beurteilt werden. Daher können pauschale Verweise auf ein generelles ärztliches Aufklärungsmonopol oder die generelle berufsrechtliche Unzulässigkeit sowie das generell fehlende Fachwissen des Krankenpflegers nicht überzeugen.[1386]

Gleiches gilt für die Behauptung, dass die bei der Aufklärung zu berücksichtigenden Umstände neben dem ärztlichen Fachwissen viel Einfühlungsvermögen[1387], medizinischen Weitblick und Erfahrung und somit Qualifikationen voraussetzen, die dem Nichtarzt fehlten.[1388]

Vielmehr ist stets der Blick auf die konkret auszuführende Tätigkeit vonnöten. Nur dann, wenn dem Krankenpfleger für diese Tätigkeit die notwendige Sachkunde zur gebotenen Aufklärung fehlt[1389], ist die Einstufung der Aufklärung über diese konkrete Tätigkeit als ärztliche Tätigkeit im engen Sinn und damit eine Delegationssperre erforderlich.

1383 *Kern*, MedR 1986, 176 (179); *Wagner*, in: MünchKommBGB, § 823, Rn. 795; *Pitz*, Was darf das Medizinalpersonal?, S. 123.

1384 Vgl. aber BGH, Urt. v. 16.4.1991 – VI ZR 176/90, NJW 1991, 2344 (2345), wonach auch dargelegt werden müsste, ob der Kinderkardiologe „für die Aufklärung über die hier bestehenden Operationsrisiken kompetent war". BGH, Urt. v. 25.9.1990 – 5 StR 342/90, BGHR StGB, § 223 Abs. 1, Heileingriff 2; OLG Dresden, Urt. v. 11.7.2002 – 4 U 574/02, BeckRS 2002, 30272111 für den Arzt in Ausbildung, der aufgrund seines Ausbildungsstandes nicht in der Lage ist, die konkret bei dem Patienten vorliegende Erkrankung und die erforderliche Behandlung zu beurteilen.

1385 Gleichwohl kommt insofern eine Aufklärung durch nichtärztliches Medizinalfachpersonal in Betracht, wenn es um Notsituationen geht, in denen bei sofortigem Handlungsbedarf kein Arzt erreichbar ist, vgl. *Boll*, MedR 2002, 232 (233); *Odenwald*, Die Einwilligungsfähigkeit im Strafrecht unter besonderer Hervorhebung ärztlichen Handelns, S. 240.

1386 Vgl. *Lilie*, Deutsche Krankenpflegezeitschrift 1986, 354 (354); *Kern*, in: FS Weißauer, 71 (79), die sich für eine stärker differenzierte Betrachtung aussprechen.

1387 Im Gegenteil weisen Studien darauf hin, dass Ärzte zum Teil das Aufklärungsgespräch führen, ohne auf die Kenntnisse der Patienten inklusive deren Sprachwortschatz einzugehen oder dem gewünschten Maß nach Wissens- und Wahrheitsvermittlung gerecht zu werden, *Luderer/Behrens*, Pflege 2005, 15 (16).

1388 *Ulsenheimer*, Arztstrafrecht in der Praxis, Rn. 104a; vgl. auch *Kern/Laufs*, Die ärztliche Aufklärungspflicht, S. 22, Fn. 65, der die Aussage, dass nichtärztliches Personal keine Legitimation und Kompetenz habe, die Aufklärung zu übernehmen als zu streng bezeichnet.

1389 Dem Krankenpfleger fehlt die gebotene Sachkunde, wenn sein nur punktuelles Wissen im Hinblick auf die Eingriffsrisiken oder mögliche Behandlungsalternativen bei besonderen Komplikationssituationen zum Beispiel aufgrund vorangegangener Behandlung oder bei Vorveranlagungen des konkreten Patienten nicht ausreicht, vgl. *Frahm*, VersR 2009, 1576 (1577).

b) *Krankenpfleger als Delegationsempfänger*

Zu Recht befürwortet daher ein anderer Teil der straf- wie zivilrechtlichen Rechtsprechung[1390] und Literatur[1391] die Delegation der Aufklärung auch auf Krankenpfleger.

So gebe es keinen zwingenden Grund, das nichtärztliche Pflegepersonal grundsätzlich von der Aufklärung auszuschließen. Notwendig sei eine differenziertere Betrachtungsweise.[1392] Diese ermöglicht es, entsprechend geschultem nichtärztlichen Medizinalpersonal auch die Aufklärung über solche Maßnahmen[1393] zu überlassen, zu deren Durchführung es im Rahmen der Delegation berechtigt ist.

Das entspricht oben gefundenem Ergebnis, wonach die Beurteilung der Aufklärungsdelegation stets der Bezugnahme auf die konkret durchzuführende, die Aufklärungspflicht erst begründende Tätigkeit bedarf. Tätigkeitsausführung und –aufklärung sind derart eng miteinander verbunden, dass beiden dieselben Zulässigkeitsmaßstäbe zugrunde gelegt werden müssen: *Die Aufklärungsdelegation folgt somit der Tätigkeitsdelegation.*

Hauptargument hierfür ist wiederum der Sinn und Zweck der Aufklärung, der in der ausreichenden Unterrichtung des Patienten über Art und Folgen der Behandlung und unabhängig davon besteht, durch wen die Unterrichtung erfolgt.[1394] Verfügt der Krankenpfleger über die für eine hinreichende Aufklärung erforderlichen Kenntnisse und Er-

---

1390 So wohl BGH, Urt. v. 18.3.1980 – VI ZR 155/78, NJW 1980, 1903 (1904), der die Tatsache, dass ausschließlich die Stationsschwester den Patienten über die weitere Behandlung unterrichtete, mit keinem Wort beanstandete; OLG Jena, Urt. v. 18.5.2005 – 4 U 641/04, NJOZ 2005, 4626 (4631): bei entsprechendem Fachwissen; OLG Zweibrücken, Urt. v. 19.10.2004 – 5 U 6/04 (nicht rechtskräftig), NJW 2005, 74 (76): bei entsprechend geschultem Personal. Offengelassen: RG, Urt. v. 27.5.1908 – VI 484/07, RGZ 68, 431 (436): bzgl. Krankenschwester; BGH, Urt. v. 14.3.2006 – VI ZR 279/04, MedR 2006, 588 (589).

1391 *Bender*, Anm. zu BGH, Urt. v. 7.11.2006 – VI ZR 206/05, MedR 2007, 170 (170, Fn. 1): mit Verweis auf § 6 TFG; *Eser*, in: Schönke/Schröder, § 223, Rn. 40d; *Fastenrath*, Arzthaftpflichtprozeß und Beweislastverteilung, S. 102; *Kern*, in: FS Weißauer, 71 (81 f., 86 f.); *Kern/Laufs*, Die ärztliche Aufklärungspflicht, S. 11; *Kleinewefers*, VersR 1981, 99 (102); *Lilie*, Deutsche Krankenpflegezeitschrift 1986, 354 (354); *Pitz*, Was darf das Medizinalpersonal?, S. 123 ff.; *Rupprecht*, Zivilrechtliche Haftung des niedergelassenen Arztes, S. 243, Fn. 637; *Wagner*, in: MünchKommBGB, § 823, Rn. 795: bei Bagatelleingriffen und entsprechend geschultem nichtärztlichen Personal.

1392 Zutreffend bereits *Lilie*, Deutsche Krankenpflegezeitschrift 1986, 354 (354); ihm folgend *Kern*, in: FS Weißauer, 71 (79).

1393 Genannt werden beispielsweise medizinisch problemlose Routinemaßnahmen wie das Setzen einer intravenösen Spritze [*Lilie*, Deutsche Krankenpflegezeitschrift 1986, 354 (354)], die Blutabnahme oder das Anlegen eines Blasenkatheters (*Pitz*, Was darf das Medizinalpersonal?, S. 125) oder allgemein Bagatelleingriffe (*Wagner*, in: MünchKommBGB, § 823, Rn. 795). Ebenso *Schmudlach*, in: Heim, Ärztliche Aufklärungspflicht, 89 (90), solange der Arzt dem Patienten jederzeit zu weiteren Informationen zur Verfügung stehe.

1394 *Kern*, MedR 1986, 176 (179); *Kern/Laufs*, Die ärztliche Aufklärungspflicht, S. 11; *Rupprecht*, Zivilrechtliche Haftung des niedergelassenen Arztes, S. 243; vgl. auch *Kleinewefers*, VersR 1961, 197 (199); *ders.*,VersR 1964, 349 (350); *ders.*, VersR 1981, 99 (102), wobei er allerdings selbst die Fähigkeit eines Aufklärenden, der weder behandelnder noch für diese Behandlung sachverständiger Arzt ist, bezweifelt, dem Patienten die erforderliche Aufklärung vermitteln zu können; zust. *Giesen*, JZ 1982, 391 (397 f.): Im Klinikbereich müssten „grundsätzlich Ärzte (und nicht nachgeordnetes Personal) aufklären"; *ders.*, Wandelungen des Arzthaftungsrechts, S. 69.

fahrungen, wird es ihm auch gelingen, dem Patienten Art, Bedeutung, Ablauf und Folgen des Eingriffs in der gebotenen Weise näher zu bringen.[1395]

Ferner spricht für die Zulässigkeit der Aufklärung des Patienten über eine bestimmte Tätigkeit durch einen Krankenpfleger und damit Nichtarzt die entwickelte Fallgruppe des sog. „informierten Patienten". Danach entfällt die Aufklärungspflicht, wenn dem Patienten bereits anderweitig – gleich aus welchen Quellen – das entscheidungserhebliche Wissen hinreichend vermittelt worden ist, sich die für eine wirksame Einwilligung erforderliche Informationshilfe in Form der Aufklärung somit als gegenstandslos erweist.[1396] Gelingt dem Krankenpfleger somit die Aufklärung des Patienten, bedarf es keiner weiteren durch den Arzt.

Auch genügt es nach der höchstrichterlichen Rechtsprechung bei Routinebehandlungen mit geringer Risikoneigung für die Aufklärung, dass dem Patienten Merkblätter ausgehändigt werden, die die notwendigen Informationen zu dem Eingriff einschließlich seiner Risiken enthalten und ihm im Anschluss lediglich die Gelegenheit zu weiteren Informationen durch ein Gespräch mit dem Arzt gegeben wird.[1397] Eine arztinitiierte zusätzliche gesprächsweise Risikodarstellung ist in diesen Routinefällen nach dem BGH somit entbehrlich. Auch daran wird deutlich, dass es nicht darauf ankommt, wer oder was dem Patienten die notwendigen Informationen vermittelt, sondern ausschließlich darauf, dass die Informationen richtig und für den Patienten verständlich sind.

Schließlich streitet für diese Auffassung auch die praktische Notwendigkeit: Zum einen sind insbesondere in Pflegeeinrichtungen tätige Krankenpfleger vielfach auf sich alleine gestellt.[1398] So verlangte man etwas praktisch Unmögliches, würde man zu jeder Auf-

---

1395 Vgl. auch *Kern*, MedR 1986, 176 (179); *ders.*, in: FS Weißauer, 71 (79), der zwei Elemente der Aufklärung unterscheidet: zum einen die *Wissensvermittlung im materiellen Sinn*, zum anderen die *Wissensvermittlung im formellen Sinn*. Während die erste Komponente auf die gelungene Information des Patienten abhebe, drücke die zweite die Aufklärung in der korrekten Form aus, wobei nach dem Sinn und Zweck der Aufklärungspflicht nur die Verletzung des materiellen Elements überhaupt zu einer straf- oder zivilrechtlichen Verantwortlichkeit führe.

1396 Vgl. BGH, Urt. v. 25.3.2003 – VI ZR 131/02, NJW 2003, 2012 (2014); OLG Hamm, Urt. v. 15.6.2005 – 3 U 289/04, NJOZ 2005, 4925 (4929); *Kern*, MedR 1986, 176 (179); *Geilen*, in: Wenzel, Handbuch FA Medizinrecht, Kapitel 4, Rn. 446, 449; *Weber-Steinhaus*, Ärztliche Berufshaftung als Sonderdeliktsrecht, S. 214; *Wenzel*, in: Wenzel, Handbuch FA Medizinrecht, Kapitel 4, Rn. 820. In diese Richtung auch *Franzki*, Der Arzthaftungsprozess, S. 23, der zwar davon ausgeht, dass die Aufklärung nicht auf Krankenpfleger übertragen werden kann, aber dann, wenn gleichwohl von einem Krankenpfleger zutreffend aufgeklärt worden ist und der Patient keine Fragen mehr hatte, die nur der Arzt hätte beantworten können, keinen Grund sieht, die erteilte Einwilligung in Zweifel zu ziehen.

1397 BGH, Urt. v. 15.2.2000 – VI ZR 48/99, NJW 2000, 1784 (1787); ausdrückl. offengelassen für die Blutspende, BGH, Urt. v. 14.3.2006 – VI ZR 279/04, NJW 2006, 2108 (2109, Anm. 11); *Wagner*, in: MünchKommBGB, § 823, Rn. 797; *Zentai*, Aufklärung, S. 29 ff., 66 f.; krit. *Spickhoff*, NJW 2001, 1757 (1761); *Deutsch*, Anm. zu BGH, Urt. v. 15.2.2000 – VI ZR 48/99, JZ 2000, 902 (902 f.).

1398 Vgl. auch *Kern*, in: FS Weißauer, 71 (82), der darauf verweist, dass sich der Patient nicht nur einem oder mehreren Ärzten, sondern in weit größerem Maße nichtärztlichem Pflegepersonal gegenüber sieht.

klärung über eine Behandlungsmaßnahme das Hinzuziehen eines Arztes fordern.[1399] Zum anderen verfehlte die vertikale Arbeitsteilung zwischen Arzt und Krankenpfleger ihren Zweck im Hinblick auf die sorgsame Verwendung der ärztlichen Ressourcen und würde nicht nur den klinischen Betrieb unangemessen erschweren.[1400]

c) *Zwischenergebnis*

In Übereinstimmung mit der zweiten Auffassung ist die Delegation der Aufklärung über eine vorgesehene Behandlungsmaßnahme auf einen Krankenpfleger immer dann zulässig, wenn auch die Ausführung dieser Maßnahme anhand der oben geschilderten ärztlichen und krankenpflegerischen Delegationspflichten als sorgfaltsgemäß zu beurteilen ist.

So gewährleistet die ärztliche Auswahl- bzw. krankenpflegerische Übernahmeprüfpflicht über die abstrakte und konkrete Delegationsfähigkeit der tätigkeitsspezifischen Aufklärung hinaus, dass der Krankenpfleger im Hinblick auf die konkrete Tätigkeit formell und materiell qualifiziert ist, also über hinreichende medizinische Kenntnisse inklusive der Eingriffsrisiken und Erfahrungen verfügt, die ihn sowohl zur Ausführung der Tätigkeit als auch zur Aufklärung über diese Tätigkeit befähigen.

Im Rahmen der ärztlichen Anordnungspflicht sollte neben der konkret auszuführenden Tätigkeit auch die Aufklärung über diese Tätigkeit angeordnet werden, um der Gefahr des versehentlichen Ausbleibens jeglicher Aufklärung zu entgehen. Wie bei den übrigen Delegationsfällen ist der delegierende Arzt ferner gegebenenfalls zur Anleitung sowie zur stufenweise im Umfang variierenden Überwachung und Kontrolle der krankenpflegerischen Aufklärung verpflichtet, während den Krankenpfleger unter den oben genannten Voraussetzungen eine Unterlassungs- und Remonstrationspflicht bzw. eine Unterbrechungs- und Hinzuziehungspflicht treffen. Schließlich stellt die krankenpflegerische Durchführungspflicht sicher, dass der Krankenpfleger an die vom Arzt für nötig und erforderlich angesehene Information gebunden ist.[1401] Ebenso bleibt der Aufklärungsmaßstab gegenüber dem Patienten in beiden Fällen entsprechend den obigen Ausführungen zu den delegationsrelevanten Sorgfaltsmaßstäben derselbe:[1402] Der delegierende Arzt hat eine dem Facharztstandard entsprechende Aufklärung des Patienten zu gewährleisten. Insofern ist der Patient durch eine krankenpflegerische Aufklärung im Vergleich zu einer ärztlichen nicht schlechter gestellt.

Vielmehr erhält der Patient – bei Einhaltung der genannten Delegationspflichten – trotz Delegation der Aufklärung auf einen Krankenpfleger die notwendigen, für ihn verständlichen Informationen, um sich für oder gegen die konkret auszuführende Tätigkeit

---

1399 *Pitz*, Was darf das Medizinalpersonal?, S. 124: So würde kein Haus- oder Notarzt bereit sein, „nur" zum Zwecke der Aufklärung eines Patienten seine Praxis bzw. das Krankenhaus zu verlassen. Darüber hinaus verweist *Pitz* auf die ansonsten für das Gesundheitssystem kaum zu überschauenden ökonomischen Folgen.

1400 *Kern*, in: FS Weißauer, 71 (86); in diese Richtung BGH, Urt. v. 18.3.1980 – VI ZR 155/78, NJW 1980, 1903 (1904).

1401 So auch die Forderung von *Lilie*, Deutsche Krankenpflegezeitschrift 1986, 354 (354); vgl. ferner *Kern*, in: FS Weißauer, 71 (86), der von einer ärztlichen Rahmenaufklärung spricht, die vom nichtärztlichen Hilfspersonal konkretisiert und ausgefüllt werden solle.

1402 Im Ergebnis auch *Pitz*, Was darf das Medizinalpersonal?, S. 123 f.

zu entscheiden. Zusammenfassend gilt daher die Kurzformel: Die Aufklärungsdelegation folgt der Tätigkeitsdelegation.

Dritter Teil: Therapie – Wechsel von der Delegation zur Substitution

Der dritte Teil der Untersuchung widmet sich dem von der Bundesregierung initiierten und im März 2008 vom Bundestag verabschiedeten Gesetz zur strukturellen Weiterentwicklung der Pflegeversicherung[1403]. Dieses führte unter anderem im SGB V weitere Regelungen ein, die die ärztliche und pflegerische Zusammenarbeit zum Gegenstand haben.

Von besonderem Interesse sind vorliegend die den Empfehlungen des Sachverständigenrates zur Begutachtung der Entwicklung im Gesundheitswesen folgenden[1404], erweiterten Einsatzmöglichkeiten für Einzelpflegekräfte durch die Einfügung der Absätze 3b und 3c in § 63 SGB V.[1405] Diese Einsatzerweiterungen gehen – vor dem Hintergrund des gebietsweise bereits eingetretenen und sich absehbar verschärfenden Hausärztemangels insbesondere in strukturschwachen Regionen[1406] – auf das Bestreben des Gesetzgebers zurück, Angehörigen der Krankenpflegeberufe größere Verantwortung zuzuweisen und die Ärzte zu entlasten.[1407]

A Eigenverantwortliche krankenpflegerische Tätigkeiten – § 63 Abs. 3b SGB V

Nach dem neuen § 63 Abs. 3b S. 1 SGB V können Modellvorhaben nach § 63 Abs. 1 SGB V vorsehen, dass Angehörige der im Kranken- und im Altenpflegegesetz[1408] geregelten Berufe

> „1. die Verordnung von Verbandsmitteln und Pflegehilfsmitteln sowie
>
> 2. die inhaltliche Ausgestaltung der häuslichen Krankenpflege einschließlich deren Dauer
>
> vornehmen, soweit diese aufgrund ihrer Ausbildung *qualifiziert* sind und es sich bei der Tätigkeit *nicht um selbständige Ausübung von Heilkunde* handelt."

1403 Gesetz zur strukturellen Weiterentwicklung der Pflegeversicherung (Pflege-Weiterentwicklungsgesetz) v. 28.5.2008, BGBl. I S. 874.

1404 *SVR Gesundheitswesen*, Kooperation und Verantwortung, S. 33, Anm. 11 ff., S. 40, Anm. 232 ff., S. 163 ff., Anm. 260 ff., S. 178 ff., abrufbar im Internet unter <http://www.svr-gesundheit.de/Startseite/Startseite.htm> (Stand v. 4.9.2007). Der Sachverständigenrat hat auf der Grundlage von § 142 Abs. 2 S. 2 SGB V aller zwei Jahre Möglichkeiten und Wege zur Weiterentwicklung des Gesundheitswesens aufzuzeigen.

1405 BR-Drucks. 718/07, S. 103. In ihrer konkreten Ausgestaltung unterscheiden sich die in §§ 63 Abs. 3b, 3c SGB V neu eingeführten Modellvorhaben von der bislang eher programmatisch gehaltenen Regelung des § 63 SGB V, *Flint*, in: Hauck/Noftz, SGB V, K § 63, Rn. 22a.

1406 BT-Drucks. 16/7439, S. 96.

1407 BT-Drucks. 16/7439, S. 96.

1408 Nachfolgend wird jedoch aufgrund des vorliegend auf Krankenpfleger beschränkten Untersuchungsgegenstandes nur noch auf die Berufsgruppe der Krankenpfleger Bezug genommen. Daher bleibt auch § 63 Abs. 3b S. 2 SGB V außer Betracht, der Modellvorhaben im Bereich der Physiotherapie ermöglicht.

I. Voraussetzungen des § 63 Abs. 3b SGB V

§ 63 Abs. 3b SGB V macht die stärkere Einbeziehung der Krankenpfleger in die Versorgungskonzepte der gesetzlichen Krankenversicherung explizit von zwei Voraussetzungen abhängig: zum einen der Qualifikation des Krankenpflegers, zum anderen der unselbständigen Heilkundeausübung.

1. Qualifikation

Die Krankenpfleger dürfen die in § 63 Abs. 3b SGB V genannten Tätigkeiten vornehmen, soweit sie „aufgrund ihrer *Ausbildung qualifiziert* sind". Damit stellt § 63 Abs. 3b SGB V lediglich auf die formelle Qualifikation des handelnden Krankenpflegers ab,[1409] sodass es einer Prüfung der tatsächlichen Kenntnisse und Fähigkeiten i.S.d. materiellen Qualifikation nicht bedarf.

2. Unselbständige Heilkundeausübung

Es darf sich ferner „bei der Tätigkeit *nicht* um *selbständige* Ausübung von *Heilkunde*" handeln.

a) Heilkunde

Zur Definition der Heilkunde verbleibt mangels Alternative nur der Rückgriff auf das Heilpraktikergesetz. Nach § 1 Abs. 2 HPG umfasst die Ausübung der Heilkunde[1410] *„jede berufs- oder gewerbsmäßig vorgenommene Tätigkeit zur Feststellung, Heilung oder Linderung von Krankheiten, Leiden oder Körperschäden bei Menschen, auch wenn sie im Dienste von anderen ausgeübt wird"*.

Die krankenpflegerische Ausbildung zielt nach § 3 Abs. 1 S. 1 KrPflG ausdrücklich darauf ab, „Kompetenzen zur verantwortlichen Mitwirkung insbesondere bei der *Heilung*, *Erkennung* und Verhütung von *Krankheiten* [zu] vermitteln" und damit zur Ausübung von Heilkunde i.S.d. § 1 Abs. 2 HPG zu befähigen. Neben der Ausbildungszielbeschreibung lässt sich auch § 107 Abs. 1 Nr. 3 SGB V entnehmen, der unter anderem davon spricht „durch [...] *pflegerische* Hilfeleistungen *Krankheiten* der Patienten zu *erkennen*, zu *heilen*, ihre Verschlimmerung zu verhüten [oder] Krankheitsbeschwerden zu *lindern*", dass Krankenpfleger heilkundlich tätig werden.[1411] Jedenfalls sind kaum krankenpflegerische Tätigkeiten vorstellbar, die nicht auf irgendeine Weise im Dienste der Diagnose oder Therapie menschlicher Krankheiten, Leiden oder Körperschäden stehen.[1412] Bei wortlaut-

1409 Wohl auch *Roters*, in: KassKomm SozVersR, SGB V, § 63, Rn. 16, der den Sinn dieses Zusatzes darin sieht, schwierige Einzelfallprüfungen der materiellen Qualifikation bei fehlender anerkannter Ausbildung zu verhindern.

1410 Zum Heilkundebegriff des § 1 Abs. 2 HPG im Hinblick auf den ärztlichen Tätigkeitsbereich, siehe *Zweiter Teil, B, I. 3. b) bb)*, S. 53 ff.

1411 *Igl*, in: Deutscher Pflegerat e.V., Weitere öffentlich-rechtliche Regulierung der Pflegeberufe, S. 65.

1412 Vgl. bereits *Bockelmann*, NJW 1966, 1145 (1146).

getreuer Auslegung des § 1 Abs. 2 HPG gehört mithin die krankenpflegerische Berufsausübung insgesamt zur Heilkundeausübung i.S.d. § 1 Abs. 2 HPG.[1413]

Allerdings wird die sehr weite Begriffsbestimmung des § 1 Abs. 2 HPG, wie oben ausgeführt[1414], ganz überwiegend im Hinblick auf das traditionelle Verständnis der Heilkunde[1415] und um die mit der Erlaubnispflichtigkeit verbundene Beschränkung der durch Art. 12 Abs. 1 GG gewährten Berufsfreiheit nicht unverhältnismäßig auszudehnen, eingeschränkt. Demnach ist wesentlicher Bestandteil des Begriffs „Ausübung der Heilkunde", dass die betreffende Tätigkeit ärztliche Fachkenntnisse erfordert und mehr als nur unerhebliche gesundheitliche Schäden verursachen kann.[1416] In Anlehnung an diesen teleologisch reduzierten Heilkundebegriff könnte eine Heilkundeausübung dann verneint werden, wenn das Handeln der Krankenpfleger nach allgemeiner Erfahrung zu seiner Durchführung kein ärztliches Fachwissen erforderte[1417] oder keine „nennenswerte"[1418] Gesundheitsgefährdung für den Patienten bedeutete[1419]. Insoweit ist zwischen den in § 63 Abs. 3b Nr. 1 und Nr. 2 SGB V genannten Tätigkeiten zu differenzieren.

aa) § 63 Abs. 3b Nr. 1 SGB V – Verordnung von Verbands- und Pflegehilfsmitteln

§ 63 Abs. 3b Nr. 1 SGB V gesteht den Angehörigen der Krankenpflegeberufe im Rahmen von längstens achtjährigen[1420] Modellvorhaben der gesetzlichen Krankenversicherung explizit eine eigene Verordnungskompetenz im Hinblick auf Verbands- und Pflegehilfsmittel zu. Die Verordnung von Verbands- und Pflegehilfsmitteln zählt nach § 73 Abs. 2 S. 1 Nr. 7 Var. 2, Var. 4 SGB V zur vertragsärztlichen Versorgung und wurde bisher nur von Vertragsärzten vorgenommen,[1421] obwohl an sich bereits de lege lata nach der Rechtsprechung eine Verordnungstätigkeit dem Arzt nur vorbehalten bleiben muss, soweit für die Verordnung selbst ärztliche Fachkenntnisse erforderlich sind.[1422]

1413 Im Ergebnis auch *Erdle/Becker*, Recht der Gesundheitsfachberufe, HPG (30.1), § 1, Rn. 53, 61; *Igl*, in: Deutscher Pflegerat e.V., Weitere öffentlich-rechtliche Regulierung der Pflegeberufe, S. 51, 121.

1414 Siehe *Zweiter Teil, B, I. 3. b) bb) (3)*, S. 56 ff.

1415 Wie bereits oben dargestellt, zielte das Heilpraktikergesetz ursprünglich darauf ab, die Heilkunde ausschließlich approbierten Ärzten vorzubehalten, siehe *Zweiter Teil, B, I. 3. b) bb)*, S. 53 ff.

1416 Siehe *Zweiter Teil, B, I. 3. b) bb) (3) (a)*, S. 56 ff., auch zur Kritik am Merkmal der „ärztlichen Fachkenntnisse"

1417 BVerwG, Urt. v. 28.2.1950 – Bf. I. 591/49, DVBl. 1950, 644 (645); Urt. v. 25.6.1970 – I C 53/66 (Münster), NJW 1970, 1187 (1188). Allerdings geht das BVerwG in diesem Zusammenhang ohne nähere Begründung und wie die vorliegende Untersuchung zeigt fälschlicherweise davon aus, dass sich der krankenpflegerische vom ärztlichen Funktionsbereich klar abgrenzen lasse. OVG Lüneburg, Urt. v. 18.6.2009 – 8 LC 6/07, BeckRS 2009, 35085.

1418 Nach dem Grundsatz der Verhältnismäßigkeit reicht ein nur geringfügiges Gefahrenmoment nicht aus, um die Erlaubnispflichtigkeit i.S.d. § 1 Abs. 1 HPG auszulösen, vgl. VGH Bad.-Württ., Urt. v. 19.3.2009 – 9 S 1413/08, MedR 2009, 610 (611); OVG Lüneburg, Urt. v. 18.6.2009 – 8 LC 6/07, BeckRS 2009, 35085.

1419 *Bockelmann*, NJW 1966, 1145 (1151); ähnlich *Boll*, Strafrechtliche Probleme bei Kompetenzüberschreitungen, S. 166, der auf das vollständige Beherrschen eines Eingriffs abstellt.

1420 Vgl. § 63 Abs. 5 S. 2 SGB V.

1421 BT-Drucks. 7439, S. 96; BR-Drucks. 718/07, S. 103.

1422 BSG, Urt. v. 14.7.1965 – 6 RKa 50/64, BSGE 23, 176 (179); Urt. 18.9.1973 – 6 RKa 2/72, Juris, Anm. 18 ff., 23). Dagegen stellt das BSG in anderen Entscheidungen für die Zuordnung zur

Dass die Verordnung von Verbands- und Pflegehilfsmitteln i.S.d. § 63 Abs. 3b Nr. 1 SGB V kein ärztliches Fachwissen erfordert, bestätigt einerseits die in der Praxis gewonnene Erfahrung, dass sich die für die Verordnung von Verbands- und Pflegehilfsmitteln zuständigen, behandelnden Vertragsärzte bei ihrer Verordnung auf die Angaben der ausgebildeten Pfleger verlassen.[1423] Andererseits wird in der Gesetzesbegründung zu § 63 Abs. 3b SGB V zu Recht darauf verwiesen, dass Krankenpfleger die dort genannten Tätigkeiten berufsrechtlich bereits de lege lata erbringen dürften, da sie hierzu nach dem in der Ausbildungszielbeschreibung in § 3 Abs. 2 Nr. 1 KrPflG dargestellten Berufsbild in der Lage seien.[1424] So soll die krankenpflegerische Ausbildung nach § 3 Abs. 2 Nr. 1a KrPflG insbesondere dazu befähigen, *die Erhebung und Feststellung des Pflegebedarfs, Planung, Organisation, Durchführung und Dokumentation der Pflege eigenverantwortlich* auszuführen. Das entspricht dem Kernbereich pflegerischer Tätigkeiten.[1425] Werden Krankenpflegern somit bereits nach geltendem Berufsrecht die erforderlichen Kenntnisse zur *eigenverantwortlichen* Verordnung von Verbands- und Pflegehilfsmitteln vermittelt, bedarf diese Verordnungstätigkeit mithin keiner ärztlichen Sachkunde.

Auch mit einer mehr als nur geringfügigen Gesundheitsgefährdung für den Patienten könnte die Verordnung nach § 63 Abs. 3b Nr. 1 SGB V allenfalls dann einhergehen, wenn beispielsweise eine für die pflegerische Behandlung erforderliche Verordnung unterbleibt oder ein ungeeignetes Pflegehilfsmittel zum Gegenstand hat. Dieser Umstand führt jedoch nicht zur Qualifizierung der Verordnungstätigkeit als grundsätzlich gesundheitsgefährdende Tätigkeit. Die mögliche Gesundheitsgefährdung ergibt sich in diesen Fällen ausschließlich aus der unsachgemäßen Ausführung der Verordnung. Für das Merkmal der Gesundheitsgefährdung kann es aber nicht darauf ankommen, ob die unsachgemäße Ausführung eine Gesundheitsgefährdung des Patienten in sich birgt, sondern ob die Tätigkeit trotz sachgemäßer Ausführung mit einer Gesundheitsgefährdung für den Patienten verbunden ist. Es geht also stets nur um eine tätigkeitsspezifische Gesundheitsgefährdung. Letztere hängt wiederum maßgeblich von der Qualifikation des die Tätigkeit Ausführenden ab. Da Krankenpfleger über die notwendigen Kenntnisse zur ordnungsgemäßen Verordnung von Verbands- und Pflegehilfsmitteln aufgrund ihrer Ausbildung (vgl. § 3 Abs. 2 Nr. 1a KrPflG) verfügen, scheidet eine tätigkeitsspezifische Gesundheitsgefährdung bezüglich § 63 Abs. 3b Nr. 1 SGB V aus.

Folglich ist die Verordnung von Verbands- und Pflegehilfsmitteln weder mit einer nennenswerten Gesundheitsgefährdung für den Patienten verbunden, noch setzt sie ärztliche Fachkenntnisse voraus. Krankenpfleger, die Verbands- und Pflegehilfsmittel verordnen, üben diesbezüglich keine Heilkunde aus.

ärztlichen Behandlung nicht entscheidend auf das Erfordernis ärztlichen Fachwissens ab, sondern auf die Art und Weise der ärztlichen Beteiligung: So wurde etwa die Verwendung von Heilmitteln (z.B. technischer Geräte) zur Therapie von Krankheiten in den eigenen Praxisräumen, dann nicht als verordnetes Heilmittel qualifiziert, sondern der ärztlichen Behandlung zugerechnet, wenn sie – durch den Arzt überwacht – von eigenem Hilfspersonal erbracht wurde, BSG, Urt. v. 14.3.2001 – B & KA 67/00 R, MedR 2002, 47 (48); Urt. v. 24.6.1971 – 5 RKnU 30/68, BSGE 33, 30 (31); Urt. v. 22.11.1968 – 3 RK 47/66, BSGE 29, 27 (29).

1423 So *Krauskopf*, in: Krauskopf, SGB V, § 63, Rn. 21.

1424 BT-Drucks. 16/7439, S. 97.

1425 BT-Drucks. 15/804, S. 40; *Storsberg/Neumann/Neiheiser*, Krankenpflegegesetz, S. 73.

Problematisch ist jedoch, dass sich die Formulierung „*soweit* [...] es sich bei der Tätigkeit nicht um selbständige Ausübung von Heilkunde handelt" auch auf § 63 Abs. 3b Nr. 1 SGB V bezieht. Daher spricht der Wortlaut dafür, dass auch das Verordnen von Verbands- und Pflegehilfsmitteln selbständige Heilkundeausübung sein kann und steht somit im Widerspruch zum hier gefundenen Ergebnis, wonach im Hinblick auf § 63 Abs. 3b Nr. 1 SGB V bereits der Heilkundebegriff als solcher nicht erfüllt ist.

Eine widerspruchsfreie Lesart ergäbe sich zwar auf den ersten Blick, wenn man mit der wortlautgetreuen Auslegung des § 1 Abs. 2 HPG auch diejenigen Tätigkeiten als Heilkunde ansieht, die – wie in der Regel die sog. eigenverantwortlichen Tätigkeiten i.S.d. § 3 Abs. 2 Nr. 1 KrPflG – weder ärztlicher Sachkunde bedürfen noch ein mehr als nur geringfügiges Gesundheitsrisiko in sich bergen als Heilkundeausübung einordnen und eine weitere Differenzierung erst am Merkmal der „selbständigen" Heilkundeausübung vornehmen würde. Auf den zweiten Blick würde sich die Diskussion dann aber lediglich verschieben. Angesichts der im Lichte von Art. 12 Abs. 1 GG notwendigen verfassungskonformen Auslegung des Heilkundebegriffs i.S.d. § 1 Abs. 2 HPG erscheint es jedoch vorzugswürdiger in Übereinstimmung mit der ständigen Rechtsprechung und Teilen der Literatur die einschränkenden Merkmale des ärztlichen Fachwissens wie der nicht unerheblichen Gesundheitsgefährdung bereits beim Begriff der Heilkundeausübung heranzuziehen. Dafür spricht sich letztlich der Gesetzgeber des Pflege-Weiterentwicklungsgesetzes selbst aus, wenn er feststellt, dass die in Frage stehenden Tätigkeiten des § 63 Abs. 3b SGB V gerade nicht unter den von § 1 Abs. 2 HPG definierten Bereich der Ausübung der Heilkunde fielen.[1426] Folglich ist das Verordnen von Verbands- und Pflegehilfsmitteln mangels des Erfordernisses ärztlichen Fachwissens wie der Gesundheitsgefährdung bereits keine Heilkundeausübung, sodass es insofern nicht mehr auf die Abgrenzung zwischen selbständiger und unselbständiger Heilkundeausübung ankommt.

bb) § 63 Abs. 3b Nr. 2 SGB V – Ausgestaltung häuslicher Krankenpflege

Einerseits könnte man das Erfordernis ärztlichen Fachwissens bezüglich der inhaltlichen und zeitlichen Ausgestaltung der häuslichen Krankenpflege mit der Begründung verneinen, dass sie sich unter die Ausbildungszielbeschreibung der sog. eigenverantwortlichen Tätigkeiten nach § 3 Abs. 2 Nr. 1a KrPflG subsumieren lässt.[1427] Sollen demnach Krankenpfleger zur *Erhebung und Feststellung des Pflegebedarfs* wie der *Planung, Organisation und Durchführung der Pflege* befähigt werden, sollen ihnen damit auch die erforderlichen Kenntnisse zur inhaltlichen und zeitlichen Ausgestaltung der häuslichen Krankenpflege vermittelt werden. Ebenso trägt § 63 Abs. 3b Nr. 2 SGB V dem Gedanken Rechnung, dass jemand, der die häusliche Krankenpflege ausübt, sie nach ihrem Inhalt und der erforderlichen Dauer besser bestimmen kann als ein Arzt,[1428] sodass insofern gerade keine ärztliche Sachkunde erforderlich ist. Andererseits setzt § 63 Abs. 3b Nr. 2 SGB V im Gegensatz zu § 63 Abs. 3b Nr. 1 SGB V nach der Gesetzesbegründung weiterhin die vertragsärztliche Verordnung häuslicher Krankenpflege voraus.[1429] Die Entscheidung über

1426 BT-Drucks. 16/7439, S. 97.

1427 Davon geht wohl der Gesetzgeber aus, vgl. BT-Drucks. 16/7439, S. 97.

1428 *Krauskopf*, in: Krauskopf, SGB V, § 63, Rn. 21.

1429 BT-Drucks. 16/7439, S. 97.

das „Ob“ der häuslichen Krankenpflege soll somit im Rahmen der gesetzlichen Krankenversicherung durch einen Arzt erfolgen,[1430] sodass es sich bei der Durchführung häuslicher Krankenpflege auch um eine *ärztlich veranlasste Maßnahme* i.S.d. § 3 Abs. 2 Nr. 2a KrPflG handeln könnte, die nicht in eigener Verantwortung, sondern nur im Rahmen der Mitwirkung erbracht werden soll und insofern nach Ansicht des Gesetzgebers – zumindest bei der Veranlassung – ärztliche Sachkunde notwendig macht.

Zwar bezeichnet die Gesetzesbegründung die in § 63 Abs. 3b SGB V genannten Tätigkeiten insgesamt als nicht zu dem von § 1 Abs. 2 HPG definierten Bereich der Ausübung der Heilkunde gehörend.[1431] Ein solch pauschales Urteil ohne Berücksichtigung der im Rahmen der häuslichen Krankenpflege konkret zu erbringenden Tätigkeit kann jedoch nicht überzeugen. So ist bereits an anderer Stelle darauf hingewiesen worden, dass etwa behandlungspflegerische Maßnahmen, die zur häuslichen Krankenpflege zählen, trotz ordnungsgemäßer Ausführung im Einzelfall sowohl ein hohes Gefährdungspotenzial aufweisen als auch ärztliche Fachkenntnisse nicht lediglich bei der Veranlassung der Maßnahme, sondern darüber hinaus unter Umständen auch bei der Anleitung und/oder Überwachung des damit betrauten Krankenpflegers voraussetzen[1432]. Folglich hängt die Qualifizierung der inhaltlichen und zeitlichen Ausgestaltung der häuslichen Krankenpflege als Heilkundeausübung von den Umständen des Einzelfalls ab.

cc) Zwischenergebnis

Während § 63 Abs. 3b Nr. 1 SGB V unter Heranziehung der den Heilkundebegriff einschränkenden Merkmale nicht als Heilkundeausübung einzustufen ist, kommt es bei § 63 Abs. 3b Nr. 2 SGB V darauf an, ob die jeweiligen im Rahmen der häuslichen Krankenpflege durchzuführenden Tätigkeiten in concreto ärztlicher Sachkunde bedürfen oder mit einer mehr als nur unerheblichen Gesundheitsgefahr verbunden sind.

Folglich erfordern die beiden ungeschriebenen Merkmale des Heilkundebegriffs eine Differenzierung im Hinblick auf die verschiedenen krankenpflegerischen Tätigkeitsfelder. Insofern kann im Ausgangspunkt auf die Ausbildungszielbeschreibung in § 3 Abs. 2 KrPflG abgestellt werden, die eigenverantwortliche, mitwirkende und interdisziplinäre Aufgaben eines Krankenpflegers unterscheidet. Im Gegensatz zu den mitwirkenden und interdisziplinären Tätigkeiten zeichnen sich die in eigener Verantwortung zu erbringenden Tätigkeiten i.S.d. § 3 Abs. 2 Nr. 1 KrPflG nach der Gesetzesbegründung[1433] gerade dadurch aus, dass sie ohne ärztliche Beteiligung ausgeführt werden. Insofern kann grundsätzlich davon ausgegangen werden, dass die dort genannten Tätigkeiten sowohl im Hin-

---

1430 Das schließt jedoch auch im Rahmen der gesetzlichen Krankenversicherung unter den Voraussetzungen der §§ 15 Abs. 1 S. 2, 28 Abs. 1 S. 2 SGB V nicht aus, dass der Arzt die Krankenpfleger schon bei der Verordnung selbst einbezieht, vgl. *Igl*, in: Deutscher Pflegerat e.V., Weitere öffentlich-rechtliche Regulierung der Pflegeberufe, S. 147.

1431 BT-Drucks. 16/7439, S. 97. Danach fielen die in § 63 Abs. 3b SGB V genannten Tätigkeiten nicht unter den von § 1 Abs. 2 des Heilpraktikergesetzes definierten Bereich der Ausübung der Heilkunde.

1432 BGH, Urt. v. 10.1.1984 – VI ZR 158/82, BGHZ 89, 263 (271 f.): Für den Fall, dass die behandlungspflegerische Maßnahme besondere Gefahren bedingt, deren Kenntnis vom Pflegepersonal nicht erwartet werden konnte.

1433 BT-Drucks. 15/13, S. 22.

blick auf das „Ob“ als auch das „Wie“ der Durchführung gerade keine ärztliche Sachkunde erfordern und auch nicht mit einer mehr als nur geringfügigen Gesundheitsgefahr verbunden sind.

Zwar genügt im Hinblick auf das Merkmal der Gesundheitsgefahr auch eine *mittelbare Gefährdung* dergestalt, dass ein Leiden, dessen Diagnose ärztliches Fachwissen erfordert, nicht rechtzeitig erkannt oder behandelt wird, ohne dass die Verrichtung als solche Fachkenntnisse voraussetzte oder für den Patienten gesundheitliche Schäden nach sich zöge.[1434] Die Abwehr mittelbarer Gefahren verlangt daher von einem Krankenpfleger, der einem Patienten im Rahmen seiner sog. eigenverantwortlichen Tätigkeiten als Erstbehandler gegenübertritt, dass er Erkrankungen, die eine ärztliche Behandlung erforderlich machen, erkennen und aus dem eigenen (eigenverantwortlichen) Behandlungsspektrum herausfiltern kann.[1435] Dass dazu ein staatlich geprüfter Krankenpfleger aufgrund seiner Ausbildung in der Lage ist, ergibt sich nicht zuletzt aus der Anlage zu § 1 Abs. 1 KrPflAPrV. Danach sind Krankenpflegeschüler durch den theoretischen und praktischen Unterricht unter anderem dazu zu befähigen,

> „auf der Grundlage pflegewissenschaftlicher Erkenntnisse und pflegerelevanter Kenntnisse der Bezugswissenschaften, wie Naturwissenschaften, Anatomie, Physiologie, Gerontologie, allgemeine und spezielle Krankheitslehre, Arzneimittellehre, Hygiene und medizinische Mikrobiologie, Ernährungslehre, Sozialmedizin sowie der Geistes- und Sozialwissenschaften, Pflegesituationen wahrzunehmen und zu reflektieren sowie Veränderungen der Pflegesituationen zu erkennen und adäquat zu reagieren“[1436] und darüber hinaus die „Grenzen des eigenen Verantwortungsbereichs zu beachten und im Bedarfsfall die Unterstützung und Mitwirkung durch andere Experten im Gesundheitswesen einzufordern und zu organisieren“[1437].

Daher ist die Verhinderung oder Verzögerung fachgerechter medizinischer Behandlungen durch ein selbständiges krankenpflegerisches Tätigwerden im Rahmen der sog. eigenverantwortlichen Aufgaben i.S.d. § 3 Abs. 2 Nr. 1 KrPflG nicht zu befürchten. Folglich fallen die sog. eigenverantwortlichen Tätigkeiten nicht unter den Heilkundebegriff des § 1 Abs. 2 HPG.

Dagegen kommt es im Hinblick auf die Frage, ob die übrigen Tätigkeiten, in concreto die sog. mitwirkenden oder interdisziplinären Aufgaben i.S.d. § 3 Abs. 2 Nr. 2 und Nr. 3 KrPflG, als Heilkunde i.S.d. § 1 Abs. 2 HPG zu qualifizieren sind, auf die Umstände des Einzelfalls an.

b) Unselbständigkeit

Im Gegensatz zu § 63 Abs. 3c SGB V darf sich das krankenpflegerische Tätigwerden im Rahmen der Modellvorhaben nach § 63 Abs. 3b SGB V allerdings nicht als selbständige Heilkundeausübung darstellen. Diese Voraussetzung ist darauf zurückzuführen, dass die

---

1434 BVerwG, Urt. v. 20.1.1966 – I C 73.64, BVerwGE 23, 140 (146); Urt. v. 25.6.1970 – I C 53.66, BVerwGE 35, 308 (311); Urt. v. 10.2.1983 – 3 C 21/82, BVerwGE 66, 367 (371 f.); 94, 269 (275); vgl. auch BGH, Urt. v. 13.9.1977 – 1 StR 389-77, NJW 1987, 2928 (2930); Urt. v. 10.12.1998 – I ZR 137/96, 1999, 865 (866).

1435 Vgl. VGH Bad.-Württ., Urt. v. 19.3.2009 – 9 S 1413/08, MedR 2009, 610 (613).

1436 Vgl. A 1. der Anlage zu § 1 Abs. 1 KrPflAPrV.

1437 Vgl. A 12. der Anlage zu § 1 Abs. 1 KrPflAPrV.

Heilkundeausübung in Deutschland bislang neben Ärzten[1438], Heilpraktikern[1439] und – beschränkt auf Tätigkeiten im Bereich der Zahnheilkunde – Zahnärzten[1440] bzw. – im Bereich der Psychotherapie – Psychologischen Psychotherapeuten und Kinder- und Jugendlichenpsychotherapeuten[1441] explizit vorbehalten ist. Außerhalb dieser expliziten Berechtigungen steht die Heilkundeausübung durch Nichtärzte unter dem Erlaubnisvorbehalt des § 1 Abs. 1 HPG, wobei die unerlaubte Heilkundeausübung nach § 5 HPG strafbewehrt ist.

Wenngleich die zitierten, die Heilkundeausübung betreffenden Gesetze – im Unterschied zu § 63 Abs. 3b und 3c SGB V – nicht zwischen unselbständiger und selbständiger Heilkundeausübung differenzieren, so bezieht sich der Erlaubnisvorbehalt dieser Gesetze nur auf die *selbständige* Heilkundeausübung. Dies geht zunächst aus Entscheidungen zum Erlaubnisvorbehalt des § 1 Abs. 1 HPG hervor, wonach nur die Heilpraktikererlaubnis Nichtärzte zur selbständigen Ausübung der Heilkunde berechtige.[1442] Ferner sprechen die infolge der Einführung des § 63 Abs. 3c SGB V erlassenen berufsrechtlichen Neuregelungen in §§ 1 Abs. 1 S. 2[1443], 4 Abs. 7 S. 1[1444] KrPflG zwar lediglich von der Ausübung heilkundlicher Tätigkeiten, nehmen aber Bezug auf die selbständige Heilkundeausübung i.S.d. § 63 Abs. 3c SGB V. Folglich ging auch der Gesetzgeber des Pflege-Weiterentwicklungsgesetzes davon aus, dass es sich nur bei der *selbständigen Ausübung von Heilkunde* um eine *erlaubnispflichtige Heilkundeausübung* handelt.[1445]

Fraglich ist daher, wie die unselbständige Heilkundeausübung i.S.d. § 63 Abs. 3b SGB V von der selbständigen Heilkundeausübung i.S.d. § 63 Abs. 3c SGB V abzugrenzen ist. Dazu sind verschiedene Kriterien denkbar, die im Schrifttum und der Rechtsprechung unter dem Stichwort der Erlaubnispflichtigkeit der Tätigkeit sog. Medizinalfachberufe, zu denen auch die Berufsgruppe der Krankenpfleger zählt, angeführt werden.

1438 § 2 Abs. 1, 5 BÄO, § 1 Abs. 1 HPG.

1439 § 1 Abs. 1 HPG.

1440 § 1 Abs. 2 ZHG.

1441 § 1 Abs. 1 S. 1, Abs. 3, S. 3 PsychThG.

1442 OVG Rheinl.-Pfalz, Urt. v. 21.11.2006 – 6 A 10271/06.OVG, MedR 2007, 496 (497): Die Heilpraktikererlaubnis hat „die selbständige und eigenverantwortliche Ausübung der Heilkunde zum Gegenstand."; VG Stuttgart, Urt. v. 10.4.2008 – 4 K 5891/07 (nicht rechtskräftig), MedR 2009, 238 (239); VG Gelsenkirchen, Urt. v. 22.8.2007 – 7 K 2003/05, BeckRS 2007 27359: Sollen heilkundliche Tätigkeiten (hier: im Rahmen der Physiotherapie) nicht auf ärztliche Verordnung, sondern selbstständig und eigenverantwortlich ausgeübt werden, bedarf es der Erlaubnis nach § 1 Abs. 1 HPG. Vgl. auch *Boll*, Strafrechtliche Probleme bei Kompetenzüberschreitungen, S. 165, 168: „Unselbständige Tätigkeiten nichtärztlicher Hilfspersonen zur Heilbehandlung fallen [...] von vornherein nicht in den Anwendungsbereich des Heilpraktikergesetzes."

1443 § 1 Abs. 1 S. 2 KrPflG: *„Personen mit einer Erlaubnis nach Satz 1, die über eine Ausbildung nach § 4 Abs. 7 verfügen, sind im Rahmen der ihnen in dieser Ausbildung vermittelten erweiterten Kompetenzen zur Ausübung heilkundlicher Tätigkeiten berechtigt."*

1444 § 4 Abs. 7 S. 1 KrPflG: *„Zur zeitlich befristeten Erprobung von Ausbildungsangeboten, die der Weiterentwicklung der nach diesem Gesetz geregelten Berufe im Rahmen von Modellvorhaben nach § 63 Abs. 3c des Fünften Buches Sozialgesetzbuch dienen, können über die in § 3 Abs. 1 und 2 beschriebenen Aufgaben hinausgehende erweiterte Kompetenzen zur Ausübung heilkundlicher Tätigkeiten vermittelt werden."*

1445 *Igl*, in: Deutscher Pflegerat e.V., Weitere öffentlich-rechtliche Regulierung der Pflegeberufe, S. 124.

aa) Ärztliche Verordnung

In Anlehnung an die verwaltungsgerichtliche Rechtsprechung könnte man von unselbständiger und damit i.S.d. HPG erlaubter Heilkundeausübung immer dann sprechen, wenn Krankenpfleger nach ärztlicher Diagnose und *aufgrund einer ärztlichen Verordnung*[1446] handeln. Bei einer ärztlich verordneten Tätigkeit bleibt die Entscheidung bzgl. des „Ob" der Tätigkeit stets beim Arzt, während den Krankenpflegern im Hinblick auf das „Wie" der Tätigkeitsausführung Entscheidungskompetenz zukommt. Dies hätte allerdings bezüglich § 63 Abs. 3b SGB V zur Folge, dass die Verordnung von Verbands- und Pflegehilfsmitteln (Nr. 1) sowie die inhaltliche Ausgestaltung der häuslichen Krankenpflege einschließlich deren Dauer (Nr. 2) nur dann als unselbständige Heilkundeausübung durch Krankenpfleger zu bewerten wäre, wenn ihnen jeweils eine ärztliche Verordnung vorausginge, Krankenpfleger insofern also stets nur auf ärztliche Verordnung hin tätig werden dürften.

Während das zwar im Hinblick auf § 63 Abs. 3b Nr. 2 SGB V auch nach der Gesetzesbegründung der Fall ist,[1447] setzt § 63 Abs. 3b Nr. 1 SGB V gerade keine vertragsärztliche Verordnung mehr voraus. Vielmehr normiert § 63 Abs. 3b Nr. 1 SGB V ausdrücklich eine eigene krankenpflegerische Verordnungskompetenz bezüglich der Verbands- und Pflegehilfsmittel im Rahmen der gesetzlichen Krankenversicherung, was wiederum dafür spricht, die Verordnung im Sinne von § 63 Abs. 3b Nr. 1 SGB V von vornherein nicht als Heilkundeausübung zu qualifizieren.

Unabhängig davon, müsste sich das Merkmal der ärztlichen Verordnung auch als Abgrenzungskriterium zur selbständigen Heilkundeausübung eignen. Der Verordnungsbegriff im Sinne des SGB V umfasst aber weder ärztlich angeordnete noch delegierte ärztliche Tätigkeiten. Bei ausschließlicher Heranziehung des Kriteriums der ärztlichen Verordnung könnten letztere nicht als unselbständige Heilkundeausübung qualifiziert werden, obwohl gerade in diesen Fällen das Tätigwerden des Krankenpflegers unter ärztlicher Verantwortung steht und sich somit nach dem allgemeinen Begriffsverständnis als unselbständig darstellt. Daher eignet sich das alleinige Kriterium der ärztlichen Verordnung nicht zur Bestimmung der unselbständigen Heilkundeausübung.

bb) Ärztliche Anordnung und Verantwortung

Andere sprechen von unselbständiger bzw. nach § 1 Abs. 1 HPG erlaubnisfreier Heilkundeausübung nur dann, wenn Krankenpfleger *unter ärztlicher Anordnung und Verantwortung* gleichsam als „verlängerter Arm"[1448] bzw. „Werkzeug" [1449] des Arztes tätig werden.[1450]

1446 VGH Bad.-Württ., Urt. v. 19.3.2009 – 9 S 1413/08, MedR 2009, 610 (612): „selbständige Tätigkeiten – also bei Behandlungen ohne vorherige ärztliche Verordnung"; VG Stuttgart, Urt. v. 10.4.2008 – 4 K 5891/07 (nicht rechtskräftig), MedR 2009, 238 (239); VG Gelsenkirchen, Urt. v. 22.8.2007 – 7 K 2003/05, BeckRS 2007 27359.

1447 Vgl. BT-Drucks. 16/7439, S. 42.

1448 *Kurtenbach*, in: Das Deutsche Bundesrecht, I K 11 (HPG), § 1, S. 6.; *Nadler*, Selbständige Erstversorgung durch Rettungsfachpersonal, S. 37 ff.

1449 *Dünisch*, in: Käfer, Der Heilpraktiker in Theorie und Praxis, § 1 HPG, Rn. 6.3.5.

1450 BVerwG, Urt. v. 25. 6. 1970 – I C 53/66 (Münster), NJW 1970, 1187 (1188); OVG Lüneburg, Urt. v. 18.6.2009 – 8 LC 6/07, BeckRS 2009, 35085.

Für die Kriterien der ärztlichen Anordnung und Verantwortung zur Bestimmung des Begriffs der Unselbständigkeit spricht zunächst die Auslegung des § 15 Abs. 1 S. 2 SGB V, da sich die selbständig und eigenverantwortlich ausgeübten Tätigkeiten von den unselbständigen Hilfeleistungen i.S.d. § 15 Abs. 1 S. 2 SGB V gerade dadurch unterscheiden, dass letztere nur unter ärztlicher Anordnung und Verantwortung erfolgen und ärztliche Anleitungs- und Überwachungspflichten auslösen.[1451]

Unter ärztlicher Anordnung und Verantwortung stehen beispielsweise Krankenpfleger, die im Rahmen der Delegation ärztliche Tätigkeiten ausführen, sodass sie nach diesem Ansatz keine *selbständige* Heilkunde ausüben.[1452] Berufsrechtlich gesprochen betrifft demnach die unselbständige Heilkundeausübung die im Rahmen der Mitwirkung zu erbringenden Tätigkeiten i.S.d. § 3 Abs. 1 Nr. 2 KrPflG und damit insbesondere die eigenständige Durchführung ärztlich veranlasster Maßnahmen (Nr. 2a) sowie Maßnahmen der medizinischen Diagnostik, Therapie oder Rehabilitation (Nr. 2b).

Allerdings handelt es sich bei der Verordnung von Verbands- und Pflegehilfsmitteln nach § 63 Abs. 3b SGB V um sog. eigenverantwortliche Tätigkeiten i.S.d. § 3 Abs. 2 Nr. 1 KrPflG und bei der inhaltlichen und zeitlichen Ausgestaltung der häuslichen Krankenpflege möglicherweise zwar um ärztlich veranlasste Maßnahmen i.S.d. § 3 Abs. 2 Nr. 2a KrPflG. Berufsrechtlich werden beide Tätigkeiten allerdings bereits nach geltendem Recht regelmäßig nicht unter ärztlicher Anordnung und Verantwortung, sondern allenfalls – wie zum Beispiel die häusliche Krankenpflege – nach ärztlicher Verordnung erbracht. Wie oben dargestellt, besteht der Unterschied zwischen ärztlich „bloß" verordneten und ärztlich angeordneten Tätigkeiten darin, dass nur die Durchführung angeordneter Tätigkeiten auch unter ärztlicher Verantwortung steht und ärztliche Anleitungs- und/oder Überwachungspflichten auslöst.

Zöge man ausschließlich die ärztliche Anordnung und Verantwortung als Kriterien zur Abgrenzung von selbständiger und unselbständiger Heilkundeausübung heran, dürften Krankenpfleger die in § 63 Abs. 3b SGB V genannten Tätigkeiten nur unter ärztlicher Anordnung und Verantwortung erbringen. Dann verkehrte sich die gesetzgeberische Intention, die krankenversicherungsrechtlichen Vorschriften insoweit an die berufsrechtlichen anzupassen[1453] und Krankenpflegern eine kompetenzgerechte Berufsausübung zu ermöglichen, in ihr Gegenteil. Darüber hinaus könnte krankenpflegerisches Handeln außerhalb von § 63 Abs. 3b SGB V, das nicht unter ärztlicher Anordnung und Verantwortung erfolgt, wie in der Regel das sog. eigenverantwortliche Tätigwerden i.S.d. § 3 Abs. 2 Nr. 1 KrPflG oder auch die Ausübung häuslicher Krankenpflege, nicht als unselbständige

1451 *Höfler*, in: KassKomm SozVersR, SGB V, § 15, Rn. 7, 9.

1452 Speziell für den Bereich des Rettungsdienstes wurde formuliert, dass keine Heilkunde, sondern Heilhilfstätigkeit vorliege, wenn vom nichtärztlichen Rettungsfachpersonal eine gefahrenbehaftete medizinische (eigentlich heilkundliche) Tätigkeit vollständig beherrscht und zur Erstversorgung im Rettungsdienst im Rahmen eines „Supervisionsverhältnisses" ausgeführt werde. Dabei beruhe die Supervision auf den Delegationsgrundsätzen, die jedoch aufgrund der besonderen Situation in Notfällen Abweichungen erführen. So bedürfe es insbesondere keiner konkreten ärztlichen Anordnung zur Durchführung einer Maßnahme (*Nadler*, Selbständige Erstversorgung durch Rettungsfachpersonal, S. 45 -49).

1453 Vgl. BT-Drucks. 16/7439, S. 97.

Heilkundeausübung eingeordnet werden[1454] und löste somit nach der Gesetzessystematik die Erlaubsnispflichtigkeit dieser Tätigkeiten nach § 1 Abs. 1 HPG aus.

Daher können die Kriterien der ärztlichen Anordnung und Verantwortung nur bedingt zur Abgrenzung der unselbständigen von der selbständigen Heilkundeausübung verwendet werden.

cc) Ärztliche Veranlassung

Im Sinne eines verbindenden Ansatzes könnte man immer dann von unselbständiger und erlaubnisfreier Heilkundeausübung durch Krankenpfleger sprechen, wenn sich die einzelnen Tätigkeiten und deren Ausführung als Teil des ärztlichen Behandlungsplans darstellen, sie mithin *ärztlich zuvor veranlasst* worden sind.[1455] Damit zählen neben ärztlich verordneten auch ärztlich angeordnete sowie ärztlich delegierte Tätigkeiten zur unselbständigen Heilkundeausübung.

Dieses Verständnis entspricht der Gesetzesbegründung, die ausdrücklich nur die selbständige Heilkundeausübung i.S.d. § 1 Abs. 1 S. 2, 4 Abs. 7 KrPflG[1456], § 63 Abs. 3c SGB V[1457] als ein krankenpflegerisches Tätigwerden *ohne vorherige ärztliche Veranlassung* qualifiziert, sodass es im Umkehrschluss bei § 63 Abs. 3b SGB V nach der gesetzgeberischen Intention weiterhin einer ärztlichen Veranlassung bzw. Beteiligung an der Patientenbehandlung bedarf.

Auch verwaltungsgerichtliche Entscheidungen zur Heilkundeausübung von Physiotherapeuten sprechen nur dann von *„eigenverantwortlicher und selbständiger Heilkundeausübung"*, wenn sie ohne vorherige ärztliche Verordnung bzw. Anordnung auf Wunsch des Patienten physiotherapeutische Leistungen erbringen wollen.[1458] Allerdings werden die Begriffe Verordnung und Anordnung – entgegen ihrer unterschiedlichen Bedeutung – zum Teil in den verwaltungsgerichtlichen Entscheidungen synonym verwandt. Angesichts der damit verbundenen Unklarheit sollte die an sich gemeinte Einschaltung bzw. Beteiligung eines Arztes, die sowohl bei der Ver-, also auch Anordnung gegeben ist, einheitlich als ärztliche Veranlassung bezeichnet werden.

dd) Zwischenergebnis

Die in § 63 Abs. 3b SGB V verlangte Voraussetzung, dass es sich nicht um selbständige Heilkundeausübung handeln dürfe, ist daher dahingehend zu verstehen, dass Krankenpflegern im Rahmen der gesetzlichen Krankenversicherung die inhaltliche und zeitliche

---

1454 Im Ergebnis wohl auch *Igl*, in: Deutscher Pflegerat e.V., Weitere öffentlich-rechtliche Regulierung der Pflegeberufe, S. 124, der die Begriffe „selbständig" und „eigenverantwortlich" als Synonyme qualifiziert, die für die eigene pflegerische Ausführung ohne ärztliche Veranlassung und Verantwortung stehen.

1455 Ähnlich auch *Reimer/Merold*, SGb 2008, 381 (386): Bei § 63 Abs. 3b SGB V habe zumindest eine ärztlich veranlasste Behandlung vorzuliegen, innerhalb derer die Krankenpfleger als eigenständige Leistungserbringer, mit eigener Kompetenz ausgestattet und in eigener Verantwortung tätig werden dürften.

1456 BT-Drucks. 16/7439, S. 100.

1457 BT-Drucks. 16/7439, S. 97.

1458 VG Stuttgart, Urt. v. 10.4.2008 – 4 K 5891/07 (nicht rechtskräftig), MedR 2009, 238 (239); VG Gelsenkirchen, Urt. v. 22.8.2007 – 7 K 2003/05, BeckRS 2007 27359.

Ausgestaltung der häuslichen Krankenpflege nur dann ermöglicht werden soll, wenn sie aufgrund einer vorherigen ärztlichen Veranlassung erbracht werden.

Abschließend ist darauf hinzuweisen, dass die Begriffe „eigenverantwortlich" und „selbständig" zwar insofern synonym verwendet werden können, als beide zum Ausdruck bringen, dass die Entscheidung im Hinblick auf das „Ob" und „Wie" einer Tätigkeit dem eigenverantwortlich bzw. selbständig Handelnden obliegt. Das bedeutet jedoch nicht, dass die in § 3 Abs. 2 Nr. 1 KrPflG als eigenverantwortlich bezeichneten Tätigkeiten zugleich selbständige heilkundliche Tätigkeiten darstellen,[1459] weil es sich insofern mangels dazu erforderlichen ärztlichen Fachwissens und mangels Gesundheitsgefährdung nach verfassungskonformer Auslegung bereits nicht um Heilkunde handelt.

II. Zivil- und strafrechtliche Verantwortlichkeit

Nachdem die Voraussetzungen des § 63 Abs. 3b SGB V vorgestellt worden sind, gilt es nun zu klären, wer diese Voraussetzungen aus zivil- und strafrechtlicher Sicht zu prüfen hat, wer also wie die Verantwortung für das Handeln gegenüber dem Patienten trägt.[1460]

Wird § 63 Abs. 3b SGB V als Delegationsregelung verstanden, könnten über die Auswahlpflicht im Hinblick auf die formelle Qualifikation des Krankenpflegers sowie im Hinblick auf die Feststellung, dass es sich beim krankenpflegerischen Tätigwerden nicht um selbständige Heilkundeausübung handelt, hinaus, die übrigen Delegationspflichten – in Form von Anleitung und Überwachung – für den behandelnden Arzt bestehen. In der Konsequenz käme bei der Verletzung dieser Pflichten entsprechend obigen Ausführungen eine vertragliche wie deliktische Haftung des Arztes sowie eine Fahrlässigkeitsstrafbarkeit in Betracht.

Diese Interpretation legt zum Teil die Gesetzesbegründung nahe, wenn auf die in der Vergangenheit nicht umfassend genutzte Möglichkeit der *Delegation* ärztlicher Tätigkeiten auf nichtärztliche Heilberufe oder darauf abgestellt wird, dass Krankenpfleger im Rahmen des *Delegationsprozesses* eine größere Verantwortung übernehmen sollen.[1461]

Der entscheidende Einwand gegen ein derartiges Verständnis findet sich aber ebenfalls in der Gesetzesbegründung: Zu Recht wird darauf verwiesen, dass die in Frage stehenden Tätigkeiten gerade nicht unter den von § 1 Abs. 2 HPG definierten Bereich der Ausübung der Heilkunde fielen[1462] und dass Krankenpfleger die in § 63 Abs. 3b SGB V genannten Tätigkeiten berufsrechtlich bereits de lege lata erbringen dürften, da sie hierzu nach dem in der Ausbildungszielbeschreibung in § 3 Abs. 2 Nr. 1 KrPflG dargestellten Berufsbild in der Lage seien.[1463] Wie oben gezeigt, gehören die in § 63 Abs. 3b Nr. 1

1459 A.A. wohl *Kiesecker*, der unabhängig von der Qualifizierung einer Tätigkeit als heilkundliche Tätigkeit immer dann von selbständiger, nach § 1 Abs. 1 HPG erlaubnispflichtiger Heilkundeausübung ausgeht, soweit Angehörige der Medizinalfachberufe eigenverantwortlich über das „Ob" und „Wie" ihrer Tätigkeit entscheiden möchten, *Kiesecker*, in: *Rieger*, Lexikon des Arztrechts, 3520 (Medizinische Assistenzberufe), Rn. 6.

1460 Vgl. auch *Reimer/Merold*, SGb 2008, 381 (386).

1461 BT-Drucks. 16/7439, S. 96.

1462 BT-Drucks. 16/7439, S. 97.

1463 BT-Drucks. 16/7439, S. 97.

SGB V genannten Tätigkeiten zu den sog. *eigenverantwortlichen* Tätigkeiten i.S.d. § 3 Abs. 2 Nr. 1a KrPflG, die dem Kernbereich pflegerischer Tätigkeiten entsprechen[1464] und sich nach den Gesetzesmaterialien gerade dadurch auszeichnen, dass sie von den Krankenpflegern ohne Beteiligung anderer Berufsgruppen wie Ärzten ausgeführt werden.[1465] Sie setzen grundsätzlich weder bei ihrer Durchführung noch ihrer Anleitung oder Überwachung ärztliche Fachkenntnisse voraus und bedürfen daher in der Regel nicht der Zuordnung zu den ärztlichen Tätigkeiten im weiten Sinn.

Zwar lässt sich die inhaltliche und zeitliche Ausgestaltung der häuslichen Krankenpflege nach § 63 Abs. 3b Nr. 2 SGB V, da sie eine ärztliche Verordnung voraussetzt, auch als ärztlich veranlasste Maßnahmen i.S.d. § 3 Abs. 2 Nr. 2a KrPflG und damit als Maßnahme begreifen, die nur im Rahmen der Mitwirkung ausgeführt werden darf. Neben der Durchführung der sog. eigenverantwortlichen Tätigkeit[1466] ist jedoch auch die Durchführung lediglich ärztlich in Form einer Verordnung veranlasster Tätigkeiten nicht Teil der ärztlichen Behandlung und kann demzufolge auch keine ärztlichen Delegationspflichten in Form von Anleitung und/oder Überwachung auslösen.[1467] Soll § 63 Abs. 3b SGB V, wie in der Gesetzesbegründung zu Recht formuliert, lediglich zu einer „Kompetenzerweiterung für Pflegefachkräfte *im Bereich der gesetzlichen Krankenversicherung*“[1468] und damit einer Anpassung der sozialrechtlichen an die berufsrechtlichen Normen führen, handelt es sich nicht um eine ärztliche Delegationspflichten auslösende Delegationsregelung.[1469]

Im Hinblick auf § 63 Abs. 3b Nr. 2 SGB V trifft den behandelnden Arzt daher lediglich die rechtliche Verantwortung für die sorgfaltsgemäße Verordnung der häuslichen Krankenpflege und damit lediglich die Verantwortung für das „Ob“ der Tätigkeit, während das „Wie“, also die Durchführung dem Krankenpfleger obliegt.

Bei bestehendem Behandlungsvertrag zwischen Arzt und Patient kommt somit eine *vertragliche Haftung* des Arztes für *eigenes Verschulden* aus §§ 611 Abs. 1, 280 Abs. 1, 276 i.V.m. §§ 249, 253 Abs. 2 BGB nur in Betracht, wenn er bei der Entscheidung, ob häus-

---

1464 BT-Drucks. 15/804, S. 40; *Storsberg/Neumann/Neiheiser*, Krankenpflegegesetz, S. 73.

1465 BT-Drucks. 15/13, S. 22.

1466 Vgl. *Höfler*, in: KassKomm SozVersR, SGB V, § 15, Rn. 7.

1467 Veranlasst der Arzt wie bei § 63 Abs. 3b Nr. 2 SGB V lediglich die häusliche Krankenpflege in Form einer Verordnung, überträgt er keine an sich ihm obliegenden ärztlichen Tätigkeiten, sodass er grundsätzlich den ausführenden Krankenpfleger auch nicht anleiten und überwachen muss. Etwas anderes gilt jedoch aufgrund der expliziten Normierung von Überwachungs- und Kontrollpflichten in § 27 Abs. 4 S. 1 BMV-Ä. Danach hat sich der Vertragsarzt über die sachgerechte Durchführung und den Erfolg der häuslichen Krankenpflege zu vergewissern.

1468 BT-Drucks. 16/7439, S. 97, Nr. 8; BR-Drucks. 718/07, S. 241; BR-Drucks. 718/07, S. 233; *Flint*, in: Hauck/Noftz, SGB V, K § 63, Rn. 22a: Erweiterung der in eigener Zuständigkeit und Verantwortung zugewiesenen Tätigkeiten.

1469 Vgl. *Reimer/Merold*, SGb 2008, 381 (386), die § 63 Abs. 3b SGB V „am ehesten [als] eine Zwischenform von Delegation und Substitution“ einstufen. *Roßbruch*, Stellungnahme zum Gesetzentwurf des PfWG, in: BT, Ausschuss für Gesundheit, A-Drucks. 16(14)0327(65), S. 10, merkt an, dass die Neuregelungen nicht das Delegationsprinzip beinhalteten. A.A. *Kunte*, SGb 2009, 689 (694), der § 63 Abs. 3b SGB V für eine Substitutionsregelung hält. Da Substitution per definitionem die dauerhafte Übertragung ärztlicher Tätigkeiten auf andere Berufsgruppen beschreibt und jedenfalls die in § 63 Abs. 3b Nr. 1 SGB V genannten Tätigkeiten zu den sog. eigenverantwortlichen Tätigkeiten eines Krankenpflegers zählen, mangelt es bereits an der Einordnung dieser Tätigkeiten als ärztliche Tätigkeiten.

liche Krankenpflege stattfinden soll, die im Verkehr erforderliche Sorgfalt außer Acht lässt. Dagegen hat er für das *Verschulden des* die Tätigkeit durchführenden *Krankenpflegers* mangels Erfüllungsgehilfenstellung des Krankenpflegers aus §§ 611 Abs. 1, 280 Abs. 1, 278 S. 1 i.V.m. §§ 249, 253 Abs. 2 BGB nicht einzustehen. Wie bereits im Rahmen der Delegation ärztlicher Tätigkeiten angesprochen, gehört die Durchführung einer Tätigkeit, die lediglich bei ihrer Veranlassung in Form der bloßen Verordnung ärztlicher Sachkunde bedarf, nicht mehr zum ärztlichen Pflichtenkreis, sodass sich der lediglich veranlassende Arzt auch im Hinblick auf die Durchführung nicht mehr im Sinne des § 278 S. 1 BGB zur Erfüllung seiner Verbindlichkeit des Krankenpflegers bedient. In diesen Fällen ist ein (abhängig beschäftigter) Krankenpfleger vielmehr Erfüllungsgehilfe des für die pflegerische Versorgung verantwortlichen Behandlungsträgers und somit in der Regel je nach zugrunde liegenden Vertragsverhältnissen des Krankenhaus- oder Pflegeeinrichtungsträgers.

Auch eine *deliktsrechtliche Haftung* des Arztes für eigenes Verschulden nach §§ 823 Abs. 1, 276 BGB und gegebenenfalls nach §§ 823 Abs. 2, 276 BGB i.V.m. §§ 229, 222 StGB bzw. im Rahmen eines öffentlich-rechtlichen Dienstverhältnisses nach §§ 839 Abs. 1 S. 1, 276 BGB steht allenfalls im Raum, wenn er bei der Entscheidung, ob häusliche Krankenpflege i.S.d. § 63 Abs. 3b Nr. 2 SGB V stattfinden soll, die im Verkehr erforderliche Sorgfalt verletzt. Ferner trifft die Haftung für vermutetes eigenes Verschulden nach § 831 Abs. 1 BGB insbesondere bei Auswahl, Überwachung und Leitung eines Verrichtungsgehilfen in diesen Fällen nicht den die häusliche Krankenpflege lediglich veranlassenden Arzt, sondern den für die Durchführung der häuslichen Krankenpflege zuständigen Einrichtungsträger – Krankenhaus oder Pflegeeinrichtung. Letzterer setzt den Krankenpfleger zur Durchführung der häuslichen Krankenpflege inklusive inhaltlicher und zeitlicher Ausgestaltung ein. Dabei steht der Krankenpfleger allgemein und im konkreten Fall im Einflussbereich des Einrichtungsträgers und ist ihm gegenüber abhängig, insbesondere weisungsgebunden[1470], sodass er bei den in § 63 Abs. 3b SGB V genannten Tätigkeiten Verrichtungsgehilfe des Einrichtungsträgers ist.

Schließlich kann in *strafrechtlicher* Hinsicht ein etwaiges pflegerisches Fehlverhalten bei der Durchführung einer der in § 63 Abs. 3b SGB V genannten Tätigkeiten mangels insofern bestehender ärztlicher Auswahl-, Anleitungs- oder Überwachungspflichten eine ärztliche Strafbarkeit aus §§ 229, 222 StGB regelmäßig nicht begründen.

Ob die Tätigkeiten i.S.d. § 63 Abs. 3b SGB V im Einzelfall und konkret dem Krankenpfleger überlassen werden können, ob die vorausgesetzte (formelle) Qualifikation vorliegt, obliegt somit nicht der für die ärztliche, sondern der für die pflegerische Behandlung zuständigen Einrichtung bzw. Person[1471]. Daneben bleibt freilich der ausführende Krankenpfleger selbst straf- und zivilrechtlich entsprechend obiger Darstellung für die sorgfaltsgemäße Ausführung der jeweiligen Tätigkeit verantwortlich.

1470 Vgl. zur Definition eines Verrichtungsgehilfen: BGH, Urt. v. 30.6.1966 – VII ZR 23/65, BGHZ 45, 311 (313); Urt. 12.6.1997 – I ZR 36-95, NJW-RR 1998, 250 (251); *Schaub*, in: Prütting/Wegen/Weinrich, § 831, Rn. 7.

1471 Zuständige Person kann insofern eine Pflegefachkraft oder ein Arzt sein. Vgl. auch *Dalichau*, SGB V, § 63, S. 6, der von der arbeitsrechtlichen Sorgfaltspflicht der für die Pflege zuständigen Person spricht. Im Ergebnis auch *Reimer/Merold*, SGb 2008, 381 (386).

B Substitution ärztlicher Tätigkeiten – § 63 Abs. 3c SGB V

Nach dem neuen § 63 Abs. 3c SGB V können Modellvorhaben nach § 63 Abs. 1 SGB V

> „eine Übertragung der *ärztlichen Tätigkeiten*, bei denen es sich um *selbständige* Ausübung von *Heilkunde* handelt und für die die Angehörigen der im Krankenpflegegesetz geregelten Berufe aufgrund einer Ausbildung nach § 4 Abs. 7 des Krankenpflegegesetzes *qualifiziert* sind, auf diese vorsehen".

I. Voraussetzungen des § 63 Abs. 3c SGB V

§ 63 Abs. 3c SGB V ermöglicht somit unter drei Voraussetzungen weitere Modellvorhaben: Es muss sich *erstens* um ärztliche Tätigkeiten handeln, *zweitens* müssen sich diese ärztlichen Tätigkeiten als selbständige Heilkundeausübung darstellen und *drittens* müssen die Krankenpfleger aufgrund einer speziellen Ausbildung für diese Tätigkeiten qualifiziert sein.

1. Ärztliche Tätigkeit

Im Hinblick auf die erbringbaren Tätigkeiten unterscheidet sich § 63 Abs. 3c SGB V in zweifacher Hinsicht von § 63 Abs. 3b SGB V. Während letzterer zum einen konkret und abschließend die im Rahmen der Modellvorhaben ermöglichten Tätigkeiten benennt[1472], lässt dies § 63 Abs. 3c SGB V ausdrücklich offen. Zum anderen gehören die in § 63 Abs. 3b SGB V genannten Tätigkeiten, wie gezeigt, zu den sog. eigenverantwortlichen bzw. mitwirkenden Tätigkeiten eines Krankenpflegers, wohingegen § 63 Abs. 3c SGB V ausdrücklich von ärztlichen Tätigkeiten spricht.

Wodurch sich ärztliche Tätigkeiten auszeichnen, lässt sowohl § 63 Abs. 3c SGB V als auch dessen Gesetzesbegründung offen. Unter Heranziehung der hier verwendeten Terminologie ist immer dann von einer ärztlicher Tätigkeit auszugehen, wenn ärztliche Fachkenntnisse entweder bei ihrer Durchführung (ärztliche Tätigkeit im engen Sinn) oder bei ihrer Veranlassung sowie Anleitung und/oder Überwachung (ärztliche Tätigkeit im weiten Sinn) erforderlich sind. Gleichwohl sollen sich die übertragbaren Tätigkeiten nicht auf den in diesem Sinne gesamten ärztlichen Tätigkeitsbereich erstrecken. Vielmehr schränkt § 63 Abs. 3c SGB V in seinen Sätzen drei bis fünf die Übertragbarkeit ärztlicher Tätigkeiten auf einzelne vom G-BA[1473] konkret zu benennende Tätigkeiten ein. Der G-BA soll unter Berücksichtigung der Stellungnahmen der BÄK sowie der maßgeblichen Verbände der Pflegeberufe[1474] (§ 63 Abs. 3c S. 4, S. 5 SGB V) in Richtlinien[1475] festlegen, bei wel-

1472 Dies bzw. die geringe Anzahl der in § 63 Abs. 3b SGB V geregelten Tätigkeitsvarianten wird zum Teil kritisiert, *Roßbruch*, Stellungnahme zum Gesetzentwurf des PfWG, in: BT, Ausschuss für Gesundheit, A-Drucks. 16(14)0327(65), S. 4.

1473 Vgl. § 91 SGB V.

1474 *Schabram* befürchtet angesichts der fehlenden Repräsentanz der Gesundheitsfachberufe in den Organen des G-BA, dass die Richtlinien i.S.d. § 63 Abs. 3c SGB V eine von der Ärzteschaft abgelehnte unabhängige Neubewertung der Kompetenzen der Berufe im Gesundheitswesen zur Schaffung weiterer selbständiger Leistungserbringer eher unterlaufen als befördern werden, *Schabram*, in: Arbeitsgemeinschaft Rechtsanwälte im Medizinrecht e.V., Delegation und Substitution, 1 (14).

chen Tätigkeiten eine Übertragung auf Krankenpfleger im Rahmen von Modellvorhaben erfolgen kann (§ 63 Abs. 3c S. 3 SGB V), um eine einheitliche Handhabung und Akzeptanz der vorgesehenen Kompetenzerweiterung für entsprechend qualifizierte Pflegekräfte zu erreichen[1476] sowie haftungsrechtliche Risiken der Übertragung von Tätigkeiten zu vermeiden[1477].

Die festzulegenden Tätigkeiten werden insbesondere solche Tätigkeiten umfassen, die aus heutiger Sicht ärztliche Tätigkeiten im weiten Sinn darstellen, d.h. lediglich bei der Anleitung und/oder Überwachung ärztliche Fachkenntnisse voraussetzen und zu den in praxi häufig delegierten ärztlichen Tätigkeiten zählen.[1478] Bei erfolgreicher Erprobung wird sich diese Einschätzung dahingehend ändern, dass die Tätigkeiten nunmehr weder bei ihrer Durchführung noch ihrer Anleitung und/oder Überwachung der ärztlichen Sachkunde bedürfen und somit nicht mehr zwingend dem ärztlichen Tätigkeitsbereich zuzurechnen sind. Daher führt § 63 Abs. 3c SGB V zu einer dauerhaften Übertragung ärztlicher Tätigkeiten auf die Berufsgruppe der Krankenpfleger und stellt somit die einer längeren erfolgreichen Delegationspraxis[1479] nachfolgende Stufe bei der Gestaltung des arbeitsteiligen Zusammenwirkens zwischen Ärzten und Krankenpflegern im Gesundheitssystem dar.

2. Selbständige Heilkundeausübung

Ferner muss es sich bei den ärztlichen Tätigkeiten um solche handeln, die sich als selbständige Heilkundeausübung darstellen. In Anlehnung an die oben dargestellte Abgrenzung von unselbständiger und selbständiger Heilkundeausübung und in Übereinstimmung mit der Gesetzesbegründung[1480] ist von selbständiger Heilkundeausübung immer dann auszugehen, wenn die konkret erst noch festzulegenden ärztlichen Tätigkeiten von Krankenpflegern *ohne vorherige ärztliche Veranlassung* erbracht werden.

Nach den Gesetzesmaterialien sind die im Rahmen der Modellvorhaben nach § 63 Abs. 3c SGB V übertragbaren Tätigkeiten als eigenständige Leistungen der Pflegefachkräfte im Rahmen der gesetzlichen Krankenversicherung einzustufen, die eine Erweiterung der Leistungserbringerseite bewirken.[1481] Demgemäß erfuhr der in § 15 Abs. 1 S. 1 SGB V normierte Arztvorbehalt im Zuge des Pflege-Weiterentwicklungsgesetzes durch die Anfügung eines Halbsatzes eine weitere Ausnahme: Die ärztliche Behandlung wird zwar nach dieser Vorschrift noch immer von Ärzten erbracht, allerdings nur *„soweit nicht in*

1475 Sobald die Richtlinien des G-BA vorliegen, sind sie im Internetauftritt des G-BA unter <http://www.g-ba.de> abrufbar.

1476 BT-Drucks. 16/8525, S. 105; *Flint*, in: Hauck/Noftz, SGB V, K § 63, Rn. 22d.

1477 *Roters*, in: KassKomm SozVersR, SGB V, § 63, Rn. 12.

1478 Eine heute häufig delegierte Tätigkeit wird morgen eine substituierte Tätigkeit sein.

1479 Somit bleibt die Delegation ärztlicher Tätigkeiten weiterhin ein wichtiges Instrument zur Neugestaltung der ärztlichen und pflegerischen Aufgabenbereiche. Nur die Delegationspraxis ermöglicht – angesichts der die Risiken minimierenden Delegationspflichten – die Übertragung weiterer ärztlicher Tätigkeiten auf Krankenpfleger ohne Einbußen in der Versorgungsqualität.

1480 BT-Drucks. 16/7439, S. 97; BR-Drucks. 718/07, S. 234.

1481 BT-Drucks. 16/7439, S. 97.

Modellvorhaben nach § 63 Abs. 3c etwas anderes bestimmt ist"[1482]. Dadurch wird die Befugnis zur unmittelbaren, d.h. ohne vorherige ärztliche Veranlassung erfolgten Leistungserbringung auf bestimmte, vom G-BA noch festzulegende selbständig erbringbare, ärztliche Tätigkeiten erweitert.[1483] § 63 Abs. 3c SGB V ebnet somit den Weg von der Delegation zur *Substitution*[1484] ärztlicher Tätigkeiten, d.h. der vollständigen und dauerhaften Übertragung ärztlicher Tätigkeiten auf Gesundheits- und Krankenpfleger.[1485] Die entsprechend qualifizierten Krankenpfleger handeln dann in bestimmten Bereichen selbständig und eigenverantwortlich anstelle des Arztes.

1482 Zur Kritik des Bundesrats an dieser Durchbrechung bzw. Abschwächung des in § 15 Abs. 1 S. 1 SGB V geregelten Arztvorbehalts vgl. seine Stellungnahme in BT-Drucks. 16/7439, S. 120: „punktförmige systemwidrige Einzelregelungen". Für die Substitution ärztlicher Tätigkeiten sprachen sich im Gesetzgebungsverfahren insbesondere die Verbände der Pflegekräfte aus, während auf Seiten der Ärzteschaft Bedenken geäußert wurden. Kritiker wandten sich einerseits gegen die gesetzgeberische Umsetzung der Substitutionsregelung. So wurden insgesamt Zweifel an der Übertragung der Regelungskompetenz für den Tätigkeitskatalog auf den G-BA [*Reimer/Merold*, SGb 2008, 381 (387)], oder an dem Vorbehalt der Genehmigung der Ausbildungspläne der Ausbildungsstätten durch die zuständigen Bundesministerien [*BÄK und KBV*, Gemeinsame Stellungnahme zum Gesetzentwurf des PfWG, in: BT, Ausschuss für Gesundheit, A-Drucks. 16(14)0327(9), S. 30 f.; *Roßbruch*, Stellungnahme zum Gesetzentwurf des PfWG, in: BT, Ausschuss für Gesundheit, A-Drucks. 16(14)0327(65), S. 5; *Dielmann*, Pflege & Gesellschaft 2008, 174 (175 f.)] geäußert. Als problematisch wird auch beurteilt, dass die Neuregelungen gerade berufserfahrene Pflegekräfte mit entsprechender Weiterbildung nicht berücksichtigen [*Vereinte Dienstleistungsgewerkschaft ver.di*, Stellungnahme zum Gesetzentwurf des PfWG, in: BT, Ausschuss für Gesundheit, A-Drucks. 16(14)0327(14), S. 14 f.]. Unabhängig davon wandten sich Kritiker auch gegen die Substitution als solche, weil sie zur Zersplitterung der Heilkundeausübung führe, die Patientensicherheit gefährde oder noch mehr Rechtsunsicherheit mit sich bringe, vgl. insgesamt zum Für und Wider der Substitutionsregelungen je m.w.N. *Igl*, in: Deutscher Pflegerat e.V., Weitere öffentlich-rechtliche Regulierung der Pflegeberufe, S. 91 ff., 136 ff. Allerdings greifen diese Bedenken nicht durch. Richtig ist zwar, dass der Gesetzgeber angesichts des Schutzes von Leben und Gesundheit gem. Art. 2 Abs. 2 S. 1 GG die medizinische und pflegerische Versorgung normativ so zu gestalten hat, dass die vorhandenen Strukturen nicht zu zusätzlichen gesundheitlichen Schäden bei medizinischer und pflegerischer Versorgung führen, vgl. *Igl/Welti*, VSSR 1999, 21 (31); *Francke*, Ärztliche Berufsfreiheit und Patientenrechte, S. 86 ff., 89 ff. Ob die mit § 63 Abs. 3c SGB V ermöglichte Substitution ärztlicher Tätigkeiten auf speziell qualifizierte Krankenpfleger mit der so verstandenen Schutzpflicht für Leben und Gesundheit tatsächlich unvereinbar und damit eine verfassungsrechtlich berechtigte Kritik ist, hängt jedoch in erster Linie von der empirisch-sozialwissenschaftlich zu beantwortenden Frage ab, ob daraus signifikante Gesundheitsgefährdungen folgen, vgl. *Francke*, Ärztliche Berufsfreiheit und Patientenrechte, S. 91. Dies wiederum setzt zwingend die Möglichkeit einer Erprobung voraus. Angesichts der inzwischen jahrzehntelangen Delegationserfahrung, die, wie gezeigt, keine nennenswerte Risikoerhöhung nach sich zog, erscheint eine Erprobungsphase aber in einem angemessenen Verhältnis zum Schutz der höchsten Rechtsgüter unserer Rechtsordnung Leib und Leben zu stehen.

1483 *Noftz*, in: Hauck/Noftz, SGB V, K § 15, Rn. 14b.

1484 *Reimer/Merold*, SGb 2008, 381 (386); *Brunner/Heppekausen*, KHR 2009, 80 (81); *Hoppe/Schirmer*, in: Wenzel, Handbuch FA Medizinrecht, Kapitel 9, Rn. 61.

1485 *Hoffmann et al.*, Der Unfallchirurg 2008, 367 (368).

3. Qualifikation

Schließlich ermöglicht § 63 Abs. 3c SGB V[1486] Krankenpflegern die Übernahme ärztlicher Tätigkeiten, bei denen es sich um selbständige Ausübung von Heilkunde handelt, nur sofern sie über die erforderliche Qualifikation aufgrund einer Ausbildung nach § 4 Abs. 7 KrPflG verfügen. § 4 Abs. 7 S. 1 KrPflG lautet wie folgt:

> „Zur zeitlich befristeten Erprobung von Ausbildungsangeboten, die der Weiterentwicklung der nach diesem Gesetz geregelten Berufe im Rahmen von Modellvorhaben nach § 63 Abs. 3c des Fünften Buches Sozialgesetzbuch dienen, können über die in § 3 Abs. 1 und 2 beschriebenen Aufgaben hinausgehende *erweiterte Kompetenzen zur Ausübung heilkundlicher Tätigkeiten* vermittelt werden."

Die wechselseitige Bezugnahme von berufs- und sozialrechtlichen Regelungen zeigt den starken Einfluss des Rechts der gesetzlichen Krankenversicherung auf das Berufs(ausübungs)[1487]recht. So heißt es zutreffend in der Gesetzesbegründung, dass die Erprobung erweiterter Kompetenzen zwar grundsätzlich im Rahmen der Modellvorhaben i.S.d. § 63 Abs. 3c SGB V erfolge.[1488] Berufsrechtlich seien diese zusätzlich erworbenen Kompetenzen aber nicht auf Tätigkeiten im Rahmen der gesetzlichen Krankenversicherung beschränkbar, da die Ausbildung eine grundlegende Kompetenz vermittle, die generell und dauerhaft den Zugang zum erlernten Beruf und damit die Ausbildung der erlernten heilkundlichen Tätigkeiten gestatte.[1489] Daher sind nach dem neu eingefügten § 1 Abs. 1 S. 2 KrPflG *„Personen mit einer Erlaubnis nach S. 1, die über eine Ausbildung nach § 4 Abs. 7 verfügen, […] im Rahmen der ihnen in dieser Ausbildung vermittelten erweiterten Kompetenzen zur Ausübung heilkundlicher Tätigkeiten berechtigt*". Mithin gestattet § 1 Abs. 1 S. 2 KrPflG eine auf die Inhalte der zusätzlichen Ausbildung beschränkte Heilkundeausübung unter den Berufsbezeichnungen Gesundheits- und (Kinder-)Krankenpfleger. Insofern erweitert diese Vorschrift den Kreis der zur selbständigen Heilkundeausübung explizit berechtigten Berufe.

1486 Nach § 63 Abs. 3c S. 2 SGB V gilt Satz 1 entsprechend auch für die Angehörigen des im Altenpflegegesetz geregelten Berufe aufgrund einer Ausbildung nach § 4 Abs. 7 des Altenpflegegesetzes. Da die vorliegende Untersuchung insbesondere das Verhältnis zwischen Arzt und Krankenpfleger behandelt, wird hier lediglich die wechselseitige Bezugnahme von SGB V und KrPflG betrachtet.

1487 Vgl. *Igl/Welti*, VSSR 1999, 21 (28), die ebenso feststellen, dass für den Bereich der Medizin und Pflege insbesondere das Sozialversicherungsrecht die Berufsausübung in starkem Maße determiniert. Aus verfassungsrechtlicher Sicht könnte man die Gesetzgebungskompetenz des Bundes für derartige Regelungen bezweifeln. So wird die konkurrierende Gesetzgebungskompetenz des Bundes auf dem Gebiet der Sozialversicherung aus 74 Abs. 1 Nr. 12 GG schon länger als „willkommenes Vehikel" für eine schleichende Kompetenzverschiebung zulasten der Länder kritisiert, vgl. *G. Schneider*, MedR 1998, 151 (152). Neben den Bereichen der Qualitätssicherung, der Weiterbildung und des Datenschutzes wurden Kompetenzprobleme – insbesondere bei weiterer bundesrechtlicher Verfeinerung – auch bei den Vorschriften über Modellversuche nach §§ 63 ff. SGB V befürchtet, *Riedel/Derpa*, Kompetenzen des Bundes und der Länder im Gesundheitswesen, S. 96. Mit der Einführung des § 63 Abs. 3c SGB V erfolgte nun eine weitere bundesrechtliche Ausdifferenzierung, die zumindest die Bedenken an der Bundeskompetenz aus Art. 74 Abs. 1 Nr. 12 GG verstärkt. Vgl. ausführlich zum Verhältnis der Bund-Länder-Kompetenzen *Riedel/Derpa*, Kompetenzen des Bundes und der Länder im Gesundheitswesen.

1488 BT-Drucks. 16/7439, S. 100; BR-Drucks. 718/07, S. 243.

1489 BT-Drucks. 16/7439, S. 100; BR-Drucks. 718/07, S. 243.

4. Zwischenergebnis

Während § 63 Abs. 3b SGB V somit dergestalt zu einer Harmonisierung von Berufs- und Sozialrecht beiträgt, dass die sozialrechtlichen Regelungen den berufsrechtlichen folgen, findet die Angleichung durch § 63 Abs. 3c SGB V in umgekehrter Richtung statt: Indem § 63 Abs. 3c S. 1 SGB V den Kompetenzbereich der Krankenpfleger auch auf selbständige heilkundliche Tätigkeiten erweitert, zieht die Einfügung des § 63 Abs. 3c SGB V berufsrechtliche Änderungen im Krankenpflegerecht in Form der verlängerten Ausbildung nach sich, die freilich erst dann eingerichtet werden kann, nachdem der G-BA die übertragbaren Tätigkeiten festgelegt hat.

II. Zivil- und strafrechtliche Verantwortlichkeit

Im Unterschied zur Delegation ärztlicher Tätigkeiten werden entsprechend qualifizierte Gesundheits- und Krankenpfleger bei der Substitution ärztlicher Tätigkeiten nicht mehr ausschließlich unter ärztlicher Verantwortung, d.h. nach Anordnung und gegebenenfalls Anleitung und/oder Überwachung, tätig. Vielmehr werden sie im Hinblick auf die vom G-BA noch festzulegenden Tätigkeiten selbständig anstelle des Arztes handeln (vgl. *Abb. 15*). Perspektivisch werden die im Rahmen der Modellvorhaben erprobten Tätigkeiten in den sog. eigenverantwortlichen Tätigkeitsbereich der Krankenpfleger überführt.

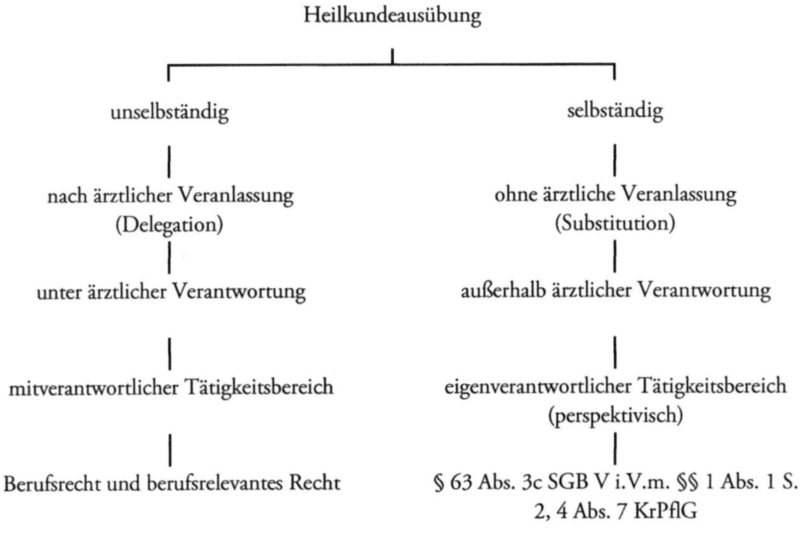

Abb. 15: Delegation und Substitution im Rahmen der Heilkundeausübung

Daher kommt bei der Substitution ärztlicher Tätigkeiten – im Gegensatz zur Delegation ärztlicher Tätigkeiten – regelmäßig weder eine zivil- noch strafrechtliche Verantwortung des Arztes für die substituierte Tätigkeit in Betracht.[1490]

Grundlage *vertraglicher Arzthaftung* ist eine zwischen Arzt und Patient bestehende Vertragsbeziehung. Eine Haftung des Arztes für *eigenes Verschulden* aus §§ 611 Abs. 1, 280 Abs. 1, 276 i.V.m. §§ 249, 253 Abs. 2 BGB bzw. für das *Verschulden des* die substituierte Tätigkeit durchführenden *Krankenpflegers* aus §§ 611 Abs. 1, 280 Abs. 1, 278 S. 1 i.V.m. §§ 249, 253 Abs. 2 BGB scheidet regelmäßig bereits deshalb aus, weil die substituierte Tätigkeit ohne jegliche ärztliche Beteiligung durch einen Krankenpfleger erbracht wird und insofern schon nicht Bestandteil der ärztlichen Behandlung und somit des Behandlungsvertrags ist. Der die substituierte Tätigkeit durchführende Krankenpfleger ist mithin nicht nach § 278 S. 1 BGB Erfüllungsgehilfe des Arztes. Lediglich dann, wenn der Arzt im Rahmen seiner ärztlichen Behandlung eine substituierte Tätigkeit für erforderlich erachtet und daraufhin, die Durchführung der substituierten Tätigkeit durch einen Krankenpfleger veranlasst, ist er nach §§ 611 Abs. 1, 280 Abs. 1, 276 i.V.m. 249, 253 Abs. 2 BGB für eigenes Verschulden im Hinblick auf seine „Veranlassungsentscheidung“ verantwortlich.

Gleiches gilt für die *deliktsrechtliche Haftung* des Arztes für eigenes Verschulden nach §§ 823 Abs. 1, 276 BGB und gegebenenfalls nach §§ 823 Abs. 2, 276 BGB i.V.m. §§ 229, 222 StGB bzw. im Rahmen eines öffentlich-rechtlichen Dienstverhältnisses nach §§ 839 Abs. 1 S. 1, 276 BGB. Auch die Haftung für vermutetes eigenes Verschulden nach § 831 Abs. 1 BGB insbesondere bei Auswahl, Überwachung und Leitung des Verrichtungsgehilfen kommt nicht in Betracht, weil der die substituierte Tätigkeit ausführende Krankenpfleger weder allgemein noch im konkreten Fall im Einflussbereich des Arztes steht. Vielmehr tritt der Krankenpfleger im Substitutionsfall anstelle des Arztes auf, sodass er kein Verrichtungsgehilfe desselben ist.

Schließlich kann in *strafrechtlicher* Hinsicht ein etwaiges pflegerisches Fehlverhalten bei der Durchführung einer substituierten Tätigkeit eine ärztliche Strafbarkeit aus §§ 229, 222 StGB nicht begründen, weil den Arzt – im Gegensatz zur Delegation – gerade keine Delegationspflichten in Form von Auswahl, Anordnung, Anleitung und/oder Überwachung des Krankenpflegers treffen.

Allenfalls dann, wenn die substituierte Tätigkeit im Einzelfall ein Hinzuziehen des Arztes erfordert, könnte eine zivil- und strafrechtliche Verantwortlichkeit des Arztes wiederaufleben, sofern der hinzugezogene Arzt die im Verkehr erforderliche Sorgfalt außer Acht lässt.

Folglich trägt allein der für die pflegerische Behandlung zuständige Krankenpfleger und im Angestelltenverhältnis darüber hinaus auch der für die pflegerische Versorgung zuständige Einrichtungsträger die rechtliche Verantwortung für „Ob“ und „Wie“ der substituierten Tätigkeit.[1491]

1490 *Günter*, AZR 2009, 31 (32); *Hoffmann et al.*, Der Unfallchirurg 2008, 367 (368); *Katzenmeier*, in: Laufs/Katzenmeier/Lipp, Arztrecht, X., Rn. 41: „keine Letztverantwortung ohne Letztentscheidungsbefugnis“.

1491 Im Ergebnis auch *Barth*, PflR 2009, 57 (58, 59); *Hanika*, PflR 2009, 372 (373); *Günter*, AZR 2009, 31 (32); *Roters*, in: KassKomm SozVersR, SGB V, § 63, Rn. 18.

III. Substitutionsrelevanter Sorgfaltsmaßstab

Im Hinblick auf den *substitutionsrelevanten Sorgfaltsmaßstab* gilt, wie oben bereits im Rahmen der Delegation dargestellt, wiederum ein berufsgruppenspezifischer Sorgfaltsmaßstab, weil es bei der Prüfung der zivil- wie strafrechtlichen Verantwortlichkeit des Krankenpflegers zumindest im ersten Schritt auf die verkehrserforderliche Sorgfalt i.S.d. § 276 Abs. 2 BGB ankommt. Gleichwohl lässt dieser im Ausgangspunkt objektive Fahrlässigkeitsmaßstab eine Differenzierung nach Verkehrskreisen und nach den typisierten Anforderungen an bestimmte Personengruppen zu, sodass neben dem Alter einer Person auch ihre berufliche Erfahrung und *Ausbildung* Relevanz gewinnen und insofern die Sorgfaltsanforderungen relativieren kann, ohne sie – da die typischerweise von der betroffenen Gruppe zu erwartende Sorgfalt maßgeblich ist – zu individualisieren.[1492]

Folglich handelt es sich bei dem substitutionsrelevanten Sorgfaltsmaßstab um einen *speziellen Krankenpflegerstandard*: Maßstab sind die typischen Kenntnisse und Fähigkeiten eines Krankenpflegers, der eine i.S.d. § 4 Abs. 7 KrPflG erweiterte Ausbildung absolviert hat. Da diese spezielle Ausbildung gerade darauf abzielt, Krankenpflegern erweiterte Kompetenzen zur selbständigen Ausübung bestimmter heilkundlicher Tätigkeiten zu vermitteln, ist davon auszugehen, dass im Hinblick auf diese Tätigkeiten Ärzte und Krankenpfleger über eine annähernd gleiche Fachkunde verfügen, Facharztstandard und Krankenpflegerstandard insoweit also übereinstimmen. Hinter der Übertragung ärztlicher Tätigkeiten im Rahmen der Modellvorhaben nach § 63 Abs. 3c SGB V steht der Gedanke, dass diese Tätigkeiten künftig nicht mehr der Zuordnung zum ärztlichen Tätigkeitsbereich bedürfen, weil die erweiterte Ausbildung der Krankenpfleger nunmehr eine dem Patientenschutz gerecht werdende Übernahme dieser Tätigkeiten ermöglicht.[1493] Krankenpfleger erlernen somit während dieser speziellen Ausbildung die für die Entscheidung über das „Ob" und „Wie" der substituierten Tätigkeit notwendigen „ärztlichen" Fachkenntnisse.

Insofern stellen sich die im Einzelnen noch festzulegenden substituierbaren Tätigkeiten auch als Poolkompetenzen[1494] dar, die – gemessen am Patientenschutz – nun von mehreren Berufsgruppen gleichermaßen, nämlich von Ärzten und Krankenpflegern, erbracht werden können.

1492 BGH, Urt. v. 28.2.1984 – VI ZR 132/82, NJW 1984, 1958 (1958 f.); *Westermann*, in: Erman, BGB, § 276, Rn. 11; *Löwisch/Caspers*, in: Staudinger, § 276, Rn. 46 ff.

1493 Vgl. auch *Sträßner*, der davon spricht, dass Teile diagnostischer und therapeutischer Kompetenz aus dem ärztlichen Bereich direkt in die Pflege verlagert würden, weil die dortige Patientennähe sowie die Professionalität der pflegerischen Entscheidung die Erhaltung der ärztlichen Ausgangskompetenz nicht mehr notwendig mache, *Sträßner*, in: Arbeitsgemeinschaft Medizinrecht im DAV, Medizinrecht heute, 91 (120).

1494 Zum Begriff *SVR Gesundheitswesen*, Kooperation und Verantwortung, Anm. 13, S. 40, abrufbar im Internet unter <http://www.svr-gesundheit.de/Startseite/Startseite.htm> (Stand v. 4.9.2007).

IV. Aufklärungspflicht im Substitutionsfall

Mit der alleinigen rechtlichen Verantwortung des Krankenpflegers für „Ob" und „Wie" der substituierten Tätigkeit geht ferner die Verantwortung für die ordnungsgemäße Aufklärung über die substituierte Tätigkeit einher.

Sobald ein Patient nicht „hinreichend" über die Vornahme einer Tätigkeit aufgeklärt worden ist, ist nach der Rechtsprechung[1495] seine rechtfertigende Einwilligung in die Tätigkeit unwirksam und damit ein gleichwohl vorgenommener körperlicher Eingriff regelmäßig eine rechtswidrige Körperverletzung.

Da es Sinn und Zweck der Aufklärungspflicht ist, dem Patienten die Wahrnehmung seines Selbstbestimmungsrechts zu ermöglichen,[1496] müssen ihm die für ihn entscheidungserheblichen Umstände, insbesondere die maßgeblichen Risiken des bevorstehenden Eingriffs sowohl in für ihn verständlicher Weise mitgeteilt, als auch die Möglichkeit gegeben werden, Einwände gegen die Durchführung des Eingriffs vorzutragen und auf Fragen seinerseits eine fachgerechte Antwort zu erhalten.[1497] Das setzt nur voraus, dass die aufklärende Person über die für die Beurteilung der Eingriffsrisiken erforderliche Qualifikation verfügt. Der Aufklärungspflichtige muss dem Patienten also auch deshalb die Selbstbestimmung durch Aufklärung ermöglichen, weil er es aufgrund seines überlegenen Wissens kann.[1498]

Ob ein Krankenpfleger das erforderliche überlegene Aufklärungswissen hat, ist abhängig von der konkreten Tätigkeit, über die aufzuklären ist. Handelt es sich bei der aufzuklärenden Tätigkeit um eine i.S.d. §§ 63 Abs. 3c SGB V, § 4 Abs. 7 KrPflG substituierte Tätigkeit, ist angesichts der erweiterten Ausbildung davon auszugehen, dass den Krankenpflegern ein Wissensspektrum vermittelt wurde, dass dem ärztlichen zumindest punktuell vergleichbar ist. Daher verfügen Krankenpfleger, die die erweiterte Ausbildung absolviert haben, nicht nur über die erforderlichen Kenntnisse und Fähigkeiten zur eigenverantwortlichen und selbständigen Vornahme der substituierten Tätigkeit, sondern auch zur ordnungsgemäßen Aufklärung über diese Tätigkeit.

Insofern gilt die bereits im Rahmen der Ausführungen zur Aufklärungspflicht bei der Delegation ärztlicher Tätigkeiten gefundene Kurzformel, dass die Aufklärungsdelegation der Tätigkeitsdelegation folgt, gleichermaßen für die Substitution ärztlicher Tätigkeiten: auch hier schließt sich die Bewertung der *Aufklärungssubstitution* der der *Tätigkeitssubstitution* an.

Im krankenpflegerischen Berufsrecht wird diesbezüglich allerdings nicht der Begriff der Aufklärungspflicht verwendet, sondern von einer Auskunfts- und Beratungspflicht gesprochen, die inhaltlich aber weitgehend der ärztlichen Aufklärungspflicht entspricht und den Krankenpfleger dazu verpflichtet, Pflegebedürftigen oder stellvertretend ihren Bezugspersonen die erforderlichen Auskünfte über die geplanten pflegerischen Maßnah-

1495 Siehe *Zweiter Teil, B, II. 3. a) aa), b) aa)*, S. 122, 127.

1496 BVerfG, Beschl. v. 25.7.1979 – 2 BvR 878/74, NJW 1979, 1925 (1931, Minderheitenvotum); *Katzenmeier*, Arzthaftung, S. 324; *Geiß/Greiner*, Arzthaftpflichtrecht, C, Rn. 4.

1497 *Kern*, MedR 1986, 176 (179); *Wagner*, in: MünchKommBGB, § 823, Rn. 795; *Pitz*, Was darf das Medizinalpersonal?, S. 123.

1498 *Bernzen*, Anm. zu LG Koblenz, Urt. v. 24.1.2006 – 10 O 176/04, MedR 2007, 739 (741); *Wagner*, in: MünchKommBGB, § 823, Rn. 771.

men in verständlicher und angemessener Weise zu erteilen, sie unter Berücksichtigung der individuellen Situation über notwendig durchzuführende Pflegemaßnahmen, über mögliche alternative Pflege- und Versorgungsformen sowie über gesundheitsfördernde und gesundheitserhaltende Maßnahmen, Methoden und Verhaltensweisen zu informieren und dabei das Selbstbestimmungsrecht, insbesondere das Recht auf Ablehnung empfohlener Pflegemaßnahmen, zu beachten.[1499]

Daneben spricht für die Aufklärungspflicht des Krankenpflegers im Hinblick auf die Durchführung einer substituierten Tätigkeit auch die Rechtsprechung und Literatur zur Aufklärungspflicht des Heilpraktikers. Demnach trifft den Heilpraktiker eine Aufklärungspflicht über seine Behandlungsmethoden.[1500] Da der Krankenpfleger wie der Heilpraktiker – freilich beschränkt auf die erweiterte Ausbildung nach § 4 Abs. 7 KrPflG – selbständig und eigenverantwortlich die Heilkunde ausübt, obliegt ihm insofern auch eine Aufklärungspflicht.

C Selbständige Heilkundeausübung und Heilpraktikererlaubnis

Im Zuge des Pflege-Weiterentwicklungsgesetzes wurde, wie bereits erwähnt, der Kreis der ausdrücklich zur selbständigen Heilkundeausübung berechtigten Berufe vergrößert, indem die §§ 1 Abs. 1 S. 2, 4 Abs. 7 S. 1 KrPflG, § 63 Abs. 3c SGB V eine auf die Inhalte einer erweiterten Ausbildung beschränkte, selbständige Heilkundeausübung durch Krankenpfleger erlauben. Daher stellt sich die Frage, in welchem Verhältnis die selbständige Heilkundeausübung durch Krankenpfleger zur Heilpraktikererlaubnis i.S.d. § 1 Abs. 1 HPG steht.

Wenngleich die Anwendbarkeit des Heilpraktikergesetzes auf Krankenpfleger als Angehörige der Medizinalfachberufe bereits vor der expliziten Neuregelung heilkundlicher Tätigkeiten durch Krankenpfleger unterschiedlich beurteilt wurde,[1501] gewinnt diese Diskussion infolge der berufsrechtlichen Neuregelungen in §§ 1 Abs. 1 S. 2, 4 Abs. 7 S. 1

1499 § 5 Nr. 2 b) und c) KrPflBO Bremen; § 5 Nr. 2 b) und c) PflegeBO Hamburg; § 5 Nr. 2 und 3 PflegeBO Saarland. Vgl. die ähnlich formulierte Auskunftspflicht im österreichischen § 9 Abs. 1 ÖGuKG. Dort ist anerkannt, dass die Selbstbestimmungsaufklärung im Rahmen des Pflegeprozesses den Krankenpfleger zur Aufklärung über die Pflegediagnose, die geplanten Pflegeinterventionen sowie über potentielle Pflegerisiken verpflichtet, *Allmer*, ÖPZ 03/2003, 16 (18).

1500 Dabei seien die Anforderungen an die Aufklärung durch Heilpraktiker grundsätzlich nicht anders zu bestimmen als bei Ärzten, BGH, Urt. v. 29.1.1991 – VI ZR 206/90, NJW 1991, 1535 (1538); OLG Hamm, Urt. v. 5.11.1986 – 3 U 310/85, VersR 1987, 1019 (1019); OLG Braunschweig, Urt. v. 7.10.1988 – 4 U 2/88, VersR 1990, 57 (58); OLG Koblenz, Urt. v. 26.2.2007 – 12 U 1433/04, NJW-RR 2007, 997 (997 f.); AG Bottrop, Urt. v. 5.3.1996 – 12 C 378/95, NJWE-VHR 1996, 91 (91); vgl. auch AG Göppingen, Urt. v. 10.11.1995 – 12 C 1913/95, NJW-RR 1996, 346 (346); *Laufs*, in: Laufs/Uhlenbruck, Handbuch des Arztrechts, § 10, Rn. 16; *L. Eberhardt*, VersR 1986, 110 (115 f.); *Wussow*, VersR 2002, 1337 (1341); vgl. aber *Taupitz*, NJW 1991, 1505 (1510), der zu Recht auf den dabei anzuwendenden berufsgruppenspezifischen Sorgfaltsmaßstab abstellt.

1501 So bereits *Bockelmann*, NJW 1966, 1145 (1146); vgl. zuletzt *Pitz*, Was darf das Medizinalpersonal?, S. 70 ff.

KrPflG unter Spezialitätsgesichtspunkten erneut an Bedeutung: So ließen sich die §§ 1 Abs. 1 S. 2, 4 Abs. 7 S. 1 KrPflG als Spezialvorschriften zu § 1 Abs. 1 HPG begreifen[1502] und gingen in der Konsequenz nach dem Grundsatz „lex specialis derogat legi generali" der Erlaubnispflicht des § 1 Abs. 1 HPG vor. Umgekehrt bedeutete das jedoch für das krankenpflegerische Tätigwerden außerhalb der zur selbständigen Heilkundeausübung berechtigenden Regelungen der §§ 1 Abs. 1 S. 2, 4 Abs. 7 S. 1 KrPflG, § 63 Abs. 3c SGB V, dass neben der Erlaubnis zur Führung der Berufsbezeichnung Gesundheits- und Krankenpfleger auch eine Erlaubnis i.S.d. § 1 Abs. 1 HPG erforderlich wäre, soweit es sich gleichwohl per definitionem um selbständige Ausübung von Heilkunde handelte.

Entsprechend obiger Ausführungen übt ein Krankenpfleger selbständig Heilkunde aus, wenn er allein und unabhängig von jeglicher ärztlicher Veranlassung eigenverantwortlich über das „Ob" und „Wie" einer Tätigkeit entscheidet,[1503] die ärztliche Fachkenntnisse erfordert oder mit einer mehr als nur unerheblichen Gesundheitsgefahr verbunden ist.

Nimmt beispielsweise ein Patient ohne vorherige Einschaltung eines Arztes direkt mit einem Pflegedienst Verbindung auf und wünscht derartige krankenpflegerische Betreuung, ist somit fraglich, ob Krankenpfleger in diesen Fällen neben ihrer Erlaubnis zur Führung der Berufsbezeichnung Gesundheits- und Krankenpfleger auch der Heilpraktikererlaubnis i.S.d. HPG bedürfen.

Diese Frage ist in jüngster Zeit im Hinblick auf die selbständige Berufsausübung von Physiotherapeuten in Entscheidungen verschiedener Verwaltungs- und Oberverwaltungsgerichte diskutiert worden,[1504] die nachfolgend für die Situation der Krankenpfleger, die, wie die Physiotherapeuten, zu den sog. Medizinalfachberufen zählen, herangezogen werden.

1502 Vgl. die Gesetzesmaterialien zum PsychThG, wonach das HPG insoweit geändert wird, als nach dem PsychThG approbierte Personen – beschränkt auf den Bereich der Psychotherapie – zur Heilkundeausübung berechtigt seien (BT-Drucks. 13/9212, S. 34 Nr. 7). Ebenso ordnen *Erdle/Becker* [Recht der Gesundheitsfachberufe, HPG (30.1), S. 6] die BÄO und das PsychThG je als lex specialis zum HPG ein. Ferner ArbG Koblenz, Urt. v. 7.11.2008 – 2 Ca 1567/08, MedR 2009, 542 (544, 546); zust. *Heuchemer/Bolsinger*, MedR 2009, 524 (526), wonach § 3 RettAssG (Rettungsassistentengesetz v. 10.7.1989, BGBl. I S. 1384, zuletzt geändert durch G v. 2.12.2007, BGBl. I S. 2686, 2722) beim Vorliegen seiner Voraussetzungen das speziellere Gesetz sei und dem HPG vorgehe. So beabsichtige das HPG, einen Qualitätsstandard bei der medizinischen Versorgung der Bevölkerung zu sichern und die Ausübung der Heilkunde grundsätzlich nur Personen mit staatlicher Erlaubnis vorzubehalten, während das RettAssG die Gewährleistung qualifizierter Hilfe bei Notfällen beabsichtige und hierfür ein eigenständiges Berufsbild schaffe.

1503 Vgl. *Kiesecker*, in: *Rieger*, Lexikon des Arztrechts, 3520 (Medizinische Assistenzberufe), Rn. 6.

1504 Vor dem Hintergrund, dass immer mehr Patienten ohne Gang zum Arzt direkt zum Physiotherapeuten als Leistungserbringer streben und der Arzt nur ein Krankheitsbild oder die zu behandelnde Körperregion auf der Verordnung angibt, dem Physiotherapeuten aber die Befundung und Entscheidung über die im Einzelnen durchzuführende Behandlung in eigener Verantwortung überlassen bleibt, hatten die Verbände der Physiotherapeuten bundesweit Musterklagen eingereicht, *Bartels*, Anm. zu VG Stuttgart, Urt. v. 10.4.2008 – 4 K 5891/07 (nicht rechtskräftig), MedR 2009, 238 (238). Auf der Grundlage einer Entscheidung des VG Ansbach (Urt. v. 9.7.2008 – AN 9 K 07.03319), wurde die Frage des Direktzugangs von Patienten zu Physiotherapeuten inzwischen vom BVerwG höchstrichterlich entschieden.

I. Erlaubnispflichtigkeit selbständiger Heilkundeausübung nach § 1 Abs. 1 HPG

Die Erlaubnispflichtigkeit selbständiger Heilkundeausübung durch Krankenpfleger, die (noch) nicht explizit nach §§ 1 Abs. 1 S. 2, 4 Abs. 7 KrPflG, § 63 Abs. 3c SGB V zur selbständigen Ausübung heilkundlicher Tätigkeiten berechtigt sind – was derzeit de facto alle Krankenpfleger betrifft – kann unterschiedlich beurteilt werden. Zum einen könnte man mit der Rechtsprechung zur selbständigen Berufsausübung eines Physiotherapeuten die Frage unabhängig von der konkreten Tätigkeit insgesamt für die Berufsgruppe der Krankenpfleger entscheiden. Zum anderen könnte man aber auch von einer tätigkeitsspezifischen Erlaubnispflichtigkeit ausgehen.

1. Berufsgruppenspezifische Erlaubnispflichtigkeit

Innerhalb der Ansicht, die die Entscheidung über die Erlaubnispflichtigkeit sog. Medizinalfachberufe berufsgruppenspezifisch trifft, könnte man entweder die Erlaubnispflichtigkeit der krankenpflegerischen Berufsausübung generell verneinen oder generell bejahen.

a) Keine Erlaubnispflichtigkeit

Diejenigen, die die Anwendbarkeit des HPG und damit auch der Erlaubnispflichtigkeit nach § 1 Abs. 1 HPG auf die sog. Medizinalfachberufe generell ablehnen, verweisen zum Teil auf die teleologischen Einschränkungen des Heilkundebegriffs. Sie sprechen den Tätigkeiten der Medizinalfachberufe das Erfordernis *ärztlichen Fachwissens*[1505] oder die *Gesundheitsgefährdung*[1506] des Patienten ab und verneinen somit die Heilkundeausübung insgesamt. Während letzteres im Hinblick auf die sog. eigenverantwortlichen Tätigkeiten i.S.d. § 3 Abs. 2 Nr. 1 KrPflG zwar regelmäßig der Fall sein wird, kann dies, wie gezeigt, im Hinblick auf die übrigen krankenpflegerischen Tätigkeitsfelder insbesondere die mitwirkenden Tätigkeiten i.S.d. § 3 Abs. 2 Nr. 2 KrPflG nicht durchweg angenommen werden. So führen Krankenpfleger im Rahmen der Delegation unstreitig ärztliche und damit ärztliche Fachkenntnisse erfordernde Tätigkeiten aus. Im Übrigen kommt es zur Beurteilung der Frage, ob krankenpflegerisches Handeln Heilkunde i.S.d. § 1 Abs. 2 HPG ist, also ärztliche Fachkenntnisse voraussetzt und/oder eine nennenswerte Gesundheitsgefahr in sich birgt, auf die konkrete Tätigkeit an. Daher kann eine pauschale Verneinung dieser beiden Merkmale nicht überzeugen.

Nach anderen Vertretern liegt in Fällen krankenpflegerischer Tätigkeiten keine von der Strafvorschrift des § 5 HPG geforderte *unerlaubte Tätigkeit* vor[1507]. So beabsichtigte

1505 Vgl. BVerwG, Urt. v. 25.6.1970 – I C 53.66, BVerwGE 35, 308 (312), wonach Heilhilfstätigkeiten (d.h. Tätigkeiten der sog. Medizinalfachberufe) kein ärztliches Fachwissen erfordern und daher keine Heilkunde sind.)

1506 *Bockelmann*, NJW 1966, 1145 (1151), der darüber hinaus den Stillstand der gesamten Gesundheitspflege befürchtet, sofern auch die sog. Medizinalfachberufe der Erlaubnispflicht unterstellt wären, vgl. *Bockelmann*, NJW 1966, 1145 (1147).

1507 *Dünisch*, in: Käfer, Der Heilpraktiker in Theorie und Praxis, § 1 HPG, Rn. 6.3.5, der von einer stillschweigenden Befugnis des durch die jeweilige Ausbildungs- und Prüfungsordnung vorgegebeder Gesetzgeber mit dem HPG weder die Regelung noch ein Verbot heilkundlicher Tätigkeiten durch Angehörige der Medizinalfachberufe.[1508] Vielmehr zielte § 1 Abs. 1 HPG auf den Schutz des einzelnen und der Allgemeinheit vor Gesundheitsgefährdungen durch unberufene, weil charakterlich und/oder fachlich ungeeignete, Heilbehandler ab,[1509] nicht jedoch auf eine Abgrenzung ärztlicher Kompetenzen von denen nichtärztlicher Gesundheitsberufe.[1510]

Diesem Ergebnis schließt sich teilweise die verwaltungsgerichtliche Rechtsprechung an, die im Hinblick auf die Berufsgruppe der Physiotherapeuten eine Berechtigung für selbständige Behandlungen aus dem Aufgabenkreis eines Physiotherapeuten bereits in der Erlaubnis zum Führen der Berufsbezeichnung nach § 1 Abs. 1 Nr. 2 MPhG[1511] erblickt.[1512] Dies folge einerseits aus der im Lichte von Art. 12 Abs. 1 GG notwendigen restriktiven Auslegung des die Erlaubnispflichtigkeit auslösenden Begriffs „Ausübung der Heilkunde“: Demnach erweise sich das Erfordernis einer zusätzlichen Erlaubnis i.S.d. HPG aus systembedingten Gründen für die bereits durch § 1 Abs. 1 Nr. 2 MPhG erlaubten Tätigkeiten als nicht erforderlich, da der Physiotherapeut insoweit über eine ausreichende Eignung verfüge, was durch die erteilte Erlaubnis nach § 1 Abs. 1 Nr. 2 MPhG bereits festgestellt sei.[1513] Denn das Erfordernis einer ärztlichen Verordnung ergebe sich nur aus dem Leistungsrecht der gesetzlichen Krankenversicherung, das vorrangig eine Kostenkontrolle bezwecke.[1514] Dagegen lasse sich aus dem Berufsbild keine Beschränkung der Berufsausübung auf unselbständige, erst nach ärztlicher Verordnung zulässige Maßnahmen entnehmen.[1515]

Unabhängig davon, dass diesen Argumenten selbst für die Berufsgruppe der Physiotherapeuten – spätestens seit dem im Zuge des Pflege-Weiterentwicklungsgesetzes eingeführten § 63 Abs. 3b S. 2 SGB V[1516] – der Boden entzogen worden ist,[1517] können sie auch für die Berufsgruppe der Krankenpfleger nicht durchgreifen.

---

nen Berufsbildes spricht. Zur Kritik am Merkmal der stillschweigenden Befugnis im Hinblick auf die Strafrechtsnorm des § 5 HPG, die Unbestimmtheit der in den Berufsbezeichnungsschutzgesetzen genannten Ausbildungszielen sowie deren Einordnung im Gesetzgebungs-Kompetenzsystem, vgl. *Pitz*, Was darf das Medizinalpersonal?, S. 72 f. Ferner *Schnitzler*, Das Recht der Heilberufe, S. 104, der es als unsinnig bezeichnet, die Medizinalfachberufe der Erlaubnispflicht zu unterwerfen.

1508 So auch *Nadler*, Selbständige Erstversorgung durch Rettungsfachpersonal, S. 49; *Pelchen*, in: Erbs/Kohlhaas/Ambs, Strafrechtliche Nebengesetze, Band 2, H 54 (HPG), § 1, Rn. 5.

1509 Amtliche Begründung zum HPG, Deutscher Reichsanzeiger und Preußischer Staatsanzeiger Nr. 50 v. 28.2.1939, zitiert nach BVerwG, Urt. v. 25.6.1970 – BVerwG I C 53.66, BVerwGE 35, 309 (311).

1510 *Brose*, in: Roxin/Schroth, Medizinstrafrecht, 53 (70); *Pitz*, Was darf das Medizinalpersonal?, S. 77.

1511 Gesetz über die Berufe in der Physiotherapie (Masseur- und Physiotherapeutengesetz – MPhG) v. 26.5.1994, BGBl I S. 1084, zuletzt geändert durch Art. 4 G v. 25.9.2009, BGBl I S. 3158. Nach § 1 Abs. 1 Nr. 2 MPhG bedarf der Erlaubnis, wer die Berufsbezeichnung „Physiotherapeutin“ oder „Physiotherapeut“ führen will.

1512 VGH Bad.-Württ., Urt. v. 19.3.2009 – 9 S 1413/08, MedR 2009, 610 (611).

1513 VGH Bad.-Württ., Urt. v. 19.3.2009 – 9 S 1413/08, MedR 2009, 610 (611 f.).

1514 VGH Bad.-Württ., Urt. v. 19.3.2009 – 9 S 1413/08, MedR 2009, 610 (612 f.).

1515 VGH Bad.-Württ., Urt. v. 19.3.2009 – 9 S 1413/08, MedR 2009, 610 (612).

1516 Nach § 63 Abs. 3b S. 2 SGB V können Modellvorhaben nach § 63 Abs. 1 SGB V vorsehen, *„dass Physiotherapeuten mit einer Erlaubnis nach § 1 Abs. 1 Nr. 2 des Masseur- und Physiotherapeutengesetzes die Auswahl und die Dauer der physikalischen Therapie und die Frequenz der Behandlungseinhei-*

Zum einen ergab sich bereits vor den berufsrechtlichen Änderungen infolge des Pflege-Weiterentwicklungsgesetzes, dass das Berufsbild der Krankenpfleger, wie § 3 Abs. 2 KrPflG normiert, sowohl durch eigenverantwortliche als auch mitwirkende und interdisziplinäre Aufgabenbereiche geprägt wird. Wenngleich es sich bei § 3 Abs. 2 KrPflG lediglich um die Ausbildungszielbeschreibung handelt, so wird in § 3 Abs. 2 Nr. 2a KrPflG ersichtlich, dass bestimmte Tätigkeiten sehr wohl von der ärztlichen Veranlassung abhängig gemacht werden sollen, während andere Tätigkeiten, wie die nach § 3 Abs. 2 Nr. 1 KrPflG in eigener Verantwortung und ohne ärztliche Beteiligung ausgeübt werden dürfen. Damit umfasst das Berufsbild des Krankenpflegegesetzes sowohl selbständige Tätigkeiten, als auch Tätigkeiten, die nur nach Maßgabe einer ärztlichen Diagnose ausgeführt werden und sich insofern als unselbständige Tätigkeiten darstellen. Folglich ist, wie in der Ausbildungszielbeschreibung des § 3 Abs. 2 KrPflG angelegt, eine Differenzierung nach den jeweiligen Tätigkeitsfeldern erforderlich.

Schließlich sprechen die im Zuge des Pflege-Weiterentwicklungsgesetzes eingeführten berufs- und krankenversicherungsrechtlichen Vorschriften gegen die Aussage, Krankenpfleger seien per se aufgrund ihrer Erlaubnis zur Führung der Berufsbezeichnung Gesundheits- und Krankenpfleger nach § 1 Abs. 1 Nr. 1 KrPflG zur selbständigen Ausübung heilkundlicher Tätigkeiten berechtigt. Wie sich aus den §§ 1 Abs. 1 S. 2, 4 Abs. 7 KrPflG, § 63 Abs. 3c SGB V ergibt, gesteht der Gesetzgeber den Krankenpflegern das selbständige Ausüben von Heilkunde nur im Hinblick auf die im Rahmen der erweiterten Ausbildung erworbenen Kompetenzen zu, während sie im Umkehrschluss nach der gesetzgeberischen Intention außerhalb dieser erweiterten Kompetenzen nur unselbständig, d.h. erst nach ärztlicher Veranlassung, heilkundlich tätig werden dürfen.

Folglich kann die Erlaubnispflichtigkeit krankenpflegerischen Handelns nur in Abhängigkeit von dem jeweiligen Tätigkeitsbereich und der jeweiligen Qualifikation bestimmt werden, sodass eine generelle Nichtanwendbarkeit des Heilpraktikergesetzes auf ausgebildete Krankenpfleger insbesondere mit Blick auf die berufsrechtlichen Neuerungen nicht zu überzeugen vermag.[1518]

---

ten bestimmen, soweit die Physiotherapeuten auf Grund ihrer Ausbildung qualifiziert sind und es sich bei der Tätigkeit nicht um selbständige Ausübung von Heilkunde handelt".

1517 Nach § 63 Abs. 3b S. 2 SGB V sollen Physiotherapeuten – im Gegensatz zu Angehörigen der Kranken- und Altenpflegeberufe, § 63 Abs. 3c SGB V – gerade keine Entscheidungsbefugnisse eingeräumt werden, bei denen es sich um selbständige Ausübung von Heilkunde handelt. Folglich geht der Gesetzgeber – wie schon im Rahmen der Gesetzesbegründung zu § 8 MPhG ersichtlich, in der ausdrücklich auf die Bedeutung der ärztlichen Verordnung für das Tätigwerden des Physiotherapeuten hingewiesen wird (BT-Drucks. 12/5887, S. 14, 15) – weiterhin von einem Berufsbild aus, das ausgebildeten Physiotherapeuten das Ausüben heilkundlicher Tätigkeiten nur aufgrund einer ärztlichen Veranlassung ermöglichen soll, BVerwG, Urt. v. 26.8.2009 – 3 C 19/08, Juris, Rn. 15.

1518 I.E. auch *Spickhoff/Seibl*, MedR 2008, 463 (466), die gegen eine generelle Ausklammerung der Medizinalfachberufe aus § 1 HPG anführen, dass es auf diese Weise jedem Krankenpfleger möglich sei, im Hinblick auf § 1 HPG sanktionslos ärztliche Tätigkeiten auszuüben.

b) *Erlaubnispflichtigkeit*

Ähnlichen Bedenken sieht sich auch eine Ansicht gegenübergestellt, die, wie die überwiegende Anzahl der verwaltungsgerichtlichen Entscheidungen[1519] zur selbständigen Heilkundeausübung durch ausgebildete Physiotherapeuten, die krankenpflegerische Berufsausübung insgesamt und generell der Erlaubnispflichtigkeit des § 1 Abs. 1 HPG unterstellen würde.

Die insoweit von der verwaltungsgerichtlichen Rechtsprechung angeführten Argumente beziehen sich auf das durch das Ausbildungsziel in § 8 MPhG definierte Berufsbild, wonach Physiotherapeuten lediglich „*Hilfen zur Entwicklung, zum Erhalt oder zur Wiederherstellung aller Funktionen im somatischen und psychischen Bereich*" leisten sollen.[1520] Unabhängig davon, ob allein aus dem Wort „Hilfen" auf eine im Verhältnis zu den Ärzten unselbständige Tätigkeit geschlossen werden kann,[1521] lässt sich aus dem das krankenpflegerische Berufsbild beschreibenden Ausbildungsziel des § 3 KrPflG, wie gezeigt, jedenfalls das Erfordernis einer Differenzierung in einzelne Tätigkeitsbereiche entnehmen, sodass auch eine pauschale Bejahung der Erlaubnispflichtigkeit für das krankenpflegerische Handeln insgesamt, abzulehnen ist.

2. Tätigkeitsspezifische Erlaubnispflichtigkeit

Vorzugswürdiger erscheint es daher, die Frage nach der Erlaubnispflichtigkeit der krankenpflegerischen Berufsausübung nach § 1 Abs. 1 HPG unter Berücksichtigung des jeweils angestrebten Tätigkeitsfeldes zu beantworten.

Strebt ein Krankenpfleger eine selbständige, also von einer vorherigen ärztlichen Untersuchung unabhängige Berufsausübung an, so ist sein Vorhaben nur dann zusätzlich i.S.d. § 1 Abs. 1 HPG erlaubnispflichtig, wenn es Tätigkeiten umfasst, die ärztliche Fachkenntnisse voraussetzen bzw. mit einer nennenswerten Gesundheitsgefährdung für den Patienten verbunden, also als Heilkunde einzustufen sind und er noch nicht über die erweiterte Ausbildung i.S.d. §§ 1 Abs. 1 S. 2, 4 Abs. 7 KrPflG verfügt.

Dazu kann, wie ausgeführt, auf die Ausbildungszielbeschreibung des § 3 Abs. 2 KrPflG zurückgegriffen werden. Demnach ist Krankenpflegern eine selbständige Berufsausübung, also eine pflegerische Patientenbetreuung ohne vorherige Einschaltung eines Arztes berufsrechtlich in der Regel nur im Hinblick auf die sog. eigenverantwortlichen

---

1519 BVerwG, Urt. v. 26.8.2009 – 3 C 19/08, Juris, Rn.12 ff.; OVG Rheinl.-Pfalz, Urt. v. 21.11.2006 – 6 A 10271/06.OVG, MedR 2007, 496 (497); VG Düsseldorf, Urt. v. 8.12.2008 – 7 K 5981/08, Juris, Rn. 17; VG Stuttgart, Urt. v. 10.4.2008 – 4 K 5891/07 (nicht rechtskräftig), MedR 2009, 238 (239); VG Oldenburg, Urt. v. 4.7.2008 – 7 A 3665/07, BeckRS 2008, 37709, Anm. 1; VG Würzburg, Urt. v. 4.8.2008 – W 7 K 08.906, Juris, Rn. 14; VG Ansbach, Urt. v. 9.7.2008 – AN 9 K 08.00413, Juris, Rn. 15; VG Gelsenkirchen, Urt. v. 22.8.2007 – 7 K 2003/05, BeckRS 2007, 27359, Anm. 1.

1520 OVG Rheinl.-Pfalz, Urt. v. 21.11.2006 – 6 A 10271/06.OVG, MedR 2007, 496 (497); VG Düsseldorf, Urt. v. 8.12.2008 – 7 K 5981/08, Juris, Rn. 17; VG Stuttgart, Urt. v. 10.4.2008 – 4 K 5891/07 (nicht rechtskräftig), MedR 2009, 238 (239).

1521 Vielmehr scheint sich das Wort „Hilfen" lediglich auf den unterstützend angelegten Funktionsbereich des Physiotherapeuten zu beziehen, VGH Bad.-Württ., Urt. v. 19.3.2009 – 9 S 1413/08, MedR 2009, 610 (612).

Tätigkeiten i.S.d. § 3 Abs. 2 Nr. 1 KrPflG möglich, d.h. insbesondere im Hinblick auf die *Erhebung und Feststellung des Pflegebedarfs, die Planung, Organisation und Durchführung der Pflege (a) sowie die Beratung, Anleitung und Unterstützung von zu pflegenden Menschen und ihrer Bezugspersonen in der individuellen Auseinandersetzung mit Gesundheit und Krankheit (c).*

Soweit diese Aufgaben, wie regelmäßig, weder ärztliches Fachwissen voraussetzen noch eine nennenswerte unmittelbare oder mittelbare Gesundheitsgefahr für den Patienten bedeuten, handelt es sich dabei auch nicht um heilkundliche Tätigkeiten i.S.d. § 1 Abs. 2 HPG. Üben Krankenpfleger diese eigenverantwortlichen Tätigkeiten i.S.d. § 3 Abs. 2 Nr. 1 KrPflG selbständig aus, bedürfen sie demzufolge nach der mit Blick auf Art. 12 Abs. 1 GG erforderlichen verfassungskonformen Auslegung neben ihrer Erlaubnis zum Führen der Berufsbezeichnung keiner zusätzlichen Erlaubnis nach dem Heilpraktikergesetz. Im Hinblick auf diese Tätigkeiten müsste eine zusätzliche Erlaubnispflicht nach § 1 Abs. 1 HPG als nicht geeignet oder erforderlich angesehen werden, um den mit dem Heilpraktikergesetz verfolgten Zweck des Schutzes der Gesundheit der Bevölkerung zu erreichen, oder würde sich jedenfalls im Einzelfall als unverhältnismäßige Beschränkung der durch Art. 12 Abs. 1 GG gewährten Berufsfreiheit darstellen, weil sie insofern für die eigenverantwortliche und selbständige Entscheidung über das „Ob" und „Wie" dieser Tätigkeiten, d.h. für den Erstkontakt bereits aufgrund ihrer Erlaubnis zum Führen der Berufsbezeichnung nach § 1 Abs. 1 Nr. 1 KrPflG hinreichend befähigt wären.

Dagegen erfüllen die in § 3 Abs. 2 Nr. 2 KrPflG genannten Tätigkeitsfelder regelmäßig die teleologischen Voraussetzungen des Heilkundebegriffs i.S.d. § 1 Abs. 2 HPG, sodass Krankenpfleger, die ohne Beteiligung eines Arztes die Entscheidung über das „Ob" und „Wie" der berufsrechtlich lediglich als mitwirkend bezeichneten Aufgaben treffen wollen, die Erlaubnispflichtigkeit ihres Handelns auch nach dem Heilpraktikergesetz auslösen. So sollen Krankenpfleger beispielsweise nach § 3 Abs. 2 Nr. 2b KrPflG nur dazu befähigt werden, *Maßnahmen der medizinischen Diagnostik, Therapie oder Rehabilitation im Rahmen der Mitwirkung* durchzuführen. Insofern vermitteln die Ausbildungsinhalte nicht die für eine medizinische Erstdiagnose notwendigen Kenntnisse und Fähigkeiten, sodass Krankenpfleger diesbezüglich durch ihre Ausbildung gerade nicht in die Lage versetzt werden sollen, ohne vorherige Konsultation eines Arztes Diagnosestellungen vorzunehmen oder Therapiepläne zu entwickeln und damit selbständige Heilkunde auszuüben. Der Unterrichtsstoff betrifft insofern nur die der ärztlichen Entscheidung nachgelagerten krankenpflegerischen Behandlungsmaßnahmen, nicht aber die eigenverantwortliche Entscheidung darüber, welches Leiden vorliegt und wie dieses zu behandeln ist. Zwar ermittelt auch die Pflege – wie die Medizin – einen Bedarf in Form von Diagnosen und leitet davon Maßnahmen ab.[1522] Der Unterschied besteht jedoch darin, dass Pflegediagnosen die Reaktionen von Menschen, ihre Verhaltensmuster im Rahmen von Gesundheitsproblemen und Lebensprozessen beschreiben, sich also am Erleben von Gesundheits- oder Krankheitssituationen von Menschen ausrichten, während sich die medizinische bzw. ärztliche Diagnostik und Therapie direkt mit den Krankheiten eines Menschen beschäf-

1522 Vgl. nur § 3 Abs. 2 Nr. 1a KrPflG.

tigt.[1523] Daher enthalten medizinische Diagnosen für die Pflege wichtige Zusatzinformationen, sind jedoch nicht Gegenstand der Pflege selbst.[1524]

Folglich sind die Erlaubnisse i.S.d. KrPflG und i.S.d. HPG trotz partieller gegenständlicher Übereinstimmung nicht identisch, sondern weisen einen unterschiedlichen Charakter auf: Die Erlaubnis nach § 1 Abs. 1 Nr. 1 KrPflG betrifft sowohl die Befugnis zur *selbständigen* Erbringung von *nichtheilkundlichen*, d.h. in der Regel den sog. eigenverantwortlichen Tätigkeiten i.S.d. § 3 Abs. 2 Nr. 1 KrPflG, als auch die Befugnis zur *unselbständigen* Erbringung von *heilkundlichen*, d.h. in der Regel mitwirkenden Tätigkeiten i.S.d. § 3 Abs. 2 Nr. 2 KrPflG, während die Heilpraktikererlaubnis umfassend die *selbständige* und eigenverantwortliche Ausübung *heilkundlicher* Tätigkeiten zum Gegenstand hat, die in voller diagnostischer und therapeutischer Autonomie erfolgt. Im Vergleich zur „Krankenpflegererlaubnis" stellt die Heilpraktikererlaubnis somit genehmigungsrechtlich ein „Aliud" dar,[1525] das dem Krankenpfleger ohne erweiterte Ausbildung i.S.d. § 4 Abs. 7 SGB V eine Ausweitung seiner bisher berufsrechtlich erlaubten Tätigkeitsfeldes ermöglicht.

Damit bestätigen die im Rahmen des Pflege-Weiterentwicklungsgesetzes eingeführten berufsrechtlichen Änderungen die bisherige gesetzgeberische Konzeption, dass ein Nichtarzt, der weder über eine Heilpraktikererlaubnis verfügt, noch durch sein Berufsgesetz ausdrücklich zur selbständigen Heilkundeausübung berechtigt ist, keine selbständige Heilkunde ausüben darf. Indem Krankenpfleger nun nur nach einer erweiterten Ausbildung i.S.d. §§ 1 Abs. 1 S. 2, 4 Abs. 7 KrPflG und beschränkt auf bestimmte heilkundliche Tätigkeiten selbständig die Heilkunde ausüben dürfen, ohne zusätzlich der Erlaubnispflichtigkeit des § 1 Abs. 1 HPG zu unterfallen, spricht sich auch der Gesetzgeber für eine tätigkeitsspezifische Beurteilung der Erlaubnispflichtigkeit selbständiger Heilkundeausübung durch Krankenpfleger aus.

II. Zwischenergebnis

Festzuhalten bleibt, dass die Frage der Erlaubnispflichtigkeit selbständiger Heilkundeausübung durch ausgebildete Krankenpfleger von dem jeweiligen Tätigkeitsfeld abhängt. Daher bedürfen nur die noch nicht über die erweiterte Ausbildung nach § 4 Abs. 7 KrPflG verfügenden Krankenpfleger neben ihrer Krankenpflegererlaubnis auch der kenntnisprüfungspflichtigen[1526] Heilpraktikererlaubnis, wenn sie selbständig, d.h. ohne

---

1523 *Stefan et al.*, PraxisOrientierte Pflegediagnostik, S. 10.

1524 *Stefan et al.*, PraxisOrientierte Pflegediagnostik, S. 11.

1525 Vgl. bzgl. der Erlaubnis nach § 1 MPhG: OVG Rheinl.-Pfalz, Urt. v. 21.11.2006 – 6 A 10271/06.OVG, MedR 2007, 496 (497); VG Düsseldorf, Urt. v. 8.12.2008 – 7 K 5981/08, Juris, Rn. 17; VG Stuttgart, Urt. v. 10.4.2008 – 4 K 5891/07 (nicht rechtskräftig), MedR 2009, 238 (239).

1526 Im Rahmen der verwaltungsgerichtlichen Urteile zur physiotherapeutischen Berufsausübung wurde in diesem Zusammenhang ferner diskutiert, ob – in Anlehnung an die Rechtsprechung, nach der sich bei zweckentsprechender Auslegung des Heilpraktikergesetzes kein Verbot einer beschränkten Heilpraktikererlaubnis ergebe [BVerwG, Urt. v. 21.1.1993, NJW 1993, 2395 (2396 f.)] – die Erteilung einer fachlich auf die Anwendung der Physiotherapie beschränkten Heilprakikererlaubnis rechtlich möglich ist [für Beschränkbarkeit: BVerwG, Urt. v. 26.8.2009 – 3 C 19/08,

vorherige Beteiligung eines Arztes, heilkundlich tätig werden, d.h. Tätigkeiten ausüben wollen, die ärztliches Fachwissen erfordern oder eine nennenswerte Gesundheitsgefährdung für den Patienten in sich bergen, was etwa für die sog. mitwirkenden Aufgaben i.S.d. § 3 Abs. 2 Nr. 2 KrPflG der Fall sein kann.

Kurzum: Soweit sich Krankenpfleger im Rahmen der ihnen berufsrechtlich durch § 3 Abs. 2 KrPflG zugewiesenen Befugnisse bewegen, d.h. die sog. mitwirkenden Tätigkeiten auch tatsächlich nur im Rahmen der (ärztlichen) Mitwirkung ausüben, unterfallen sie nicht der Heilpraktikererlaubnis nach § 1 Abs. 1 HPG.

Die Ausgestaltung des krankenpflegerischen Tätigkeitsbereichs i.S.d. § 3 Abs. 2 Nr. 2 KrPflG als nur im Rahmen der Mitwirkung auszuführende Aufgaben bedeutet auf der anderen Seite keine Sperre für eine eigenverantwortliche und selbständige Tätigkeit in diesem Bereich auf der Grundlage einer Heilpraktikererlaubnis. Der Gesetzgeber hat mit dem Krankenpflegegesetz die Anwendung dieser Behandlungsmethoden nicht auf die nach diesem Gesetz ausgebildeten Krankenpfleger beschränkt und damit dieses Betätigungsfeld für Heilpraktiker geschlossen, sondern, wie sich aus § 1 Abs. 1 Nr. 1 KrPflG ergibt, nur die Voraussetzungen und den Rahmen für eine Tätigkeit unter der Berufsbezeichnung "Gesundheits- und Krankenpfleger" normiert. Daher bleibt die eigenverant-

---

Juris, Rn. 18 ff.; OVG Rheinl.-Pfalz, Urt. v. 21.11.2006 – 6 A 10271/06.OVG, MedR 2007, 496 (497 f.); VG Stuttgart, Urt. v. 10.4.2008 – 4 K 5891/07 (nicht rechtskräftig), MedR 2009, 238 (241); VG Düsseldorf, Urt. v. 8.12.2008 – 7 K 5981/08, Juris, Rn. 30 ff.; VG Oldenburg, Urt. v. 4.7.2008 – 7 A 3665/07, BeckRS 2008, 37709, Anm. 2; VG Würzburg, Urt. v. 4.8.2008 – W 7 K 08.906, Juris, Rn. 15; VG Ansbach, Urt. v. 9.7.2008 – AN 9 K 08.00413, Juris, Rn. 16 ff.; gegen Beschränkbarkeit: VGH Bad.-Württ., Urt. v. 19.3.2009 – 9 S 1413/08, MedR 2009, 610 (611, 614); VG München, Urt. v. 17.6.2008 – M 16 K 07.5751, Juris, Rn. 37] und ob die Erteilung einer solchen Erlaubnis angesichts der Vorausbildung eines Physiotherapeuten einer vorherigen Kenntnisprüfung bedarf [für Prüfungspflicht: BVerwG, Urt. v. 26.8.2009 – 3 C 19/08, Juris, Rn . 21 ff.; VG Gelsenkirchen, Urt. v. 22.8.2007 – 7 K 2003/05, BeckRS 2007, 27359, Anm. 3; VG Koblenz, Urt. v. 6.3.2006 – 855/05.KO, Juris, Rn. 21 ff.; VG München, Urt. v. 17.6.2008 – M 16 K 07.5751, Juris, Rn. 24 ff.; gegen Prüfungspflicht: VG Düsseldorf, Urt. v. 8.12.2008 – 7 K 5981/08, Juris, Rn. 23 ff.; VG Stuttgart, Urt. v. 10.4.2008 – 4 K 5891/07 (nicht rechtskräftig), MedR 2009, 238 (240); VG Oldenburg, Urt. v. 4.7.2008 – 7 A 3665/07, BeckRS 2008, 37709, Anm. 1; VG Würzburg, Urt. v. 4.8.2008 – W 7 K 08.906, Juris, Rn. 17 ff.; VG Ansbach, Urt. v. 9.7.2008 – AN 9 K 08.00413, Juris, Rn. 18 ff.]. Diese Diskussion stellt sich jedoch im Hinblick auf die Berufsgruppe der Krankenpfleger nicht in gleicher Weise. Denn bei den hier in Rede stehenden mitwirkenden und interdisziplinären Aufgaben eines Krankenpflegers geht es, wie dargelegt, um solche Aufgaben, für die er gerade nicht zur eigenverantwortlichen und selbständigen Ausübung bereits aufgrund seiner Berufsausbildung befähigt werden soll. Daher ist davon auszugehen, dass ihm insoweit die erforderlichen Kenntnisse erst noch vermittelt werden müssen, sodass er sich einer Kenntnisprüfung zu unterziehen hat. Allerdings steht der Umfang der Überprüfung unter dem Vorbehalt der Verhältnismäßigkeit. Daher dürfen nur solche Kenntnisse und Fähigkeiten verlangt werden, die in einem Bezug zu der geplanten Tätigkeit stehen, BVerwG, Urt. v. 21.1.1993, NJW 1993, 2395 (2396). Auch müssen keine Kenntnisse nachgewiesen werden, die man für die beabsichtigte Tätigkeit nicht benötigt oder aufgrund seiner Ausbildung ohnehin schon besitzt, BVerwG, Urt. v. 26.8.2009 – 3 C 19/08, Juris, Rn. 22; VG Düsseldorf, Urt. v. 8.12.2008 – 7 K 5981/08, Juris, Rn. 22.

wortliche und selbständige Vornahme der sog. mitwirkenden Tätigkeiten unter den Voraussetzungen des HPG weiterhin möglich.[1527]

Hierin zeigt sich die bereits erwähnte systematische Unstimmigkeit[1528] der gesetzgeberischen Konzeption: Auf der einen Seite wird das Berufsbild des Krankenpflegers über die Neuregelungen nun auch um die selbständige Heilkundeausübung erweitert – allerdings nur unter der Voraussetzung einer erweiterten Ausbildung und damit erheblichen Qualifikationsanforderungen –, während auf der anderen Seite über das HPG die Möglichkeit einer eigenverantwortlichen und selbständigen Betätigung bei der Patientenbehandlung Nichtärzten – unabhängig von einer medizinisch-pflegerischen Vorbildung – allein aufgrund einer Kenntnisprüfung i.S.d. des § 2 Abs. 1 Buchst. i DVO/1-HPG gegeben wird, die lediglich einen gefahrenabwehrrechtlichen Minimalschutz gewährleisten kann.

1527 Vgl. bzgl. Berufsgruppe der Physiotherapeuten: BVerwG, Urt. v. 26.8.2009 – 3 C 19/08, Juris, Rn. 17.

1528 Siehe *Zweiter Teil, B, I. 3. b) bb) (3) (c)*, S. 58 ff.; vgl. auch BVerwG, Urt. v. 26.8.2009 – 3 C 19/08, Juris, Rn. 20.

Vierter Teil: Prognose – Delegationsregelung

Nachfolgend wird dargestellt, ob es einer einheitlichen Delegationsregelung bedarf, welchen Inhalt eine solche Regelung haben sollte und wie und wo sie gegebenenfalls formuliert werden könnte. Dazu wird die österreichische Rechtslage[1529] herangezogen, um Unterschiede und Gemeinsamkeiten zur deutschen Situation sowie mögliche Probleme bei der Umsetzung einer einheitlichen Delegationsregelung aufzuzeigen.

A Regelungsbedarf

Dreh- und Angelpunkt einer etwaigen Delegationsregelung sind die zu beachtenden delegationsrelevanten Sorgfaltspflichten der Delegationsbeteiligten. Dieser „*Delegationsstandard*" lässt sich, wie gezeigt, für den delegierenden Arzt und ausführenden Krankenpfleger bereits de lege lata ableiten. Insofern besteht an sich kein weiterer Regelungsbedarf. Gleichwohl wird angesichts des – teilweise unübersichtlichen – Zusammenspiels der verschiedenen Vorschriften das Fehlen einer einheitlichen Delegationsregelung immer wieder kritisiert.[1530]

Daher verwundert es auch nicht, dass sich, wie *Abb. 16* zeigt, die befragten Berufsgruppen mehrheitlich eine bundeseinheitliche gesetzliche Regelung der Delegation ärztlicher Tätigkeiten wünschen.

1529 Österreich zählt zum deutschen Rechtskreis, sodass sich insofern ein Vergleich anbietet, *Zweigert/Kötz*, Einführung in die Rechtsvergleichung, § 12, S. 156 ff.

1530 Vgl. *Rosenkranz*, PaPfleReQ 2009, 55 (58): „müssen künftig klare Regeln [...] geschaffen werden"; *Tönnis*, Pflege Aktuell 2000, 290 (292); *Igl/Welti*, VSSR 1999, 21 (52), die darauf hinweisen, dass das geltende Recht nicht in hinreichender Weise die Abgrenzung der Aufgabenbereiche von ärztlicher und pflegerischer Tätigkeit leistet, wodurch es für die beteiligten Berufsangehörigen aus haftungsrechtlicher Sicht schwierig zu erkennen sei, welche Delegationsbefugnisse im Verhältnis der Berufe bestehen. *Saffé/Sträßner*, PflR 1997, 98 (98), die eine eindeutigere Festlegung der Kompetenzen der einzelnen Berufsgruppen – Arzt und Pflegepersonal – zwingend für geboten halten. *Sträßner*, in: Arbeitsgemeinschaft Medizinrecht im DAV, Medizinrecht heute, 91 (120); *Roßbruch*, Stellungnahme zum Gesetzentwurf des PfWG, in: BT, Ausschuss für Gesundheit, A-Drucks. 16(14)0327(65), S. 4 f.; *Hahn*, Haftung des Arztes, S. 25, der sich dafür ausspricht, den ärztlichen Tätigkeitsgegenstand positiv zu formulieren. *SVR Gesundheitswesen*, Kooperation und Verantwortung, Anm. 9, S. 39, der den Prozess der Arbeitsteilung zwischen Ärzten und Pflegekräften als durch Rechtsunsicherheit gekennzeichnet beschreibt und beanstandet, dass die interprofessionelle Standardisierung von Arbeitsabläufen zu wenig ausgeprägt ist.

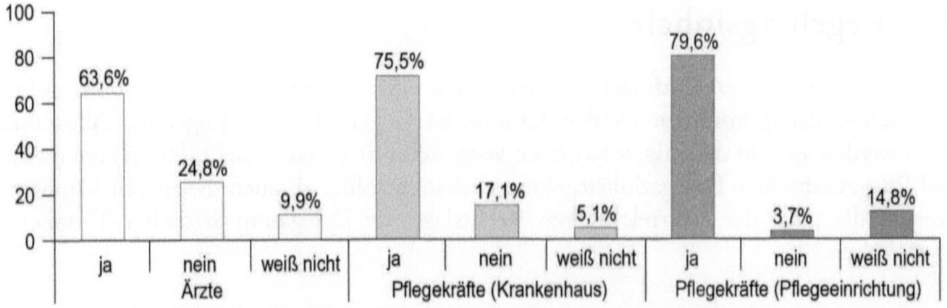

Abb. 16: ***Bundeseinheitliche Delegationsregelung. Die zu 100% fehlenden Werte entfallen auf diejenigen Umfrageteilnehmer, die diese Frage nicht bzw. nicht vollständig beantworteten.***

Davon verspricht sich die weit überwiegende Mehrheit aller Berufsgruppen mehr Vor- als Nachteile. So trüge nach Ansicht der Befragten eine gesetzliche Delegationsregelung zu rechtlicher Klarheit und Sicherheit, einheitlichen Zulässigkeitsvoraussetzungen sowie einer erleichterten Zusammenarbeit zwischen Ärzten und Krankenpflegern bei. Ferner wird mehrheitlich weder ein Eingriff in die ärztliche bzw. krankenpflegerische Berufsausübungsfreiheit noch eine Einschränkung der Handlungsfreiheit der Einrichtungsleitung befürchtet. Auch ein etwaig erhöhter Dokumentationsaufwand oder eine nur unflexible Anpassung an medizinische Entwicklungen wurde lediglich mit einfacher Mehrheit der Ärzteschaft als möglicher Nachteil einer gesetzlichen Delegationsregelung bewertet (vgl. *Abb. 17*).

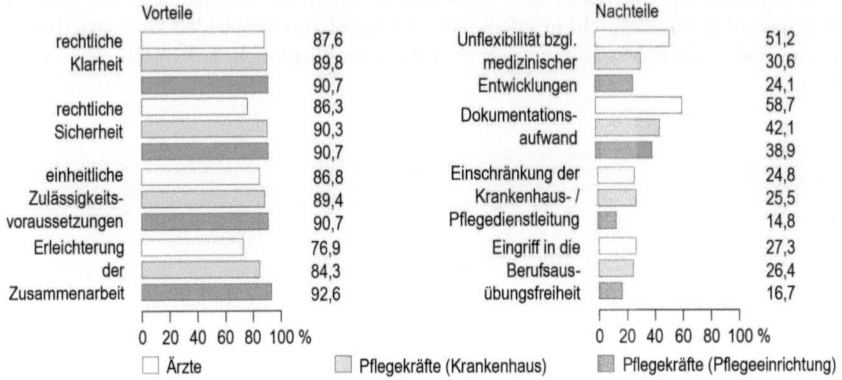

Abb. 17: *Vor- und Nachteile einer gesetzlichen Delegationsregelung. Die zu 100% fehlenden Werte entfallen auf diejenigen Umfrageteilnehmer, die die Antwortvorgabe „stimme eher nicht zu“ bzw. „stimme überhaupt nicht zu“ ankreuzten und diejenigen, die diese Frage nicht bzw. nicht vollständig beantworteten.*

B Regelungsinhalt

Wie dem Wunsch der Umfrageteilnehmer nach einer einheitlichen Delegationsregelung in concreto nachgekommen werden könnte, ist Gegenstand des folgenden Abschnitts. Dazu werden sowohl diejenigen Kriterien vorgestellt, die nach Ansicht der befragten Ärzte und Pflegekräfte eine Delegationsregelung enthalten sollte, als auch diejenigen Voraussetzungen, die nach der österreichischen Rechtslage die Delegation ärztlicher Tätigkeiten ermöglichen.

I. Delegationskriterien nach Ansicht der Umfrageteilnehmer

Welche Kriterien eine Delegationsregelung nach mindestens 51% der jeweils befragten Berufsgruppe enthalten sollte, zeigt *Abb. 18*. Danach ist der Wunsch nach *Tätigkeitskatalogen* tendenziell unter den Pflegekräften stärker ausgeprägt. Im Hinblick auf die ärztliche *Anordnung* befürwortet die Mehrheit der Umfrageteilnehmer die Schriftlichkeit als verbindliche Delegationsvoraussetzung. Einigkeit besteht ferner über die Notwendigkeit der *Dokumentation* von Anordnung und Durchführung der delegierten Tätigkeit. Dabei bildete sich jedoch für die Dokumentation durch Dokumentationsassistenten keine Mehrheit heraus. Vielmehr wurde mehrheitlich die Dokumentation der Anordnung durch den Arzt sowie der Durchführung durch den Krankenpfleger befürwortet. Weiterhin entschieden sich die Befragten mehrheitlich für die Aufnahme der *ärztlichen Kontrollpflicht* sowie der *sofortigen ärztlichen Verfügbarkeit.*

Dagegen stimmten lediglich die in einer Pflegeeinrichtung tätigen Pflegekräfte für die *durchgehende/zeitweise ärztliche Anwesenheit* oder *die ärztliche Anwesenheit in unmittelbarer Nähe zum Ort der Durchführung.*[1531] Letzteres ist aber, wie im Rahmen der Überwachungspflicht diskutiert, nicht in jedem Fall erforderlich, sondern bedarf eines abgestuften Systems, sodass die Festschreibung einer Anwesenheitspflicht nicht sachgerecht wäre.

1531 Zur Einschätzung der Umfrageteilnehmer, ob die (mündliche oder schriftliche) Einwilligung des Patienten in die Übernahme ärztlicher Tätigkeiten erforderlich ist, siehe bereits oben im Rahmen der Ausführungen zur Aufklärungspflicht bei der Delegation ärztlicher Tätigkeiten, *Zweiter Teil, B, III. 2. e)*, S. 238.

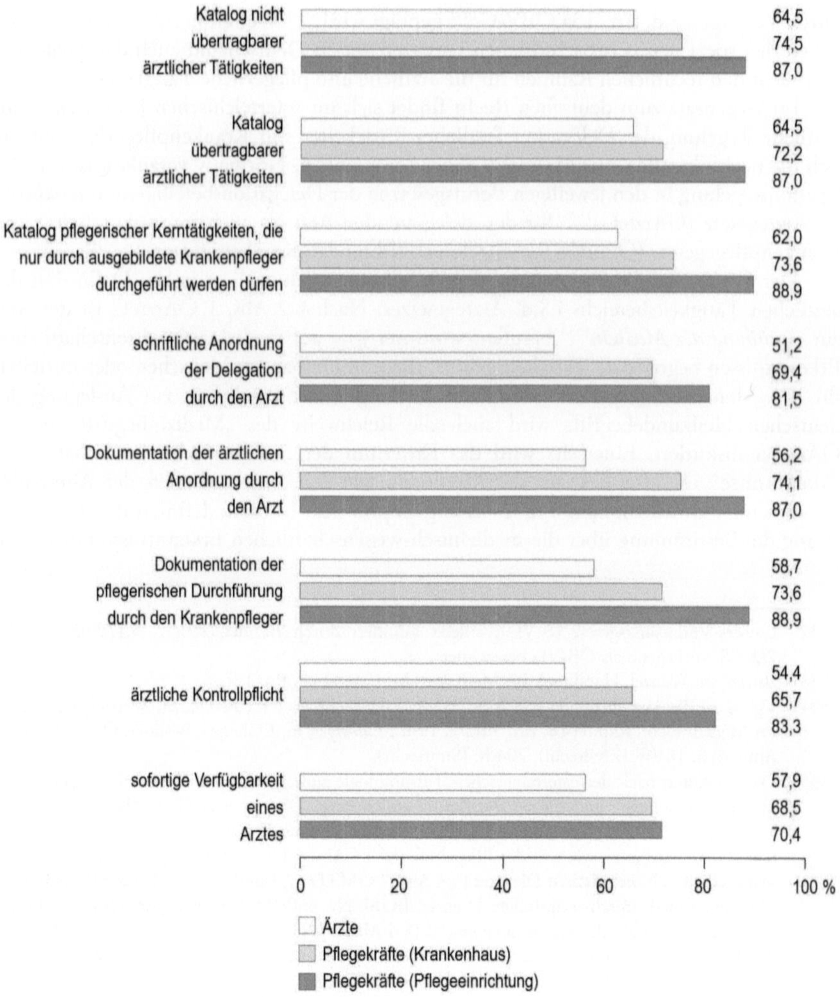

Abb. 18: Inhalte einer gesetzlichen Delegationsregelung

I. Delegationskriterien nach österreichischer Rechtslage

Ebenso wie in Deutschland besteht das ärztliche und pflegerische Berufsrecht in Österreich aus einer Summe von Rechtsnormen, die durch eine vernetzte und interdisziplinäre Orientierung charakterisiert ist und neben europarechtlichen und verfassungsrechtlichen Regelungen insbesondere durch Bundes- und Landesgesetze, Rechtsverordnungen sowie durch Verträge i.S.d. Art. 15a ÖBV-G[1532] geprägt wird.[1533] Weiterhin bildet in Österreich neben den speziellen berufsständischen Gesetzen wie in Deutschland auch das Zivil- und Strafrecht den rechtlichen Rahmen für die ärztliche und pflegerische Tätigkeit.[1534]

Im Gegensatz zum deutschen Recht findet sich im österreichischen jedoch eine einheitliche Regelung der Delegation ärztlicher Tätigkeiten auf Krankenpfleger[1535], auf die sich die nachfolgenden Ausführungen daher beschränken. Normativ verankert ist die Delegationsregelung in den jeweiligen Berufsgesetzen der Delegationsbeteiligten, d.h. sowohl im Ärztegesetz (ÖÄrzteG)[1536] für den delegierenden Arzt als auch im Gesundheits- und Krankenpflegegesetz (ÖGuKG)[1537] für den ausführenden Krankenpfleger.

Der Grund für die Zweiteilung der Delegationsregelung liegt in der Definition des ärztlichen Tätigkeitsbereichs i.S.d. Ärztegesetzes: Nach § 2 Abs. 1 ÖÄrzteG ist der Arzt zur *Ausübung der Medizin*[1538] berufen, worunter jede auf medizinisch-wissenschaftlichen Erkenntnissen begründete Tätigkeit gehört, die unmittelbar am Menschen oder mittelbar für den Menschen ausgeführt wird (Abs.2). In gewisser Parallelität zur Auslegung des deutschen Heilkundebegriffs wird auch die Reichweite des „Medizinbegriffs" in § 2 ÖÄrzteG diskutiert: Einerseits wird das Kriterium der „medizinisch-wissenschaftlichen Erkenntnisse" im Hinblick auf die Methoden aus den Randbereichen der Alternativ-/Komplementärmedizin zum Teil als zu eng empfunden. Insofern definiert die Rechtsprechung die Bestimmung über die medizinisch-wissenschaftlichen Erkenntnisse nur als ein

1532 Bundes-Verfassungsgesetz (B-VG), zuletzt geändert durch Bundesgesetz v. 5.1.2008, B.G.Bl. 2/2008, vorliegend als ÖB-VG bezeichnet

1533 *Bernat*, in: Wenzel, Handbuch FA Medizinrecht, Kapitel 18, Rn. 1 ff., 5.

1534 Vgl. dazu die Ausführungen von *Juen*, Arzthaftungsrecht, S. 7 ff.; *Bernat*, in: Wenzel, Handbuch FA Medizinrecht, Kapitel 18, Rn. 5 ff., 7, 19 ff.; *Emberger*, in: Emberger/Wallner, ÖÄrzteG, § 49, Anm. 6, S. 181 ff. (Zivilrecht), 204 ff. (Strafrecht).

1535 Diese gehören nach der österreichischen Terminologie zum „gehobenen Dienst für Gesundheits- und Krankenpflege" und führen die Berufsbezeichnung „Diplomierter Gesundheits- und Krankenpfleger", §§ 1 Nr. 1, 12 Abs. 1 ÖGuKG. Darüber hinaus dürfen auch die Angehörigen anderer Gesundheitsberufe wie z.B. der Pflegehilfe (§§ 84 Abs. 1 Nr. 2, Abs. 4 ÖGuKG), des gehobenen medizinisch-technischen Dienstes (§ 4 Abs. 2 ÖMTD-G, Bundesgesetz über die Regelung der gehobenen medizinisch-technischen Dienste, BGBl. Nr. 460/1992, zuletzt geändert durch BGBl. I Nr. 57/2008) oder des Hebammenwesens (§ 4 Abs. 1 ÖHebG, Bundesgesetz über den Hebammenberuf – Hebammengesetz, BGBl. Nr. 310/1994, zuletzt geändert durch BGBl. I Nr. 102/2008) unter bestimmten Voraussetzungen als Delegationsempfänger eingesetzt werden. Ferner sehen die §§ 50a, 50b ÖÄrzteG sogar die Übertragung einzelner ärztlicher Tätigkeiten im Einzelfall an medizinische Laien vor.

1536 Bundesgesetz über die Ausübung des ärztlichen Berufs und die Standesvertretung der Ärzte (Ärztegesetz 1998 – ÄrzteG 1998, BGBl. I Nr. 169/1998, zuletzt geändert durch BGBl. I Nr. 144/2009), vorliegend als ÖÄrzteG bezeichnet.

1537 Bundesgesetz über Gesundheits- und Krankenpflegeberufe (Gesundheits- und Krankenpflegegesetz - GuKG), BGBl. I Nr. 108/1997, zuletzt geändert durch BGBl. I Nr. 130/2009, vorliegend als ÖGuKG bezeichnet.

1538 Dagegen bestand der Beruf des Arztes noch nach § 1 Abs. 1 ÖÄrzteG i.d.F. von 1964 (BGBl. 50/1964) in der Ausübung der Heilkunde. Trotz der geschaffenen Neuformulierung von der „Ausübung der Medizin" ist der Begriff der Heilkunde in einigen Bestimmungen des ÖÄrzteG n.F. im Zusammenhang mit dem Begriff des Sonderfachs bis heute erhalten geblieben, vgl. nur § 31 Abs. 2 ÖÄrzteG.

Gebot der Standespflicht.[1539] Entscheidend sei, dass zum Zwecke der Diagnose und/oder Therapie gehandelt werde.[1540] Andererseits wird der Wortlaut als zu weit kritisiert.[1541] So dürften Nichtärzte bei wortlautgetreuer Auslegung des § 2 Abs. 2 ÖÄrzteG im Umkehrschluss keine Tätigkeiten durchführen, die auf medizinisch-wissenschaftlichen Erkenntnissen beruhten. Problematisch ist insofern jedoch, dass selbst das Fiebermessen oder die Blutstillung mit einem Druckverband auf medizinwissenschaftlichen Erkenntnissen basieren – im ersten Fall im Hinblick auf die erhöhte Körpertemperatur bei bestimmten körperlichen Veränderungen (z.B. Entzündungen), im zweiten Fall im Hinblick auf die Blutgerinnung.[1542] Um eine Sanktionierung von nicht spezialgesetzlich ermächtigten Nichtärzten, also auch privaten Bürgern, die etwa Fieber- oder Blutdruckmessen bzw. einfache Verbände anlegen, zu vermeiden, wird aus teleologischen Gründen als Abgrenzungskriterium in Lehre[1543] wie Rechtsprechung[1544] – ähnlich wie in Deutschland – auch auf die durch das Medizinstudium vermittelten umfassenden Kenntnisse abgestellt, um eine Tätigkeit als ärztliche Tätigkeit zu qualifizieren.

Unabhängig davon wird aus dem Wortlaut des § 2 Abs. 2 ÖÄrzteG und dem systematischen Zusammenhang mit § 3 Abs. 1 ÖÄrzteG[1545] sowie mit § 3 Abs. 4 ÖÄrzteG[1546] gefolgert, dass § 2 Abs. 2 ÖÄrzteG zugleich den ärztlichen Vorbehaltsbereich bestimmt.[1547] Welche zu den dem Arzt vorbehaltenen Tätigkeiten in concreto gehören, verdeutlicht der nicht abschließende Tätigkeitskatalog am Ende des zweiten Absatzes in acht Nummern[1548]. Daher bedarf derjenige, der die i.S.d. § 2 Abs. 2 ÖÄrzteG unter „Arztvor-

---

1539 OGH, Entscheidg. v. 30.10.1997 – 12Os109/97, RIS, abrufbar im Internet unter <http://www.ris.bka.gv.at/Judikatur/> (Stand v. 13.4.2010); *Stärker*, in: Emberger/Wallner, ÖÄrzteG, § 2, Anm. 4, S. 12; a.A. *Heilegger*, RdM 1999, 135 (137).

1540 *Stärker*, in: Emberger/Wallner, ÖÄrzteG, § 2, Anm. 4, S. 12.

1541 *Mazal*, Krankheitsbegriff und Risikobegrenzung, S. 245, 253; *Heilegger*, RdM 1999, 135 (138); vgl. auch *Radner*, RdM 1998, 137 (137 f.).

1542 *Heilegger*, RdM 1999, 135 (138); *Mazal*, Krankheitsbegriff und Risikobegrenzung, S. 245.

1543 *Mazal*, Krankheitsbegriff und Risikobegrenzung, S. 250 ff.; zust. *Allmer*, ÖKZ 02/2006, 21 (22); *Heilegger*, RdM 1999, 135 (139); *Stärker*, in: Emberger/Wallner, ÖÄrzteG, § 3, Anm. 1; a.A. wohl *Radner*, RdM 1998, 137 (138), der lediglich auf die spezialgesetzliche Ermächtigung eines Nichtarztes abstellt.

1544 OGH, Entscheidg. v. 30.11.2004 – 4Ob217/04x, RS0119587, RIS: Erforderlichkeit des typischerweise durch das Medizinstudium vermittelte umfassende Wissen; Entscheidg. v. 20.8.2002 – 4 Ob 170/02g, RS0116703, RIS: Erforderlichkeit medizinischen Fachwissens.

1545 § 3 Abs. 1 ÖÄrzteG behält die Ausübung des ärztlichen Berufs ausschließlich Ärzten für Allgemeinmedizin und approbierten Ärzten sowie Fachärzten vor.

1546 § 3 Abs. 4 ÖÄrzteG verbietet anderen als den in § 3 Abs. 1, 3 ÖÄrzteG bezeichneten Ärzten jede Ausübung des ärztlichen Berufs. Andernfalls drohen etwa strafrechtliche (§§ 81 Nr. 1, 88, 184 StGB, Bundesgesetz über die mit gerichtlicher Strafe bedrohten Handlungen, BGBl. Nr. 60/1974, zuletzt geändert durch BGBl. I Nr. 135/2009), verwaltungsstrafrechtliche (§ 199 Abs. 1 ÖÄrzteG) und zivilrechtliche (Übertretungen des ÖÄrzteG können im zivilrechtlichen Schadensersatzprozess haftungsverschärfende Wirkung haben, *Stärker*, in: Emberger/Wallner, ÖÄrzteG, § 3, Anm. 21) Konsequenzen.

1547 *Heilegger*, RdM *1999*, 135 (137) mit Verweis auf die Gesetzesmaterialien zum ÖÄrzteG 1998; *Stärker*, in: Emberger/Wallner, ÖÄrzteG, § 2, Anm. 1.

1548 Nach § 2 Abs. 2 ÖÄrzteG umfasst die Ausübung des ärztlichen Berufs *„jede auf medizinisch-wissenschaftlichen Erkenntnissen begründete Tätigkeit, die unmittelbar am Menschen oder mittelbar für den Menschen ausgeführt wird, insbesondere*

behalt“ stehenden Tätigkeiten ausübt, ohne Arzt zu sein, einer speziellen gesetzlichen Ermächtigung.[1549]

Insofern kann man auch im österreichischen Recht in Anlehnung an die hier verwendete Terminologie zwischen ärztlichen Tätigkeiten im engen und weiten Sinn unterscheiden. Zu ersteren zählen dann diejenigen Tätigkeiten, zu denen kein anderer Gesundheitsberuf speziell ermächtigt ist. Dagegen bedarf es zur Einordnung als ärztliche Tätigkeit im weiten Sinn einer spezialgesetzlichen Ermächtigung anderer Gesundheitsberufe, sodass sich die Delegationsmöglichkeit stets nur aus dem Zusammenspiel der Vorschriften des Ärztegesetzes und denen eines anderen Gesundheitsberufsgesetzes, hier dem Gesundheits- und Krankenpflegegesetz, ergibt.

1. Wortlaut der Delegationsregelungen, § 49 ÖÄrzteG, § 15 ÖGuKG

Um die Gemeinsamkeiten und Unterschiede der österreichischen Delegationsregelung zur deutschen Rechtslage zu untersuchen, bedarf es zunächst eines Blicks auf den Wortlaut der betreffenden Normen.

Unter der Überschrift „Behandlung der Kranken und Betreuung der Gesunden“ enthält § 49 Abs. 3 ÖÄrzteG folgende Delegationsregelung[1550]:

---

1. *die Untersuchung auf das Vorliegen oder Nichtvorliegen von körperlichen und psychischen Krankheiten oder Störungen, von Behinderungen oder Mißbildungen und Anomalien, die krankhafter Natur sind;*
2. *die Beurteilung von in Z 1 angeführten Zuständen bei Verwendung medizinisch-diagnostischer Hilfsmittel;*
3. *die Behandlung solcher Zustände (Z 1);*
4. *die Vornahme operativer Eingriffe einschließlich der Entnahme oder Infusion von Blut;*
5. *die Vorbeugung von Erkrankungen;*
6. *die Geburtshilfe sowie die Anwendung von Maßnahmen der medizinischen Fortpflanzungshilfe;*
7. *die Verordnung von Heilmitteln, Heilbehelfen und medizinisch diagnostischen Hilfsmitteln;*
8. *die Vornahme von Leichenöffnungen.“*

1549 Vgl. nur *Bernat*, in: Wenzel, Handbuch FA Medizinrecht, Kapitel 18, Rn. 9. Dies folgt ebenso aus § 204 Nr. 2 ÖGuKG, wonach durch das ÖÄrzteG das ÖGuKG unberührt bleibt. Das bedeutet nämlich auch, dass die in § 2 Abs. 2 ÖÄrzteG enthaltene Generalklausel die Ausübung der Medizin nur insoweit ausschließlich Ärzten vorbehält, als nicht andere, hier die Gesundheits- und Krankenpflegeberufe ebenso medizinische Tätigkeiten auszuüben haben, vgl. *Radner*, RdM 1998, 137 (137 f.).

1550 Davon zu unterscheiden ist § 49 Abs. 2 S. 2 ÖÄrzteG, wonach sich der Arzt, der nach Satz eins seinen Beruf persönlich und unmittelbar auszuüben hat, zur Mithilfe Hilfspersonen bedienen kann, wenn diese nach seinen genauen Anordnungen und unter seiner ständigen Aufsicht handeln. Umstritten ist, ob § 49 Abs. 2 ÖÄrzteG eine eigene berufsrechtliche Vollmacht zur teilweisen Ausübung medizinischer Tätigkeiten für die Hilfspersonen beinhaltet, *Emberger*, in: Emberger/Wallner, ÖÄrzteG, § 49, Anm. 8, S. 218 f. m.w.N. Angesichts der expliziten Erwähnung der Gesundheitsberufe in § 49 Abs. 3 ÖÄrzteG sind unter Hilfspersonen solche Personen zu verstehen, die im Gegensatz zu den in § 49 Abs. 3 ÖÄrzteG genannten Gesundheitsberufen, nicht kraft eigenen Berufsrechts bestimmte medizinische Tätigkeiten ausüben dürfen. Hilfspersonen in diesem Sinne dürfen daher nur zur untergeordneten Unterstützung bei der ärztlichen Tätigkeit des Arztes, nicht jedoch zur selbständigen Durchführung ärztlicher Tätigkeiten herangezogen werden, *Aigner/Kierein/Kopetzki*, ÖÄrzteG 1998, § 49, Anm. 8. Darüber hinaus steht § 49 Abs. 2 ÖÄrzteG bei wortlautgetreuer Betrachtung im Widerspruch zur Definition der Medizin nach § 2 Abs. 2

„Der Arzt kann im *Einzelfall* an Angehörige anderer Gesundheitsberufe oder in Ausbildung zu einem Gesundheitsberuf stehende Personen ärztliche Tätigkeiten übertragen, sofern diese vom *Tätigkeitsbereich* des entsprechenden Gesundheitsberufes umfasst sind. Er trägt die *Verantwortung* für die *Anordnung*. Die *ärztliche Aufsicht* entfällt, sofern die Regelungen der entsprechenden Gesundheitsberufe bei der Durchführung übertragener ärztlicher Tätigkeiten keine ärztliche Aufsicht vorsehen."

Das krankenpflegerische Delegationspendant ist in § 15 ÖGuKG[1551] niedergelegt, wobei die Absätze eins bis fünf die hier untersuchte Delegation ärztlicher Tätigkeiten vom Arzt auf den Krankenpfleger, die Absätze sechs und sieben dagegen die „Weiter-Delegation" der einem Krankenpfleger vom Arzt übertragenen Tätigkeit auf andere, nähere bezeichnete Personen, beinhalten und daher nur exkursorisch behandelt werden. § 15 Abs. 1 bis 5 ÖGuKG lautet wie folgt:

„(1) Der mitverantwortliche Tätigkeitsbereich umfasst die Durchführung diagnostischer und therapeutischer Maßnahmen nach *ärztlicher Anordnung*.

(2) Der anordnende Arzt trägt die Verantwortung für die Anordnung (*Anordnungsverantwortung*), der Angehörige des gehobenen Dienstes für Gesundheits- und Krankenpflege trägt die Verantwortung für die Durchführung der angeordneten Tätigkeit (*Durchführungsverantwortung*).

(3) Im mitverantwortlichen Tätigkeitsbereich hat jede ärztliche Anordnung vor Durchführung der betreffenden Maßnahme *schriftlich* zu erfolgen. Die erfolgte Durchführung ist durch den Angehörigen des gehobenen Dienstes für Gesundheits- und Krankenpflege durch deren Unterschrift zu bestätigen.

(4) Die ärztliche Anordnung kann in medizinisch begründeten *Ausnahmefällen mündlich* erfolgen, sofern auch dabei die Eindeutigkeit und Zweifelsfreiheit sichergestellt sind. Eine Übermittlung der schriftlichen Anordnung per Telefax oder im Wege automationsunterstützter Datenübertragung ist zulässig, sofern die Dokumentation gewährleistet ist. Die schriftliche Dokumentation der ärztlichen Anordnung hat unverzüglich, längstens aber innerhalb von 24 Stunden zu erfolgen.

(5) Der mitverantwortliche Tätigkeitsbereich umfaßt insbesondere:

1. Verabreichung von Arzneimitteln[1552],

ÖÄrzteG, der neben der unmittelbaren auch die mittelbare Berufsausübung umfasst. Unter Verweis auf den Sinn und Zweck des § 49 Abs. 2 ÖÄrzteG, der nur sicherstellen soll, dass das in der freien Arztwahl zum Ausdruck kommende besondere Vertrauensverhältnis zwischen Patient und Arzt nicht dadurch enttäuscht wird, dass der Arzt sich völlig frei und uneingeschränkt eines Substituten bedienen darf, wird § 49 Abs. 2 ÖÄrzteG in einer die technische und fachliche Entwicklung berücksichtigenden Art und Weise erweitert ausgelegt, *Emberger*, in: Emberger/Wallner, ÖÄrzteG, § 49, Anm. 7, S. 211.

1551 Vgl. auch § 11 Abs. 3 ÖGuKG, wonach vom Berufsbild auch die Mitarbeit bei diagnostischen und therapeutischen Verrichtungen auf ärztliche Anordnung umfasst ist. Dadurch wird im Rahmen des Berufsbildes die Grundlage für den mitverantwortlichen Tätigkeitsbereich gem. § 15 ÖGuKG geschaffen, *Weiss-Faßbinder/Lust*, ÖGuKG, § 11, Anm. 3.

1552 Allerdings fällt die Verwendung pflegender Substanzen, beispielsweise zur Verhinderung des Wundliegens, in den eigenverantwortlichen Tätigkeitsbereich und nicht unter das Verabreichen von Arzneimitteln i.S.d. § 15 Abs. 5 Nr. 1 ÖGuKG, *Weiss-Faßbinder/Lust*, ÖGuKG, § 15, Anm. 8; *Schwamberger*, ÖGuKG, § 15, Anm. 2.

2. Vorbereitung und Verabreichung von subkutanen, intramuskulären und intravenösen Injektionen,
3. Vorbereitung und Anschluß von Infusionen bei liegendem Gefäßzugang, ausgenommen Transfusionen,
4. Blutentnahme aus der Vene und aus den Kapillaren,
5. Setzen von transurethralen Blasenkathetern zur Harnableitung, Instillation und Spülung,
6. Durchführung von Darmeinläufen und
7. Legen von Magensonden."

2. Österreichische und deutsche Delegationslage im Vergleich

Rein sprachliche[1553] Ähnlichkeiten finden sich zunächst im krankenpflegerischen Berufsrecht. So differenziert sowohl das deutsche KrPflG als auch das österreichische ÖGuKG zwischen eigenverantwortlichen, mitwirkenden (§ 3 Abs. 2 Nr. 2 KrPflG) bzw. mitverantwortlichen (§ 15 ÖGuKG) und interdisziplinären Tätigkeiten, wobei die hier untersuchten Delegationstätigkeiten regelmäßig jeweils der zweiten Gruppe angehören.[1554]

Wie bereits ausgeführt, kann auch im österreichischen Medizinrecht zwischen ärztlichen Tätigkeiten im engen und weiten Sinn unterschieden werden, sodass sich die österreichische Definition einer ärztlichen Tätigkeit – ebenso wie die deutsche – aus einer personell-formellen und einer sachlich-materiellen Komponente zusammensetzt.[1555] Folglich kommt eine Delegation an Nichtärzte – in beiden Ländern – auch nur im Hinblick auf ärztliche Tätigkeiten im weiten Sinn in Betracht.

a) Tätigkeitskatalog

Im Unterschied zu Deutschland wird die abstrakte Delegationsfähigkeit einer Tätigkeit, d.h. ihre Eigenschaft als ärztliche Tätigkeit im weiten Sinn, in Form eines nicht abschließenden Tätigkeitskatalogs in § 15 Abs. 5 ÖGuKG näher konkretisiert. Anlass dieser Regelung war vor allem die in Österreich bis zu ihrem Erlass bestehende Rechtsunsicherheit bezüglich der Frage, welche ärztlichen Tätigkeiten angesichts der Erfordernisse der täglichen Praxis an Krankenpfleger delegiert werden dürfen[1556] und die Sicherstellung der Pflege- und Behandlungsqualität.[1557] Da diese Tätigkeiten zudem Bestandteil des Berufsbildes sind, haben sich Krankenpfleger, die die erforderlichen Kenntnisse und Fertigkeiten

1553 Unterschiede bestehen allerdings bzgl. des Inhalts dieser Regelungen: Während das Gesundheitswesen kompetenzrechtlich in Deutschland in die dem Bund zugewiesene Berufszulassung und die den Ländern zugewiesene Berufsausübung geteilt ist, hat der Bund in Österreich insofern allein die Gesetzgebungskompetenz. Konsequenz der deutschen Aufteilung ist die dem Bund an sich fehlende Möglichkeit im Rahmen des ärztlichen wie pflegerischen Berufsrechts Berufsausübungsvorschriften und damit auch Tätigkeitsbereiche festzulegen.

1554 Vgl. nur *Flemmich*, ÖKZ 2004, 16 (17).

1555 *Mazal*, Krankheitsbegriff und Risikobegrenzung, S. 236 ff.

1556 *Weiss-Faßbinder/Lust*, ÖGuKG, § 15, Anm. 1; *Schwamberger*, ÖGuKG, § 15, Anm. 2.

1557 *Gesundheit Österreich GmbH/Geschäftsbereich ÖBIG*, Österreichischer Pflegebericht 2007, S. 23 f.

(noch) nicht besitzen, diese im Rahmen ihrer Fortbildungspflicht innerhalb angemessener Frist anzueignen.[1558]

Vergleicht man die in den sieben Nummern des § 15 Abs. 5 ÖGuKG aufgeführten Delegationstätigkeiten mit der Einschätzung dieser Tätigkeiten aus Sicht der deutschen Umfrageteilnehmer, ergibt sich Folgendes:

In vollständiger Übereinstimmung mit § 15 Abs. 5 Nr. 1, Nr. 3, Nr. 6, Nr. 7 ÖGuKG ging die Mehrheit der Befragten davon aus, dass es sich bei der *Verabreichung von Arzneimitteln*, der *Vorbereitung und des Anschlusses von Infusionen bei liegendem Gefäßzugang (mit Ausnahme von Transfusionen)*, bei der *Durchführung von Darmeinläufen* und bei dem *Legen von Magensonden* um eher pflegerische bzw. delegierbare Tätigkeiten handelt. Nur teilweise entspricht die Ansicht der Befragten dagegen § 15 Abs. 5 Nr. 2 und Nr. 4 ÖGuKG. So wird lediglich die *Vorbereitung von subkutanen, intramuskulären und intravenösen Injektionen*, die *Verabreichung von subkutanen und intramuskulären Injektionen* sowie die *Blutentnahme aus den Kapillaren* als eher pflegerische bzw. delegierbare Tätigkeiten eingestuft, während die *Verabreichung intravenöser Injektionen* den eher ärztlichen Tätigkeiten zugeordnet wird und sich im Hinblick auf die Frage der Delegierbarkeit keine Mehrheitsmeinung herausgebildet hat. Ebenso bildete sich für die *Blutentnahme aus der Vene* sowie das *Setzen transurethraler Blasenkatheter* (§ 15 Abs. 5 Nr. 5 ÖGuKG) weder eine Mehrheit für die Einordnung als eher ärztliche bzw. eher pflegerische Tätigkeit noch für die Beurteilung als delegierbare bzw. nicht delegierbare Tätigkeit heraus. Diesbezüglich bleibt festzuhalten, dass die österreichische Regelung insofern dem Wunsch der Umfrageteilnehmer entspricht (vgl. *Abb. 18*), als sie einen Katalog übertragbarer Tätigkeiten enthält, der aber, wie gezeigt, nicht in jedem Fall der Einschätzung der Delegierbarkeit der Befragten folgt, insofern also einer qualitativ belastbaren ärztlich-pflegerischen Überprüfung bedarf, bevor er de lege lata in eine deutsche Delegationsregelung überführt werden könnte.

b) Delegationsrelevante Sorgfaltspflichten des Arztes

Neben konkreten Tätigkeiten zeichnen die verschiedenen ärztlichen und krankenpflegerischen Delegationspflichten den Rahmen zulässiger Delegationen. Ob und gegebenenfalls welche Übereinstimmungen es insofern gibt, wird nachfolgend ausgeführt. Zu den sich explizit aus dem Wortlaut der § 49 ÖÄrzteG, § 15 ÖGuKG ergebenden Delegationspflichten des Arztes gehört die Auswahl-, Anordnungs- und Aufsichtspflicht: So verlangt § 49 Abs. 3 S. 1 ÖÄrzteG, dass die zu delegierende Aufgabe vom Tätigkeitsbereich des Krankenpflegers umfasst sein muss, statuiert insofern eine *Auswahlpflicht*. Sowohl in § 49 Abs. 3 S. 2 ÖÄrzteG als auch in § 15 Abs. 1, Abs. 2, Abs. 3 S. 1, Abs. 4 S. 1 ÖGuKG ist von ärztlicher Anordnung und darüber hinaus in § 49 Abs. 3 S. 2 ÖÄrzteG, § 15 Abs. 2 ÖGuKG von der Anordnungsverantwortung die Rede, was an die oben dargestellte *Anordnungspflicht* erinnert. Ferner stellt § 49 Abs. 3 S. 3 ÖÄrzteG auf die ärztliche Aufsicht und damit auf eine *Aufsichtspflicht* ab.

1558 *Weiss-Faßbinder/Lust*, ÖGuKG, § 15, Anm. 7.

aa) Auswahlpflicht

Wie in Deutschland hat auch in Österreich die Auswahlpflicht i.S.d. § 49 Abs. 3 S. 1 ÖÄrzteG zwei Bezugspunkte, zum einen die Delegationstätigkeit, zum anderen den Delegationsempfänger.

(1) Auswahl der Delegationstätigkeit

Da der Arzt nach § 49 Abs. 3 S. 1 ÖÄrzteG im *Einzelfall* an Krankenpfleger ärztliche Tätigkeiten übertragen kann, sofern diese vom *Tätigkeitsbereich* des Krankenpflegers umfasst sind, erfasst der Wortlaut sowohl die abstrakte als auch die konkrete Delegationsfähigkeit der zu delegierenden Tätigkeit.

Abstrakt delegationsfähig sind nach hiesiger Definition Tätigkeiten, die nicht höchstpersönlich vom Arzt zu erbringen sind und damit sog. ärztliche Tätigkeiten im weiten Sinn. Um solche handelt es sich nach der gesetzlichen Systematik bei den sog. mitverantwortlichen Tätigkeiten i.S.d. § 15 ÖGuKG, die die Krankenpfleger zur Durchführung diagnostischer und therapeutischer Maßnahmen speziell ermächtigen.

Neben den beispielhaft in § 15 Abs. 5 ÖGuKG genannten Tätigkeiten sind weitere ärztliche Tätigkeiten unter den mitverantwortlichen Tätigkeitsbereich subsumierbar[1559], wenn sie vom Berufsbild erfasst sind, einen vergleichbaren Schwierigkeitsgrad aufweisen, die entsprechenden Kenntnisse und Fertigkeiten im Rahmen der Grundausbildung vermittelt bzw. durch entsprechende Fortbildungen[1560] erworben werden und diese Tätigkeiten nicht zum „Kernbereich" des Berufsbildes eines anderen nichtärztlichen Gesundheitsberufes (und nicht zum erweiterten Tätigkeitsbereich gem. §§ 17 ff. ÖGuKG[1561]) gehören.[1562]

Ferner bringt die Einschränkung auf den „*Einzelfall*" zum Ausdruck, dass vor jeder Delegation die Diagnose und der Therapievorschlag des Arztes[1563] und damit die eingehende Untersuchung und Beurteilung der Zustände durch den Arzt[1564] stehen müssen. In der österreichischen Rechtspraxis wird in diesem Zusammenhang von der Gefahrengeneigtheit einer Tätigkeit gesprochen, sodass der Arzt bei seiner Delegationsentscheidung die möglichen Folgen und Risiken im Einzelfall abzuwägen hat.[1565] Insofern erfordert das Merkmal des Einzelfalls auch die Berücksichtigung besonderer Umstände wie etwa physische oder psychische Gegebenheiten des Patienten und entspricht damit der Prüfung der konkreten Delegationsfähigkeit einer Tätigkeit.

1559 Für nicht explizit aufgeführte Tätigkeiten ergingen verschiedene Durchführungserlasse, vgl. nur für die Verabreichung subkutaner Infusionen den Erlass des Bundesministeriums für Gesundheit und Frauen v. 9.3.2005, GZ 92251/0017-I/B/6/2005 zitiert nach *Emberger*, in: Emberger/Wallner, ÖÄrzteG, § 49, Anm. 13, S. 225; *Weiss-Faßbinder/Lust*, ÖGuKG, § 15, Anm. 7, S. 68 f.

1560 Vgl. § 4 Abs. 2 ÖGuKG: Fortbildungspflicht.

1561 *Schwamberger*, ÖGuKG, § 15, Anm. 6.2.

1562 *Weiss-Faßbinder/Lust*, ÖGuKG, § 15, Anm. 7; *Schwamberger*, ÖGuKG, § 15, Anm. 8.2.

1563 *Emberger*, in: Emberger/Wallner, ÖÄrzteG, § 49, Anm. 11.

1564 *Emberger*, in: Emberger/Wallner, ÖÄrzteG, § 49, Anm. 14, S. 230.

1565 *Allmer*, ÖKZ 02/2006, 21 (22) m.w.N.

Beides, abstrakte und konkrete Delegationsfähigkeit, hat der Arzt auch nach § 49 Abs. 3 ÖÄrzteG bei jeder Delegationsentscheidung zu prüfen, sodass es keine Unterschiede zur deutschen Auswahlpflicht im Hinblick auf die Delegationstätigkeit gibt.

(2) Auswahl des Delegationsempfängers

Dagegen werden an die Auswahl des krankenpflegerischen Delegationsempfängers geringere Anforderungen gestellt. Während in Deutschland den Arzt die Pflicht zur sorgfältigen Auswahl des Delegationsempfängers grundsätzlich bei jeder erstmaligen Übertragung einer bestimmten ärztlichen Tätigkeit bezüglich der formellen wie materiellen Qualifikation trifft,[1566] setzt § 49 Abs. 3 S. 1 ÖÄrzteG lediglich voraus, dass die Tätigkeit vom Tätigkeitsbereich des Krankenpflegers umfasst sein muss, bezieht sich somit nur auf die formelle Qualifikation des Krankenpflegers i.S.d. § 15 ÖGuKG. Dafür sprechen neben dem Wortlaut auch die historische Entwicklung sowie die Systematik dieser Vorschrift. So setzte einerseits noch die Vorgängerregelung des § 22 Abs. 3 i.V.m. Abs. 5 ÖÄrzteG 1984 a.F. voraus, dass sich der Arzt darüber hinaus jeweils der zur ordnungsgemäßen Durchführung der Tätigkeit erforderlichen Kenntnisse und Fähigkeiten des Krankenpflegers zu vergewissern hatte, bevor er eine ärztliche Aufgabe an diesen delegieren durfte. Diese Vergewisserungspflicht, die der Prüfung der sog. materiellen Qualifikation des Delegationsempfängers entspricht, wurde aber in § 49 Abs. 3 ÖÄrzteG n.F. nicht aufgenommen. Die Ursache der intendierten Abschaffung[1567] der Vergewisserungspflicht wird insbesondere in Umsetzungsproblemen gesehen, wenn dem anordnenden Arzt der die Anordnung durchführende Krankpfleger – wie häufig bei in Pflegeeinrichtungen Beschäftigten – nicht bekannt ist.[1568]

Dass der Arzt nunmehr nach § 49 Abs. 3 ÖÄrzteG auf die Qualität und die Kenntnisse des Krankenpflegers aufgrund seiner gesetzlich vorgesehenen fachlichen Voraussetzungen und seiner Ausbildung vertrauen[1569] darf, folgt anderseits aus § 50a ÖÄrzteG. Darin wird dem Arzt für die „Übertragung einzelner ärztlicher Tätigkeiten im Einzelfall an Laien" die Pflicht auferleget, sich zu vergewissern, dass der medizinische Laie als Delegationsempfänger über die erforderlichen Fähigkeiten verfügt.

1566 Dagegen wurde im Zuge des Pflege-Weiterentwicklungsgesetzes in § 63 Abs. 3b SGB V auf die Prüfung der materiellen Qualifikation verzichtet, siehe *Dritter Teil, A, I. 1*, S. 249.

1567 *Aigner/Kierein/Kopetzki*, ÖÄrzteG 1998, § 49, Anm. 15; a.A. *Weiss-Faßbinder/Lust*, ÖGuKG, § 15, Anm. 2; *Schwamberger*, ÖGuKG, § 15, Anm. 2, wonach die Formulierung „ärztliche Anordnung" zusätzlich umfasse, dass sich der Arzt von den erforderlichen Kenntnissen und Fertigkeiten zur Durchführung der angeordneten Tätigkeit der betreffenden Pflegeperson überzeuge. Vgl. auch *Allmer*, ÖKZ 02/2006, 21 (21), die auf den formellen und tatsächlichen Ausbildungsstand des jeweiligen diplomierten Krankenpflegers abstellt.

1568 *Aigner*, RdM 1998, 146 (146).

1569 *Emberger*, in: Emberger/Wallner, ÖÄrzteG, § 49, Anm. 11. Etwas anderes gilt nach den Gesetzesmaterialien und den Kommentierungen allerdings im Hinblick auf die ebenfalls als Delegationsempfänger in Betracht kommenden Personen, die sich erst in der Ausbildung zu einem Gesundheitsberuf befinden. Der Arzt darf an die Auszubildenden nur solche Tätigkeiten delegieren, die ihrem jeweiligen Ausbildungsstand entsprechen, sodass insofern die Prüfung der materiellen Qualifikation des Delegationsempfängers wieder an Bedeutung gewinnt, *Aigner/Kierein/Kopetzki*, ÖÄrzteG 1998, § 49, Anm. 13; *Emberger*, in: Emberger/Wallner, ÖÄrzteG, § 49, Anm. 12, S. 223.

(3) Zwischenergebnis

Unterschiede zwischen der deutschen und österreichischen Auswahlpflicht ergeben sich somit lediglich im Hinblick auf die Auswahl des Delegationsempfängers, d.h. im Hinblick auf den Umfang der Prüfung seiner Qualifikation: Während in Deutschland grundsätzlich sowohl die formelle als auch die materielle Qualifikation des Delegationsempfängers Gegenstand der Auswahlpflicht ist, genügt in Österreich die formelle Qualifikationsprüfung.

Allerdings ist die rein formelle Qualifikation des Delegationsempfängers eine notwendige, aber keine hinreichende Bedingung für die Feststellung, dass der Krankenpfleger zur fehlerfreien, dem Facharztstandard entsprechenden Durchführung der konkreten Tätigkeit in der Lage ist. Daher erscheint ein pauschaler Verzicht auf die Prüfung der materiellen Qualifikation die Einhaltung des Facharztstandards nicht in jedem Fall zu gewährleisten. Soweit jedoch auf andere Weise die materielle Qualifikation des Delegationsempfängers – abgesehen von kurzfristigen Beeinträchtigungen wie zum Beispiel Übermüdung – sichergestellt werden kann, spricht nichts dagegen, auf die Prüfung der materiellen Qualifikation durch den Arzt zu verzichten. Davon, dass der Krankenpfleger die Ausführung einer konkreten Tätigkeit tatsächlich beherrscht, kann dann ausgegangen werden, wenn das Erlernen der konkreten Tätigkeit in theoretischer wie praktischer Hinsicht zweifelsfrei Bestandteil seiner Aus-, Fort- oder Weiterbildung bzw. einer sonstigen beruflichen Qualifizierungsmaßnahme[1570] war und eine laufende Anpassung an gegebenenfalls geänderte Durchführungstechniken, etc. garantiert wird. Dafür spricht sich auch der Sachverständigenrat zur Begutachtung der Entwicklung im Gesundheitswesen aus, wenn er die Prüfung der Qualifikation vor der Delegation als entbehrlich erachtet, sofern die Tätigkeit fester Bestandteil der Ausbildung des Delegationsempfängers ist.[1571]

De lege ferenda sollte daher die ärztliche Auswahlpflicht nur dann die Prüfung der materiellen Qualifikation des Krankenpflegers bei der erstmaligen Übertragung einer ärztlichen Tätigkeit umfassen, wenn die Ausführung der konkreten Tätigkeit (noch) nicht Gegenstand einer Aus-, Weiter- bzw. Fortbildung oder einer sonstigen beruflichen Qualifizierungsmaßnahme war. Angesichts dessen empfiehlt es sich aus Praktikabilitätsgründen, die Ausbildungscurricula der Krankenpfleger bundesweit zu vereinheitlichen.

bb) Anordnungspflicht

In Österreich wie in Deutschland setzt jede Delegation ärztlicher Tätigkeiten eine ärztliche Anordnung voraus, um sicherzustellen, dass Diagnose- und Therapieentscheidungen

---

1570 Beispielsweise die sog. – in oben beschriebener Form erworbenen – Spritzenscheine, siehe *Zweiter Teil, B, II. 6. b) aa) (2) (bb)*, S. 170.

1571 *SVR Gesundheitswesen*, Kooperation und Verantwortung, Abb. 1 zu Anm. 130, S. 105, insofern widersprüchlich zu Anm. 126, S. 104, wonach die Auswahlpflicht stets die Prüfung der formellen und materiellen Qualifikation erfordere, abrufbar im Internet unter <http://www.svr-gesundheit.de/Startseite/Startseite.htm> (Stand v. 4.9.2007). Vgl. auch *Simmel*, in: Wienke/Dierks, Zwischen Hippokrates und Staatsmedizin, 137 (146), wonach nur in schwierigen Fällen die Delegation ad personam, d.h. an einen bestimmten Krankenpfleger, von dessen persönlicher und fachlicher Eignung sich der delegierende Arzt zuvor in ausreichendem Maße überzeugt habe, im Übrigen aber allgemein auf in bestimmter Weise qualifizierte Krankenpfleger erfolgen solle.

als ärztliche Tätigkeiten im engen Sinn stets beim Arzt verbleiben.[1572] Die ärztliche Anordnung muss, wie in Österreich die Bezugnahme auf den „Einzelfall" in § 49 Abs. 3 S. 1 ÖÄrzteG zum Ausdruck bringen soll,[1573] patientenbezogen erfolgen, sodass eine vom konkreten Patienten losgelöste generell-abstrakte Übertragung für bestimmte Patientengruppen ohne Selektionsmechanismus sowohl in Deutschland als auch in Österreich ausgeschlossen ist. Einigkeit besteht auch darin, dass es eine Globalantwort hinsichtlich des Bestimmtheitsgrades der einzelnen ärztlichen Anordnung nicht geben kann. Wenngleich dieser Aspekt in Deutschland nicht mehr im Rahmen der Anordnungspflicht, sondern im Rahmen der Anleitungspflicht diskutiert wird, hat sich der Umfang der ärztlichen Anordnung bzw. Anleitung sowohl in Deutschland als auch in Österreich in der Sache übereinstimmend nach der konkreten Delegationssituation zu richten, d.h. neben der konkret zu delegierenden Tätigkeit und den konkreten Umständen der Durchführung (z.B. Art der Einrichtung – Krankenhaus oder Pflegeheim), auch nach der Qualifikation des Delegationsempfängers und dem Zustand des konkreten Patienten.[1574]

Ausdrücklich bezieht sich das österreichische Recht etwa in § 50a Abs. 1 S. 2 ÖÄrzteG auf eine Anleitungspflicht, wenn es den Arzt dazu verpflichtet, vor jeder Übertragung einer Tätigkeit auf einen medizinischen Laien diesem die erforderliche Anleitung und Unterweisung zu erteilen. Gleichwohl wird aus dem Fehlen einer expliziten Anleitungspflicht in § 49 Abs. 3 ÖÄrzteG nicht gefolgert, dass der Arzt bei krankenpflegerischen Delegationsempfängern nie zu einer „Anleitung" verpflichtet sein soll. Vielmehr wird die österreichische Anordnungspflicht so verstanden, dass die ärztliche Anordnung neben dem „Ob" der Ausführung auch die für den medizinischen Erfolg bedeutsamen Schwerpunkte der Umsetzung, also das „Wie" der Ausführung der Tätigkeit, beinhalten solle und so konkret zu sein habe, wie dies nach der medizinischen Wissenschaft und Erfahrung notwendig sei.[1575] Insofern vereinigt die österreichische Anordnungspflicht *inhaltlich* sowohl die stets bestehende deutsche Anordnungs- als auch, die nur ausnahmsweise auferlegte deutsche Anleitungspflicht.

Im Unterschied zur gegenwärtigen Rechtslage in Deutschland hat man sich in Österreich jedoch für eine *Formvorgabe* im Hinblick auf die ärztliche Anordnung entschieden. Nach § 15 Abs. 3 S. 1 ÖGuKG wird grundsätzlich eine schriftliche ärztliche Anordnung verlangt. Nur in medizinisch begründeten Ausnahmefällen kann nach § 15 Abs. 4 S. 1 ÖGuKG die ärztliche Anordnung auch mündlich erfolgen, sofern sie eindeutig und zweifelsfrei ergeht. Die Eindeutigkeit und Zweifelsfreiheit einer mündlichen Anordnung kann nach den Gesetzesmaterialien beispielsweise durch die mündliche Wiederholung der erteilten Anordnung und Rückbestätigung durch den anordnenden Arzt sichergestellt werden.[1576] Damit entspricht die österreichische Formregelung der überwiegend in Deutschland vertretenen pflegewissenschaftlichen Ansicht.[1577]

1572 *Emberger*, in: Emberger/Wallner, ÖÄrzteG, § 49, Anm. 11, 14, S. 230.

1573 *Aigner/Kierein/Kopetzki*, ÖÄrzteG 1998, § 49, Anm. 12; *Emberger*, in: Emberger/Wallner, ÖÄrzteG, § 49, Anm. 11.

1574 *Krahe*, Haftungssystematik bei ärztlicher Arbeitsteilung, S. 315; *Belling*, in: Staudinger, § 831, Rn. 107. Für Österreich: *Emberger*, in: Emberger/Wallner, ÖÄrzteG, § 49, Anm. 14, S. 230.

1575 *Emberger*, in: Emberger/Wallner, ÖÄrzteG, § 49, Anm. 14, S. 230 f.

1576 Zitiert nach *Mazal*, RdM 1998, 97 (97); *Weiss-Faßbinder/Lust*, ÖGuKG, § 11, Anm. 6.

1577 Siehe *Zweiter Teil, B, II. 6. b) bb)*, S. 177.

Obwohl die Mündlichkeit nach § 15 Abs. 4 S. 1 ÖGuKG explizit auf die medizinisch begründeten Ausnahmefälle beschränkt ist, die von solchen organisatorischer Natur an sich zu unterscheiden sind,[1578] führen oft auch organisatorische Unzulänglichkeiten zur medizinischen Notwendigkeit, eine mündliche Anordnung zu erteilen.[1579] Faktisch ist somit eine mündliche Anordnung immer dann zulässig, wenn das Festhalten an der Schriftform zum Schaden für den Patienten führen könnte – unabhängig davon, ob die Ursache für diese potenzielle Gefährdung nun ein medizinisches Problem ist oder in anderen, etwa organisatorischen Aspekten liegt.[1580] Im Übrigen hat sie aber nach der österreichischen Regelung schriftlich zu erfolgen.

Wenngleich die grundsätzliche Schriftlichkeit dem Gedanken der Rechtssicherheit und damit der Vermeidung von Haftungsproblemen[1581] Rechnung trägt, steht sie doch in gewissem Widerspruch zu der praktischen Notwendigkeit, schnell und flexibel ohne Formvorgabe handeln zu können. So erwies sich beispielsweise eine ausschließlich zulässige schriftliche ärztliche Anordnung, wie sie noch die Vorgängerregelung des § 15 Abs. 3 S. 1 ÖGuKG enthielt, weder als aus fachlicher Sicht erforderlich noch im Berufsalltag in allen Situationen umsetzbar.[1582] Bedenkt man zudem, dass auch bei einer mündlichen Anordnung Rechtssicherheit in Form einer Verschriftlichung ohnehin durch die bestehende Dokumentationspflicht gewährleistet werden kann, sollte es de lege ferenda bei der Formfreiheit der ärztlichen Anordnung verbleiben. Einschränkend ist lediglich zu fordern, dass die Anordnung eindeutig und zweifelsfrei zu ergehen hat.

cc) Aufsichtspflicht

Wie sich aus der Formulierung des § 49 Abs. 3 S. 3 ÖÄrzteG ergibt, gehört auch die Aufsicht[1583] grundsätzlich zum Pflichtenkreis des delegierenden Arztes. Etwas anderes gilt nur dann, wenn die Regelungen der entsprechenden Gesundheitsberufe[1584] keine ärztliche

---

1578 *Allmer*, ÖKZ 02/2006, 21 (29).

1579 *Mazal*, RdM 1998, 97 (97). Vgl. auch *Weiss-Faßbinder/Lust*, ÖGuKG, § 11, Anm. 4; *Schwamberger*, ÖGuKG, § 15, Anm. 2, die auf die allgemeinen Notstandsregeln verweisen.

1580 *Mazal*, RdM 1998, 97 (97).

1581 *Weiss-Faßbinder/Lust*, ÖGuKG, § 11, Anm. 4; *Schwamberger*, ÖGuKG, § 15, Anm. 2.

1582 *Weiss-Faßbinder/Lust*, ÖGuKG, § 11, Anm. 6; *Schwamberger*, ÖGuKG, § 15, Anm. 4.

1583 Aufsicht i.S.d. § 49 Abs. 3 ÖÄrzteG wird als Kontrolltätigkeit verstanden, die darauf abzielt, das Verhalten des Beaufsichtigten in Übereinstimmung mit einem bestehenden Richtmaß zu setzen und zu erhalten, OGH, Entscheidg. v. 23.6.1998 – 10ObS195/98v, RIS, abrufbar im Internet unter <http://www.ris.bka.gv.at> (Stand v. 8.12.2009); *Emberger*, in: Emberger/Wallner, ÖÄrzteG, § 49, Anm. 14, S. 231.

1584 Sehen die Regelungen der Gesundheitsberufe dagegen eine ärztliche Aufsicht vor (z.B. für die Pflegehilfe in § 84 Abs. 4 S. 1 ÖGuKG: „nach schriftlicher ärztlicher Anordnung und unter Aufsicht") richtet sich die Intensität – wie die deutsche Überwachungspflicht – nach den Umständen des Einzelfalls und kann von der unmittelbaren Anwesenheit des Arztes, wie sie etwa für Hilfspersonen in § 49 Abs. 2 ÖÄrzteG gefordert wird [vgl. dazu auch *Mazal*, RdM 1996, 35 (37 f.); *Radner*, RdM 1998, 175 (177 f.)], über das von der Lehre vertretene Maß an mittelbarer Aufsicht, d.h. der Anwesenheit in der Behandlungseinrichtung bis zur jederzeitigen Erreichbarkeit reichen, wie sie nach § 8 Abs. 1 Nr. 6 KAKuG (Krankenanstalten- und Kuranstaltengesetz, BGBl. Nr. 1957/1, zuletzt geändert durch BGBl. I Nr. 124/2009) in Ambulatorien für Physikalische Therapie, in denen keine Turnusärzte ausgebildet werden, genügt, *Emberger*, in: Emberger/Wallner, ÖÄrzteG, § 49, Anm. 14, S. 231. Schließlich kann die Aufsicht nach § 84 Abs. 5 ÖGuKG im

Aufsicht vorsehen. Letzteres trifft für den hier interessierenden mitverantwortlichen Tätigkeitsbereich i.S.d. § 15 ÖGuKG der diplomierten Krankenpfleger jedoch zu.[1585] Damit ist im Unterschied zur deutschen Delegationssituation der delegierende Arzt nicht dazu verpflichtet, den durchführenden Krankenpfleger zu beaufsichtigen bzw. zu überwachen.

Zwar spricht für den Verzicht auf eine Aufsichts- bzw. Überwachungspflicht, dass die ordnungsgemäße Auswahl der Delegationstätigkeit und des Delegationsempfängers auch eine ordnungsgemäße Durchführung der ärztlichen Anordnung erwarten lässt. Gleichwohl handelt es sich bei der delegierten Tätigkeit um eine ärztliche Tätigkeit, die ärztliche Fachkenntnisse – sei es auch nur bei der Anleitung – voraussetzt und daher in den Verantwortungsbereich des Arztes fällt, sodass ein pauschaler Verzicht auf jegliche Aufsicht bzw. Überwachung nicht zu überzeugen vermag. Vielmehr bietet nur eine Überwachung des Krankenpflegers über den Delegationszeitpunkt hinaus die Möglichkeit, begründeten Zweifeln an seiner Qualifikation nachzugehen. Auch dient die Überwachung einer dem Patientenschutz gerecht werdenden Anpassung und Erweiterung von delegierbaren Tätigkeiten ohne die Flexibilität der medizinischen Behandlung über Gebühr einzuschränken, weil die Überwachungsmaßnahmen entsprechend des oben dargestellten abgestuften Systems auf ein Minimum reduziert werden können.

dd) Zwischenergebnis

Neben den sich aus § 49 ÖÄrzteG, § 15 ÖGuKG ableitenden ärztlichen Delegationspflichten in Gestalt der Auswahl- und Anordnungspflicht, wird in der deutschen Diskussion ferner die Reaktionspflicht des Arztes aufgeführt. Eine Verpflichtung dieser Art[1586] sieht die österreichische Delegationsregelung ebenso wie eine ärztliche Überwachungs- bzw. Aufsichtspflicht für die hier untersuchte Delegation ärztlicher Tätigkeiten auf Krankenpfleger nicht vor.

Insgesamt enthält somit die österreichische Delegationsregelung nicht nur weniger Delegationspflichten, sondern stellt an die expliziten Pflichten zum einen geringere Anforderungen wie bei der Auswahlpflicht bezüglich des Delegationsempfängers, zum anderen strengere Anforderungen wie im Hinblick auf die grundsätzlich verlangte Schriftlichkeit der ärztlichen Anordnung. Inhaltlich stimmen dagegen die deutsche und österreichi-

---

Einzelfall auch in Form einer begleitenden in regelmäßigen Intervallen auszuübenden Kontrolle erfolgen, sofern 1. der Gesundheitszustand des jeweiligen pflegebedürftigen Menschen dies zulässt, 2. die Anordnung durch den Krankenpfleger bzw. den Arzt schriftlich erfolgt und deren Dokumentation gewährleistet ist, 3. die Möglichkeit der Rückfrage bei einem Krankenpfleger bzw. Arzt gewährleistet ist und 4. die Kontrollintervalle nach Maßgabe pflegerischer und ärztlicher einschließlich qualitätssichernder Notwendigkeiten durch den Krankenpfleger bzw. durch den Arzt schriftlich festgelegt sind.

1585 OGH, Entscheidg. v. 9.4.2002 – 4 Ob 81/02v, RIS, abrufbar im Internet unter <http://www.ris.bka.gv.at> (Stand v. 8.12.2009); *Aigner/Kierein/Kopetzki*, ÖÄrzteG 1998, § 49, Anm. 17.

1586 Gleichwohl kennt auch die österreichische Debatte eine Art Reaktionspflicht, wenn etwa im Rahmen der Kommentierung zur Laienpflege vom Widerruf der Delegation die Rede ist, wenn der Arzt bei seiner Beurteilung zum Ergebnis kommt, dass im Hinblick auf die Komplexität der Tätigkeit oder ein allfälliges Gefahrenpotenzial eine fachgerechte Durchführung durch den Laien aus medizinischer Sicht überhaupt nicht (mehr) vertretbar ist oder die konkrete Person nicht über die nötigen Fähigkeiten verfügt, vgl. *Aigner/Kierein/Kopetzki*, ÖÄrzteG 1998, § 50a, Anm. 11.

sche Auswahlpflicht bezüglich der Delegationstätigkeit sowie die Anordnungs- bzw. Anleitungspflicht überein.

De lege ferenda sollte eine Delegationsregelung nach hier vertretener Ansicht eine Mischung aus den deutschen und österreichischen Delegationspflichten beinhalten: *Erstens* sollte die Auswahlpflicht bezüglich der Delegationstätigkeit dem bereits heute in beiden Ländern vertretenen Umfang entsprechen. *Zweitens* erscheint in Anlehnung an die österreichische Auswahlpflicht im Hinblick auf den Delegationsempfänger die Prüfung der materiellen Qualifikation entbehrlich, wenn die konkrete Tätigkeit fester Bestandteil einer krankenpflegerischen Aus-, Weiter- bzw. Fortbildung oder einer sonstigen beruflichen Qualifizierungsmaßnahme war. Dies setzt freilich voraus, dass insoweit eine Anpassung an aktuelle medizinisch-pflegerische Entwicklungen – beispielsweise an veränderte Durchführungstechniken – gewährleistet ist. Dabei handelt es sich jedoch um die ohnehin bestehende Berufspflicht eines Arztes[1587] bzw. Krankenpflegers[1588] zur Fortbildung und Kompetenzerhaltung, sodass das Aktualisierungsgebot nicht delegationsspezifisch ist und daher nicht explizit in eine Delegationsregelung aufgenommen werden müsste. *Drittens* bleibt es inhaltlich bei der ärztlichen Anordnungspflicht sowie der gegebenenfalls erforderlichen Anleitungspflicht. Auch in formeller Hinsicht erscheint eine formfreie ärztliche Anordnung mit dem Patientenschutz vereinbar, solange ihre Eindeutigkeit und Zweifelsfreiheit[1589] gewährleistet werden kann. *Viertens* sollte aus den genannten Gründen bei dem Arzt entgegen der österreichischen Delegationsregelung auch bei der Übertragung ärztlicher Tätigkeiten auf Krankenpfleger eine nach Art und Umfang variierende Überwachungspflicht verbleiben, die sich gegebenenfalls zu einer Reaktionspflicht verdichten kann.

b) Delegationsrelevante Sorgfaltspflichten des Krankenpflegers

Der Krankenpfleger darf ausdrücklich nur nach vorheriger schriftlicher – in medizinisch begründeten Ausnahmefällen auch mündlicher – ärztlicher Anordnung eine ärztliche Tätigkeit ausführen, sofern diese vom sog. mitverantwortlichen Tätigkeitsbereich umfasst ist, vgl. § 15 Abs. 1, Abs. 3 S. 1, Abs. 4 ÖGuKG. Insofern obliegt ihm eine *Übernahmeprüfpflicht*. Ferner trägt er nach § 15 Abs. 2 ÖGuKG die Verantwortung für die Durchführung der angeordneten Tätigkeit (Durchführungsverantwortung), die Ähnlichkeiten zur hier sog. *Durchführungspflicht* aufweist. Schließlich hat er nach § 15 Abs. 3 S. 2 ÖGuKG die erfolgte Durchführung durch Unterschrift zu bestätigen (*Dokumentationspflicht*).

aa) Übernahmeprüfpflicht

Nach § 15 ÖGuKG hat der übernehmende Krankenpfleger ausdrücklich zu prüfen, ob eine schriftliche oder ausnahmsweise zulässige mündliche ärztliche Anordnung vorliegt und ob die angeordnete Tätigkeit zu den mitverantwortlichen Tätigkeiten gehört. Letzteres ergibt sich unschwer, wenn die Tätigkeit eine der in den sieben Nummern des § 15

1587 Vgl. §§ 4, 5 MBO-Ä.

1588 Vgl. § 5 Nr. 2 e), f) KrPflBO Bremen; § 6 PflegeBO Saarland; § 6 PflegeBO Hamburg.

1589 Beispielsweise durch die mündliche Wiederholung der erteilten Anordnung und Rückbestätigung durch den anordnenden Arzt, vgl. *Mazal*, RdM 1998, 97 (97); *Weiss-Faßbinder/Lust*, ÖGuKG, § 11, Anm. 6.

Abs. 5 ÖGuKG aufgeführten Tätigkeiten ist. Im Übrigen bieten die bereits ergangenen Durchführungserlasse bzw. die allgemeinen Kriterien wie das Berufsbild, der vergleichbare Schwierigkeitsgrad, die im Rahmen der Grundausbildung bzw. Fortbildung vermittelten Kenntnisse und Fertigkeiten sowie der „Kernbereich“ des Berufsbildes eines anderen nichtärztlichen Gesundheitsberufs Anhaltspunkte zur Subsumierbarkeit weiterer ärztlicher Tätigkeiten unter den mitverantwortlichen Tätigkeitsbereich.[1590]

Neben der sich ausdrücklich aus § 15 ÖGuKG ergebenden Voraussetzung einer schriftlichen oder mündlichen ärztlichen Anordnung und der Prüfung, ob die angeordnete Tätigkeit zu den mitverantwortlichen Tätigkeiten gehört, ist der übernehmende Krankenpfleger auch in Österreich aufgrund der Figur der sog. Übernahme- bzw. Einlassungsfahrlässigkeit verpflichtet, nach einer gesunden Selbsteinschätzung zu prüfen, ob er sich selbst imstande sieht, die konkrete Tätigkeit ordnungsgemäß durchzuführen.[1591] Daher umfasst die Übernahmeprüfpflicht des Krankenpflegers auch in Österreich neben der formellen Qualifikation bezüglich der konkreten Tätigkeit, also der Zugehörigkeit zum mitverantwortlichen Tätigkeitsbereich, auch die materielle Qualifikation im Hinblick auf das Nichtvorliegen eines situativen physischen oder psychischen Ausnahmezustandes,[1592] also das Nichtvorliegen kurzfristiger Qualifikationsmängel wie beispielsweise Übermüdung oder Berauschung.

bb) Durchführungspflicht

Hat der Krankenpfleger eine Tätigkeit übernommen, ist er wie in Deutschland, zur ordnungsgemäßen Durchführung verpflichtet. Er trägt nach § 15 Abs. 2 ÖGuKG die Durchführungsverantwortung, deren Rahmen sich durch die Genauigkeit der Anordnung bestimmt und daraus determiniert wird.[1593] Dies entspricht der obigen Durchführungspflicht im Hinblick auf die anordnungs- und sorgfaltsgemäße Durchführung der delegierten Tätigkeit.

cc) Dokumentationspflicht

Darüber hinaus verlangt § 15 Abs. 3 S. 2 ÖGuKG zur Vollständigkeit und Transparenz der Krankengeschichte sowie der klaren Trennung der Verantwortungsbereiche,[1594] dass die erfolgte Durchführung durch Unterschrift bestätigt wird.

Dies stellt sich aber lediglich als Ausfluss der allgemeinen Dokumentationspflicht, nicht jedoch als Delegationsspezifikum dar, sodass eine explizite Dokumentationsverpflichtung in einer etwaigen deutschen Delegationsregelung entbehrlich ist. Vielmehr wird dem mit § 15 Abs. 3 S. 2 ÖGuKG verfolgten Zweck bereits durch die ohnehin bestehende Dokumentationspflicht genügt.

1590 *Weiss-Faßbinder/Lust*, ÖGuKG, § 15, Anm. 7; *Schwamberger*, ÖGuKG, § 15, Anm. 8.2.

1591 *Allmer*, ÖKZ 02/2006, 21 (25); vgl. *Juen*, Arzthaftungsrecht, S. 159 bzgl. der ärztlichen Einlassungsfahrlässigkeit.

1592 *Allmer*, ÖKZ 02/2006, 21 (25).

1593 *Emberger*, in: Emberger/Wallner, ÖÄrzteG, § 49, Anm. 14, S. 230.

1594 *Weiss-Faßbinder/Lust*, ÖGuKG, § 11, Anm. 4; *Schwamberger*, ÖGuKG, § 15, Anm. 2.

dd) Weitere Pflichten

Neben den sich bereits explizit aus § 15 ÖGuKG ergebenden krankenpflegerischen Delegationspflichten in Form von Übernahmeprüfung, Durchführung und Dokumentation, gibt es auch in Österreich weitere Pflichten.

Ebenso wie in Deutschland werden aus der Figur der Einlassungs- oder Übernahmefahrlässigkeit sowie des Vertrauensgrundsatzes[1595] weitere delegationsrelevante Pflichten abgeleitet, die der obigen Unterlassungs- und Remonstrationspflicht wie der Unterbrechungs- und Hinzuziehungspflicht vergleichbar sind. So hat der Krankenpfleger die Durchführung der Tätigkeit zu *verweigern*[1596], also zu unterlassen, wenn er im Rahmen seiner Übernahmeprüfpflicht zu dem Ergebnis kommt, dass er eine angeordnete Tätigkeit nicht entsprechend der im Einzelfall gebotenen Sorgfalt durchführen kann. Ferner trifft ihn entsprechend der obigen Remonstrationspflicht eine *Warnpflicht* bei eindeutig erkennbar falschen ärztlichen Anordnungen[1597] und allgemein dann, wenn er fachlich davon überzeugt ist, dass die Anordnungen des Arztes unvollständig oder gar schädlich sind.[1598] Schließlich hat der Krankenpfleger beim Auftreten von Fragestellungen, die seinen Wissens- bzw. Ausbildungsstand überschreiten, umgehend den anordnenden Arzt zu *befassen*[1599], was mit der obigen Unterbrechungs- und Hinzuziehungspflicht vergleichbar ist.

ee) Exkurs: Weiterdelegation

Darüber hinaus statuiert § 15 ÖGuKG in seinen Absätzen sechs[1600] und sieben[1601] weitere krankenpflegerische Pflichten für den Fall der Weiterdelegation. Danach sind Angehörige

---

1595 *Aigner*, RdM 2002, 100 (102, 105); *Juen*, Arzthaftungsrecht, S. 174.

1596 *Allmer*, ÖKZ 02/2006, 21 (25).

1597 *Allmer*, ÖKZ 02/2006, 21 (26 ff.); *Weiss-Faßbinder/Lust*, ÖGuKG, § 15, Anm. 2.

1598 *Allmer*, ÖKZ 02/2006, 21 (25, 26 ff.); *Emberger*, in: Emberger/Wallner, ÖÄrzteG, § 49, Anm. 14, S. 231; *Juen*, Arzthaftungsrecht, S. 175.

1599 *Allmer*, ÖKZ 02/2006, 21 (28); *Weiss-Faßbinder/Lust*, ÖGuKG, § 15, Anm. 3; *Schwamberger*, ÖGuKG, § 15, Anm. 2.

1600 § 15 Abs. 6 ÖGuKG: *„Im Rahmen des mitverantwortlichen Tätigkeitsbereiches sind Angehörige des gehobenen Dienstes für Gesundheits- und Krankenpflege berechtigt, nach Maßgabe ärztlicher Anordnungen gemäß Abs. 1 bis 4 folgende Tätigkeiten weiter zu übertragen und die Aufsicht über deren Durchführung wahrzunehmen: 1. an Angehörige der Pflegehilfe sowie an Teilnehmer eines Pflegehilfelehrganges im Rahmen der praktischen Ausbildung Tätigkeiten gemäß § 84 Abs. 4, 2. an Schüler einer Schule für Gesundheits- und Krankenpflege im Rahmen der praktischen Ausbildung Tätigkeiten des mitverantwortlichen Tätigkeitsbereiches, 3. an Rettungssanitäter gemäß SanG Tätigkeiten im Rahmen des Krankenanstaltenpraktikums der Ausbildung zum Notfallsanitäter und 4. an Notfallsanitäter mit allgemeiner Notfallkompetenz Arzneimittellehre gemäß SanG Tätigkeiten im Rahmen des Krankenanstaltenpraktikums der Ausbildung in der allgemeinen Notfallkompetenz Venenzugang und Infusion.“*

1601 § 15 Abs. 7 ÖGuKG: *„Im Rahmen des mitverantwortlichen Tätigkeitsbereichs sind Angehörige des gehobenen Dienstes für Gesundheits- und Krankenpflege berechtigt, nach Maßgabe ärztlicher Anordnungen gemäß Abs. 1 bis 4 folgende Tätigkeiten im Einzelfall an Personen gemäß § 3b und § 3c weiter zu übertragen: 1. Verabreichung von Arzneimitteln, 2. Anlegen von Bandagen und Verbänden, 3. Verabreichung von subkutanen Insulininjektionen und subkutanen Injektionen von blutgerinnungshemmenden Arzneimitteln, 4. Blutentnahme aus der Kapillare zur Bestimmung des Blutzuckerspiegels mittels Teststreifens, 5. einfache Wärme- und Lichtanwendungen. § 3b Abs. 3 bis 6 und § 3c Abs. 2 bis 5 sind anzuwenden.“*

des gehobenen Dienstes nach Maßgabe ärztlicher Anordnungen berechtigt, einige der Tätigkeiten des mitverantwortlichen Bereichs zum Beispiel an Angehörige der Pflegehilfe[1602] (§§ 15 Abs. 6 Nr. 1, 84 Abs. 1 Nr. 2[1603], Abs. 4[1604], Abs. 5 ÖGuKG) weiter zu übertragen. Diese Regelung zielte auf eine normative Anpassung an die übliche Vorgehensweise ab und sollte interne Arbeitsabläufe im stationären wie ambulanten Bereich erleichtern.[1605]

Im Fall der Weiterdelegation tritt der Krankenpfleger insofern an die Stelle des Arztes, als ihm – vorbehaltlich einer anders lautenden ärztlichen Anordnung – die *Auswahl* des weiteren Delegationsempfängers einschließlich der *Vergewisserung*[1606] über den Kenntnis- und Ausbildungsstand sowie die Wahrnehmung der *Aufsicht*[1607] über die Durchführung der konkreten Tätigkeit obliegt.

Da sich das Rechtsinstitut der Weiterdelegation bewährt hat, wurde es in § 15 Abs. 7 ÖGuKG für eine praxisnahe Realisierbarkeit der im Ärztegesetz vorgesehenen Delegation einzelner ärztlicher Tätigkeiten an Laienbetreuer sowohl für die Personenbetreuung als auch die persönliche Assistenz ermöglicht. Dabei soll die Weiterdelegation einschließlich der *Einschulung* und *Unterweisung*[1608] allerdings nur bestimmte ärztliche Tätigkeiten umfassen, die im Rahmen der Betreuung zu Hause laufend anfallen können und deren Über-

---

1602 Wie bei der Delegation ärztlicher Tätigkeiten im Verhältnis von Arzt-Krankenpfleger werden auch bei der Weiterdelegation ärztlicher Tätigkeiten im Verhältnis Krankenpfleger-Pflegehelfer verschiedene Tätigkeitsbereiche, in denen Anordnungsbefugnisse und Verantwortungen unterschiedlich aufgeteilt sind, festgelegt, *Schwamberger*, ÖGuKG, § 84, Anm. 2.

1603 Nach § 84 Abs. 1 Nr. 2 ÖGuKG umfasst der Tätigkeitsbereich der Pflegehilfe die *„Mitarbeit bei therapeutischen und diagnostischen Verrichtungen gemäß Absatz 4"*.

1604 § 84 Abs. 4 ÖGuKG lautet: *„Im Rahmen der Mitarbeit bei therapeutischen und diagnostischen Verrichtungen dürfen im Einzelfall nach schriftlicher ärztlicher Anordnung und unter Aufsicht von Angehörigen des gehobenen Dienstes für Gesundheits- und Krankenpflege oder von Ärzten folgende Tätigkeiten durchgeführt werden: 1. Verabreichung von Arzneimitteln, 2. Anlegen von Bandagen und Verbänden, 3. Verabreichung von subkutanen Insulininjektionen und subkutanen Injektionen von blutgerinnungshemmenden Arzneimitteln einschließlich Blutentnahme aus der Kapillare zur Bestimmung des Blutzuckerspiegels mittels Teststreifens, 4. Durchführung von Sondenernährung bei liegenden Magensonden, 5. Maßnahmen der Krankenbeobachtung aus medizinischer Indikation, wie Messen von Blutdruck, Puls, Temperatur, Gewicht und Ausscheidungen sowie Beobachtung der Bewußtseinslage und der Atmung und 6. einfache Wärme- und Lichtanwendungen. Nach Maßgabe des § 15 Abs. 6 Z 1 kann die Anordnung auch durch Angehörige des gehobenen Dienstes für Gesundheits- und Krankenpflege erfolgen. Eine Übermittlung der schriftlichen Anordnung per Telefax oder im Wege automationsunterstützter Datenübertragung ist zulässig, sofern die Dokumentation gewährleistet ist."*

1605 *Weiss-Faßbinder/Lust*, ÖGuKG, § 11, Anm. 12; *Schwamberger*, ÖGuKG, § 15, Anm. 5.1.

1606 *Weiss-Faßbinder/Lust*, ÖGuKG, § 11, Anm. 12; *Schwamberger*, ÖGuKG, § 15, Anm. 5.1.

1607 So normiert das Pflegehilfependant in § 84 Abs. 2, 4 ÖGuKG grundsätzlich ein Gebot der Aufsicht, *Schwamberger*, ÖGuKG, § 84, Anm. 4. Den Anforderungen der Praxis folgend (*Schwamberger*, ÖGuKG, § 84, Anm. 2) – kann die Aufsicht unter bestimmten Voraussetzungen nach § 84 Abs. 5 ÖGuKG auch in Form einer begleitenden in regelmäßigen Intervallen auszuübenden Kontrolle erfolgen. Wenngleich § 84 Abs. 5 ÖGuKG a.F. noch davon sprach, dass *„Tätigkeiten gemäß Abs. 1 […] in einzelnen Ausnahmefällen und zeitlich begrenzt auch ohne Aufsicht durchgeführt werden"*, war auch nach dieser Vorgängerregelung stets eine nachträgliche Kontrolle der durchgeführten Tätigkeit erforderlich.

1608 §§ 15 Abs. 7 S. 2, 3b Abs. 3 Nr. 3, 3c Abs. 2 Nr. 2 ÖGuKG.

tragung durch diplomiertes Pflegepersonal fachlich und organisatorisch gerechtfertigt erscheint.[1609]

Konsequenz für den delegierenden Arzt ist zunächst, dass er grundsätzlich nur die Anordnungsverantwortung hinsichtlich des diplomierten Krankenpflegers trägt, gleichwohl aber die Möglichkeit der Weiterdelegation durch den Krankenpfleger bereits bei seiner Anordnung zu bedenken hat. Sollte der Arzt daher eine Weiterdelegation bezüglich der im Einzelfall erforderlichen Kenntnisse und Fertigkeiten ausschließen, so hat er darauf in der schriftlichen Anordnung hinzuweisen.[1610]

ff) Zwischenergebnis

Die explizit aus § 15 Abs. 1 bis 5 ÖGuKG ableitbaren krankenpflegerischen Delegationspflichten in Gestalt der Übernahmeprüf- wie der Durchführungspflicht sowie die aus allgemeinen Rechtsinstituten hergeleitete Verweigerungs-, Warn- und Hinzuziehungspflicht stimmen weitgehend mit den deutschen Delegationspflichten überein.

Für den Fall der Weiterdelegation decken sich die delegationsrelevanten Sorgfaltspflichten des weiterdelegierenden Krankenpflegers – abgesehen von der Anordnungspflicht, die weiterhin beim delegierenden Arzt verbleibt – mit denen der ärztlichen Delegationspflichten wie sie in Deutschland für die Delegation vom Arzt auf den Krankenpfleger existieren.

3. Praxistauglichkeit der österreichischen Delegationsregelung

Im Auftrag des Bundesministeriums für Gesundheit und Frauen erarbeitete das Österreichische Bundesinstitut für Gesundheitswesen (ÖBIG) den ersten Österreichischen Pflegebericht. Dieser zielte auf eine systematische und umfassende Bestandsaufnahme von quantitativ und qualitativ erfassbaren Aspekten der Gesundheits- und Krankenpflegeberufe ab und untersuchte unter anderem die Umsetzung des ÖGuKG 1997 aus Sicht der Krankenpflegekräfte.[1611] Dazu wurden Fragebogenerhebungen durchgeführt, die sich an Führungspersonen der Pflege[1612] und praktizierende Pflegepersonen bzw. Basiskräfte[1613] sowie an Lehrkräfte und Schuldirektoren an Gesundheits- und Krankenpflegeschulen richteten.

Nach Angaben der Befragten werden die Kompetenzregelungen des Gesundheits- und Krankenpflegegesetzes in Bezug auf den eigen- und mitverantwortlichen Tätigkeitsbereich nur unzureichend umgesetzt und in Form von Kompetenzüber- und unterschreitungen der Gesundheits- und Krankenpflegeberufe sichtbar.[1614] Für die hier untersuchten Delegationsfälle, die den mitverantwortlichen Tätigkeitsbereich der diplomierten Krankenpfleger (§ 15 ÖGuKG) wie die Mitarbeit der Pflegehelfer bei therapeutischen und

1609 *Schwamberger*, ÖGuKG, § 15, Anm. 5.2.

1610 *Weiss-Faßbinder/Lust*, ÖGuKG, § 11, Anm. 12; *Schwamberger*, ÖGuKG, § 15, Anm. 5.1.

1611 *ÖBIG*, Österreichischer Pflegebericht 2006, S. V, 10.

1612 Pflegedienstleitung, Oberschwester/-pfleger, Bereichsleitung, Stationsschwester/-pfleger, Stützpunktschwester/-pfleger.

1613 Diplomierte Gesundheits- und Krankenpflegepersonen, Altenfachbetreuerinnen/-betreuer und Pflegehilfen.

1614 *ÖBIG*, Österreichischer Pflegebericht 2006, S. VI, 50 ff.

diagnostischen Verrichtungen (§§ 15 Abs. 6 Nr. 1, 84 Abs. 1 Nr. 2, Abs. 4 ÖGuKG) betreffen, wurde Folgendes festgestellt:

Rund fünf Prozent der diplomierten Krankenpfleger gaben an, mitverantwortliche Tätigkeiten ohne ärztliche Anordnung durchzuführen, obwohl diese laut ÖGuKG vorgeschrieben ist und nicht durch hausinterne Vereinbarungen ersetzt werden darf.[1615] Insofern überschritten sie also ihre Kompetenz. Dagegen unterschritten sie ihre eigene Delegierungskompetenz im Hinblick auf die für die Pflegehilfe im Detail festgelegte Mitarbeit bei therapeutischen Verrichtungen. Denn daran beteiligt sich der gehobene Dienst mehr (zu 90%) als die Pflegehilfe (zu 70%) selbst. Diplomierte Krankenpfleger übernehmen daher auch Tätigkeiten, die sie prinzipiell delegieren dürften.[1616] Obwohl in diesem Tätigkeitsbereich wie auch für die mitverantwortlichen Tätigkeiten eine ärztliche Anordnung zwingend vorgesehen ist, werden diese Tätigkeiten von acht Prozent der Hilfsdienste und zwölf Prozent der diplomierten Krankenpfleger ohne ärztliche Anordnung ausgeführt. Ferner unterbleibt die erforderliche Aufsicht nach Einschätzung von fast zwei Dritteln der in Krankenhäusern und Alten-/Pflegeheimen Beschäftigten bzw. von drei Vierteln der in der mobilen Pflege Tätigen.[1617]

Vertieft mit den Ursachen und Wechselwirkungen dieser als problematisch erkannten Ergebnisse des ersten Pflegeberichts setzt sich der 2007 folgende zweite österreichische Pflegebericht[1618] auseinander. Darin wird unter anderem festgestellt, dass Hilfskräfte[1619] ihre Kompetenzen im Tätigkeitsbereich der diplomierten Krankenpfleger in beachtlichem Ausmaß überschreiten. So führen 80% und mehr der befragten Hilfskräfte einen oder mehr Pflegeprozessschritte aus dem eigenverantwortlichen Tätigkeitsbereich der diplomierten Krankenpfleger durch und mehr als die Hälfte der befragten Hilfskräfte übernehmen Aufgaben aus dem mitverantwortlichen Tätigkeitsbereich.[1620] Beispielsweise wurden Injektionen von 35% der befragten Pflegehelfer und Altenfachbetreuer vorbereitet, Darmeinläufe von 30% sowie Infusionen von je rund 14% vorbereitet und angeschlossen.[1621] In signifikantem Zusammenhang mit den Kompetenzüberschreitungen stehen einerseits die Anzahl der zu betreuenden Patienten pro Tag, andererseits die Dauer der Berufsausübung. Je mehr Patienten zu versorgen sind bzw. je länger die Hilfskräfte in ihrem Beruf arbeiten, desto mehr und öfter überschreiten sie ihre im ÖGuKG vorgesehenen Kompetenzen.[1622]

Trotz der aufgezeigten Umsetzungsprobleme sprechen die in Österreich gemachten Erfahrungen mit einer Delegationsregelung nicht grundsätzlich gegen eine einheitliche Delegationsregelung auch in Deutschland. Wie nämlich in beiden österreichischen Pflegeberichten festgestellt, sind die aufgezeigten Probleme nicht den Delegationsregelungen

---

1615 *ÖBIG*, Österreichischer Pflegebericht 2006, S., S. 52 f.

1616 *ÖBIG*, Österreichischer Pflegebericht 2006, S., S. 55, 100. Dies hängt wohl mit komplexen Pflegesituationen zusammen, die kein Delegieren erlauben, *ÖBIG*, Österreichischer Pflegebericht 2006, S. VI, 101.

1617 *ÖBIG*, Österreichischer Pflegebericht 2006, S. 56.

1618 *Gesundheit Österreich GmbH/Geschäftsbereich ÖBIG*, Österreichischer Pflegebericht 2007.

1619 Pflegehelfer und Altenfachbetreuer.

1620 *Gesundheit Österreich GmbH/Geschäftsbereich ÖBIG*, Österreichischer Pflegebericht 2007, S. 68.

1621 *Gesundheit Österreich GmbH/Geschäftsbereich ÖBIG*, Österreichischer Pflegebericht 2007, S. 30.

1622 *Gesundheit Österreich GmbH/Geschäftsbereich ÖBIG*, Österreichischer Pflegebericht 2007, S. 32, 68 f.

als solchen, sondern in erster Linie den organisatorischen bzw. strukturellen Rahmenbedingungen der Patientenversorgung geschuldet.[1623] Insofern werden die Ursachen der Kompetenzverletzungen in der mangelnden Verfügbarkeit von Fach- und/oder Hilfskräften in der konkreten Behandlungssituation, also einer zu engen Personaldecke[1624] und den damit einhergehenden Schwächen in der Ablauforganisation[1625] sowie in fehlenden Kontrollen[1626] gesehen.

Ferner gibt es personenbezogene Gründe für die nicht kompetenzgemäße Umsetzung des ÖGuKG. So mangele es sowohl Führungspersonen als auch übrigen Ärzten und Krankenpflegern an Kenntnis des Berufs- und Dienstrechts[1627], die mit einer unkorrekten Anwendung des ÖGuKG einhergehe und zur Fehlinterpretation der Vorschriften führe[1628]. Einerseits würden dienstrechtliche Weisungen ergehen, die die berufsrechtlichen Regelungen überschritten[1629]. Andererseits würden Anordnungen unterlassen, weil Ärzte und Krankenpfleger nicht wüssten, welche Tätigkeiten in den eigenverantwortlichen und welche in den mitverantwortlichen Tätigkeitsbereich fielen.[1630] Weiterhin trüge die aus Sicht der Befragten ungeklärte Letztverantwortung für die jeweilige Tätigkeit[1631] zur Verunsicherung bezüglich der Kompetenzgrenzen bei. Schließlich wurden auch in der Angst vor Repressalien sowie in Hemmungen, (schriftliche) Anordnungen einzufordern bzw. Ärzte in der Nacht zu wecken[1632], mögliche Causae für die nur unzureichende Umsetzung des ÖGuKG ausgemacht.

Dem Großteil der aufgezeigten Probleme kann jedoch, wie die Pflegeberichte zu Recht konstatieren, durch weitere Aufklärungsarbeit hinsichtlich der Tätigkeitsbereiche sowie der diesbezüglichen Anordnungs- und Aufsichtsregelungen sowohl gegenüber den Gesundheits- und Krankenpflegeberufen als auch den Ärzten,[1633] durch Optimierung der Organisationsabläufe etwa in Form von Riskmanagement-Konzepten sowie durch wissenschaftsbasierte Standardisierung von Behandlungsabläufen und –maßnahmen begegnet werden.

Diesbezüglich weist der erste Pflegebericht allerdings auf das Problem der sehr genauen Festlegung von berufsspezifischen Vorbehaltstätigkeiten hin. Dies erschwere nämlich in der Praxis eine flexible Zusammenarbeit zwischen den Berufsgruppen. So gäben fachli-

---

1623 *ÖBIG*, Österreichischer Pflegebericht 2006, S. 101; *Gesundheit Österreich GmbH/Geschäftsbereich ÖBIG*, Österreichischer Pflegebericht 2007, S. 35 ff., 70.

1624 *ÖBIG*, Österreichischer Pflegebericht 2006, S. VI, 101; *Gesundheit Österreich GmbH/Geschäftsbereich ÖBIG*, Österreichischer Pflegebericht 2007, S. 37 f.

1625 *Gesundheit Österreich GmbH/Geschäftsbereich ÖBIG*, Österreichischer Pflegebericht 2007, S. 70.

1626 *ÖBIG*, Österreichischer Pflegebericht 2006, S. VI, 101; *Gesundheit Österreich GmbH/Geschäftsbereich ÖBIG*, Österreichischer Pflegebericht 2007, S. 44.

1627 *Gesundheit Österreich GmbH/Geschäftsbereich ÖBIG*, Österreichischer Pflegebericht 2007, S. 36.

1628 So liege es nahe, die Aufsicht stets als persönliche Aufsicht zu verstehen oder den Begriff der Anordnung mit Vereinbarung innerhalb des Pflegeteams zu verwechseln. Jedenfalls ersetzten in praxi häufig mündliche, hausinterne Vereinbarungen die laut ÖGuKG erforderliche Anordnung des Arztes.

1629 *Gesundheit Österreich GmbH/Geschäftsbereich ÖBIG*, Österreichischer Pflegebericht 2007, S. 36.

1630 *Gesundheit Österreich GmbH/Geschäftsbereich ÖBIG*, Österreichischer Pflegebericht 2007, S. 36.

1631 *ÖBIG*, Österreichischer Pflegebericht 2006, S. VI, 101.

1632 Unwirsche Reaktionen seien keine Seltenheit, *Gesundheit Österreich GmbH/Geschäftsbereich ÖBIG*, Österreichischer Pflegebericht 2007, S. 36, 70.

1633 *ÖBIG*, Österreichischer Pflegebericht 2006, S. VI.

che Schnittstellen immer wieder Anlass zu berufspolitischen Abgrenzungsdiskussionen[1634] mit dem Ziel, noch mehr Vorbehaltstätigkeiten vom Gesetzgeber zu fordern, was der Sicherung von Kontinuität und Qualität der Behandlung jedoch eher entgegenstehe.

Damit ist ein entscheidender Nachteil der Standardisierung angesprochen. Da die Bildung von Standards durch eine an vergangener und gegenwärtiger Praxis orientierte Erwartung erfolgt, neigt sie zu rückwärtsgewandter Festschreibung bisheriger Methoden und bringt zudem die Gefahr der Hemmung der Weiterentwicklung mit sich.[1635] Daher muss Beweglichkeit als Wesensmerkmal auch eines Delegationsstandards erhalten bleiben. Dies könnte im Hinblick auf die Aufnahme konkreter Tätigkeitskataloge dergestalt erfolgen, dass künftig mehr und nicht abschließend formulierte Poolkompetenzen[1636] ausgewiesen werden. Poolkompetenzen in diesem Sinn umfassen Tätigkeiten, die in einem ständigen Beobachtungsprozess als solche herausgefiltert werden, die ohne Qualitätsverlust von mehreren Berufsgruppen ausgeführt werden können[1637] und betreffen demzufolge vorliegend die mitverantwortlichen bzw. mitwirkenden und interdisziplinären Tätigkeitsbereiche der Krankenpflegeberufe. Dabei gewährleistete eine nicht abschließende Formulierung der Poolkompetenzen die erforderliche Flexibilität bezüglich der Aufnahme weiterer Poolkompetenzen und hinderte somit den medizinisch-pflegerischen Fortschritt nicht.

In conclusio streitet unter Berücksichtigung der österreichischen Erfahrungen und Empfehlungen für eine kompetenzgemäße Umsetzung der berufsrechtlichen Vorschriften trotz der aufgezeigten Schwierigkeiten für eine einheitliche Delegationsregelung die damit verbundene Praxistauglichkeit. So verdeutlicht eine ausreichend kommunizierte, einheitliche Delegationsregelung, wer wem unter welchen Bedingungen etwas anordnen darf, was wer selbst durchzuführen hat und welche Pflichten er in diesem Anordnungs- und Durchführungsrahmen wahrzunehmen hat. Der Vorteil einer einheitlichen Regelung des Delegationsstandards liegt somit darin, dass sie nicht nur eine Beschreibung des tatsächlich geübten Verhaltens, sondern auch eine normative Aussage darüber enthält, was in praxi für richtig und erforderlich angesehen wird, dass mithin das dem Delegationsstandard entsprechende Verhalten nicht nur üblich, sondern auch medizinisch-pflegerisch erwünscht ist.[1638] Aufgabe einer einheitlichen Delegationsregelung ist es daher, den Delegationsbeteiligten auf einen Blick ihre Pflichten aufzuzeigen, zur Gleichbehandlung ähnlich gelagerter Fälle beizutragen und somit eine medizinisch-pflegerische Patientenversorgung zu gewährleisten, die einem einheitlichen und optimalen Qualitätsstandard genügt.[1639]

1634 Ähnlich *Schwamberger*, RdM 2004, 131 (131), der auch auf das durch das ÖGuKG geförderte neue Selbstbewusstsein der Pflegeberufe hinweist, dass etwa im Hinblick auf die Betonung der Eigenverantwortlichkeit zu Problemen im Hinblick auf ärztliche Anordnungen führte.

1635 *Schreiber*, in: Nagel/Fuchs, Leitlinien und Standards im Gesundheitswesen, 167 (169); *Kempter*, Medizinische Sorgfaltstandards, S. 16 f.

1636 So auch *SVR Gesundheitswesen*, Kooperation und Verantwortung, Anm. 13, S. 40, abrufbar im Internet unter <http://www.svr-gesundheit.de/Startseite/Startseite.htm> (Stand v. 4.9.2007).

1637 *ÖBIG*, Österreichischer Pflegebericht 2006, S. 106.

1638 Vgl. allgemein zum Standardbegriff: *Hart*, ZaeFQ 2000, 65 (66); *Kempter*, Medizinische Sorgfaltstandards, S. 13; *Velten*, Der medizinische Standard im Arzthaftungsprozeß, S. 67.

1639 Vgl. allgemein zum Standard: *Kempter*, Medizinische Sorgfaltstandards, S. 14.

C Regelungsmöglichkeiten

Wie dem Wunsch der Befragten nach Rechtssicherheit und –klarheit[1640] im Berufsalltag durch eine einheitliche Delegationsregelung Rechnung getragen werden könnte, wird im Folgenden nachgegangen. Dazu wird zunächst ein Formulierungsvorschlag unterbreitet und sodann Möglichkeiten seiner Implementierung aufgezeigt.

I. Formulierungsvorschlag

Unter Berücksichtigung der vorliegend herausgearbeiteten delegationsrelevanten Sorgfaltspflichten der unmittelbar am Delegationsprozess Beteiligten könnte eine einheitliche Delegationsregelung für den delegierenden Arzt wie folgt formuliert werden:

Der Arzt darf im Einzelfall[1641] die Durchführung ärztlicher Tätigkeiten auf Gesundheits- und Krankenpfleger durch Anordnung übertragen (Delegation), wenn die Tätigkeiten

1. *weder abstrakt noch konkret von einem Arzt höchstpersönlich durchzuführen sind[1642] und*
2. *Bestandteil einer beruflichen Aus-, Weiter-, Fortbildung oder einer sonstigen beruflichen Qualifizierungsmaßnahme des jeweiligen Gesundheits- und Krankenpflegers waren[1643].*

Der delegierende Arzt hat

1. *dem durchführenden Gesundheits- und Krankenpfleger die zur Durchführung der Tätigkeit gegebenenfalls erforderliche Anleitung zu geben[1644],*
2. *den durchführenden Gesundheits- und Krankenpfleger den Umständen des Einzelfalls entsprechend zu überwachen[1645] und*

1640 Siehe *Vierter Teil, A, Abb. 16, Abb. 17*, S. 281.

1641 D.h. nach einer patientenbezogenen, individuell-konkreten Anordnung. Dadurch ist sichergestellt, dass vor jeder Delegation ärztlicher Tätigkeiten die Diagnose- und Therapieentscheidung beim Arzt verbleibt, siehe *Zweiter Teil, B, II. 6. b) bb)*, S. 176, *Vierter Teil, B, II. 2. b) bb)*, S. 292.

1642 Auswahlpflicht bzgl. Delegationstätigkeit. Zu prüfen ist die abstrakte wie konkrete Delegationsfähigkeit einer ärztlichen Tätigkeit, siehe *Zweiter Teil, B, II. 6. b) aa) (1)*, S. 168.

1643 Auswahlpflicht bzgl. Delegationsempfänger. Das betrifft die Prüfung der formellen Qualifikation des Delegationsempfängers, siehe *Zweiter Teil, B, II. 6. b) aa) (2) (a) (aa)*, S. 169. Dabei gewährleistet der Auffangtatbestand, dass auch innerbetriebliche Qualifizierungsmaßnahmen – etwa in Form der sog. Spritzenscheine – von der Regelung erfasst werden, um eine flexible und an die Delegationserfordernisse der konkreten Einrichtung angepasste Handhabung zu ermöglichen. Zum Teil werden insofern gesetzlich festgeschriebene Anforderungen an die Voraussetzungen innerbetrieblicher Qualifizierung im Bereich der Delegation ärztlicher Tätigkeiten gefordert, vgl. *Sträßner*, in: Arbeitsgemeinschaft Medizinrecht im DAV, Medizinrecht heute, 91 (120). Allerdings setzt die Beschränkung der Auswahlpflicht auf die formelle Qualifikation des Delegationsempfängers einen Minimalkonsens bezüglich abstrakt delegationsfähiger ärztlicher Tätigkeiten voraus und spricht daher für die Aufnahme eines nicht abschließenden Katalogs abstrakt delegationsfähiger Tätigkeiten.

1644 Anleitungspflicht, siehe *Zweiter Teil, B, II. 6. cc)*, S. 178 ff.

1645 Überwachungspflicht, siehe *Zweiter Teil, B, II. 6. dd)*, S. 180 ff.

3. daraus gegebenenfalls erforderliche Konsequenzen zu ziehen[1646].

Der delegierende Arzt trägt die Verantwortung für seine Anordnung[1647].

Für den durchführenden Krankenpfleger wäre folgende, seine Delegationspflichten aufzeigende Regelung denkbar:

Der Gesundheits- und Krankenpfleger darf im Rahmen der Mitwirkung ärztliche Tätigkeiten nach ärztlicher Anordnung durchführen, wenn

1. die Tätigkeiten Bestandteil seiner beruflichen Aus-, Weiter-, Fortbildung oder einer sonstigen beruflichen Qualifizierungsmaßnahme waren[1648] *und*
2. er über die für die Durchführung der Tätigkeiten erforderlichen Kenntnisse und Fähigkeiten verfügt[1649].

Andernfalls hat er

1. die Durchführung zu unterlassen[1650] *bzw. zu unterbrechen*[1651] *und*
2. dies dem delegierenden Arzt mitzuteilen[1652] *bzw. einen Arzt hinzuzuziehen*[1653].

Der durchführende Gesundheits- und Krankenpfleger trägt die Verantwortung für die Durchführung der delegierten Tätigkeit[1654].

Darüber hinaus könnte unter Zugrundelegung der Umfrageergebnisse[1655] und unter dem Vorbehalt einer qualitativ belastbaren medizinisch-pflegewissenschaftlichen Einschätzung folgender Tätigkeitskatalog angefügt werden:

1646 Reaktionspflicht, siehe *Zweiter Teil, B, II. 6. ee)*, S. 189 ff. Zwar folgt die Reaktionspflicht aus der Überwachungspflicht und lässt sich zudem daraus ableiten, dass der delegierende Arzt die Verantwortung für seine Anordnung trägt, sodass Nummer drei der vorgeschlagenen Regelung an sich entbehrlich ist. Gleichwohl sollte auch die Reaktionspflicht aus Klarstellungsgründen explizit aufgeführt werden, um den Ärzten als Normadressaten auf einen Blick ihre Delegationspflichten aufzuzeigen.

1647 Anordnungspflicht, siehe *Zweiter Teil, B, II. 6. bb)*, S. 176 ff.

1648 Übernahme- bzw. Fortführungsprüfpflicht bzgl. der formellen Qualifikation des Delegationsempfängers, siehe *Zweiter Teil, B, II. 7. b) aa) (1)*, S. 203.

1649 Übernahme- bzw. Fortführungsprüfpflicht bzgl. der materiellen Qualifikation des Delegationsempfängers, siehe *Zweiter Teil, B, II. 7. b) aa) (2)*, S. 203.

1650 Unterlassungspflicht, siehe *Zweiter Teil, B, II. 7. b) bb)*, S. 203.

1651 Unterbrechungspflicht, siehe *Zweiter Teil, B, II. 7. b) cc)*, S. 206.

1652 Remonstrationspflicht, siehe *Zweiter Teil, B, II. 7. b) bb)*, S. 203.

1653 Hinzuziehungspflicht, siehe *Zweiter Teil, B, II. 7. b) cc)*, S. 206.

1654 Durchführungspflicht, siehe *Zweiter Teil, B, II. 7. b) dd)*, S. 207.

1655 Siehe *Abb. 8.1* und *8.2*. Über die hier genannten Tätigkeiten hinaus schlägt *Roßbruch* beispielsweise folgende Tätigkeiten vor: Verabreichung von Medikamenten über Portkatheter, Durchführung des Wundmanagements, Verabreichung von intravenösen Injektionen, Anlegen von (Kurz) Infusionen, Blutentnahme aus der Vene, Legen von Braunülen sowie Wechseln von Trachealkanülen,

Zu den ärztlichen Tätigkeiten, die im Rahmen der Mitwirkung nach ärztlicher Anordnung von Gesundheits- und Krankenpflegern durchgeführt werden dürfen, gehören in der Regel:

1. *Verabreichung von Arzneimitteln,*
2. *Vorbereitung von subkutanen, intramuskulären und intravenösen Injektionen,*
3. *Verabreichung von subkutanen und intramuskulären Injektionen,*
4. *Vorbereitung und Anschluss von Infusionen bei liegendem Gefäßzugang, ausgenommen Transfusionen,*
5. *Blutentnahme aus der Vene und aus den Kapillaren,*
6. *Setzen von transurethralen Blasenkathetern zur Harnableitung, Instillation und Spülung,*
7. *Durchführung von Darmeinläufen und*
8. *Durchführung von Sondenernährung bei liegenden Magensonden.*

Wie die Formulierung von Regelbeispielen verdeutlicht, kann eine Delegationsregelung stets nur unter dem Vorbehalt des Einzelfalls stehen. Die Schwierigkeit, eine für alle Situationen geltende Delegationslösung zu finden, ergibt sich zum einen daraus, dass hier in besonderem Maße zutrifft, was auch sonst bei der Statuierung genereller Regelungen zu bedenken ist: Jeder Fall liegt anders. Art und Dringlichkeit des Eingriffs, Zustand des Patienten, Qualifikation der arbeitsteilig Zusammenwirkenden, personelle und apparative Ausstattung der jeweiligen Behandlungseinrichtung unterscheiden sich von Fall zu Fall und verlangen eine dementsprechend differenzierende rechtliche Beurteilung.[1656] Zum anderen wird der medizinisch-pflegewissenschaftliche Fortschritt stetig weitere Tätigkeiten hervorbringen, sodass es unmöglich ist, diese einzeln und sicher abgrenzbar zu definieren und auf diese Weise absolute Rechtssicherheit zu schaffen.[1657]

Trotz dieser Einschränkung gewährleistet eine einheitliche Delegationsregelung einen schnell erfassbaren Überblick über den geltenden Delegationsstandard in Form der den unmittelbar Delegationsbeteiligten obliegenden Delegationspflichten. Fernerhin bietet ein Regelbeispiele enthaltender Tätigkeitskatalog den Vorteil, Abstraktes zu konkretisieren, ohne die laufende Fort- und Weiterentwicklung der medizinisch-pflegerischen Wissenschaft oder die besonderen Umstände des Einzelfalls außer Betracht zu lassen. So sind als Regelbeispiele formulierte, delegationsfähige ärztliche Tätigkeiten weder abschließend noch bindend. Vielmehr geben Regelbeispiele lediglich die abstrakte Delegationsfähigkeit einzelner Tätigkeiten wieder, begründen mithin nur die widerlegliche Vermutung der konkreten Delegationsfähigkeit der jeweiligen Tätigkeit.

Roßbruch, Stellungnahme zum Gesetzentwurf des PfWG, in: BT, Ausschuss für Gesundheit, A-Drucks. 16(14)0327(65), S. 14.

1656 Vgl. nur *Großkopf*, Anm. zu OLG Stuttgart, Urt. v. 21.4.1994 – 4 U 54/93, Rechtsdepesche für das Gesundheitswesen 2003, 16 (16); *Wilhelm*, Verantwortung und Vertrauen bei Arbeitsteilung in der Medizin, S. 127.

1657 *Rosenkranz*, PaPfleReQ 2009, 55 (56).

II. Implementierung

Hinsichtlich einer Verankerung der Delegationsregelung kommen mehrere Möglichkeiten in Betracht. Zum einen ist hierarchisch zwischen einer gesetzlichen oder untergesetzlichen Implementierung zu unterscheiden. Zum anderen ist inhaltlich eine Verortung im speziellen Berufsrecht oder im allgemeinen, aber berufsrelevanten Recht denkbar. So könnte man etwa – wie jüngst mit dem Pflege-Weiterentwicklungsgesetz geschehen – das arbeitsteilige Zusammenwirken von Arzt und Krankenpfleger im Rahmen einzelner sozialversicherungsrechtlicher Vorschriften ausgestalten. Sachnäher erscheint es jedoch – wie in Österreich – eine Delegationsregelung im speziellen ärztlichen und krankenpflegerischen Berufsrecht zu erlassen.[1658]

Insofern sei allerdings auf die kompetenzrechtlichen Unterschiede zwischen Österreich und Deutschland verwiesen: Im Gegensatz zu Deutschland[1659] ist die Gesetzgebungskompetenz in Österreich auch für ärztliche und krankenpflegerische Berufsausübungsvorschriften durch Art. 10 Abs. 1 Nr. 12 B-VG[1660], der die Gesetzgebung und Vollziehung in Angelegenheiten des Gesundheitswesens[1661] regelt, dem Bund zugewiesen. Daher zielte das ÖGuKG – im Gegensatz zu seiner Vorgängerreglung, dem österreichischen Krankenpflegegesetz von 1961[1662], das Berufsbilder und Tätigkeitsbereiche offen ließ bzw. allgemein hielt – gerade neben der Festlegung von Berufsrechten und -pflichten und der Neuformulierung der Berufsbilder auf eine detaillierte Umschreibung der Tätigkeitsbereiche sowie umfassende Regelungen über die Berufsberechtigung und die Berufsausübung.[1663] Dagegen ist in Deutschland dem Bund lediglich die Kompetenz für die ärztliche oder pflegerische Berufszulassung durch Art. 74 Abs. 1 Nr. 19 GG zugewiesen, während ärztliche oder pflegerische Berufsausübungsvorschriften grundsätzlich Ländersache sind. Eine Bundeskompetenz entsteht diesbezüglich allenfalls dann, wenn die Berufsausübung von einer dem Bund zugewiesenen Spezialmaterie, wie beispielsweise dem Sozialversicherungsrecht gem. Art. 74 Abs. 1 Nr. 12 GG, erfasst wird.[1664] Davon kann jedoch nur ausgegangen werden, wenn spezielle sozialversicherungsrechtliche Ziele wie Qualitätssicherung und Wirtschaftlichkeit betroffen sind.[1665] Folglich ist der Bund nur dann für

---

1658 So auch *Roßbruch*, Stellungnahme zum Gesetzentwurf des PfWG, in: BT, Ausschuss für Gesundheit, A-Drucks. 16(14)0327(65), S. 8.

1659 Siehe *Zweiter Teil, B, I. 2*, S. 37 ff.

1660 Bundes-Verfassungsgesetz (B-VG) v. 19.12.1945, zuletzt geändert durch BGBl. I Nr. 127/2009.

1661 Das Gesundheitswesen betrifft die Obsorge für den allgemeinen Gesundheitszustand der Bevölkerung und daher alle Maßnahmen zur Bedarfsdeckung mit medizinischen Versorgungsleistungen, *Bernat*, in: Wenzel, Handbuch FA Medizinrecht, Kapitel 18, Rn. 2. Daher zählen „reine Pflegedienste", bei denen ausschließlich soziale Belange wie z.B. die Pflege von alten, chronisch kranken oder behinderten Menschen zur Ermöglichung eines Lebens in gewohnter Umgebung u.ä. im Vordergrund steht, nicht unter die im ÖGuKG geregelten Pflegeberufe, bei denen das „Gesundpflegen", d.h. die Unterstützung ärztlicher Betreuung im Vordergrund steht, *Attlmayr*, RdM 1998, 99 (99 ff., 103).

1662 Bundesgesetz betreffend die Regelung des Krankenpflegefachdienstes, der medizinisch-technischen Dienste und der Sanitätshilfsdienste v. 22.3.1961, BGBl. 102/1961.

1663 *ÖBIG*, Österreichischer Pflegebericht 2006, S. 8.

1664 *Ratzel*, ZMGR 2008, 186 (194); *ders.*, in: Ratzel/Luxenburger, § 4, Rn. 1.

1665 *Ratzel*, ZMGR 2008, 186 (195).

den Erlass einer Delegationsregelung gesetzgebungsbefugt, wenn eine solche entweder als Berufszulassungsregelung i.S.d. Art. 74 Abs. 1 Nr. 19 GG verstanden werden kann oder bei Einstufung als Berufsausübungsregelung von einem zwingenden Bezug zur Funktionsfähigkeit der vertragsärztlichen Versorgung auszugehen ist.[1666]

1. Bundeskompetenz aus Art. 74 Abs. 1 Nr. 19 GG

Die Berufszulassung i.S.d. Art. 74 Abs. 1 Nr. 19 GG betrifft die Erteilung, Zurücknahme oder den Verlust der Approbation sowie sonstige Voraussetzungen für die Aufnahme des ärztlichen oder krankenpflegerischen Berufs.[1667] Zur Berufszulassung gehören nur diejenigen Vorschriften, die erforderlich sind, um der Zulassungsregelung Gehalt zu geben.[1668] Wenn der Gesetzgeber die Zulassung zu einem bestimmten Beruf als die Befugnis zur Berufsausübung[1669] regeln darf, muss er zugleich den Beruf beschreiben dürfen, zu dem er zulassen will.[1670] Diese Beschreibung kann die fachlichen Anforderungen an die Berufsangehörigen, d.h. die für den Beruf typischen Fähigkeiten, bestimmen.[1671]

Zu den typischen Fähigkeiten eines Arztes bzw. eines Krankenpflegers gehört es bestimmte Tätigkeiten ausführen zu können. Demzufolge wäre die Aufnahme beispielhafter Tätigkeitsfelder für den Beruf des Krankenpflegers in § 3 KrPflG von der Gesetzgebungskompetenz des Bundes aus Art. 74 Abs. 1 Nr. 19 GG umfasst.[1672]

Über die konkreten und von Art. 74 Abs. 1 Nr. 19 GG erfassten Tätigkeitsbeschreibungen hinaus enthält die vorgeschlagene Delegationsregelung den Delegationsstandard in Form der den Delegationsbeteiligten obliegenden abstrakten Delegationspflichten.

Die dadurch zum Ausdruck gebrachte Möglichkeit eines Arztes, eigene ärztliche Tätigkeiten auf Krankenpfleger zur Durchführung zu übertragen, bzw. eines Krankenpflegers, auch ärztliche Tätigkeiten ausführen zu dürfen, betrifft jedoch nicht die Frage der Aufnahme des ärztlichen oder krankenpflegerischen Berufs, sondern setzt die Berufsaufnahme vielmehr voraus. Zudem beschreiben die Delegationspflichten in erster Linie Berufspflichten und damit das „Wie" der beruflichen Tätigkeit für eine bestimmte berufliche Situation. Folglich handelt es sich insofern um Modalitäten der Berufsausübung, sodass der Rückgriff auf Art. 74 Abs. 1 Nr. 19 GG verwehrt ist.

1666 Vgl. nur BVerfG, Urt. v. 16.2.2000 – 1 BvR 420/97, NJW 2000, 557 (558); Beschl. v. 30.4.2004 – 1 BvR 2334/03, NJW 2004, 2660 (2661); *Ratzel*, ZMGR 2008, 186 (195); *ders.*, in: Ratzel/Luxenburger, § 4, Rn. 3.

1667 BVerfG, Beschl. V. 28.5.1957 – 2 BvO 5/56, NJW 1957, 1145 (1145); Beschl. v. 9.5.1972 – 1 BvR 518/62, 308/64, NJW 1972, 1504 (1505).

1668 *Leibholz/Rinck*, GG, Art. 74, Rn. 706.

1669 Vgl. BVerfG, Beschl. v. 9.5.1972 – 1 BvR 518/62, 308/64, NJW 1972, 1504 (1505) m.w.N.

1670 *Leibholz/Rinck*, GG, Art. 74, Rn. 706; ähnlich: *Neupert*, MedR 2004, 134 (136), der von der Definitionsmacht des Bundes über das Berufsbild spricht.

1671 *Leibholz/Rinck*, GG, Art. 74, Rn. 706.

1672 Ebenso könnte man für den Beruf des Arztes in § 1 BÄO beispielhafte Tätigkeiten aufführen, die in abstracto höchstpersönlich von einem Arzt auszuführen sind, siehe *Zweiter Teil, A, II. 1. Abb. 7*, S. 23 f.

2. Bundeskompetenz aus Art. 74 Abs. 1 Nr. 12 GG

Im Hinblick auf den die Delegationspflichten enthaltenen Teil der vorgeschlagenen Delegationsregelung verbleibt es somit zu prüfen, ob sich aus der Rechtsetzungskompetenz des Bundes für das Krankenversicherungsrecht gem. Art. 74 Abs. 1 Nr. 12 GG und für die Festlegung der rechtlichen Rahmenbedingungen für die vertragsärztliche Versorgung eine Bundeskompetenz begründen ließe. Art. 74 Abs. 1 Nr. 12 GG ermöglicht es dem Bund nicht nur den Zugang der Leistungserbringer zu dem Versorgungssystem der gesetzlichen Krankenversicherung zu regeln, sondern auch die Versorgungsstrukturen bezüglich der vertragsärztlichen Tätigkeit sowie die Qualitätsanforderungen, die an die Erbringung ärztlicher Leistungen im Rahmen der gesetzlichen Krankenversicherung zu stellen sind, selbst wenn damit Abweichungen vom ärztlichen Berufsrecht verbunden sind.[1673] Dann müssten sich aus dem Krankenversicherungsrecht ergebende Einschränkungen des ärztlichen wie pflegerischen Berufsrechts so eng mit der Leistungserbringung im System der gesetzlichen Krankenversicherung verknüpft sein, dass sie sich als notwendige Voraussetzung für die Funktionsfähigkeit des Versorgungssystems erweisen.[1674]

Wenngleich angesichts des gegenwärtig drohenden und teilweise existierenden Ärztemangels auch die Sicherstellung der Versorgung der Versicherten gefährdet sein könnte, so bedeutet die vorgeschlagene Delegationsregelung kein Abweichen vom, sondern lediglich eine einheitliche Zusammenfassung des geltenden Berufsrechts. Daher erscheint bereits aus diesem Grund eine Bundeskompetenz aus Art. 74 Abs. 1 Nr. 12 GG auszuscheiden und gibt es Stimmen, die andernfalls einen Eingriff in die Kompetenz der Länder für die Berufsausübung der Heilberufe befürchten.[1675]

3. Länderkompetenz aus Art. 70 GG

Folglich wäre bezüglich der vorgeschlagenen Delegationsregelung allenfalls im Hinblick auf den Tätigkeitskatalog eine Gesetzgebungskompetenz des Bundes gem. Art. 74 Abs. 1 Nr. 19 GG begründbar. Da Tätigkeitsbeschreibungen aber ebenso die äußere Erscheinungsform, Inhalt und Umfang der beruflichen Tätigkeit und damit Fragen der Berufsausübung betreffen,[1676] ist davon auszugehen, dass eine Delegationsregelung insgesamt als Regelung der allgemeinen Berufsausübung in die Kompetenz der Länder fällt und somit nicht in das Krankenpflegegesetz aufgenommen werden könnte.

Trotz der Regelungskompetenz der einzelnen Länder bleibt – wie ein Blick auf die weitgehend inhaltsgleichen Berufsordnungen der Ärzte und Krankenpfleger bestätigt[1677] – eine bundeseinheitliche Delegationsregelung insofern möglich als – auf der Ebene unterhalb des formellen Parlamentsgesetzes – die mit Satzungsrecht ausgestatteten Landesärzte-

---

1673 BSG, Urt. v. 9.4.2008 – B 6 KA 40/07 R, NZS 2009, 338 (341 ff.); *Engelmann*, MedR 2002, 561 (572).

1674 BVerfG, Urt. v. 16.2.2000 – 1 BvR 420/97, NJW 2000, 557 (558); Beschl. v. 30.4.2004 – 1 BvR 2334/03, NJW 2004, 2660 (2661); *Ratzel*, ZMGR 2008, 186 (195); *ders.*, in: Ratzel/Luxenburger, § 4, Rn. 3; *Engelmann*, MedR 2002, 561 (572).

1675 *Ratzel*, ZMGR 2008, 186 (195).

1676 *Tettinger*, in Sachs: GG, Art. 12, Rn. 57.

1677 Siehe *Zweiter Teil, B, I. 3. a) aa)*, S. 40 ff.

kammern auf der Grundlage der Bestimmungen der Heilberufs- und Kammergesetze der Länder bzw. die durch die Gesundheitsdienstgesetze der Länder ermächtigten Gesundheitsministerien freiwillig eine einheitliche Regelung[1678] in den ländereigenen, ärztlichen bzw. krankenpflegerischen[1679] Berufsordnungen verabschieden könnten. Der angestrebte einheitliche Tätigkeitskatalog erfordert insofern ferner eine Anpassung der länderspezifischen Lehrpläne und sonstiger Ausbildungsvorschriften, um ein einheitliches krankenpflegerisches Ausbildungsniveau hinsichtlich der als abstrakt delegationsfähig eingestuften ärztlichen Tätigkeiten zu gewährleisten.[1680]

Da die Berufsordnungen in erster Linie Berufspflichten und Grundsätze der beruflichen Tätigkeit beschreiben, gehört eine Delegationsregelung zum ureigenen Inhalt einer ärztlichen wie krankenpflegerischen Berufsordnung. Dieser Standort eignet sich weiterhin dazu, die interprofessionelle Standardisierung von Arbeitsabläufen, die als zu wenig ausgeprägt beanstandet wird,[1681] zu fördern und das Bewusstsein für die Bedeutung einer adäquaten Zusammenarbeit zwischen Ärzten und Krankenpflegern zu stärken.

III. Ergänzung durch Delegationsleitlinien

Die vorgeschlagene Delegationsregelung bestimmt den Delegationsstandard einerseits in Form der ärztlichen und krankenpflegerischen Delegationspflichten, andererseits in Form eines nicht abschließenden Tätigkeitskatalogs. Während die erste Komponente anhand juristischer Kategorien beschreibt, unter welchen Rahmenbedingungen eine ärztliche Tätigkeit einem Krankenpfleger übertragen werden darf, betrifft die zweite Komponente ausschließlich die medizinisch-pflegewissenschaftliche Auseinandersetzung mit der abstrakten Delegationsfähigkeit ärztlicher Tätigkeiten. Nur der medizinisch-pflegewissenschaftliche Sachverstand kann unter Berücksichtigung der Sicherheit und Qualität der Patientenversorgung beurteilen, welche ärztlichen Tätigkeiten abstrakt delegationsfähig und welche weiterhin höchstpersönlich vom Arzt zu erbringen sind.

Wie der Umfang des formulierten Tätigkeitskatalogs zeigt, handelt es sich insofern lediglich um einen Minimalkonsens, der unabhängig vom konkreten Fachgebiet einzelne, abstrakt delegationsfähige ärztliche Tätigkeiten benennt. Über diesen in die krankenpflegerischen Berufsordnungen aufzunehmenden Minimalkonsens hinaus, empfiehlt es sich jedoch angesichts des Bedürfnisses der Praxis nach Konkretisierung erweiterte *fachspezifische* Tätigkeitskataloge außerhalb der Berufsordnungen aufzustellen, um einerseits die Be-

1678 Insofern könnte der Teil der vorgeschlagenen Delegationsregelung, der sich auf den delegierenden Arzt bezieht zunächst in die vom Deutschen Ärztetag (BÄK) beschlossene MBO-Ä [z.B. unter C. Verhaltensregeln (Grundsätze korrekter ärztlicher Berufsausübung), Nr. 2 Behandlungsgrundsätze] aufgenommen werden. Dagegen könnte der Teil, der den durchführenden Krankenpfleger betrifft, Eingang in die Rahmenberufsordnung des Deutschen Pflegerats (z.B. als neu eingeführte Absätze 3b und 3c unter § 2 Aufgaben) finden. Diese Entscheidung ist letztlich aber von berufspolitischer Natur und kann im Rahmen dieser Arbeit nicht weiter verfolgt werden.

1679 Siehe *Zweiter Teil, B I. 3 b) ii)*, S. 69 ff.

1680 Vgl. *Frahm*, VersR 2009, 1576 (1580); *Igl*, in: Deutscher Pflegerat e.V., Weitere öffentlich-rechtliche Regulierung der Pflegeberufe, S. 34.

1681 *SVR Gesundheitswesen*, Kooperation und Verantwortung, Anm. 9, S. 39, abrufbar im Internet unter <http://www.svr-gesundheit.de/Startseite/Startseite.htm (Stand v. 4.9.2007).

rufsordnungen nicht zu überfrachten und andererseits notwendige Aktualisierungen kurzfristig umsetzen zu können.

Die erweiterten fachspezifischen Tätigkeitskataloge könnten angepasst an die sich unterscheidenden krankenpflegerischen Qualifikationen – etwa von Krankenpflegern auf HNO-Stationen zu Krankenpflegern auf Intensivstationen – verschiedene abstrakt delegationsfähige Tätigkeiten auflisten und sollten als medizinisch-pflegerische Delegationsempfehlung für den Regelfall verstanden werden.

Üblicherweise werden derartige Regelfallstandards in Form von Richtlinien, Leitlinien oder Empfehlungen und Stellungnahmen der jeweiligen Fachgesellschaften, Berufsverbände oder sonstiger Institutionen im Gesundheitswesen formuliert. Den unterschiedlichen Begriffen werden häufig unterschiedliche medizinische und auch rechtliche Verbindlichkeitsgrade dergestalt beigemessen, dass man Richtlinien befolgen *müsse*, Leitlinien befolgen *solle* und Empfehlungen befolgen *könne*.[1682] Demnach werden *Richtlinien* als Verhaltensregelungen definiert, die von einer rechtlich-legitimierten Institution konsentiert, schriftlich fixiert und veröffentlicht wurden, für den Rechtsraum dieser Institution verbindlich sind und deren Nichtbeachtung definierte Sanktionen nach sich zieht.[1683] Als *Leitlinien* werden systematisch entwickelte, wissenschaftlich begründete und praxisorientierte Entscheidungshilfen über die angemessene diagnostische und therapeutische Vorgehensweise der behandelnden Ärzte wie Krankenpfleger bei typischen und speziellen gesundheitlichen Problemen in der klinischen Praxis bezeichnet, von denen in begründeten Einzelfällen abgewichen werden kann und muss.[1684] Schließlich wird *Empfehlungen* oder *Stellungahmen* der geringste Verbindlichkeitsgrad attestiert, indem sie als lediglich informative Ratschläge verstanden werden, von denen immer abgewichen werden kann.[1685]

Wenngleich rein sprachlich der Begriffstrias Richtlinie-Leitlinie-Empfehlung, wie in den soeben genannten Definitionen zum Ausdruck gebracht, abnehmende Verbindlichkeitsgrade impliziert, liegt der Unterschied – nicht zuletzt mangels einheitlicher Verwendung der Begrifflichkeiten[1686] – nicht in der Bezeichnung einer medizinisch-pflegewissenschaftlichen Verhaltensregel, sondern in der Legitimation und Intention ihres Herausgebers.[1687] Weiterhin erwecken die Beschreibungen den Eindruck, als dürfe man von Richtlinien im Gegensatz zu Leitlinien oder Empfehlungen nicht abweichen. Indes darf eine Richtlinie, die zur Zeit der Behandlung nicht mehr dem medizinischen Standard entspricht, nicht befolgt werden oder es gebieten die besonderen Umstände des Einzelfalls,

---

1682 *Hart*, ZaeFQ 2000, 65 (66); *ders.*, MedR 1998, 8 (10); *Kempter*, Medizinische Sorgfaltstandards, S. 58; *Heerklotz*, in: Nagel/Fuchs, Leitlinien und Standards im Gesundheitswesen, 84 (84 f., 87).

1683 *BÄK*, Verbindlichkeit von Richtlinien, Leitlinien, Empfehlungen und Stellungnahmen, abrufbar im Internet unter <http://www.bundesaerztekammer.de/page.asp?his=0.7> (Stand v. 11.5.2010); *Hart*, ZaeFQ 2000, 65 (66); *ders.*, MedR 1998, 8 (11); *Kempter*, Medizinische Sorgfaltstandards, S. 59.

1684 *Hart*, ZaeFQ 2000, 65 (65 ff.); *Kempter*, Medizinische Sorgfaltstandards, S. 61; *BÄK*, Verbindlichkeit von Richtlinien, Leitlinien, Empfehlungen und Stellungnahmen, abrufbar im Internet unter <http://www.bundesaerztekammer.de/page.asp?his=0.7> (Stand v. 11.5.2010).

1685 *Hart*, MedR 1998, 8 (10); *Velten*, Der medizinische Standard im Arzthaftungsprozeß, S. 55; *Kempter*, Medizinische Sorgfaltstandards, S. 62.

1686 *Taupitz*, NJW 2003, 1145 (1145); *Kempter*, Medizinische Sorgfaltstandards, S. 58.

1687 *Taupitz*, NJW 2003, 1145 (1145 f.); zust. *Ulsenheimer*, Arztstrafrecht in der Praxis, Rn. 18 d.

von einer Richtlinie abzuweichen.[1688] Vielmehr ist und bleibt aus haftungsrechtlicher Sicht somit der medizinische bzw. pflegerische Standard als Erkenntnisstand der medizinischen bzw. pflegerischen Wissenschaft zur Zeit der Behandlung der entscheidende Maßstab für die Beurteilung ärztlichen wie pflegerischen Verhaltens – nicht eine Richtlinie, Leitlinie oder Empfehlung.[1689] Da sowohl Richtlinien als auch Leitlinien oder Empfehlungen jeweils typisierte Problemlagen betreffen, können sie lediglich „Orientierungshilfen" für die Praxis darstellen und bedeuten demzufolge aus haftungsrechtlicher Sicht funktionell dasselbe.[1690]

Gleichwohl erscheint unter Zugrundelegung der obigen Definitionen für weitere fachspezifische Tätigkeitskataloge der Terminus *Delegationsleitlinien* am passendsten. Leitlinien existieren auf internationaler, nationaler, regionaler und lokaler Ebene und werden von internationalen[1691] und nationalen[1692] Organisationen, insbesondere von medizinischen und pflegerischen Fachgesellschaften, aber auch von regionalen[1693] und lokalen[1694] Institutionen aufgestellt.[1695] Das Thema der Delegation ärztlicher Tätigkeiten wurde bislang insbesondere in Empfehlungen und Stellungnahmen[1696] behandelt, wenngleich auch

1688 *Taupitz*, NJW 2003, 1145 (1146); *Ulsenheimer*, Arztstrafrecht in der Praxis, Rn. 18d ff.

1689 BGH, Urt. v. 12.7.1994 – VI ZR 299/93, NJW 1994, 3008 (3009); OLG Hamm, Urt. v. 27.1.1999 – 3 U 26/98, NJW 2000, 1801 (1802); *Ulsenheimer*, Arztstrafrecht in der Praxis, Rn. 18 b; *Velten*, Der medizinische Standard im Arzthaftungsprozeß, S. 55 ff.

1690 *Ulsenheimer*, Arztstrafrecht in der Praxis, Rn. 18 b; *Velten*, Der medizinische Standard im Arzthaftungsprozeß, S. 58: *Schädler*, Strafrechtliche Aspekte des Organisationsverschuldens in stationären Pflegeeinrichtungen, S. 132.

1691 Z.B. Agency for Health Care Research and Quality (USA); The National Guideline Clearinghouse (USA); National Institute for Clinical Excellence (Großbritannien).

1692 Z.B. Leitlinien der Mitgliedsgesellschaften der Arbeitsgemeinschaft der Wissenschaftlichen Medizinischen Fachgesellschaften (AWMF); Nationale Versorgungsleitlinien von BÄK, AWMF, KBV; Leitlinien von Gremien der ärztlichen Selbstverwaltungskörperschaften in Deutschland; Leitlinien aus Universitäten, Kliniken und Klinikverbünden; Pflegestandards und –leitlinien des Deutschen Netzwerks für Qualitätsentwicklung in der Pflege (DNQP); Deutsche Gesellschaft für Palliativmedizin.

1693 So z.B. von den Ärztekammern der Länder.

1694 So z.B. Krankenhausabteilungen.

1695 *Hart*, ZaeFQ 2000, 65 (65). Eine Übersicht zu Leitlinien und entsprechender Literatur in- und ausländischer Organisationen wird unter <http://www.Leitlinien.de> geführt.

1696 Vgl. z.B.: Stellungnahme des Vorstandes der *BÄK* zur Vornahme von Injektionen, Infusionen und Blutabnahmen durch Angehörige der medizinischen Assistenzberufe v. 16.2.1974 (abgedruckt in: *Jacobs*, I.-v.-Injektionen, S. 112) und v. 18.4.1980; Stellungnahme der *DKG* zur Durchführung von Injektionen, Infusionen und Blutentnahmen durch das Krankenpflegepersonal (abgedruckt in: *Jacobs*, I.-v.-Injektionen, S. 108 – 111); Stellungnahme der *ADS* und des *DBfK* v. April 1989, die im einzelnen Empfehlungen zur Durchführung subkutaner, intramuskulärer und intravenöser Injektionen, Infusionen, Einspritzungen in implantierte und sonstige liegende Kathetersysteme, Transfusionen und Blutentnahmen enthält (abgedruckt in: *Jacobs*, I.-v.-Injektionen, S. 99 – 107); Stellungnahme der *ADS* und des *DBfK* zu berufsfremden Tätigkeiten in der Kranken- und Kinderkrankenpflege v. Mai 1990 (abgedruckt in: *Jacobs*, I.-v.-Injektionen, S. 121 – 128); aus jüngerer Zeit insbesondere *VPU*, Übernahme ärztlicher Tätigkeiten, S. 20 ff. mit der sog. Ampelrichtlinie, die qualifikationsspezifisch beispielhafte (Delegations-)Tätigkeitsfelder von Gesundheits- und (Kinder-)Krankenpflegern, fachweitergebildetem Personal in der „Intensivpflege und Anästhesie" / „Funktionspflege / Operationspflege" / „Onkologische Pflege", Altenpflegern, Operationstechnischen Assistenten sowie Kranken- und Altenpflegehelfern aufführt.

verschiedene Leitlinien einzelne Delegationsaussagen enthalten.[1697] Jedenfalls legen Leitlinien auch Qualitätsanforderungen an die Erbringung von Tätigkeiten in inhaltlicher wie struktureller Hinsicht fest, sodass sie auch umfassender die Delegation ärztlicher Tätigkeiten beschreiben könnten.[1698]

Gegen Delegationsleitlinien wird jedoch einerseits eingewandt, dass möglicherweise die nichtärztlichen Berufsgruppen nicht hinreichend berücksichtigt würden.[1699] In der Tat lassen sich krankenpflegerische Arbeitsanteile an der komplexen Patientenbehandlung und die Möglichkeiten der Tätigkeitsübernahme nur dann systematisiert in Leitlinien abbilden, wenn sie interprofessionell, also unter Einbeziehung aller betroffenen Berufsgruppen, insbesondere der Ärzte und Krankenpfleger, erstellt werden.[1700] Insofern sind sowohl die ärztlichen wie pflegerischen Berufsvertreter weiterhin gehalten, sich aktiv an der Delegationsdiskussion zu beteiligen und in fachspezifischen Delegationsleitlinien einen Konsens zur abstrakten Delegationsfähigkeit konkreter ärztlicher Tätigkeiten zu formulieren. Wird die Delegationsfähigkeit einzelner Tätigkeiten von der ärztlichen und pflegerischen Profession unterschiedlich bewertet, so ist dies, wie auch sonst bei sich widersprechenden Leitlinien, als Hinweis darauf zu verstehen, dass es bezüglich dieser Tätigkeiten noch an einem Delegationsstandard fehlt bzw. die vorhandene Evidenz unterschiedlich interpretiert wird, sodass für die Entscheidung im Einzelfall das Risikominimierungsgebot wie die Aufklärung des Patienten über die verschiedenen Behandlungsmöglichkeiten als rechtliche Antworten auf die medizinische Ungewissheit an Bedeutung gewinnen.[1701]

Andererseits spreche gegen eine Leitlinienlösung die relative Unverbindlichkeit derartiger Leitlinien, die nur eine Empfehlung an die Akteure in der Gesundheitsversorgung sein könnten, ohne ein bestimmtes Maß an Rechtssicherheit und Verbindlichkeit zu schaffen.[1702] Dem ist freilich zuzugeben, dass Leitlinien, wie schon angesprochen, lediglich Orientierung im Sinne von Entscheidungs- und Handlungsoptionen geben können und

---

1697 Vgl. AWMF-Arbeitskreis „Krankenhaus- & Praxishygiene", Hygiene Requirements for Postoperative Wound Management, AWMF-Leitlinien-Register, Nr. 029/031e, abrufbar im Internet unter <http://www.uni-duesseldorf.de/AWMF/ll/> (Stand: 11.5.2010): *„Covering of a wound (applying a dressing) and the changing of dressings, storage and documentation are tasks that must be carried out by physicians. They may be delegated to qualified nursing personnel"*. Deutsche Gesellschaft für Gynäkologie und Geburtshilfe, Arbeitsgemeinschaft Medizinrecht, Empfehlungen zu den ärztlichen Beratungs- und Aufklärungspflichten während der Schwangerenbetreuung und bei der Geburtshilfe, AWMF-Leitlinien-Register, Nr. 015/043, abrufbar im Internet unter <http://www.uni-duesseldorf.de/AWMF/ll/> (Stand: 11.5.2010): *„Das Aufklärungsgespräch ist eine ärztliche Aufgabe, die nicht dem Pflegepersonal überlassen werden darf."*

1698 *Frahm*, VersR 2009, 1576 (1579); *Wienke*, Delegation ärztlicher Verantwortung auf nichtärztliches Personal, Vortrag vor der Kaiserin-Friedrich-Stiftung beim 36. Symposium für Juristen und Ärzte am 22.2.2008, zitiert nach *Bergmann*, MedR 2009, 1 (7).

1699 *Bergmann*, MedR 2009, 1 (7).

1700 *SVR Gesundheitswesen*, Kooperation und Verantwortung, Anm. 236 ff., 272, abrufbar im Internet unter <http://www.svr-gesundheit.de/Startseite/Startseite.htm> (Stand v. 4.9.2007); zust. *Frahm*, VersR 2009, 1576 (1579). Darüber hinaus verweist *Bergmann* auf die Beteiligung der Verwaltungs- und Controllingebene wie der Geschäftsführung, *Bergmann*, MedR 2009, 1 (7).

1701 Vgl. *Hart*, ZaeFQ 2000, 65 (67); *ders.*, MedR 1998, 8 (13, 14); *Jung*, Die Rolle des Gesetzgebers auf dem Gebiet des Arztrechts, in: Jung/Schreiber, Arzt und Patient zwischen Therapie und Recht, S. 189 (200).

1702 *Bergmann*, MedR 2009, 1 (7).

ihre Umsetzung bei der – angesichts der Vielgestaltigkeit von Krankheitsbildern und –verläufen erforderlichen – fallspezifischen Betrachtung im Ermessensspielraum des behandelnden Arztes wie Krankenpflegers liegt.[1703] Enthält diese Kritik im Umkehrschluss allerdings die Aussage, Rechtsunsicherheit könne immer nur durch Gesetz beseitigt werden, so stellt sich dies als Trugschluss heraus. Es gilt zu bedenken, dass die hier in Rede stehende Unsicherheit an sich nicht Rechtsunsicherheit ist, sondern lediglich die Unsicherheit über die Standards beruflichen Handelns zum Ausdruck bringt. Die medizinisch-pflegerische Wissenschaft hat es nicht mit Gewissheiten, sondern mit gruppenbezogenen Wahrscheinlichkeiten zu tun, sodass der Schluss von der Erfahrung Dritter auf den Einzelfall nicht möglich ist, sondern an seiner Stelle stets die Entscheidung steht.[1704] Daher lässt sich Rechtssicherheit im medizinisch-pflegewissenschaftlichen Bereich nicht durch den völligen Verlust von Handlungsspielräumen herstellen.[1705] Ein gesetzgeberisches Vorgehen kann nur abstrakte Regelungen treffen[1706] und somit nur in begrenztem Umfang dazu beitragen, Spannungen, Konflikte und Ungewissheiten in arbeitsteiligen Prozessen abzubauen.[1707]

Es kommt vielmehr darauf an, die konkretisierenden medizinischen Standards zu überprüfen und möglichst transparent zu halten.[1708] Dazu erscheint der Weg über interprofessionelle Delegationsleitlinien am sachnächsten. Zudem ermöglichen Leitlinien – im Gegensatz zum „starren" Gesetz – aufgrund regelmäßiger Kontrolle und Aktualisierung die beste Annäherung an die medizinisch-pflegewissenschaftlich gebotene Behandlungswirklichkeit.[1709]

Solange eine Delegationsleitlinie den medizinischen Standard zur Zeit der Behandlung wiedergibt, kann sie ferner aus haftungsrechtlicher Sicht auch der bestehenden

1703 *Hart*, ZaeFQ 2000, 65 (65 ff.); *Kohte*, in: Lilie/Bernat/Rosenau, Standardisierung in der Medizin als Rechtsproblem, 79 (98); *Schädler*, Strafrechtliche Aspekte des Organisationsverschuldens in stationären Pflegeeinrichtungen, S. 132; vgl. auch *Katzenmeier*, Interview in: Flintrop/Merten/Gerst, DÄB 2008, A 979 (A 981). Leitlinien gelten insofern auch als die Zusammenfassung der externen Evidence, d.h. der gesicherten nachprüfbaren Erfahrungen anderer, verbunden mit der Erinnerung, die interne Evidence, d.h. die eigenen, situativen Erfahrungen und Eindrücke zu beachten, *Behrens/Langer*, Die Schwester/Der Pfleger 2006, 168 (168 f.).

1704 *Behrens*, in: Bollinger/Gerlach/Pfadenhauer, Gesundheitsberufe im Wandel, 103 (123).

1705 *Jung*, Die Rolle des Gesetzgebers auf dem Gebiet des Arztrechts, in: Jung/Schreiber, Arzt und Patient zwischen Therapie und Recht, S. 189 (196). Gegen eine gesetzliche Regelung von Delegationstätigkeiten auch *Katzenmeier*, Interview in: Flintrop/Merten/Gerst, DÄB 2008, A 979 (A 979).

1706 So zeigt die hier vorgeschlagene Delegationsregelung in abstracto ärztliche und krankenpflegerische Delegationspflichten auf.

1707 *Frahm*, VersR 2009, 1576 (1579); *Jung*, Die Rolle des Gesetzgebers auf dem Gebiet des Arztrechts, in: Jung/Schreiber, Arzt und Patient zwischen Therapie und Recht, S. 189 (200).

1708 *Jung*, Die Rolle des Gesetzgebers auf dem Gebiet des Arztrechts, in: Jung/Schreiber, Arzt und Patient zwischen Therapie und Recht, S. 189 (200).

1709 *Hart*, ZaeFQ 2000, 65 (65 ff.); *Frahm*, VersR 2009, 1576 (1579); *Kempter*, Medizinische Sorgfaltstandards, S. 61; *BÄK*, Verbindlichkeit von Richtlinien, Leitlinien, Empfehlungen und Stellungnahmen, abrufbar im Internet unter <http://www.bundesaerztekammer.de/page.asp?his=0.7> (Stand v. 11.5.2010).

Rechtsunsicherheit entgegenwirken,[1710] weil sich für den typischen Fall der haftungsrechtliche Standard nach dem medizinischen Standard bestimmt.[1711] Die Leitlinien fungieren insofern als erster Indikator für den medizinischen Standard, der, wie gezeigt, im Rahmen der objektiv-typisierten Gruppenfahrlässigkeit in zivil- und strafrechtlicher Hinsicht zunächst von generellen Aussagen geprägt ist.[1712]

Abschließend ist daher festzuhalten, dass de lege ferenda eine in die ärztlichen wie krankenpflegerischen Berufsordnungen aufzunehmende Delegationsregelung um weitere fachspezifische Delegationsleitlinien zu ergänzen ist.

1710 *SVR Gesundheitswesen*, Kooperation und Verantwortung, Anm. 236 ff., 272, abrufbar im Internet unter <http://www.svr-gesundheit.de/Startseite/Startseite.htm> (Stand v. 4.9.2007).

1711 *Kohte*, in: Lilie/Bernat/Rosenau, Standardisierung in der Medizin als Rechtsproblem, 79 (99).

1712 *Kohte*, in: Lilie/Bernat/Rosenau, Standardisierung in der Medizin als Rechtsproblem, 79 (98).

Fünfter Teil: Zusammenfassung der Ergebnisse

Die vorliegende Arbeit beschäftigt sich mit der Delegation *ärztlicher Tätigkeiten* auf Krankenpfleger als eine Form vertikaler Arbeitsteilung zwischen Arzt und Nichtarzt im Rahmen der Patientenbehandlung.

Der Begriff „ärztlich“ umfasst neben einer personell-formellen Komponente, die sich auf die persönliche Qualifikation des Handelnden als Arzt bezieht, auch eine sachlich-materielle Komponente, die eine Tätigkeit als ärztliche qualifiziert, wenn sie dem ärztlichen Berufsbild zugeordnet werden kann. Da sich letzteres nicht nach ausschließlich rechtlichen, sondern insbesondere nach medizinisch-pflegewissenschaftlichen Kriterien bestimmt, wird anhand von Umfrageergebnissen ein Überblick darüber gegeben, welche Tätigkeiten die befragten Ärzte, Kranken- und Altenpfleger eher als ärztliche bzw. eher als pflegerische Tätigkeiten einordnen und wie sie deren Delegationsfähigkeit beurteilen. Insofern gibt es eine grundsätzliche Übereinstimmung zwischen den ärztlichen und pflegerischen Umfrageteilnehmern. Tendenziell ist die prozentuale Abweichung zwischen Ärzten und Krankenpflegern, die im Krankenhaus arbeiten, kleiner als zwischen Ärzten und in Pflegeeinrichtungen tätigen Pflegekräften, was sich vor allem aus den in Krankenhäusern und ambulanten Pflegeeinrichtungen verschiedenen Arbeitswelten erklärt.

Im Anschluss an die Delegationspraxis werden rechtliche Aspekte des arbeitsteiligen Zusammenwirkens von Arzt und Krankenpfleger im Delegationsfall beleuchtet und in einem ersten Schritt festgestellt, dass der Grundsatz der persönlichen ärztlichen Leistungserbringungspflicht im Hinblick auf die Delegation ärztlicher Tätigkeiten auf Krankenpfleger keine Sperrwirkung entfaltet, sondern je nach normativer Ausgestaltung konkrete Mitwirkungspflichten des Arztes und/oder die entsprechende Qualifikation des Delegierenden und/oder des Delegationsempfängers erfordert.

Sodann wird anhand ausgewählter Vorschriften des ärztlichen wie krankenpflegerischen Berufsrechts und berufsrelevanten Rechts dargestellt, wie der ärztliche Tätigkeitsbereich in allgemeiner wie spezieller Hinsicht de lege lata definiert wird. Als prägendes Merkmal stellt sich das *Erfordernis des ärztlichen Fachwissens* heraus. Je nach dem, „wann“ es auf dieses Fachwissen ankommt, lässt sich zwischen ärztlichen Tätigkeiten im engen Sinn und ärztlichen Tätigkeiten im weiten Sinn differenzieren. Während *ärztliche Tätigkeiten im engen Sinn* das personell-formelle Element des Begriffs „ärztlich“ unterstreichen und solche Tätigkeiten darstellen, die der Arzt höchstpersönlich bzw. eigenhändig durchführen muss, zeichnen sich *ärztliche Tätigkeiten im weiten Sinn* stärker durch das sachlich-materielle Element aus und dürfen unter bestimmten Voraussetzungen auch von Krankenpflegern und damit Nichtärzten durchgeführt werden. Demnach ist von einer nicht delegationsfähigen, ärztlichen Tätigkeit im engen Sinn auszugehen, wenn die konkrete Durchführung der Tätigkeit ärztliches Fachwissen erfordert. Setzt die Tätigkeit dagegen ärztliches Fachwissen lediglich im Hinblick auf die Veranlassung sowie Anleitung und/oder Überwachung voraus, liegt eine delegationsfähige ärztliche Tätigkeit im weiten Sinn vor.

Anschließend wird anhand des zivilen Haftungs- wie des Strafrechts aufgezeigt, wer wie dem Patienten für Fehler im Rahmen der Delegation zivil- und/oder strafrechtlich einzustehen hat. Als gemeinsamer Ausgangspunkt der zivil- wie strafrechtlichen Fahrlässigkeitsverantwortlichkeit gilt dem Merkmal der Sorgfaltspflichtverletzung und des anzuwendenden Sorgfaltsmaßstabs besonderes Augenmerk.

Demnach kommen bei der Delegation ärztlicher Tätigkeiten grundsätzlich zwei Sorgfaltsmaßstäbe zur Anwendung: einerseits der *Facharztstandard*, für den der delegierende Arzt trotz Delegation die Gesamtverantwortung trägt, andererseits der *Krankenpflegerstandard* im Hinblick auf die (Übernahme-)Verantwortung des die delegierte Tätigkeit durchführenden Krankenpflegers.

Die delegationsrelevanten Sorgfaltspflichten des Arztes, die eine Gewährleistung des Facharztstandards trotz Delegation der ärztlichen Tätigkeit auf einen Krankenpfleger erwarten lassen, betreffen die *Auswahl* der Delegationstätigkeit und des Krankenpflegers, die *Anordnung* der Tätigkeit, die gegebenenfalls erforderliche *Anleitung* des Krankenpflegers und dessen *Überwachung* und *Kontrolle* sowie das unter Umständen notwendige *Eingreifen* des Arztes. Zu den delegationsrelevanten Sorgfaltspflichten des Krankenpflegers zählen die *Übernahme- bzw. Fortführungsprüfpflicht*, die *Unterlassungs- und Remonstrationspflicht* bzw. die *Unterbrechungs- und Hinzuziehungspflicht* sowie die *Durchführungspflicht.* Allerdings bestehen nicht alle ärztlichen und krankenpflegerischen Delegationspflichten in jedem Delegationsfall, sondern sind in Beziehung zueinander zu setzen und damit typologischer Natur.

Über die Verletzung der dargestellten Delegationspflichten hinaus bilden bei der Patientenbehandlung Aufklärungsfehler regelmäßig den Anknüpfungspunkt für eine zivilwie strafrechtliche Verantwortlichkeit. Die *Aufklärungspflicht* entfaltet in zweifacher Hinsicht Delegationsrelevanz: Zum einen im Hinblick auf die Frage, ob über die Delegation aufzuklären ist, zum anderen, ob die Aufklärung über eine vorgesehene Behandlungsmaßnahme auf einen Krankenpfleger delegiert werden darf. Während die erste Frage zu verneinen ist, weil es bei einer zulässigen Delegation ärztlicher Tätigkeiten, d.h. einer Delegation unter Einhaltung der Delegationspflichten, nicht zu den aufklärungspflichtigen Umständen der Behandlung gehört, dass einzelne ärztliche Tätigkeiten im weiten Sinn im Rahmen der Behandlung nicht durch den Arzt, sondern durch einen Krankenpfleger ausgeführt werden, kann die zweite Frage bejaht werden, wenn auch die Ausführung dieser Tätigkeit anhand der ärztlichen und krankenpflegerischen Delegationspflichten als sorgfaltsgemäß zu beurteilen ist. Insofern folgt die Aufklärungsdelegation der Tätigkeitsdelegation.

Im dritten Teil der Untersuchung geht es um die im Zuge des Pflege-Weiterentwicklungsgesetzes eingeführten, erweiterten Einsatzmöglichkeiten für Einzelpflegekräfte nach § 63 Abs. 3b und Abs. 3c SGB V. Gezeigt wird, dass es sich bei § 63 Abs. 3b SGB V um die sozialversicherungsrechtliche Anpassung an bereits bestehende berufsrechtliche Regelungen handelt, während § 63 Abs. 3c SGB V berufsrechtliche Änderungen nach sich zieht, die einen Wechsel von der Delegation zur Substitution ärztlicher Tätigkeiten beschreiten. Unter *Substitution* wird die vollständige und dauerhafte Übertragung vormals ärztlicher Tätigkeiten in den Verantwortungsbereich einer nichtärztlichen Berufsgruppe verstanden. Daher kommt bei der Substitution ärztlicher Tätigkeiten – im Gegensatz zur Delegation ärztlicher Tätigkeiten – regelmäßig weder eine zivil- noch strafrechtliche Verantwortung des Arztes für die substituierte Tätigkeit in Betracht. Mit der alleinigen rechtlichen Verantwortung des Krankenpflegers für „Ob“ und „Wie“ der substituierten Tätigkeit geht ferner die Verantwortung für die ordnungsgemäße Aufklärung über die substituierte Tätigkeit einher, wobei sich die Bewertung der Aufklärungssubstitution der der Tätigkeitssubstitution anschließt.

Abschließend werden Möglichkeiten und Grenzen einer einheitlichen Delegationsregelung in Deutschland aufgezeigt. Für eine einheitliche Delegationsregelung streitet unter Berücksichtigung der österreichischen Rechtslage trotz der aufgezeigten Schwierigkeiten die damit verbundene Praxistauglichkeit: Eine einheitliche Delegationsregelung verdeutlicht, wer wem unter welchen Bedingungen etwas anordnen darf, was wer selbst durchzuführen hat und welche Pflichten er in diesem Anordnungs- und Durchführungsrahmen wahrzunehmen hat.

De lege ferenda sollte eine Delegationsregelung nach hier vertretener Ansicht eine Mischung aus den deutschen und österreichischen Delegationspflichten beinhalten und könnte im Hinblick auf den delegierenden Arzt wie folgt formuliert werden:

Der Arzt darf im Einzelfall die Durchführung ärztlicher Tätigkeiten auf Gesundheits- und Krankenpfleger durch Anordnung übertragen (Delegation), wenn die Tätigkeiten

1. *weder abstrakt noch konkret von einem Arzt höchstpersönlich durchzuführen sind und*
2. *Bestandteil einer beruflichen Aus-, Weiter-, Fortbildung oder einer sonstigen beruflichen Qualifizierungsmaßnahme des jeweiligen Gesundheits- und Krankenpflegers waren.*

Der delegierende Arzt hat

1. *dem durchführenden Gesundheits- und Krankenpfleger die zur Durchführung der Tätigkeit gegebenenfalls erforderliche Anleitung zu geben,*
2. *den durchführenden Gesundheits- und Krankenpfleger den Umständen des Einzelfalls entsprechend zu überwachen und*
3. *daraus gegebenenfalls erforderliche Konsequenzen zu ziehen.*

Der delegierende Arzt trägt die Verantwortung für seine Anordnung.

Für den durchführenden Krankenpfleger wäre folgende, seine Delegationspflichten aufzeigende Regelung denkbar:

Der Gesundheits- und Krankenpfleger darf im Rahmen der Mitwirkung ärztliche Tätigkeiten nach ärztlicher Anordnung durchführen, wenn

1. *die Tätigkeiten Bestandteil seiner beruflichen Aus-, Weiter-, Fortbildung oder einer sonstigen beruflichen Qualifizierungsmaßnahme waren und*
2. *er über die für die Durchführung der Tätigkeiten erforderlichen Kenntnisse und Fähigkeiten verfügt.*

Andernfalls hat er

1. *die Durchführung zu unterlassen bzw. zu unterbrechen und*
2. *dies dem delegierenden Arzt mitzuteilen bzw. einen Arzt hinzuzuziehen.*

Der durchführende Gesundheits- und Krankenpfleger trägt die Verantwortung für die Durchführung der delegierten Tätigkeit.

Darüber hinaus könnte folgender, nicht abschließender Tätigkeitskatalog gleichsam als Minimalkonsens angefügt werden:

Zu den ärztlichen Tätigkeiten, die im Rahmen der Mitwirkung nach ärztlicher Anordnung von Gesundheits- und Krankenpflegern durchgeführt werden dürfen, gehören in der Regel:

1. *Verabreichung von Arzneimitteln,*
2. *Vorbereitung von subkutanen, intramuskulären und intravenösen Injektionen,*
3. *Verabreichung von subkutanen und intramuskulären Injektionen,*
4. *Vorbereitung und Anschluss von Infusionen bei liegendem Gefäßzugang, ausgenommen Transfusionen,*
5. *Blutentnahme aus der Vene und aus den Kapillaren,*
6. *Setzen von transurethralen Blasenkathetern zur Harnableitung, Instillation und Spülung,*
7. *Durchführung von Darmeinläufen und*
8. *Durchführung von Sondenernährung bei liegenden Magensonden.*

Als Standort für eine derartige Delegationsregelung eignen sich insbesondere die ärztlichen wie krankenpflegerischen Berufsordnungen, weil diese in erster Linie Berufspflichten und Grundsätze der beruflichen Tätigkeit beschreiben. Zudem könnte die Aufnahme einer Delegationsregelung in den jeweiligen Berufsordnungen das Bewusstsein für die Bedeutung einer adäquaten Zusammenarbeit zwischen Ärzten und Krankenpflegern stärken und damit die interprofessionelle Standardisierung von Arbeitsabläufen fördern.

Zusätzlich zu dieser in die ärztlichen wie krankenpflegerischen Berufsordnungen aufzunehmenden Delegationsregelung sollte dem Bedürfnis der Praxis nach Tätigkeitskatalogen dergestalt nachgekommen werden, dass in *Delegationsleitlinien* ergänzende, fachspezifische Tätigkeitskataloge durch die medizinisch-pflegerische Wissenschaft aufgestellt werden.

Anhang: Fragebogen

FRAGEBOGEN ZUR „DELEGATION ÄRZTLICHER TÄTIGKEITEN“

(Studie im Rahmen eines Promotionsvorhabens, Martin-Luther-Universität Halle-Wittenberg)

Zunächst bedanke ich mich sehr herzlich für Ihre Bereitschaft, diesen Fragebogen auszufüllen. Ziel dieser Umfrage ist eine Bestandsaufnahme der Delegationspraxis. Aus den Umfrageergebnissen sollen die im medizinischen Alltag delegierten Aufgaben aufgezeigt und etwaige Empfehlungen für eine gesetzliche Regelung der Übertragung ärztlicher Aufgaben auf Angehörige der Gesundheits- und Krankenpflegeberufe abgegeben werden.

Mit diesem Fragebogen werden Vertreter der Ärzteschaft sowie Gesundheits- und Krankenpfleger/-innen[1] in Krankenhäusern und Gesundheits- und Krankenpfleger sowie Altenpfleger in Sozialstationen bzw. ambulanten Pflegediensten befragt.

Das Ausfüllen des Fragebogens wird rund 15 Minuten dauern. Ich bitte Sie freundlichst, den beantworteten Fragebogen sobald wie möglich, spätestens jedoch bis zum ....

per Post an:
Martin-Luther-Universität Halle-Wittenberg
Juristische und Wirtschaftswissenschaftliche Fakultät
Lehrstuhl für Strafrecht, Strafprozessrecht, Rechtsvergleichung und Medizinrecht
- Prof. Dr. Hans Lilie -
- z. Hd. Kerstin Bohne -
Universitätsplatz 6
06099 Halle (Saale)

zurückzusenden bzw., sofern entsprechend vereinbart, zur Abholung in Ihrer Einrichtung bereitzuhalten.

Ich möchte Sie ausdrücklich darauf hinweisen, dass Ihre Angaben selbstverständlich in völliger Anonymität ausgewertet werden.

Für Rückfragen und Anmerkungen stehe ich Ihnen unter folgenden Kontaktdaten gern zur Verfügung:

Tel.: (0345) [redacted] *E-Mail:* kerstin.bohne@jura.uni-halle.de.

Vielen Dank für Ihre Mühe!

---

[1] Diese Berufsbezeichnung entspricht § 1 Abs. 1 Nr. 1 Krankenpflegegesetz. Neben „Krankenpflegerin“ ist jedoch auch die Bezeichnung „Krankenschwester“ überwiegend verbreitet. Nur aus Gründen der besseren Lesbarkeit wird im Folgenden jedoch bei den Berufs- und Gruppenbezeichnungen lediglich die männliche Form verwendet.

A. Angaben zu Ihrer Person und Ihrem Arbeitsplatz

1.	In welcher Einrichtung sind Sie tätig?	
	Krankenhaus der ...	
	Grund-, Basis- bzw. Regelversorgung	☐[1]
	Schwerpunkt- bzw. Zentralversorgung	☐
	Spezialversorgung bzw. Fachkrankenhaus	☐
	universitäre Versorgung bzw. Maximalversorgung	☐
	sonstiges: (bitte aufschreiben)	
	weiß nicht	☐
	Ambulante/ stationäre Pflegeeinrichtung	☐

2.	In welchem Bereich sind Sie dort tätig bzw. welche Position haben Sie inne?	
	Krankenhaus	
	ärztlicher Direktor	☐
	Chef- oder Oberarzt	☐
	Facharzt	☐
	Assistenzarzt	☐
	Pflegedienstleitung	☐
	Stations-oder Bereichsleitung	☐
	Gesundheits- und Krankenpfleger	☐
	sonstiges: (bitte aufschreiben)	
	Ambulante/ stationäre Pflegeeinrichtung	
	Pflegedienstleitung	☐
	Bereichsleitung	☐
	Gesundheits- und Krankenpfleger	☐
	Altenpfleger	☐
	sonstiges: (bitte aufschreiben)	

3.	Seit wie vielen Jahren üben Sie diese Tätigkeit aus?	

4.	In welchem Bundesland sind Sie tätig?	

[1] Kreuzen Sie bitte Zutreffendes an. Sofern Mehrfachantworten möglich sind, wird darauf bei den einzeln Fragen hingewiesen.

B. Angaben zur Delegation ärztlicher Tätigkeiten

5.	Ist das Thema der Delegation, d.h. der Übertragung ärztlicher Tätigkeiten auf Angehörige der Gesundheits- und Krankenpflegeberufe Ihrer Meinung nach ...	stimme völlig zu	stimme eher zu	stimme eher nicht zu	stimme überhaupt nicht zu
	... derzeit wichtig?	☐	☐	☐	☐
	... künftig wichtig?	☐	☐	☐	☐

6.	Welche Vor- und / oder Nachteile hat die Delegation ärztlicher Tätigkeiten an Angehörige der Gesundheits- und Krankenpflegeberufe Ihrer Meinung nach?				
	Vorteile:	stimme völlig zu	stimme eher zu	stimme eher nicht zu	stimme überhaupt nicht zu
	Optimierung zeitlicher Ressourcen	☐	☐	☐	☐
	Optimierung finanzieller Ressourcen	☐	☐	☐	☐
	Standardisierung medizinischer Leistungen	☐	☐	☐	☐
	Entlastung des Arztes	☐	☐	☐	☐
	mehr Zeit des Arztes für den Patienten	☐	☐	☐	☐
	Professionalisierung nichtärztlicher Berufe	☐	☐	☐	☐
	erhöhte Zufriedenheit der Mitarbeiter	☐	☐	☐	☐
	Förderung der Teambildung	☐	☐	☐	☐
	Konstanz von Arbeitskraft und Qualität	☐	☐	☐	☐
	sonstiges: (bitte aufschreiben) ______________________	☐	☐	☐	☐
	Nachteile:				
	Statusverlust für Ärzte	☐	☐	☐	☐
	Kompetenzverlust für Ärzte	☐	☐	☐	☐
	Stellenabbau im ärztlichen Bereich	☐	☐	☐	☐
	Einbußen in der Versorgungsqualität	☐	☐	☐	☐
	Schaffung neuer Kommunikationsschnittstellen und damit Risiken	☐	☐	☐	☐
	umfangreichere Aufklärungspflichten	☐	☐	☐	☐
	Dokumentationsaufwand	☐	☐	☐	☐
	Fehleinschätzung des eigenen bzw. fremden Könnens	☐	☐	☐	☐
	Kompetenz- und Qualifikationswanderung	☐	☐	☐	☐
	sonstiges: (bitte aufschreiben) ______________________	☐	☐	☐	☐

7.	Welche Kriterien spielen bei der Übertragbarkeit ärztlicher Tätigkeiten auf Angehörige der Gesundheits- und Krankenpflegeberufe Ihrer Erfahrung nach eine Rolle?				
	Kriterien:	immer	meistens	selten	nie
	Gefährlichkeit der Maßnahme für den Patienten	□	□	□	□
	Ausbildungsstand des Krankenpflegers	□	□	□	□
	tatsächliches Können/ Erfahrung/ Zuverlässigkeit des Krankenpflegers	□	□	□	□
	Bereitschaft des Krankenpflegers	□	□	□	□
	Ausführung ist dem Krankenpfleger zumutbar	□	□	□	□
	jederzeitige ärztliche Kontrollmöglichkeit	□	□	□	□
	durchgehende ärztliche Anwesenheit am Ort der Ausführung	□	□	□	□
	zeitweise ärztliche Anwesenheit am Ort der Ausführung	□	□	□	□
	ärztliche Anwesenheit in unmittelbarer Nähe zum Ort der Ausführung	□	□	□	□
	sofortige Verfügbarkeit eines Arztes	□	□	□	□
	sonstiges: (bitte aufschreiben) ______________________	□	□	□	□

8.	Werden bei der Delegation ärztlicher Tätigkeiten auf Angehörige der Gesundheits- und Krankenpflegeberufe folgende Kriterien berücksichtigt?				
	Kriterien:	entspricht völlig unserer Praxis	entspricht eher unserer Praxis	entspricht eher nicht unserer Praxis	entspricht überhaupt nicht unserer Praxis
	mündliche Einwilligung des Patienten in die Übernahme der ärztlichen Tätigkeit durch Pfleger	□	□	□	□
	schriftliche Einwilligung des Patienten in die Übernahme der ärztlichen Tätigkeit durch den Krankenpfleger	□	□	□	□
	mündliche Anordnung der Delegation durch den Arzt	□	□	□	□
	schriftliche Anordnung der Delegation durch den Arzt	□	□	□	□
	Dokumentation der Anordnung durch den Arzt	□	□	□	□
	Dokumentation der Anordnung durch den Krankenpfleger	□	□	□	□
	Dokumentation der Durchführung durch den Arzt	□	□	□	□
	Dokumentation der Durchführung durch den Krankenpfleger	□	□	□	□

9.	Warum unterbleibt gegebenenfalls eine schriftliche ärztliche Anordnung Ihrer Erfahrung nach?				
	Gründe:	stimme völlig zu	stimme eher zu	stimme eher nicht zu	stimme überhaupt nicht zu
	Arzt nicht anwesend	☐	☐	☐	☐
	Mehrfachbelastung des Arztes	☐	☐	☐	☐
	mündliche Anordnungen sind üblich	☐	☐	☐	☐
	mündliche Anordnungen sind weniger nachprüfbar	☐	☐	☐	☐
	Unwissenheit	☐	☐	☐	☐
	Bequemlichkeit	☐	☐	☐	☐
	zusätzlicher Aufwand	☐	☐	☐	☐
	sonstiges: (bitte aufschreiben) ________________	☐	☐	☐	☐

10.

a. Welche konkreten Tätigkeiten würden Sie als eher *ärztliche* bzw. eher *pflegerische* Tätigkeiten bezeichnen?

b. Welche konkreten Tätigkeiten schätzen sie als von Ärzten auf Krankenpfleger *delegierbar, nicht delegierbar* oder *vielleicht delegierbar* ein?

c. Welche konkreten Tätigkeiten werden tatsächlich von Ihnen *häufig, gelegentlich, selten* oder *nie* als *Arzt delegiert* bzw. als *Pfleger ausgeführt*?

d. Werden die Tätigkeiten überwiegend mit *schriftlicher, mündlicher* oder *ohne Anordnung* bzw. nach *hausinterner Vereinbarung* (z.B. Dienstanweisung, Stellenbeschreibung) in Ihrer Einrichtung durchgeführt?

e. Erfolgt die Ausführung der Tätigkeiten durch den Pfleger *nach Anleitung* und/oder *unter Aufsicht* des Arztes?

(Mehrfachnennungen sind bei Frage 10e möglich.)

Tätigkeiten:	10a			10b			10c					10d					10e		
	ärztliche Tätigkeit	pflegerische Tätigkeit	weiß nicht	delegierbar	nicht delegierbar	vielleicht delegierbar	häufig	gelegentlich	selten	nie	weiß nicht	schriftliche Anordnung	mündliche Anordnung	ohne Anordnung	hausinterne Vereinbarung	weiß nicht	nach Anleitung	unter Aufsicht	weiß nicht
Verabreichung von Arzneimitteln	☐	☐	☐	☐	☐	☐	☐	☐	☐	☐	☐	☐	☐	☐	☐	☐	☐	☐	☐
Vorbereitung von s.c., i.m. und i.v. Injektionen	☐	☐	☐	☐	☐	☐	☐	☐	☐	☐	☐	☐	☐	☐	☐	☐	☐	☐	☐
Verabreichung von s.c. Injektionen	☐	☐	☐	☐	☐	☐	☐	☐	☐	☐	☐	☐	☐	☐	☐	☐	☐	☐	☐
Verabreichung von i.m. Injektionen	☐	☐	☐	☐	☐	☐	☐	☐	☐	☐	☐	☐	☐	☐	☐	☐	☐	☐	☐

Tätigkeiten:	10a			10b			10c					10d					10e		
	ärztliche Tätigkeit	pflegerische Tätigkeit	weiß nicht	delegierbar	nicht delegierbar	vielleicht delegierbar	häufig	gelegentlich	selten	nie	weiß nicht	schriftliche Anordnung	mündliche Anordnung	ohne Anordnung	hausinterne Vereinbarung	weiß nicht	nach Anleitung	unter Aufsicht	weiß nicht
Verabreichung von i.v. Injektionen	☐	☐	☐	☐	☐	☐	☐	☐	☐	☐	☐	☐	☐	☐	☐	☐	☐	☐	☐
Vorbereitung von Infusionen bei liegendem Gefäßzugang (außer Transfusionen)	☐	☐	☐	☐	☐	☐	☐	☐	☐	☐	☐	☐	☐	☐	☐	☐	☐	☐	☐
Anschluss von Infusionen bei liegendem Gefäßzugang (außer Transfusionen)	☐	☐	☐	☐	☐	☐	☐	☐	☐	☐	☐	☐	☐	☐	☐	☐	☐	☐	☐
Blutentnahme aus der Vene	☐	☐	☐	☐	☐	☐	☐	☐	☐	☐	☐	☐	☐	☐	☐	☐	☐	☐	☐
Blutentnahme aus den Kapillaren	☐	☐	☐	☐	☐	☐	☐	☐	☐	☐	☐	☐	☐	☐	☐	☐	☐	☐	☐
Durchführung Abdomensonographie	☐	☐	☐	☐	☐	☐	☐	☐	☐	☐	☐	☐	☐	☐	☐	☐	☐	☐	☐
Durchführung Echokardiographie	☐	☐	☐	☐	☐	☐	☐	☐	☐	☐	☐	☐	☐	☐	☐	☐	☐	☐	☐
Setzen von transurethralen Blasenkathetern (zur Harnableitung, Instillation und Spülung)	☐	☐	☐	☐	☐	☐	☐	☐	☐	☐	☐	☐	☐	☐	☐	☐	☐	☐	☐
Durchführung von Darmeinläufen	☐	☐	☐	☐	☐	☐	☐	☐	☐	☐	☐	☐	☐	☐	☐	☐	☐	☐	☐
Legen und Wechsel von Magensonden	☐	☐	☐	☐	☐	☐	☐	☐	☐	☐	☐	☐	☐	☐	☐	☐	☐	☐	☐
Vorbereitung von Transfusionen	☐	☐	☐	☐	☐	☐	☐	☐	☐	☐	☐	☐	☐	☐	☐	☐	☐	☐	☐
Verabreichung von Transfusionen	☐	☐	☐	☐	☐	☐	☐	☐	☐	☐	☐	☐	☐	☐	☐	☐	☐	☐	☐
Legen peripher-venöser Zugänge	☐	☐	☐	☐	☐	☐	☐	☐	☐	☐	☐	☐	☐	☐	☐	☐	☐	☐	☐
Legen zentralvenöser Zugänge	☐	☐	☐	☐	☐	☐	☐	☐	☐	☐	☐	☐	☐	☐	☐	☐	☐	☐	☐

Tätigkeiten:	10a			10b			10c					10d					10e		
	ärztliche Tätigkeit	pflegerische Tätigkeit	weiß nicht	delegierbar	nicht delegierbar	vielleicht delegierbar	häufig	gelegentlich	selten	nie	weiß nicht	schriftliche Anordnung	mündliche Anordnung	ohne Anordnung	hausinterne Vereinbarung	weiß nicht	nach Anleitung	unter Aufsicht	weiß nicht
Legen von Verweilkanülen	☐	☐	☐	☐	☐	☐	☐	☐	☐	☐	☐	☐	☐	☐	☐	☐	☐	☐	☐
Entfernen periphervenöser Zugänge	☐	☐	☐	☐	☐	☐	☐	☐	☐	☐	☐	☐	☐	☐	☐	☐	☐	☐	☐
Entfernen zentralvenöser Zugänge	☐	☐	☐	☐	☐	☐	☐	☐	☐	☐	☐	☐	☐	☐	☐	☐	☐	☐	☐
Anlage und Wechsel von Blutkonserven	☐	☐	☐	☐	☐	☐	☐	☐	☐	☐	☐	☐	☐	☐	☐	☐	☐	☐	☐
Durchführung einer kapillaren Blutgasanalyse	☐	☐	☐	☐	☐	☐	☐	☐	☐	☐	☐	☐	☐	☐	☐	☐	☐	☐	☐
i.v. Verabreichung von Antibiotika	☐	☐	☐	☐	☐	☐	☐	☐	☐	☐	☐	☐	☐	☐	☐	☐	☐	☐	☐
i.v. Verabreichung von Zytostatika	☐	☐	☐	☐	☐	☐	☐	☐	☐	☐	☐	☐	☐	☐	☐	☐	☐	☐	☐
Verabreichung von Röntgenkontrastmittel	☐	☐	☐	☐	☐	☐	☐	☐	☐	☐	☐	☐	☐	☐	☐	☐	☐	☐	☐
einfache Wärme- und Lichtanwendungen	☐	☐	☐	☐	☐	☐	☐	☐	☐	☐	☐	☐	☐	☐	☐	☐	☐	☐	☐
Anlegen von Bandagen und Verbänden	☐	☐	☐	☐	☐	☐	☐	☐	☐	☐	☐	☐	☐	☐	☐	☐	☐	☐	☐
Dekubitusbehandlung	☐	☐	☐	☐	☐	☐	☐	☐	☐	☐	☐	☐	☐	☐	☐	☐	☐	☐	☐
Anlegen und Wechseln von Wundverbänden	☐	☐	☐	☐	☐	☐	☐	☐	☐	☐	☐	☐	☐	☐	☐	☐	☐	☐	☐
Wechsel einer Trachealkanüle	☐	☐	☐	☐	☐	☐	☐	☐	☐	☐	☐	☐	☐	☐	☐	☐	☐	☐	☐
Intubation	☐	☐	☐	☐	☐	☐	☐	☐	☐	☐	☐	☐	☐	☐	☐	☐	☐	☐	☐
Extubation	☐	☐	☐	☐	☐	☐	☐	☐	☐	☐	☐	☐	☐	☐	☐	☐	☐	☐	☐
Defibrillation (außer halbautomatischer Defibrillator)	☐	☐	☐	☐	☐	☐	☐	☐	☐	☐	☐	☐	☐	☐	☐	☐	☐	☐	☐

Tätigkeiten:	10a			10b			10c					10d					10e		
	ärztliche Tätigkeit	pflegerische Tätigkeit	weiß nicht	delegierbar	nicht delegierbar	vielleicht delegierbar	häufig	gelegentlich	selten	nie	weiß nicht	schriftliche Anordnung	mündliche Anordnung	ohne Anordnung	hausinterne Vereinbarung	weiß nicht	nach Anleitung	unter Aufsicht	weiß nicht
Durchführung von Sondenernährung bei liegenden Magensonden	☐	☐	☐	☐	☐	☐	☐	☐	☐	☐	☐	☐	☐	☐	☐	☐	☐	☐	☐
Patientenaufklärung vor ausgewählten operativen Engriffen	☐	☐	☐	☐	☐	☐	☐	☐	☐	☐	☐	☐	☐	☐	☐	☐	☐	☐	☐
Patientenaufklärung vor der Narkose / Regionalanästhesie	☐	☐	☐	☐	☐	☐	☐	☐	☐	☐	☐	☐	☐	☐	☐	☐	☐	☐	☐
Anlegen/Schreiben (Langzeit-) EKG	☐	☐	☐	☐	☐	☐	☐	☐	☐	☐	☐	☐	☐	☐	☐	☐	☐	☐	☐
Auswertung von (Langzeit-) EKG	☐	☐	☐	☐	☐	☐	☐	☐	☐	☐	☐	☐	☐	☐	☐	☐	☐	☐	☐
1. OP-Assistenz	☐	☐	☐	☐	☐	☐	☐	☐	☐	☐	☐	☐	☐	☐	☐	☐	☐	☐	☐
2. OP-Assistenz	☐	☐	☐	☐	☐	☐	☐	☐	☐	☐	☐	☐	☐	☐	☐	☐	☐	☐	☐
Codierung nach DRG-Richtlinien	☐	☐	☐	☐	☐	☐	☐	☐	☐	☐	☐	☐	☐	☐	☐	☐	☐	☐	☐
Durchführung diagnostischer und therapeutischer Maßnahmen (bitte aufschreiben) ________________	☐	☐	☐	☐	☐	☐	☐	☐	☐	☐	☐	☐	☐	☐	☐	☐	☐	☐	☐
Assistenz bei diagnostischen und therapeutischen Maßnahmen (bitte aufschreiben) ________________	☐	☐	☐	☐	☐	☐	☐	☐	☐	☐	☐	☐	☐	☐	☐	☐	☐	☐	☐
sonstiges: (bitte aufschreiben) ________________	☐	☐	☐	☐	☐	☐	☐	☐	☐	☐	☐	☐	☐	☐	☐	☐	☐	☐	☐

11.	Gibt es in Ihrer Einrichtung schriftliche Vereinbarungen/Standards/o. Ä., die ...			
		ja	nein	weiß nicht
	... ärztliche Kerntätigkeiten, d. h. nicht übertragbare Tätigkeiten benennen?	☐	☐	☐
	Welche Tätigkeiten z.B.? (bitte aufschreiben)			
	... grundsätzlich übertragbare ärztliche Tätigkeiten benennen?	☐	☐	☐
	Welche Tätigkeiten z.B.? (bitte aufschreiben)			
	... nur im Einzelfall übertragbare ärztliche Tätigkeiten benennen?	☐	☐	☐
	Welche Tätigkeiten z.B.? (bitte aufschreiben)			

12.	Würden Sie sich eine bundeseinheitliche gesetzliche Regelung der Delegation ärztlicher Tätigkeiten an Angehörige der Gesundheits- und Krankenpflegeberufe wünschen?			
		ja	nein	weiß nicht
		☐	☐ Gehen Sie bitte zu Frage 12b.	☐

12a.	Wenn Sie eine gesetzliche Regelung befürworten, welche Kriterien sollte eine solche Regelung Ihrer Meinung nach enthalten?				
	Kriterien:	stimme völlig zu	stimme eher zu	stimme eher nicht zu	stimme überhaupt nicht zu
	Katalog ärztlicher Kerntätigkeiten, die nicht übertragen werden dürfen	☐	☐	☐	☐
	Katalog übertragbarer ärztlicher Tätigkeiten	☐	☐	☐	☐
	Katalog pflegerischer Kerntätigkeiten, die nur durch ausgebildete Krankenpfleger durchgeführt werden dürfen	☐	☐	☐	☐
	mündliche Einwilligung des Patienten in die Übernahme ärztlicher Tätigkeiten durch den Krankenpfleger	☐	☐	☐	☐
	schriftliche Einwilligung des Patienten in die Übernahme ärztlicher Tätigkeiten durch den Krankenpfleger	☐	☐	☐	☐
	mündliche Anordnung der Delegation durch den Arzt	☐	☐	☐	☐
	schriftliche Anordnung der Delegation durch den Arzt	☐	☐	☐	☐

	Kriterien:	stimme völlig zu	stimme eher zu	stimme eher nicht zu	stimme überhaupt nicht zu
	Dokumentation der ärztlichen Anordnung durch den Arzt	□	□	□	□
	Dokumentation der ärztlichen Anordnung durch den Krankenpfleger	□	□	□	□
	Dokumentation der pflegerischen Durchführung durch den Krankenpfleger	□	□	□	□
	Dokumentation insgesamt durch spezielle Dokumentationsassistenten	□	□	□	□
	ärztliche Kontrollpflicht bzgl. der Durchführung der delegierten Tätigkeit	□	□	□	□
	durchgehende ärztliche Anwesenheitspflicht am Ort der Durchführung der delegierten Tätigkeit	□	□	□	□
	zeitweise ärztliche Anwesenheitspflicht am Ort der Durchführung	□	□	□	□
	ärztliche Anwesenheitspflicht in unmittelbarer Nähe zum Ort der Durchführung	□	□	□	□
	sofortige Verfügbarkeit eines Arztes	□	□	□	□

12b.	Welche Vor- und / oder Nachteile hätte eine gesetzliche Regelung Ihrer Meinung nach?				
	Vorteile:	stimme völlig zu	stimme eher zu	stimme eher nicht zu	stimme überhaupt nicht zu
	rechtliche Klarheit	□	□	□	□
	rechtliche Sicherheit	□	□	□	□
	einheitliche Voraussetzungen einer zulässigen Delegation	□	□	□	□
	Erleichterung der Zusammenarbeit zw. Ärzten u. Krankenpflegern	□	□	□	□
	sonstiges: (bitte aufschreiben) ____________	□	□	□	□
	Nachteile:				
	Unflexibilität bzgl. der Anpassung an medizinische Entwicklungen	□	□	□	□
	Dokumentationsaufwand (z.B. bzgl. ärztlicher Anordnung, pflegerischer Durchführung, ...)	□	□	□	□
	Einschränkung der Krankenhaus- bzw. Pflegedienstleitung	□	□	□	□
	Eingriff in die Berufsausübungsfreiheit der Ärzte und Krankenpfleger	□	□	□	□
	sonstiges: (bitte aufschreiben) ____________	□	□	□	□

13.	Wie hoch schätzen Sie das Risiko eines Behandlungsfehlers bei einer durch einen Krankenpfleger durchgeführten delegierten ärztlichen Aufgabe im Vergleich zur Ausführung durch einen Arzt?	hoch	eher hoch	eher niedrig	niedrig
		☐	☐	☐	☐

13a.	Sind Ihnen Qualitätsunterschiede hinsichtlich der Durchführung einer ärztlichen Maßnahme durch einen Krankenpfleger im Vergleich zur Durchführung durch einen Arzt bekannt?	ja	nein	weiß nicht
		☐	☐ Gehen Sie bitte zu Frage 14.	☐

13b.	Wenn die Antwort bei Frage 13a. „ja“ lautete, welche Qualitätsunterschiede gehören zum Beispiel dazu?	

14.	Wie fühlen Sie sich überwiegend bei Ihrer Tätigkeit in Bezug auf ...			
		eher unterfordert	adäquat gefordert	eher überfordert
	... fachliche Anforderung?	☐	☐	☐
	... körperliche Anforderung?	☐	☐	☐
	... zeitliche Anforderung?	☐	☐	☐

C. Weitere Anmerkungen

Wenn Sie weitere Anmerkungen zum Fragebogen oder allgemein zum Thema haben, können Sie diese hier ausführen.

____
____
____
____
____
____
____
____
____
____
____
____
____
____

Herzlichen Dank für Ihre Unterstützung!

Literaturverzeichnis

Aigner, Gerhard, Zur Haftung von Notarzt und Sanitäter, RdM 2002, S. 100–110.

–, Novelle zum Gesundheits- und KrankenpflegeG samt Änderungen von KAG und ÄrzteG, RdM 1998, S. 146–146.

Aigner, Gerhard / Kierein, Michael / Kopetzki, Christian, Ärztegesetz 1998, samt erläuternden Anmerkungen, 3. Auflage, Wien 2007.

Allemeyer, Erik / Nies, Christoph, Nicht ärztliche OP-Assistenz: Ärzte effizienter einsetzen, DÄB 2009, S. A 1213–A 1214.

Allmer, Gertrude, Berufsrechtliche Aspekte im interdisziplinären Wundmanagement, ÖKZ 02/2006, S. 21–30.

–, Die Aufklärungspflicht/Auskunftspflicht der Gesundheits- und Krankenpflegeberufe im Rahmen ihres eigenverantwortlichen Tätigkeitsbereichs, ÖPZ 03/2003, S. 16–19.

Altenhain, Karsten, Anmerkung zu BGH, Urteil vom 19.4.2000 – 3 StR 442/99, NStZ 2001, S. 189–191.

Amelung, Knut, Irrtum und Täuschung als Grundlage von Willensmängeln bei der Einwilligung des Verletzten, Berlin 1998.

Andreas, Manfred, Delegation ärztlicher Tätigkeiten auf nichtärztliches Personal, ArztRecht 2008, S. 144–152.

Arbous, Sesmu M. / Meursing, Anneke E. E. / van Kleef, Jack W. / de Lange, Jaap J. / Spoormans, Huub H. A. J. M. / Touw, Paul / Werner, Frans M. / Grobbee, Diederick, E., Anesthesiologist Direction and Patient Outcomes, Anesthesiology 2005 (102), S. 257–268.

Arzt, Gunther, Heileingriffe aufgrund einer Blanko-Einwilligung bezüglich der Person des Arztes, in: Arzt, Gunther / Fezer, Gerhard / Weber, Ulrich / Schlüchter, Ellen / Rössner, Dieter (Hrsg.), Festschrift für Jürgen Baumann zum 70. Geburtstag, 22. Juni 1992, Bielefeld 1992, S. 201–212.

Arzt, Gunther, Willensmängel bei der Einwilligung, Frankfurt am Main 1970.

Attlmayr, Martin, Zur kompetenzrechtlichen Einordnung der „Pflegeberufe“, RdM 1998, S. 99–103.

Bachstein, Elke, Die Delegation von ärztlichen Aufgaben, Pflege Aktuell 2005, S. 544–547.

–, Delegation von Injektionen, Infusionen und Katheterisierung, in: Ullrich, Lothar, Zu- und ableitende Systeme, Stuttgart/New York 2000, S. 265–277.

BÄK, Ergebnisbericht: Zunehmende Privatisierung von Krankenhäusern in Deutschland – Folgen für die ärztliche Tätigkeit, Berlin 2007, abrufbar im Internet unter: <http://www.bundesaerztekammer.de/page.asp?his=1.144.5532> (Stand v. 3.8.2007).

BÄK/KBV, Persönliche Leistungserbringung, Möglichkeiten und Grenzen der Delegation ärztlicher Leistungen, Stand: 29.8.2008, DÄB 2008, S. A 2173–A 2177.

BÄK/KBV, Stellungnahme zu den Anforderungen an die persönliche Leistungserbringung, Stand: 22.9.1988, DÄB 1988, S. A 2604–A 2605.

von Bar, Christian, Verkehrspflichten, Richterliche Gefahrsteuerungsverbote im deutschen Deliktsrecht, Köln/Berlin/Bonn/München 1980 (zugl. Habil. Univ. Göttingen 1980).

Barth, Lutz, Die „Modellklausel" im Pflege-Weiterentwicklungsgesetz – zugleich ein „Einfallstor" für wissenschaftliche Untugenden, PflR 2009, S. 57–59.

–, Standortbestimmung Pflege – zugleich eine Stellungnahme zum gleichnamigen Beitrag von H. Böhme und M. Hasseler in „Die Schwester/Der Pfleger 08/2006" (2. Teil), PflR 2007, S. 307–317.

Bäsler, Frieder / Bein, Gregor / Bender, Albrecht W., Transfusionsrecht, in: Pühler, Wiebke / Middel, Claus-Dieter / Hübner, Marlis (Hrsg.), Praxisleitfaden Gewebegesetz, Grundlagen, Anforderungen, Kommentierungen, Köln 2009, S. 125–134.

Bauer, Wolfgang, Die strafrechtliche Beurteilung des ärztlichen Heileingriffs, Hamburg 2008 (zugl. Diss. Univ. Regensburg 2008).

Baumann, Jürgen / Weber, Ulrich / Mitsch, Wolfgang, Strafrecht, Allgemeiner Teil, Lehrbuch, 11. Auflage, Bielefeld 2003.

Baur, Ulrich, Die Facharztpräsenz bei der Anfängeroperation, Anmerkungen zum Urteil des BGH vom 12.7.1994 – VI ZR 299/93, MedR 1995, S. 192–193.

Beck'scher Online-Kommentar Sozialrecht, hrsg. v. Rolfs, Christian / Giesen, Richard / Kreikebohm, Ralf / Udsching, Peter, Stand: 1.6.2008, Edition 10, München 2008 und Stand: 1.3.2010, Edition 17, München 2010 (zitiert: *Bearbeiter*, in: BeckOK-SozR, Gesetz, §, Rn.).

Beck'scher Online-Kommentar zum BGB, hrsg. v. Bamberger, Heinz Georg / Roth, Herbert, Stand: 01.03.2008, Edition: 9, München 2008 (zitiert: *Bearbeiter*, in: BeckOK-BGB, §, Rn.).

Beck'scher Online Kommentar StGB, hrsg. v. Heintschel-Heinegg, Bernd, 6. Edition, München 2008 (zitiert: *Bearbeiter*, in: BeckOK-StGB, §, Rn.).

Behrens, Johann, Abhören ersetzt nicht Zuhören, Fürsorge nicht Respekt, Soziologie der Pflege als Profession der Unterscheidung von interner und externer Evidence, in: Bollinger, Heinrich / Gerlach, Anke / Pfadenhauer, Michaela (Hrsg.), Gesundheitsberufe im Wandel, Soziologische Beobachtungen und Interpretationen, 2. Auflage, Frankfurt am Main 2008, S. 103–145.

Behrens, Johann / Langer, Gero, Evidence-based Nursing, „Das Wichtigste sind Verantwortungsübernahme und Respekt", Die Schwester/Der Pfleger 2006, S. 168–171.

Bender, Albrecht, Anmerkung zu BGH, Urteil vom 7.11.2006 – VI ZR 206/05, MedR 2007, S. 170–172.

Bergemann, Axel, Die rechtliche Stellung der Bundesärztekammer (Arbeitsgemeinschaft der Westdeutschen Ärztekammern), Würzburg 1968 (zugl. Univ. Diss. Würzburg 1968).

Berger, Christian, Privatrechtliche Gestaltungsmöglichkeiten zur Sicherung der Patientenautonomie am Ende des Lebens, JZ 2000, S. 797–805.

Bergmann, Karl Otto, Delegation und Substitution ärztlicher Leistungen, Eine Bestandsaufnahme aus haftungsrechtlicher Sicht, in: Arbeitsgemeinschaft Rechtsanwälte im Medizinrecht e.V. (Hrsg.), Delegation und Substitution – wenn der Pfleger den Doktor ersetzt …, Berlin, Heidelberg 2010, S. 25-45.

–, Delegation und Substitution ärztlicher Leistungen auf/durch nichtärztliches Personal, MedR 2009, S. 1–9.

–, Risiken und Vertrauensschutz bei der Patientenaufklärung, Das Krankenhaus 2006, S. 689–692.

–, Die Arzthaftung, Ein Leitfaden für Ärzte und Juristen, 2. Auflage, Berlin/Heidelberg/New York, 2004.

–, Aufklärung in der arbeitsteiligen Medizin, in: Arbeitsgemeinschaft Rechtsanwälte im Medizinrecht e.V. (Hrsg.), Risiko Aufklärung, Schmerzensgeld trotz Behandlungserfolg – Wohin führt die Rechtsprechung?, Berlin/Heidelberg 2001, S. 91–109.

–, Arbeitsteilung und Vertrauensgrundsatz, in: Ratajczak, Thomas / Schwarz-Schilling, Gabriela (Hrsg.), Medizin und Strafrecht, Strafrechtliche Verantwortung in Klinik und Praxis, Berlin/Heidelberg 2000, S. 34–47.

Bichlmeier, Gerd, Die Wirksamkeit der Einwilligung in einen medizinisch nicht indizierten ärztlichen Eingriff, JZ 1980, S. 53–56.

Biermann, Elmar, Aufklärung des Patienten, in: Berg, Dietrich / Ulsenheimer, Klaus (Hrsg.), Patientensicherheit, Arzthaftung, Praxis- und Krankenhausorganisation, Mit 29 Abbildungen und 14 Tabellen, Berlin/Heidelberg/New York 2006, S. 197–221.

Biermann, Elmar / Ulsenheimer, Klaus / Weißauer, Walther, Persönliche Leistungserbringung und Vertretung des Chefarztes bei wahlärztlichen Leistungen, NJW 2001, S. 3366–3369.

Binding, Karl, Lehrbuch des Gemeinen Deutschen Strafrechts, Besonderer Teil, Erster Teil, 2. Auflage, Leipzig 1902.

–, Die Normen und ihre Übertretung, Eine Untersuchung über die rechtmäßige Handlung und die Arten des Delikts, Zweiter Band, Schuld und Vorsatz, Leipzig 1877.

Bloy, René, Freiheitsberaubung ohne Verletzung fremder Autonomie, ZStW 96 (1984), S. 703–725.

Bockelmann, Paul, Strafrecht des Arztes, Stuttgart 1968.

–, Das Ende des Heilpraktikergesetzes, NJW 1966, S. 1145–1152.

–, Operativer Eingriff und Einwilligung des Verletzten, JZ 1962, S. 525–529.

Bockelmann, Paul / Volk, Klaus, Strafrecht Allgemeiner Teil, 4. Auflage, 1987 München.

Böhme, Hans, Anmerkung zu LG Waldshut-Tiengen, Urteil vom 23.3.2004 – 2 Ns 13 Js 1059/99, PKR 2005, S. 52–54.

–, Das Recht des Krankenpflegepersonals, Teil 2, Haftungsrecht, 4. Auflage, Stuttgart/Berlin/Köln 1996.

–, Pflege auf dem Prüfstand. Rechtsfragen der Delegation ärztlicher Tätigkeiten an Pflegende, Senatsverwaltung für Gesundheit (Hrsg.), 2. Auflage, Berlin 1993.

–, Die Voraussehbarkeit, insbesondere in der Arbeitsteilung, Beispiel: ein falsch eingeführtes Darmrohr, DKZ 1989, S. 44–46.

Böhme, Hans / Hasseler, Martina, Delegation, Standortbestimmung Pflege, Die Schwester/Der Pfleger 8/2006, S. 664–668.

Böhme, Hans / Jacobs, Peter, Rechtsfragen bei ärztlichen Anordnungen, Die Schwester/Der Pfleger 1997, S. 149–152.

Bonvie, Horst, Delegation und Substitution: Berufsrechtliche Sicht, in: Arbeitsgemeinschaft Rechtsanwälte im Medizinrecht e.V. (Hrsg.), Delegation und Substitution – wenn der Pfleger den Doktor ersetzt ..., Berlin, Heidelberg 2010, S. 17-24.

Boll, Matthias, Rettungsdienstliche Kompetenzgrenzen und das Strafrecht, MedR 2002, S. 232–234.

–, Strafrechtliche Probleme bei Kompetenzüberschreitungen nichtärztlicher medizinischer Hilfspersonen in Notsituationen, Berlin u.a. 2001 (zugl. Diss. Univ. Heidelberg 2000).

Bork, Reinhard, Allgemeiner Teil des Bürgerlichen Gesetzbuchs, 2. Auflage, Tübingen 2006.

Brandes, Thomas, Die Haftung für Organisationspflichtverletzung, Frankfurt am Main 1994 (zugl. Univ. Diss. Göttingen 1993).

Brenner, Günter, Rechtskunde für das Krankenpflegepersonal einschließlich des Altenpflegepersonals und anderer Berufe im Gesundheitswesen, 6. Auflage, Stuttgart/Jena/Lübeck/Ulm 1997.

–, Darf das Krankenpflegepersonal Injektionen, Transfusionen, Infusionen und Blutentnahmen vornehmen?, Deutsche Krankenpflegezeitschrift 1972, S. 418–422.

Brinkmann, Bernhard, Der Vertrauensgrundsatz als eine Regel der Erfahrung, Eine Untersuchung am Beispiel des Lebensmittelstrafrechts, Berlin 1996 (zugl. Diss. Univ. Münster/Westfalen 1995).

Broglie, Maximilian G., Der Grundsatz der persönlichen ärztlichen Leistungspflicht, Ausformung und Auswirkungen auf die Leistungserbringung in ärztlichen Kooperationsformen, Berlin u. a. 1989.

Brose, Johannes, Aufgabenteilung im Gesundheitswesen, Horizontale und vertikale Arbeitsteilung auf klinischer und präklinischer Ebene, in: Roxin, Claus / Schroth, Ulrich (Hrsg.), Medizinstrafrecht: Im Spannungsfeld von Medizin, Ethik und Strafrecht, Stuttgart u.a. 2001, S. 53–91.

Brüggemeier, Gert, Organisationshaftung, Deliktsrechtliche Aspekte innerorganisatorischer Funktionsdifferenzierung, AcP 191 (1991), S. 33–68.

–, Deliktsrecht, Ein Hand- und Lehrbuch, Baden-Baden 1986.

Brunner, Christine / Heppekausen, Christoph, Delegation und Substitution ärztlicher Tätigkeiten an/durch nichtärztliches Personal – aus der Not eine (zukünftige) Tugend machen?, KHR 2009, S. 80–84.

Buchner, Benedikt, Die Abhängigkeit des haftungsrechtlichen vom sozialrechtlichen Standard, in: Lilie, Hans / Bernat, Erwin / Rosenau, Henning (Hrsg.), Standardisierung in der Medizin als Rechtsproblem, Beiträge der 1. Tagung der Medizinrechtslehrerinnen und Medizinrechtslehrer 2008 in Halle an der Saale, Baden-Baden 2009, S. 63–77.

Burgstaller, Manfred, Das Fahrlässigkeitsdelikt im Strafrecht, Unter besonderer Berücksichtigung der Praxis in Verkehrssachen, Wien 1974.

Büsken, Rainer / Klüglich, Gabriele, Die Krankenhausbehandlung: Haftungssystem und innerbetrieblicher Schadensausgleich (Freistellung – Regreß), VersR 1994, S. 1141–1151.

Calliess, Christian / Ruffert, Matthias, EUV/EGV, Das Verfassungsrecht der Europäischen Union mit Europäischer Grundrechtecharta, 3. Auflage, München 2007.

–, EUV/AEUV, Das Verfassungsrecht der Europäischen Union mit Europäischer Grundrechtecharta, 4. Auflage, München 2011.

Canaris, Claus-Wilhelm, Schutzgesetze – Verkehrspflichten – Schutzpflichten, in: Canaris, Claus-Wilhelm / Diederichsen, Uwe (Hrsg.), Festschrift für Karl Larenz zum 80. Geburtstag am 23. April 1983, München 1983, S. 26–110.

Carstensen, Gert, Rundgespräch: Arbeitsteilung und Verantwortung in der Chirurgie, Kongreßbericht, Langenbecks Archiv für Chirurgie 1981, S. 593–595.

Carstensen, Gert / Schreiber, Hans-Ludwig, Arbeitsteilung und Verantwortung, in: Jung, Heike / Schreiber, Wilhelm (Hrsg.), Arzt und Patient zwischen Therapie und Recht, Stuttgart 1981, S. 167–174.

Clemens, Thomas, Leitlinien und Sozialrecht – Rezeption von Leitlinien durch Rechtssetzung und Rechtsprechung –, in: Hart, Dieter (Hrsg.), Klinische Leitlinien und Recht, Baden-Baden 2005, S. 147–162.

Costa, H. L., Die gerichtsverfassungsrechtlichen und verfahrensrechtlichen Vorschriften des Dritten Strafrechtsänderungsgesetzes (mit Ausnahme der Strafaussetzung zur Bewährung und der bedingten Entlassung), MDR 1953, S. 577–581.

Costas, Peter, Die systematische Delegation im Ärztebereich, Teil 1, Berliner Ärzte 1992, S. 26–28.

Cramer, Peter, Ein Sonderstraftatbestand für die eigenmächtige Heilbehandlung, Einige Bemerkungen zu §§ 229, 230 des Entwurfs eines 6. Gesetzes zur Reform des Strafrechts (6. StrRG), in: Eser, Albin / Schittenhelm, Ulrike / Schumann, Heribert (Hrsg.), Festschrift für Theodor Lenckner zum 70. Geburtstag, München 1998, S. 761–780.

Cramer, Regine, Strafrechtliche Grenzen der Therapiefreiheit und der Heilbehandlung durch den Heilpraktiker, Köln 1995 (zugl. Diss. Univ. Köln 1995).

Dalichau, Gerhard, Gesetzliche Krankenversicherung, Sozialgesetzbuch (SGB), Fünftes Buch (V), Kommentar mit Online-Datenbank, Band 1, §§ 1 – 89, Loseblatt-Ausgabe, Köln 2009.

Dallinger, Wilhelm, Das Dritte Strafrechtsänderungsgesetz, Teil II, Gerichtsverfassung und Strafverfahren, JZ 1953, S. 432–442.

Daniels, Jürgen, Probleme des Haftungssystems bei stationärer Krankenhausbehandlung, NJW 1972, S. 305–309.

Dasch, Norbert, Die Einwilligung zum Eingriff in das Recht am eigenen Bild, München 1990.

Dauner-Lieb, Barbara / Heidel, Thomas / Ring, Gerhard, Anwaltkommentar BGB, Band 2: Schuldrecht, Teilband 2: §§ 611 – 853, Bonn 2005.

Debong, Bernhard, Rechtliche Grundlagen des Einsatzes von nichtärztlichem Assistenzpersonal, ArztR 2007, S. 204–207.

Debong, Bernhard / Andreas, Manfred / Siegmund-Schulze, G., Wozu berechtigt der Spritzenschein?, Die Schwester/Der Pfleger 1992, S. 966–967.

Deneke, Volrad J. F., Klassifizierung der freien Berufe, Statistische Erfassung und Systematik, Berufstätigkeiten und Berufsbenennungen nach der Volks- und Berufszählung von 1961, Berlin 1969.

Deutsch, Erwin, Vertrauen und Misstrauen in der horizontal arbeitenden Medizin, VersR 2007, S. 40–43.

–, Anmerkung zu BGH, Urteil vom 7.11.2006 – VI ZR 206/05, VersR 2007, S. 210–211.

–, Die Fahrlässigkeit im neuen Schuldrecht, AcP 202 (2002), S. 889–911.

–, Anmerkung zu BGH, Urteil vom 15.2.2000 – VI ZR 48/99, JZ 2000, S. 902 (904).

–, Fahrlässigkeit und erforderliche Sorgfalt, Eine privatrechtliche Untersuchung, Zweite, um das Thema Fahrlässigkeit und Rechtswidrigkeit, Eine Bestandsaufnahme an der Schwelle zum 21. Jahrhundert, ergänzte Auflage, Köln/Berlin/Bonn/München 1995.

–, Fahrlässigkeitstheorie und Behandlungsfehler, NJW 1993, S. 1506–1510.

–, Die Anfängeroperation: Aufklärung, Organisation, Haftung und Beweislastumkehr, NJW 1984, S. 650–651.

–, Anmerkung zu BGH, Urteil vom 9.6.1967 – VI ZR 11/66, JZ 1968, S. 103–105.

–, Schutzbereich und Tatbestand des unerlaubten Heileingriffs im Zivilrecht, NJW 1965, S. 1985–1989.

Deutsch, Erwin / Bender, Albrecht W. / Eckstein, Reinhold / Zimmermann, Robert, Transfusionsrecht, Ein Handbuch für Ärzte und Juristen, Stuttgart 2001.

Deutsch, Erwin / Lippert, Hans-Dieter, Kommentar zum Arzneimittelgesetz, Berlin u.a. 2001.

Deutsch, Erwin / Spickhoff, Andreas, Medizinrecht, Arztrecht, Arzneimittelrecht, Medizinprodukterecht und Transfusionsrecht, 6. Auflage, Berlin/Heidelberg 2008.

Deutscher Pflegerat e. V., Stellungnahme für die Anhörung beim Sachverständigenrat (SVR) zur Begutachtung der Entwicklung im Gesundheitswesen am 24.08.2006, „Neue Aufgabenverteilungen und Kooperationsformen zwischen den Gesundheitsberufen“, Neubearbeitung am 20.09.2006, erhältlich im Internet: <http://www.svr-gesundheit.de/Startseite/Startseite.htm> (Stand v. 4.9.2007).

Diegeler, Anno / Debong, Bernhard / Hacker, Robert / Warnecke, Henning, Nichtärztliche Chirurgieassistenz: Bessere Qualität durch mehr Routine, DÄB 2006, S. A 1802–A 1804.

Diekmann, Andreas, Empirische Sozialforschung, Grundlagen, Methoden, Anwendungen, 11. Auflage, Reinbek bei Hamburg 2004.

Dielmann, Gerd, Berufsgesetze werden novelliert, Pflege & Gesellschaft 2008, S. 174–178.

Dietz, Rolf, Anspruchskonkurrenz bei Vertragsverletzung und Delikt, Bonn 1934 (zugl. Habil. Univ. Köln 1933).

DKG (Deutsche Krankenhausgesellschaft), Empfehlungen zur Aufklärung der Krankenhauspatienten über vorgesehene ärztliche Maßnahmen, 5. Auflage, Düsseldorf 2008.

–, Muster Allgemeiner Vertragsbedingungen (AVB) für Krankenhäuser (einschließlich Allgemeiner Vertragsbedingungen für ambulante Operationsleistungen, 7. Auflage, Düsseldorf 2005.

–, Beratungs- und Formulierungshilfe Belegarztvertrag / Kooperativer Belegarztvertrag / Vertrag über die Durchführung von ambulanten Leistungen im Krankenhaus, 3. Auflage, Düsseldorf 1996.

–, Empfehlung zur Ausbildung und Prüfung von Operationstechnischen Assistenten vom 1.8.1996, Das Krankenhaus 1996, S. 424–429.

Döhler, Marian, Die Regulierung von Professionsgrenzen, Struktur und Entwicklungsdynamik von Gesundheitsberufen im internationalen Vergleich, Frankfurt am Main/New York 1997.

Dornbusch, Gregor / Fischermeier, Ernst / Löwisch, Manfred, Fachanwaltskommentar Arbeitsrecht, Kompaktkommentar zum Arbeitsrecht, Köln 2008.

Drucklé, Ärztliche Haftplicht bei i.m. Injektionen durch Krankenschwestern, Med. Klin. 1950, S. 974.

Dreier, Horst, Grundgesetz, Kommentar, Band II, Artikel 20 – 82, 2. Auflage, Tübingen 2006.

Duttge, Gunnar, Zur Bestimmtheit des Handlungsunwerts von Fahrlässigkeitsdelikten, Tübingen 2001 (zugl. Habil. Univ. Bochum 2000).

Eberhardt, Dietrich, Das Selbstbestimmungsrecht des Patienten und ärztliche Aufklärungspflicht im Zivilrecht Frankreichs und Deutschlands, Karlsruhe 1968.

Eberhardt, Lothar, Die zivilrechtliche Haftung des Heilpraktikers, VersR 1986, S. 110–116.

Ebsen, Ingwer, Das System der Gliederung in haus- und fachärztliche Versorgung als verfassungsrechtliches Problem ,VSSR 1996, S. 351–368.

Ehlers, Alexander P.F. / Broglie, Maximilian G., Arzthaftungsrecht, Grundlagen und Praxis, 4. Auflage, München 2008.

Ehmann, Horst, Praxisgemeinschaft/Gemeinschaftspraxis, MedR 1994, S. 141–149.

Eichholz, Reinald, Die Rechtsstellung des Belegarztes, Umfassende Darstellung der Probleme, die sich aus der Tätigkeit freipraktizierender Ärzte am Krankenhaus ergeben, Stuttgart u.a. 1973.

Ellbogen, Klaus, Strafrechtliche Folgen der Delegation ärztlicher Aufgaben, ArztR 2008, S. 312–316.

Emberger, Herbert / Wallner, Felix, Ärztegesetz mit Kommentar, 2. Auflage, Wien 2008.

Engelmann, Klaus, Zur rechtlichen Zulässigkeit einer (vertrags-)ärztlichen Tätigkeit außerhalb des Ortes der Niederlassung, MedR 2002, S. 561–572.

Engisch, Karl, Die Haftung des operierenden Chirurgen nach den §§ 222, 230 StGB für Fehler der Operationsschwester, Ein Gutachten, Langenbecks Arch. klin. Chir. (Bd. 288) 1958, S. 573–589.

–, Ärztlicher Eingriff zu Heilzwecken und Einwilligung, ZStW 58 (1939), S. 1–52.

–, Untersuchungen über Vorsatz und Fahrlässigkeit im Strafrecht, Berlin 1930 (zugl. Habil. Univ. Gießen 1929).

Erbs, Georg (begr.) / *Kohlhaas, Max* (vorm. Hrsg.) / *Ambs, Friedrich* (Hrsg.), Strafrechtliche Nebengesetze, Band 1, Band 2, Band 4, eingeordnet bis einschließlich 173. Ergänzungslieferung (Stand: Mai 2009), München 2009.

Erdle, Helmut / Becker, Andrea, Recht der Gesundheitsfachberufe, Heilpraktiker und sonstigen Berufe im Gesundheitswesen: Normsammlung mit Erläuterungen, Heidelberg u.a. 2006.

Erlinger, Rainer, Wird die strafrechtliche Verantwortlichkeit durch Leitlinien und ökonomische Begrenzungen in der medizinischen Versorgung beeinflusst?, ZaeFQ 2004, S. 226–229.

Erman, Harm Peter, Bürgerliches Gesetzbuch, Handkommentar mit AGG, EGBGB (Auszug), ErbbauRG, HausratsVO, LPartG, ProdHaftG, UKlaG, VAHRG und WEG, Band I, §§ 1 – 758, AGG, UKlaG, Band II, §§ 759 – 2385, 12. Auflage, Köln 2008.

Eser, Albin, Medizin und Strafrecht: Eine schutzgutorientierte Problemübersicht, ZStW 97 (1985), S. 1–46.

Exner, Franz, Das Wesen der Fahrlässigkeit, Eine strafrechtliche Untersuchung, Leipzig/Wien 1910.

Fahrenhorst, Irene, Die haftungsrechtliche Stellung des im Krankenhaus beschäftigten Arztes im Praktikum, MedR 1991, S. 173–180.

Fastenrath, Jörg, Arzthaftpflichtprozeß und Beweislastverteilung, Frankfurt am Main 1990 (zugl. Diss. TU München 1989).

Fehn, Karsten / Selen, Sinan, Rechtshandbuch für Feuerwehr und Rettungsdienst, 2. überarbeitete Auflage, Wien 2003.

Fellenberg, Martin, Zeitliche Grenzen der Fahrlässigkeitshaftung, Ein Beitrag zur Harmonisierung des zeitlichen Haftungsrahmens bei vorsätzlichen und fahrlässigen Erfolgsdelikten, Baden-Baden 2000 (zugl. Diss. Univ. Kiel 2000).

Fischer, Gerfried / Lilie, Hans, Ärztliche Verantwortung im europäischen Rechtsvergleich, Köln/Berlin/Bonn/München 1999.

Fischer, Thomas, Strafgesetzbuch und Nebengesetze, 55. Auflage, München 2008.

Flemmich, Günter, Infusionen – Abgrenzung der Zuständigkeiten, ÖKZ 2004 (06), S. 16–17.

Flintrop, Jens / Merten, Martina / Gerst, Thomas, Delegation ärztlicher Leistung, Mangel macht vieles möglich, DÄB 2008, S. A 979–A981.

Flume, Werner, Allgemeiner Teil des Bürgerlichen Rechts, Zweiter Band, Das Rechtsgeschäft, 4. Auflage, Berlin u.a. 1992.

Frahm, Wolfgang, Die Zulässigkeit der Delegation ärztlicher Leistungen auf nichtärztliches Personal, VersR 2009, S. 1576–1580.

Frahm, Wolfgang / Nixdorf, Wolfgang / Walter, Alexander, Arzthaftungsrecht, Leitfaden für die Praxis, 4. Auflage, Karlsruhe 2009.

Francke, Robert, Ärztliche Berufsfreiheit und Patientenrechte, Eine Untersuchung zu den verfassungsrechtlichen Grundlagen des ärztlichen Berufsrechts und des Patientenschutzes, Stuttgart 1994.

Francke, Robert / Hart, Dieter, Ärztliche Verantwortung und Patienteninformation, Eine Untersuchung zum privaten und öffentlichen Recht der Arzt-Patient-Beziehung, Stuttgart 1987.

Franke, Ulrich / Wienroeder, Karl, Betäubungsmittelgesetz, Kommentar, Heidelberg 1996.

Franzki, Harald, Zur zivil- und strafrechtlichen Verantwortung der Krankenhausärzte und des Pflegepersonals, Arzt und Krankenhaus 1985, S. 168–177.

–, Der Arzthaftungsprozess, Ein Leitfaden für die Praxis unter Berücksichtigung der Rechtsprechung, Karlsruhe 1984.

–, Rechtsfragen der Anfängeroperation, zugleich Rezension des BGH-Urteils vom 27.9.1983, MedR 1984, S. 186–189.

Franzki, Harald / Hansen, Britta, Der Belegarzt – Stellung und Haftung im Verhältnis zum Krankenhausträger, NJW 1990, S. 737–743.

Frey, R. / Wagner, K., Intramuskuläre Injektionen durch examinierte Krankenschwester?, DMW 1964, S. 1446.

Frömming, Jens / Peters, Butz, Die Einwilligung im Medienrecht, NJW 1996, S. 958–962.

Fuchs, Maximilian / Preis, Ulrich, Sozialversicherungsrecht, Köln 2005.

Fuchs-Wissemann, Hans, Erfüllungsgehilfenschaft und Beweislast – Zugleich Anmerkung zum Urteil des BGH vom 9.2.1994 (VIII ZR 282/93), VersR 1996, S. 686–687.

Gaibler, Tonja / Trengler, Christine, Rechtliche Grundprinzipien bei arbeitsteiligem Zusammenwirken im Verhältnis Arzt-Pflegekraft, in: Berg, Dietrich / Ulsenheimer, Klaus (Hrsg.), Patientensicherheit, Arzthaftung, Praxis- und Krankenhausorganisation, Mit 29 Abbildungen und 14 Tabellen, Berlin u.a. 2006, S. 111–123.

Gaisbauer, Georg, Anmerkung zu BGH, Urteil vom 24.6.1975 – VI ZR 72/74, VersR 1976, S. 41–43.

Gaßner, Maximilian / Schottky, Evi, Freiheit vor Sicherheit oder umgekehrt? Analyse und Kritik der zivilrechtlichen Rechtsprechung zu Stürzen in Alten- und Pflegeheimen, MedR 2006, S. 391–399.

Geerds, Friedrich, Einwilligung und Einverständnis des Verletzten, Diss. Univ. Kiel 1953.

Gehrlein, Markus, Grundriss der Arzthaftpflicht, nach der Rechtsprechung des Bundesgerichtshofes, 2. Auflage München 2006.

Gehrlein, Stefanie, Wer macht künftig was im Gesundheitswesen?, Ein Exkurs zur Delegation und Substitution, HB-Magazin 4/2008, S. 8.

Geilen, Gerd, Einwilligung und ärztliche Aufklärungspflicht, Bielefeld 1963 (zugl. Habil. Univ. Bonn 1963).

Geiß, Karlmann (Begr.) / Greiner, Hans-Peter, Arzthaftpflichtrecht, 5. Auflage, München 2006.

Gesundheit Österreich GmbH/Geschäftsbereich ÖBIG, Österreichischer Pflegebericht 2007, Im Auftrag des Bundesministerium für Gesundheit, Familie und Jugend, Projektteam: Gabriele Riess, Ingrid Rottenhofer, Petra Winkler, unter Mitarbeit von Martin Busch, Petra Stangl, Wien 2006.

Giesen, Dieter, Arzthaftungsrecht, Die zivilrechtliche Haftung aus medizinischer Behandlung in der Bundesrepublik Deutschland, in Österreich und der Schweiz, 4. Auflage, Tübingen 1995.

–, Anmerkung zu BGH, Urteil vom 27.9.1983 – VI ZR 230/81, JZ 1984, S. 331–332.

–, Wandelungen des Arzthaftungsrechts, Tübingen 1983.

–, Arzthaftungsrecht im Umbruch (I) – Der ärztliche Behandlungsfehler in der Rechtsprechung seit 1974 –, JZ 1982, S. 345–356.

–, Arzthaftungsrecht im Umbruch (II) – Der ärztliche Behandlungsfehler in der Rechtsprechung seit 1974 –, JZ 1982, S. 391–403.

GKV-Spitzenverband/KBV (Kassenärztliche Bundesvereinigung), Vereinbarung einer Anlage 8 zu § 15 Abs. 1 BMV-Ä bzw. § 14 Abs. 1 EKV, DÄB 2009, S. A-838–A-841.

Göbel, Alfred A., Die Einwilligung im Strafrecht als Ausprägung des Selbstbestimmungsrechts, Frankfurt am Main u.a. 1992 (zugl. Diss. Univ. Bonn 1990).

Goldhahn, Richard / Schläger, Max, Fehler und Gefahren bei Einspritzungen und ihre rechtlichen Folgen, Stuttgart 1948.

Götting, Horst-Peter, Persönlichkeitsrechte als Vermögensrechte, Tübingen 1995 (zugl. Habil. Univ. München 1993).

Gounalakis, Georgios, Anfängernarkose und -operation Behandlungsfehler oder Aufklärungspflichtverletzung?, NJW 1991, S. 2945–2946.

Gropp, Walter, Strafrecht Allgemeiner Teil, 3. Auflage, Berlin u.a. 2005.

Groß, Werner, Die Entwicklung der höchstrichterlichen Rechtsprechung im Haftungs- und Schadensrecht, VersR 1996, S. 657–667.

Großkopf, Volker, Anmerkung zum Urteil des OLG Stuttgart vom 21.4.1994 – 4 U 54/93, Rechtsdepesche für das Gesundheitswesen, November/Dezember 2003, S. 16.

–, Fehlinjektionen, Kleine Fehler – teure Folgen, Pflegezeitschrift 1994, S. 557–559.

Großkopf, Volker / Klein, Hubert, Recht in Medizin und Pflege, 3. Auflage, Balingen 2007.

Großmann, Katja / Berg, Almuth / Fleischer, Steffen / Langer, Gero / Sadowski, Katharina / Bauer, Alexander / Behrens, Johann, Nicht-ärztliche Heilpersonen in der Betreuung und Behandlung chronisch Kranker (Schwerpunkt: DMP-Diagnosen), ZEFQ 2008, S. 41–48.

Grünwald, Gerald, Die Aufklärungspflicht des Arztes, ZStW 73 (1961), S. 5–44.

Günter, Rudolf, Delegationsmöglichkeiten ärztlicher Tätigkeiten, AZR 2009, S. 31–37.

Hahn, Bernhard, Die Haftung des Arztes für nichtärztliches Hilfspersonal, Zulässigkeitsfragen ärztlicher Delegierung von Blutentnahmen, Injektionen, Infusionen und Bluttransfusionen an nichtärztliche Mitarbeiter, Königstein/Ts. 1981

–, Zulässigkeit und Grenzen der Delegierung ärztlicher Aufgaben – Zur Übertragung von Blutentnahmen, Injektionen, Infusionen und Bluttransfusionen auf nichtärztliches Assistenzpersonal, NJW 1981, S. 1977–1984.

Hanika, Heinrich, Pflegerecht und Patientensicherheit im Lichte der Delegations-, Substitutions- und Allokationsdiskussionen, PflR 2009, S. 372–378.

Hannes, Miriam, Der Vertrauensgrundsatz bei arbeitsteiligem Verhalten, Aachen 2002 (zugl. Univ. Diss. Heidelberg 2001).

Hansis, Martin L. / Hansis, Dorothee E., Der ärztliche Behandlungsfehler, Verbessern statt streiten, Landsberg 1999.

Hardwig, Werner, Verursachung und Erfolgszurechnung, Eine Anmerkung zu einer Anmerkung, JZ 1968, S. 289–292.

–, ZStW 78 (1966), Pflichtirrtum, Vorsatz und Fahrlässigkeit, S. 1–29.

–, Betrachtungen zur Frage des Heileingriffs, GA 1965, S. 161–173.

Hart, Dieter, Ärztliche Leitlinien – rechtliche Aspekte, ZaeFQ 2000, S. 65–69.

–, Ärztliche Leitlinien – Definitionen, Funktionen, rechtliche Bewertungen, Gleichzeitig ein Beitrag zum medizinischen und rechtlichen Standardbegriff, MedR 1998, S. 8–16.

Hassold, Gerhard, Die Lehre vom Organisationsverschulden, JuS 1982, S. 583 – 587.

Hauck, Karl (Begr.) / *Noftz, Wolfgang*, Sozialgesetzbuch, Gesamtkommentar, SGB V Gesetzliche Krankenversicherung, 2. Band, §§ 9 – 68, 3. Band, §§ 69 – 131, Berlin 2009, SGB XI Soziale Pflegeversicherung, 2. Band, Berlin 2008.

Heerklotz, Brigitte, Definitorisches: Standards, Leitlinien, Richtlinien, Empfehlungen, in: Nagel, Eckhard / Fuchs, Christoph (Hrsg.), Leitlinien und Standards im Gesundheitswesen, Fortschritt in sozialer Verantwortung oder Ende der ärztlichen Therapiefreiheit?, Köln 1997, S. 84–91.

Heilegger, Gerda, Ärztlicher Vorbehaltsbereich und Alternativmedizin: Versuch einer Ab- und Eingrenzung, RdM 1999, S. 135–140.

Heilmann, Joachim, Der Stand der deliktischen Arzthaftung, NJW 1990, S. 1513–1521.

Heintschel-Heinegg, Bernd / Stöckel, Heinz (Hrsg. Ab 14. Lieferung), KMR, Kommentar zur Strafprozessordnung, Band 1, 46. Lieferung (Stand: April 2007), München/Unterschleißheim 2007.

Heinze, Meinhard / Jung, Herbert, Die haftungsrechtliche Eigenverantwortlichkeit des Krankenpflegepersonals in Abgrenzung zur ärztlichen Tätigkeit, MedR 1985, S. 62–71.

Hellmann, Uwe / Herffs, Harro, Der ärztliche Abrechnungsbetrug, Heidelberg 2006.

Henkel, Heinrich, Zumutbarkeit und Unzumutbarkeit als regulatives Rechtsprinzip, in: Engisch, Karl / Maurach, Reinhart (Hrsg.), Festschrift für Edmund Mezger zum 70. Geburtstag 15.10.1953, München/Berlin 1954, S. 249–309.

Henssler, Martin / Willemsen, Heinz Josef / Kalb, Heinz-Jürgen, Arbeitsrecht, Kommentar, 3. Auflage, Köln 2008.

Heuchemer, Michael / Bolsinger, Max, Medikamentengabe durch Rettungsassistenten – zugleich Anmerkung zu Arbeitsgericht Koblenz, Urteil vom 7.11.2008 – 2 Ca 1567/08, MedR 2009, S. 524–528.

Heudorf, Ursel / Carstens, Angela / Exner, Martin, Heilpraktiker und öffentliches Gesundheitswesen, Bundesgesundheitsblatt – Gesundheitsforschung – Gesundheitsschutz 2010, S. 245–257.

Hiersche, Frank, Die rechtliche Position der Hebamme bei der Geburt, Vertikale oder horizontale Arbeitsteilung, Frankfurt am Main 2003 (zugl. Univ. Diss. Halle-Wittenberg 2002).

Hirsch, Hans Joachim, Der Streit um Handlungs- und Unrechtslehre, insbesondere im Spiegel der Zeitschrift für die gesamte Strafrechtswissenschaft (Teil III), ZStW 94 (1982), S. 239–278.

Höfert, Rolf, Von Fall zu Fall – Pflege im Recht, Rechtsfragen in der Pflege von A – Z, Mit 25 Abbildungen, 2. Auflage, Heidelberg 2009.

Hoffmann, R. / Thielemann, F. / Wirtz, D.C. / Niethard, F.U. / Siebert, H., Delegation ärztlicher Leistungen. Ein trojanisches Pferd?, Der Unfallchirurg 2008, S. 367–370.

Höfling, Wolfram, Kommentar zum Transplantationsgesetz (TPG), Berlin 2003.

Höppner, Karin / Kuhlmey, Adelheid, Gesundheitsberufe im Wandel, Relation von ärztlichen und nichtärztlichen Berufsgruppen, GGW 2/2009, S. 7–14.

Horn, Eckhard, Der Anfang vom Ende der actio libera in causa, StV 1997, S. 264–266.

Hromadka, Wolfgang / Maschmann, Frank, Arbeitsrecht Band 1, Individualarbeitsrecht, 4. Auflage, Berlin/Heidelberg 2008.

Igl, Gerhard, in: *Deutscher Pflegerat e.V.* (Hrsg.), Weitere öffentlich-rechtliche Regulierung der Pflegeberufe und ihrer Tätigkeit, Voraussetzungen und Anforderungen, Rechtsgutachten erstellt im Auftrag des Deutschen Pflegerates e.V., München 2008.

–, Öffentlich-rechtliche Grundlagen für das Berufsfeld Pflege im Hinblick auf vorbehaltene Aufgabenbereiche, unter Mitarbeit von Felix Welti, Göttingen 1998.

Igl, Gerhard / Welti, Felix, Öffentlich-rechtliche Grundlagen für die Entwicklung vorbehaltener Aufgabenbereiche im Berufsfeld Pflege, VSSR 1999, S. 21–55.

Jacobs, Peter, I.-v.-Injektionen durch das Krankenpflegepersonal – erlaubt oder verboten?: Die Delegation ärztlicher Aufgaben im Spannungsfeld von Recht und Berufspolitik, 2. Auflage, Melsungen 1990.

Jakobs, Günther, Strafrecht, Allgemeiner Teil, Die Grundlagen und die Zurechnungslehre, Lehrbuch, 2. Auflage, Berlin/New York 1991.

Janker, Helmut, Heimliche HIV-Antikörpertests – strafbare Körperverletzung?, NJW 1987, S. 2897–2903.

Jauernig, Othmar, Bürgerliches Gesetzbuch mit Allgemeinem Gleichbehandlungsgesetz (Auszug), 12. Auflage, München 2007.

Jescheck, Hans-Heinrich / Weigend, Thomas, Lehrbuch des Strafrechts, Allgemeiner Teil, 5. Auflage, Berlin 1996.

Job, Frank Peter / Leffler, Kathrin / Voigt, Heike, Delegation ärztlicher Aufgaben an den Pflegedienst, Ergebnisse der DIP-Studie, Das Krankenhaus 2007, S. 38–41.

Jörg, Michael, Das neue Kassenarztrecht, Teilnahme an der vertragsärztlichen Versorgung, Rechte und Pflichten des Vertragsarztes, Vergütung und Wirtschaftlichkeitsprüfung, Organisation, Verfahren und Rechtsmittel, Eine praxisgerechte Einführung unter Berücksichtigung des Gesundheits-Strukturgesetzes 1993 und der Rechtsprechung des Bundessozialgerichts, München 1993.

Juen, Thomas, Arzthaftungsrecht, Die zivilrechtliche Haftung des Arztes für den Behandlungsfehler – der Arzthaftungsprozess in Österreich, 2. Auflage, Wien 2005.

Jung, Eberhard, Das Recht auf Gesundheit, Versuch einer Grundlegung des Gesundheitsrechts der Bundesrepublik Deutschland, München, 1982.

Jung, Heike, Die Rolle des Gesetzgebers auf dem Gebiet des Arztrechts, in: Jung, Heike / Schreiber, Wilhelm (Hrsg.), Arzt und Patient zwischen Therapie und Recht, Stuttgart 1981, S. 189–204.

Käfer, Kurt, Der Heilpraktiker in Theorie und Praxis, I. Juristischer Teil mit Kommentar zum Heilpraktikergesetz, II. Medizinischer Teil, 4. Ergänzungslieferung, Percha 1986.

Kaminski, Ralf, Der objektive Maßstab im Tatbestand des Fahrlässigkeitsdelikts, Struktur und Inhalt, Berlin 1992 (zugl. Diss. Univ. Köln 1990).

Kammerlohr, Jürgen, Behandlungsfehlerhaftung im arbeitsteiligen Medizinbetrieb: Eine rechtsvergleichende Untersuchung zum deutschen und amerikanischen Recht, Bremen 1995 (zugl. Univ. Diss. Bremen 1995).

Kampmann, Andrea, Weisungsgebundenheit oder Arbeitsverweigerung, Pflege Aktuell 1996, S. 422–424.

Kamps, Hans, Arzt- und kassenarztrechtliche Probleme bei der Behandlung von Suchtkranken, MedR 1984, S. 167–172.

–, Ärztliche Arbeitsteilung und strafrechtliches Fahrlässigkeitsdelikt, Berlin 1981.

Karlsruher Kommentar zum OWiG, hrsg. v. Senge, Lothar, 3. Auflage, München 2006 (zitiert: *Bearbeiter*, KK OWiG, §, Rn.).

Karlsruher Kommentar zur Strafprozessordnung und zum Gerichtsverfassungsgesetz mit Einführungsgesetz, hrsg. v. Pfeiffer, Gerd, 5. Auflage, München 2003 (zitiert: *Bearbeiter*, in KK StPO, §, Rn.).

Kasseler Kommentar, Sozialversicherungsrecht, hrsg. v. Leitherer, Stephan, 64. Auflage, München 2010 (zitiert: *Bearbeiter*, in: KassKomm SozVersR, Gesetz, §, Rn.).

Katzenmeier, Christian, Anmerkung zu BGH, Urteil vom 7.11.2006 – VI ZR 206/05, JZ 2007, S. 642–644.

–, Grundlagen und Entwicklungen des Organisationsverschuldens, ZaeFQ 101 (2007), S. 531–535.

–, Arbeitsteilung, Teamarbeit und Haftung, Zugleich ein Beitrag zur rechtlichen Rezeption medizinischer Kooperationsvereinbarungen, MedR 2004, S. 34–40.

–, Arzthaftung, Tübingen 2002.

–, Ein Sondertatbestand der eigenmächtigen Heilbehandlung, ZRP 1997, S. 156–161.

Kaufmann Armin, Das fahrlässige Delikt, ZfRV 1964, S. 41–55.

Kaufmann, Arthur, Die eigenmächtige Heilbehandlung, ZStW (73) 1961, S. 341–384.

Keller, Rolf / Günter, Hans-Ludwig / Kaiser, Peter, Embryonenschutzgesetz, Kommentar zum Embryonenschutzgesetz, Stuttgart/Berlin/Köln 1992.

Kempter, Marco, Medizinische Sorgfaltstandards, Einfluss medizinischer Verhaltensregeln auf den zivilrechtlichen Sorgfaltsmaßstab, Berlin 2005 (zugl. Diss. Univ. Augsburg 2004).

Kern, Bernd-Rüdiger, Haftungsrechtliche Fragen und Probleme des ambulanten Operierens, NJW 1996, S. 1561–1564.

–, Die Selbstbestimmungsaufklärung unter Einbeziehung des nichtärztlichen Pflegepersonals, in: Heberer, Georg / Opderbecke, Hans-Wolfgang / Spann, Wolfgang (Hrsg.), Ärztliches Handeln – Verrechtlichung eines Berufsstandes, Festschrift für Walther Weißauer zum 65. Geburtstag, Berlin/Heidelberg 1986, S. 71–87.

–, Aufklärungspflicht und wissender Patient, MedR 1986, S. 176–180.

Kern, Bernd-Rüdiger / Laufs, Adolf, Die ärztliche Aufklärungspflicht, Unter besonderer Berücksichtigung der richterlichen Spruchpraxis, Berlin/Heidelberg/New York 1983.

Kienzle, H. F., Arbeitsteilung und Zusammenarbeit in der Chirurgie – Horizontale und vertikale Entscheidungs- und Verantwortungsebenen, Langenbecks Arch Chir Suppl II 1997, S. 740–745.

Kierski, Werner-S., Die Bedeutung der Röntgenverordnung für die ärztliche Praxis, Bundesgesundheitsblatt 1975, S. 317–324.

Kindhäuser, Urs / Neumann, Ufrid / Paeffgen, Hans-Ullrich, Nomos Kommentar, Strafgesetzbuch, Band 2, 2. Auflage, Baden-Baden 2005.

Kirschbaum, Klaus, Der Vertrauensschutz im deutschen Straßenverkehrsrecht, Berlin 1980 (zugl. Diss. Univ. Köln 1978).

Kistner, Klaus, Wahlbehandlung und direktes Liquidationsrecht des Chefarztes, Vertragsgestaltung, Haftung und Regreß, Berlin/Heidelberg 1990 (zugl. Univ. Diss. Tübingen 1989).

Kleinewefers, Herbert, Zur Aufklärung des Patienten, VersR 1981, S. 99–104.

–, Die Aufklärungspflicht des Arztes und die Rechtsfolgen ihrer Verletzung, VersR 1964, S. 349–354.
–, Die Aufklärungspflicht des Arztes unter Berücksichtigung der Rechtsprechung des Bundesgerichtshofs, VersR 1962, S. 197–204.
–, Die Aufklärungspflicht des Arztes unter Berücksichtigung der Rechtsprechung des Bundesgerichtshofs, VersR 1961, S. 197–205.
Kleinewefers, Herbert / Wilts, Walter, Die vertragliche Haftung bei gespaltenem Arzt-Krankenhaus-Vertrag, NJW 1965, S. 332–334.
–, Vertragliche Schadensersatzansprüche des Patienten bei gespaltenem Arzt-Krankenhaus-Vertrag, VersR 1964, S. 201–205.
Klie, Thomas, Rechtskunde, Das Recht der Pflege alter Menschen, 8. Auflage, Hannover 2006.
Koelble, Josef (teilw. Hrsg.), Das Deutsche Bundesrecht – systematische Sammlung der Gesetze und Verordnungen mit Erläuterungen, 1007. Lieferung, Stand: Januar 2007, Baden-Baden 2007 (zitiert: *Bearbeiter*, in: Das Deutsche Bundesrecht).
Köhler, Helmut, Anmerkung zu BGH Urteil vom 22.9.1983 – VII ZR 43/83, JR 1984, S. 324–325.
Köhler-Fleischmann, Gabriele, Der Grundsatz der persönlichen ärztlichen Leistungspflicht, München, 1991.
Kohte, Wolfhard, Standards im Medizinrecht – Abhängigkeit des haftungsrechtlichen vom sozialrechtlichen Standard, in: Lilie, Hans / Bernat, Erwin / Rosenau, Henning (Hrsg.), Standardisierung in der Medizin als Rechtsproblem, Beiträge der 1. Tagung der Medizinrechtslehrerinnen und Medizinrechtslehrer 2008 in Halle an der Saale, Baden-Baden 2009, S. 79–102.
–, Die rechtfertigende Einwilligung, AcP 185 (1985), S. 105–161.
Körner, Harald Hans, Betäubungsmittelgesetz, Arzneimittelgesetz, 5. Auflage, München 2001.
Koziol, Helmut, Objektivierung des Fahrlässigkeitsmaßstabes im Schadenersatzrecht, AcP 196 (1996), S. 593–610.
Krahe, Sascha, Die Haftungssystematik bei ärztlicher Arbeitsteilung und Zusammenarbeit in den Vereinigten Staaten von Amerika und in Deutschland, Eine rechtsvergleichende Untersuchung, Berlin 2004 (zugl. Univ. Diss. Köln 2004).
Krahmer, Utz / Richter, Ronald, Heimgesetz, Lehr- und Praxiskommentar, 2. Auflage, Baden-Baden 2006.
Kramer, Rainer / Zerlett, Georg, Röntgenverordnung, Kommentar zur Verordnung über den Schutz vor Schäden durch Röntgenstrahlen, 3. Auflage, Köln 1991.
Krauskopf, Dieter, Soziale Krankenversicherung, Pflegeversicherung, Kommentar, Band 1: SGB I, SGB IV, SGB V, §§ 1 – 71, München 2007.
Krey, Volker / Heinrich, Manfred, Strafrecht Besonderer Teil, Studienbuch in systematisch-induktiver Darstellung, Band 1, Besonderer Teil ohne Vermögensdelikte, 14. Auflage, Stuttgart 2008.
Kriele, Martin, „Stand der medizinischen Wissenschaft“ als Rechtsbegriff, NJW 1976, S. 355–358.

Krümpelmann, Justus, Die Verwirkung des Vertrauensgrundsatzes bei pflichtwidrigem Verhalten in der kritischen Verkehrssituation, in: Küper, Wilfried / Puppe, Ingeborg / Tenckhoff, Jörg (Hrsg.), Festschrift für Karl Lackner zum 70. Geburtstag am 18. Februar 1987, Berlin/New York 1987, S. 289–306.

Kühl, Kristian, Strafrecht, Allgemeiner Teil, 6. Auflage, München 2008.

Kühne, H. H., Die strafrechtliche Relevanz eines auf Fehlvorstellungen gegründeten Rechtsgutsverzichts, JZ 1979, S. 241–246.

Kullmann, Hans Josef, Übereinstimmungen und Unterschiede im medizinischen, haftungsrechtlichen und sozialversicherungsrechtlichen Begriff des medizinischen Standards, VersR 1997, S. 529–532.

Kunte, Axel, Die Delegationsfähigkeit ärztlicher Leistungen, SGb 2009, S. 689–694.

Kunz-Schmidt, Susanne, Bedienungsfehler beim Einsatz von Medizintechnik, vollbeherrschbares Risiko und nichtärztliche Mitarbeiter, MedR 2009, S. 517–524.

Kußmann, Michael, Einwilligung und Einverständnis bei Täuschung, Irrtum und Zwang, Diss. Univ. Bonn 1988.

Lackner, Karl / Kühl, Kristian, Strafgesetzbuch mit Erläuterungen, 26. Auflage, München 2007.

Lang, Manfred Hermann / Schäfer, Franz-Heinz / Stiel, Horst / Vogt, Wolfgang, Der GOÄ-Kommentar, Ausführliche Interpretation der neuen Gebührenordnung – Tipps und Beispiele zur privatärztlichen Abrechnungspraxis, Stuttgart 1996.

Larenz, Karl, Lehrbuch des Schuldrechts, Erster Band, Allgemeiner Teil, 14. Auflage, München 1987.

Laufs, Adolfs, Der mündige, aber leichtsinnige Patient, NJW 2003, S. 2288–2289.

–, Die Verletzung der ärztlichen Aufklärungspflicht und ihre deliktische Rechtsfolge, NJW 1974, S. 2025–2030.

Laufs, Adolf / Katzenmeier, Christian / Lipp, Volker, Arztrecht, 6. Auflage, München 2009.

Laufs, Adolf (Hrsg.) / Uhlenbruck, Wilhelm (Begr.), Handbuch des Arztrechts, 3. Auflage, München 2002.

Laurant, M. / Reeves, D. / Hermens, R. / Braspenning, J. / Grol, R. / Sibbald, B., Substitution of doctors by nurses in primary care, Cochrane Database of Systematic Reviews 2004, Issue 4, erhältlich im Internet: <http://ovidsp.tx.ovid.com/spa/ovidweb.cgi> (Stand v. 16.8.2008).

Lauterbach, Karl, interviewt von Brigitte Teigeler, abgedruckt in: Die Schwester/Der Pfleger 2006, S. 344–346.

Leibholz, Gerhard / Rinck, Hans-Justus (Begr.), Grundgesetz für die Bundesrepublik Deutschland, Kommentar, Rechtsprechung des Bundesverfassungsgerichts, Köln 2006.

Leipziger Kommentar, Strafgesetzbuch Großkommentar, 5. Band §§ 146 bis 222, 6. Band, §§ 223 – 263a, 11. Auflage, Berlin 2005, hrsg. v. Jähnke, Burkhard / Laufhütte, Heinrich Wilhelm / Odersky, Walter, 1. Band, §§ 1 – 31, 2. Band, §§ 32 – 55, 12. Auflage, Berlin 2006, hrsg. v. Laufhütte, Heinrich Wilhelm / Rissing-van Saan, Ruth / Tiedemann, Klaus (zitiert: *Bearbeiter*, in: LK^{Auflage}, §, Rn.).

Lilie, Hans, Ärztliche Behandlungsfehler im strafrechtlichen Ermittlungsverfahren, ZEFQ 2008, S. 529–534.

–, Standard und Delegation in der Krankenpflege, in: VPU (Verband der Pflegedirektorinnen und Pflegedirektoren der Universitätsklinika in Deutschland e. V.) (Hrsg.), Übernahme ärztlicher Tätigkeiten, Praktische und rechtliche Grenzen bei der Delegation ärztlicher Tätigkeiten, Pflegende und Ärzte in Kooperation für Qualität und Wirtschaftlichkeit, Ein Beitrag zur rechtlichen Sicherheit und Prozessoptimierung im Krankenhaus, Hamburg 2007, S. 10–14.

–, Einwilligung in diagnostische, operative und intensivmedizinische Maßnahmen, in: Werdan, Karl / Trappe, Hans-Joachim / Zerkowski, Hans-Reinhard (Hrsg.), Das Herz-Buch, Praktische Herz-Kreislauf-Medizin, München/Jena 2003, S. 14–24.

–, Zur Entkriminalisierung des Arztrechts, in: Husfeldt, K. J. / Raschke, R. (Hrsg.), Thrombosen und Embolien, Arzthaftung, Berlin u.a. 1993, S. 215–223.

–, Arbeitsteilung, ärztliche, juristische Bearbeitung des Stichwortes, in: Eser, Albin / v. Lutterotti, Markus / Sporken, Paul (Hrsg.), Lexikon Medizin, Ethik, Recht, Freiburg/Basel/Wien 1989, S. 88–94.

–, Die Aufklärung von Patienten – aus juristischer Sicht, Deutsche Krankenpflegezeitschrift 1986, S. 354.

–, Rechtsnormen in der Krankenpflege, Deutsche Krankenpflegezeitschrift 1985, S. 458–461.

–, Wie weit geht die ärztliche Aufklärungspflicht, Der Frauenarzt 1978, S. 16 – 24.

Lilie, Hans / Orben, Steffen, Zur Verfahrenswirklichkeit des Arztstrafrechts, ZRP 2002, S. 154–159.

Lippert, Hans-Dieter / Flegel, Willy A., Kommentar zum Transfusionsgesetz (TFG) und den Hämotherapie-Richtlinien, Berlin u. a. 2002.

von Liszt, Franz, Lehrbuch des deutschen Strafrechts, Erster Band, Einleitung und Allgemeiner Teil, 26. Auflage, Berlin/Leipzig 1932.

Looschelders, Dirk, Schuldrecht, Allgemeiner Teil, 5. Auflage, Köln/Berlin/München 2007.

Luderer, Christiane / Behrens, Johann, Aufklärungs- und Informationsgespräche im Krankenhaus, Pflege 2005, S. 15–23.

Maas, Hans-Jürgen, Kein „arztfreier Raum" in der Krankenpflege, Das Krankenhaus 1997, S. 27–28.

Maiwald, Manfred, Ein alltäglicher Strafrechtsfall oder: Einige Schwierigkeiten der Fahrlässigkeitsdogmatik – OLG Celle, VRS 63 (1982), 72, JuS 1989, S. 186–190.

von Mangoldt, Hermann / Klein, Friedrich / Starck, Christian, Das Bonner Grundgesetz, Kommentar, Band 2: Artikel 20 – 78, 4. Auflage, München 2000.

Martis, Rüdiger / Winkhart-Martis, Martina, Arzthaftungsrecht, Fallgruppenkommentar, 2. Auflage, Köln 2007.

Matthies, K.-H., Anmerkung zu BGH, Urteil vom 29.1.1991 – VI ZR 206/90, JR 1992, S. 24–25.

Maunz, Theodor / Dürig, Günter (Begr.) / Herzog, Roman / Herdegen, Matthias / Scholz, Rupert / Klein, Hans (Hrsg.), Grundgesetz, Kommentar, 56. Auflage, München 2009.

Maurach, Reinhart / Gössel, Karl Heinz / Zipf, Heinz, Strafrecht, Allgemeiner Teil, Teilband 2, Erscheinungsformen des Verbrechens und Rechtsfolgen der Tat, Ein Lehrbuch, 7. Auflage, Heidelberg 1989.

Maurach, Reinhart / Zipf, Heinz, Strafrecht Allgemeiner Teil, Teilband 1, Grundlehren des Strafrechts und Aufbau der Straftat, Ein Lehrbuch, 8. Auflage, Heidelberg 1992.

Mazal, Wolfgang, Erleichterung der Anordnungsbefugnis im GuKG, RdM 1998, S. 97–97.

–, Kooperation im Krankenhaus – Anordnungen nach dem GuKG, RdM 1997, S. 161–161.

–, Heranziehung von Hilfspersonen durch Ärzte – berufsrechtliche Aspekte, RdM 1996, S. 35–41.

–, Krankheitsbegriff und Risikobegrenzung, Eine Untersuchung zum Leistungsrecht der gesetzlichen Krankenversicherung, Wien 1992.

Medicus, Dieter, Allgemeiner Teil des BGB, 9. Auflage, Heidelberg 2006.

Medicus, Dieter / Lorenz, Stephan, Schuldrecht I, Allgemeiner Teil, 18. Auflage, München 2008.

Mehringer, Rolf, Die Anfängeroperation, Zwischen Patientenrechten und Ausbildungsnotwendigkeit, Berlin/Heidelberg 2007 (zugl. Diss. Univ. Regensburg 2006).

Meine, Marcus, Anmerkung zu AG Hamburg, Urteil vom 6.9.2000 – 18A C 292/99, MedR 2001, S. 49–49.

Meinecke, Boris, Haftungskriterien für Injektionsschäden, Aachen 1997 (zugl. Diss. Univ. Bremen 1996).

Meyer-George, Melanie, Die zivilrechtliche Haftung des Heilpraktikers, Diss. Univ. Köln 1988.

Meyer-Goßner, Lutz, Strafprozessordnung, Gerichtsverfassungsgesetz, Nebengesetze und ergänzende Bestimmungen, 49. Auflage, München 2006.

Mezger, Edmund, Strafrecht, Ein Lehrbuch, 3. Auflage, München 1949.

Michaelis, Jörg, Methodisches Vorgehen bei der Entwicklung von Standards bei Diagnose und Therapie, in: Nagel, Eckhard / Fuchs, Christoph (Hrsg.), Leitlinien und Standards im Gesundheitswesen, Fortschritt in sozialer Verantwortung oder Ende der ärztlichen Therapiefreiheit?, Köln 1997, S. 92–196.

Miserok, Karl / Sasse, Ralf / Krüger, Matthias, Transplantationsrecht des Bundes und der Länder mit Transfusionsgesetz, Kommentare, 3. Nachlieferung August 2006, Wiesbaden 2006.

Mitglieder der Bundesgerichtshofs, Das Bürgerliche Gesetzbuch mit besonderer Berücksichtigung der Rechtsprechung des Reichsgerichts und des Bundesgerichtshofs, Band II, 5. Teil, §§ 812 – 831 (Anhang nach § 823: I. Verletzung des Persönlichkeitsrechts, II. Arzthaftungsrecht), 12. Auflage, Berlin/New York 1989 (zitiert: *Bearbeiter*, in: RGRK, §, Rn.).

Müller, Elke, Grund- und Behandlungspflege. Historische Wurzeln eines reformbedürftigen Pflegebegriffs, PfleGe 2/1998, S. 1–6.

Müller, Gerd, Fahrlässige Tätigkeitsübernahme und personale Zurechnung, Strukturanalyse der Handlung und ihre Auswirkungen auf das Strafrecht, insbesondere die Zurechnung, München 2001 (zugl. Diss. Univ. Würzburg 2001).

Müller-Glöge, Rudi / Preis, Ulrich / Schmidt, Ingrid, Erfurter Kommentar zum Arbeitsrecht, München 2009.

Müller-Hegen, Michael, Die Haftung für Aufklärungsfehler im Arztrecht unter besonderer Berücksichtigung ihrer dogmatischen Grundlagen, Diss. Univ. Mainz 2005.

Münchener Kommentar zum Bürgerlichen Gesetzbuch, hrsg. v. Rebmann, Kurt (bis 4. Auflage) / Säcker, Franz Jürgen / Rixecker, Roland, Band 2, Schuldrecht, Allgemeiner Teil, §§ 241 – 432, 5. Auflage, München 2007, Band 4, Schuldrecht, Besonderer Teil II, §§ 611 – 704, EFZG, TzBfG, KSchG, Band 5, Schuldrecht, Besonderer Teil III, §§ 705 – 853, Partnerschaftsgesellschaftsgesetz, Produkthaftungsgesetz, 4. Auflage, München 2005 und 5. Auflage, München 2009 (zitiert: *Bearbeiter*, in: MünchKommBGB, §, Rn.).

Münchener Kommentar zum Strafgesetzbuch, hrsg. v. Joecks, Wolfgang / Miebach, Klaus, Band 1, §§ 1 -51 StGB, Band 3, §§ 185 – 262 StGB, München 2003 (zitiert: *Bearbeiter*, in: MünchKommStGB, §, Rn.).

Nadler, Gerhard, Möglichkeiten und Grenzen einer selbständigen Erstversorgung von Notfall- und Akutpatienten durch (nichtärztliches) Rettungsfachpersonal: eine umfassende Untersuchung der Rechtslage, Mannheim 2007 (teilw. zugl. Diss. Univ. Bremen 2003).

Narr, Helmut (Begr.), Ärztliches Berufsrecht, Ausbildung, Weiterbildung, Berufsausübung, 2. Auflage, 13. Ergänzungslieferung, Stand Januar 1997, Band 1, Band 2, Köln 1997.

–, Zur persönlichen Leistungserbringung des Chefarztes aus der Sicht der GOÄ und des Kassenarztrechts, MedR 1989, S. 215–222.

Natter, Eberhard, Der Streit um die öffentlichrechtliche Schadensersatzpflicht des Kassenarztes, NJW 1986, S. 1529–1530.

Nemetschek, Silvia, Soll fahrlässiges ärztliches Handeln strafbar sein?, in: Ratajczak, Thomas / Schwarz-Schilling, Gabriela (Hrsg.), Medizin und Strafrecht, Strafrechtliche Verantwortung in Klinik und Praxis, Berlin/Heidelberg 2000, S. 155–162.

Neumann, Ulfrid, Zurechnung und „Vorverschulden“, Vorstudien zu einem dialogischen Modell strafrechtlicher Zurechnung, Berlin 1985 (zugl. Habil. Univ. München 1985).

Neupert, Michael, Die konkurrierende Gesetzgebung im Gesundheitswesen am Beispiel der „Regelkompetenz“ von Rettungsassistenten, MedR 2004, S. 134–138.

Nickel, Lars Christoph / Schmidt-Preisigke, Angelika / Sengler, Helmut, Transplantationsgesetz, Kommentar, Stuttgart/Berlin/Köln 2001.

Niese, Werner, Ein Beitrag zur Lehre vom ärztlichen Heileingriff, in: Bockelmann, Paul / Gallas, Wilhelm (Hrsg.), Festschrift für Eberhard Schmidt zum 70. Geburtstag, 2. Auflage, Göttingen 1971, S. 364–382.

Nipperdey, H. C., Rechtswidrigkeit, Sozialadäquanz, Fahrlässigkeit, Schuld im Zivilrecht, NJW 1957, S. 1777–1782.

Noll, Bernd, Persönliche und höchstpersönliche Leistung – dargestellt am Beispiel freier Berufe, Diss. Univ. Göttingen 1992.

Oberhauser, Anette, Die zivilrechtliche Haftung bei der Anwendung alternativer Heilverfahren unter besonderer Berücksichtigung des Heilkundebegriffs und der Lebensbewältigungshilfe, zugleich ein Vergleich der Haftung heilkundlicher Berufsgruppen, Bonn 2005 (zugl. Diss. Univ. Bonn 2005).

ÖBIG (Österreichisches Bundesinstitut für Gesundheitswesen), Österreichischer Pflegebericht 2006, Im Auftrag des Bundesministeriums für Gesundheit und Frauen, Projektteam: Petra Winkler, Ingrid Rottenhofer, Elisabeth Pochobradsky, Gabriele Riess, unter Mitarbeit von Martin Busch (statistische Beratung), Irene Fercher (Praktikantin), Karina Leoni (Praktikantin), Wien 2007.

Odenwald, Steffen, Die Einwilligungsfähigkeit im Strafrecht unter besonderer Hervorhebung ärztlichen Handelns, Frankfurt am Main 2004 (zugl. Diss. Univ. Heidelberg 2003).

Ohly, Ansgar, „Volenti non fit iniuria", Die Einwilligung im Privatrecht, Tübingen 2002 (zugl. Habil. Univ. München 2002).

Opderbecke, Wolfgang, Arzt und Krankenpflege: Konfliktfelder und Kompetenzen, Anmerkungen zum gleichnamigen Beitrag von Erich Steffen, MedR 1996, S. 542–545.

Opderbecke, Hans Wolfgang / Weißauer, Walther, Facharztqualität versus formelle Facharztqualifikation, Anmerkungen zu einem Urteil des BGH vom 10.3.1992 (VI ZR 64/91), MedR 1993, S. 2–7.

Oppermann, Thomas, Europarecht, Ein Studienbuch, 2. Auflage, München 1999.

Orben, Steffen, Rechtliche Verantwortung für Behandlungsfehler, Köln/Berlin/München 2003 (zugl. Diss. Univ. Halle-Wittenberg 2002).

Otto, Harro, Einverständnis, Einwilligung und eigenverantwortliche Selbstgefährdung, in: Schlüchter, Ellen (Hrsg.), Kriminalistik und Strafrecht, Festschrift für Friedrich Geerds zum 70. Geburtstag, Lübeck 1995, S. 603–622.

Paeffgen, Hans-Ulrich, Gefahr-Definition, Gefahr-Verringerung und Einwilligung im medizinischen Bereich, Problem-Beschreibung und Methodologisches, veranschaulicht am Beispiel des virus-infektiösen Chirurgen, in: Rogall, Klaus / Puppe, Ingeborg / Stein, Ulrich / Wolter, Jürgen (Hrsg.), Festschrift für Hans-Joachim Rudolphi zum 70. Geburtstag, Neuwied, München 2004, S. 187–211.

Palandt, Otto, Bürgerliches Gesetzbuch mit Nebengesetzen insbesondere mit Einführungsgesetz (Auszug) einschließlich Rom I- und Rom II-Verordnungen, Allgemeines Gleichbehandlungsgesetz (Auszug), BGB-Informationspflichten-Verordnung, Wohn- und Betreuungsvertragsgesetz, Unterlassungsklagengesetz, Produkthaftungsgesetz, Erbbaurechtsgesetz, Wohnungseigentumsgesetz, Versorgungsausgleichsgesetz, Lebenspartnerschaftsgesetz, Gewaltschutzgesetz, 69. Auflage, München 2010 (zitiert: *Bearbeiter*, in: *Palandt*, §, Rn.).

Parzeller, Markus / Wenk, Maren / Zedler, Barbara / Rothschild, Markus, Aufklärung und Einwilligung bei ärztlichen Eingriffen, DÄB 2007, S. A 576–A 586.

Pühler, Wiebke / Middel, Claus-Dieter / Hübner, Marlis, Praxisleitfaden Gewebegesetz, Grundlagen, Anforderungen, Kommentierungen, Köln 2009.

Pawlowski, Hans-Martin, Allgemeiner Teil des BGB, Grundlehren des bürgerlichen Rechts, 7. Auflage, Heidelberg 2003.

Peikert, Peter, Persönliche Leistungserbringungspflicht, MedR 2000, S. 352–359.

Perret, W, Inwieweit sind Schwestern, Krankenpfleger und Sprechstundenhilfen berechtigt, intramuskuläre und intravenöse Injektionen zu machen, Der Chirurg 1949, S. 216–218.

Peter, Anne-Marie, Arbeitsteilung im Krankenhaus aus strafrechtlicher Sicht: Voraussetzungen und Grenzen des Vertrauensgrundsatzes, Baden-Baden 1992 (zugl. Diss. Univ. München 1991).

Pfeiffer, Gerd, Strafprozessordnung, Kommentar, 5. Auflage, München 2005.

Pflüger, Frank, Krankenhaushaftung und Organisationsverschulden, Zivilrechtliche Grundlagen der Haftung des Krankenhausträgers für medizinische und organisatorische Fehlleistungen, Berlin/Heidelberg/New York 2002.

Pitz, Andreas, Was darf das Medizinalpersonal? Die Kompetenzen medizinischer Helfer bei eigenverantwortlichem Handeln und Arbeitsteilung, Marburg 2007 (zugl. Diss. Univ. Mannheim 2006).

Plagemann, Hermann, Münchener Anwaltshandbuch, Sozialrecht, München 2005.

Plantholz, Markus, Pflegekammer, Gutachten über die rechtlichen Probleme und Möglichkeiten der Einrichtung einer Pflegekammer auf Landesebene, Berlin 1994.

Prütting, Hanns / Wegen, Gerhard / Weinrich, Gerd, BGB, Kommentar, 4. Auflage, Köln 2009.

Puppe Ingeborg, Die Lehre von der objektiven Zurechnung, dargestellt an Beispielsfällen aus der höchstrichterlichen Rechtsprechung, Jura 1998, 21–31.

–, Die Lehre von der objektiven Zurechnung dargestellt an Beispielsfällen aus der höchstrichterlichen Rechtsprechung, Jura 1997, S. 513–519.

Püschel, Constanze, Delegation ärztlicher Tätigkeiten an nicht ärztliches Assistenzpersonal im Krankenhaus, Das Krankenhaus 2007, S. 736–742.

Quaas, Michael / Zuck, Rüdiger, Medizinrecht – Öffentliches Medizinrecht – Pflegeversicherungsrecht – Arzthaftpflichtrecht, 2. Auflage, München 2008.

Radner, Thomas, Die Ausübung medizinischer Tätigkeiten durch MTD, MTF, SHD und Hilfspersonen iS des ÄrzteG (I), RdM 1998, S. 137–142.

–, Die Ausübung medizinischer Tätigkeiten durch MTD, MTF, SHD und Hilfspersonen iS des ÄrzteG (II), RdM 1998, S. 175–184.

Raspe, Hans-Heinrich, Arbeitsteilung, ärztliche, medizinische Bearbeitung des Stichwortes, in: Eser, Albin / v. Lutterotti, Markus / Sporken, Paul (Hrsg.), Lexikon Medizin, Ethik, Recht, Freiburg/Basel/Wien 1989, S. 78–84.

Ratajczak Thomas, Der Arzt im Strafrecht – Die möglichen Straftatbestände, in: Ratajczak, Thomas / Schwarz-Schilling, Gabriela (Hrsg.), Medizin und Strafrecht, Strafrechtliche Verantwortung in Klinik und Praxis, Berlin/Heidelberg 2000, S. 5–34.

Ratzel, Rudolf, Begrenzung der Delegation ärztlicher Leistungen an Nichtärzte durch Berufs- und Haftungsrecht de lege lata und de lege ferenda, ZMGR 2008, S. 186–196.

Ratzel, Rudolf / Lippert, Hans-Dieter, Kommentar zur Musterberufsordnung der deutschen Ärzte (MBO), 4. Auflage, Berlin/Heidelberg/New York 2006.

Ratzel, Rudolf / Luxenburger, Bernd, Handbuch Medizinrecht, Bonn 2008.

Reiling, Emil, Die Grundlagen der Krankenhaushaftung – Eine kritische Bestandsaufnahme, MedR 1995, S. 443–454.

Reimer, Sonja / Merold, Andreas, Änderungen der sozialen Pflegeversicherung durch das Pflegeversicherungs-Weiterentwicklungsgesetz – Überblick und ausgewählte Rechtsfragen, SGb 2008, S. 381–388.

Reimer, Willy, Pfleglicher Umgang mit dem Recht, Rechtskunde für die Pflegeberufe mit prüfungsrelevanter Zusammenfassung der Staatsbürgerkunde, Ulm 1997.

Richardson, Gerald / Maynard, Alan / Cullum, Nicky / Kindig, David, Skill mix changes: substitution or service development?, Health Policy 45 (1998), S. 119–132.

Riedel, Eibe / Derpa, Ulrich, Kompetenzen des Bundes und der Länder im Gesundheitswesen dargestellt anhand ausgewählter Regelungen im Sozialgesetzbuch, Fünfter Teil (SGB V), Qualitätssicherung, Trennung der haus- und fachärztlichen Versorgung, Datenübermittlung und Dokumentationspflichten, Weiterbildung, Notdienst, versicherungsfremde Leistungen, Berlin/Heidelberg/New York 2002.

Rieger, Hans-Jürgen, Lexikon des Arztrechts, 2. Auflage, Band 1, Stand: 19 Aktualisierung, August 2007, Heidelberg 2001.

–, Haftung bei fehlerhaften Injektionen durch Schwesternhelferinnen, DMW 1979, S. 1328–1329.

–, Anmerkung zu BGH, Urteil vom 8.5.1979 – VI ZR 58/78, NJW 1979, S. 1936–1937.

Rieß, Peter, Löwe-Rosenberg, Die Strafprozeßordnung und das Gerichtsverfassungsgesetz, Großkommentar, Zweiter Band, §§ 72 – 136a, 25. Auflage, Berlin2004.

Risse, Ludger, Die Delegation ärztlicher Tätigkeiten an Pflegende aus pflegerischer Sicht, PflR 2006, S. 457–462.

Rönnau, Thomas, Voraussetzungen und Grenzen der Einwilligung im Strafrecht, Jura 2002, S. 665–675.

–, Willensmängel bei der Einwilligung im Strafrecht, Tübingen 2001 (zugl. Habil. Univ. Kiel 2001).

Rosenau, Henning, Ein arztfreier Raum im Krankenhaus? Konfliktfelder und Kompetenzen zwischen Arzt und Krankenpflege, ArztR 2000, S. 268–273.

Rosenkranz, Birte, Delegation und Substitution ärztlicher Tätigkeiten unter Berücksichtigung des Pflege-Weiterentwicklungsgesetzes, PaPfleReQ 2009, S. 55–59.

Roßbruch, Robert, Stellungnahme zum Gesetzentwurf der Bundesregierung zur strukturellen Weiterentwicklung der Pflegeversicherung (Pflege-Weiterentwicklungsgesetz – PfWG), unter Einbeziehung der Stellungnahme des Bundesrates und der Gegenäußerung der Bundesregierung, in: Deutscher Bundestag, Ausschuss für Gesundheit, Ausschussdrucksache 16(14)0327(65) v. 21.1.2008.

–, Anmerkung zu BSG, Urteil vom 10.11.2005 – B 3 KR 42/04 R, PflR 2006, S. 270–274.

–, Noch einmal: Zur Anordnungs- und Dokumentationsverantwortung des Arztes, PflR 2005, S. 115–123.

–, Replik auf Sträßner – Rechtsfragen der Telefonnutzung in der Pflege, PflR 2004, S. 343–348.

–, Zur Problematik der Delegation ärztlicher Tätigkeiten an das Pflegefachpersonal auf Allgemeinstationen unter besonderer Berücksichtigung zivilrechtlicher, arbeitsrechtlicher und versicherungsrechtlicher Aspekte – 1. Teil, PflR 2003, S. 95–102.

–, Zur Problematik der Delegation ärztlicher Tätigkeiten an das Pflegefachpersonal auf Allgemeinstationen unter besonderer Berücksichtigung zivilrechtlicher, arbeitsrechtlicher und versicherungsrechtlicher Aspekte – 2. Teil, PflR 2003, S. 139–149.

–, Anmerkung zu ArbG Koblenz, Urteil vom 24.8.1993 – Ca 713/93, PflR 1997, S. 125–126.

Roxin, Claus, Strafrecht, Allgemeiner Teil, Band I, Grundlagen, Der Aufbau der Verbrechenslehre, 4. Auflage, München 2006.

–, Die durch Täuschung herbeigeführte Einwilligung im Strafrecht, in: Hauser, Robert / Rehberg, Jörg / Stratenwerth, Günter (Hrsg.), Gedächtnisschrift für Peter Noll, Zürich 1984, S. 275–294.

Rudolph, B., Rechtliche Einschränkungen für die Delegation ärztlicher Leistungen an nichtärztliches Personal – „horizontale" und „vertikale" Arbeitsteilung (aus juristischer Sicht), in: Protokoll der Referate der Sitzung des Arbeitskreises „Ärzte und Juristen" am 28. und 29. April 2006 in Würzburg unter Leitung von Prof. Dr. med. W. J. Bock, erhältlich im Internet: <http://www.rz.uni-duesseldorf.de/WWW/AWMF/pdf/aej06-1.pdf> (Stand v. 10.05.2007), S. 1–5.

Rumler-Detzel, Pia, Arbeitsteilung und Zusammenarbeit in der Chirurgie – Rechtliche Verantwortlichkeit –, VersR 1994, S. 254–258.

Rupprecht, Rudolf, Die zivilrechtliche Haftung des niedergelassenen Arztes aus Anlaß der Heilbehandlung in medizinalen Kooperationsformen, Berlin 2002 (zugl. Diss. Univ. Augsburg 2002).

Sachs, Michael, Grundgesetz, Kommentar, 5. Auflage, München 2009.

SVR Gesundheitswesen (Sachverständigenrat zur Begutachtung der Entwicklung im Gesundheitswesen), Kooperation und Verantwortung, Voraussetzungen einer zielorientierten Gesundheitsversorgung, Gutachten 2007, erhältlich im Internet: <http://www.svr-gesundheit.de/Startseite/Startseite.htm> (Stand v. 4.9.2007).

Saffé, Michael S. / Sträßner, Heinz, Die Delegation ärztlicher Tätigkeiten auf nichtärztliches Personal aus haftungsrechtlicher Sicht (Teil 2), PflR 1998, S. 30–36.

–, Delegation ärztlicher Tätigkeiten auf nichtärztliches Personal aus haftungsrechtlicher Sicht, PflR 1997, S. 98–1103.

Sander, Axel, Arzneimittelrecht, Kommentar für die juristische und pharmazeutische Praxis zum Arzneimittelgesetz mit Hinweisen zum Medizinprodukte- und zum Betäubungsmittelgesetz, Band 1, §§ 1 – 46 AMG, 43. Lieferung, Stand: August 2006, Stuttgart 2007.

–, Arzneimittelrecht, Entscheidungssammlung zum Arzneimittelrecht einschließlich EuGH Zusatzbände Sander, Arzneimittelrecht, Kommentar, Band 2, §§ 28 – 112 AMG, 20. Lieferung, Stand: März 2005, Stuttgart 2005.

Schabram, Peter, Delegation und Substitution: vertragsärztliche Sicht, in: Arbeitsgemeinschaft Rechtsanwälte im Medizinrecht e.V. (Hrsg.), Delegation und Substitution – wenn der Pfleger den Doktor ersetzt ..., Berlin, Heidelberg 2010, S. 1-15.

Schädler, Judith, Strafrechtliche Aspekte des Organisationsverschuldens in stationären Pflegeeinrichtungen, Aachen 2010 (zugl. Diss. Univ. Bremen 2009).

Schaffer, Wolfgang, Die Aufklärungspflicht des Arztes bei invasiven medizinischen Maßnahmen, VersR 1993, S. 1458 - 1465.

Schaffstein, Friedrich, Soziale Adäquanz und Tatbestandslehre, ZStW 72 (1960), S. 369–396.

Schell, Werner, Dauerrechtsproblem Delegation, Die Übertragung von Injektionen, Infusionen und Blutentnahmen auf nichtärztliches Personal, Krankendienst 2002, S. 173–178.
–, Injektionsproblematik aus rechtlicher Sicht, 5. Auflage, Hagen 2001.
Schenke, Wolf, Die Einwilligung des Verletzten im Zivilrecht, unter besonderer Berücksichtigung ihrer Bedeutung bei Persönlichkeitsrechtsverletzungen, Diss. Univ. Erlangen-Nürnberg 1965.
Schirmer, Horst Dieter, Berufsrechtliche und kassenärztliche Fragen der ärztlichen Berufsausübung in Partnerschaftsgesellschaften, MedR 1995, S. 341–352.
Schiwy, Peter, Deutsches Arzneimittelrecht, Kommentar zum Arzneimittelgesetz und Rechtssammlung, Band 1, Stand: 15.6.2007, München/Unterschleißheim 2007.
–, Deutsches Arztrecht, Kommentar der Bundesärzteordnung und Sammlung des Medizinalrechts, Stand 1. April 2007, Band 1, Starnberg 2007.
Schlechtriem, Peter / Schmidt-Kessel, Martin, Schuldrecht, Allgemeiner Teil, 6. Auflage, Tübingen 2005.
Schlosshauer-Selbach, Stefan, Typologie der ärztlichen Aufklärungspflicht, DRiZ 1982, S. 361–366.
Schlund, Gerhard H., Zur rechtlichen Verantwortung des Assistenzpersonals: Arzthelferin – Krankenschwester, A/ZusR 2005, S. 1–6.
Schmelcher, R., Haftungsfragen bei Injektionen durch Krankenschwestern, Arzt und Recht 1965, S. 1731–1733.
–, Blutentnahme durch approbierte Krankenschwestern und medizinisch-technische Assistentinnen, Arzt und Recht 1959, S. 1834–1835.
Schmid, Hugo, Die Grundlagen der ärztlichen Aufklärungspflicht, NJW 1984, S. 2601–2606.
Schmidhäuser, Eberhard, Fahrlässige Straftat ohne Sorgfaltspflichtverletzung, in: Grünwald, Gerald / Miehe, Olaf / Rudolphi, Hans-Joachim / Schreiber, Hans-Ludwig (Hrsg.), Festschrift für Friedrich Schaffstein zum 70. Geburtstag am 28. Juli 1975, Göttingen 1975, S. 129–158.
–, Strafrecht, Allgemeiner Teil, Ein Lehrbuch, 2. Auflage, Tübingen 1975.
Schmidt, Eberhard, Ärztliche Mitwirkung bei Untersuchungen und Eingriffen nach StPO §§ 81a und 81c, MDR 1970, S. 461–465.
–, Der Arzt im Strafrecht, in: Leipziger Juristen-Fakultät, Leipziger rechtswissenschaftliche Studien, Heft 116, Leipzig 1939.
Schmudlach, H., Durchführung der Aufklärung unter besonderer Berücksichtigung der Beweissicherung und Beweisführung aus der Sicht des Juristen, in: Heim, Wilhelm (Hrsg.), Ärztliche Aufklärungspflicht, 7. Symposium der Kaiserin-Friedrich-Stiftung für Juristen und Ärzte, Köln 1984, S. 89–97.
Schnapp, Friedrich E. / Düring, Ruth, Die Rechtsbeziehung zwischen Kassenzahnarzt und sozialversichertem Patienten nach dem Gesundheits-Reformgesetz, NJW 1989, S. 2913–2917.
Schneider, Alfred, Rechts- und Berufskunde für die Fachberufe im Gesundheitswesen, Handbuch für Unterricht und Praxis, 5. Auflage, Berlin u.a. 1998.
Schneider, Günther, Konfliktlösung: ärztliche Berufsfreiheit versus Regelungen der Qualitätssicherung, MedR 1998, S. 151–154.

Schnell, Rainer / Hill, Paul B. / Esser, Elke, Methoden der empirischen Sozialforschung, 7. Auflage, München/Wien 2006.
Schnitzler, Jörg, Das Recht der Heilberufe, Übersicht, Begriff, Verfassungsfragen, Baden-Baden 2004 (zugl. Diss. Univ. Bremen 2003).
Schönke, Adolf (begr.) / *Schröder, Horst* (fortgef.) Strafgesetzbuch, Kommentar, 27. Auflage, München 2006.
Schreiber, Hans-Ludwig, Rechtliche Gesichtspunkte, in: Nagel, Eckhard / Fuchs, Christoph (Hrsg.), Leitlinien und Standards im Gesundheitswesen, Fortschritt in sozialer Verantwortung oder Ende der ärztlichen Therapiefreiheit?, Köln 1997, S. 167–170.
Schröder, Horst, Eigenmächtige Heilbehandlung im geltenden Strafrecht und im StGB-Entwurf, NJW 1961, S. 951–955.
Schroeder, Friedrich-Christian, Die Fahrlässigkeit als Erkennbarkeit der Tatbestandsverwirklichung, JZ 1989, S. 776–780.
Schroth, Ulrich, Ärztliches Handeln und strafrechtlicher Maßstab, Medizinische Eingriffe ohne und mit Einwilligung, ohne und mit Indikation, in: Roxin, Claus / Schroth, Ulrich (Hrsg.), Handbuch des Medizinstrafrechts, 3. Auflage, Stuttgart u.a. 2007, S. 21–46.
–, Die strafrechtliche Verantwortlichkeit des Arztes bei Behandlungsfehlern, in: Roxin, Claus / Schroth, Ulrich, Medizinstrafrecht: Im Spannungsfeld von Medizin, Ethik und Strafrecht, Stuttgart u.a. 2001, S. 73–108.
Schulte, Christian / Waechter, Thomas, Der Heilkundebegriff des § 1 Abs. 2 HprG – Eine Untersuchung am Beispiel der apparativen Legastheniebehandlung, MedR 2000, S. 78–82.
Schulz, G., Die Haftung des Arztes für Hilfspersonal, KHA 1960, S. 242–250.
–, Versehen von ärztlichem Hilfspersonal, Med. Klin. 1959, S. 1212–1215.
Schumacher, Wolfgang / Meyn, Egon, Bundes-Seuchengesetz, mit amtlicher Begründung und ausführlichen Erläuterungen für die Praxis, Geschlechtskrankheiten-Gesetz, Trinkwasserverordnung, Laborberichtsverordnung, 4. Auflage, Köln 1992.
Schumann, Heribert, Strafrechtliches Handlungsunrecht und das Prinzip der Selbstverantwortung der Anderen, Tübingen 1986.
Schünemann, Bernd, Moderne Tendenzen in der Dogmatik der Fahrlässigkeits- und Gefährdungsdelikte, JA 1975, StR S. 149 – 158, S. 575–584.
–, Neue Horizonte der Fahrlässigkeitsdogmatik, Zur Stellung der individuellen Sorgfaltswidrigkeit und des Handlungserfolges im Verbrechensaufbau, in: Grünwald, Gerald / Miehe, Olaf / Rudolphi, Hans-Joachim / Schreiber, Hans-Ludwig (Hrsg.), Festschrift für Friedrich Schaffstein zum 70. Geburtstag am 28. Juli 1975, Göttingen 1975, S. 159–176.
Schwall, Karin / Itzel, Peter, Grundstrukturen der zivilrechtlichen Haftung von Belegarzt, Hebamme und Belegkrankenhaus im Rahmen der Geburtshilfe, MedR 2001, S. 565–567.
Schwamberger, Helmut, Bundesgesetz über Gesundheits- und Krankenpflegeberufe (Gesundheits- und Krankenpflegegesetz – GuKG), mit den hierzu erlassenen Verordnungen, Gesetzesmaterialien, weiteren Erläuterungen und Verweisen, 5. Auflage, Wien 2008.

–, Entwicklungen im Bereich des Gesundheits- und Krankenpflegerechts, RdM 2004, S. 131–136.

Seeringer, Stefanie, Der Gemeinsame Bundesausschuss nach dem SGB V, Rechtliche Form, normative Befugnisse und Steuerung der Qualität der medizinischen Versorgung, Baden-Baden 2006 (zugl. Diss. Univ. Bremen 2005).

Sellert, Wolfgang, Zur Anwendung der §§ 831, 31 BGB auf die Gesellschaft bürgerlichen Rechts, AcP 175 (1975), S. 77–108.

Silber, Jeffrey H. / Kennedy, Sean K. / Even-Shoshan, Orit / Chen, Wei / Koziol, Laurie F. / Showan, Ann M. / Longnecker, David E., Silber, Anesthesiologist Direction and Patient Outcomes, Anesthesiology 2000 (93), S. 152–163.

Simitis, Spiros, Kommentar zum Bundesdatenschutzgesetz, 5. Auflage, Baden-Baden 2003.

Simon, Ute, Delegation ärztlicher Leistungen, Herdecke 2000 (zugl. Diss. Univ. Darmstadt 1999).

Skiczuk, Sandra, Berufs- und Tätigkeitsschutz der österreichischen Gesundheitsberufe unter besonderer Berücksichtigung der Ärzte und Psychotherapeuten, Wien 2006 (zugl. Diss. Univ. Wien 2005).

Sodan, Helge, Normsetzungsverträge im Sozialversicherungsrecht, NZS 1998, S. 305–313.

Soergel, Th. (Begr.) / Siebert, W. (Hrsg.), Bürgerliches Gesetzbuch mit Einführungsgesetz und Nebengesetzen, Band 1, Allgemeiner Teil 1, §§ 1 – 103, 13. Auflage, Stuttgart 2000, Band 2, Schuldrecht I, §§ 241 – 432, 12. Auflage, Stuttgart/Berlin/Köln 1990, Band 12, Schuldrecht 10, §§ 823 – 853, ProdHG, UmweltHG, 13. Auflage, Stuttgart 2005, Band 4/1, Schuldrecht III/1, §§ 516 – 651, Gesetz zur Regelung der Miethöhe, Verbraucherkreditgesetz, 12. Auflage, Stuttgart 1997 (zitiert: *Bearbeiter,* in: *Soergel,* BGB, §, Rn.).

Sowada, Chr., Anmerkung zu BGH, Urteil vom 23.12.1986 – 1 StR 598/86, JR 1988, S. 123–125.

Spickhoff, Andreas, Die Entwicklung des Arztrechts 2004/2005, NJW 2005, 1694–1703.

–, Das System der Arzthaftung im reformierten Schuldrecht, NJW 2002, S. 2530–2537.

–, Medizin und Recht zu Beginn des neuen Jahrhunderts – Die Entwicklung des Medizinrechts 2000/2001, NJW 2001, S. 1757–1768.

Spickhoff, Andreas / Seibl, Maximilian, Die Erstattungsfähigkeit ärztlicher Leistungen bei Delegation an nichtärztliches Personal, NZS 2008, S. 57–65.

–, Haftungsrechtliche Aspekte der Delegation ärztlicher Leistungen an nichtärztliches Medizinpersonal, MedR 2008, S. 463–473.

Stärker, Lukas, Ärztliche Anordnungsbefugnisse nach dem Gesundheits- und Krankenpflegegesetz, RdM 1998, S. 3–6.

Statistisches Bundesamt (Hrsg.), Statistisches Jahrbuch 2007, Für die Bundesrepublik Deutschland, Wiesbaden 2007.

Staudinger, Julius von, Kommentar zum Bürgerlichen Gesetzbuch mit Einführungsgesetz und Nebengesetzen, Buch 1, Allgemeiner Teil, §§ 21 – 79 (Allgemeiner Teil 2), Buch 2, Recht der Schuldverhältnisse, §§ 397 – 432 (Erlass, Abtretung, Schuldübernahme, Mehrheit von Schuldnern und Gläubigern), Buch 2, Recht der Schuldverhältnisse, §§ 611 – 615 (Dienstvertragsrecht 1), Berlin 2005, Buch 1, Allgemeiner Teil, §§ 90 – 133; §§ 1 – 54, 63 BeurkG (Allgemeiner Teil 3 und Beurkundungsverfahren), Buch 2, Recht der Schuldverhältnisse, §§ 315 – 326 (Leistungsstörungsrecht II), Berlin 2004, Buch 2, Recht der Schuldverhältnisse, §§ 255 – 304 (Leistungsstörungsrecht I), Buch 2, Recht der Schuldverhältnisse, §§ 823 E – I, 824, 825 (Unerlaubte Handlungen 1 – Teilband 2), Berlin 2009, Buch 2, Recht der Schuldverhältnisse, §§ 830 – 838 (Unerlaubte Handlungen 3), Berlin 2008.

Stebut, Dietrich von, Leistungsstörungen im Arbeitsverhältnis, RdA 1985, S. 66–72.

Stefan, Harald / Allmer, Franz / Eberl, Josef / Hansmann, Renate / Jedelsky, Elisabeth / Michalek, Anneliese / Pandzic, Ruza / Schalek, Kurt. / Tomacek, Dagmar, POP® – PraxisOrientierte Pflegediagnostik, Pflegediagnosen – Ziele – Maßnahmen, Wien 2009.

Steffen, Erich, Arzt und Krankenpflege: Konfliktfelder und Kompetenzen, MedR 1996, S. 265–266.

–, Der sogenannte Facharztstandard aus der Sicht der Rechtsprechung des BGH, MedR 1995, S. 360–361.

Steffen, Erich / Pauge, Burkhard, Arzthaftungsrecht: neue Entwicklungslinien der BGH-Rechtsprechung, Köln 2006.

Storsberg, Annette / Neumann, Claudia / Neiheiser, Ralf, Krankenpflegegesetz mit Ausbildungs- und Prüfungsverordnung für die Berufe in der Krankenpflege, Kommentar mit einem ausführlichen Anhang einschließlich der Weiterbildungsregelungen der Länder (Auszüge), 6. Auflage, Stuttgart/Berlin/Köln 2006.

Sträßner, Heinz, Delegation ärztlicher Tätigkeiten auf nichtärztliches Personal im Spannungsverhältnis von wirtschaftlicher Notwendigkeit und rechtlicher Zulässigkeit, in: Geschäftsführender Ausschuss der Arbeitsgemeinschaft Medizinrecht im Deutschen Anwaltverein (Luxenburger, Bernd u.a.) (Hrsg.), Medizinrecht heute: Erfahrungen, Analysen, Entwicklungen, Festschrift 10 Jahre Arbeitsgemeinschaft Medizinrecht im DAV, Bonn 2008, S. 91–120.

–, Das Recht der Leistungsverweigerung in der Pflege, PflR 2007, S. 3–14.

–, Haftungsrecht für Pflegeberufe, Ein Leitfaden, Stuttgart 2006.

–, Duplik auf Roßbruch – Zur Anordnungs- und Dokumentationsverantwortung des Arztes, PflR 2005, S. 103–114.

–, Rechtsfragen der Telefonnutzung in der Pflege, PflR 2004, S. 336–342.

–, Der Spritzenschein –Eine unendliche Geschichte?, Pflege- & Krankenhausrecht 2002, S. 29–38.

–, Die Pflege und die Medikation des Patienten, Pflege-& Krankenhausrecht 2002, S. 95–104.

Stratenwerth, Günter, Arbeitsteilung und ärztliche Sorgfaltspflicht, in: Bockelmann, Paul / Gallas, Wilhelm (Hrsg.), Festschrift für Eberhard Schmidt zum 70. Geburtstag, 2. Auflage, Göttingen 1971, S. 383–400.

Stratenwerth, Günter / Kuhlen, Lothar, Strafrecht Allgemeiner Teil, Die Straftat, 5. Auflage, Köln/Berlin/München 2004.

Streinz, Rudolf, Europarecht, 7. Auflage, Heidelberg 2005.

Stühler, Hubert, Die actio libera in causa de lege lata und de lege ferenda, Eine Analyse von Rechtsprechung und Literatur verbunden mit einem Gesetzgebungsvorschlag, Würzburg 1999 (zugl. Diss. Univ. Würzburg 1999).

Systematischer Kommentar zur Strafprozeßordnung und zum Gerichtsverfassungsgesetz, Rudolphi, Hans-Joachim / Wolter, Jürgen (Gesamtred.), Band 1, 3. Auflage, Stand: 51. Lieferung (Februar 2007), München/Unterschleißheim 2007 (zitiert: *Bearbeiter*, in: SK-StPO, §, Rn.).

Tag, Brigitte, Der Körperverletzungstatbestand im Spannungsfeld zwischen Patientenautonomie und Lex artis, Eine arztstrafrechtliche Untersuchung, Berlin/Heidelberg/New York 2000 (zugl. Habil. Univ. Heidelberg 2000).

Tamm, Burkhard, Die Zulässigkeit von Außenseitermethoden und die dabei zu beachtenden Sorgfaltspflichten, Berlin 2007 (zugl. Diss. Univ. Bayreuth 2006).

Taupitz, Jochen, Richtlinien in der Transplantationsmedizin, NJW 2003, S. 1145–1150.

–, Erlaubnispflichtige Ausübung der Heilkunde, Anmerkung zu OVG Nordrh.-Westf., Urteil vom 2.12.1998 – 13 A 5322/96 –, MedR 2000, S. 46–49.

–, Anmerkung zu LG Verden, Urteil vom 25.6.1997 – 12-24/97, MedR 1998, S. 184 – 185.

–, Die Abrechnung „eigener“ Laborleistungen nach § 4 Abs. 2 GOÄ neuer Fassung: Fachkundepflicht des abrechnenden Arztes, MedR 1996, S. 498–500.

–, Der Heilpraktiker aus der Sicht des Haftungsrechts: „Arzt“, „Mini-Arzt“ oder „Laie“?, NJW 1991, S. 1505–1510.

–, Die Standesordnungen der freien Berufe, Geschichtliche Entwicklung, Funktionen, Stellung im Rechtssystem, Berlin/New York 1991 (zugl. Habil. Uni. Göttingen 1989).

Taupitz, Jochen / Fröhlich, Uwe, Dürfen Pflegekräfte eigenständig klinisch forschen?, MedR 1998, S. 257–261.

Taupitz, Jochen / Jones, Emily, Die Abrechnung praxisexterner MRT-Untersuchungen als eigene Leistung gemäß § 4 Abs. 2 S. 1 GOÄ, MedR 2001, S. 499–506.

Taupitz, Jochen / Neikes, Annette, Laboruntersuchungen als „eigene“ Leistungen im Sinne der GOÄ, MedR 2008, S. 121–133.

Taupitz, Jochen / Pitz, Andreas / Niedziolka, Katharina, Der Einsatz nicht-ärztlichen Heilpersonals bei der ambulanten Versorgung chronisch kranker Patienten, insbesondere im Rahmen von Disease Management Programmen, Berlin 2008.

Tempel, Otto, Inhalt, Grenzen und Durchführung der ärztlichen Aufklärungspflicht unter Zugrundelegung der höchstrichterlichen Rechtsrechtsprechung, NJW 1980, S. 607–617.

Thomas, Till, Vertikale Arbeitsteilung in der stationären Anästhesie aus haftungsrechtlicher Sicht – Zulässigkeit und Grenzen der Delegation von ärztlichen Leistungen an nichtärztliches Personal, Diss. Univ. Jena 2009.

Tönnis, Monika, Delegation und Durchführungsverantwortung, Pflege Aktuell 2000, S. 290–292.

Troberg, Peter, Das Übernahmeverschulden, München 1961 (zugl. Diss. Univ. Saarland 1961).

Tschichoflos, Ursula, Die Begründung der Fahrlässigkeitsstrafbarkeit durch Übernahmeverschulden – insbesondere im Straßenverkehr, Diss. Univ. Tübingen 1998.

Uhlenbruck, Wilhelm, Typische Formen des Krankenhaus-Aufnahmevertrags, NJW 1964, S. 431–434.

–, Die vertragliche Haftung von Krankenhaus und Arzt für fremdes Verschulden, NJW 1964, S. 2187–2191.

Ulsenheimer, Klaus, Delegation ärztlicher Aufgaben auf nichtärztliche Berufsgruppen, Möglichkeiten und Grenzen aus rechtlicher Sicht, Der Anaesthesist 2009, S. 553–558.

–, Arztstrafrecht in der Praxis, 4. Auflage, Heidelberg 2008.

–, Anmerkung zu BGH, Urteil vom 14.3.2003 – 2 StR 239/02, StV 2007, S. 77–80.

–, Neue Wege zur Organisation der Verantwortungsbereiche ärztlicher und pflegerischer Tätigkeit, Das Krankenhaus 1997, S. 22–26.

–, Anmerkung zu BGH, Urteil vom 20.12.1986 – 4 StR 668/84, JR 1986, S. 250–251.

–, Aus der Praxis des Arztstrafrechts, MedR 1984, S. 161–167.

Umbreit, Hans-Werner, Die Verantwortlichkeit des Arztes für fahrlässiges Verhalten anderer Medizinalpersonen: über die strafrechtliche Verantwortlichkeit des Arztes für fremde Fahrlässigkeit im Rahmen medizinischer Arbeitsteilung, Frankfurt am Main u.a. 1992 (zugl. Diss. Univ. Kiel 1992).

Velten, Wolfram, Der medizinische Standard im Arzthaftungsprozeß, Ein Beitrag zu Umfang und Grenzen der Darlegungslast von Arzthaftungsklägern bezüglich der Standards medizinischer Heilbehandlung, Baden-Baden 2001 (zugl. Diss. Univ. Bremen 2000).

Vogel, Georg, Pflegeversicherungs- und Heimrecht, SGB XI – HeimG, Baden-Baden 2005.

Voll, Doris, Die Einwilligung im Arztrecht, Eine Untersuchung zu den straf-, zivil- und verfassungsrechtlichen Grundlagen, insbesondere bei Sterilisation und Transplantation unter Berücksichtigung des Betreuungsgesetzes, Frankfurt am Main 1996 (zugl. Diss. Univ. Heidelberg 1995).

VPU (Verband der Pflegedirektorinnen und Pflegedirektoren der Universitätsklinika in Deutschland e. V.), Übernahme ärztlicher Tätigkeiten, Praktische und rechtliche Grenzen bei der Delegation ärztlicher Tätigkeiten, Pflegende und Ärzte in Kooperation für Qualität und Wirtschaftlichkeit, Ein Beitrag zur rechtlichen Sicherheit und Prozessoptimierung im Krankenhaus, Hamburg 2007.

Wanless, Derek, Securing our Future Health: Taking a Long-Term View, Final Report, London 2002, erhältlich im Internet: <http://www.hm-treasury.gov.uk/wanless> (Stand v. 16.8.2008).

Wannagat, Georg (Begr.) / *Eichenhofer, Eberhard* / *Wenner, Ulricht* (Hrsg.), Sozialgesetzbuch, Kommentar zum Recht des Sozialgesetzbuchs, Gesetzliche Krankenversicherung, Ordner 1, Köln/Berlin/München 2005.

Weber, Klaus, Betäubungsmittelgesetz, Verordnungen zum BtMG, Kommentar, 2. Auflage, München 2003.

Weber, Martina, Injektionen, Infusionen, Blutentnahmen – Was dürfen Krankenpflegeschüler/-innen, Pflege- & Krankenhausrecht 2000, S. 90–94.

Weber-Steinhaus, Dietrich, Ärztliche Berufshaftung als Sonderdeliktsrecht, Eigenmacht, Behandlungsfehler, Aufklärungsversäumnisse, Stuttgart 1990 (zugl. Diss. Univ. Bremen 1989).

Weidinger, Patrick, Aus der Praxis der Haftpflichtversicherung für Ärzte und Krankenhäuser – Statistik, neue Risiken und Qualitätsmanagement, MedR 2006, S. 571–580.

Weißauer, Walther, Einfluß von Organisation und Arbeitsteilung auf die ärztliche Aufklärung aus der Sicht des Juristen, in: *Heim, Wilhelm* (Hrsg.), Ärztliche Aufklärungspflicht, 7. Symposium der Kaiserin-Friedrich-Stiftung für Juristen und Ärzte, Köln 1984, S. 59–70.

–, Zwischenfälle bei ambulanten Eingriffen in rechtlicher Sicht, MMW 1969, S. 1353–1362.

–, Arbeitsteilung und Abgrenzung der Verantwortung zwischen Anaesthesist und Operateur, Der Anaesthesist 1962, S. 239–256.

Weißauer, Walther / Opderbecke, Hans Wolfgang, Eine erneute Entscheidung des BGH zur „Facharztqualität", Anmerkungen zum Urteil vom 15.6.1993 (VI ZR 175/92), MedR 1993, S. 447–451.

Weiss-Faßbinder, Susanne / Lust, Alexandra, Gesundheits- und Krankenpflegegesetz – GuKG samt ausführlichen Erläuterungen, 5. Auflage, Wien 2006.

Welzel, Hans, Das Deutsche Strafrecht, Eine systematische Darstellung, 11. Auflage, Berlin 1969.

Wenzel, Frank, Handbuch des Fachanwalts Medizinrecht, 2. Auflage, Köln 2009.

Wenzel, Karl Egbert (Begr.) / Burkhart, Emanuel / Gamer, Waldemar / Ritter von Strobl-Albeg, Joachim (Fortf.), Das Recht der Wort- und Bildberichterstattung, Handbuch des Äußerungsrechts, 5. Auflage, Köln 2003.

Wessels, Johannes (begr.) / Beulke, Werner (fortgef.), Strafrecht Allgemeiner Teil, Die Straftat und ihr Aufbau, 39. Auflage, Heidelberg 2009.

Wessels, Johannes (begr.) / Hettinger, Michael (fortgef.), Strafrecht Besonderer Teil/1, Straftaten gegen Persönlichkeits- und Gemeinschaftswerte, 26. Auflage, Heidelberg 2002.

Westermann, Harm Peter, Zivilrechtliche Verantwortlichkeit bei ärztlicher Teamarbeit, NJW 1974, S. 577–584.

Westermann, Harry, Haftung für fremdes Handeln, JuS 1961, S. 333–343.

Weth, Stephan / Thomae, Heike / Reichold, Hermann, Arbeitsrecht im Krankenhaus, Köln 2007.

Wienke, A., Medizinischer Standard und Leitlinien, Ökonomisierung der Medizin. DGMR-Workshop 2003 – Empfehlungen, HNO 2004, S. 267–269.

–, Sorgfaltspflichtverletzung des Arztes bei nicht überwachter Delegation einer Gehörgangsspülung an eine Arzthelferin, Laryngo-Rhino-Otol. 1992, S. 176–177.

Wienke, A. / Janke, K., Nicht-ärztliche Assistenzberufe mit originär ärztlichen Tätigkeiten, Hessisches Ärzteblatt 2007, S. 33–35.

Wilhelm, Dorothee, Verantwortung und Vertrauen bei Arbeitsteilung in der Medizin, Zu den rechtlichen Grenzen ärztlicher Sorgfalt, Stuttgart 1984.

Wolski, Sabine, Zur Typizität des „gefährlichen Werkzeugs" im Sinne des § 223a StGB, GA 1987, S. 527–535.

Wolter, Jürgen, Adäquanz- und Relevanztheorie. Zugleich ein Beitrag zur objektiven Erkennbarkeit beim Fahrlässigkeitsdelikt, GA 1977, S. 257–274.

Zentai, Susanna Barbara, Die strafrechtliche und die zivilrechtliche Aufklärung zu der Einwilligung in die ärztliche Heilbehandlung in einem Rechtsvergleich mit Ungarn, Diss. Univ. Trier 2004.

Zeuner, Albrecht, Gedanken über Bedeutung und Stellung des Verschuldens im Zivilrecht, JZ 1966, S. 1–9.

Ziermann, Karin, Inhaltsbestimmung und Abgrenzung der Normsetzungskompetenzen des Gemeinsamen Bundesausschusses und der Bewertungsausschüsse im Recht der gesetzlichen Krankenversicherung, Berlin 2007 (zugl. Diss. Univ. Berlin 2006).

Zitelmann, Ernst, Das bürgerliche Recht der Krankenanstalten, in: *Grober, J.* (Hrsg.), Das deutsche Krankenhaus, Handbuch für Bau, Einrichtung und Betrieb der Krankenanstalten, 2. Auflage, Jena 1922, S. 842–869.

–, Ausschluß der Widerrechtlichkeit, AcP 99 (1906), S. 1–130.

Zweigert, Konrad / Kötz, Hein, Einführung in die Rechtsvergleichung auf dem Gebiete des Privatrechts, 3. Auflage, Tübingen 1996.

Zwiehoff, Gabriele, Strafrechtliche Aspekte des Organisationsverschuldens, MedR 2004, S. 364–373.

Die Reihe RECHT UND MEDIZIN wird von den Professoren Deutsch (Göttingen), Kern (Leipzig), Laufs (Heidelberg), Lilie (Halle a.d. Saale), Schreiber (Göttingen) und Spickhoff (Göttingen) herausgegeben. Ihre Aufgabe ist es, Monographien und Dissertationen auf dem Gebiet des Medizinrechts zu veröffentlichen. Dieses Gebiet, das an Bedeutung noch zunehmen wird, umfaßt auf der juristischen Seite sowohl zivilrechtliche als auch straf- und öffentlich-rechtliche Fragestellungen. Die Fragen können von der juristischen oder von der medizinischen Seite aus untersucht werden. Übergreifendes Ziel ist es, den medizinrechtlichen Fragen nicht etwa ein gängiges juristisches Denkschema überzuwerfen, sondern die besonderen Probleme der Regelung medizinischer Sachverhalte eigenständig aufzufassen und darzustellen.

Manuskriptzusendungen an die Herausgeber bitte per Brief- bzw. Paketpost. Die Adressen der Herausgeber sind:

Prof. Dr. Dr. h.c. Erwin Deutsch (Zivilrecht und Rechtsvergleichung)
Höltystraße 8
37085 Göttingen

Prof. Dr. Bernd-Rüdiger Kern (Zivilrecht, Rechtsgeschichte und Arztrecht)
Universität Leipzig
Juristenfakultät / Lehrstuhl für Bürgerliches Recht, Rechtsgeschichte
und Arztrecht
Burgstraße 27
04109 Leipzig

Prof. Dr. Dr. h.c. Adolf Laufs (Zivilrecht, Medizinrecht und Rechtsgeschichte)
Kohlackerweg 12
69151 Neckargemünd

Prof. Dr. Hans Lilie (Strafrecht, Strafprozessrecht und Medizinrecht;
federführender Reihenherausgeber)
Martin-Luther-Universität Halle-Wittenberg
Juristische Fakultät: Strafrecht
Universitätsplatz 6
06108 Halle a.d. Saale
hans.lilie@jura.uni-halle.de

Prof. Dr. Dr. h.c. Hans-Ludwig Schreiber (Strafrecht und Rechtstheorie)
Grazer Str. 14
30519 Hannover

Prof. Dr. Andreas Spickhoff (Zivil- und Zivilprozessrecht, Internationales und
Vergleichendes Medizinrecht)
Georg-August Universität Göttingen
Juristische Fakultät
Platz der Göttinger Sieben 6
37073 Göttingen

RECHT UND MEDIZIN

Band 1 Erwin Deutsch: Das Recht der klinischen Forschung am Menschen. Zulässigkeit und Folgen der Versuche am Menschen, dargestellt im Vergleich zu dem amerikanischen Beispiel und den internationalen Regelungen. 1979.

Band 2 Thomas Carstens: Das Recht der Organtransplantation. Stand und Tendenzen des deutschen Rechts im Vergleich zu ausländischen Gesetzen. 1979.

Band 3 Moritz Linzbach: Informed Consent. Die Aufklärungspflicht des Arztes im amerikanischen und im deutschen Recht. 1980.

Band 4 Volker Henschel: Aufgabe und Tätigkeit der Schlichtungs- und Gutachterstellen für Arzthaftpflichtstreitigkeiten. 1980.

Band 5 Hans Lilie: Ärztliche Dokumentation und Informationsrechte des Patienten. Eine arztrechtliche Studie zum deutschen und amerikanischen Recht. 1980.

Band 6 Peter Mengert: Rechtsmedizinische Probleme in der Psychotherapie. 1981.

Band 7 Hazel G.S. Marinero: Arzneimittelhaftung in den USA und Deutschland. 1982.

Band 8 Wolfram Eberbach. Die zivilrechtliche Beurteilung der *Humanforschung*. 1982.

Band 9 Wolfgang Deuchler: Die Haftung des Arztes für die unerwünschte Geburt eines Kindes ("wrongful birth"). Eine rechtsvergleichende Darstellung des amerikanischen und deutschen Rechts. 1984.

Band 10 Hermann Schünemann: Die Rechte am menschlichen Körper. 1985.

Band 11 Joachim Sick: Beweisrecht im Arzthaftpflichtprozeß. 1986.

Band 12 Michael Pap: Extrakorporale Befruchtung und Embryotransfer aus arztrechtlicher Sicht; insbesondere: Der Schutz des werdenden Lebens in vitro. 1987.

Band 13 Sabine Rickmann: Zur Wirksamkeit von Patiententestamenten im Bereich des Strafrechts. 1987.

Band 14 Joachim Czwalinna: Ethik-Kommissionen - Forschungslegitimation durch Verfahren. 1987.

Band 15 Günter Schirmer: Status und Schutz des frühen Embryos bei der *In-vitro*-Fertilisation. Rechtslage und Diskussionsstand in Deutschland im Vergleich zu den Ländern des angloamerikanischen Rechtskreises. 1987.

Band 16 Sabine Dönicke: Strafrechtliche Aspekte der Katastrophenmedizin. 1987.

Band 17 Erwin Bernat: Rechtsfragen medizinisch assistierter Zeugung. 1989.

Band 18 Hartmut Schulz: Haftung für Infektionen. 1988.

Band 19 Herbert Harrer: Zivilrechtliche Haftung bei durchkreuzter Familienplanung. 1989.

Band 20 Reiner Füllmich: Der Tod im Krankenhaus und das Selbstbestimmungsrecht des Patienten. Über das Recht des nicht entscheidungsfähigen Patienten, künstlich lebensverlängernde Maßnahmen abzulehnen. 1990.

Band 21 Franziska Knothe: Staatshaftung bei der Zulassung von Arzneimitteln. 1990.

Band 22 Bettina Merz: Die medizinische, ethische und juristische Problematik artifizieller menschlicher Fortpflanzung. Artifizielle Insemination, In-vitro-Fertilisation mit Embryotransfer und die Forschung an frühen menschlichen Embryonen. 1991.

Band 23 Ferdinand van Oosten: The Doctrine of Informed Consent in Medical Law. 1991.

Band 24 Stephan Cramer: Genom- und Genanalyse. Rechtliche Implikationen einer "Prädiktiven Medizin". 1991.

Band 25 Knut Schulte: Das standesrechtliche Werbeverbot für Ärzte unter Berücksichtigung wettbewerbs- und kartellrechtlicher Bestimmungen. 1992.

Band 26 Young-Kyu Park: Das System des Arzthaftungsrechts. Zur dogmatischen Klarstellung und sachgerechten Verteilung des Haftungsrisikos. 1992.

Band 27 Angela Könning-Feil: Das Internationale Arzthaftungsrecht. Eine kollisionsrechtliche Darstellung auf sachrechtsvergleichender Grundlage. 1992.

Band 28 Jutta Krüger: Der Hamburger Barmbek/Bernbeck-Fall. Rechtstatsächliche Abwicklung und haftungsrechtliche Aspekte eines medizinischen Serienschadens. 1993.

Band 29 Alexandra Goeldel: Leihmutterschaft – eine rechtsvergleichende Studie. 1994.

Band 30 Thomas Brandes: Die Haftung für Organisationspflichtverletzung. 1994.

Band 31 Winfried Grabsch: Die Strafbarkeit der Offenbarung höchstpersönlicher Daten des ungeborenen Menschen. 1994.

Band 32 Jochen Markus: Die Einwilligungsfähigkeit im amerikanischen Recht. Mit einem einleitenden Überblick über den deutschen Diskussionsstand. 1995.

Band 33 Meltem Göben: Arzneimittelhaftung und Gentechnikhaftung als Beispiele modernen Risikoausgleichs mit rechtsvergleichenden Ausblicken zum türkischen und schweizerischen Recht. 1995.

Band 34 Regine Kiesecker: Die Schwangerschaft einer Toten. Strafrecht an der Grenze von Leben und Tod – Der Erlanger und der Stuttgarter Baby-Fall. 1996.

Band 35 Doris Voll: Die Einwilligung im Arztrecht. Eine Untersuchung zu den straf-, zivil- und verfassungsrechtlichen Grundlagen, insbesondere bei Sterilisation und Transplantation unter Berücksichtigung des Betreuungsgesetzes. 1996.

Band 36 Jens-M. Kuhlmann: Einwilligung in die Heilbehandlung alter Menschen. 1996.

Band 37 Hans-Jürgen Grambow: Die Haftung bei Gesundheitsschäden infolge medizinischer Betreuung in der DDR. 1997.

Band 38 Julia Röver: Einflußmöglichkeiten des Patienten im Vorfeld einer medizinischen Behandlung. Antezipierte Erklärung und Stellvertretung in Gesundheitsangelegenheiten. 1997.

Band 39 Jens Göben: Das Mitverschulden des Patienten im Arzthaftungsrecht. 1998.

Band 40 Hans-Jürgen Roßner: Begrenzung der Aufklärungspflicht des Arztes bei Kollision mit anderen ärztlichen Pflichten. Eine medizinrechtliche Studie mit vergleichenden Betrachtungen des nordamerikanischen Rechts. 1998.

Band 41 Meike Stock: Der Probandenschutz bei der medizinischen Forschung am Menschen. Unter besonderer Berücksichtigung der gesetzlich nicht geregelten Bereiche. 1998.

Band 42 Susanne Marian: Die Rechtsstellung des Samenspenders bei der Insemination / IVF. 1998.

Band 43 Maria Kasche: Verlust von Heilungschancen. Eine rechtsvergleichende Untersuchung. 1999.

Band 44 Almut Wilkening: Der Hamburger Sonderweg im System der öffentlich-rechtlichen Ethik-Kommissionen Deutschlands. 2000.

Band 45 Jonela Hoxhaj: Quo vadis Medizintechnikhaftung? Arzt-, Krankenhaus- und Herstellerhaftung für den Einsatz von Medizinprodukten. 2000.

Band 46 Birgit Reuter: Die gesetzliche Regelung der aktiven ärztlichen Sterbehilfe des Königreichs der Niederlande – ein Modell für die Bundesrepublik Deutschland? 2001. 2. durchgesehene Auflage 2002.

Band 47 Klaus Vosteen: Rationierung im Gesundheitswesen und Patientenschutz. Zu den rechtlichen Grenzen von Rationierungsmaßnahmen und den rechtlichen Anforderungen an staatliche Vorhaltung und Steuerung im Gesundheitswesen. 2001.

Band 48 Bong-Seok Kang: Haftungsprobleme in der Gentechnologie. Zum sachgerechten Schadensausgleich. 2001.

Band 49 Heike Wachenhausen: Medizinische Versuche und klinische Prüfung an Einwilligungsunfähigen. 2001.

Band 50 Thomas Hasenbein: Einziehung privatärztlicher Honorarforderungen durch Inkassounternehmen. 2002.

Band 51 Oliver Nowak: Leitlinien in der Medizin. Eine haftungsrechtliche Betrachtung. 2002.

Band 52 Christina Herrig: Die Gewebetransplantation nach dem Transplantationsgesetz. Entnahme – Lagerung – Verwendung unter besonderer Berücksichtigung der Hornhauttransplantation. 2002.

Band 53 Matthias Nagel: Passive Euthanasie. Probleme beim Behandlungsabbruch bei Patienten mit apallischem Syndrom. 2002.

Band 54 Miriam Ina Saati: Früheuthanasie. 2002.

Band 55 Susanne Schneider: Rechtliche Aspekte der Präimplantations- und Präfertilisationsdiagnostik. 2002.

Band 56 Uta Oelert: Allokation von Organen in der Transplantationsmedizin. 2002.

Band 57 Jens Muschner: Die haftungsrechtliche Stellung ausländischer Patienten und Medizinalpersonen in Fällen sprachbedingter Mißverständnisse. 2002.

Band 58 Rüdiger Wolfrum / Peter-Tobias Stoll / Stephanie Franck: Die Gewährleistung freier Forschung an und mit Genen und das Interesse an der wirtschaftlichen Nutzung ihrer Ergebnisse. 2002.

Band 59 Frank Hiersche: Die rechtliche Position der Hebamme bei der Geburt. Vertikale oder horizontale Arbeitsteilung. 2003.

Band 60 Hartmut Schädlich: Grenzüberschreitende Telemedizin-Anwendungen: Ärztliche Berufserlaubnis und Internationales Arzthaftungsrecht. Eine vergleichende Darstellung des deutschen und US-amerikanischen Rechts. 2003.

Band 61 Stefanie Diettrich: Organentnahme und Rechtfertigung durch Notstand? Zugleich eine Untersuchung zum Konkurrenzverhältnis von speziellen Rechtfertigungsgründen und rechtfertigendem Notstand gem. § 34 StGB. 2003.

Band 62 Anne Elisabeth Stange: Gibt es psychiatrische Diagnostikansätze, um den Begriff der schweren anderen seelischen Abartigkeit in §§ 20, 21 StGB auszufüllen? 2003.

Band 63 Christiane Schief: Die Zulässigkeit postnataler prädiktiver Gentests. Die Biomedizin-Konvention des Europarats und die deutsche Rechtslage. 2003.

Band 64 Maike C. Erbsen: Praxisnetze und das Berufsrecht der Ärzte. Der Praxisverbund als neue Kooperationsform in der ärztlichen Berufsordnung. 2003.

Band 65 Markus Schreiber: Die gesetzliche Regelung der Lebendspende von Organen in der Bundesrepublik Deutschland. 2004.

Band 66 Thela Wernstedt: Sterbehilfe in Europa. 2002.

Band 67 Axel Thias: Möglichkeiten und Grenzen eines selbstbestimmten Sterbens durch Einschränkung und Abbruch medizinischer Behandlung. Eine Untersuchung aus straf- und betreuungsrechtlicher Perspektive unter besonderer Berücksichtigung der Problematik des apallischen Syndroms. 2004.

Band 68 Jutta Müller: Ärzte und Pflegende, die keine Organe spenden wollen. Transplantatmangel muss nicht sein. 2004.

Band 69 Ihna Link: Schwangerschaftsabbruch bei Minderjährigen. Eine vergleichende Untersuchung des deutschen und englischen Rechts. 2004.

Band 70 Susann Tiebe: Strafrechtlicher Patientenschutz. Die Bedeutung des Strafrechts für die individuellen Patientenrechte. 2005.

Band 71 Jörg Gstöttner: Der Schutz von Patientenrechten durch verfahrensmäßige und institutionelle Vorkehrungen sowie den Erlass einer Charta der Patientenrechte. 2005.

Band 72 Oliver Jürgens: Die Beschränkung der strafrechtlichen Haftung für ärztliche Behandlungsfehler. 2005.

Band 73 Stephanie Gropp: Schutzkonzepte des werdenden Lebens. 2005.

Band 74 Clemens Winter: Robotik in der Medizin. Eine strafrechtliche Untersuchung. 2005.

Band 75 Barbara Eck: Die Zulässigkeit medizinischer Forschung mit einwilligungsunfähigen Personen und ihre verfassungsrechtlichen Grenzen. Eine Untersuchung der Rechtslage in Deutschland und rechtsvergleichenden Elementen. 2005.

Band 76 Anastassios Kantianis: Palliativmedizin als Sterbebegleitung nach deutschem und griechischem Recht. 2005.

Band 77 Ulrike Morr: Zulässigkeit von Biobanken aus verfassungsrechtlicher Sicht. 2005.

Band 78 Nora Markus: Die Zulässigkeit der Sectio auf Wunsch. Eine medizinische, ethische und rechtliche Betrachtung. 2006.

Band 79 Michael Benedikt Nagel: Die ärztliche Behandlung Neugeborener – Früheuthanasie. 2006.

Band 80 Regina Leitner: Sterbehilfe im deutsch-spanischen Rechtsvergleich. 2006.

Band 81 Martin Berger: Embryonenschutz und Klonen beim Menschen – Neuartige Therapiekonzepte zwischen Ethik und Recht. Ansätze zur Entwicklung eines neuen Regelungsmodells für die Bundesrepublik Deutschland. 2007.

Band 82 Amelia Kuschel: Der ärztlich assistierte Suizid. Straftat oder Akt der Nächstenliebe? 2007.

Band 83 Hans-Ludwig Schreiber / Hans Lilie / Henning Rosenau / Makoto Tadaki / Un Jong Pak (Hrsg.): Globalisierung der Biopolitik, des Biorechts und der Bioethik? Das Leben an seinem Anfang und an seinem Ende. 2007.

Band 84 Ralf Clement: Der Rechtsschutz der potentiellen Organempfänger nach dem Transplantationsgesetz. Zur rechtlichen Einordnung der verteilungsrelevanten Regelungen zwischen öffentlichem und privatem Recht. 2007.

Band 85 Sabine Lebert: Humanes Überschußgewebe – Möglichkeit der Verwendung für die Forschung? Analyse der rechtlichen, ethischen und biomedizinischen Voraussetzungen im Ländervergleich. 2007.

Band 86 Dietrich Wagner: Der gentechnische Eingriff in die menschliche Keimbahn. Rechtlich-ethische Bewertung. Nationale und internationale Regelungen im Vergleich. 2007.

Band 87 Britta Vogt: Methoden der künstlichen Befruchtung: „Dreierregel" versus „Single Embryo Transfer". Konflikt zwischen Rechtslage und Fortschritt der Reproduktionsmedizin in Deutschland im Vergleich mit sieben europäischen Ländern. 2008.

Band 88 Sebastian Rosenberg: Die postmortale Organtransplantation. Eine „gemeinschaftliche Aufgabe" nach § 11 Abs. 1 S. 1 Transplantationsgesetz. Kompetenzen und Haftungsrisiken im Rahmen der Organspende. 2008.

Band 89 Julia Susanne Sundmacher: Die unterlassene Befunderhebung des Arztes. Eine Auseinandersetzung mit der Rechtsprechung des BGH. 2008.

Band 90 Martin Schwee: Die zulassungsüberschreitende Verordnung von Fertigarzneimitteln (Off-Label-Use). Eine Untersuchung vorwiegend im Bereich des Rechts der Gesetzlichen Krankenversicherung unter besonderer Berücksichtigung der sozialgerichtlichen Rechtsprechung. 2008.

Band 91 Jorge Guerra González: Xenotransplantation: Prävention des xenogenen Infektionsrisikos. Eine Untersuchung zum deutschen und spanischen Recht. 2008.

Band 92 Ulrike Beitz: Zur Reformbedürftigkeit des Embryonenschutzgesetzes. Eine medizinisch-ethisch-rechtliche Analyse anhand moderner Fortpflanzungstechniken. 2009.

Band 93 Dunja Lautenschläger: Der Status ausländischer Personen im deutschen Transplantationssystem. 2009.

Band 94 Annekatrin Habicht: Sterbehilfe – Wandel in der Terminologie. Eine integrative Betrachtung aus der Sicht von Medizin, Ethik und Recht. 2009.

Band 95 Ann-Kathrin Hirschmüller: Internationales Verbot des Humanklonens. Die Verhandlungen in der UNO. 2009.

Band 96 Henrike John: Die genetische Veränderung des Erbgutes menschlicher Embryonen. Chancen und Grenzen im deutschen und amerikanischen Recht. 2009.

Band 97 Christof Stock: Die Indikation in der Wunschmedizin. Ein medizinrechtlicher Beitrag zur ethischen Diskussion über „Enhancement". 2009.

Band 98 Jochen Böning: Kontrolle im Transplantationsgesetz. Aufgaben und Grenzen der Überwachungs- und der Prüfungskommission nach den §§ 11 und 12 TPG. 2009.

Band 99 Stefanie Schulte: Die Rechtsgüter des strafbewehrten Organhandelsverbotes. Zum Spannungsfeld von Selbstbestimmungsrecht und staatlichem Paternalismus. 2009.

Band 100 Dorothea Maria Tachezy: Mutmaßliche Einwilligung und Notkompetenz in der präklinischen Notfallmedizin. Rechtfertigungsfragen und Haftungsfolgen im Notarzt- und Rettungsdienst. 2009.

Band 101 Annette Hergeth: Rechtliche Anforderungen an das IT-Outsourcing im Gesundheitswesen. 2009.

Band 102 Jussi Raafael Mameghani: Der mutmaßliche Wille als Kriterium für den ärztlichen Behandlungsabbruch bei entscheidungsunfähigen Patienten und sein Verhältnis zum Betreuungsrecht. 2009.

Band 103 Ocka Anna Böhnke: Die Kommerzialisierung der Gewebespende. Eine Erörterung des Resourcenmangels in der Transplantationsmedizin unter besonderer Berücksichtigung der Widerspruchslösung. 2010.

Band 104 Bernd-Rüdiger Kern / Hans Lilie (Hrsg.): Jurisprudenz zwischen Medizin und Kultur. Festschrift zum 70. Geburtstag von Gerfried Fischer. 2010.

Band 105 Ehsan Mohammadi-Kangarani: Die Richtlinien der Organverteilung im Transplantationsgesetz – verfassungsgemäß? 2011.

Band 106 Leonie Hübner: Umfang und Grenzen des strafrechtlichen Schutzes des Arztgeheimnisses nach § 203 StGB. 2011.

Band 107 Dörte Busch: Eigentum und Verfügungsbefugnisse am menschlichen Körper und seinen Teilen. 2012.

Band 108 Kathrin Decker: Der Abbruch intensivmedizinischer Maßnahmen in den Ländern Österreich und Deutschland. 2012.

Band 109 Sung-Ku Yoon: Der Unterhalt für ein Kind als Schaden. Eine rechtsvergleichende Darstellung zur deutschen und südkoreanischen Rechtslage hinsichtlich der Arzthaftung für neugeborenes Leben. 2012.

Band 110 Kerstin Bohne: Delegation ärztlicher Tätigkeiten. 2012.

Band 111 Moritz Ulrich: Durchbrechungen der Allokationskriterien des § 12 Abs. 3 TPG. Das „old for old"-Programm. 2012.

www.peterlang.de